Ilja Ehrenburg
Der Fall von Paris

ILJA EHRENBURG

Der Fall von Paris

Roman

BUCH CLUB 65

Titel der Originalausgabe:
ПАДЕНИЕ ПАРИЖА
© ИЗДАТЕЛЬСТВО
„ХУДОЖЕСТВЕННАЯ ЛИТЕРАТУРА“,
МОСКВА 1964

Aus dem Russischen von Ingeborg Schröder

Mit einem Nachwort von Ralf Schröder

ISBN 3-7464-0131-3

1. Auflage

Berechtigte Ausgabe für den buchclub 65, Berlin 1988
L. N. 302, 410/266/88
Printed in the German Democratic Republic

Redakteur: Renate Landa
Einbandentwurf: Klaus Wittkugel
Satz: LVZ-Druckerei „Hermann Duncker“,
Leipzig III/18/138
Druck und Einband: Karl-Marx-Werk Pößneck V 15/30
LSV 7200
Bestell-Nr. 648 851 5

Erster Teil

1

André hatte sein Atelier in der Rue du Cherche-Midi, einer alten Straße mit rauchgrauen Häusern, auf deren Fassaden die Fensterläden schwarze Streifen hinterlassen hatten. Hier gab es viele Antiquitätenläden mit Directoire-Sekretären, drallen Putten, Elfenbeinknöpfen, Granathalsschmuck, chinesischen Münzen, Berlocken und Amuletten. Mit all diesem Trödel handelten betuliche Damen oder alte Männlein mit glattrasierten, rosigen Wangen und einem schwarzen Käppi auf dem Kopf. An einer Straßenecke war das Café „Zum rauchenden Hund", wo auch Tabakwaren verkauft wurden; ein alter Foxterrier belustigte dort die Gäste, indem er, eine zernagte Zigarettenspitze zwischen den Zähnen, Männchen machte. Schräg gegenüber lag das Restaurant „Henri und Joséphine". Joséphine buk in kleinen Tontöpfen köstliche Gerichte aus Bohnen, Gänsefleisch und Wurst. Henri holte aus dem Keller eine verstaubte Flasche Wein oder errechnete auf einer Schiefertafel den Preis für ein Mittagessen. Er war stets gut gelaunt, schnalzte mit der Zunge, pries die Speisen an und streckte jedem seine breite Pranke hin. Nebenan war eine Schuhmacherei. Der Schuster, obwohl schon über sechzig, sang beim Besohlen von der „Schelmin Liebe". Ein Stück weiter befand sich ein Blumenladen mit Anemonen, Levkojen und Astern. Die Händlerin, eine verhutzelte Alte von gepflegtem Äußeren, schrieb allmorgendlich den jeweiligen Namenstag an die Ladentür. Die Fußwege waren mit Kreide bekritzelt: „Himmel und Hölle" oder „Italien und Abessinien" – Spiele der Kinder. Morgens zogen schnurrbärtige Händlerinnen mit Handwagen durch die Straße und riefen lauthals: „Apfelsinen! Tomaten!" Ein Lumpensammler ging vorbei und blies, um sich bemerkbar zu machen, auf einer Rohrpfeife; man brachte ihm zerschlissene Westen und durchgesessene Polsterhocker heraus. Gegen Abend zogen hochbetagte Sänger, Geiger und Leierkastenmänner durch die Straße, sangen, fiedelten und tänzelten; aus den oberen Stockwerken wurde ihnen Kupfergeld zugeworfen.

In den Häusern aber war es still, düster, eng: viele Möbel, viel Gerümpel. Lauter altes Zeug, das sorgsam gehütet wurde; die Sessel trugen Schonbezüge, die Tassen im Büfett waren gekittet. Es brauchte nur jemand zu niesen, schon bekam er Lindenblütentee oder Grog und einen Senfwickel. In der Drogerie gab es Kräuter für Tinkturen, Einreibemittel, Salben und Katzenfelle, die die Leiden der Rheumatiker lindern sollten. Überall wimmelte es von Katern; verschnittene, fette Kater schnurrten in den Läden und in den Portierswohnungen, wo die Conciergen schon frühmorgens Hammelfleisch schmorten. Besonders schön war die Straße gegen Abend; dann schimmerte alles malerisch blau.

Andrés Atelier lag im obersten Stockwerk. Von dort bot sich ein wunderschöner Ausblick: Dach an Dach, ein Meer von Dachziegeln, das wie Wellengekräusel aussah; über den Dächern dünne Rauchfahnen; und in der Ferne, mitten im blaßrötlichen Abendhimmel, der Eiffelturm.

Im Atelier konnte man vor Enge kaum treten: überall Keilrahmen, wacklige Stühle, Farbtuben, abgetragene Schuhe und Vasen. Die Dinge schienen nicht einfach dazuliegen, sondern gleichsam zu wachsen. Manchmal erinnerten sie an jungen Frühlingswald, besonders wenn die Sonne sich allem Verbote zum Trotz ins Atelier stahl und André, über sich selbst erstaunt – was bin ich doch verlogen! –, alberne Couplets trällerte. Dann wieder erinnerte das Atelier an einen Herbstwald; alles schimmerte rötlich und kahl. André selbst – groß, bedächtig, schweigsam – glich einem Baum. Morgens setzte er sich an die Arbeit. Er malte Dächer oder Stilleben – Astern, Blumenkohl, Flaschen. Gegen Abend steckte er sich eine große Pfeife an, ging hinunter, schlenderte durch die Straßen und qualmte; manchmal sah er sich einen Film an, lächelte über die Streiche der Mickymaus, begab sich nach Hause und legte sich schlafen.

André arbeitete gemächlich, und gemächlich lebte er auch. Mit zweiunddreißig Jahren betrachtete er die Welt staunend wie ein Halbwüchsiger. Man nannte ihn schon einen „profilierten Künstler“, ihm selbst jedoch kam es vor, als hätte er sich gerade erst ans Werk gemacht. Andrés Vater, ein Bauer aus der Normandie, wußte sehr wohl, wie langsam ein Apfelbaum wächst und wieviel Zeit eine trächtige Kuh braucht. Mit der gleichen Geduld beobachtete André, wie die Dinge mit der Zeit Form und Farbe gewannen.

An einem Tag jenes unbeständigen Vorfrühlings malte André einen Anemonenstrauß. Als es an die Tür klopfte, zog er ein finsteres Gesicht. Sein langjähriger Freund Pierre kam herein und legte gleich los; Pierre sprach immer sehr schnell. André lächelte zerstreut und blickte ständig auf die Leinwand; er hatte eben erst gemerkt, daß das Gelb zu schwer geraten war.

Neben André wirkte Pierre wie ein Zwerg. Er war flink wie ein Vogel, hatte eine olivbraune Hautfarbe, große vorstehende Augen, lange Arme und eine gutturale Stimme. Während er sprach, wirbelte er zwischen den Rahmen und Vasen herum.

Pierre war Ingenieur, er begeisterte sich für das Theater, hatte einst Verse geschrieben und sogar ein Büchlein unter einem Pseudonym veröffentlicht. Er verliebte sich oft, und bei jedem Mißerfolg in Herzensangelegenheiten spielte er immer gleich mit Selbstmordgedanken. Aber er hing sehr am Leben und liebte es grenzenlos. Er war ein empfindsamer, willensschwacher Mensch; seine Freunde verleiteten ihn manchmal zu unüberlegten Handlungen. In einem Café hatte er einen royalistischen Musiker kennengelernt. Damals setzte in Paris eine antiparlamentarische Bewegung ein: es hatte sich nämlich herausgestellt, daß viele Abgeordnete in die Stavisky-Affäre verwickelt waren. Die Diskussionen über die „Ehrlichkeit“ erregten Pierre, und in der Nacht des Putsches befand er sich auf der Place de la Concorde. Ein halbes Jahr später geriet er in eine antifaschistische Kundgebung, auf der der Sozialist Viard sprach. Pierre überwarf sich mit dem Musiker und begann den Militarismus zu entlarven. Er verschlang ein Dutzend verschiedener Zeitungen und versäumte keine einzige Demonstration.

Das Jahr 1935 war für Frankreich ein Jahr des Umbruchs. Die Volksfront, die sich bald nach dem faschistischen Putsch bildete, verkörperte den Geist, den Zorn, die Hoffnung des Landes. Am 14. Juli und am 7. September, als man Barbusse zu Grabe trug, füllte eine millionenköpfige Menge die Straßen von Paris. Die Menschen waren in Kampfstimmung. Man sprach zu ihnen von den bevorstehenden Wahlen, von den Wahlurnen, die alles entscheiden würden, aber sie ballten ungeduldig die Fäuste. Das Volk erblickte zum erstenmal das Gespenst des Krieges: Deutschland hatte seine Truppen ins Rheinland einrücken lassen; die Italiener unterwarfen das unglückliche Abessinien. Frankreich wurde von unbedeutenden Männern regiert, die sowohl vor den Nachbarländern als auch vor dem eigenen Volk Angst hatten. Sie hielten sich für weise Strategen: sie richteten sanfte Worte an die keineswegs sentimentalen Engländer und hetzten dann Rom gegen London auf. Die Weisen waren Einfaltspinsel; die kleinen Staaten fielen einer nach dem anderen von Frankreich ab; eine Zeit der Vereinsamung brach an. Die Minister interessierten sich viel mehr für die bevorstehenden Wahlen als für das Schicksal des Landes. Sie versuchten, die Volksfront zu spalten. Die Präfekten bestachen die Schwankenden und schüchterten die Kleinmütigen ein. Täglich entstanden neue faschistische Organisationen. Junge Leute aus angesehenen Familien zogen abends durch die reichen Viertel der Hauptstadt und schrien: „Nieder mit den Sanktionen! Nieder mit England! Es lebe Mussolini!" In den Arbeitervorstädten sprach man von einer nahen Revolution. Die erschreckten Kleinbürger hatten Angst vor allem: vor einem Bürgerkrieg und vor einer deutschen Invasion, vor Spionen und politischen Emigranten, vor einer Verlängerung der Militärdienstpflicht und vor Streiks.

Im Banne dieser Ereignisse lebte Pierre wie vor einer Schlacht.

Mit André war er seit der Schulzeit befreundet, aber sie sahen sich selten. Pierres Leben verlief stürmisch, und André war immer ein Außenseiter. Wenn sie sich trafen, erzählte Pierre dem Freund begeistert von dem, was ihn gerade fesselte: von einem neuen Motor, von den Gedichten Bretons, vom antifaschistischen Schriftstellerkongreß. André hörte lächelnd zu. Dann gingen sie ins Café „Zum rauchenden Hund", tranken Bier oder Wermut und trennten sich wieder. Ein Jahr verging. Plötzlich erinnerte sich Pierre an André, er stürmte in sein Atelier und rief: „Weißt du, gestern ...", grad so, als hätten sie sich erst tags zuvor gesehen.

So auch jetzt.

„Hast du Viards Rede gelesen? Er sagt: ‚Wir müssen die allgemeine Abrüstung selbst gegen den Willen der deutschen Militaristen durchsetzen.' Alle reden nur noch von einem: wird es Krieg geben oder nicht? Der Direktor unseres Betriebs hat schon das Horoskop befragt: Wassermann spricht dafür, Stier dagegen.

Was für ein Unsinn! Natürlich ist Hitler ein Verrückter. Aber wenn die Volksfront siegt, wird es keinen Krieg geben. Was meinst du?"

„Ich? Ich weiß nicht. Habe mir darüber noch keine Gedanken gemacht."

Pierre sprang plötzlich auf.

„Wo willst du hin?"

„In die Maison de la Culture. Sie haben eine Überraschung vor. Komm mit! Man darf sich nicht in seinem Bau verkriechen. Ich bin jetzt oft dort; es ist faszinierend. Dort sind Arbeiter und Ingenieure und auch deinesgleichen – Maler. Ich glaube daran, das habe ich auch unserem Direktor gesagt – ohne Horoskop. Er ist vor Wut grün angelaufen. Unbedingt wird es dazu kommen ..."

„Wozu?"

„Wozu! Zur Revolution natürlich. Du müßtest mal sehen, was in unserer Fabrik los ist ... Na komm, gehen wir!"

André blickte betrübt nach der Leinwand. Aber Pierre zog ihn hinaus.

Mit Mühe zwängten sie sich in den großen verräucherten Saal. Der Kronleuchter sah aus wie ein öliger Fleck, die Gesichter schimmerten wie verschwommene Lichter. Hier waren Arbeiter mit Schirmmützen, Maler mit breitkrempigen Hüten, Studenten, Angestellte, junge Mädchen. Das für seine Skepsis berühmte Volk erlebte hier seine zweite Jugend: es ereiferte sich, stritt bis zur Heiserkeit, klatschte in die Hände und schwor, nicht nachzugeben. Hier drückte der weltberühmte Gelehrte und Nobelpreisträger dem jungen Glaser die Hand, der tags zuvor einen naiven Vierzeiler über das „neue Leben" verfaßt hatte. Das Wort „Volksfront" klang hier wie „Sesam, öffne dich!"; die Volksfront brauchte nur zu siegen, sogleich würden die Erdarbeiter zum Pinsel greifen und selbst stupide Gemüsegärtner Picassos Malerei zu schätzen wissen, Verse würden die Sprache der Zeit werden, die Gelehrten die Unsterblichkeit erfinden, und an den Ufern der vielgeprüften Seine würde ein neues Athen entstehen.

André musterte die Menschen um sich herum: Der Arbeiter dort lauschte begierig, als wolle er jedes Wort in sich einsaugen; der dort gähnte, wahrscheinlich ein Journalist. Viele Frauen. Alles rauchte.

Auf der Bühne stand ein altes Männchen. Es war ein berühmter Physiker, den André aber nicht kannte. Der Gelehrte sprach leise, hustete oft, und André verstand nur einzelne Worte: „Sozialistische Kultur ... neuer Humanismus ..."

André hatte noch nie an Versammlungen teilgenommen. Er sehnte sich plötzlich nach seinem Atelier, der liegengebliebenen Arbeit. Dann blickte er zur Tribüne und rief spontan: „Pierre, das ist doch Lucien!"

Das war also die Überraschung! André erinnerte sich, wie Lucien im Gymnasium Mallarmés Gedicht „Ich lieb der keuschen Jungfrau Zorn" vorgetragen und dann erzählt hatte, daß er Opium rauche. Jetzt war er mit den Arbeitern. Na ja, die Menschen ändern sich eben ...

Lucien fesselte sofort die Aufmerksamkeit der Zuhörer. Er sprach abgehackt und leidenschaftlich: „Das Schicksal der Erde entscheiden jene, die über der Erde sind, die Bombenflieger, oder jene, die unter der Erde sind, die Bergleute in der Picardie, im Ruhrgebiet, in Schlesien. Sechshundert Abgeordnete? Es gibt Käfer – ein Entomologe hat mir das erzählt –, in die die Fliegen ihre Eier legen. Die Maden entwickeln sich im Leib des Käfers, und der Käfer bewegt sich, obwohl er tot ist. Die Maden sind es, die sich da bewegen."

Lucien sprach über Hitler, über Krieg und Revolution. Als er geendet hatte, war es ganz still. Alle befanden sich noch im Banne seiner Stimme. Dann brach der Beifall los. Pierre taten sogar die Hände weh, so sehr klatschte er. Der Arbeiter neben André stimmte das Lied an: „Das ist die junge Garde, die aus der Vorstadt kommt ..." André vergaß die Fliegen, den Krieg, Lucien. Er hatte plötzlich Lust, den Arbeiter zu malen.

Auf der Tribüne schüttelte der alte Physiker Lucien lange die Hand. Plötzlich erhob sich ein junger Mann mit grauem, eingefallenem Gesicht, er war ärmlich und doch elegant gekleidet. „Ich bitte ums Wort!" rief er.

Der Versammlungsleiter griff verdutzt nach der Glocke: „Ihr Name!"

„Grinet. Mein Name wird Ihnen wenig sagen. Wichtiger ist der Name des Redners. Soviel ich weiß, hat sein Vater, Herr Paul Tessat, von dem Betrüger Stavisky achtzigtausend bekommen. Offenbar soll hier für diese Gelder ..."

Das Weitere war nicht mehr zu verstehen. Grinet fuchtelte

mit einem Stock, ein nervöses Zucken verzerrte sein Gesicht. Neben ihm schlug ein breitschultriger Haudegen auf irgendwen mit einem Hocker ein. André bahnte sich mühsam einen Weg zum Ausgang. Auf der Straße rief Pierre hinter ihm: „Warte doch, wir gehen mit Lucien ins Café!"

„Ich will nicht."

„Warum nicht?" fragte Lucien, von hinten an ihn herantretend. „Wir trinken ein Bier. Da drin war es schrecklich heiß, ich konnte kaum noch reden. Ich bin gewarnt worden, daß sie meine Rede sabotieren würden."

Pierre lächelte. „Die haben ihr Fett gekriegt. Ich erinnere mich an diesen Grinet, bin am sechsten Februar mit ihm zusammengestoßen. Dieser Fanatiker hat mit einem Rasiermesser auf die Pferde eingestochen. Logisch, daß sie sich so einen ausgesucht haben. Aber du hast großartig gesprochen! Ich kann mir denken, was die Zeitungen schreiben werden. Erstens hast du einen großen Namen als Schriftsteller. Dann – der Sohn Paul Tessats ist mit uns! Für dich ist das natürlich ein Drama. Aber was für eine Resonanz das haben wird! Deshalb wollten sie deine Rede auch sabotieren. Ein toller Bursche bist du, Ehrenwort, ein toller Bursche. André, warum sagst du nichts?"

„Ich weiß wirklich nicht, was ich sagen soll."

„Wieso weißt du das nicht?"

„Über so was muß man lange nachdenken. Besonders ich. Du hast doch selbst gesagt, daß ich eine lange Leitung habe."

Neben ihnen ging eine kraushaarige junge Frau ohne Kopfbedeckung; auf ihrem Gesicht lag ein Ausdruck unablässigen Staunens; ihre Augen erinnerten an die einer Mondsüchtigen. Sie sprach kein Wort, doch plötzlich blieb sie stehen und sagte: „Lucien, hast du den Schlüssel? Ich muß vor der Arbeit noch mal nach Hause."

Lucien besann sich. „Ach ja, ich habe ganz vergessen, euch miteinander bekannt zu machen. Jeannette Lambert, Schauspielerin. Und das sind meine Schulkameraden: André Corneau, Pierre Dubois. Komm mit ins Café, ich bringe dich dann zum Studio."

Im Café war es leer. Hinter einer spanischen Wand spielte man Karten. „Ich hab aber eine Dame ..." André stürzte gierig ein Bier hinunter. Dann blickte er verstohlen Jeannette an und war verwirrt: Diese Augen! Sie versuchten, Erinnerungen an die

Schule aufzufrischen, aber es wollte kein Gespräch in Gang kommen. Sogar Pierre verstummte; sie waren müde von der drückenden Luft und vom Lärm.

Zwei beschwipste Männer traten an die Theke und bestellten sich jeder einen Schnaps. Der eine, um die Vierzig, mit einer Dienstmannsmütze, sagte laut: „Wenn dir zum Beispiel ein Bein abgenommen wird, dann ist's doch Scheiße ..."

Der andere, etwas jüngere, antwortete: „Nein. Zwei mal zwei ist vier."

Der Dienstmann warf eine Münze in den Musikautomaten, und alle zuckten zusammen, so laut dröhnte die Musik. Pierre sang: „‚Ich suche meine Titi-ina ...' Weißt du noch? Das wurde nach dem Krieg gesungen, als wir noch Gerundien paukten. Lächerlich! Was wurden damals für große Worte gemacht! ‚Ewiger Friede!' Und jetzt – ihr habt's gehört. ‚Zwei mal zwei ist vier.' Die einfachste Sache der Welt! Man nimmt den Deutschen die Milchkühe weg – der erste Akt. Dann finden Konferenzen statt: Werden sie zahlen? Werden sie nicht zahlen? Man verkündet die ‚allgemeine Wohlfahrt'. Aber neben meinem Haus schlafen jede Nacht Menschen unter der Brücke. Kaffee wird verbrannt, Fische werden ins Meer zurückgeworfen, Maschinen verschrottet. Der zweite Akt. Dann tritt Hitler auf den Plan. Zum Teufel mit den Verträgen! Sie rüsten auf, wir machen es ihnen nach, sie wieder uns, wir wieder ihnen ... Das ist bereits der dritte Akt. Der vierte läßt sich leicht voraussagen: Hitler erklärt: ‚Ich will Strasbourg haben und nebenbei auch gleich Lille.' Wir bekommen Gasmasken und Konserven, wir verteidigen die Zivilisation, auf dieses Haus fällt eine Bombe und so weiter. Ich glaube nur, das Volk wird es nicht zulassen. Viard hat sogar auf den Bourgeois einen gewaltigen Eindruck gemacht. Die Linken werden bei den Wahlen die Mehrheit kriegen."

Lucien lächelte. André hatte Pierre nicht zugehört, aber dieses spöttische Lächeln brachte ihn auf. Ein Snob, dachte er. Zugleich aber genoß er Luciens Anblick: Ein schönes Gesicht! Mit seinen leuchtend grünen Augen, den kupferfarbenen Locken und der fast maskenhaften Blässe sah er aus wie ein Schauspieler in der Rolle eines mittelalterlichen Räubers.

„Großartig!" sagte Lucien. „Und wie geht's weiter? Viard wird nicht schlechter aufrüsten als jene. Oder vielleicht doch – er ist feige. Aber nicht darum geht es. Mein Vater gehört jetzt zur rechten Mehrheit. Man wird ihn wiederwählen, und dann gehört er zur linken Mehrheit und zwar aus tiefster Überzeugung. Er ist ein Bourgeois, aber ein ehrlicher Mensch. Natürlich wird er morgen das gleiche tun wie gestern – solche Menschen ändern sich nicht. Es gibt nur einen Ausweg. Ich weiß, was du mir antworten wirst... Aber wenn die Revolution auch vom Volk gemacht wird, den Aufstand bereitet die Organisation vor. Das ist eine Kunst. Nicht wahr, André?"

„Meiner Ansicht nach ist Kunst etwas anderes: zum Beispiel Bilder malen, Bäume züchten. Die Revolution aber ist ein Unglück, das muß man den Menschen klarmachen. Ihr eignet euch alles im Vorbeigehen an, wollt Veränderungen, ich dagegen habe es lieber, wenn nichts geschieht. Nur dann kann man wahrnehmen, das heißt erkennen. So wie Cézanne; der hat sein Leben lang über ein paar Äpfeln gesessen und etwas erkannt. Das ist meiner Ansicht nach Kunst."

Pierre sprang auf. „Das ist leicht gesagt, solange du zu Hause sitzt und ‚guckst'. Aber wenn du ins Maschinengewehrfeuer gejagt wirst? Dann ist es zu spät zum Überlegen. Kannst du das nicht mal dialektisch betrachten?"

André wollte nicht antworten, doch plötzlich begann er zu sprechen. Jeannette sah ihn mit großen, fast verständnisleeren Augen an, und unter ihrem Blick wandelte sich André, hörte er auf, er selbst zu sein. „Ich versteh euch nicht, weder Lucien noch dich. Nehmt die Sterne: ein erhabener Anblick, über sie werden Gedichte geschrieben, und wahrscheinlich haben sie Einfluß auf die Philosophie. Aber keinem einzigen Maler würde es einfallen, den Sternenhimmel zu malen. Was hat die Maler beschäftigt – von den Primitiven bis zu uns? Der Körper – seine Unregelmäßigkeit, Zufälligkeit, Wärme, absolute Konkretheit. Oder nehmt die Landschaft – auch ein Körper, nur von anderer Gestalt, die Wölbung eines Hügels, die Tönung des Laubs, das Verschmelzen des Himmels mit einem Zaun. Wenn ihr von der Revolution sprecht, so ist das eine Idee, sind das Worte. Aber die Menschen, die Lucien zugehört haben, sind lebendige Wesen, ich hab ihre Gesichter gesehen, ihr Leid..."

André verstummte. Wozu sagte er das? Das waren nicht die richtigen Worte, es war alles nicht das Richtige. Wie mag diese

Frau leben? Lucien hat gesagt, sie sei Schauspielerin. Das ist nicht wahr. Ein Kind ist sie. Oder eine Verrückte. Lucien – der ist ein Schauspieler. Sie hat ihn nach dem Schlüssel gefragt – also leben sie zusammen ... Ohne sich dessen bewußt zu sein, war André auf Lucien eifersüchtig. Er machte eine Dummheit nach der anderen. Als Jeannette um ein Glas Kognak bat, sagte er: „Das hilft auch nicht! Am besten weggehen – dann kann man vergessen."

Sie erwiderte nichts, Lucien aber kniff spöttisch die Augen zusammen. „Eine Moralpredigt? Jeannette, mußt du nicht los?"

Sie schüttelte den Kopf. André errötete vor Verlegenheit.

Alle schwiegen. Hinter der Wand fluchten die Kartenspieler: „Zum Teufel, wo sind denn deine Trümpfe?" Ein Junge kam mit den Abendzeitungen herein: „Letzte Ausgabe! Krieg unausbleiblich!"

Jeannette ging zum Musikautomaten, steckte eine Münze in den Schlitz, und als wieder derselbe alte Foxtrott erklang, sagte sie zu André: „Tanzen wir! Nach dem Krieg haben alle getanzt. Ich war damals noch klein, aber ich erinnere mich ... Wir wollen schlauer sein – wir wollen vorher tanzen, damit wir dann nichts bedauern müssen."

André hätte ablehnen sollen, er konnte nicht tanzen. Außerdem wurde in diesem stillen Café nie getanzt, wo Buchhalter oder Krämer stundenlang Karten spielten und durchfrorene Kraftfahrer oder Verkäufer in aller Eile einen Schnaps hinunterstürzten. Aber André errötete vor Freude; seine große rote Hand zitterte, als er Jeannettes Rücken berührte. Die Wirtin an der Kasse sah vorwurfsvoll zu ihnen herüber. Sie tanzten höchstens eine Minute; Jeannette hielt plötzlich inne und sagte leise und mit ganz müder Stimme: „Ich muß los. Ich gehe zu Fuß, Lucien."

Als sie gegangen war, fragte Pierre: „An welchem Theater ist sie?"

Lucien antwortete unwillig: „Sie arbeitet jetzt beim Rundfunk, bei ‚Poste Parisien'. Blöde Arbeit – mal Theaterstücke, mal Reklame. Alle sagen, sie sei sehr talentiert; aber du hast ja keine Ahnung, wie schwer es ist, sich durchzusetzen!"

Lucien lud die Freunde zu sich ein: „Wir trinken ein Gläschen und plaudern noch etwas." Pierre willigte sofort ein, André lehnte ab. Lucien ließ nicht locker: „Wer weiß, wann wir uns wiedersehen. Wenn es Krieg gibt ..."

André erhob sich. „Es wird keinen Krieg geben. Ich gehe jetzt. Ich muß nach all diesen Gesprächen noch etwas herumlaufen. Sei mir nicht böse, Lucien; aber ich bin wie ein Dachs, der sich am liebsten in seinem Bau verkriecht. Ich mag keine Versammlungen, kein Theater, keine ..."

2

„Keine Schauspielerinnen", hätte André am liebsten gesagt, winkte aber ab und ging hinaus.

Er schritt zügig aus. Sein Weg führte durch die ganze Stadt. Lautes Autohupen, ein Meer von Lichtern: rote, grüne, violette. Ein Gewimmel von Menschen: Spaziergänger, Zeitungs- und Krawattenverkäufer, Reklameschreier, die zu einem Kabarettbesuch einluden. Prostituierte wiederholten mit heiserer Stimme zärtliche Worte. In einer kurzen Sackgasse verkündete ein Lautsprecher: „Aufrüstung heißt das Gebot der Stunde ..." André tauchte in diesen Lärm wie in ein schwarzes stehendes Gewässer. Dann stand er lange auf einer Brücke. Die Lichter dort unten lebten ein zweites, diffuses Leben, die Seine aber war tintenschwarz. Wind kam auf. Es nieselte. André dachte an Jeannettes Augen: Was für eine ungewöhnliche Frau!

In der Rue du Cherche-Midi angelangt, betrat er das Eckcafé „Zum rauchenden Hund", um sich ein Päckchen Tabak zu kaufen. Dort war es hell und laut. André setzte sich unverhofft an einen Tisch und bestellte ein Glas Calvados. Der Alkohol verbrannte ihm fast den Gaumen, André lächelte zufrieden: Er wollte die bohrenden, immer wiederkehrenden Gedanken loswerden; das war für ihn ein neues und unbegreifliches Gefühl. Er trank drei Gläser und wollte gerade gehen, als ein hagerer, weißblonder Mann im weiten Mantel zu ihm trat. „Verzeihung, ich spreche schlecht Französisch. Ich habe lange geschwankt, ob ich Sie ansprechen soll, obwohl ich Sie fast täglich sehe. Ich wohne im selben Haus wie Sie, im dritten Stock, bei Frau Coad. Ich habe Ihre Arbeiten im ‚Salon' gesehen. Sehr beeindruckend. Besonders die Vorstadtlandschaften – diese Grautöne ..."

„Sind Sie Kritiker?“ fragte André kühl.

„Nein, Ichthyologe. Gestatten Sie, daß ich mich vorstelle: Erich Nieburg aus Lübeck.“

André sah ihn verwundert an: helle naive Augen, kurzgestutzter Schnurrbart, gestärkter Kragen. „Ich verstehe nicht...“

„Ich bin Deutscher.“

„Das meine ich nicht. Was für ein ‚loge‘ sind Sie? Was ist Ihr Fachgebiet?“

„Fische.“

Das erheiterte André, und er mußte laut lachen. „Ach, Fische! Sieh mal einer an: Ihnen gefallen die Landschaften von Fontenay-aux-Roses, vor allem die Grautöne, aber Sie beschäftigen sich in Lübeck mit Fischen. Zu komisch. Aber nehmen Sie doch Platz! Trinken Sie Calvados? Das ist gut! Frau Coad jedoch scheint ein Luder zu sein. Mußten Sie emigrieren?“

„Nein. Ich hatte dienstlich hier zu tun, vier Monate. Ich habe im Institut für Fischkunde gearbeitet. Morgen fahre ich nach Lübeck zurück. Paßt Ihnen wohl nicht?“

„Mir? Mir ist das ganz egal. Ich verstehe nichts von Fischen. Ich weiß nur, daß es schöne Fische gibt, und solche, die gut schmecken. Alles übrige ist Ihre Sache. Wenn Ihnen Lübeck gefällt, dann müssen Sie eben in Lübeck leben. Aber wenn einem Paris gefällt, kann man auch in Paris leben.“

Der Deutsche war schon nach einem Glas beschwipst. Seine hellen Augen wurden starr, er zog eine Zigarette hervor, zündete sie aber nicht an. Nach langem Schweigen sagte er: „Es geht nicht darum, was einem gefällt. Ich habe Paris liebgewonnen. Vielleicht habe ich es sogar begriffen. Es geht um etwas anderes – nämlich darum, wo ein Mensch geboren ist, obwohl das außerhalb seines Bewußtseins und unabhängig von seiner Entscheidung geschieht. Ich zum Beispiel bin in Deutschland geboren, deshalb liebe ich die deutsche Sprache, die deutschen Bäume, sogar die deutschen Würstchen. Sie sind in Frankreich geboren, und Sie...“

„Sie meinen, ich liebe Frankreich? Wohl kaum. Hier bei uns denkt niemand so. In der Schule wird das natürlich gelehrt, bei offiziellen Feierlichkeiten heißt es: ‚Unser schönes Frankreich‘ oder ‚Das Vaterland ist in Gefahr‘; aber wir finden das zum Gähnen. Oder zum Lachen. Der eine wird Ihnen sagen, in Moskau sei es am schönsten, der andere wird Ihr Lübeck bevorzugen. Aber von Paris spricht man nicht, man lebt in ihm, und fertig!"

„Lieben Sie denn Ihr Land nicht?"

„Ich habe nie darüber nachgedacht. Im Krieg hat man, glaube ich, die Menschen schrecklich betrogen, man hat ihnen, wie man bei uns sagt, ‚den Schädel mit Stroh vollgestopft'. Ich weiß nicht ... Vielleicht war es auch kein Betrug. Mein Großvater erzählte einmal vom Jahre siebzig. Damals schrien sie: ‚Es lebe Frankreich!' Aber das geschah ja angesichts der Bajonette, die Preußen standen in der Normandie ... Ich war heute mit Freunden zusammen. Sympathische Leute, nur philosophieren sie zu viel. Deshalb meine Stimmung; den ganzen Abend haben sie vom Krieg gesprochen. Komische Käuze, sie behaupten, es werde bald Krieg geben."

„Ganz bestimmt. Ich habe schon letztes Frühjahr damit gerechnet. Gut, daß man uns noch ein Jahr geschenkt hat. Wir sind in einer schlechten Zeit geboren: Krieg und wieder Krieg, und zwischen den beiden Kriegen ein gestutztes Leben. Ich freue mich, daß ich Paris gesehen habe, solange ..."

„Solange?"

„Solange es noch steht."

André erhob sich. „Sie sind auch ein komischer Kauz. Und Calvados scheinen Sie nicht gewohnt zu sein, deshalb kommen Sie auf so schreckliche Gedanken ... Viel Erfolg mit Ihren Fischen."

André ging, weil er plötzlich an Jeannette dachte, an ihre Stimme, die aus weiter Ferne zu kommen schien und alltäglichen Worten eine tiefe Bedeutung verlieh. Er rannte die dunkle Wendeltreppe hinauf und stürzte zum Radioapparat. Ein näselnder Tenor sang: „Baldoflorin heilt Migräne und Spleen ..."

André setzte sich auf einen Hocker und stützte den Kopf in die Hand. Lange saß er so da. Plötzlich zuckte er zusammen, als er die vertraute Stimme hörte. Er suchte Jeannettes Augen, aber vor ihm leuchtete nur die Radioskala: Leipzig, Rom, Poste Parisien. Er hörte: „Je mehr ich meine Gefühle zu verbergen suche, desto mehr öffne ich mein Herz ..." Dann sagte Jeannette zweimal hintereinander das Wort „Kinderei", und anschließend forderte eine Baßstimme, alle Leute sollten vor dem Mittagessen einen Martini trinken. Das kam so unerwartet, daß André laut lachen mußte. Er lief im Atelier auf und ab und wiederholte einige Male: „Gut. Ich werde Martini trinken. Ich werde mein Herz öffnen. Kinderei ..." Aber aus dem Lautsprecher klang es drohend: „Die deutsche Luftwaffe ... Krise des Völkerbundes ... Luftverteidigung ..."

André trat ans offene Fenster. Die Märznacht war stürmisch auf dem Ärmelkanal, die kleinen Boote legten sich auf die Seite, und die Fischer umkrampften ängstlich ihre Amulette. Der Seewind drang bis nach Paris und schien an den Häusern zu rütteln. Er hinterließ einen salzigen Geschmack auf den Lippen. André war unweit des Meeres aufgewachsen: Dort ächzen jetzt die Apfelbäume, der Saft steigt langsam den Stamm hinauf, und der Wind raubt den Bäumen den Verstand. Was für ein verrückter Abend! „Neuer Humanismus", Käfer, Aufstand, Krieg ... Sollte das alles wahr sein? Der Deutsche hat gesagt: „Solange Paris noch steht ..." Und Jeannette? Sie könnte von einem Auto überfahren werden, sich erkälten. Wie zerbrechlich ist doch die Welt, ach, wie zerbrechlich! Sie streiten über Ideen – Sterndeuter sind sie, Holzklötze! Lieben kann man nur einen Apfelbaum – dort, in der Normandie, wo die Stürme toben. Einen Apfelbaum und Jeannette.

3

Lucien führte Pierre in ein kaltes, ungemütliches, aber prunkvoll eingerichtetes Zimmer, dem anzumerken war, daß seine Bewohner oft wechselten und daß weder der Rokokoschrank noch die Gravüren mit Jockeys und Rennpferden irgendwem etwas bedeuteten. Lucien wohnte bei seinen Eltern, dieses Zimmer hatte er für Jeannette gemietet, aber er nannte es: „Meine Wohnung." Auf dem breiten Kanapee lag ein Band Engels neben einer großen Puppe aus bunten Stoffresten.

Lucien holte ein paar Flaschen und mixte einen Cocktail. Pierre begann vom Theater zu sprechen. Er schwärmte für Shakespeare. Lucien unterbrach ihn: „All das werden wir für hundert Jahre zurückstellen müssen. Jeannette hat gestern deklamiert: ‚Ihr könnt mir's weigern, Gefährtin Euch zu sein, doch Dienerin will ich Euch sein: Ihr wollet oder nicht ...' Aber Miranda sollte lieber schweigen: das Wort gebührt dem Genossen Caliban."

Er drückte die nicht zu Ende gerauchte Zigarette aus und sagte plötzlich mit anderer, natürlicher Stimme: „Ich muß mit meinem Vater brechen. Das wird nicht leicht sein. Aber nach meiner heutigen Rede ... Außerdem erscheint in einigen Tagen mein neues Buch. Man muß sich entscheiden! Ich verstehe solche Menschen wie André nicht: Bei einem großen Spiel darf man nicht passen."

„André wird mit uns gehen. Du kennst ihn nicht, er ist in Ordnung, kommt nur schwer in Gang. Du magst das lächerlich finden, aber ich denke manchmal, daß alle mit uns gehen werden, ausnahmslos alle. Ich arbeite jetzt im Seine-Werk und hatte dort einen Zusammenstoß mit Dessère. Ein äußerst interessanter Mann! Genaugenommen ist er unser Feind. Er ist einer der größten Kapitalisten. Bis zum 6. Februar hat er die Feuerkreuzler unterstützt. Aber ich weiß aus eigener Erfahrung, wie leicht man sich irren kann. So einer wie Dessère hat vieles begriffen. Er ist zu klug, um sich für eine hoffnungslose Sache einzusetzen. Noch ein Jahr, und er geht mit uns, was ich dir sage! Viard hat das gut formuliert: ‚Wir Sozialisten werden die Mitarbeit aller Franzosen gewinnen.'"

Lucien zupfte an der Puppe und meinte gähnend: „Natürlich, aber da müßte man zuerst Dessère erschießen und dann Viard aufhängen."

Pierre war außer sich. Er lief im Zimmer auf und ab. „So werdet ihr alle vor den Kopf stoßen! Die Menschen sind verschieden, sie kommen auf verschiedenen Wegen zu uns. Das muß man begreifen! Bei uns im Werk ist ein Mechaniker, Michaud heißt er. Ein großartiger Mensch, aber ein Fanatiker. Für ihn ist Dessère ein Kapitalist und Schluß. Die Kommunisten ..."

„Mir sind die Kommunisten lieber als Viard. Die haben Mut. Nur sind auch sie von der Politik vergiftet. Was ist die Volksfront? Die alte Marianne wird von einem Dreigespann gezogen. Das Gabelpferd ist der Bürger Viard, das linke Beipferd – dein Mechaniker. Und das rechte? Da wird man wohl meinen Vater einspannen. Ein Triumph der Toleranz ..." Er lachte plötzlich. „Ich mußte gerade an unseren Geschichtslehrer denken, wie der feierlich erklärte: ‚Die Große Revolution ist an der Intoleranz zugrunde gegangen.' Da meldete sich der dicke Fredo und sagte: ‚Ich gehe an der Toleranz zugrunde, das heißt an der Maison de Tolérance.'* Er sollte von der Schule fliegen, weißt du noch?"

* Haus der Duldsamkeit – Bordell

Sie erinnerten sich an ihre Jugendstreiche. Lucien schenkte wieder Cocktails ein. Pierre wurde sentimental. Selbst überrascht, begann er von seiner Liebe zu erzählen: „Du mußt sie kennenlernen. Du sprichst von Aufstand ... So eine wie sie wird auf die Barrikaden gehen. Ihr Vater ist Arbeiter, er hat Jaurès gut gekannt, hat im Gefängnis gesessen. Sie ist Lehrerin in Belleville. Du müßtest mal sehen, wie beliebt sie dort ist – bei den Kindern und bei den Erwachsenen! Sie hat alles umgekrempelt."

Lucien lächelte. „Schon wieder eine neue Flamme? Oder willst du etwa heiraten?"

„Laß die Witze! Es ist sehr ernst. Für mich ist das eine Lebensfrage. Aber ich habe nichts mit ihr. Agnès ahnt nicht einmal ..."

„Schon Jules Laforgue hat gesagt: ‚Das Weib ist ein geheimnisvolles, aber nützliches Geschöpf.' "

Pierre war empört. „Das heißt, für dich ..." Er sprach nicht weiter; Jeannette kam herein. Sie legte Hut und Handschuhe ab, drehte sich vor dem Spiegel und zündete sich eine Zigarette an. Alles geschah wortlos. Dann fragte sie: „Warum hast du André nicht eingeladen?"

Lucien ärgerte sich, sagte aber nichts. Jeannette schob ein Glas beiseite und wandte sich an Pierre: „Wie hat er Sie unterhalten? Hat er von der edlen Gesinnung seines Vaters erzählt? Oder beim Cocktail den Aufstand vorbereitet?"

Lucien sah Jeannette erstaunt an: „Was ist mit dir? Warum so ironisch?"

„Ironisch? Aber nein. Ich langweile mich nur."

Pierre wurde es unbehaglich. „Ich gehe dann, muß ja um sechs aufstehen ..."

4

„Das ist vielleicht ein Maschinchen!" sagte Michaud begeistert zu Pierre.

Dann kamen sie auf die Politik zu sprechen. Pierre hob wie immer Viard in den Himmel. Michaud hörte schweigend zu. Er war ein stämmiger Mann um die Dreißig. Schirmmütze, graue spöttische Augen, an der Unterlippe eine erloschene Zigarettenkippe, kurzärmeliges Hemd, so daß man die Tätowierung sah: Anker und Herz – Michaud hatte bei der Marine gedient. Er war ein guter Arbeiter, hatte aber eine scharfe Zunge. In der Fabrik wurde er geachtet, aber auch ein wenig gefürchtet.

Pierre sprach mit dem Mechaniker wie mit einem Älteren. Aufgeregt fragte er, ob Michaud Viards letzte Rede billige. Michaud hüllte sich in Schweigen.

„Sind Sie vielleicht mit den Losungen nicht einverstanden?"

„Warum nicht? Das sind die Losungen der Volksfront. Worte zu machen versteht Viard."

„Sie trauen ihm also nicht?"

„Jetzt haben wir die Volksfront. Das ist die offizielle Seite. Aber unter uns gesagt: Uhr oder Portemonnaie würde ich ihm anvertrauen, nicht aber unsere Sache!"

„Ich verstehe Sie nicht, Michaud. Diese Maschine hier gehört weder Ihnen noch uns, sondern dem Seine-Werk, Dessère. Wir produzieren Motoren für Bombenflugzeuge, das heißt für den Krieg. Für die Maschine haben Sie liebevolle Worte, aber von einem Mann, der sein ganzes Leben unserer gemeinsamen Sache geweiht hat, sprechen Sie wie von einem Feind."

„Die Maschine ist nicht nur Dessères Kapital, sie ist ein Gegenstand, ein guter Gegenstand. Heute gehört sie uns noch nicht, morgen wird sie uns vielleicht gehören. Man muß sie hüten. Mit den Bombenflugzeugen ist das auch so eine undurchsichtige Angelegenheit: Gegen wen werden sie eingesetzt werden? Aber Viard ist ein klarer Fall. Jetzt gehen wir zusammen. Das ist sowohl für ihn als auch für uns vorteilhaft. Später werden entweder wir ihn zum Teufel jagen oder er uns. Die Frage ist nur, wer den Anfang macht ... Eins steht fest: Wenn wir ihn nicht beizeiten an die Wand stellen, wird er uns alle abknallen. Darauf können Sie Gift nehmen! Nun aber genug geredet, ich muß nach der Presse sehen."

Pierre dachte an dieses Gespräch, als er nach der Arbeit zu Agnès ging. Es war in der Dämmerstunde, da alles gewichtlos und gespenstisch erscheint. Die alten Häuser, bei Tageslicht voller Flecken, als hätten sie Ausschlag, schimmern wie blaue Hügel; die verhärmten, von Jahren und Sorgen gezeichneten, grob geschminkten Gesichter sehen schön aus: der Zauber der Kunst streift die sichtbare Welt.

Michauds Worte schienen Pierre unerträglich nüchtern. Vielleicht hatte Michaud auch recht, aber dann verlor ja alles seinen

Sinn – der Kampf und auch der Sieg. Sofort wies Pierre diesen Gedanken von sich: Nein, Michaud hatte nicht recht! Man brauchte doch nur Viards Leben zu betrachten, wie er auf das Band der Ehrenlegion verzichtet hatte, wie die Chauvinisten gegen ihn hetzten. Dieser Mann würde keinen Kompromiß eingehen.

Pierre verstand Michaud nicht, er konnte seinen Gedanken nicht folgen, die geradlinige und doch verschlungene Wege gingen, wie ein Gebirgsbach, der den Felsen durchfrißt. Michaud war Pariser, spöttisch und konsequent. Pierre dagegen war im Süden geboren, inmitten der Berge von Roussillon. Sein Vater war Schriftsetzer in Perpignan gewesen. Grell ist dort das Licht, die Erde rötlich, und das Meer schimmert so blau wie flüssige Emaille. Pierre mochte lautes Lachen, ungestüme Bewegungen, heiße Tränen, die Gedichte Victor Hugos, die legendären Geschichten von den Jakobinern, die auf dem Schafott leidenschaftliche Reden hielten, die ganze sinnliche, expressive Schönheit des Lebens.

Beim Anblick der Kastanienbäume auf dem Boulevard, kaum erkennbar im bläulichen Nebel, sagte er, vom anbrechenden Frühling erregt, zu sich selbst: Wir werden siegen, denn die Menschen sehnen sich nach Glück, nach Wärme, nach Freundschaft und Vertrauen! Ein selbstverfaßter, ziemlich kindlicher Vers fiel ihm ein: „Wind und Kampf sind das Schwarzbrot des Lebens ..." Seine Gedanken schweiften unwillkürlich zu Agnès: Wie würde sie ihn empfangen?

Pierre, der sein Herz auf der Zunge trug und zu Übertreibungen all seiner Empfindungen neigte, verlor angesichts dieses beharrlich schweigenden Mädchens seine Selbstsicherheit. Er sagte sich: Ich kann ohne sie nicht leben! Er hatte sogar Lucien von seiner Liebe erzählt. Aber noch nie hatte er sich getraut, Agnès seine Gefühle zu zeigen. Er besuchte sie oft, erzählte von Versammlungen, von Büchern, von Motoren, erkundigte sich nach der Schule, nach den Kindern. Dann verstummten sie plötzlich und hörten den Regen an das Mansardenfenster trommeln.

Nachdem er ihr eines Tages von einem Roman Hamsuns erzählt hatte, wagte er zu fragen: „Haben Sie so etwas jemals erlebt?" Im stillen hoffte er, sie würde antworten: Ja, jetzt. Aber Agnès wandte sich ab und sagte traurig: „Ich habe einmal jemanden geliebt." Seit dem Tage gesellte sich zur Liebe die Eifersucht. Pierre deutete Agnès' Traurigkeit und Verschlossenheit als Sehnsucht nach dem unbekannten Rivalen.

Die Laternen flammten auf. Pierre ging die Rue de Belleville hinauf. Aus den Schaufenstern der Fleischerläden starrten papierrosenverzierte und lila angestrahlte Schweinsköpfe. Ein Plakat am Eingang eines Kinos zeigte ein schönes Mädchen, das einem Matrosen die Hand drückte und viel zu dicke Tränen vergoß. In Dutzenden Cafés klangen leise die Gläser, und die Kugeln rollten über das grüne Billardtuch. Abends erstrahlte diese Straße in rührendem Flitterglanz. Von ihr zweigten, Kanälen gleich, schmale, dunkle Gassen ab. Dort roch es nach Margarine, Zwiebeln, Urin; Araber spielten „Schrift oder Zahl", alte Weiber zankten sich, Kinder und Kater schrien. Es war eines der ärmsten Viertel der Stadt. Die Armut entbehrte hier jeder Romantik. Hier wurde die Kleidung immer wieder geflickt, hier wurde dünne Suppe gegessen und jeder Sou umgedreht.

In einer dieser gottvergessenen Gassen war kürzlich ein neues Haus gebaut worden für Krämer, Angestellte, Beamte. Die winzigen Wohnungen waren mit grellen Tapeten verkleidet und mit bizarren Sesseln vollgestellt – eine armselige Pracht. Die Zimmer ganz oben im siebenten Stockwerk waren, wie in den vornehmen Häusern, für das Dienstpersonal bestimmt. Aber die Frauen der Krämer und der Kanzleibeamten kochten selbst; und die Mansarden wurden an mittellose Ledige vermietet. Hier wohnten ein arbeitsloser Buchhalter, eine alte Masseuse, ein erfolgloser Handlungsreisender. Und hier wohnte auch Agnès Legendre, die Pierres Herz erobert hatte.

In ihrem Zimmer standen ein schmales Klappbett, ein Tisch mit einem Stapel Schulhefte darauf, zwei Korbstühle und ein Waschständer. An den kahlen Wänden keine Drucke, keine Fotografien. Auf einem Wandbord Lehrbücher, ein Lexikon, „Madame Bovary", eine Biographie Louise Michels. Durch das kleine Fenster sah man am Himmel den verschleierten, fast künstlich anmutenden Mond.

Eine Schönheit konnte man Agnès schwerlich nennen: eine übermäßig hohe, gewölbte Stirn, graue, kurzsichtige Augen, eine Stupsnase und rote, verarbeitete Hände. Aber verborgene Gefühle, Beharrlichkeit, Arbeitswille und vielleicht auch Opferbereitschaft verliehen ihr etwas Anziehendes. Wenn sie lächelte, wurde ihr Gesicht anmutig und natürlich – ein Mädchen, das den Morgen im Walde liebt und Beeren, das leicht zu betrügen und leicht zu kränken ist. Agnès lächelte selten, und dann nicht aus Fröhlichkeit, sondern aus innerer Gelöstheit; in Augenblicken großer Freude aber weinte sie.

Noch nie hatte Pierre sie in so trüber Stimmung gesehen. Er erzählte ihr von Luciens Rede. Sie sagte finster: „Ekelhaft! Mit dem Namen seines Vaters zu spekulieren!"

Pierre versuchte zu streiten. Er sprach von Luciens Aufrichtigkeit, vom Konflikt zwischen zwei Generationen, von der Notwendigkeit der Propaganda. Doch Agnès antwortete trotzig: „Politik ist etwas Gemeines. Ein Spiel. Aber die Menschen gehen zugrunde ..."

Pierre dachte: Wahrscheinlich ist sie in einen Ästheten verliebt. Er wollte endlich wissen, wer sein Nebenbuhler war. „Sagen Sie, der Mann, von dem Sie einmal sprachen ... Sie wissen, wen ich meine ... Ist er ein Dichter?"

„Nein. Drogist. Warum fangen Sie davon an? Das fehlt mir heute noch ... Mir ist so schon schlecht."

„Denken Sie an ihn?"

Agnès antwortete nicht. Sie sah Pierre an, und ihre Augen, gewöhnlich hilflos wie die aller Kurzsichtigen, wurden hart, fast feindselig. Sie sagte kühl: „Ich habe heute erfahren, daß man mich aus der Schule werfen will. Wie Sie sehen, ist alles viel prosaischer."

„Man will Sie rauswerfen?" Pierre war empört. Das kleine Zimmer schien ihn plötzlich zu beengen. Er schrie: „Wer will Sie rauswerfen? Das werden sie nicht wagen! Das gibt's doch nicht!"

Agnès erzählte von einer Verfügung des Ministers. Ein Vater, Besitzer einer Drogerie, habe sich beschwert, daß sein Sohn in der Schule einen „empörenden Aufsatz" habe schreiben müssen. „Hier lesen Sie ... der Junge ist acht."

Pierre las laut: „Wir hatten sechs Welpen. Fünf davon hat Mama ertränkt. Sie sagte, weil die Milch nicht reicht. René sagt, er kriegt bald ein Schwesterchen. René sagt, sie haben keine Milch. Da werden sie Renés Schwesterchen bestimmt auch ertränken. Als ich klein war, hatten wir viel Milch. Mama sagt, wenn ich groß bin, wird man mich im Krieg töten. Ich spiele gern Ball und fahre gern Karussell."

„Ich hatte zu den Kindern gesagt: ‚Schreibt über euer Leben.' Viele interessante Aufsätze. Sie können sie ja gelegentlich mal lesen ... In der Verfügung aber heißt es: ‚Antipatriotischer Geist'. Ich mußte heute zum Schulinspektor. ‚Ändern Sie Ihre Erziehungsweise', sagte er, ‚dann werden wir ein gutes Wort für Sie einlegen.' Ich habe mich geweigert."

„Und mir werfen Sie vor, daß ich mich mit Politik befasse!"

„Das ist nicht Politik, das ist die Wahrheit. Mit Politik habe ich nichts im Sinn: Politik ist wie Kautschuk – sie läßt sich zusammenpressen oder auseinanderziehen. Man weiß nicht, was schlecht und was gut ist. Es werden große Worte gemacht, aber die Menschen ändern sich nicht ..."

„Was wollen Sie jetzt tun?"

„Ich kann nähen. Ich werde in einer Schneiderei arbeiten." Leise fügte sie hinzu: „Das Schlimme ist nur, daß ich meine Arbeit liebe. Ich war damals zwar noch klein, aber ich erinnere mich genau, wie sehr mein Vater gelitten hat. Er arbeitete bei Renault. Sie streikten, lange Zeit; Mama weinte, weil sie nicht wußte, wie sie uns sattmachen sollte. Aber Vater ließ sich nicht unterkriegen. Er versetzte seine Uhr, kaufte uns Wurst, scherzte und sang – es gab damals so ein Lied vom Nilpferd, das Senator wurde. Schließlich mußten sie doch aufgeben, Vater flog raus, als ‚Rädelsführer'. Er war den ganzen Winter arbeitslos. Er machte Gelegenheitsarbeiten, reparierte eine Nähmaschine oder dergleichen. Dann ging er ins Werk und bat: ‚Stellt mich ein, ich will auch umsonst arbeiten.' Er sagte zu uns: ‚Ich hab Sehnsucht nach meiner Maschine.'"

Sie schwiegen. Unten klimperte jemand mit einem Finger den Modeschlager „Alles ist schön, Madame Marquise!" Pierre stand am Tisch. Da lag ein Schulheft, in das ein kleiner Junge seinen Traum gezeichnet hatte: blaues Meer und ein Schiffchen. Plötzlich nahm Pierre die Hand des Mädchens.

„Agnès ...!"

Monatelang hatte er sich nicht getraut. Er hatte geglaubt, reden, überzeugen, beweisen zu müssen. Und jetzt hatte er nur ihren Namen genannt – mehr wußte er nicht zu sagen; aber Agnès hatte verstanden. Ihre Hand antwortete der seinen.

„Liebste! Wenn du wüßtest, wie ich mich gequält habe! Ich wußte nicht, wie ich es dir sagen sollte..."

„Und ich dachte, daß nur ich... daß du dir nichts aus mir machst... daß ich für dich nur eine flüchtige Bekanntschaft bin, daß du eine andere, mehrere andere hättest... Ich begriff nicht, warum du zu mir kamst."

Längst war das Klavier verstummt. In Schlaf gesunken waren die sieben Stockwerke. In Schlaf gesunken waren die trostlosen Gassen. Die Menschen hatten im Kino gelacht und geweint und waren nach Hause gegangen. Der letzte Autobus war vorübergeschnauft. Nur der Mond hing noch immer über den Dächern wie eine vergessene Laterne, und die Kater schrien. Aber sie hat doch einen anderen, dachte Pierre plötzlich. Einen Drogisten. Der Denunziant ist ja auch Drogist. Zufall? Nein, er ist es! Er hat sich rächen wollen. Was für ein gemeiner Kerl! Wahrscheinlich schlägt er seinen kleinen Sohn. Gestutzter, graumelierter Schnurrbart, gestreifte Hosen, ein Konservativer, rennt gleich zur Polizei. So einen hat sie geliebt! Pierre saß in sich gekehrt da und wurde ganz still. So ist einem zumute, wenn Kopfschmerzen wiederkehren.

„Woran denkst du, Pierre?"

„An den anderen. Ein Drogist, sagtest du..."

„Ja, Duval heißt er, er hat mich beim Inspektor angezeigt."

„Das meine ich nicht... Du hast ihn geliebt..."

„Du Dummer! Das hast du geglaubt? Ich habe das einfach so hingesagt. Ich dachte an die Denunziation, deshalb der Drogist."

„Aber wer ist es denn?"

„Du. Und kein anderer vor dir."

Er umarmte sie und spürte plötzlich Tränen an seiner Wange.

„Agnès, bist du traurig?"

„Du Dummer! Ich bin glücklich."

5

Die Fenster des langgestreckten Zimmers gingen auf einen düsteren Hof hinaus; oft mußte den ganzen Tag das elektrische Licht brennen. Auf dem großen Tisch häuften sich Akten, Zeitungsausschnitte und Briefe. Unter den Papieren konnten plötzlich ein

Aschenbecher mit Zigarettenkippen, ein Kriminalroman oder ein einzelner Handschuh zum Vorschein kommen; der Besitzer des Zimmers mochte es nicht, daß auf seinem Tisch aufgeräumt wurde. Das Mobiliar war bunt zusammengewürfelt: ein Empireschrank, ein moderner Stahlrohrsessel, verschiedenartige Stühle. An der Wand hing eine Landschaft von Marquet: grünlichgraues Wasser und ein altes Boot. Daneben eine Landkarte, von Rotstift zerfurcht, Kreise bezeichneten Ölfelder, Dreiecke – Bergwerke. Hier arbeitete einer der wahren Machthaber Frankreichs, der Finanzier Jules Dessère.

Dessère war ein Mann an die Fünfzig mit durchdringendem Blick unter tief herabhängenden buschigen Brauen. Manchmal wirkte er viel älter, denn er war aufgedunsen, hatte eine krankhaft graue Hautfarbe und eine krumme Haltung. Ein andermal wieder hätte man ihn kaum für vierzig gehalten. Er bewegte sich wie ein Jüngling und hatte verblüffend lebendige Augen. Er war salopp gekleidet, trank viel und nahm die kurze, schwarzgeräucherte Pfeife nie aus dem Mund.

Im Gegensatz zu anderen Vertretern der Finanzaristokratie war Dessère ein Gegner von Publicity. Reporter und Fotografen empfing er nicht. Er lehnte es kategorisch ab, sich politisch zu exponieren. Er leugnete seinen Einfluß auf die Staatsgeschäfte, obwohl keine Regierung ohne seine Billigung auch nur einen Monat hätte bestehen können. Dessère zog es vor, hinter den Kulissen zu bleiben. Von dort diktierte er mit Hilfe gutbezahlter und treuergebener Leute die Gesetze, lenkte er die Außenpolitik, ernannte und stürzte er Minister.

Dessères Macht gründete sich auf Zahlen, deren Verflechtungen und Widersprüche. Da waren Kapitalinvestitionen in die polnische Eisenbahn, amerikanisches Erdöl und Kautschuk aus Indochina; da waren an der Aufrüstung interessierte Flugzeugfabrikanten, da waren Börsenjobber, die auf jede kriegerische Rede Hitlers mit lebhaften Spekulationen reagierten, da waren die Bauxitkönige, die ihre Rohstoffe nach Deutschland verkauften, da war ein Trust von Schuhfabrikanten, der von der Vernichtung des Schuhkönigs Bata und auch gleich Beneschs träumte, da waren liberale Textilfabrikanten, die den Negern gern die Bürgerrechte zuerkannt hätten, wenn diese nur importierte Unterhosen tragen wollten, da waren die unversöhnlichen

Herren des Stahlsyndikats, die sich auf die Autorität des römischen Papstes beriefen, um die Löhne niedrig zu halten, da war der Krieg zwischen Chaussee und Eisenbahn, da waren leere Züge und Konkurse von Autobusgesellschaften, da waren Mühlenbesitzer, die sich am kanadischen Weizen bereichert hatten, da war der Chauvinismus der Grundbesitzer des Distrikts Beauce, die Schutzzölle forderten – ein ganzer Knäuel unterschiedlichster Interessen.

Dessère kannte die Preise für Baumwolle und Zink, er wußte, wieviel man diesem oder jenem Minister zahlen müßte, in seinem Kopf schwirrten Zahlen wie summende Fliegen. Aber die Höhe des Profits interessierte ihn nicht. Er arbeitete mit dem Geld wie ein Bildhauer mit dem Stein. Im Privatleben war er anspruchslos, er hatte keine Familie, befaßte sich nicht mit Wohltätigkeit. Er hätte von dem Gehalt eines seiner Angestellten leben können. Kautschuk oder Kupfer waren für ihn abstrakte Begriffe. Einmal fragte er, wo Saigon liege. Wahrscheinlich konnte er nicht einmal Weizen von Hafer unterscheiden.

Dessère hatte die Technische Hochschule absolviert und zwei Jahre lang als Ingenieur gearbeitet. Im Grunde seines Herzens hielt er sich für ein Opfer des Geldes; er glaubte, des Geldes wegen sei er seiner Berufung untreu geworden. Mit geradezu krankhaftem Mißtrauen beobachtete er, wie Pierre oder andere Ingenieure auf seine Bemerkungen reagierten. Er war eitel und pflegte zu sagen: „Achten Sie nicht auf meine Worte, ich bin ein Dilettant."

Dessère war ein leidenschaftlicher Mensch, der die Gefahr liebte. Er hätte Testpilot, Forschungsreisender oder auch Demagoge werden können, der Umsturzpläne schmiedet. Auch bei seinen Geschäften liebte er das Risiko: überraschende Reaktionen der Londoner oder New-Yorker Börse, die unberechenbar waren wie eine kapriziöse Kokotte, das Komplott mit gestrigen Feinden hinter dem Rücken eines gestrigen Freundes, das Vereiteln einer diplomatischen Konferenz, kurzum all das, wobei man sich leicht verrechnen konnte.

So einem Mann hätte eigentlich der Faschismus zusagen müssen, mit seiner Philosophie des Fatalismus, seinem Kult der Hierarchie, seiner Vorliebe für Abenteuer und höchst tragische Dekorationen. Und tatsächlich hatte Dessère bis zum 6. Februar die

Führer der Feuerkreuzler ziemlich großzügig unterstützt. Aber das war nur ein Schachzug gewesen, ihm war es darum gegangen, das Kabinett zu stürzen. Sobald er sein Ziel erreicht hatte, sagte er seelenruhig zu Breteuil, der eben noch sein Freund war: „Jetzt müssen Sie meine Adresse vergessen." Er machte eine „Linkswendung", und das war die letzte Sensation in den Wandelgängen des Parlaments. Man erzählte sich sogar, daß er mit Viard verkehre. Dessères Favoriten jedoch waren die Radikalsozialisten – die große und amorphe Partei der „Durchschnittsfranzosen", die Großkaufleute und arme Weinbauern, berühmte Professoren und ungebildete Krämer in sich vereinte, eine Partei mit einer Vielzahl von Rednern, die sich in den hintersten Provinzen als Dantons oder Gambettas produzierten, eine radikale Partei, die radikale Maßnahmen über alles fürchtete. Dessère war weder seiner Stellung noch seinen Fähigkeiten nach ein Durchschnittsfranzose, aber das Geschwätz dieser gezähmten Jakobiner, dem eine nüchterne Kleinarbeit folgte, liebte er wie die Erde und die Luft Frankreichs. „Ich bin ein Zyniker", pflegte er zu sagen. Aber er hatte ein politisches Ideal: Er wollte das Land erhalten, das er von Kind auf kannte, den Wohlstand und den Konservatismus Frankreichs, die unerschütterlichen Grundlagen der Familie mit ihren intimen Tragödien, der Eifersucht, die die Liebe beeinträchtigt, den langwierigen Erbschaftsstreitigkeiten, die angenehme Langeweile der Provinzstädte, den Leichtsinn und zugleich die Sparsamkeit, ja geradezu Knauserigkeit der Hausfrauen, die Arbeitsliebe, die selbst wohlhabende Greise veranlaßt, Beete umzugraben oder Fischernetze zu flicken, die Blumenrabatten des Rentiers mit den köstlich duftenden Wicken und den Zuckererbsen, die in der Welt einmalig sind, das der Angel gewidmete Leben, ohne jegliche Hoffnung, auch nur einen Gründling zu fangen, die weltweiten Intrigen am Büfett des Parlaments und die akademischen Streitgespräche über die Bekömmlichkeit der verschiedenen Aperitifsorten, die Protektionen, die wechselseitige Bürgschaft in den Freimaurerlogen, die Vetternwirtschaft, die der hohen Politik etwas Gemütliches und Familiäres verleiht, die Ironie, die weder Gott noch die Medizin, weder Frankreich noch die eigene Person verschont.

Wahrscheinlich wirkte sich hier Dessères Herkunft aus. Der Mann, den man in New York und sogar in Melbourne kannte, war der Sohn eines Cafébesitzers in Angers. „Treffpunkt der Freunde“ nannte sich das kleine Café, wo die Kandidaten vor den Wahlen um die Gunst der Wähler buhlten, die Alteingesessenen von den Katastrophen des vorigen Jahrhunderts erzählten – von einer Überschwemmung, von einem ausgebrochenen Tiger, vom Einfall der Preußen – und wo die Liebespaare, froh über das trübe Gaslicht, leidenschaftliche Küsse tauschten. Jules Dessères Vater hatte den Aufstieg seines Sprößlings nicht mehr erlebt: er war im Krieg an Typhus gestorben. Auch als Millionär blieb Jules Dessère seinen Jugendgewohnheiten treu: Er entspannte sich, indem er mit dem alten Gärtner Dame spielte, und wischte nach dem Mittagessen mit einem Stück Brot die Sauce vom Teller. Wenn er es einrichten konnte, entfloh er sonntags der Stadt; die kleinen Cafés an der Marne oder Seine erinnerten ihn an den „Treffpunkt der Freunde“, und dann zog er das Jakkett aus und tanzte mit schwitzenden rotgesichtigen Weißnäherinnen.

Dessère wohnte auf einem kleinen Landgut bei Paris. Er stand mit den Hühnern auf, ging in die Küche, aß eine Tomate oder ein Stück Käse und trank Weißwein dazu. Dann las er die Zeitungen und fuhr nach Paris. Er lächelte den Schulkindern und den Hunden zu, aber bald hatte er nur noch Zahlen im Kopf. Bis zehn Uhr las er Berichte und Telegramme. Dann begann seine Sprechstunde. Das ungemütliche und pompöse Wartezimmer, ähnlich dem eines mondänen Zahnarztes, war den Ministern, Diplomaten und Finanzleuten von Paris gut bekannt.

An diesem Morgen warteten zwei Bankiers und ein rumänischer Botschaftsrat auf eine Audienz. Pierre entfaltete nervös eine Zeitung und tat, als studierte er einen Artikel über die Genfer Sanktionen. Er glaubte, die anderen Besucher müßten ihm ansehen, weshalb er gekommen war.

Ein Diener verkündete feierlich flüsternd: „Monsieur Pierre Dubois!“ Dessère empfing Pierre als ersten. Ihm gefiel Pierre, sein Äußeres, das den temperamentvollen Südländer verriet, seine naiven Reden, und vor allem seine Armut. Der begabte Ingenieur, der ein kärgliches Dasein fristete, erinnerte ihn an seine eigene Jugendzeit. Außerdem wollte Dessère den Bankiers und den Diplomaten zeigen, daß sie in diesem Haus nicht Gäste, sondern Bittsteller waren.

Er empfing Pierre mit Wohlwollen. Pierre druckste herum, er wußte nicht, wie er beginnen sollte. Verworren und weitschweifig erzählte er, wie der Minister Agnès' Entlassung verfügt hatte. „Es geht nicht darum, daß sie meine Bekannte ist... Natürlich, ich gebe zu, daß mir ihr Schicksal nahegeht. Aber das ist doch eine schreiende Ungerechtigkeit!"

Dessère lächelte. „Gerechtigkeit, mein Freund, gibt es nicht. Was die erwähnte Person betrifft, so werden wir das sofort in Ordnung bringen."

Er nahm den Telefonhörer ab und wählte eine Nummer. „Herrn Tessat bitte. Hier Dessère. Guten Tag, mein Lieber! Wie geht es der Frau Gemahlin? Danke. Ich habe eine Bitte an dich. Du siehst doch heute bei der Kommission den Minister. Ja, ja... Es handelt sich um eine Lehrerin, Agnès Legendre heißt sie. Man hat sie wegen ‚antipatriotischer Erziehung' entlassen. Lappalien! Du verstehst, daß das jetzt nicht angebracht ist – so kurz vor den Wahlen! Zudem ist das alles sehr relativ. Womöglich wird man auch uns zu Anarchisten stempeln. Oder zu Verrätern aus Koblenz. Schöne Aussichten! Sag mal, hast du heute Zeit, mit mir zu essen? Wir haben einiges zu besprechen. Ausgezeichnet! Ich hole dich Punkt eins mit dem Wagen ab."

Zu Pierre sagte Dessère: „Alles in Ordnung. Madame Legendre kann die Kinder erziehen, wie sie will – zu Kommunisten, zu Tolstoianern oder zu Wilden. Sie wollen also heiraten?"

„Nein. Das heißt, doch. Ich weiß nicht... Aber wie kommen Sie darauf?"

„Wenn Sie heute abend nichts Besseres vorhaben, dann besuchen Sie mich doch. Ich übernachte in der Stadt, wir könnten einen Bummel machen und ein bißchen plaudern. Aber jetzt muß ich die drei Idioten empfangen. Der Bankdirektor und Castellon sind wegen der polnischen Anleihe gekommen. Ich werde ihnen sagen müssen: Ihr habt euch verrechnet! Erstens ist Danzig nicht einmal den kleinen Finger Frankreichs wert, zweitens werden die Polen uns übers Ohr hauen. Haben Sie den Diplomaten gesehen? Die Kleine Entente. Den Negus haben die ‚Makkaronis' schon geschluckt. Wir werden ihnen wahrscheinlich auch den Balkan abtreten. Was hilft's – wir wollen Frieden. Bis heute abend!"

Der Abgeordnete Paul Tessat war bekannt für seine Eßlust, und Dessère führte ihn in das Restaurant „Dagorno" in der Nähe der Schlachthöfe. In diesem äußerlich unscheinbaren Lokal gab es die besten Entrecôtes von ganz Paris und einen erstklassigen Weinkeller. Hier speisten die großen Viehhändler, die sich in Fleisch auskannten. An der Wand hing eine Tafel. Der Wirt schrieb mit Kreide darauf, wieviel Stück Vieh zu welchem Preis auf den Schlachthöfen verkauft worden waren. Das „Dagorno" besuchten auch Feinschmecker, Ehrenmitglieder gastronomischer Klubs, und Snobs, die von den hohen Preisen ebenso beeindruckt waren wie von der Ungeschliffenheit der Viehhändler.

Dessère hatte das Menü sorgfältig ausgewählt. Er bestellte Austern, Aalragout, Hahn in Weinsauce und natürlich Entrecôte. Im Vorgeschmack des Genusses sagte Tessat zum Oberkellner: „Und zum Entrecôte die übliche Bregensauce."

„Selbstverständlich, Monsieur Tessat."

Paul Tessat besaß einen enormen Appetit, war aber trotzdem mager. Er hatte ein blasses, schmales Gesicht mit vorspringendem Kinn und spitzer Nase. Er sah aus wie ein Kranker oder wie ein Asket, war aber ein lebhafter, ja sogar lebenslustiger Mann. Wenn am Büfett der Abgeordnetenkammer geflüstert und danach schallend gelacht wurde, konnte man sicher sein, daß da irgendein indiskreter Kollege die galanten Abenteuer des achtundfünfzigjährigen Tessat zum besten gab. Dabei war Tessat ein rührender Familienvater, er vergötterte seine beleibte Gattin und seine zwei Kinder: Lucien, der dem Vater eine Menge Scherereien machte, und die schöne, aber bescheidene Studentin Denise, die Tessats Abgott war. Mit unvorstellbarer Leichtigkeit wechselte er aus dem Boudoir einer Operettensängerin in das eheliche Schlafzimmer, wo unter einem Kruzifix, einem Altar gleich, ein mit Bronzekupidos verziertes zweischläfriges Bett stand.

Dieser schwächlich aussehende Mann hatte eine kräftige, angenehm klingende Stimme. Er galt als einer der besten Redner. Die politische Bühne hatte er relativ spät betreten, als er bereits ein angesehener Advokat war. Tessat konnte, auf einen habgierigen und stumpfsinnigen Mörder weisend, pathetisch ausrufen: „Sehen Sie ihn an! Vor Ihnen steht ein gramgebeugter Träumer!"

Die Geschworenen schneuzten sich ergriffen und stimmten für Freispruch.

Für das Parlament war Tessat von den Radikalen eines der westlichen Departements aufgestellt worden. Der Sieg war ihm in den Schoß gefallen: Tessats Gegenkandidaten waren ein Kommunist – Schlosser in einem Eisenbahndepot, der einen Sprachfehler hatte und mit Versprechungen geizte – und ein General a. D., der die Prügelstrafe für Minderjährige forderte. In der Kammer trat Tessat selten hervor. Zweimal hatte er ein Ministerportefeuille ausgeschlagen; da er sich der Zukunft der radikalen Partei nicht sicher war, schaute er sich um und wartete ab. In den Wandelgängen des Parlamentsgebäudes erzählte man sich, daß er mit den Radikalen brechen und zu einer der rechten Gruppierungen übergehen wollte.

Der Abgeordnetensessel wurde für Tessat zu einer neuen Einnahmequelle. Er nahm Gelder von Konzessionären und Lieferanten. Gegen ein gehöriges Entgelt trat er in die Aufsichtsräte von Aktiengesellschaften ein und deckte mit seinem Namen verschiedene dunkle Geschäfte, zum Beispiel die Sache mit den Venezuelagruben oder den Plantagen auf Martinique. Er war nicht habsüchtig, lebte aber gern auf großem Fuß, wollte seiner Familie und seinen Geliebten nichts versagen und geriet leicht in Schulden.

Tessat kannte „ganz Paris", duzte sich mit ... zig Leuten. Er bewirtete Gesandte und Staatsanwälte, bestach Journalisten mit Geschenken, erfüllte bereitwillig die Bitten seiner Wähler; mal erwirkte er bei den Ministern einen Orden für einen Finanzinspektor, mal eine Tabakladenlizenz für die Witwe eines wakkeren Gendarmen, mal die Einstellung eines Gerichtsverfahrens gegen einen allzu cleveren Erpresser.

Tessat schlürfte eine Auster, trank einen Schluck Wein und fragte: „Ist diese Lehrerin Kommunistin?"

„Ich weiß nicht, aber eine unmittelbare Bedrohung für die Dritte Republik ist sie jedenfalls nicht."

„Du bist ein Zyniker. Der Chablis hier – einfach köstlich! Du siehst also keine Gefahr? Irrtum! Ich denke, bei den Wahlen wird es eine Katastrophe geben. Was die Radikalen machen, ist Selbstmord. Wenn die Volksfront siegt, werden sie geschluckt." Er schluckte eine Auster hinunter. „Sogar in der Parlamentsfraktion machen sie diese Mode mit. Ich persönlich bin dagegen. Ich werde als Nationalradikaler kandidieren, aber ich fürchte..." Er beträufelte eine Auster mit Zitrone und seufzte bekümmert, „ich fürchte, man wird mich nicht wählen."

„Hast du dich schon in den Wahlkampf gestürzt?"

„Am Sonnabend findet die erste Versammlung statt. Heute abend reise ich ab."

„Dann ist ja alles in Ordnung."

„Was heißt ‚alles in Ordnung'?"

„Ganz einfach – du mußt dich als Anhänger der Volksfront ausgeben."

Tessat warf empört die Serviette auf den Tisch und donnerte los, als befände er sich auf einer Tribüne: „Niemals! Lieber eine Niederlage einstecken, zugrunde gehen, alles, was du willst, aber keinen Verrat üben! Diese Herren sind erbitterte Feinde Frankreichs. Sieh sie dir doch an – Blum, ein Mann, der nicht einmal einen französischen Namen hat, ist verschlagen und blutrünstig. Oder Dormoy, dieser Intrigant. Moch, der darauf brennt, das Verkehrswesen zu zerrütten. Monnet, ein Feind der Landwirtschaft. Und schließlich Viard, der vor den Augen Hitlers die Abrüstung fordert, Viard, der..."

„Viard ist einfach ein Schwätzer. Mach ihn zum Minister, und er wird sofort Vernunft annehmen."

„Und die Kommunisten?"

„Frankreich ist ein Land von Individualisten: ein Land der Rentiers, der Krämer, der Bauern. Warum stimmen denn Jean oder Jacques für die Kommunisten? Jean muß sechshundert Franc mehr Steuern zahlen als früher, und Jacques' Sohn ist nicht ins Veterinärmedizinische Institut aufgenommen worden. Es ist einfach ein Ausdruck des Unmuts, nichts weiter."

Tessat war mit seinem Fisch beschäftigt und schwieg.

„Können sich die Kommunisten etwa auf dich verlassen?" fuhr Dessère fort. „Natürlich nicht. Aber sie sind bereit, deine Kandidatur zu unterstützen. Das ist eine Kriegslist. Warum sollen wir nicht ebenso schlau sein? Sie haben die Volksfront mit der Absicht organisiert, zuerst die Rechten zu vernichten und dann uns zu schlucken. Aber wir werden sie überlisten. Wir werden bei den Wahlen die Rechten schlagen und dann in aller Stille mit den Kommunisten abrechnen."

„Der Aal ist wirklich einzigartig! Aber sag mir, Jules, warum müssen wir denn die Rechten schlagen?"

„Und sei es nur deshalb, weil man sie auch ohne unser Zutun und sogar gegen unseren Willen schlagen wird. Siehst du, die Politik ist wie ein Pendel: mal schlägt's nach links aus, dann nach rechts und wieder nach links. Wir müssen aufpassen, daß das Pendel nicht zu weit ausschlägt. Vierundzwanzig haben die Linken gesiegt. Das „Kartell". Jaurès wird ins Panthéon übergeführt, rote Fahnen. Zwei Jahre später schwenken die Radikalen nach rechts, und Poincaré kommt an die Macht. Zweiunddreißig verlaufen die Wahlen ergebnislos. Kein Kabinett kann sich an der Macht halten. Im Lande kommt es zu einem Rechtsruck – Ende dreiunddreißig. Jeden Abend Demonstrationen auf dem Boulevard Saint-Germain; ‚Nieder mit den Abgeordneten!' Gegen wen hetzen die Rechten? Gegen die Radikalen. Haben sie etwa nicht versucht, dich in die Stavisky-Affäre zu verwikkeln? Und dann der 6. Februar. Blutvergießen. Im Ausland ist man überzeugt, daß es in Frankreich zu einer Diktatur kommt. Aber das Pendel schlägt unverhofft in die andere Richtung aus, und am 9. Februar erscheinen die Kommunisten auf der Bildfläche. Man muß einen Mittelweg finden. Da tritt der greise Doumergue auf, und das Pendel beruhigt sich wieder. Aber im Lande nimmt der Prozeß seinen Lauf. Diesmal ist er tiefgreifender, folglich auch langwieriger. Er ist noch nicht beendet. Die Volksfront muß siegen, und sie wird siegen. Siegt sie mit unserer Hilfe, so werden die Radikalen in einem Jahr nach rechts schwenken, und alles wird sich für drei bis vier Jahre beruhigen. Darf ich dir Bordeaux einschenken, es ist ein Mouton-Rothschild."

„Es läuft also darauf hinaus, daß ich meinen Feinden zum Sieg verhelfen soll?"

„Du kennst doch das Sprichwort: Ist der Wein eingeschenkt, muß man ihn trinken. Manchmal muß man diesen Wein verwässern. Natürlich nicht den Mouton-Rothschild."

Das Hähnchen wurde serviert. Tessat vergaß für eine Weile die leidige Politik und gab sich der Gastronomie hin. „Weißt du, warum Hahn in Weinsauce hier besser schmeckt als irgendwo anders? Wir Franzosen haben herausgefunden, wie man einen alten, zähen Hahn in ein erlesenes Gericht verwandelt: man dünstet ihn in Wein. Und doch ist ein Huhn zarter als ein Hahn, und das ist das ganze Geheimnis des ‚Dagorno‘: man ißt keinen Hahn, sondern ein Huhn. Du wirst fragen, warum sie denn ein Huhn für einen Hahn ausgeben? Aus Bescheidenheit. Vielleicht auch aus Stolz. Auf jeden Fall ist das die Strategie des Kochs."

Dessère lächelte. „Du solltest dir daran ein Beispiel nehmen. Du bist Nationalradikaler, aber wir werden dich als Anhänger der Volksfront ausgeben – aus Bescheidenheit oder aus Stolz . . ."

„Übrigens ist das reine Theorie, man wird mich sowieso nicht wählen. Für einen richtigen Wahlkampf habe ich weder Zeit noch Mittel."

„Die Zeit könntest du erübrigen, zumal du doch darauf versessen bist, Frankreich zu dienen. Und wegen der Mittel zerbrich dir nicht den Kopf – alle Kosten des Wahlkampfes übernehme ich."

Tessat billigte Dessères Strategie nicht, doch das Angebot war verlockend. Er strahlte, wurde aber sogleich verlegen; man mußte Würde bewahren! Aber das Entrecôte mit der üblichen Bregensauce stimmte Tessat noch fröhlicher, und danach wurde der Burgunder gebracht. Der sonst stets blasse Tessat bekam eine rosige Farbe. Er hätte gern über etwas Angenehmes, zum Beispiel über die Schauspielerin Paulette gesprochen. Doch um Dessère seine Freude nicht merken zu lassen, redete er von seinen familiären Sorgen: „Mein Sohn . . .", sagte er mit tränenerstickter Stimme – weiß der Himmel, ob er Theater spielte oder wirklich traurig war –, „Lucien hat eine ungehörige Rede gehalten. Mein Name wird jetzt durch alle Zeitungen gezerrt. Ich wollte ihn zur Rede stellen. Weißt du, was er mir geantwortet hat? ‚Das ist Klassenkampf.‘ Schrecklich – der eigene Sohn ein Feind."

„Du regst dich umsonst auf. Lucien wird sich wieder beruhigen. Was ist das schon für ein Klassenkampf, wenn er weiter von deinem Geld lebt? Paß auf, er wird noch Abgeordneter werden, sogar Nationalradikaler. Ich habe ihn kürzlich im ‚Maxim‘ mit einem bezaubernden Mädchen gesehen."

„Lucien im ‚Maxim‘? Dieser Tagedieb! Er ist zweiunddreißig und verdient noch immer nichts, schreibt irgendwelchen Unsinn. Ich sage dir, so einer kann Anarchist werden oder auch Bandit – keine Moral! Mein einziger Trost ist Denise. Ein fleißiges Mädchen. Sie studiert irgendwas sehr Langweiliges, romanische Architektur, glaube ich. Ein ernsthaftes Mädchen . . . Hast du diesen

Käse probiert? Scheint ganz beachtlich zu sein. Riecht er nicht köstlich? Ach, gäbe man uns doch zehn Jahre Frieden! Ich fürchte, wir stehen vor einer Katastrophe. Wenn die Volksfront siegt, wird es zum Krieg kommen."

„Kaum. Ohne Verbündete können wir keinen Krieg führen. Wir wollen die Deutschen einschüchtern und flirten mit den Italienern. Die Engländer verhängen Sanktionen gegen Mussolini, schonen aber Hitler. Kurzum, man muß Zugeständnisse machen."

„Das ist unmöglich! Welcher Franzose würde schon freiwillig das Elsaß abtreten?"

„Warum das Elsaß? Es gibt schließlich die Kleine Entente. Haben wir sie denn umsonst aufgepäppelt? Gegebenenfalls liefern wir die Tschechen aus. Und Polen? Mit Polen kann man sich auch loskaufen."

„Für wie lange? Für fünf, höchstens zehn Jahre."

„Warum in die Zukunft schweifen? Jetzt gilt es, Frankreich, den Frieden und den Wohlstand des Landes zu erhalten."

„Du hast gut reden – du hast keine Kinder. Ich dagegen denke mit Entsetzen daran, was Denise und Lucien erwartet."

Das war reine Rhetorik – Tessat trank lächelnd seinen Kaffee. Dessère finanzierte den Wahlkampf, also würde er, Tessat, wieder Abgeordneter sein. Und die Sorge um die Zukunft? Das war nichts weiter als eine leichte Melancholie nach einem guten Essen.

Dessère sah ihn an: trübe Augen, schweißbedeckte spitze Nase, selbstgefälliges Lächeln. Er hatte Lust, Tessat zu foppen. „Du willst wissen, was deine Kinder erwartet? Vielleicht das Paradies, Pfau in Weinsauce, Spazierflüge nach Guadeloupe. Vielleicht aber auch ein gewöhnlicher Krieg, Arbeitslager, Zwangsarbeit, Tod. Höchstwahrscheinlich das letztere. Aber du darfst jetzt nicht verzagen; du bist Kandidat der Volksfront. Ich möchte dich mit erhobener Faust in den Versammlungen sehen!"

Dessère lachte laut und klopfte, um den gar zu derben Scherz ein wenig zu mildern, Tessat auf die Schulter. „Schluß mit der verfluchten Politik! Gestern habe ich Paulette gesehen. Ein Glückspilz bist du – sie ist wirklich die schönste Frau von Paris."

7

Nach dem Essen ließ Dessère den Redakteur und Verleger der großen Zeitung „La Voie Nouvelle“, Joliot, zu sich kommen. Der dicke Joliot kam keuchend angelaufen: er wußte sofort, daß ihm ein ernstes Gespräch bevorstand.

Joliot führte ein bewegtes Leben. Schon oft hatte er sich wegen Erpressung oder Verleumdung verantworten müssen. Doch nie war ihm auch nur ein Härchen gekrümmt worden. Man sagte, er wüßte zuviel über die Vergangenheit verschiedener Staatsmänner.

Joliot stammte aus dem Süden. Sein Vater hatte in Marseille mit Fischen und Seemuscheln gehandelt und seine Einkünfte noch durch eine entsprechende Unterstützung der Aufkäufer lebendiger Ware aufgebessert. Joliot war in einer Atmosphäre des Spiels aufgewachsen; er verachtete die Moral, war abergläubisch und fürchtete schwarze Katzen weit mehr als den Untersuchungsrichter. Als junger Mann kam er nach Paris und wurde Agent einer kleinen Versicherungsgesellschaft, die ihre Existenz allein der Tatsache verdankte, daß sie ihren Zahlungsverpflichtungen nicht nachkam. Danach betätigte sich Joliot literarisch. In skabrösen Zeitschriften veröffentlichte er Artikel über das Intimleben von Senatoren und Finanzleuten. Dabei verdiente er weniger an dem, was er schrieb, als an dem, was er nicht schrieb: man kaufte sich bei ihm los. Joliot gründete das Börsenblatt „Les Finances“. Eines Tages brachte das Blatt ein großes Inserat: „Legen Sie Ihre Ersparnisse bei der Bank Crédit d'Alger an!“ Am nächsten Tag rief der Direktor der Bank bei Joliot an: „Was soll das Inserat? Wir haben es nicht aufgegeben.“ – „Stimmt, aber es ist meine Pflicht, den Lesern solide Banken zu empfehlen.“ – „Was fällt Ihnen ein, die Kunden heben ihre Einlagen ab.“ – „Da bin ich machtlos, die Pflicht geht vor.“ Eine Stunde später drückte der Bankdirektor Joliot fünfzigtausend Franc in die Hand, und das Inserat verschwand. Joliots Aufstieg begann. Die Zeitung „La Voie Nouvelle“ wurde geboren. Anfangs war sie kaum lebensfähig. Joliot schrieb alle Artikel selbst. Der Drucker fing zufällige Besucher ab und verlangte Geld. Doch allmählich kam die Zeitung auf die Beine: die Namen berühmter Schriftsteller, sensationelle Reportagen, zehn Seiten Inserate. Bald ergriff die Zeitung leidenschaftlich Partei für die Radikalen, bald bezichtigte sie sie eines „verbrecherischen Freimaurertums". Zu Beginn des Krieges in Afrika beklagte Joliot den Negus. Plötzlich erschien in der Zeitung ein begeisterter Artikel: „Die zivilisatorische Mission Italiens".

Joliot lebte wie ein Vogel – er wußte am Morgen nicht, wie der Tag enden würde – mit einem opulenten Souper oder einer erneuten Vorladung zum Untersuchungsrichter. Einer Bettlerin steckte er hundert Franc zu, seine Mitarbeiter bezahlte er mit ungedeckten Schecks. Er kaufte zu sagenhaften Preisen Bilder von Matisse, er versetzte das Familiensilber seiner Frau, löste es ein, versetzte es wieder und spielte spätnachts für sich allein auf der Gitarre ein Potpourri aus „Carmen".

Er war farbenfreudig gekleidet: orangerotes Seidenhemd, kornblumenblauer Schlips und eine goldene Eidechse als Krawattennadel. Trotz seiner Korpulenz war er beweglich. Er sprach mit italienischem Akzent, und je unklarer der Sinn des Gesprächs, desto hochtrabender pflegte er sich auszudrücken.

Kaum stand er vor Dessère, als er auch schon pathetisch die Verdienste seiner Zeitung zu preisen begann; er hoffte, an die zehntausend Franc herauszuschlagen. „Inmitten des allgemeinen Wahnsinns verteidigen wir die Prinzipien der Ordnung. Haben Sie den Artikel Lebetys über den zersetzenden Einfluß des Marxismus gelesen? Für die Wahlen habe ich eine Überraschung in petto: Ich habe bei Fontenoy eine Skizzenserie über den Zerfall Sowjetrußlands in Auftrag gegeben. Wir werden es als Reportage aufziehen, als wäre Fontenoy in Moskau. Ich mußte ihm eine Reise nach Warschau finanzieren. Außerdem habe ich mit viel Schwierigkeiten ein Schriftstück über Viard beschafft: Ein Hausbesitzer fand sich bereit zu bezeugen, daß Viard in seinen Jugendjahren die Tochter eines Briefträgers vergewaltigt hat. Zehntausend wird das allerdings kosten. Aber stellen Sie sich die Wirkung vor! Duchêne führt eine kühne Feder ..."

Dessère fiel ihm ins Wort: „Die Feder muß in eine andere Richtung gelenkt werden. Die neuen Füllhalter haben ausgezeichnete Federn, man kann sie drehen und wenden, sie schreiben dicker, kratzen aber nicht. Spaß beiseite: ‚La Voie Nouvelle' muß für die Volksfront eintreten."

Joliot stand auf, streckte die Hand aus und sagte, atemlos vor

Erregung: „Das ist unmöglich! Ich kenne mich in der Politik aus, habe selbst des öfteren zu Umgehungsmanövern Zuflucht genommen. Aber niemals habe ich Frankreich verraten! Hören Sie, Monsieur Dessère, niemals!"

„Schon gut, Sie sind hier nicht auf einer Versammlung! Kommen wir zur Sache. Wenn Sie unbedingt große Worte wollen, bitte schön! Ein Sieg der Volksfront ist im Interesse Frankreichs. Revolution liegt in der Luft. Wenn man das Ventil nicht öffnet, wird der Kessel explodieren ... Ich weiß nicht, ob Viard die Briefträgertochter vergewaltigt hat. Ich bezweifle es – meiner Ansicht nach hat er nicht einmal mit seiner Frau etwas gehabt, er ist ein Eunuch. Aber Viard in der Opposition ist gefährlich, er brüllt wie ein Löwe. Gäbe man ihm dagegen ein Ministerportefeuille, so würde er sofort wie ein Schaf zu blöken lernen."

„Aber das ist doch eine Katastrophe! Frankreich jenen Leuten auszuliefern, die gestern noch ihr Vaterland verleugnet haben!"

„Moment, Sie haben da eine wichtige Frage berührt. Eigentlich habe ich Sie gerade deshalb zu mir gebeten. Rauchen Sie? Ich zweifle nicht daran, daß ‚La Voie Nouvelle' die Volksfront unterstützen wird; denn Sie besitzen genügend Erfahrung und Weitblick. Außerdem bin ich bereit, die Zeitung zu unterstützen."

„Aber ..."

„Jetzt die Hauptsache. Diese Leute sind vom patriotischen Fieber erfaßt. Sie hassen den Faschismus. All das ist verständlich, aber gefährlich. Ihre Zeitung muß zu einem Organ der Pazifisten werden; Völkerverbrüderung, wirtschaftliche Einheit Europas, das Leben der Kinder, die man keiner Gefahr aussetzen darf, die Tränen der Mütter, alles, was Sie wollen, Hauptsache Frieden. Frieden um jeden Preis!"

„Und die Rolle Frankreichs?"

„Lieber ein glückliches Andorra, ein friedliches Monaco als ein zerstörtes Karthago. Ich glaube nicht an einen Sieg Frankreichs. Wir sind müde, haben es satt, uns zu verlieben, eifersüchtig zu sein, Streit anzuzetteln. Das ist ein Naturgesetz, und nur ein Tessat ist imstande, sich mit sechzig Jahren noch wie ein Märzkater aufzuführen. Sie werden sagen, die Franzosen sind ein tapferes Volk? Natürlich! Einst sind sie mit der Marseillaise durch ganz Europa marschiert, das wird in der Schule gelehrt. Aber jetzt haben wir Fett angesetzt. Wir leben zu gut, fürchten das

Risiko. Wer würde heute um des Prestiges oder der Gerechtigkeit willen seinen Kopf hinhalten? Laval? Maurice Chevalier? Sie? Kurzum, falls Remarque noch einen Roman schreibt, erwerben Sie die Rechte, und sei es telegrafisch. An Geld soll es nicht mangeln."

Joliot überlegte eine Weile. Dann rief er: „Sie sind doch ein genialer Kopf! Ich weiß nicht, wohin das führen wird, aber mich lockt die Idee: Frieden, Frieden um jeden Preis! Die Schwerter umschmieden . . ."

Dessère lächelte. „Sie vergessen, daß ich gewisse Beziehungen zur Rüstungsindustrie habe. Hunderttausende Franzosen verdienen damit ihr Brot. Außerdem, wenn wir die Rüstungsproduktion drosseln, wird man uns überfallen. Die Hauptsache ist, das Fieber zu dämpfen; ich wiederhole: Die Leute sind vom Freiheitsfieber besessen. Schreiben Sie, am Krieg interessiert sind die Kanonenlieferanten, die ‚zweihundert Familien'."

Joliot steckte den Scheck lässig in die Brieftasche. „Ich werde einen sensationellen Artikel schreiben: ‚Dessère contra die zweihundert Familien'."

„Das ist dumm und unglaubwürdig. Schreiben Sie lieber: ‚Ebenso wie die anderen Vertreter der zweihundert Familien dürstet auch Dessère danach, das Volk in Blut zu ertränken.' Das klingt überzeugender", lächelnd fügte er hinzu: „und kommt der Wahrheit wohl auch näher."

Joliot stürmte in die Redaktion und rief der Stenotypistin zu: „Lucie, mit dem heutigen Tage erhöhe ich Ihr Gehalt auf dreihundert, nein auf fünfhundert Franc!"

Er war glücklich und wollte, daß alle sich mit ihm freuten. Den ganzen Tag erteilte er Befehle: „Machen Sie namhafte linke Schriftsteller ausfindig!" – „Eine Karikatur auf Mussolini!" – „Eine rührende Geschichte über die Arbeiter!" – „Memoiren – die Schrecken von Verdun!" – „Sagen Sie Fontenoy, er brauche sich nicht mehr anzustrengen. Oder sagen Sie lieber nichts! Mag er weiterschreiben. Eines Tages werden wir es brauchen können, wenn nicht heute, dann in einem Jahr."

Er soupierte auf dem Montmartre. Als er spätnachts nach Hause kam, weckte er seine Frau; er schenkte ihr halbverwelkte, starkduftende Teerosen, die er in einem Nachtlokal gekauft hatte, und flüsterte: „Vierhunderttausend! So ein Glück!"

Dann zog er die Schuhe aus, schlüpfte in die Pantoffeln, leerte ein Glas Mineralwasser in einem Zug und sagte plötzlich mit einer ihm selbst unbegreiflichen Wehmut: „Aber Frankreich ist hin! Das Ende ist nahe. Nicht zufällig sind mir heute zwei Priester begegnet, ein böses Vorzeichen."

8

Am Abend desselben Tages schlenderten der allmächtige Dessère und der bescheidene Ingenieur Pierre Dubois am Ufer der Seine entlang. Beide schwiegen. Die für Paris typischen aschgrauen Farbtöne, die Ruhe, die die Seine mit den vereinzelten Lichtern der Lastkähne ausstrahlte, der steinerne Wald der Kathedrale von Notre-Dame, all das ließ sie verstummen. Sie kamen an der Halle-aux-Vins vorbei, und zu der frischen Brise gesellte sich herber Weingeruch. Hinter der Umzäunung des Zoologischen Gartens brüllten in der Dunkelheit die vom Frühling aufgestörten Raubtiere. Die Scheinwerfer der Autos, die über die Brücke zum Lyoner Bahnhof jagten, blinkten auf. Und wieder dichte bläulich-feuchte Stille.

Die Harmonie zwischen Häusern und Fluß, die alten Namen der engen Straßen – „Straße des hölzernen Schwerts", „Straße des kleinen Mönchs", „Straße der zwei Wappen" –, die Geheimnisse der Stadt, die eine große Vergangenheit hatte, all das erregte die beiden Männer auf verschiedene Weise. Dessère hatte den Tag mit Tessat, mit Joliot, mit Zahlen, mit der Lüge zugebracht; er ging finster und gebückt dahin. Der Anblick der entschlummernden Stadt erinnerte ihn an ein Abschiednehmen, an jene Minuten, da die Angehörigen rings um die gepackten Koffer sitzen und keine Worte finden, die Leere der Trennung zu überbrücken. Pierre dagegen erfreute sich an dem Abend und dem Anblick der Häuser, wie er sich an der unergründlichen, verborgenen Schönheit seiner Agnès erfreute. Den Mantel weit geöffnet, atmete er gierig die frische Luft ein. Ihm war, als erlebte er den Frühling zum erstenmal. Nie zuvor hatte er ein so großes und zugleich schlichtes Glück empfunden. Er wäre am liebsten in eine der Seitengassen eingebogen, um den Tieren im Zoo oder den Straßenlaternen bis zum Morgengrauen von dem

Liebreiz, der Herzensgüte und dem Verstand seiner Agnès zu erzählen.

Aber es war nicht nur die Liebe, die Pierre den Kopf verdrehte. Wie viele andere glaubte auch er, daß dieser Frühling ein Frühling für sein Land sein würde. Pierres Vater war Sozialist gewesen. Die Mutter hatte erzählt, wie Viard nach Perpignan gekommen war und nach der Versammlung bei ihnen Abendbrot gegessen hatte. Eines Tages war Pierres Vater blutüberströmt nach Hause gekommen: Sie hatten gegen die Erschießung des Spaniers Ferrer protestiert, Gendarmen hatten auf die Demonstranten eingeschlagen. Pierre war damals sieben Jahre alt gewesen; als er in jener Nacht wach geworden und Vaters blutendes Gesicht gesehen hatte, war er in Tränen ausgebrochen. Sein Vater war bald darauf im Krieg gefallen. Kurz vor dem Tod hatte er an seine Frau geschrieben: „Sie werden für alles bezahlen müssen – es wird Revolution geben!"

Revolution – dieses Wort war für Pierres Altersgenossen wie die Sehnsucht nach Sonne an einem nebligen Tag. Bei Kriegsausbruch waren sie noch Kinder gewesen. Mit der Menge hatten sie die Milchläden der Firma Maggi angezündet und geschrien: „Nach Berlin!" Sie waren entzückt von den weiten Hosen der Zuaven und den hohen, plumpen Autos, die die Soldaten an die Marne brachten. Dann sahen sie Männer ohne Beine, Verstümmelte, Gasvergiftete. Das Hinterland stank nach Karbol und schimmerte schwarz von Witwenkleidern. Wenn die Väter auf Urlaub kamen, sprachen sie von Läusen, vom Schmutz der Schützengräben, von Leichen, die zwischen Drahtverhauen verwesten. Sie wiederholten hartnäckig: „Es wird Revolution geben!" Soldatenaufstände brachen aus: Die Stimme der „Aurora" dröhnte bis in die Champagne.

Dann kam ein kurzer Freudentag, als die Trompete des Hornisten den Waffenstillstand verkündete. Jung und alt tanzte die ganze Nacht auf den Straßen. Man sagte ihnen: „Ihr habt es mal besser ..." Die heimkehrenden Soldaten sahen überall Gleichgültigkeit und Geiz. Streiks brachen aus. Die erschreckten Bourgeois machten Jagd auf die Revolution wie auf ein wildes Tier. Alle Mittel waren ihnen recht: Verleumdung und Tränengas, Demagogie und Gefängnisse. Der Kommunist mit dem Messer zwischen den Zähnen war der böse Geist, mit dem Poincaré die

Stammgäste des „Café du Commerce“ und die Bauern erschreckte.

Die Revolution zog sich in die Parteizellen, in kleine Zirkel, in die bitteren Gedanken der Betrogenen zurück. Bisweilen brachte sie sich durch einen Bergarbeiterstreik oder eine Straßenschießerei in Erinnerung. An einem heißen Tag des Jahres 1927 schreckte sie die Hauptstadt auf: Das hochherzige Volk empörte sich über die Hinrichtung Saccos und Vanzettis. Wie Vögel flogen Steine durch die Luft, und noch einmal färbte sich das Pariser Pflaster rot von Arbeiterblut.

Das Leben wurde mit jedem Tag schwerer. Die Krise hatte die Weberschiffchen stillstehen lassen und die nächtlichen Boulevards mit unheimlichen Gestalten bevölkert. Fünfzehn Jahre waren seit dem Waffenstillstand vergangen, und die Revolution tauchte wieder in den Straßen von Paris auf.

„Wird man etwa auch uns in den Krieg treiben?“ fragten Pierres Altersgenossen, die aus der Lebensbahn geworfen und frühzeitig gealtert waren.

Pierre verstand nicht viel von Politik, er glaubte an Worte. Vor zwei Jahren hätte er fast für eine Sache sein Leben gelassen, die nicht die seine war: In einer dunklen Februarnacht hatte er die Lüge für Wahrheit gehalten. Wenn er sich daran erinnerte, errötete er vor Pein. Er sagte sich: Ich bin ein Arbeitersohn. Jetzt fürchtete er, hinter Michaud zurückzubleiben. Aber Blut erschreckte ihn noch immer. Die Worte des Mechanikers schienen ihm zu streng. Er wünschte sich die Revolution fröhlich und rauschend wie einen Mairegen.

An der Metrostation stand ein Mädchen. Nervös blickte sie bald nach der Tür, bald auf die Uhr – sie wartete auf jemanden. Sie sah aus wie ein schmollendes Kind.

„Sie wollen also diese Lehrerin heiraten?“ sagte Dessère plötzlich zu Pierre.

Pierre stritt es nicht ab. Er fragte auch nicht, wie Dessère seine Herzensangelegenheit erraten habe. Er wollte den Namen laut aussprechen, die Stille der Straße damit erfüllen. „Ja, Agnès“, antwortete er.

Dessère blieb stehen, musterte Pierre aufmerksam – schwarze Augen mit großen weißen Augäpfeln, seliges Lächeln – und fügte leise hinzu: „Ich beneide Sie.“

„Aber ..." Beinahe hätte Pierre gefragt: Warum heiraten Sie nicht ebenfalls? Doch er besann sich noch rechtzeitig. Dessère hatte ihn verstanden.

„Das ist sehr banal", sagte er, „aber nicht zu ändern. Die Frauen haben mich bis zu Tränen, bis zu Selbstmorddrohungen geliebt. Aber sie haben nicht mich geliebt, sondern mein Geld. Was raten Sie mir zu tun? Verschweigen, wer ich bin? Mir eine Tarnkappe zulegen?"

„Sie können sich von Ihrem Geld trennen. Sie sind doch kein Spekulant, sondern Ingenieur. Wenn es Sie so belastet ..."

„Nein, ich schätze das Geld. Warum? Wahrscheinlich, weil Geld Macht bedeutet. Nicht Ehre, sondern wirkliche Macht, die Möglichkeit, alles allein zu entscheiden. Wozu ich das brauche? Das versuche ich gerade herauszufinden ... Eine Last? Das schon, aber eine angenehme. Und außerdem ist das wie eine Vergiftung, nicht so augenfällig wie bei Rauschgiftsüchtigen, das geht ins Blut, ähnlich wie Syphilis."

Sie gingen jetzt durch eine dunkle Straße. Wie ein entzündetes Auge leuchtete hier die rote Ampel eines Polizeireviers. Eine Frau wühlte in einem Abfallkübel. Es begann zu nieseln. Dessère fuhr fort: „Davon sind alle vergiftet, das ist das allgemeine Übel, von dem keiner loskommt, weder die ‚zweihundert Familien' noch die zwanzig Millionen. Sie werden kämpfen. Für Frankreich? Nein, für ihr Geld, bis zum letzten Atemzug. Krieg? Dazu wird es nicht kommen. Auch nicht zur Revolution. Die Menschen haben Angst zu verlieren. Diese Frau hier besitzt nichts, sie braucht um nichts zu bangen. Aber wie viele solcher Leute gibt es denn? Man wird sie einschüchtern und, falls nötig, erschießen. Doch das wird gar nicht erforderlich sein. Unser Volk ist ein gebranntes Kind, es hat aus Erfahrungen gelernt und ist außerdem nicht dumm."

„Wie kann man leben, wenn man die Menschen so verachtet? Die Menschen sind betrogen worden, aber jetzt beginnen sie zu begreifen. Worauf hoffen sie? Doch nur auf eine Revolution! In Ihrer Fabrik gibt es Tausende großartiger Menschen. Das sind doch keine Landstreicher, die nichts zu verlieren haben. Sie haben Arbeit, Familie, Wohnung, viele besitzen kleine Ersparnisse. Aber sie würden alles hergeben, um das da aus der Welt zu schaffen ..." Pierre deutete auf die Frau am Abfallkübel.

„Manchmal scheint es mir, als wären die Menschen aus Ton. Früher hat man Götter und Tiere aus Ton geformt, jetzt versuchen wir, den Menschen zu modellieren."

„Die Menschen sind nicht aus Ton, sondern aus Kaugummi. Darum ändert sich alles und bleibt doch, wie es ist. Ja, was ändert sich eigentlich? Die Namen. Eine echte Veränderung ist nur der Tod. Der Tod ändert in der Tat alles. Deshalb fürchte ich auch den Tod. Ich verstehe die Selbstmörder nicht. Aber nicht darüber wollte ich sprechen ... Sie sagen: ‚Revolution', aber das ist doch der Tod, nicht nur für mich, sondern für Millionen Menschen."

Sie verstummten. Durch die angelehnten Fensterläden fiel ein warmer Lichtschein. Im untersten Stockwerk standen die Fensterläden offen: eine Lampe, darunter ein runder Tisch, an dem zu Abend gegessen wurde, das müde und schöne Gesicht einer Frau.

Dessère begann von neuem: „Der Gedanke ist mir schrecklich, daß all das zugrunde gehen könnte. Ich meine nicht die Gebäude ... Notre-Dame? Der Louvre? Natürlich ist das Schönheit, Ruhm. Aber mich dauert etwas anderes, das, was in diesen Häusern ist, das Glück, vielleicht die Illusion vom Glück, auf jeden Fall die Ruhe, die Stille, wenn man neben sich Atemzüge hört. Mir tut es leid um die Tauffeste mit Mandelkonfekt, die Hochzeiten, auf denen Blumen gestreut werden, ja sogar um die Beerdigungen, wenn man vom Friedhof nach Hause geht, um seinen Kummer mit Käse zu stillen. Das alles existiert, und es kann zerstört werden – durch eine Bombe, durch den ersten Schuß auf der Straße, durch Hitlers Hysterie, durch geballte Fäuste, durch irgendeinen Zufall. Natürlich, in hundert Jahren wird man diesen Zufall eine ‚historische Notwendigkeit' nennen ... Ich werde Sie hier verlassen." Er reichte Pierre die Hand im feuchten Lederhandschuh und ging schnell auf den Quai zu. Das Gespräch hatte ihn erschöpft. Er bedauerte, daß er sich zu so unangebrachten Geständnissen hatte hinreißen lassen – mit einem verliebten Ingenieur über das Schicksal der Menschheit zu sprechen!

Er begab sich zum Stadtzentrum. Die Lichter der Boulevards strahlten, es war hell wie an einem Sonnentag. In den Schaufenstern glitzerten und leuchteten die Waren. Blauviolette Zwerge, Schlangen, Buchstaben jagten über die Häuserfassaden, priesen Aperitifs an oder luden in das warme Marokko ein. Die Menschen drängten sich, als wüßten sie nicht wohin. Ihre sich ständig wiederholenden Bewegungen erinnerten an das Kreisen von Fischen im Aquarium. An den Kiosken hingen Zeitungen in zwanzig verschiedenen Sprachen. Dessère las: „Die Volksfront fordert ..." – „Die Gefahr eines militärischen Konflikts ..." Er gähnte träge. Alles hier war ihm verständlich: Er kannte den Preis der Häuser, der Reklame, der Aktien, die Höhe der Dividenden der marokkanischen Eisenbahnen oder der berühmten bittersüßen Getränke. Und alles hier gehörte ihm: der Boden, die Autos, die Zeitungen, das Lächeln. In seinem eigenen Reich war er ein Passant, der nichts brauchte, ein Zauberer, der sich für kurze Zeit in eine Marionette verwandelt hatte ... Sollte man das erhalten? Natürlich! Aber wie trostlos war das doch! ...

9

Professor Mâle hielt eine Vorlesung über die romanische Architektur in Poitiers. Diese Vorlesungen fanden abends statt und waren öffentlich, deshalb saßen im Hörsaal außer Studenten auch ältere Leute: Liebhaber der Architektur, Autodidakten, die alle Vorlesungen besuchten, mit dicken Heften, in denen neben Wortstämmen des Sanskrit Binome standen, und schließlich einfach Obdachlose, die hierher kamen, um sich aufzuwärmen und ein Schläfchen zu machen. Die einen schrieben jedes Wort Mâles mit, andere gähnten oder unterhielten sich flüsternd. Eine alte Frau saß in der obersten Bank und strickte.

Der Mechaniker Michaud besuchte regelmäßig Mâles Vorlesungen. Seit seiner Kindheit interessierte er sich für Architektur; er hatte sich viel mit Berechnungen, Proportionen und Baumaterialien beschäftigt. Alles schien ihm klar zu sein, doch beim Anblick von schönen Gebäuden spürte er, daß die Architektur außer der Klarheit und Harmonie, die ihn an einem Motor so faszinierte, noch andere Eigenschaften besaß. Er fand sie erregend wie die Gesichtszüge eines Menschen oder wie einen Wald. Michaud hoffte, durch das Studium der Architekturgeschichte das Rätsel dieses Zaubers zu lösen.

Michauds Wißbegier war unstillbar. Wie ein Kind sein Spielzeug, so zerlegte er die Welt. Die Schule hatte ihm nur die vier

Grundrechenarten und ein paar moralisierende Sinnsprüche vermittelt. Dann war er in die Schule des Lebens entlassen worden. Der Vater Luc Michauds war Hutmacher gewesen. Nach dem Krieg setzte eine Krise ein: Hüte waren nicht mehr gefragt, und Luc bekam nicht einmal eine Lehrstelle. So fuhr er auf einem dreirädrigen Fahrrad Kondensmilch aus. Dann arbeitete er in einer stinkenden Lederwarenfabrik. Er las sehr viel, aber sein Wissen war zufällig und sporadisch. Auf dem Torpedoboot befreundete er sich mit dem technischen Zeichner Quérieux, den die Kommunisten später als Wahlkandidaten aufstellten. Quérieux gewann Michaud rasch für seine Ideen. Danach fanden beide im Flugzeugwerk „Seine" Arbeit. Michaud begann Versammlungen zu besuchen, las Bücher über politische Ökonomie, beschäftigte sich mit der Geschichte der Arbeiterbewegung. Gleichzeitig brütete er über der Mathematik. Er wurde ein guter Mechaniker und verdiente nicht schlecht. Aber immer noch meinte er, überhaupt nichts zu wissen. Das war ein quälendes Gefühl, als verpaßte er einen Zug. Aber er hatte wenig Zeit. Bald war eine Parteiversammlung, bald eine Kundgebung. Er wollte gern ins Theater gehen, in die Museen, er träumte von fernen Ländern – den Ruinen Roms oder der Turksib.

Michaud schlenderte an nebligen Novemberabenden gern durch die Stadt und wärmte die Hände an heißen Kastanien. Paris mit seinen verschwommenen Lichtern erschien ihm dann wie ein Schiff, gleich würde die Gangway eingeholt ... Manchmal ging er ins Kino; dort roch es nach Apfelsinen, Verliebte küßten sich, auf der Leinwand litt eine dumme, aber rührende Amerikanerin, und Michaud seufzte laut. Drei Jahre lang war er in die Tochter eines Genossen, in die hübsche Mimi mit der Ponyfrisur, verliebt gewesen. Er hatte ihretwegen tanzen gelernt, hatte ihr Blumen und Konfekt gebracht und sich sogar im Dichten versucht. Aber alles umsonst: Mimi heiratete einen Buchhalter – sie sehnte sich nach einem geruhsamen Leben. Michauds Ideen und sein leidenschaftlicher Charakter machten ihr Angst.

Michaud war neunundzwanzig Jahre alt, kräftig und ein wenig plump: sein Kopf wirkte zu groß und zu schwer. Das Gesicht war selbst im Winter mit Sommersprossen übersät. Anziehend waren seine grauen spöttischen Augen und die strahlend weißen, etwas vorstehenden Zähne, es sah aus, als lächelte er fortwährend. Er gestikulierte beim Sprechen und sagte immer: „Und ob!"

Michaud hörte Mâle aufmerksam zu und schrieb ab und zu etwas in ein zerfledertes Heft. Neben ihm saß ein hübsches Mädchen. Sie war Michaud schon vor der Vorlesung aufgefallen. Sie hatte lange schwarze Wimpern wie eine Filmschauspielerin. Dann vertiefte er sich in die Schönheit der Kathedrale von Poitiers und vergaß seine Nachbarin. Als Mâle über Säulen sprach, verstand Michaud einen Ausdruck nicht.

„Was für ein Ornament?" fragte er leise das Mädchen.

„Mäander."

Die Vorlesung war zu Ende. Sie saßen in der letzten Bank und mußten warten, bis die anderen gegangen waren.

„Verzeihen Sie, daß ich Sie vorhin gefragt habe", sagte Michaud zu dem Mädchen. „Sie sind sicher Studentin, ich dagegen bin in der Architektur ein Laie. Mein Gebiet ist die Mechanik."

Sie lächelte. „Und ich verstehe nichts von Mechanik, absolut nichts."

„Das ist ein Spezialgebiet. Aber wenn man von Kunst nichts versteht, ist das schon schlimmer. Sie ist aber auch schwer zu verstehen ... Und ob! Früher habe ich immer eine Sprache durch eine andere erklären wollen. Zum Beispiel bei der Musik: ich lausche und versuche herauszubekommen, was das bedeutet: Verliebtheit oder ein militärischer Sieg oder Sturm auf dem Meer. Aber die Sprache der Musik ist eine ganz andere. So ist es auch mit der Architektur. Sie wissen das ja viel besser als ich."

Sie traten auf die Straße. Zwei Tage Regen und Wind hatten die Stadt verändert. Überall kam der Frühling zum Vorschein. Die Kastanienknospen waren über Nacht angeschwollen. Ganz anders glänzte der bläuliche Asphalt. Helle Regenmäntel hatten die Wintermäntel verdrängt. Die Cafébesucher waren auf die Terrassen übergesiedelt. Herumziehende Straßenmusikanten tauchten auf, und kleine Jungen verkauften grüne, noch nicht erblühte Maiglöckchen. Vom Boulevard Saint-Michel klang Stimmengewirr herüber: Dort seufzten die jungen Leute, machten Liebeserklärungen, tranken Kaffee oder Limonade und zitterten vor den nahenden Examen.

Sie überquerten den hellerleuchteten Saint-Michel. Auf dem Boulevard Saint-Germain führten Dienstmädchen im romantischen Halbdunkel Hündchen aus, küßten sich Liebespaare. Es war zehn Uhr abends. Michaud erzählte, wie er in der Nähe von Grenoble Gletscher bestiegen habe. Es gefiel ihm, daß das Mädchen lachte. „Schön, daß Sie so fröhlich sind!"

„Ich bin nicht immer so. Zu Hause werfen sie mir vor, daß ich mürrisch sei. Mein Bruder hat mir sogar den Spitznamen ‚Murmeltier' gegeben."

„Überhaupt keine Ähnlichkeit! Als kleiner Junge habe ich mal bei meinem Onkel in Savoyen ein Murmeltier gefangen. Wir haben es dressiert, es konnte Männchen machen. Es ist interessant, Tiere zu beobachten. Kürzlich hab ich etwas über Ameisen gelesen. Ein kluges Völkchen! Wie gut sie sich alles eingerichtet haben! Und die Aale! Von überallher ziehen sie in die Sargassosee – die Liebe treibt sie. Fünftausend Kilometer legen sie zurück, zuerst kommen sie aus einem kleinen Fluß, werden unterwegs dezimiert – ganz egal ... Das sind echte Gefühle! Die Menschen dagegen?" Er wollte von Mimi erzählen, die der Liebe das Gehalt eines Buchhalters vorgezogen hatte, aber er erzählte es nicht. „Es gibt soviel Interessantes auf der Welt. Aber ich habe von nichts eine Ahnung, außer von der Mechanik. Und höchstens noch von der Politik."

„Mir hängt die Politik zum Halse heraus. Bei uns zu Hause wird von nichts anderem gesprochen. Mein Vater ist doch ..."

Denise stockte. Komische Situation! Weshalb sprach sie mit dem Fremden? Sie hatte die Menschen immer gemieden, und nun unterhielt sie sich plötzlich mit einem Mann, von dem sie weiter nichts wußte, als daß er Mechaniker war. Dumm, einfach kindisch war das! Zugleich überkam sie Traurigkeit, denn gleich würde diese zufällige Begegnung, der ganze Zauber des Frühlingsabends zu Ende sein. Sie mußte in den Omnibus einsteigen. Kühl sagte sie: „Mein Vater ist Abgeordneter. Sie haben sicher von ihm gehört – Tessat."

Michaud lachte verwundert auf. „Das ist eine Überraschung! Und ob! Aber was geht mich Ihr Vater an? Ich unterhalte mich doch nicht mit ihm, sondern mit Ihnen. Denken Sie denn, ich begreife, was die sich da zusammenbrauen? Das ist eine langweilige Sache. Mir geht es um etwas anderes ... Wohin müssen Sie? Gehen wir noch ein Stückchen zusammen, bis zur nächsten Haltestelle. Der Abend ist so schön."

Denise war einverstanden und staunte von neuem: Warum gehe ich mit? Warum höre ich ihm zu? Und vor allem – warum ist mir so leicht, so fröhlich zumute?

„Ich habe eine andere Vorstellung von der Politik", sagte Michaud. „Man muß die Welt verändern. Es gibt so viel Zufälliges, Schlechtes. Irgendwie schämt man sich für die Menschen. Dabei könnte man fröhlich und unbeschwert leben, mit erhobenem Haupt. Für mich ist die Revolution etwas Ähnliches wie die Architektur. Wenn Sie die Kunst lieben, müssen Sie das fühlen."

„Sind Sie Kommunist?"

„Was denn sonst?"

„Mein Bruder redet genau wie Sie. Aber ihm glaube ich nicht. Ich hab etwas gegen große Worte."

„Das kommt daher, weil Ihr Vater Anwalt ist. Ich kann es auch nicht vertragen, wenn jemand allzu schöne Worte macht. Aber bei uns ist das anders. Wissen Sie was, kommen Sie auf eine halbe Stunde mit. Heute findet eine Wahlversammlung statt. Sie werden sehen, wie anders es bei uns zugeht. Es ist hier ganz in der Nähe, in einer Schule in der Rue Falguière. Wenn es Ihnen nicht gefällt, können Sie ja wieder gehen. Aber gucken Sie sich's erst mal an, der Mensch muß sich für alles interessieren. Kommen Sie mit?"

Denise sagte: „Nein!", obwohl sie schon wußte, daß sie mitgehen würde. Sie überlegte: Nachdenken und mir über alles Klarheit verschaffen werde ich später, zu Hause, jetzt fühle ich mich einfach wohl, und das ist gut so!

In der Schule waren viele Menschen, die nicht in den Wählerlisten standen, Frauen, Jugendliche. Es war eine von den Tausenden Versammlungen jenes ungewöhnlichen Frühlings, als Paris sich an dem Wort „Volksfront" berauschte. In der Aula war es heiß. Viele Männer hatten das Jackett ausgezogen; sie saßen da, die Schirmmütze auf dem Kopf, und rauchten. Denise studierte die Gesichter: wieviel Kummer, Krankheiten, Elend! Eine Frau hielt ein schlafendes Kind im Arm; offenbar hatte sie es nirgends lassen können. Ein alter Mann hatte entzündete, tränende Augen, es sah aus, als weinte er. Alle diese Menschen kannten einander nicht. Sie waren aus den rauchgeschwärzten Häusern der großen Stadt hierher gekommen, aber sie alle verband eine neue Brüderlichkeit, und wenn der Redner von Kampf und Gerechtigkeit sprach, erhoben sich sofort die Fäuste, und Hunderte von Stimmen antworteten wie ein Echo. Die Redner hatten keinerlei Ähnlichkeit mit Tessat, sie sprachen stockend und mühsam, als suchten sie nach Worten. Und die Worte klangen ganz neuartig. Aber die Gesichter waren müde, nur manchmal wurden sie von einem Lächeln erhellt. Vergessen waren Gegenkandidaten und Wahlurnen. Der Schmerz der Geburt, das Geheimnis keimenden Lebens erfüllten den verräucherten Saal, und die hagere, runzlige Faust der Arbeiterin zitterte in der Luft, als wollte diese Frau, die Kinder geboren und begraben hatte, einen Windhauch, die Wärme eines Grußes oder ein kurzes flüchtiges Wort festhalten.

Es verstrich eine halbe Stunde, eine Stunde und noch eine halbe. Denise ging nicht. Sie hörte gespannt zu. Aber worüber diese Menschen sprachen, hätte sie kaum zu sagen gewußt. Sie lauschte gleichsam dem dumpfen Schlag der Herzen, der neuen, ihr unverständlichen Welt. So hatte sie als kleines Mädchen in der Bretagne dem Meer gelauscht, als es sich erstmals vor ihr auftat.

Um zwölf Uhr war die Versammlung zu Ende. Bestürzt merkte Denise auf einmal, daß auch sie in die „Internationale" einstimmte, ohne recht zu wissen, weshalb und was sie da sang.

Ein bejahrter, hochgewachsener Arbeiter mit einer Narbe auf der Wange und dunklen, tiefliegenden Augen kam auf Michaud zu. „Michaud, wir haben heute vier Mann aus deiner Fabrik aufgenommen. Bestell Charles, daß die Flugblätter in den Werkhallen verteilt werden sollen. Dann kann man die Anschlagtafeln für Plakate verwenden." Er wandte sich an Denise: „Aus welchem Bezirk bist du, Genossin?"

Denise errötete vor Verlegenheit. Michaud antwortete für sie: „Die Genossin ist Studentin."

Denise dachte: Er hält mich also für eine Gleichgesinnte, und irgendwie freute sie sich darüber.

Sie traten auf die Straße, und das feuchtwarme, unruhige Paris erinnerte sie wieder an den Frühling.

„Hat es Ihnen gefallen?"

„Ich weiß nicht, was ich sagen soll ... Gefallen ist nicht das richtige Wort. Ich war verblüfft."

„Verständlich. Und wissen Sie, warum? An so einem Abend ...

Es ist wie mit der Luft ... Von allen Worten paßt wohl nur eins: Hoffnung. Alles umkrempeln, verändern."

„Meinem Bruder habe ich nicht geglaubt. Aber dem Mann, der zu Ihnen kam, dem glaube ich. Das ist wahrscheinlich die Wahrheit ... Ich weiß nicht, ob für die anderen, aber für ihn bestimmt. Überhaupt muß ich erst über alles nachdenken. Auf Anhieb findet man sich da schwer zurecht."

Michaud sprach immer noch von der Hoffnung, die ihn und die anderen erfüllte. Sie hörte nur noch unaufmerksam zu – es war zuviel für sie. Aber seine Stimme gefiel ihr nach wie vor, und beim Abschied lächelte sie den grauen, spöttischen Augen zu. Er aber sagte verwirrt: „Und ob!"

Denise mußte lachen. „Wir sehen uns wieder. In der Vorlesung bei Mâle. Oder wenn wieder eine Versammlung ist, schreiben Sie mir, ich werde kommen, gut?"

Und dann war sie zu Hause. An den Korridorwänden hingen Fotografien von berühmten Prozessen; auf jeder sah man, zwischen zwei Gendarmen, Mörder oder Gauner, und im Vordergrund, die knochigen Hände zum Himmel erhoben, Tessat in der Anwaltsrobe.

Die Wohnung war wie ein stehendes Gewässer – dunkel, still, mit brodelnden Leidenschaften in der Tiefe. Der Vater war noch nicht zu Hause. Er suchte wahrscheinlich an Paulettes Busen die hinterhältigen Reden Dessères zu vergessen. Im Schlafzimmer legte die Mutter in Erwartung ihres Mannes Patience. Madame Tessat litt an Nierensteinen, sie fürchtete den Tod und vor allem die Hölle. Sie war immer schon gläubig gewesen, aber früher hatten Küche, Kleider und Klatsch sie abgelenkt. Seit ihrer Erkrankung dachte sie nur noch an Gott. Sie erinnerte sich an ihre Kindheit im Kloster. Das Jüngste Gericht war nahe. Dort würde sie für alles Rechenschaft ablegen müssen: für die kirchenfeindlichen Äußerungen des Abgeordneten Tessat, für seine Beziehungen zu lasterhaften Weibern, für Luciens Schmähreden und Verderbtheit. Wer würde ihr beistehen? Denise? Aber das Mädchen war so verschlossen, ging nicht in die Kirche, antwortete der Mutter nicht. Vielleicht war auch Denise nach dem Vater geraten?

„Bist du's, Denise? Ich dachte, es wäre Papa ... Komm mal zu mir! Wo warst du?"

„Auf dem Saint-Michel, im Café. Ein wunderschöner Abend ..."

Denise sagte, was ihr gerade einfiel. Sie wollte der Mutter nicht von der Versammlung erzählen, um sie nicht zu beunruhigen. Aber Madame Tessat brach in Tränen aus: „Auf dem Saint-Michel? Wie dein Vater!"

Denise versuchte sie zu trösten, sie sagte, daß sie mit Freundinnen zusammengewesen sei. Sie holte den Eisenkrauttee, den die Mutter immer zur Nacht trank. Aber noch immer tropften Tränen auf Könige und Buben ...

Denise ging in ihr Zimmer. Das war ein kahler und ungemütlicher Raum: ein Bett, ein Tisch mit grünem Tuch und einem großen Tintenfaß darauf, ein Stuhl. So sehen Hotelzimmer aus, in denen man sich nur nachts aufhält. Denise setzte sich aufs Bett, ließ die Beine baumeln und konnte sich noch nicht entschließen, über alles nachzudenken, da klopfte es. Es war Lucien. Er kam von einem Abend der surrealistischen Dichter. „Die haben sich da etwas Kurioses ausgedacht: Sie bestimmen das Geschlecht von Begriffen, Farben und Worten. Du kannst dir vorstellen, wie empört alle waren! Vor allem die Kommunisten. Die verziehen doch schon das Gesicht, wenn sie den Namen Freud hören. Hast du jemals gehört, wie ein orthodoxer Kommunist argumentiert?"

„Nein!"

Dann sprach Lucien von einer Ballettänzerin der Insel Bali: „Jetzt verstehe ich Gauguin ... Man spürt, daß sie nur animalische Leidenschaft anerkennt ..."

„Warum erzählst du mir das?"

„Weil du zweiundzwanzig bist und nicht mehr zwölf. Hör endlich auf, die Naive zu spielen! Oder willst du etwa wie Mama dein Leben mit Gebetbuch und Klistierspritzen verbringen?"

Als er ihren finsteren Blick sah, meinte er versöhnlich: „Na, sei nicht böse, Murmeltier! Ich wollte dir nicht weh tun. Gute Nacht!"

Denise blieb allein; sie zog sich aus, löschte das Licht, konnte aber nicht einschlafen. Die Uhr schlug zwei, halb drei, drei ... Schritte im Korridor: der Vater kam nach Hause. Er sang leise vor sich hin: „Alles ist schön, Madame Marquise ..." Dann herrschte wieder Stille.

Dieses Haus war Denise immer wie ein Grab vorgekommen.

Die Schulzeit hatte sie in einem Pensionat in der Bretagne verbracht. Dort gab es das Meer, ausgelassene Mädchen, durch die Straße gingen Fischer, die in ihren roten Segeltuchhosen wie riesige Hummer aussahen. Bei Sturm erbebten im Haus die Teller an den Wänden und die große Uhr unter dem Glasgehäuse, aber das Herz des Mädchens klopfte freudig.

Nach Paris zurückgekehrt, glaubte Denise ersticken zu müssen. Alle lebten wie aneinandergepfercht. Denise wußte von den Abenteuern ihres Vaters und von Jeannette. Die Familie schien in Eintracht zu leben, und die obligatorischen gemeinsamen Mittagsmahlzeiten, diese äußerliche Zusammengehörigkeit drohten sie zu verschlingen wie ein Morast.

Denise interessierte sich sehr für alte Architektur. Einst hatten die Menschen leidenschaftlich und inbrünstig geglaubt, nicht so wie die Mutter. Sie bauten niedrige Kirchen, die Getreidespeichern ähnelten. Diese Kirchen schienen noch etwas vom alten Glauben bewahrt zu haben. Denise flüchtete vor der Geschäftigkeit des Vaters, der Scheinheiligkeit der Mutter, den ziellosen Ausbrüchen des Bruders in die Vergangenheit.

Heute aber war etwas unendlich Wichtiges geschehen. Sie hatte sich geschworen, stets allem auf den Grund zu gehen. Jetzt wälzte sie sich im Bett herum und fragte sich: Was ist geschehen? Bald dachte sie an die Faust der alten Arbeiterin, bald an den Arbeiter mit der Narbe auf der Wange, der sie „Genossin" genannt hatte. Dann wieder sah sie die lächelnden grauen Augen Michauds. All das verschmolz mit der Frühlingsluft, der Feuchtigkeit und der Stille der nächtlichen Straßen. Ihr Herz klopfte heftig. Und ein neuer ungewisser Tag drang, die Dunkelheit wie einen Vorhang zerreißend, ins Zimmer, erfüllte es mit grauem Flimmern, mit den verschwommenen Konturen der Gegenstände. In Denises Ohr klangen die Worte: „Und ob!". Sie mußte lächeln, und mit diesem Lächeln schlief sie ein.

10

Als Lucien eine Rezension seines Buches in einer kommunistischen Zeitung las, ärgerte er sich. Vor allem der Schlußsatz kränkte ihn: „Einige ultrarevolutionäre Passagen erwecken Mißtrauen." Dieser Schwachkopf! Aber so sind sie alle! Ohne Format, die reinsten Flickschuster! Die rechten Zeitungen beriefen sich gern auf Luciens Buch. Sie bemühten sich nach Kräften, Paul Tessat zu diffamieren: Da sieht man, wie die Radikalen ihre Kinder erziehen! Dort aber, wo man Lucien als einen Tribun, als einen neuen Vallès hätte feiern müssen, nur ein paar dürftige Lobesworte: „Der Verfasser kennt sein Milieu", und am Schluß dann „Mißtrauen".

Lucien mußte plötzlich lächeln: Vielleicht hatten sie recht. Aber noch vor kurzem hatte er doch in die kommunistische Partei eintreten wollen, hatte er seinen Freunden zu beweisen versucht, daß die Parteidisziplin die höchste Selbstbeschränkung sei, die Goethe von einem schöpferischen Menschen fordert. Lucien war ein Mensch, der rasch entflammte und ebenso rasch wieder abkühlte.

Die Wohlhabenheit seines Vaters enthob ihn der Notwendigkeit, über eine Verdienstmöglichkeit nachdenken zu müssen. Nach Beendigung des Gymnasiums sah er sich nach einer Lebensaufgabe um. Er begann Medizin zu studieren, um dann ein Jahr darauf die Anatomie an den Nagel zu hängen und sich dem Völkerrecht zu widmen. Plötzlich begeisterte er sich für den Film und wurde Regieassistent. Er wollte einen ungewöhnlichen Film über den Untergang der mechanischen Welt drehen, statt dessen mußte er an einem albernen Lustspielstreifen arbeiten: Die Heldin verwechselte fortwährend ihren Ehemann mit ihrem Geliebten, die Doppelgänger waren. Lucien verlor das Interesse am Film und suchte mit der Miene des enttäuschten Meisters die Literatencafés auf.

Er war sechsundzwanzig Jahre alt, als er den Forscher Henri Lagrange kennenlernte, der eine Expedition zum Südpol plante. Lucien hatte schon immer von der Gefahr geträumt. Lagrange nahm ihn mit. Lucien schrieb in sein Tagebuch: „Der Pinguin hat Ähnlichkeit mit einer Mistinguette. Die Konserven hängen mir zum Halse heraus. Im allgemeinen ist es schön hier, aber langweilig." Ein paar Seiten weiter folgte eine kurze Notiz: „Henri ist um vier Uhr entschlafen." Lagrange war in Luciens Armen an Wundbrand gestorben.

Nach Paris zurückgekehrt, setzte Lucien sein früheres Leben fort. Er besuchte Ausstellungen und Veranstaltungen der Surrealisten. Doch mitten im Geplauder mit Freunden verstummte er plötzlich. Er dachte jetzt oft an den Tod.

So entstand der Roman „Unter vier Augen“, der einen aufsehenerregenden Erfolg hatte. Es war ein wirres, widerspruchsvolles Buch mit selbstgefälligen Betrachtungen und mit echten Gedankenflügen. Der Roman schilderte den Tod inmitten des Eises, die letzten Tage eines Mannes, der über alles in der Welt die Mathematik und sein vierjähriges Töchterchen liebte. Lucien wurde auf Anhieb ein anerkannter Schriftsteller. Man interviewte ihn: „Ihre weiteren literarischen Pläne?“ Er antwortete, er arbeite an einem großen Roman über den Zerfall einer Familie. In Wirklichkeit schrieb er überhaupt nichts. Er kam sich vor wie eine ausgepreßte Zitrone.

Die Jahre vergingen. Der Schriftsteller Lucien Tessat geriet in Vergessenheit. Paul Tessat, der schon fast an die literarische Karriere seines Sohnes geglaubt hatte, warf ihm wieder Müßiggang und Verschwendungssucht vor. Lucien konnte nicht ohne Geld leben und besaß die Gabe, im Handumdrehen Zehntausende durchzubringen. Er lud Freunde in äußerlich unscheinbare, aber sehr teure Restaurants ein, bewirtete sie mit alten Weinen und sagte wie nebenbei: „Ein ganz gewöhnliches Weinchen.“ Die Frauen, die ihm gefielen, verwöhnte er mit Geschenken. Er ergab sich dem Kartenspiel: In einem großen Gewinn sah er den einzigen Ausweg. In allen Spielkasinos kannte man den schönen jungen Mann mit dem roten Haar und dem maskenhaft bleichen Gesicht. Lächelnd verspielte er in einer Nacht zwanzig- bis dreißigtausend Franc. Er mußte sich mit Wucherern einlassen. Er lieh bei dem einen, um bei dem anderen seine Schulden zu begleichen. Die Langeweile, die ihn vier Jahre zuvor an den Südpol getrieben hatte, ergriff erneut von ihm Besitz.

Im Sommer reiste er mit einer Touristengruppe in die Sowjetunion. Das hatte sich zufällig so ergeben. Eigentlich wollte er mit einem Freund nach Ägypten fahren, doch am Tag vor der Abreise zerstritten sie sich. In Moskau hielt er sich eine Woche auf. Den Touristen wurden alte Denkmäler, Museen und Kinderkrippen vorgeführt. Aber nicht diese Dinge beeindruckten Lucien, sondern die Menschen, ihre Willenskraft, ihre Not, ihre innere Jugend. Eines Tages sah er unter den Erbauern der Metro ein junges Mädchen in klobigen Stiefeln, mit zartem, blassem Gesicht und feurigem, unversöhnlichem Blick. Er begriff, daß so eine nicht nur die Metro zu bauen imstande ist. Er war aufgewühlt wie damals nach Henris Tod. Wieder kehrte er als ein anderer Mensch nach Paris zurück.

An die Stelle von Lautréamont trat Marx. Lucien machte sich zum erstenmal Gedanken über das Leben seiner Mitmenschen. Überall sah er Lüge, Heuchelei, Langeweile. Seine Tragödie war die Tragödie der Gesellschaft. Das spornte ihn an: Er schrieb ein oberflächliches, aber sarkastisches Pamphlet, in dem er die Philosophie, Moral und Ästhetik des Bourgeois verspottete. Der Vater erschrak und drohte, mit ihm zu brechen. Die Jugend, die die Maison de la Culture besuchte, lauschte begeistert Luciens Reden über die nahe Revolution. Lucien vergaß sogar die Karten. Das Spiel, das er jetzt spielte, war viel spannender.

Ein halbes Jahr verging, und schon überkamen ihn Zweifel. Die Kommunisten erschienen ihm jetzt als eine gewöhnliche politische Partei. Sie liebten das traute Familienglück und die Lieder Maurice Chevaliers. Lucien hatte sich stets für kühner und auch für klüger als alle anderen gehalten. Er sagte sich: Ich habe schon wieder eine Dummheit gemacht! Diese Karte mag gewinnen, aber sie ist nicht die meine ...

Und dann geschah es, daß dieser windige Bursche sein Herz an Jeannette verlor. Er wollte sich jedoch nicht eingestehen, wie stark dieses Gefühl war, und erzählte seinen Freunden lachend von seinem Verhältnis mit einer Schauspielerin. Aber die Liebe ließ sich davon nicht beeinflussen, und allein der Ton, in dem er Jeannettes Namen aussprach, verriet seine Erregung.

Charakterlich waren Lucien und Jeannette einander gar nicht ähnlich, aber in ihrem Schicksal gab es viel Gemeinsames: Beide fanden keinen Halt im Leben. Jeannette kam sich mit ihren dreißig Jahren oft sehr alt vor. Sie war die Tochter eines Lyoner Notars. Die langweilige puritanische Stadt, die engherzigen und nörglerischen Eltern hatten ihre Kindheit getrübt. Von früh bis spät wurde nur von Geld gesprochen – „Man darf kein Geld vergeuden!" –, von „guten Partien", von verbrecherischen Ehefrauen, die ein Vermögen für ihre Fetzen verschwendeten, flirteten oder – „Jeannette, geh mal hinaus!" – die Ehe brachen. Sie erinnerte sich an einen hageren Mann, der auf einem Auge den weißen Star hatte. Die Eltern sprachen mit Ehrfurcht von ihm, er besaß eine große Textilfabrik und hatte den Geliebten seiner Frau mit einem Jagdgewehr erschossen. Der Fabrikant wurde gedeckt, der Erschossene als Dieb hingestellt, der sich nachts ins Haus eingeschlichen habe. Die Möbel in der Wohnung des Notars trugen das ganze Jahr Schonbezüge. Und Jeannettes Mutter schwebte in ständiger Angst, ihr Mann könnte beim Weineinschenken ein paar Tropfen auf das saubere Tischtuch verschütten.

Jeannette war achtzehn Jahre alt, als sie sich mit einem verheirateten Mann einließ, der ihr völlig gleichgültig war, dem Arzt, der sie behandelt hatte, als sie an Masern erkrankt war. Als der Vater von dem schändlichen Verhältnis erfuhr, brüllte er: „Ihr Platz, Gnädigste, ist im Freudenhaus!" Der Arzt seufzte anstandshalber und gab Jeannette vierhundert Franc mit auf den Weg. Sie fuhr nach Paris. Nachts im Zug fragte sie sich: Warum habe ich das getan? Aber sie fand keine Antwort. Der Arzt hatte einen auffallenden Adamsapfel und führte schlüpfrige Reden. Vielleicht war sie nur deshalb zu dem verhängnisvollen Rendezvous gegangen, weil die Mutter an jenem Tag drei Stunden lang die Köchin heruntergeputzt hatte: „Sie sehen doch selbst, daß das kein Hammelfleisch ist, nichts als Knochen!"

Jeannette begann als Verkäuferin in einem Warenhaus. Sie kam mit schwarzen Augenringen zur Arbeit. Die Kolleginnen glaubten, sie triebe sich herum. Dabei las sie ganze Nächte hindurch. Zuerst zeitgenössische Romane, um sich selbst zu begreifen. Dann begeisterte sie sich für Stendhal, Dostojewski, Shakespeare. Die Leidenschaften ihrer Mitmenschen kamen ihr jetzt wie Rollen vor, interessante oder unbedeutende Rollen. Alles, was ihr bis dahin unverständlich und deshalb feindlich war – die Abgestumpftheit der Gefühle, die Zufälligkeit der Handlungen –, erschien ihr nun klar, verständlich, einem strengen Gesetz unterworfen. Obwohl sie keine Lebenserfahrung besaß und die Menschen mied, half die Kunst ihr, vieles zu verstehen, und sie wurde reifer.

Sie sah in der Kunst nicht ihre Berufung, aber sie ging ganz darin auf, wenn sie ein Buch las oder auf dem obersten Rang im Theater saß. Während der Arbeit, wenn keine Kunden im Laden waren, spielte sie, leise vor sich hin murmelnd, Racines Phädra oder eine einfältige Träumerin aus der Provinz.

In dem Restaurant, in dem sie gewöhnlich zu Mittag aß, lernte sie den schon etwas betagten Schauspieler Figer kennen. Sie lebten miteinander, ohne Liebe und ohne Betrug. Sie waren beide einsam und unglücklich. Figer war von Jeannettes Aussehen bezaubert, diese Frau zog alle Blicke auf sich. Ihre großen, wie mondsüchtigen Augen verliehen dem ruhigen Gesicht einen Zug von Besessenheit. Sie machte immer den Eindruck, als hätte sie gerade etwas Nichtwiedergutzumachendes erfahren, als wäre sie unglücklich verliebt oder als freute sie sich so, wie man sich höchstens ein-, zweimal im Leben zu freuen vermag. Dann lernte Figer Jeannettes Fürsorglichkeit schätzen. Diese närrische Frau hatte ein gütiges Herz, sie bemutterte den erfolglosen, zänkischen und liederlichen Schauspieler, als wäre er ihr Kind; dabei war er vierzehn Jahre älter als sie. Sie liebte ihn nicht, aber es kam ihr gar nicht in den Sinn, daß sie überhaupt jemanden lieben könne. Das, was sich in den Büchern oder auf der Bühne abspielte, brachte sie nicht mit ihrem eigenen Leben in Verbindung. Die Heldin Racines stopfte brav Strümpfe. Einige Monate später gab sie ihre Stelle im Warenhaus auf: Figer hatte sie im Theater „Gymnase-Dramatique" untergebracht. Sie spielte winzige Rollen – ängstliche Dienerinnen oder einfältige Mädchen vom Lande. Sie träumte nicht von der Karriere einer großen Schauspielerin, aber die Atmosphäre des Theaters gefiel ihr, und sie war Figer dankbar für diese Veränderung in ihrem Leben.

Ein Jahr danach trennte sich Figer von ihr. Er hatte ein Verhältnis mit einer erfolgreichen Operettenschauspielerin. Lange wagte er nicht, Jeannette seinen Entschluß mitzuteilen. Er fürchtete Eifersuchtsszenen, Vorwürfe, Tränen. Aber Jeannette hörte sein Geständnis mit einer Gleichgültigkeit an, daß er gekränkt ausrief: „Du hast mich nie geliebt!", worauf sie antwortete: „Wahrscheinlich hast du recht."

Einer der Hauptmanager in der Maison de la Culture, Maréchal, kam auf die Idee, ein „Revolutionäres Theater" zu gründen. Er begann, ein Ensemble zusammenzustellen. Berufsschauspieler kamen nicht zu ihm, sie fürchteten, das neue Theater werde sich nicht lange halten. Maréchal sah Jeannette auf der Treppe des Theaters, und sie fiel ihm sofort auf. Er bestellte sie zu sich und suchte ihr zu beweisen, daß sie die Anlagen zu einer großen Tragödin habe: „Diese Augen! Und die Stimme! Sie müßten sich selbst mal hören!“ Maréchal inszenierte „Fuente Ovejuna“ von Lope de Vega. Er bot Jeannette die Hauptrolle an. Schon bei den ersten Proben waren alle von ihr begeistert: schlichte Herzenswärme und naiver Zorn zeichneten ihr Spiel aus. Unglücklicherweise hatte sich die Schauspielerin Javogue mit dem Direktor des „Odéon“ überworfen und kam wütend zu Maréchal. Sie war eine mittelmäßige Schauspielerin, aber ihr Name garantierte immerhin Rezensionen in einem Dutzend Zeitungen. Sie bekam Jeannettes Rolle. Jeannette nahm es gelassen hin und erklärte sich sofort bereit, eine andere, kleine Rolle zu spielen. Nach der Premiere deklamierte sie in ihrem Zimmerchen noch lange nach Mitternacht die Monologe, die sie auf der Bühne nicht hatte sprechen dürfen.

Das „Revolutionäre Theater“ machte bald bankrott. Jeannette ging zwei Sommermonate mit einer bunt zusammengewürfelten Truppe auf Tournee in die Provinz. Erschöpft und halb verhungert kam sie nach Paris zurück und fand eine Stelle beim Sender „Poste Parisien“.

Lucien hatte sie bei einer Probe im „Revolutionären Theater“ kennengelernt und sich Hals über Kopf in sie verliebt. Das war in der Zeit seiner leidenschaftlichen Begeisterung für die Revolution. Die Worte aus dem Stück „Fuente Ovejuna“ klangen wie die Fieberphantasien des erregten Paris, und Jeannettes Stimme verlieh ihnen jene Kraft und Gewichtigkeit, die Lucien in Versammlungen und Zeitungen vergeblich gesucht hatte.

Jeannette war von Lucien stark beeindruckt. Zum erstenmal sah sie einen Menschen, der wie ein Romanheld sprach. Seine Reden über die Gemeinheit, über den reinigenden Sturm paßten so gut zu seiner feurigen Haarfarbe, seiner Blässe und seinen jähen Bewegungen. Sie glaubte an ihn, und nachdem er ihr seine Liebe gestanden hatte, gab sie sich ihm hin – wenn auch nicht aus Liebe, so doch in seelischer Hochstimmung.

Lucien hätte ihre Liebe wecken können; aber er tat alles, um Jeannette abzustoßen. In ihrer Gegenwart gab er sich gekünstelt und hohl. Sie war zu jung, um über seine Selbstherrlichkeit hinwegsehen zu können. Als sie tagaus, tagein seine pathetischen Tiraden anhören mußte, kamen ihr Zweifel an seiner Liebe. Lucien aber fühlte sich immer stärker zu ihr hingezogen. Seine Gefühle waren schwer zu verstehen; er liebte Jeannette auf seine

Weise, aber eher wie ein Phänomen, wie eine lyrische Abschweifung, wie einen exotischen Vogel. Hätte man von ihm verlangt: „Geh um ihretwillen in den Tod!" – er hätte es getan. Als Jeannette jedoch einmal krank war und ihn bat, die Nacht bei ihr zu bleiben, erklärte er, er müsse nach Hause, sonst würde seine Mutter sich ängstigen. Er wollte ganz einfach seine Ruhe haben.

Jeannette sagte sich: Eines Tages wird er mich verlassen wie Figer. Sie spielte mit dem Gedanken, von ihm zu gehen, aber sie tat es nicht. Sie war von Natur aus ein passiver Mensch – solche Frauen gehen nicht von selbst, man schickt sie weg. Vielleicht aber hegte sie auch noch die vage Hoffnung auf ein glückliches Leben mit Lucien, auf ein kleines trautes Glück, wie es anderen Frauen zuteil wurde.

Seit jenem Abend, an dem Jeannette André und Pierre kennengelernt hatte, war sie nicht mehr mit Lucien zusammen gewesen. Sie sagte ihm am Telefon, sie sei krank. Plötzlich rief sie ihn an; sie müsse ihn sprechen. Ihre Stimme klang erregt. André! dachte Lucien und wurde hellhörig. Er antwortete, daß er sie vom Studio abholen und mit ihr bei „Fouquet" zu Abend essen werde.

Jeannette hatte keine Lust, in ein Restaurant zu gehen. Sie sagte, sie fühle sich nicht wohl und müsse mit ihm unter vier Augen sprechen. Er ließ sich nicht umstimmen. Bei „Fouquet" trafen sich abends Schauspieler und Schriftsteller, und es schmeichelte Lucien, daß Jeannette mit neidischen Blicken betrachtet wurde.

Er war bester Laune, trotz der Zeitungsnotiz. Fröhlich bestellte er Austern und Wein. Jeannette schwieg. Er erzählte ihr, daß man ihn beleidigt hätte: „‚Mißtrauen' schreiben sie, stell dir das vor ...!"

Sie erwiderte nichts. Lucien merkte, daß irgend etwas sie sehr beschäftigte. Er vergaß die Rezension der Kommunisten und die bewundernden Blicke der Tischnachbarn. Eifersucht quälte ihn. Er war fest überzeugt, daß Jeannette sich in André verliebt hatte, und wollte rasch Gewißheit haben. „Am Montag wird Andrés Ausstellung eröffnet. Seine Landschaften sollen sehr schön sein. Willst du zur Vernissage gehen?"

„Nein, ich will nicht. Ich bin nicht in Stimmung."

Sie sagte das so gleichgültig, daß Lucien stutzte. Vielleicht ging es gar nicht um André? Nach einer Flasche Chablis lebte er auf, er vergaß seine Befürchtungen und kehrte zu dem Thema zurück, das ihn schon den ganzen Tag beschäftigte: „Im Grunde verstehe ich ja, warum sie von ‚Mißtrauen‘ reden. Ich war neulich bei einem Kommunisten, einem Mitarbeiter der ‚Humanité‘. Eine kleine Spießerwohnung. An der Wand eine Reproduktion, ‚Der Denker‘ von Rodin. Die Frau servierte ein Ragout, und er prahlte mit ihrer Kochkunst. Vier Kinder, das älteste machte Schularbeiten, und der Papa half ihm dabei. Kannst du dir diese Idylle vorstellen? So ein Mann kann natürlich seine Stimme abgeben, aber mehr ist von ihm auch nicht zu erwarten. Wenn solche Spießer jedoch ..."

Jeannette widersprach gewöhnlich nicht, jetzt aber wurde sie plötzlich lebhaft: „Ist es etwa schlecht, wenn ein Mann Familie und Kinder hat? Ich hab dir gesagt, daß das immer mein Wunschtraum war. Für eine Frau liegt darin das wahre Glück. Begreifst du das wirklich nicht. Manchmal denke ich, daß auch du das willst und es nur nicht zugibst. Ohne das kann man nicht leben, Lucien. Es ist zu öde, zu einsam."

„Das ist eine Frage des Charakters. Und der Epoche. Wenn man von mir verlangte, ich sollte mir eine Familie anschaffen, würde ich mich ganz bestimmt erschießen. Ich habe andere Ideale. Vielleicht werde ich morgen dafür sterben müssen. Es ist lächerlich, jetzt von Familie zu sprechen. Was hast du?"

„Nichts. Ich sagte dir doch, daß es mir nicht gut geht. Ich habe Kopfschmerzen. Bestell mir ein Glas Wasser, ich will eine Aspirin einnehmen."

Lucien redete weiter: Die Epoche fordere Verzicht, Einsamkeit, Mut. Ein trautes Familienglück bedeute Verrat. Jeannette widersprach nicht. Ihre Lebhaftigkeit war verflogen.

Sie verließen schweigend das Restaurant und bogen von den Champs-Élysées in eine schmale, dunkle Straße ein. An der Ecke, vor einer Apotheke, blieb Jeannette plötzlich stehen. Im Schaufenster leuchtete eine große grüne Kugel, und im Schein des smaragdenen Lichts sah Jeannettes Gesicht leichenblaß aus. „Ich bin schwanger", sagte sie ruhig. „Wir müssen einen Arzt ausfindig machen ..."

Lucien spürte Mitleid, heftig wie einen Schmerz. „Vielleicht ist es nicht nötig?" murmelte er.

Jeannette lachte schrill. „Doch, du hast mir ja alles erklärt und mich überzeugt – die Epoche ist nicht danach."

Lucien beruhigte sich schnell, und da verlor Jeannette die Fassung. Mit der gleichen gespielten Fröhlichkeit sagte sie: „Mach dir keine Sorgen, es ist nicht von dir..."

„Wie? Ich verstehe nicht..."

„Auf der Tournee ist es passiert. In Vichy. Im Nebenzimmer wohnte ein Schauspieler, meine Tür ließ sich nicht abschließen, der Riegel war kaputt. Das ist alles. Hast du jetzt verstanden?"

Sie hielt eine Taxe an.

„Warte doch!" rief Lucien. „Ich komme mit."

„Nicht nötig. Einsamkeit und Mut – so sagtest du doch, nicht wahr? Gute Nacht!"

Lucien wußte sofort, daß Jeannette die Unwahrheit gesagt hatte. Ein Schauspieler? Der Türriegel? Zu absurd! Aber vielleicht mit André? Sie hatte ihn im Café mit den Blicken verschlungen. Und er sie... Und dann hatte sie gefragt, warum er André nicht eingeladen habe. Natürlich, André ist es!

Die Place de la Concorde glänzte nach dem Regen wie der Parkettboden eines Festsaals. Die Autos hinterließen auf dem bläulichen Asphalt orangefarbene und purpurne Spuren. Die hohen Laternen sahen aus wie leuchtende Pflanzen. Aus dem Park der Tuilerien drang ein Geruch von feuchter Erde, Bäumen und Frühling herüber. Alles ringsum schien festlich gestimmt, aber über allem spürte man leichte Unruhe und Unsicherheit. Eine alte, stark geschminkte Prostituierte sprach Lucien an. Er beschleunigte seine Schritte. Am Quai blieb er plötzlich stehen. Er dachte an Jeannettes Augen – dort vor der Apotheke... Solche Augen hatte Lagrange gehabt, als er zu Lucien sagte: „Rede nicht, ich weiß, daß es Wundbrand ist." Lucien eilte zum Platz zurück und fuhr zu Jeannette.

Sie lag, das Gesicht ins Kopfkissen vergraben, im Bett und weinte. Neben ihr die große Stoffpuppe. Jeannette weinte vor Kränkung. Wie hatte Lucien ihr dummes Gerede glauben können? Sie weinte wegen seiner Gefühllosigkeit und weil sie so einsam war. Sie hatte noch einen größeren Kummer, aber darüber konnte sie nicht weinen. Dieser Kummer erstickte alle Worte und verlieh ihren Augen jenen Ausdruck von Hoffnungslosigkeit, der Lucien vor der Apotheke so erschreckt hatte. Am

Morgen hatte sie doch noch an ein Glück geglaubt. Als Lucien eintrat, hörte Jeannette zu weinen auf. Sie puderte sich und sagte leise: „Weißt du, Lucien, was das Schlimmste ist? Ich liebe dich nicht."

11

Die friedliche Stadt, von deren Altertümern Professor Mâle Denise und Michaud in der Vorlesung erzählte, war nicht wiederzuerkennen. Auf den Straßen, wo gewöhnlich alte Aristokratinnen ein gesittetes Schwätzchen hielten, wo Abbés mit aufgeschlagenen Gebetbüchern einherwandelten und Kinder Murmeln spielten, sah man jetzt debattierende und gestikulierende Menschen. Man hörte Worte wie: „Volksfront" ... „Faschismus" ... „Ordnung" ... „Krieg" ... Die alten Mauern, runzlig wie die Gesichter der ehrwürdigen Aristokratinnen, hatten sich mit Wahlplakaten der verschiedenen Parteien geschminkt. Vor den Anschlägen drängten sich den ganzen Tag Leute und lasen, wie sich die Kandidaten gegenseitig beschimpften. Nahebei, an den Portalen der alten Kirchen, segneten schmalgesichtige Heilige die Sünder, und aufgeregt zwitschernde Spatzen ließen sich auf ihren steinernen Fingern nieder.

Drei Männer machten Paul Tessat die Ehre streitig, Abgeordneter von Poitiers zu werden. Gegen zwei war Tessat bereits vor vier Jahren angetreten: gegen den Kommunisten Didier, von Beruf Schlosser, und den General a. D. Grandmaison, der von den konservativen Kreisen der Stadt, der Aristokratie und der Geistlichkeit nominiert worden war und sich „Nationalist" nannte. Damals hatte Tessat seine Rivalen mühelos aus dem Feld geschlagen. Heute war er sich seines Sieges durchaus nicht sicher, obwohl Dessère sein Versprechen gehalten hatte: „La Voie Nouvelle" hatte Paul Tessat eine ganze Nummer gewidmet, und von den drei örtlichen Zeitungen waren zwei von den Radikalen gekauft. Die Kommunisten waren in den letzten Jahren erstarkt. Didier, obwohl kein bedeutender Redner, hatte eine große Zuhörerschaft. Es war noch ein neuer Rivale aufgetaucht: der junge Agronom Dugard, der mit den „Feuerkreuzlern" in Verbindung stand, ein energischer Mann, der von Haus zu Haus zog und überall die „Herrschaft der Finanzleute, Freimaurer und Juden" entlarvte. Kleine Geschäftsleute, die unter dem Boom der Einheitspreisläden litten, Handwerker, die von der Steuerlast erdrückt wurden, Intellektuelle, die sich durch Ausländer verdrängt fühlten, und Rentner, die über die Stavisky-Affäre empört waren, bei der auch Tessat seine Hand im Spiel gehabt hatte, all diese Leute waren leidenschaftliche Anhänger Dugards.

Auf den Versammlungen ging es stürmisch zu. Und Tessat, der sich gewöhnlich über seine Mandanten lustig machte, fühlte sich oft selbst als Angeklagter. Dugard erwähnte ganz beiläufig einen von Stavisky ausgestellten Scheck. Tessat hatte längst vergessen, wofür er die unseligen achtzigtausend Franc ausgegeben hatte. Er donnerte mit der Faust auf den Tisch und brüllte: „Das Geld war für die Invaliden bestimmt!" Grandmaison spielte auf Tessats unmoralischen Lebenswandel an, indem er immer wieder Luciens Buch zitierte. „Das also mußte der junge Literat im Hause seines leiblichen Vaters erleben!" Didier ließ Tessats Privatleben aus dem Spiel, er sprach von der käuflichen Presse, von der Rolle der „zweihundert Familien". Aber Tessat hatte das Gefühl, als meinte der Schlosser gerade ihn. Und die Zwischenrufe bestätigten seinen Verdacht. Kaum hatte Didier die Käuflichkeit der Presse erwähnt, ertönten Stimmen: „La Voie Nouvelle!", und seine Tiraden über die „zweihundert Familien" wurden von Zwischenrufen unterbrochen: „Dessère! Dessère!"

Tessat legte sich ins Zeug. Er unterhielt sich mit Tausenden von Wählern, erkundigte sich nach dem Befinden der Frau Gemahlin, ob der Sohn die Prüfung abgelegt habe und wann die Hochzeit der Tochter stattfinde. Er versprach der Stadt eine neue Brücke und zwei Grünanlagen und den Bürgern Pensionen, Orden, gute Posten. Er trank an der Theke mit rotnasigen Anhängern Daladiers oder Herriots: „Auf die Republik! Auf den Sieg!" Er schrie sich heiser auf Versammlungen, schrieb Flugblätter, redigierte Zeitungsartikel, ersann Karikaturen. Er fand sechzehn Nächte keinen Schlaf, verdarb sich auf Banketten den Magen und vergaß Paulettes zärtliche Umarmungen. An einem der größten Cafés hing ein Schild: „Operationsstab für die Wahl Paul Tessats". Dort steckte Tessat seinen Agitatoren bald eine Uhr, bald einen Füllfederhalter oder einen Hunderter zu. Er ließ aus Paris zwei Senatoren kommen, die Vorträge hielten. Eine Varietésängerin sang Couplets:

„Schreihälse, Miesmacher kommen und gehn,
Wir wollen nur Gemäßigte wähln.
Morgens Kaffee, abends Fraun,
Paul Tessat erneut vertraun!"

Seinen Haupttrumpf hatte Tessat bis zum Schluß aufgespart – die Witwe Antoine. Ihren Sohn, einen kleinen Beamten, hatte das Gericht wegen Unterschlagung zu zehn Jahren Gefängnis verurteilt. Er war unschuldig, und Tessat hatte eine Revision durchgesetzt. Tränenüberströmt rief die Witwe auf einer stark besuchten Versammlung aus: „Paul Tessat ist ein Heiliger!"

Als am Abend die Stimmen ausgezählt wurden, konnte Tessat sich kaum noch auf den Beinen halten. Er zwang sich eine Tasse Orangenblütentee hinunter, um seine Nerven zu beruhigen. Die Spannung war unerträglich, er trat ans Fenster. Auf dem Platz drängten sich Neugierige, sie warteten auf die Wahlergebnisse. Tessat erblickte ein Mädchen, das entfernte Ähnlichkeit mit Denise hatte, und wurde traurig. Weshalb hatte er sich auf die verdammte Politik eingelassen? War es nicht völlig gleichgültig, wer siegte: Dugard oder die Volksfront? Es war doch ohnehin alles Lüge! Bei seiner Frau zu Hause sitzen, Denise anschauen, auf ein Stündchen zur schönen Paulette fahren – das war das Leben! Aber Reden und Losungen, das war langweilige, schwere Arbeit.

Die Neugierigen wurden enttäuscht: Keiner der Kandidaten hatte die absolute Mehrheit bekommen. In einer Woche sollte noch einmal gewählt werden. Im Vergleich zu den letzten Wahlen hatte Tessat fast dreitausend Stimmen eingebüßt. Auch Grandmaison hatte Stimmen verloren. Die Kommunisten verzeichneten einen Stimmenzuwachs, und die meisten Stimmen hatte Dugard bekommen.

Das Rätselraten begann. Wenn der General zugunsten der Feuerkreuzler seine Kandidatur zurückzöge, könnte Dugard durchkommen. Ob Didier zugunsten Tessats verzichtete? Für wen würden die Gemäßigten stimmen? Die Leute saßen im Café und erwogen alle Möglichkeiten ...

Tessat gähnte gereizt. Er hatte gedacht, heute würde alles vorbei sein und er könnte morgen nach Hause fahren. Nun mußte er noch eine Woche hier herumsitzen. Er telegrafierte seiner Frau:

„stichwahl – stop – komme mittwoch für einen tag – stop – umarme dich denise lucien." Bis Mittwoch würde man sich wohl geeinigt haben. Eine aufreibende Woche stand bevor. Selbst wenn die Kommunisten bereit wären, ihm ihre Stimme zu geben, hing doch alles von einem Zufall ab: sechstausend gegen sechstausend. Aber die Kommunisten würden kaum einwilligen, sie haßten Tessat.

Am Abend fand die entscheidende Versammlung statt. Die Radikalen hatten die Kommunisten eingeladen. Durch den Saal ging ein ungeduldiges Raunen: Was wird Didier sagen? Tessat eröffnete die Versammlung: „Bürger, ich danke Ihnen für Ihr Vertrauen. Alle, denen die Republik am Herzen liegt, alle, die für Frieden und soziale Gerechtigkeit sind, alle Gegner der klerikalen Erziehung rufe ich auf, mir, dem einzigen republikanischen Kandidaten ..." Er verstummte für einen Augenblick und rief dann mit Donnerstimme: „... der Volksfront ihre Stimme zu geben!"

Dann hatte Didier das Wort: „Die Kommunisten bestechen nicht und machen keine schönen Worte, sie appellieren an die Vernunft, an das Gewissen. Bei den letzten Wahlen erhielten wir sechshundert Stimmen und jetzt zweitausenddreihundertsiebzig, ja, so viele! Das ist eine Macht. Wir müssen den Faschisten Dugard und Grandmaison den Weg versperren. Tessat verspricht, der Volksfront die Treue zu halten. Gut, wir werden für Tessat stimmen. Frankreich macht eine schwere Zeit durch: die Gefahr von außen wird größer, im Inneren – Verräter. So war das immer: Die Chouans hielten's mit den Engländern oder den Österreichern, den Versaillern halfen die Preußen. Nur die Volksfront kann Frankreich retten. Es lebe die Volksfront! Es lebe Frankreich!"

Als Antwort wurden die Fäuste erhoben.

Tessat stand auf und verneigte sich wie ein Schauspieler. Er wußte nicht, ob er sich freuen oder ärgern sollte. Er haßte sowohl Dugard als auch Didier – diese Emporkömmlinge, diese Dilettanten! Die Kommunisten hatten beschlossen, für Tessat zu stimmen. Das war natürlich ein Erfolg. Aber wer wußte denn, ob die Arbeiter das mitmachten? Er hatte doch selbst gehört, wie einer sagte: „Für diesen Halunken stimmen?" Außerdem könnte Dugard, selbst wenn alle Anhänger Didiers für Tessat stimmten, immer noch zwei-, dreihundert Stimmen mehr bekommen. Mit den Gemäßigten brauchte man nicht zu rechnen – Tessat verbrüderte sich doch offen mit den Kommunisten. Und Dessère, dieser Schuft, was führte der wohl im Schilde? Woran wollte der sich bereichern? An der Vernichtung Frankreichs? Tessat aber saß in der Patsche.

Ohne das Ende der Versammlung abzuwarten, fuhr Tessat ins Hotel. Er verzog das Gesicht vor Kopfschmerzen. Der Portier hielt ihn an: „Ein Herr hat nach Ihnen gefragt. Er wartet im Rauchsalon."

Tessat seufzte: noch ein Anwärter auf eine Pension! Aber statt eines bittstellenden Wählers erblickte er den Abgeordneten Louis Breteuil.

Tessat geriet in Verwirrung. Was bedeutete dieser Besuch? Tessat war mit allen Abgeordneten gut Freund, mit den linken wie mit den rechten, und auch mit Breteuil. Zu anderer Zeit hätte er mit gespielter Freude ausgerufen: „Wie geht's, mein Lieber? Was macht die Frau Gemahlin?" Jetzt aber fühlte er sich wie auf dem Schlachtfeld. Dugards beleidigende Äußerung: „Und der Scheck?" hatte er noch nicht vergessen. Wenn dieser unverschämte Landmesser nun plötzlich Tessats Abgeordnetensessel im Palais Bourbon einnahm? Breteuil hätte nicht herkommen sollen!

Breteuil wurde von allen gefürchtet. Er galt als Fanatiker. Äußerlich wirkte er wie ein alter Sportsmann: ein Meter fünfundachtzig groß, tadellose Haltung, rotes, wettergegerbtes Gesicht, graues Haar, kurzgestutzter Schnurrbart. Er war Kriegsinvalide. An seiner rechten Hand fehlten zwei Finger, und diese Verstümmelung paßte irgendwie zu Breteuil. Er war immer kurzangebunden, und seine abgehackten Worte klangen wie Befehle. Wenn ein Kommunist die Rednertribüne betrat, verließ Breteuil den Saal; er sagte, er könne diesen Leuten nicht zuhören. Er beteiligte sich nicht an Aktiengesellschaften, befaßte sich nicht mit Finanzspekulationen, sondern führte ein bescheidenes Leben. Es hieß, daß er einen Teil seines Gehalts für Propaganda ausgäbe. Seine Lieblingsbeschäftigung war die Erziehung der Jugend. Er organisierte Abteilungen, drillte die Halbwüchsigen, stellte ihnen die Chouans, die Nationalgardisten, die Gendarmen als Vorbild hin, zwang die Muttersöhnchen, im Regen zu marschieren und auf Kommando die Hand zu heben. Er hatte ziemlich spät eine unansehnliche, mittellose Frau geheiratet und verhätschelte sein fünfjähriges Söhnchen, ein kränkliches und eigensinniges Kind, seine einzige Schwäche, wie es schien.

Tessat stand in der Tür und wußte nicht, was er sagen sollte. Breteuil erhob sich: „Guten Tag, Paul! Du siehst schlecht aus, bist wohl müde?"

„Ja, sehr. Und was machst du hier? Bist du auf der Durchreise?"

„Nein, ich komme direkt aus Paris. Du weißt doch, daß Dugard mein Zögling ist? Er ist noch jung, aber nicht dumm. Man muß ihm helfen."

Tessat ärgerte sich. Breteuil war also gekommen, um Dugard zu helfen. Bitte, das war seine Sache! Aber welch eine Taktlosigkeit, ihn, Tessat, aufzusuchen und auch noch sein schlechtes Aussehen zu bedauern. „Entschuldige, aber ich möchte gehen. Ich bin müde."

„Augenblick, wir müssen miteinander reden. Aber nicht hier. Ich komm mit zu dir aufs Zimmer."

Tessat ging auf sein Zimmer, lockerte die Krawatte, zog die Schuhe aus und legte sich auf die Couch. Breteuil klopfte und trat ein.

„Verschieben wir das Gespräch", sagte Tessat. „Ich bin sehr müde. Nach den Wahlen ..."

„Das ist unmöglich. Ich weiß, daß du müde bist, ich brauch nur fünf Minuten. Wir müssen einen Entschluß fassen. Du weißt selbst, daß Dugard alle Chancen hat zu siegen. Er muß nur fünf- bis sechshundert Stimmen mehr bekommen. Aber ich bin dagegen ..."

„Wogegen?"

„Ich will, daß du gewählt wirst. Dugard ist ein gescheiter Bursche, er wird uns noch nützlich sein. Aber im Parlament würde er bloß eine Statistenrolle spielen. Wie könnte er sich mit dir vergleichen? Du bist ein bewährter Politiker, ein Mann mit großer Erfahrung, ein glänzender Redner und hast schließlich einen Namen. Für unser Land wäre deine Niederlage ein Unglück."

„Hör mal, Louis, ich verstehe dich nicht. Wozu diese Komplimente? Du hast Dugard doch selbst unterstützt, und er bewirft mich jeden Tag mit Dreck."

„Was bedeuten schon Worte, zumal im Wahlkampf? Du hast ja auch die Volksfront gepriesen, dabei weiß ich doch, wie du über die Kommunisten denkst. Noch ist nicht heraus, wer sie mehr liebt, ich oder du. Ich will, daß du in die Kammer kommst. Sollen sie denken, du wärst für die Volksfront. Wichtig ist der Mensch, nicht das Etikett. Ein Wort von dir genügt ..."

„Vor einer Stunde habe ich erklärt, daß ich bereit bin, die Volksfront zu unterstützen."

„Es geht nicht um öffentliche Erklärungen. Ich wiederhole: ein Wort von dir genügt. Ich bin kein Schwätzer, und du kannst mir vertrauen. Versteh doch, Paul, dem Land ist jetzt nicht mit Parteien gedient. Es gilt, die Nation zu retten! Dugard muß zurückstehen. Natürlich kann er die Leute nicht auffordern, für dich zu stimmen. Es genügt, wenn er seine Kandidatur zurückzieht. Dann werden zwei- bis dreitausend Stimmen dir zugute kommen."

„Dugards Anhänger werden eher Grandmaison wählen."

„Ach, den alten General? Ich kenne ihn. Ein Dummkopf, aber ein anständiger Mensch. Ich treffe ihn morgen. Dann wird eben auch Grandmaison seine Kandidatur zurückziehen. Du wirst der einzige Kandidat sein. Da hast du das Symbol der Einheit, die Frankreich retten kann!"

Die Versuchung war so groß, daß Tessat sinnlos vor sich hin murmelte: „Symbol ... Du kommst also aus Paris? Ist es dort auch so heiß? Ich kann Hitze nicht vertragen."

Breteuil schwieg. Tessat versuchte seine Gedanken zu ordnen; aber es gelang ihm nicht. Die Gedanken waren nichtig und huschten hin und her wie ein Schwarm Plötzen im Wasser. Er hatte nur eines verstanden: Er würde wieder Abgeordneter sein! Er trank ein Glas Wasser und wischte sich die Stirn mit einem Handtuch. Allmählich kam er wieder zu sich. Er sagte sich: Frankreich ist in Gefahr. Die Feinde lauern überall. Im Inneren aber herrscht Verrat. Ich werde das Symbol der nationalen Einheit sein. Es geht nicht um Etiketten, sondern um die Menschen! Unbewußt wiederholte er bald Breteuils, bald Didiers Worte. Schließlich stammelte er schüchtern wie ein Kind, dem man ein wunderschönes Geschenk versprochen hat: „Aber was soll ich denn eigentlich sagen?"

„Daß du einverstanden bist, weiter nichts."

„Also gut . . . Ich habe kein Recht, mich zu weigern."

Breteuil drückte Tessat fest die Hand. „Ich wußte, daß du ein Ehrenmann bist. Und jetzt ruh dich aus, gute Nacht!"

Am nächsten Tag erwachte Tessat ziemlich spät. Die Sonne drang durch die Fensterläden, und die alten malachitfarbenen Samtsessel schimmerten wie kleine Waldwiesen. Als Tessat aus dem Hotel trat, erblickte er ein frischgeklebtes Plakat: „Jacques Dugard dankt seinen Wählern und zieht, der patriotischen Pflicht gehorchend, seine Kandidatur zurück. Es lebe Frankreich!" Tessat konnte sich ein Lächeln nicht verkneifen. Er zwinkerte sogar einer jungen Blumenhändlerin zu. Bei ihrem Anblick dachte er an Paulettes Hals. Das Leben war doch schön! An diesem Morgen gefiel ihm alles: die romanischen Kirchen, die Staubsauger im Schaufenster eines Ladens, die Marktfrauen. Er hätte die ganze Welt umarmen können. Dieser Dugard war sicher ein ganz sympathischer Bursche, mit dem es sich angenehm frühstücken, schwatzen und scherzen ließ. Schade, daß Tessat keine Güter besaß, sonst hätte Dugard bei ihm etwas verdienen können. Und auch Didier war ein anständiger Mensch, ein alter Schlosser, gutmütig und schnurrbärtig. So einer konnte einem das Türschloß reparieren . . . Es ging nicht um Etiketten, sondern um die Menschen! Tessat blieb vor jedem Plakat stehen. Man diskutierte über die Erklärung Dugards. Ein Chauffeur stieg aus seinem Laster, las die Bekanntmachung, spuckte aus und sagte: „Dieses Pack!"

Aber selbst das konnte Tessats gute Laune nicht trüben. Er strahlte und beschloß, für anderthalb Tage nach Paris zu fahren. Einen ganzen Abend wollte er Paulette widmen. Er ging in einen Süßwarenladen und kaufte eine Schachtel Konfekt für Denise. Dann kehrte er in ein kleines Bistro ein und bestellte sich einen Picon. Neben ihm saß ein Mann, der trotz der frühen Stunde bereits etliche Gläschen gekippt hatte. Er fütterte die Spatzen mit Brotkrumen, die er in eine Zeitung gewickelt hatte, und sagte zu Tessat: „Es ist angenehm, sich mit einem Vogel zu unterhalten. Immer nur diese Wahlen . . ."

„Für wen sind Sie?" fragte Tessat mechanisch.

„Ich? Ich bin für mich, wenn Sie's genau wissen wollen. Und für den Vogel. Aber meine Stimme gebe ich nicht ab. Kommt gar nicht in Frage!"

Tessat lachte. „Richtig! Was wollen Sie trinken? Ich lade Sie ein."

Tessat fuhr um vier Uhr ab, und um fünf Uhr begab sich Breteuil zur Marquise de Niort. Dort traf sich jeden Dienstag die Creme von Poitiers: ruinierte Gutsbesitzer, die bescheiden, aber nach der Etikette lebten. Sie hatten in ihrem Kreis zwei Fabrikanten, einen Professor des Archäologischen Instituts und einige Persönlichkeiten des geistlichen Standes aufgenommen. Ein Diener servierte dünnen Tee und winzige Sandwiches: die Marquise war für ihren Geiz bekannt. Gewöhnlich befaßten sich die Gäste mit Klatsch, nachdem sie anstandshalber fünf Minuten der Außenpolitik und den Ausgrabungen gewidmet hatten: Die Stadt war berühmt für ihre Altertümer, und alle hiesigen Aristokraten verehrten die Archäologie. An jenem Tag jedoch gab es nur ein Thema – die Stichwahl. Grandmaison fühlte sich als Held. Er war ein griesgrämiger, aber harmloser alter Mann mit dem Schädel eines Neugeborenen und einem Gichtfuß, der in einem Leinenpantoffel steckte. Wenn der General sich ärgerte, streckte er den kranken Fuß vor und schrie: „Niemals!"

Breteuil rührte mit einem winzigen Löffel in seiner Tasse und sagte: „Mein Freund, in Anbetracht der Lage ist es das Edelste, zurückzutreten."

„Niemals! Ich bin nicht Dugard. Ich weiß, daß Tessat durchkommen wird; aber es gibt Niederlagen, die ehrenhafter sind als ein Sieg."

„Wozu die Aufregung? Die zweitausend Stimmen, die Sie bekämen, würden Tessat ins Lager unserer Feinde treiben. Dabei ist er ein anständiger Mensch."

Alle waren empört: „Ein Freund Chautemps'! Denken Sie doch an die Stavisky-Affäre!"

„Ein Freimaurer! Er ist Mitglied der Loge ‚Großer Orient'."

„Und die Gelder von Dessère?"

Grandmaison schrie: „Ein anständiger Mensch? Kennen Sie seine Schreibereien? Ein Atheist. Schlimmer noch, ein Zyniker! ‚Weltliche Schule'! Aus dieser Schule kommen doch die Tagediebe, die alles aufteilen wollen. Niemals!"

Da sagte Breteuil mit ungewohnter Leidenschaftlichkeit: „Wir wollen ganz offen reden. Unser Land steht an der Schwelle einer Revolution. Die Volksfront kann Frankreich in einen Krieg hineinziehen. Selbst wenn wir siegten, würde dieser Sieg für uns eine Niederlage bedeuten. Tessat ist gegen eine religiöse Erziehung? Zugegeben. Aber soll man sich über einen Schnupfen aufregen, wenn man an galoppierender Schwindsucht leidet? Tessat ist kein Kommunist. Ich habe gestern mit ihm gesprochen. Er hat mir in allem zugestimmt. Die Volksfront wird morgen an die Macht kommen. Wenn man ihr nicht durch Sperrfeuer Einhalt gebieten kann, dann muß man sie von innen her sprengen. Ein Dutzend Leute vom Schlage Tessats werden das Ihre tun. Um Frankreich zu retten, würde ich mich nicht nur mit Tessat, sondern sogar mit den Deutschen verbünden. Ja, ja, lassen Sie mich zu Ende sprechen! Wenn man mir morgen sagte, die Revolution sei unvermeidlich, so würde ich antworten: Holt Hitler zu Hilfe!"

Stille herrschte. Die Marquise de Niort flüsterte: „Bemerkenswert, was Sie da sagen, Herr Breteuil! Aber es ist deprimierend ... Mein Gott, wie deprimierend!" Sie ließ die Zuckerzange zu Boden fallen.

12

Von seinem Erfolg wollte Tessat den Seinen beim Mittagessen erzählen. Wenn vor ihm ein schmackhaftes Gericht dampfte, sprach er besonders gern über Politik.

„Die Lage war kritisch. Dugard startete eine Verleumdungskampagne: wieder wegen Stavisky! Übrigens, Lucien, du hast allen Grund zur Freude: Man reißt sich dort geradezu um dein Machwerk. Meinetwegen natürlich! Grandmaison hat es jeden Tag zitiert: ‚Seht euch das Söhnchen an!' Mamachen, wo hast du diese zarte Ente her? In Poitiers hat man mir eine Languste auf amerikanische Art serviert, ein Hochgenuß! Aber auch die Kommunisten standen nicht zurück. Sie haben mich ganz schön unter Beschuß genommen. ‚Freiheit! Friede!', kurzum, eine verantwortungslose Demagogie. Und das Ergebnis? Stichwahl. Ich dachte, ich falle um vor Müdigkeit. Und Kopfschmerzen hatte ich! Warum bist du so blaß, Denise? Du müßtest mal nach Poitiers fahren. Romanische Kirchen gibt es dort – eine wahre Pracht! Die heilige Radegunde ... Ich habe ausgerechnet, wenn die Kommunisten ihre Kandidatur zurückziehen, sind die Chancen gleich groß. Aber es wurde gemunkelt, daß sie wieder für Didier stimmen. Luciens Freunde sind mir ja nicht gerade wohlgesonnen. Da hab ich eben erklärt, daß ich Kandidat der Volksfront bin. Stürmischer Beifall. Sie haben sogar die Fäuste erhoben. Ehrlich gesagt, ich kann diese Geste nicht ausstehen ... Köstlich, diese Ente! Die erste Hürde ist genommen. Die Kommunisten haben erklärt, daß sie mir ihre Stimme geben werden. Aber da erhoben die Rechten ein Geschrei: Sie wollen alle mobilisieren. Aber die Chancen stehen gleich für die Roten und die Schwarzen."

Er nagte an einer Entenkeule und verstummte.

„Du wirst den Faschisten schon schlagen", sagte Lucien. „Die Stimmung des Landes ..."

„Moment! Du ahnst ja nicht, was geschehen ist. Rate mal! Das reinste Theater ... Bitte noch etwas Salat, Mamachen. Und du selbst? Nicht einmal Salat darfst du essen? Schrecklich, diese Diät! Du errätst es also nicht? Dugard hat seine Kandidatur zurückgezogen, und ich bin jetzt der einzige Kandidat. Nationale Einigung nennt man das."

Lucien war außer sich: „Und du spielst da mit? So eine Niedertracht!"

Tessat war beleidigt. „Ich finde daran nichts Schändliches. Alle Parteien haben sich auf mich geeinigt. Darauf kann man doch nur stolz sein. Wieso ist nationale Einigung etwas Niederträchtiges? Sogar dein Schlosser führt doch dauernd das Wort ‚Frankreich!' im Munde. Du bist zurückgeblieben, mein Lieber."

Die Stimmung bei Tisch war verdorben. Die nächsten Angehörigen verstanden Tessat nicht. Seine Frau seufzte. Denise hörte nicht zu, sie aß oder spielte mit dem Kätzchen. Und Lucien, dieser Taugenichts, verfaßte in Gedanken wohl schon eine neue Schmähschrift ... Tessat stürzte seinen Kaffee hinunter und ging ins Arbeitszimmer. „Ich hab noch zu arbeiten."

Alle wußten, daß er nach dem Essen ein Schläfchen machte, das war seine „Arbeit".

Lucien machte sich Vorwürfe wegen seiner Unbeherrschtheit. Er hatte so auf die Rückkehr des Vaters gewartet, weil er dringend fünftausend Franc benötigte. Für den ärztlichen Eingriff bei Jeannette. Aber wen sollte er anpumpen? Wozu hatte er den Vater verärgert? Jetzt würde der ihn womöglich aufsitzen lassen. Lucien dachte an Jeannettes Augen, und ohne lange zu überlegen, betrat er das Arbeitszimmer. Abrupt, als stürze er sich in kaltes Wasser, sagte er: „Ich brauche fünftausend. Ganz dringend!"

Tessat schwieg. Lucien fuhr finster fort: „Ich wollte dich nicht kränken, sei nicht böse!"

Tessat lag auf dem Kanapee. Die gekränkte Miene ließ sein Vogelgesicht noch spitzer erscheinen. Auf der Stirn standen Schweißperlen. Klein und bleich lag er da, wie ein Leichnam. „Wozu brauchst du das Geld? Für eine neue Schmähschrift?"

Lucien antwortete nicht. Tessat blickte ihn an und wandte sich ab. So einer war zu allem fähig! Tessats Onkel war auch rothaarig gewesen. Die Familie hatte sich von ihm losgesagt: Er hatte die Unterschrift eines Kassierers gefälscht und dafür vier Jahre bekommen.

„Ist ja auch egal ... Gut." Er erhob sich und schrieb einen Scheck aus. „Hier nimm!" Lucien verließ das Zimmer.

Tessat legte sich wieder hin; er wollte ein wenig schlummern, um sich zu beruhigen. Aber die Gedanken raubten ihm den Schlaf. Er empfand Abscheu wie an jenem Abend, als Breteuil ihn aufgesucht hatte: Glaubt Lucien denn, es sei ihm nicht zuwider, von Breteuil ein Almosen anzunehmen? Selbstverständlich ist ihm das zuwider. Zuwider ist es ihm auch, mit den Kommunisten zu paktieren. Ein Schloß reparieren lassen? Bitte! Aber nicht mit ihnen gemeinsam das Schicksal des Landes entscheiden. Abscheulich ist das alles! Wie das ganze Leben. Ist das Leben etwa kein scheußliches Spiel? Ein Lotteriespiel. Wenn in der Kammer über die Vertrauensfrage abgestimmt wird ... Ein paar Ja- oder Neinstimmen entscheiden das Schicksal eines Menschen. Und die Geschworenen? Soll ein Mensch geköpft werden oder nicht? Das hängt von einer Kleinigkeit ab, davon, ob Tessats Rede irgendeinen Krämer zu rühren vermag oder nicht. Wenn nicht, dann wird der Mensch um vier Uhr früh geweckt, bekommt ein Gläschen Rum, und der Kopf rollt. Ein Lotteriespiel! Alle begreifen, daß die Volksfront eine Schande ist. Sie wird sich auch bestimmt kein Jahr halten. Nichts wird sich halten. Überall Fäulnis! Schmutz! Alles wird zerfallen. Und wennschon ... Heute abend wird er zu Paulette fahren. Auch Paulette wird sterben. Alle werden sterben ...

Diese Gedanken an den unausbleiblichen Zerfall alles Seienden wirkten beruhigend auf Tessat. Bald drang aus dem Arbeitszimmer leises Schnarchen, das in Pfeifen überging.

„Denk, was du willst", sagte Lucien zu Denise, „aber es ist doch eine Niedertracht, es mit Kommunisten und Feuerkreuzlern gleichzeitig zu halten. Das ist weder ehrenhaft noch ehrlich."

„Mir tut er leid. Er ist im letzten Jahr sehr gealtert."

„Kein Wunder – Paulette kann einen Mann in seinem Alter zugrunde richten."

„Lucien!"

Er sah sie an und mußte wieder an Jeannettes Augen denken. Ach, diese stillen Wasser! Aber Jeannette liebte ihn nicht. Sie hatte es selbst gesagt. Weshalb sollte man ihn auch lieben? „Warum tue ich dir nicht leid? Vater wird wenigstens noch sterben, ich aber werde nicht sterben, sondern verrecken."

Am Abend fand Tessat ein wenig Zerstreuung. Er besuchte Paulette und soupierte dann mit ihr im „Maxim". Gelangweilt sah er dem Cancan zu. Die Beine der Mädchen bewegten sich auf und ab. Genau wie das Leben, dachte er. Er trank Champagner, ein Glas nach dem anderen, wurde aber nicht berauscht. Die tiefsinnige Stimmung, die am Tage aufgekommen war, hielt an.

Um zwei Uhr nachts kam er nach Hause. Seine Frau lag mit dem Heizkissen auf dem Bauch im Bett und legte wie immer Patience. Als sie Tessat erblickte, brach sie in Tränen aus.

„Endlich bist du da. Ich habe solche Schmerzen!"

„Das geht vorüber, Amélie. Der Arzt hat gesagt, es wird bald besser werden."

„Nein, ich weiß, daß es nicht besser wird. Ich werde bald sterben."

„Weshalb redest du solchen Unsinn? Ich habe mit dem Arzt gesprochen. Das ist doch keine unheilbare Krankheit. Du wirst uns noch alle überleben ..."

„Wozu soll ich denn noch leben? Ich bin doch zu nichts mehr nütze. Heute bin ich deinetwegen aufgestanden, und gleich geht es mir wieder schlechter. Ich fürchte nicht den Tod. Ich fürchte etwas anderes ... Du glaubst an nichts. Aber die Strafe wird kommen ... Ich wollte nicht vor den Kindern davon anfangen ... Sich mit den Kommunisten einzulassen! Wie konntest du nur! Ich habe gestern in der Zeitung von ihren Greueltaten gelesen ... Sie haben in Malaga acht Kirchen in Brand gesteckt.

Tiere sind das! Und nun machst du, mein Mann, mit ihnen gemeinsame Sache!"

Tessat zog sich aus, legte sich hin und antwortete erst dann: „Glaubst du, es sei mir nicht zuwider? Und wie zuwider mir das ist! Politik ist ein schmutziges Geschäft. Selbst Spekulieren ist noch besser ... Aber was willst du machen? Wir beide brauchen kein Geld, wir werden schon irgendwie auskommen. Aber die Kinder! Lucien hat mich heute wieder um fünftausend erleichtert. Wenn ich ihm nichts gebe, bringt er vielleicht noch jemanden um. Und hast du auch an Denise gedacht? Sie kann sich doch jeden Tag verlieben. Ich will nicht, daß sie von ihrem Mann abhängig ist. Sie ist sehr stolz. Ohne Geld kann sie nicht leben ... Weißt du, Amélie, du brauchst nicht auch noch auf mir herumzutrampeln. Ich hab's ohnehin schon schwer genug."

Die Frau küßte ihn auf die Stirn und löschte das Licht.

Tessat lag auf dem Rücken und starrte in die Dunkelheit. Er wußte, daß er keinen Schlaf finden würde. Er sah helle Punkte hochsteigen, wie die Kohlensäurebläschen im Champagner. Neben ihm stöhnte leise seine Frau. „Amélie!" rief er flüsternd. Sie reagierte nicht, sie stöhnte im Schlaf. Tessat hatte Angst. Amélie würde bald sterben. Auch er würde sterben ... Er erinnerte sich, wie Laroche geköpft wurde, weil er einen Polizisten getötet hatte. Das war im Herbst gewesen. Auf dem Boulevard Arago raschelte das Laub unter den Füßen. Und die Sonne war groß und rot. Laroche trank den Rum, schnalzte mit der Zunge und sagte: „Vorbei!" Alle dachten, er würde seinen Tod gelassen hinnehmen, doch als er zur Guillotine geführt wurde, widersetzte er sich. Er wurde mit Gewalt hingeschleppt und heulte wie ein Dorfhund. Dieses Heulen klang Tessat jetzt ganz deutlich im Ohr, und er begann zu zittern. Noch immer stiegen helle Punkte zur Decke hoch ... Amélie hatte es gut! Sie glaubte an die Hölle – das war auch ein Ausweg. Er wollte ja Qualen auf sich nehmen, jedoch in vollem Bewußtsein! Aber es gibt keine Hölle, nur das Grab, Kälte, das Nichts. Dieser Gedanke war Tessat so unerträglich, daß er laut aufschrie. Seine Frau erwachte. „Was hast du, Paul?"

„Ich habe nur geträumt", antwortete er schuldbewußt.

13

Auguste Viard, von dem Joliot unwahrscheinliche Geschichten erzählte und den Pierre geradezu vergötterte, wirkte wie ein gutmütiger zerstreuter Professor. Alles an ihm erinnerte an das vergangene Jahrhundert: sein Kneifer, der breitkrempige, schwarze Hut, sein Hang zur Psychoanalyse, seine gestelzte Redeweise.

Viard war in Châlons geboren, in dem Jahr, das man „das schreckliche" nannte. Über seine Wiege waren die Kugeln der Preußen hinweggepfiffen. Viards Vater war ein überzeugter Republikaner gewesen und hatte wegen eines öffentlichen Auftretens gegen „Napoleon den Kleinen" zwei Jahre im Gefängnis gesessen. Schon in früher Kindheit hatte Auguste die Namen Marat, Blanqui, Delescluze gehört und leidenschaftliche Debatten über die soziale Revolution miterlebt.

In Paris studierte Viard dann Geschichte. Er wollte sich dem politischen Kampf widmen, doch plötzlich begeisterte er sich für die Kunst – ein Merkmal seines Alters, vielleicht auch der Epoche. In einem Café im Quartier Latin traf der junge Student oft den Dichter Verlaine, der mitten im trunkenen Gestammel plötzlich wunderbare Verse deklamierte; sie klangen wie der Schrei eines Zugvogels, der an einem Leitungsdraht zerschellt. Viard gab einen Band epigonenhafter, aber nicht ohne Talent verfaßter Gedichte heraus. Er schrieb für Zeitungen Berichte über Kunstausstellungen und wollte Kritiker werden. Aber da schlug die Dreyfus-Affäre ihn in ihren Bann. Er wurde ein Schüler Jaurès'. Von Natur aus ein bescheidener Mensch, verrichtete er jede beliebige Arbeit. Er schrieb Artikel für kleine Zeitschriften, entlarvte den Klerus, fuhr in die entlegensten Krähwinkel, um gegen den Militarismus aufzutreten, und forderte mit bebender Stimme die Gleichberechtigung der Frau. In seiner Freizeit las er viel. Nach wie vor interessierte er sich für die Kunst. Seine Genossen nannten ihn scherzhaft „unser Athener". Kurz vor dem Krieg wurde er ins Parlament gewählt. In dieser Zeit heiratete er eine Ärztin. Mit bedeutenden Reden betraute man Viard in der Kammer nicht; aber er arbeitete in verschiedenen Ausschüssen und galt als Experte für Kulturfragen. Er nahm an internationalen Kongressen teil und lernte dort Lenin, Bebel und Plechanow kennen. Er war fest überzeugt, daß die Sozialisten, wenn sie bei den Wahlen die Mehrheit bekämen, große Umwälzungen herbeiführen würden.

Statt dessen brach der Krieg aus. Viard litt sehr darunter, denn der Krieg machte alle seine Träume zunichte. Eine Teilnahme an der Zimmerwalder Konferenz lehnte er jedoch ab: „Man darf die Arbeiterklasse nicht mit der Nation in Widerspruch bringen!“ Die Gespräche über die „Heilige Allianz“ ärgerten und rührten ihn zugleich. Er beschränkte sich seinerseits auf Proteste gegen die strenge Zensur oder gegen Erschießungen ohne Gerichtsurteil.

Die stürmischen Nachkriegsjahre brachen an. Viard begrüßte die russische Revolution, verurteilte aber die Kommunisten: „Wir müssen unseren eigenen Weg gehen!“ Der Krieg hatte seinen Abscheu vor Blutvergießen noch verstärkt; er war überzeugt, daß die Menschheit den Weg des friedlichen Fortschritts beschreiten werde.

Auf Grund seines Alters und seiner Bildung wurde er einer der Führer der Sozialistischen Partei. Innerlich war er gealtert und abgestumpft. Seine Frau war gestorben. Die Töchter hatten geheiratet. Er wohnte allein in einer großen, ungemütlichen Wohnung, die einer Gemäldegalerie glich. Nach wie vor hatte er eine Schwäche für die Malerei. Immer häufiger verspürte er das Bedürfnis nach Einsamkeit. Er besaß ein kleines, glyzinienumranktes Landhaus in Avallon. Dort saß er auf einer schartigen Bank und lauschte dem Krähen der Hähne oder dem Quaken der Frösche. Wenn er von einer Sitzung der Kammer nach Hause kam, verweilte er lange vor dem Porträt seiner Tochter, das Renoir gemalt hatte, und bewunderte die warmen Rosatöne, die an den süßen Schaum frischgekochter Konfitüre erinnerten. Die Angst vor allem, was die Ordnung des Lebens stören könnte, beeinflußte sein politisches Urteil. Dieser Mann, den rechte Karikaturisten mit einem Messer zwischen den Zähnen darstellten, war ein harmloser Stubenhocker, der aus Gewohnheit alte revolutionäre Monologe wiederholte.

Plötzlich kam ein Sturm auf. Die jungen Leute, die keinen Platz im Leben fanden, wandten sich den extremen Parteien zu. Der Februarputsch erschreckte Viard. Er haßte die Jünger Breteuils – sie hatten einen Anschlag auf die Ruhe des Landes verübt. Viard wurde Anhänger der Volksfront. Er bezwang sogar seine alte Feindschaft gegen die Kommunisten; er wollte sein Häuschen in Avallon, seine Bilder, seinen Sitz im Parlament verteidigen.

Am Vorabend der Wahlen trat er auf einer großen Kundgebung gemeinsam mit den Kommunisten auf. Zehntausende jubelten ihm begeistert zu. Zuerst sprach er über Demokratie, bezahlten Urlaub und den Frieden des Landes. Als geborener Redner ließ er sich jedoch bald von den Gefühlen der Masse leiten. Lebendige Töne durchbrachen seinen demagogischen Redeschwall. Die brüchige Stimme erstarkte. Viard sprach vom Nachbarland Spanien, wo die Volksfront einen Wahlsieg errungen hatte: „Die Bauern von Estremadura haben das Land der Gutsbesitzer umgepflügt. In den Klöstern haben jetzt Zirkel und Globus die Reliquien verdrängt. Die Arbeiter lernen, Gewehre zu handhaben, um die Freiheit zu verteidigen ..."

Als Antwort ertönte der zehntausendstimmige Ruf: „Es lebe die Volksfront!"

Auf dem obersten Rang saßen Michaud und Denise. Michaud applaudierte. Dann flüsterte er Denise lächelnd zu: „Das gilt nicht ihm, sondern den Spaniern ..."

Nach Viard sprach der Kommunist Legreux.

„Den kenne ich doch!" rief Denise. Es war jener Arbeiter mit der Narbe auf der Wange, der gefragt hatte, aus welchem Bezirk sie sei.

„Genossen, es geht nicht nur um Wahlurnen. Wir müssen die Volksfrontregierung mit unserem Leben verteidigen. Das ist keine Phrase, das ist eine Aufgabe, eine schwere Aufgabe. Wir müssen siegen, unbedingt ..."

Viard schüttelte Legreux die Hand, eine Geste, die alle in Begeisterung versetzte. Es war, als begrüßte das vorige Jahrhundert – die Utopisten und die Begründer der Arbeiterbewegung – jene Menschen, die nicht nur fähig waren, sich zu opfern, sondern auch zu siegen.

Denise und Michaud traten ins Freie. Es war schwül, ein Gewitter lag in der Luft. Von der Hitze erschöpfte Menschen saßen auf den Terrassen der Cafés, tranken Bier und wischten sich träge den Schweiß von der Stirn.

Erst anderthalb Monate waren seit der Wahlversammlung in

der Rue Falguière vergangen, aber Denise und Michaud unterhielten sich bereits wie alte Freunde.

„Viard ist ein guter Redner“, sagte Denise, „aber irgend etwas vermisse ich bei ihm.“

„Er glaubt nicht an das, was er sagt.“

„Mir scheint, er glaubt daran, aber nur zum Teil. Ich kann das verstehen, mir geht es auch manchmal so; ich sage etwas mit Überzeugung, doch schon im nächsten Augenblick kommen mir Zweifel ...“ Lachend fügte sie hinzu: „Nur spreche ich ja nicht auf Versammlungen. Legreux gefällt mir, man spürt, daß er es ernst meint.“

„Worte und Taten müssen eins sein.“

„Wie kann man das erreichen?“

„Durch Blut ...“

Ein Donnerschlag ertönte, und schon begann es zu gießen. Sie huschten unter die Leinenmarkise eines Schaufensters. Dort standen sie eng beieinander inmitten des Regens und der Blitze und unterhielten sich mit halblauter Stimme, obwohl niemand in der Nähe war. Denise erzählte von ihrem Leben.

„Überall Lüge ... Ich will mit Ihnen nicht über meinen Vater reden, das wäre unfair. Aber so weiterleben kann ich auch nicht. Manchmal komme ich mir vor wie ein Fisch auf dem Küchentisch. Ich muß mir etwas einfallen lassen. Ich will Sie nicht um Rat bitten, sondern einfach nur reden ...“

„Es gibt einen einfachen Ausweg ...“

„Nein. Für Sie mag das einfach sein. Für Sie ist das etwas Ureigenes, vielleicht Angeborenes, jedenfalls etwas von Kind auf Gewohntes. Ich aber bin aus anderem Holz geschnitzt. In Ihrer Gegenwart empfinde ich das nicht so, aber auf den Versammlungen immer ... Ich muß alles siebenmal abwägen, sonst geht es mir wie meinem Bruder. Lucien ist kein schlechter Mensch, er ist nur sehr leichtsinnig. Er verliebt sich, und kurz darauf erinnert er sich nicht einmal mehr an den Namen des Mädchens. Genauso ist es mit seinen Überzeugungen. Ich dagegen kann mich schwer zu etwas entschließen.“

„Sie, Denise, sind was ganz Besonderes ... Da habe ich aber etwas Dummes gesagt. Erklären Sie mir doch, woran das liegt – sobald ich mit Ihnen über solche Dinge spreche, kommt Unsinn heraus. Wissen Sie warum? Na gut, Schluß mit den Albernheiten! Ich will Ihnen etwas sagen. Aber Sie dürfen es nicht falsch auffassen ... Ich höre Ihnen zu, sehe Sie an, und mir geht ein Licht auf. Das ist wie bei der Kunst ... Ich habe mir das Gehirn zermartert, wollte begreifen, warum mich etwas erregt. Es gibt solche Verse und solche. Aber die einen liest man, um sie gleich wieder zu vergessen, während die anderen einen im Innersten aufwühlen. Ich glaube, jetzt habe ich auch die Architektur begriffen. Ohne Mâle. Durch Sie. Und ob!"

Er breitete komisch die Arme aus, aber Denise lachte nicht.

„Lassen wir das, Michaud. Mich beschäftigt jetzt etwas anderes ... Ich lerne bei Ihnen; ich lerne leben, atmen, sprechen. Vielleicht werde ich es auch lernen – wie sagten Sie doch? –, ‚Taten' zu vollbringen ... Aber der Regen hört gar nicht auf."

Sie liefen in den rauschenden Regen hinaus. Die Leute sahen ihnen verwundert nach: Sie waren durchnäßt und lächelten. Denise trug ein graues Reisekostüm, ihre Zöpfe waren hinten zusammengebunden. Eine strenge, ein wenig altmodische Schönheit. Michauds Augen leuchteten noch heller als sonst. Schweigend gingen sie bis vor Denises Haus, wo sie sich fröhlich voneinander verabschiedeten. Der Regen ließ nicht nach, und auf dem bläulichen Asphalt bildeten sich große glänzende Blasen. Es roch nach Gras und Sommerfrische.

Kaum war Viard wieder zu Hause, als ihm die eben noch empfundene Hochstimmung unecht vorkam. Er war ernüchtert und schämte sich. Warum hatte er diese Rede gehalten? Morgen würde der Staat für ihn die Verantwortung tragen müssen. Jedes Wort mußte genau überlegt sein. Man konnte nicht mit den Allüren eines Provinzagitators Minister werden.

Er wollte sich ablenken und machte es sich in einem tiefen Sessel bequem. Vor ihm hing eine Landschaft Bonnards: Unter dem grünen Laubdach schimmerten die ineinanderfließenden Sonnenflecke wie Honig, die Leinwand strahlte die Ruhe eines glühendheißen Mittags aus. Viard ging allmählich in jene unbewegliche, starre Welt ein, in der er seine schönsten Stunden verbrachte.

Den Zauber zerstörte der Diener, der auf einem Tablett die Abendpost brachte. Viard öffnete unwillig den ersten Brief, und sofort verfinsterte sich sein Gesicht. Da stand mit Schreibmaschine geschrieben: „Wenn du es wagst, Frankreich zu regieren, werden wir dich verbrennen wie eine alte Ratte. Tod der Volksfront! Ein französischer Patriot."

Der anonyme Brief erschreckte Viard. Er fürchtete nicht den Tod, sondern die Verantwortung. In einigen Tagen würde er Entscheidungen fällen, Befehle erteilen, vielleicht Strafen verhängen müssen. Aber davon verstand er nichts. Er war gewohnt, zu analysieren, zu kritisieren, eine unabhängige Meinung zu vertreten. Mit seinen fünfundsechzig Jahren begann Viard zu zittern wie ein junges Mädchen vor der ersten Umarmung. Früher war ihm alles so einfach vorgekommen: Seine Partei würde bei den Wahlen die Mehrheit bekommen und die Ära des Sozialismus verkünden ... Vielleicht war damals auch alles einfach gewesen? Vor dem Krieg waren die Menschen sanfter, nachgiebiger gewesen, sie kannten weder Strafexpeditionen noch Bücherverbrennungen oder faschistische Lager. Und dieser Mensch schrieb: „Wir werden dich verbrennen wie eine Ratte ..." Ja, sie würden hetzen, provozieren, aus dem Hinterhalt schießen. Wie in Madrid ... Sie wollten die Volksfront im Blut ertränken. Wer aber waren Viards Verbündete? Für die Kommunisten war er ein „Verräter". Die Kommunisten würden unerbittlich sein, entschiedene Maßnahmen fordern, an die Massen appellieren. Und die Radikalen? Für Tessat waren Viard und Legreux ein und dasselbe Gesindel. Mit welchem Abscheu er allein das Wort „Marxist" aussprach! ... Viard stand allein da. Wenn man ihm heute Beifall geklatscht hatte, dann nur deshalb, weil er wie Legreux gesprochen hatte. Sobald er jedoch vom Wort zur Tat überginge, würden die gleichen Leute ihn auspfeifen.

Wozu das alles? Wie lange hatte er noch zu leben? Fünf Jahre. Vielleicht auch weniger. Er könnte die Landschaften Bonnards betrachten, gute Bücher lesen, in sein Häuschen nach Avallon fahren – dort gab es Buchfinken und Levkojen ... Wie unsinnig und trist das alles war! Und dieses kalte Zimmer! Ein Vers, den er in seiner Jugend verfaßt hatte, kam ihm in den Sinn:

„Feuchte Kälte immerzu
Und Laternen,
Ein Gedanke läßt mir keine Ruh:
Sterben! Sterben!"

Schüttelfrost befiel ihn an diesem heißen Maiabend. „Robert, bringen Sie mir eine Decke."

Der Diener sagte lachend zur Köchin: „Das hat er nun vom Wahlkampf – man kann vor Hitze kaum japsen, und er friert!"

14

Am Sonntagabend schaute Pierre bei Agnès herein und sagte: „Komm mit in die Stadt, die Wahlergebnisse werden bekanntgegeben."

Er war sehr aufgeregt, redete laut und fuchtelte mit den Armen. Agnès hatte keine Lust mitzugehen. Sie fühlte sich nicht wohl, und die Wahlen interessierten sie nicht. Schließlich ließ sie sich doch überreden.

Ein Menschenstrom wälzte sich aus den engen, dunklen Straßen zum Zentrum hinunter. Ebenso wie Pierre war die ganze Stadt in Erregung. Überall hörte man Fragen, Vermutungen, Gerüchte, besorgte oder hoffnungsvolle Worte. Arbeitermützen überfluteten die großen Boulevards. Das sonst hier übliche Publikum hatte vor ihnen die Flucht ergriffen. Nur Ausländer und Prostituierte saßen auf den Terrassen der eleganten Cafés.

Pierre und Agnès standen vor der Redaktion einer Abendzeitung. Auf dem großen, dreieckigen Platz raunte ungeduldig die Menge, wie im Theater, ehe der Vorhang aufgeht. In wenigen Minuten würden auf der weißen Leinwand Namen und Zahlen über das Schicksal Frankreichs Auskunft geben. Wenn nun die Rechten siegten? Abergläubische Furcht ließ Gerüchte aufkommen: die Bauern hätten vor der Volksfront Angst gekriegt, die Provinz habe für die Faschisten gestimmt, sogar die roten Pariser Vorstädte hätten sich von den Linken losgesagt. Auf der Leinwand standen nur wenige Namen: die Spitzenkandidaten von Paris. Die Leute rissen sich um die Abendzeitungen, obwohl sie wußten, daß noch keine Wahlergebnisse darin standen. Es ging zu wie auf einem Jahrmarkt. Jemand stimmte, um die Zeit zu verkürzen, den Schlager von der „Madame Marquise" an. Man knabberte Erdnüsse. Araber priesen Läufer aus Ziegenfell an. Der Abend war schwül, und in den umliegenden Bistros fanden Bier und Limonade reißenden Absatz.

Plötzlich ertönte eine Stimme aus dem Lautsprecher: „Thorez, Maurice. Gewählt."

Stürmischer Beifall brach los. Thorez war beim Volk beliebt. „Es lebe unser Maurice!" schallte es über den Platz. Obwohl niemand an der Wahl Thorez' gezweifelt hatte, versetzte der erste Erfolg doch alle in Begeisterung. Die „Internationale" erklang.

Die Menge füllte jetzt schon die angrenzenden Straßen. Vergebens bemühten sich Polizisten, die Straße für die Autos frei zu halten. Großen Eifer legten sie allerdings nicht an den Tag; da sie noch nicht wußten, wer gesiegt hatte, zeigten sie sich von der höflichen Seite.

„Flandin, Pierre. Gewählt."

„Nieder mit den Faschisten!"

„An die Wand mit den Verrätern!"

„Blum, Léon. Gewählt."

„Es lebe die Volksfront!"

Hochrufe und Beifallsbekundungen wechselten mit Pfiffen. Doch immer häufiger ertönten freudige Rufe, und immer seltener brach die Menge in mißbilligendes Gejohle aus. Gegen zehn Uhr stand fest, daß die Volksfront gesiegt hatte. Das Lächeln wich nicht mehr von den Gesichtern. Die Meldungen von der Wahl rechter Kandidaten wurden mit trägem Pfeifen aufgenommen. Der leicht errungene Sieg schien allen wie Zauberei, wie ein Wunder: Alle hatten in einer ungewöhnlichen Lotterie fünf Millionen gewonnen. Nicht Gewehre, nein, winzige Zettel hatten das Volk gerettet. Jahrzehntelang war die Abstimmung eine langweilige Zeremonie gewesen: War es nicht einerlei, wer siegte – ein Radikalsozialist oder ein Linksrepublikaner? Diese Wahlen aber waren etwas Besonderes. Sie waren auf der Straße, inmitten der Pflastersteine und des Blutes vom 6. Februar, inmitten der roten Fahnen der Demonstrationszüge geboren. Die Hoffnung auf eine Veränderung nicht nur des Kabinetts, sondern auch des persönlichen kleinen Lebens erfüllte an diesem Maiabend die Menschen. Auf allen Plätzen und überall im Lande – im rußigen Lille, im fröhlichen Marseille, im stillen, hartgesottenen Lyon, an der Küste des Ozeans, an den Hängen der Alpen – schlugen aufgeregt Millionen Herzen.

„Viard, Auguste. Gewählt."

Pierre brach in so lautes Geschrei aus, daß Agnès sich lachend die Ohren zuhielt. Andere Leute fielen ein. Aber Pierre reichte das nicht. Er sagte eifersüchtig: „Wenn ein Kommunist gewählt ist, schreien sie viel lauter ..."

„Tessat, Paul. Gewählt."

Einige Stimmen riefen zaghaft: „Es lebe die Volksfront!"

„Gehen wir", sagte Agnès. „Ich kann mich nicht mehr auf den Beinen halten."

Auf der Terrasse eines kleinen Cafés fanden sie Platz. Ringsum erhoben die Leute ihr Glas, stießen an und gratulierten sich gegenseitig.

„Warum freust du dich denn nicht, Agnès?"

„Worüber soll ich mich freuen? Daß Tessat gewählt wurde? Ja, natürlich, dieser Schuft hat sich für mich eingesetzt ... Aber ich freue mich nicht."

„Es geht nicht um Tessat. Das ist nur ein Detail. Wichtig ist, daß die Volksfront gesiegt hat."

„Du weißt doch, wie ich darüber denke. Für mich ist das Leben gerade das, was du Details nennst."

„Tessat?"

„Nein. Aufrichtigkeit, Ehrlichkeit."

Pierre war von den Ereignissen des Tages zu erschöpft, um mit ihr zu streiten. Er schüttelte nur den Kopf und überließ sich der lauten Freude der vorüberziehenden Passanten.

Am Nebentisch saßen Soldaten. Sie waren angeheitert und schrien: „Der Oberst wird die Hosen voll haben ..."

„Jetzt geht's denen an den Kragen ..."

„Fährst du nun morgen nach Strasbourg?"

„Übermorgen früh. Da tut sich jetzt was, mein Lieber. Die Deutschen führen da schon die ganze Zeit was im Schilde, vor aller Augen ... Sie haben Geschütze aufgestellt, direkt auf die Stadt gerichtet ..."

Zeitungsverkäufer eilten vorüber. „Extrablatt! Überwältigender Sieg der Volksfront!"

„Können wir nicht ein Taxi nehmen?" bat Agnès. „Ich bin völlig fertig."

Zu Hause legte sie sich sofort hin.

„Was ist mit dir? Hast du dich erkältet?"

Sie lächelte kaum merklich. „Nein ... Mach dir keine Sorgen, ich bin nicht krank. Das muß so sein ... Verstehst du nicht? Ach, du Dummer!"

Endlich hatte Pierre begriffen. Er sprang in dem winzigen Zimmer herum.

„Großartig! Und das an so einem Tag zu erfahren! Ein wunderbarer Junge wird das werden, paß auf! Unbedingt wird es ein Junge! Soll ich dir irgend etwas holen? Tabletten? Apfelsinen?"

Sie lachte. „Ich brauche nichts. Setz dich zu mir. So ist es gut ..." Sie zog sein Gesicht ganz nahe an das ihre heran und schirmte mit den Händen das Licht ab. „So sind wir ganz allein ..." Sie lächelte. Ihr war leicht und ruhig ums Herz.

Draußen wurde gesungen: „Auf zum letzten Gefecht ..." Die Armen von Belleville stiegen die buckligen Straßen hinauf zu ihren düsteren, muffigen Häusern. Heute hatten die Menschen ein Märchen erlebt, nicht die Liebesgeschichte einer amerikanischen Diva, keine Feerie auf der Bühne eines zweitrangigen Provinztheaters, nein, ein Märchen, in dem sie selbst mitspielten: Jemand hatte für Belleville gekämpft und gesiegt. Jetzt würden sie glücklich werden!

„Auf zum letzten Gefecht ..."

Agnès mußte plötzlich an die Soldaten in dem Café denken. Der von Strasbourg erzählte, hatte so rosige, flaumige Wangen gehabt wie ein Kind. Agnès verfinsterte sich. Ihre kurzsichtigen Augen blickten noch hilfloser als sonst. „Sag, Pierre, wird es auch keinen Krieg geben?"

„Nein."

„Und später?"

„Weder jetzt noch später. Niemals!"

15

Der Sieg der Volksfront hatte die Spießbürger aufgeschreckt. Man sprach von bevorstehenden Streiks, von einer Krise, von Unruhen. Die Damen tuschelten verstört: „Mein Dienstmädchen ist gleich unverschämt geworden!" Die Krämer versteckten ihre Waren. Die hohen Beamten erklärten herablassend, sie würden den neuen Ministern, diesen „Eintagskalifen", keinen Gehorsam leisten. Breteuil forderte „alle ehrlichen Franzosen“ auf, ihre Häuser mit der Nationalflagge zu schmücken, als Zeichen des Protestes gegen die Volksfront. In manchen Straßen waren einige Häuser mit der Trikolore, andere mit roten Fahnen geschmückt, und nicht nur die Menschen, selbst die Steine schienen sich jeden Augenblick aufeinander stürzen zu wollen. In den Finanzkreisen herrschte Verwirrung. Man sprach von einer bevorstehenden hohen Besteuerung des Kapitals, sogar von einer Nationalisierung der Banken. Die Kapitalisten schafften schleunigst ihr Geld nach Amerika.

Nur Dessère ließ sich nicht aus der Ruhe bringen. „Wie können Sie in so einer Zeit arbeiten?“ fragte ihn der Bankier. Dessère antwortete: „Sagen Sie mir doch – was für ein Unterschied besteht zwischen Blum und Sarraut? Ich bin aus zu grobem Holz geschnitzt, um solche Feinheiten herauszufinden.“

Als Dessère erfuhr, daß Viard zum Minister ernannt worden war, beschloß er, offen mit ihm zu reden: Diese Leute waren doch Kinder, die leicht eine Dummheit begehen konnten ... Er rief Viard an: „Ich wollte mir schon längst mal Ihre Gemäldesammlung ansehen ...“

Auf Versammlungen hatte Viard des öfteren Dessère erwähnt und ihn als den Typ des skrupellosen Geschäftemachers hingestellt. Als er jedoch von dem bevorstehenden Besuch erfuhr, dachte er stolz: Dessère hat mich schließlich gewählt! Vergessen wir alle entlarvenden Reden; er fühlte sich jetzt wie ein Jüngling, dem alles neu ist. Noch keine Woche seit seiner Ernennung zum Minister war vergangen, und schon urteilte er nicht nur anders, er lächelte auch anders und schlug die Beine anders übereinander. Alle seine Gedanken, Gesten, Worte hatten sich der neuen Stellung angepaßt.

Dessère hingegen hatte nichts vergessen; aber Beleidigungen ließen ihn ebenso kalt wie Lobeshymnen: das war alles nur Gerede. Er beglückwünschte Viard. „Teurer Freund, ich bin glücklich, Sie auf diesem Posten zu sehen.“

Die Gezwungenheit schwand beim Betrachten der Bilder. Viard begriff sofort, daß Dessère etwas von Malerei verstand. Sie plauderten über die blaue Periode Picassos, über Utrillo, über die Zeichnungen von Matisse. Während Dessère die von bangen Ahnungen erfüllten Skizzen Modiglianis betrachtete, sagte er: „Es ist frappierend, wie sich in der statischen Kunst das Extreme, ja sogar Maßlose ausdrückt . . .“

„Das gefällt mir auch bei den alten Meistern: bei Greco, Zurbarán . . .“

Dessère nahm die Pfeife aus dem Mund, hüllte seinen Gesprächspartner in beißenden Rauch – er rauchte billigen, schwarzen Tabak – und sagte plötzlich: „Jetzt werden Sie all dem entsagen müssen. Es hilft nichts, Sie haben diesen Beruf selbst gewählt. Ich zum Beispiel kann mich dem Hasardspiel hingeben. Ich habe auf Sie gesetzt, aber für mich ist das ein Risiko. Sie jedoch haben kein Recht, ein Risiko zu wagen. Jede Kunst hat ihre Gesetze. Die Politik – das sind große Reden und kleine Taten. Ich habe Sie bei den Wahlen unterstützt und bin bereit, Ihnen auch künftig zu helfen. Aber wie viele Leute meines Schlages gibt es schon? Die Börse haßt Sie, für Wendel sind Sie ein Bandit, für die Herren vom ‚Crédit Lyonnais‘ – ein Einbrecher. Ein unbedachter Schritt, und man wird Sie in Stücke reißen. Dafür sind weder Verschwörungen noch Parlamentsintrigen nötig; es genügt, eine Abwertung des Franc zu manipulieren. Sie werden sehen, was die Arbeiter dann für ein Lied anstimmen . . . Ganz zu schweigen von den Rentiers, die werden schreien: ‚An die Wand mit Viard!‘ Sie haben da einen wunderschönen Braque . . . Ich mag ihn nicht besonders. Er ist mir zu nüchtern, aber dieses Stilleben ist eines der besten . . . Wissen Sie, was Braque einmal gesagt hat: ‚Der Künstler muß die Inspiration mit dem Lineal überprüfen.‘ Sie werden die sozialistischen Projekte am Kurs des Franc überprüfen müssen . . .“

Viard war entrüstet. Er hätte am liebsten geantwortet: Wir werden die Kapitalausfuhr verbieten, werden eine stabile Währung festsetzen, werden Sie ins Gefängnis sperren! Aber sein Zorn währte nur einen Augenblick, Viard erinnerte sich seiner Verantwortung. „Man darf uns keine Knüppel zwischen die Beine werfen. Eine stabile Regierung ist doch die einzige Chance für eine friedliche Lösung des Konflikts.“

„Zweifellos. Das gilt auch für die internationale Lage. Im übrigen hoffe ich, daß Sie sich diesbezüglich auf die Erfahrungen unseres gemeinsamen Freundes Tessat stützen werden.“

Viard runzelte die Stirn: Er hielt Tessat für seinen Feind. Aber Dessère achtete nicht auf Viards Mienenspiel und fuhr fort:

„Ich bin überzeugt, daß es Ihnen gelingen wird, den Frieden zu erhalten. Gewiß, Hitler ist unerträglich, aber lieber alle möglichen Zugeständnisse als Krieg."

Viards Miene hellte sich auf. Er hatte befürchtet, Dessère werde angesichts der Gefahr von außen mit dem Säbel rasseln. Aber nein, auch Dessère war für Frieden! Viard drückte ihm kräftig die Hand. „Glauben Sie mir, solange ich an der Macht bin, wird es keinerlei Abenteuer geben! Ich werde nicht zulassen, daß französische Bauern für die Abessinier oder Tschechen den Kopf hinhalten."

Als Viard seinen Gast hinausbegleitet hatte, atmete er erleichtert auf wie ein Schüler, der eine schwere Prüfung bestanden hatte. Natürlich, Dessère verteidigte seine eigenen Interessen. Aber jetzt ging ja alles drunter und drüber, und Dessères Interessen deckten sich mit den Interessen der Werktätigen. Er war ein aufrichtiger Pazifist. Also vertrat Viard keine Partei, keine Klasse, sondern die Nation . . .

Der Sekretär kam herein, um eine Unterschrift zu holen. Es handelte sich um die Versetzung eines Beamten, der in Breteuils Organisation eine bedeutende Rolle spielte. Viard schob das Papier beiseite. „Wozu sich mit allen verfeinden?" Scherzend fügte er hinzu: „Mein Freund, wir müssen es lernen, vierzig Millionen zu regieren. Zu Marx' Zeiten hatten die Proletarier nur ihre Ketten zu verlieren, aber eine ganze Welt zu gewinnen. Heute haben wir eine Welt zu verlieren, aber nur Ketten zu gewinnen."

Als Dessère auf die Straße trat, schüttelte er sich angewidert. Es war alles viel zu glatt gegangen! Und an diesen Viard glaubte Pierre! Nicht nur Pierre, Millionen Leute . . . Ja, die Menschen waren dumm, wahrscheinlich lag darin ihre Rettung.

Dessère hätte eigentlich zu einer Konferenz der Finanzexperten fahren müssen, aber er überlegte es sich anders: Viards Feigheit hatte ihn erschöpft. Er schlenderte durch die lange Rue de Rivoli. An der Place de la Bastille bog er in eine kleine Seitengasse ein und erblickte das leuchtende Schild eines Tanzlokals. Kurz entschlossen ging er hinein: Er wollte auf andere Gedanken kommen.

Akkordeonspieler spielten verwegen einen alten Foxtrott. Papierlampions und Baumwollgirlanden verliehen dem Ganzen den Charakter einer Theateraufführung. Rings um Dessère tanzten Matrosen, Arbeiter, Modistinnen, Dienstmädchen.

Dessère gab den Musikern fünf Sou für eine Tour und holte sich ein dickes sommersprossiges Mädchen. Sie roch nach billigem Puder und verdrehte beim Tanzen selig die Augen. Dann spendierte er ihr Weinbrandkirschen. „Tanzen Sie gern?"

Das Mädchen plapperte los: „Sehr gern, bloß habe ich selten Gelegenheit dazu. Ich arbeite bis sechs in der Werkstatt. Und dann muß ich noch Arbeit mit nach Hause nehmen. Wissen Sie, wieviel ich verdiene? Fünfhundertfünfzig. Kann man davon etwa leben? Aber jetzt soll ja alles anders werden. Unsere Meisterinnen haben gesagt, wenn wir nicht mehr Geld kriegen, werden wir streiken, weil wir jetzt die Volksfront haben und keiner mehr wie früher leben will. Stimmt's?"

Dessère klopfte die Asche aus der Pfeife, senkte seine ungewöhnlich buschigen Brauen über die Augen und sagte: „Gewiß, gewiß! Unbedingt wird es anders werden . . . Bis jetzt haben zum Beispiel die Blondinen mit den Brünetten getanzt; aber Viard wird befehlen, daß die Brünetten mit den Blondinen tanzen. Auf Wiedersehen, liebes Fräulein! Ich muß gehen."

16

Der Streik im Flugzeugwerk „Seine" begann am Sonnabend, nachdem die Arbeiter die ganze Woche versucht hatten, sich mit der Direktion zu einigen. Dessère war mit einer Erhöhung der Löhne einverstanden, lehnte jedoch alle anderen Forderungen der Arbeiter kategorisch ab. Vor allem empörten ihn die Punkte, die den Kollektivvertrag und den bezahlten Urlaub betrafen. „Das ist kein Diskussionsgegenstand", antwortete er kühl.

Dessère wußte, daß Streiks von Zeit zu Zeit unvermeidlich waren. Diese kleinen Kriege endeten mal mit einem Sieg der Arbeiter, mal mit einem Sieg Dessères. Dabei gab die jeweils unterlegene Partei den Revanchegedanken keinen Augenblick auf. Die Forderungen der Streikenden liefen immer auf eines hinaus: kürzere Arbeitszeit, höhere Löhne, und Dessère fand das ganz natürlich. Er hatte Hunderte Möglichkeiten, sein Geld zu vermehren. Die Arbeiter konnten nur durch Streiks eine Lohnerhöhung erreichen. Alles übrige war eine Frage der jeweiligen Situation und des Durchhaltevermögens. Lagen viele dringende Aufträge vor und ließen sich unter den Arbeitslosen ungenügend qualifizierte Arbeiter finden, dann machte Dessère Zugeständnisse. Gab es wenig Aufträge, aber viele „Gelbe", so nahm Dessère eine abwartende Haltung ein: Nach ein bis zwei Wochen kamen die Streikenden, vom Hunger zermürbt, schuldbewußt zurück, oder er entließ sie und stellte neue Arbeiter ein. Dessère sah in diesem unaufhörlichen Kampf ein Lebensgesetz und hegte für seine Gegner weder Sympathie noch Abneigung.

Die Volksfront hatte bei den Wahlen gesiegt. Dabei hatte auch Dessère seine Hand im Spiel gehabt. Er glaubte an die Wendigkeit der Radikalen. Unter den neuen Ministern hatte er alte Freunde. Nach dem Gespräch mit Viard war er vollends beruhigt. Dieser Brandstifter würde einen hervorragenden Feuerwehrmann abgeben! Hitzige Reden brachten Dessère nicht aus der Fassung; wozu bengalisches Feuer für eine Katastrophe halten? Er hatte mit Streiks gerechnet; es lag auf der Hand, daß die Arbeiter die für sie günstige Situation ausnutzten. Er war bereit, ihnen entgegenzukommen und den Tarif zu erhöhen. Aber die von Michaud vorgebrachten Forderungen empörten ihn. Dessère war nicht der Staat, er war alles in allem nur ein Unternehmer. Wenn Viard die Arbeiter zum Baden ans Meer schicken wollte – bitte sehr! Mochte der Staat es bezahlen! Aber Kollektivvertrag?

„Nein, Monsieur Michaud! Ich bin ein Verfechter der Freiheit. Sie können in meinem Werk bleiben oder gehen, das ist Ihre Sache. Ich kann Sie behalten oder entlassen, das ist meine Sache."

Am Sonnabend ging niemand an die Arbeit. Achtzehntausend Arbeiter versammelten sich im Hof vor der Gießerei. Legreux sagte: „Wer dagegen ist, soll die Hand heben."

Es gab Kleinmütige unter den Arbeitern, die die anderen vom Streik abzuhalten versuchten. Sie fürchteten die Vorwürfe ihrer Angehörigen, den Hunger, fürchteten um ihren Arbeitsplatz. Jetzt aber, als es galt, ihre Feigheit vor allen zu bekennen, schwiegen sie verdrossen. Keine einzige Hand erhob sich.

Alle strömten zum Tor. Da erschallte Michauds helle Stimme: „Halt, Kollegen! Nicht weggehen!"

Er stand auf einem Lastwagen und rief durch ein Sprachrohr:

„Nicht weggehen!“ Und wie ein Echo tönte es von allen Seiten: „Nicht weggehen!“

„Kollegen, wenn wir weggehen, werden sie Gelbe einstellen. Wir müssen im Werk bleiben, müssen hier übernachten, hier leben – ein paar Tage, eine Woche, einen Monat –, bis wir gesiegt haben.“

Erstaunte Rufe.

„Ein merkwürdiger Streik!“

„Und was sollen wir fressen?“

„Die Polizei wird uns sowieso wegjagen!“

Michaud rief weiter durch das Sprachrohr: „Die Versorgungsfrage regelt das Streikkomitee. Das Geld nehmen wir aus der Gewerkschaftskasse. Niemand wird uns hier wegjagen. Soweit reicht deren Macht nicht! Wir müssen Posten aufstellen. Dürfen keine Provokateure reinlassen. Die Herren von der Direktion können nach Hause gehen; aber dann lassen wir sie nicht wieder rein. Ihr habt recht, Genossen, so einen Streik hat es noch nicht gegeben. Wir werden es ihnen zeigen ...“

Michauds Freund, der junge Dreher Jeannot, stieg auf das Dach des Direktionsgebäudes, hißte eine rote Fahne und rief: „Die Fahne über der Festung!“

So begann der ungewöhnliche Streik, der das Land erschütterte.

Den ganzen Tag standen Menschenmengen am Quai und auf den Straßen, die zur Fabrik führten. Dreitausend Polizisten, mit Stahlhelmen und Gasmasken, waren zum Sturm bereit. Aber die Regierung war unschlüssig, und die Polizisten reagierten sich an den Frauen der Streikenden ab, die zum Fabriktor drängten, oder auch an zufälligen Passanten. Am Abend jedoch gelang es den Frauen, bis zum Tor vorzudringen. Sie hatten Brot, Wurst, Käse, Kirschen und Wein mitgebracht. Einige schleppten sogar Fußbälle, Schachspiele, Bücher und Gitarren an. Jeannots Mutter brachte Eier und ein Kissen, Jeannot war mit anderen auf den Zaun geklettert, und die Mutter rief ihm von unten zu: „Was fällt dir ein, schämst du dich nicht? Komm sofort nach Hause!“

Jeannot lächelte verlegen.

Von den Ingenieuren der Direktion hatte sich nur Pierre den Streikenden angeschlossen. Der Direktor warnte ihn: „Vorsicht!

Überläufer sind nirgends beliebt ..." Pierre brauste auf: „Mein Vater, Verehrtester, war Arbeiter!"

Jeannot freute sich, als er Pierre erblickte: Wenn auch Pierre mitmacht, werden wir siegen! Jeannot war neunzehn, und er träumte von Barrikaden, Schüssen und Fahnen. Auch Pierre hatte einen Hang zur Romantik.

In der Nacht verwandelte sich das Werk in ein Heerlager. Überall waren Wachen aufgestellt. Pierre und Jeannot standen am Haupttor. Pierre kam sich vor wie im Krieg: Jeden Moment konnte der Feind angreifen ... Jeannot flüsterte: „Wenn sie uns nun überfallen? Hast du einen Revolver?"

„Hab ich. Aber schießen dürfen wir nicht ... Wir müssen erst Michaud fragen."

So kam es, daß Michaud, den bisher nur die Kommunisten und die Kollegen seiner Abteilung gekannt hatten, plötzlich eine führende Rolle spielte. Immer wieder war zu hören: „Frag Michaud ..." – „Michaud hat angeordnet ..." – „Michaud ist dagegen ..."

Michaud war unermüdlich. Er beschaffte Suppenkessel und stellte ein Orchester zusammen. Er setzte sich mit dem Stadtkomitee in Verbindung und diktierte Berichte für die „Humanité". Er ermunterte die Kleinmütigen: „Wir werden siegen! Und ob!" Er wachte darüber, daß die Maschinen nicht beschädigt wurden.

Am Abend spielte das „Orchester" die „Internationale". Tausende Stimmen fielen ein, das Lied drang hinaus aus dem Werk, rollte über die Polizisten hinweg und weiter über den Fluß, über die düsteren Häuser der aufgestörten Vorstadt. Die Frauen fanden keinen Schlaf, sie lauschten dem fernen Gesang. Was würde ihnen der morgige Tag bringen? Hunger? Blutvergießen? Glück? Auch die Streikenden schliefen nicht – unter dem sternenübersäten Sommerhimmel träumten sie schweigend vom Sieg.

Aus Angst vor Zusammenstößen hatte die Regierung die Polizisten in der Nacht abgezogen. Am Sonntag gelangten die Leute über den Quai ungehindert zum Tor. Aber das Werk glich nach wie vor einer belagerten Festung. Wer belagerte es? Dessère? Die Schatten der Gelben? Das Gespenst des Hungers? Man mußte durchhalten bis zum Sieg.

Als Michaud am Montagabend die Zeitung aufschlug, rief er: „Die also auch! Alle machen mit! Und ob!"

Er brachte vor Aufregung kein Wort heraus. Die Zeitung „La Voie Nouvelle" berichtete, daß der ungewöhnliche, im Flugzeugwerk begonnene Streik sich auf ganz Paris ausgedehnt hatte. Alle großen Werke streikten. Hunderttausende Arbeiter hatten sich darin verbarrikadiert. Die Warenhäuser streikten; abends waren sie hell erleuchtet, die Verkäuferinnen hatten sich dort eingeschlossen. In den Cafés und Restaurants saßen die streikenden Kellner. Die unteren Beamten eines Ministeriums waren in Streik getreten und weigerten sich, ihre Büros zu verlassen. Der Bericht über den sensationellen Streik stammte von Joliot persönlich; er schrieb mit dem ihm eigenen Pathos: „Die Plebejer von Paris haben sich auf den Aventin-Hügel zurückgezogen..." In der Zeitung hieß es weiter, daß die Pariser Arbeiterviertel verwaist, in den Straßen nur noch Frauen und Kinder anzutreffen seien. Joliot schloß seinen Artikel mit der poetischen Bemerkung: „Man fühlt sich in die Kriegsjahre zurückversetzt, als die Männer auch fern von ihren Familien weilten – an der Front."

Dessère verbrachte zwei Tage auf seinem Gut. Als er von dem Streik erfuhr, sagte er alle geschäftlichen Termine ab, legte das Telefon still und widmete sich der Lektüre Ovids. Er wartete ab. Die Besetzung der Fabrik schien ihm so absurd, daß er mit einer baldigen Lösung rechnete. Entweder würden die Streikenden sich besinnen und nach Hause gehen, oder es würde eine Rebellion geben. Am Montag erhielt Dessère die Nachricht, daß der Streik auf andere Werke übergegriffen habe. Am nächsten Morgen fuhr er nach Paris, und es war noch nicht neun Uhr, als sein Wagen vor dem Werktor hielt. Ein junger Arbeiter, der dort Posten stand, stellte sich ihm in den Weg. „Unbefugten ist der Zutritt verboten."

„Wieso bin ich unbefugt? Ich bin der Vorsitzende des Verwaltungsrats, Dessère."

Der Arbeiter lächelte: „Ein ziemlich bekannter Name... Aber sehen Sie, Monsieur Dessère, wenn wir Sie durchlassen, kommen Sie nicht wieder raus, dann müssen Sie hierbleiben, bis..."

„Bis?"

„Bis Monsieur Dessère nachgibt."

Beide lachten. Doch im stillen ärgerte sich Dessère: das reinste Affentheater! Schöne Freiheit! Was würden die Herren Streikenden sagen, wenn man sie nicht nach Hause ließe? Aber Dessère ließ sich nichts anmerken. Immer noch gutmütig lächelnd, sagte er: „Ihren Scharfsinn in Ehren, aber Sie müssen mich schon durchlassen."

Der Arbeiter schickte einen Kollegen zu Michaud, und fünf Minuten später erklärte er: „Sie können passieren. Sie können auch jederzeit wieder wegfahren. Aber zu den Werkhallen ist der Zutritt verboten – zwecks Vermeidung von Ausschreitungen."

Dessère klopfte dem Arbeiter auf die Schulter. „Ihr lernt also regieren? Interessant!"

Dessère schritt durch die leeren Direktionsräume. Der Bote folgte ihm und seufzte bekümmert.

„Niemand da?"

„Sind alle weggegangen. Schon am Sonnabend. Nur Herr Dubois ist geblieben, aber der steht, ich bitte um Verzeihung, auf seiten der Arbeiter."

„Beaufsichtigt er die Maschinen?"

„Ich bitte um Verzeihung, aber Monsieur Dubois streikt."

Dessère lachte: Also auch Pierre will sich des Werks bemächtigen.

„Rufen Sie Monsieur Dubois."

Dessère bat Pierre Platz zu nehmen, bot ihm eine Zigarette an und sagte dann: „Verzeihen Sie, daß ich Sie behellige; aber ich habe eine Frage an Sie, eine ganz persönliche ... Wie ist das, wollen Sie das Werk für immer oder nur für eine bestimmte Zeit in Besitz nehmen? Ich muß schließlich wissen, wie ich über meine Zeit verfügen kann."

„Niemand hat das Werk in Besitz genommen. Das ist ein Streik. Und ich halte die Forderungen der Arbeiter für berechtigt."

„Sehr interessant ... Ihrer Meinung nach ist das also ein Streik? Nein, mein Freund, das ist ein Gewaltakt. Denken Sie nicht, daß ich um meinen Besitz bange. Ich habe Angst um Frankreich: Ein Gewaltakt zieht andere nach sich."

„Sie haben selbst gesagt, daß Ihnen das Glück der anderen am Herzen liege. Diese Menschen wollen leben, besser, freier, fröhlicher leben. Wie können Sie also ..."

„Ich habe gesagt, daß ein kleiner Zufall das Glück unseres Landes zunichte machen kann. Das ist das labile Gleichgewicht. Zur Zeit rollt alles bergab."

„Aber das liegt doch an Ihnen. Unterschreiben Sie die Bedingungen, und die Arbeiter werden das Werk räumen."

„Ich soll also kapitulieren? Das ist nicht mein Metier. Es widerspräche auch meinem Charakter. Ich ziehe es vor, abzuwarten. Dazu brauche ich keine Polizei. Ich fordere von der Regierung keinen Schutz meiner Rechte. Warum nicht? Und sei es aus dem Grunde, weil ich für die Volksfront gestimmt habe. Aber was tun Sie? Sie vereiteln alles. Sie hindern Viard, Reformen durchzuführen."

„Im Gegenteil, wir helfen ihm. Er kann sich jetzt auf die Bewegung der Massen stützen. Viard ist ganz bestimmt auf unserer Seite. Er ..."

Dessère dachte an die Bilder, die prunkvollen Möbel, an den alten Mann mit dem Kneifer und lächelte. „Sind Sie so sicher?" meinte er friedfertig. „Nun ja, um so besser für Sie. Ich wünsche Ihnen Erfolg. Ach, ich habe ganz vergessen, mich nach dem Befinden Ihrer Gattin zu erkundigen. Das freut mich ... Jetzt darf ich Ihr Werk wohl verlassen, nicht wahr? Auf Wiedersehen!"

Pierre berichtete dem Streikkomitee von seiner Unterredung mit Dessère. Dann sagte er zu Michaud: „Ich hätte nie gedacht, daß er so ein ..." Er fand nicht das passende Wort, und Michaud meinte lachend: „Du hättest nie gedacht, daß Dessère ein Dessère ist?"

Am Abend sollte eine bunte Veranstaltung stattfinden, um den Streikenden etwas Abwechslung zu bieten. Michaud hatte tags zuvor in der Maison de la Culture angerufen und um Unterstützung gebeten. Maréchal hatte seine Schauspieler zusammengetrommelt. Einige hatten vorgegeben, anderweitig besetzt zu sein. Jeannette erklärte sich sofort bereit, obwohl sie sich von dem Eingriff noch nicht richtig erholt hatte.

Im Garten vor dem Direktionsgebäude war eine Bühne errichtet worden. Ringsum blühte der Jasmin. Die Glühbirnen waren mit bunten Lampions verkleidet. Die Musiker stimmten ihre Instrumente. Der Fabrikhof glich dem Marktplatz eines Provinzstädtchens während eines Volksfestes.

Das Programm war vielfältig. Maréchal rezitierte Rimbauds Verse vom toten Soldaten. Die Magie der Worte ergriff die Zuhörer, es herrschte tiefe Stille. Dann sang eine Sängerin Lieder von Ravel. Sie machte bereitwillig eine Zugabe und lächelte inmitten von roten Fahnen und Eisenplatten. Ein Amateur, von Beruf Heizer, sang Maurice Chevaliers Chanson „Paris bleibt doch Paris". Alle stimmten ein und lachten: Nein, Paris war nicht mehr das alte! Dann trat Jeannette auf.

Noch nie hatte sie sich so beschwingt gefühlt. Ihr war zumute, als hätte sie nach langen Monaten des Stummseins, in denen sie vor dem Mikrofon immer dieselben seelenlosen Reklametexte wiederholen mußte, die Fähigkeit zu sprechen wiedererlangt. Ihre großen Augen leuchteten zwischen den Lampions, und ihre Stimme rührte die Arbeiter zu Tränen. Sie sprach den Monolog aus „Fuente Ovejuna". Als sie geendet hatte, brach ein Beifallssturm los, Schreie erschollen. Da schrie das Volk von Fuente Ovejuna, und sie, die Heldin von Andalusien, nicht die arme Schauspielerin Jeannette, führte es zum Sieg. Jeannot eilte zur Bühne und rief: „Gehen wir!"

Er wußte nicht, wohin er sie rief und weshalb. Jeannettes Augen hatten ihn fasziniert. Sie aber, erschöpft und glücklich, lächelte stumm.

Da trat Pierre zu Jeannette, ergriff ihre Hand und sagte: „Sie haben wunderbar gesprochen ... Wie schön, daß Sie gekommen sind! Sie sehen, wie man Sie versteht. Das ist hier kein Theaterpublikum, das sind lebendige Menschen. Schade, daß Lucien nicht hier ist. Er hat wohl keine Zeit?"

„Ich weiß nicht. Wir sehen uns nicht mehr. Wir haben uns getrennt."

Einen Augenblick wurde es Jeannette schwer ums Herz. Sie dachte an ihre Einsamkeit, an das kleine schmutzige Zimmer im Hotel, wo sie seit kurzem wohnte, an die Stille des Funkstudios und die banalen Reklametexte. Aber da ertönte Gesang. Die Arbeiter stimmten das Lied an: „Das ist die junge Garde ..." Tausende Arme erhoben sich, wie Bäume eines ungewöhnlichen Waldes, wie Maste in einem Hafen. Ohne zu überlegen und ganz im Banne des Gesangs und der Tränen, reckte auch Jeannette ihre kindliche Faust hoch. Dann seufzte sie und ging, ohne sich umzusehen, zum Tor.

In den Werkhallen aber brannte die ganze Nacht Licht, und Michaud schritt die Posten ab.

17

An demselben Abend, als Jeannette im Flugzeugwerk auftrat, verspielte Lucien vierzehntausend Franc. Er hatte solch eine Pechsträhne, daß man mit dem Finger auf ihn zeigte. Der „Künstlerklub“ war eine vulgäre Spielhölle. Zwischen den vom Spiel und von der Hitze erschöpften Spielern huschten Betrüger, Wucherer und Prostituierte hin und her. Als Lucien den letzten Tausender gewechselt hatte, glaubte er, ersticken zu müssen. Er trat ans offene Fenster.

„Sie bewundern wohl die Sterne?“ flüsterte hinter ihm eine Stimme.

Lucien antwortete nicht. Vor ihm lag die glühendheiße Straße mit der Bedürfnisanstalt, an deren Dach die Worte leuchteten: „‚Lachende Kuh‘ – der beste Käse!“ Süßlicher Äthergeruch, wie aus einem Operationssaal, stieg ihm in die Nase. Er wandte sich um und erblickte die sabbrige Visage Bergers: Gleich wird er von dem Wechsel anfangen . . .

Berger sagte giftig: „Ich werde mich wohl an Ihr Papachen wenden müssen.“

Da hatte Lucien einen Einfall: Er mußte wegfahren! Die ganze letzte Zeit hatte er unter der verletzten Eitelkeit des Verschmähten gelitten, es nagte an ihm wie eine verborgene Krankheit. Mit seinem ganzen Wesen fühlte er den Tod nahen: Die Geräusche klangen gedämpft, die Konturen der Gegenstände verschwammen, Äthergeruch verfolgte ihn. Eines Nachts lief er auf der Straße einer unbekannten Frau nach, weil er glaubte, es wäre Jeannette. Er sah in der Dunkelheit ihre Augen und redete sinnlos vor sich hin: „Ich bin nicht schuld“, als hätte der Schatten ihm Vorwürfe gemacht. Er war überzeugt, daß Jeannette mit André zusammen lebte, und er haßte den stumpfsinnigen Maler. Der Gedanke wegzufahren schien ihm der rettende Ausweg zu sein. Er wollte allem entfliehen – seiner erloschenen Liebe, den Hohlköpfen aus der Maison de la Culture, den Gläubigern!

Aber eine Reise ins Ausland kostete Geld, und zwar nicht wenig. Lucien beschloß, sein Glück zu versuchen. Jetzt setzte er nicht mehr auf die Karten, sondern auf die väterliche Gnade Paul Tessats. Er überlegte angestrengt, wie er den Vater am besten erweichen könnte. Doch als er dann vor ihm stand, vergaß er alle guten Vorsätze und ließ seinen Gefühlen freien Lauf. Er begann mit einem brüsken Vorwurf: „Du hockst auf dem Geld wie ein Hund auf dem Heu."

Tessat sah ihn mit seinen kleinen Vogelaugen an und schwieg.

„Ich will wegfahren. Hier habe ich nichts mehr verloren. Vielleicht kann ich mich in Amerika etablieren. Aber dafür brauche ich mindestens fünfzigtausend."

Tessat gähnte elegisch und schlug seinem Sohn plötzlich vor: „Fahren wir ins ‚Maxim'!"

In einem Reigen schöner Frauen fanden sie sich wieder; hübsche Gesichter, kühle Körper, elegante Abendkleider, teure Parfüms ... Ein dunkelhäutiges Mädchen, das aussah wie eine Kreolin mit großen leuchtendweißen Augäpfeln, hatte es Tessat besonders angetan. „Ist sie nicht schön?" flüsterte er Lucien vertraulich zu.

Lucien nickte. Das brachte Vater und Sohn sofort einander näher – eine Art Komplizenschaft. Der Champagner erwärmte die Herzen. Tessat erinnerte sich an das Anliegen des Sohnes und sagte: „Warum willst du wegfahren? Deine Zeit ist doch jetzt gekommen. Meiner Ansicht nach stehen wir kurz vor einer Revolution."

„Nein, es endet doch bloß wieder mit einer Ministerkrise. Die Revolution braucht Menschen, und die gibt es nicht. Ich habe diese Leute jetzt durchschaut ... Als ich mich den Kommunisten anschloß, hatte ich andere Erwartungen."

„Sieh einer an ... Und ich dachte, du seist Kommunist. Bravo, Lucien!"

„Worüber freust du dich? Deine Welt ist mir noch mehr verhaßt als den Kommunisten, und ich will keinen Kompromiß eingehen."

Tessat litt schon den ganzen Tag an Sodbrennen. Er trank ein Glas Selterswasser und sagte friedlich: „Du bist zweiunddreißig und redest wie ein Kind. Ich war mit achtzehn Anarchist, das ist noch eher verzeihlich."

„Du verurteilst mich also wegen ..."

„Ich verurteile dich nicht. Du warst es doch, der mir nach der Wahl Niedertracht vorwarf. Hast du dir aber mal überlegt, daß ich die Familie unterhalten muß: deine Mutter, Denise, dich? Wer bezahlt denn deine Unversöhnlichkeit?"

Lucien lachte. „Du."

„Dir gefällt unser Regime nicht? Niemandem gefällt es. Aber was schlägst du statt dessen vor? Alles andere wäre nur noch schlimmer. Glaub mir, ein altes ausgelegenes Bett ist besser als eine neue Gefängnispritsche. Du sagst, ‚deine Welt', aber du läßt es dir wohl sein in dieser Welt. Du bist ein talentierter Pamphletist, aber du entlarvst unsere Gesellschaft von innen her. Die Kommunisten applaudieren dir zwar, aber ihr findet keine gemeinsame Sprache. Das hast du selbst zugegeben. Du mußt die Konsequenzen ziehen ... Es wird Zeit, daß du etwas Ernsthaftes anfängst."

„Ich habe eine ziemlich extreme Position bezogen."

„Das ist nur ein Plus. Hierzulande hat man es gern, wenn einer sich in der Jugend Extravaganzen leistet. Laval war während des Krieges ein Roter und wollte nicht mal mit mir reden ... Du willst ins Ausland gehen? Keine schlechte Idee. Aber ich habe kein Geld. Alles, was Dessère herausgerückt hat, ist für die Wahlen draufgegangen. Ich weiß nicht, wann ich wieder etwas auftreiben werde. Ich spreche ganz offen mit dir. Aber ich mache dir einen anderen Vorschlag ... Schriftsteller haben doch eine Vorliebe für diplomatische Pöstchen. Denk doch nur an Claudel, Giraudoux, Morand ... So etwas könnte ich mit Leichtigkeit arrangieren."

„Blum und Viard im Ausland vertreten?"

„Warum nicht? Damit wirst du doch deinen Ideen nicht untreu. Du kannst schreiben, was du willst. Und wärst mit einem Schlag alle Geldsorgen los."

Lucien verzog das Gesicht, als hätte er etwas Saures geschluckt. Abscheulich! Wie überhaupt alles im Leben. War es etwa seine Schuld? Er hatte doch mit der Revolution gehen wollen, aber man hatte ihn nicht verstanden. Auch Jeannette verstand ihn nicht. Als Lagrange im Sterben lag, hatte er gesagt: „Mir ist so kalt, Lucien ..." Kalt war es im Leben, ach, wie kalt! Aber ohne Zynismus hielt man das Leben nicht aus. Dann schon lieber Diplomat werden, statt den Vater um Geld anzubetteln und sich selbst zu erniedrigen ... Hatte Lucien erst einmal einen Platz in der Gesellschaft erobert, würden alle mit ihm rechnen müssen, sogar der Schwachkopf von der „Humanité" ... Aber das Glück? Glück gab es ohnehin nicht. Jeannette lebte mit André ...

Und Lucien antwortete grimmig: „Gut. Ich bin einverstanden."

„Das dachte ich mir. Schließlich bist du ja mein Sohn. Das merke ich jetzt besonders deutlich."

Tessat wischte sich mit der Serviette über das feuchte Gesicht und flüsterte Lucien zu: „Was meinst du, wollen wir diese Kreolin an unseren Tisch holen ...?"

Den ganzen nächsten Tag verließ Lucien sein Zimmer nicht. Er schluckte Tabletten gegen Kopfschmerzen und starrte finster die Tapete an. Er wollte nicht mehr leben.

Beim Mittagessen sagte Tessat: „Mamachen, ich gratuliere, dein Sohn ist zum Vizekonsul in Salamanca ernannt worden. Ha! Lucien, du wirst die Revolution aus der Ferne beobachten können. In einem fremden Land und mit einem Diplomatenpaß in der Tasche ist das viel angenehmer ... Und erst die Spanierinnen ..."

Er schielte zu Denise hinüber und verstummte.

„So schnell ...", sagte Lucien verzagt.

„Ich habe Viard angerufen. Er will sich jetzt lieb Kind machen. Die reinste Komödie!"

Am nächsten Tag traf Lucien vor der Oper zufällig André. Er wollte grußlos vorbeigehen, aber André hielt ihn an. „Was für Zustände! Überall wird gestreikt. Erklär mir bloß mal, wie das enden soll. Du kennst dich da sicher besser aus."

„Ich fahre in drei Tagen nach Spanien."

„Sieh mal an! Ja, dort ist auch allerhand los. Ich hab es in der Zeitung gelesen."

Lucien erzählte ihm nichts von dem Vizekonsulposten – wozu sich diesem banalen Kerl anvertrauen? ... Er streckte ihm wortlos die Hand hin. Da fragte André verlegen: „Fährt Jeannette auch mit?"

Lucien konnte mit Mühe sein Erstaunen verbergen: Also war Jeannette doch nicht mit ihm zusammen! Im ersten Moment freute er sich darüber: Gut so! Sollte sie keinem gehören! Aber sofort überschattete die Schwermut wieder alle anderen Gefühle. Er dachte an den Abend bei Jeannette, an die Stoffpuppe, die leeren Augen, die Einsamkeit ... Er hatte sein Glück entschlüpfen lassen wie einen Vogel aus der Hand, wie eine Karte, die er aus Unachtsamkeit nicht ausgespielt hatte ... Verstört sah er

André an und murmelte: „Entschuldige, ich habe Kopfschmerzen ... Jeannette, sagst du? Ich weiß nicht ... ich weiß es wirklich nicht."

18

Breteuil stand am Bett seines fünfjährigen Sohnes. Das Kind röchelte, fieberrot im Gesicht. Breteuils Frau schluchzte.

„Hör auf! Mit Gottes Hilfe wird er wieder gesund."

„Ich hab ja gesagt, man darf ihn nicht kalt duschen. Er hatte herumgetobt und war verschwitzt."

„Hör auf! Ein Junge muß abgehärtet werden."

Es dämmerte, und Madame Breteuil konnte die Augen ihres Mannes nicht sehen. Groß und hager stand er da, und Tränen rannen aus den trüben Augen über die eingefallenen Wangen.

Breteuil stammte aus Lothringen. Er war in einer armen, gottesfürchtigen Familie aufgewachsen. Zwölf Kilometer von seiner Heimatstadt entfernt verlief die Grenze. Schon als Kind hatte Breteuil von der Belagerung Belforts, von der Starrköpfigkeit irgendeines Oberleutnants, von verlorenen Gebieten gehört. Der Revanchegedanke wurde ihm eingebleut wie der Katechismus. Im Krieg war er zweimal verwundet worden. Er war mit der Vorhut in Metz einmarschiert, wo seine Tante beim Anblick der ersten französischen Fahne in Ohnmacht fiel. Charakterlich hatte Breteuil wenig von einem Franzosen. Er vertrug keinen Spaß, verachtete das Pathos, trank keinen Wein. Auf Grund seines übertriebenen Ordnungssinns, seiner Pedanterie, seiner Humorlosigkeit hielt man ihn in den Pariser Salons für einen Deutschen. Die Politik hatte ihn eine gewisse Wendigkeit gelehrt; er mußte sich ja mit Leuten vom Schlage Tessats gut stellen. Im stillen verachtete Breteuil seine Parlamentskollegen. Seine Freunde waren Militärs, kleine Gutsbesitzer, gelehrte Theologen. Nach dem Krieg glaubte er an die „Wiedergeburt Frankreichs", von der sein Landsmann Poincaré sprach. Aber die Jahre vergingen, und nichts änderte sich. Im Lande walteten die Freimaurer – Briand, Herriot, Painlevé. Jetzt kamen ihm sogar diese Zeiten wie ein verlorenes Paradies vor. Wohin würden die Herren Blum, Cot, Viard das Land führen? Vor zwei Jahren hatte Breteuil begriffen, daß ein gewaltsamer Umsturz der einzige Ausweg war.

Italien hatte der „Marsch auf Rom" gerettet. Hitler hatte das Krebsgeschwür des Marxismus mit Eisen ausgebrannt. Breteuil organisierte Geheimtrupps. Jeder Trupp bestand aus fünfzig Mann, den sogenannten Getreuen. Die Anführer hießen Ritter.

Die verschiedensten Menschen kamen zu Breteuil: Romantiker und Schwachköpfe, besessene Spieler und rachsüchtige Fanatiker. Die Reichen sahen in ihm ihren Beschützer. Die Krämer und Handwerker glaubten, Breteuil könne sie vor dem Ruin retten. Kleine Makler, Verkäufer und Reporter träumten davon, mit seiner Hilfe Karriere zu machen.

Wer gehörte nicht alles zu den Getreuen! Der Oberkellner aus dem Restaurant „Versailles" kam zu Breteuil, weil er die Hierarchie anbetete; das Leben war für ihn eine Pyramide aus Gästen und Lakaien, Pokalen und Weinen. Der Venerologe Floriot haßte die Juden, die ihm, wie er sagte, die Patienten wegschnappten und ihn damit um sein Brot brachten. Er schloß sich Breteuil an, weil dieser versprochen hatte, Frankreich von den Rothschilds und den jüdischen Ärzten zu säubern. Der Sohn des reichen Mühlenbesitzers Bombard wollte Frankreich zu seinem früheren Prestige verhelfen und zugleich Botschafter werden. Der ehemalige Agent des Deuxième Bureau, Dinet, der wegen Unterschlagung aus dem Geheimdienst entlassen worden war, hielt sich für ein Opfer der Freimaurer; er lechzte danach, das Parlament auseinanderzujagen und Herriot aufzuhängen. Für den Gestütsbesitzer Grimaud, der ständig mit der Reitpeitsche herumlief, eine Schwäche für Mulattinnen hatte und den technischen Fortschritt verabscheute, gehörte es einfach zum guten Ton, ein Getreuer zu sein. Der Geschirrhändler Godet fürchtete, die Kommunisten könnten ihm sein Geschäft wegnehmen, die Waren zertrümmern und ihm seine Ersparnisse rauben; er war ein großer, vierschrötiger Kerl mit rotem Gesicht, er trieb morgens Gymnastik und bereitete sich ernstlich auf einen Kampf vor. Der Metroschaffner Aubry war außergewöhnlich häßlich und arm wie eine Kirchenmaus; es hieß, ein junges Mädchen hätte ihn einmal sehr gekränkt; er haßte die Menschen und grinste beim Anblick Breteuils: Der würde schon Ordnung schaffen!

Unter den Getreuen gab es nicht wenige Polizisten, und die „Geheimtrupps" waren für den Präfekten gar kein Geheimnis. Aber die Behörden drückten beide Augen zu. Zur Tarnung gründete Breteuil Sportvereine und Landsmannschaften. Dafür brauchte er Geld. Er hatte sich des öfteren an Großkapitalisten gewandt, aber kein Gehör gefunden. Er redete nicht von Propaganda, sondern von Waffen und erschreckte die Herren durch seine Offenheit. Die Ereignisse der letzten Wochen beflügelten ihn: Die Bosse verschiedener Trusts, die jetzt über die Streiks bestürzt waren, blickten hoffnungsvoll auf den unversöhnlichen Breteuil.

Breteuil bekreuzigte sein krankes Kind und begab sich in den „Verein gebürtiger Metzer". Dort sollte er den General Picard treffen. Die Schaukästen auf den großen Boulevards waren hell erleuchtet; darin hingen mit roten Bändern geschmückte Plakate der Streikenden. Vor einigen Geschäften standen junge Mädchen mit Sammelbüchsen: „Für die Kinder der Streikenden". Manche Passanten beschleunigten finster ihre Schritte, andere steckten Münzen in die Büchsen. Als ein Mädchen Breteuil die Büchse hinhielt, blieb er stehen und sagte bissig: „Im Lager wird man euch das Arbeiten schon beibringen."

General Picard erwartete Breteuil bereits. Er war ein hagerer Mann von etwa sechzig Jahren mit krummen Kavalleristenbeinen, mit vielen Orden und einem zynischen Lächeln. Er verachtete alle und alles: Daladier und Gamelin, den König von England und seine eigene Frau, das Theater, die Zeitungen, die Wahlen. Vertrauen hatte er nur zu Breteuil: Dieser Mann konnte Frankreich und die Armee retten.

„Wie sieht es bei Ihnen aus?" fragte Breteuil.

„Lauter Dummköpfe. Und Feiglinge. Haben Angst, Blum werde den Stab säubern."

„Und die Stimmung der Soldaten?"

„Scheußlich. Die Kommunisten leisten ganze Arbeit. Wir können günstigenfalls auf die Neutralität der Armee hoffen. Ich spreche natürlich nicht von den Kolonialtruppen. Übrigens ist es mir gelungen, zwei marokkanische Regimenter nach Vincennes zu verlegen."

„Die Marokkaner können uns auch nicht retten. Ich verlasse mich einzig und allein auf die Getreuen. Es gibt zwei Möglichkeiten: Entweder Sie rüsten uns mit Waffen aus, oder wir nehmen das, was man uns anbietet."

„Wer?"

Breteuil sah Picard an und antwortete gereizt: „Nicht ‚wer', sondern ‚was' ist entscheidend. Sechzigtausend Gewehre, vierhundert Maschinengewehre, Munition. Aus Düsseldorf. Und ohne jegliche Verpflichtungen außer denen, die sich aus unserem Programm ergeben: Ordnung und Frieden."

Nach kurzem Überlegen erwiderte Picard: „Nicht schlecht. Mir persönlich wären für so eine Operation Maschinenpistolen lieber. Nun gut, nehmen Sie an. Das eine schließt das andere nicht aus. Ich werde ebenfalls in den Arsenalen etwas zusammensuchen."

„Wir müssen mit lokalen Aktionen beginnen, um die Regierung zu diskreditieren. Viard will der Besetzung der Fabriken einen Hauch Legalität verleihen. Man muß seinen Reden einen Schuß Blut beimischen."

Die Unterredung dauerte noch lange. Im spärlich beleuchteten Nebenzimmer wartete indessen der Ritter Grinet auf Breteuil und feilte gähnend seine Fingernägel. Grinet, der vor einiger Zeit in der Maison de la Culture einen Skandal angezettelt hatte, glaubte blindlings an Breteuil. Er war als Waise in einer Erziehungsanstalt aufgewachsen und vertrieb als Handlungsreisender in Provinzstädten orthopädische Geräte – ein armer Stutzer, der stundenlang überlegte, welche Krawatte er zu seinem gewendeten, aber sorgfältig gebügelten Anzug umbinden sollte, ein häßlicher Mann, der von der Liebe einer schönen Frau träumte, ein hysterischer Schreihals und verbitterter Pechvogel. Er war zum Ritter des ersten Trupps der Getreuen ernannt worden, und gerade ihn hatte Breteuil für eine geheime Kampfaktion ausersehen.

„Übermorgen früh um sechs Uhr werden die Getreuen als Arbeitslose vor dem Flugzeugwerk erscheinen. Ohne Aufsehen. Sie brechen mit den Posten einen Streit vom Zaun. Versuchen sie zu provozieren. Wenn die nicht drauf eingehen, schießen Sie. Ich werde dafür sorgen, daß Polizei in der Nähe ist. Es muß unbedingt zu einem richtigen Zusammenstoß kommen. Haben Sie mich verstanden? Alle Getreuen erhalten Mitgliedskarten des Christlichen Arbeitervereins. Über den Charakter der Operation brauchen sie nichts zu erfahren. Ich habe Sie ausgewählt, weil Sie kinderlos sind ..."

„Wird alles ausgeführt, Chef!"

Grinet hob die Hand und wollte gehen, aber Breteuil umarmte ihn heftig. „Danke."

Breteuil kam um zwei Uhr nachts nach Hause. Seine Frau empfing ihn mit den Worten: „Er hat Lungenentzündung."

Bis zum Morgen saß Breteuil bei seinem kranken Kind. Den ganzen nächsten Tag arbeitete er. Er bemühte sich um eine Unterredung mit Dessère. Das beste wäre, wenn die Direktion des Werkes bekanntgäbe, daß sie Arbeiter einstelle. Dessère jedoch wich einer Unterredung aus. Er befürchtete eine Provokation. Dagegen gelang es Breteuil, den Präfekten zu überzeugen. Es wurde beschlossen, die Polizisten am Quai in der Nähe des Werkes zu postieren. Im Falle eines Zusammenstoßes sollten sie eingreifen. Am Abend traf sich Breteuil noch einmal mit Grinet und sprach mit ihm alle Einzelheiten der Aktion durch. Wieder saß er die ganze Nacht am Bett seines Kindes. Der Arzt hatte gesagt, es bestünde keine Hoffnung mehr; aber Breteuil vertraute auf Gott. Seine Lippen bewegten sich. Er betete.

Ein wunderschöner Sommermorgen brach an. In den Gärten zwitscherten die Vögel. Noch übertönte nicht der Lärm der Stadt ihre Stimmen. Hin und wieder fuhren Lastautos der Gemüsegärtner vorüber. Brotverkäuferinnen trugen lange Weißbrote aus, und der Duft des frischen Brotes erfreute das Herz. Die oberen Fenster der Häuser funkelten, wie von innen angestrahlt, in warmem, rosigem Licht. Die Getreuen kamen zur Brücke am Quai de Javel. Grinet zählte seine Leute: Vier Mann waren nicht erschienen. Sechsundvierzig Männer, in kleine Gruppen aufgeteilt, begaben sich auf verschiedenen Wegen zum Werk.

Dort ließ sich der Morgen, der elfte seit Streikbeginn, friedlich und ruhig an. Die Posten lösten sich ab. Michaud hatte in der Nacht geschlafen, jetzt wusch er sich prustend, über und über mit Seifenschaum bedeckt. Am Haupttor stand Jeannot und trällerte in Erinnerung an die gestrige Veranstaltung ein Lied vor sich hin. Pierre war gerade aufgewacht und kaute ein Stück Brot. Aus unerfindlichem Grunde kam ihm Verlaines Gedicht „Bleicher Morgenstern" in den Sinn. Aber die Sonne schien schon ganz hell. So mancher alte Arbeiter dachte finster: Schon der elfte Tag, wann wird das ein Ende haben? Es hieß, die Regierung werde die Fabrik gewaltsam räumen lassen. Aber Michaud meinte lachend: „Unsinn!"

„Jeannot, mach mal vor, wie eine Mistinguette die Treppe runtergeht!"

Jeannot zog eine komische Grimasse, um eine auf jung zurechtgemachte, alte Frau zu imitieren, raffte die Hosenbeine wie einen Rock und begann die Feuerleiter hinunterzusteigen. Plötzlich rief er: „Wer da?"

Vor dem Tor drängten sich Männer.

„Aufmachen!" – „Wir wollen hier arbeiten. Macht, daß ihr wegkommt, ihr faules Pack!" – „Rotes Gesindel!"

Jeannot blieb keine Antwort schuldig. „Ihr verdammten Hunde, ihr! Gelbe! Faschisten! Teeren werden wir euch!"

Jetzt schrien Hunderte von Menschen. Es war kaum noch ein Wort zu verstehen. Besonders wild gebärdete sich Grinet. Er zwängte sich zu den Streikenden durch und schrie mit überschnappender Stimme. Sein Gesicht war krampfhaft verzerrt. Er sah aus wie ein Epileptiker. Vergebens versuchte Michaud, seine Kollegen zu besänftigen: Die Unverschämtheit der Faschisten hatte alle in Wut versetzt.

Schon seit einigen Tagen befürchtete Michaud einen Überfall und hatte in der Nähe des Tors Feuerwehrleute mit Spritzen postiert. Ein Zusammenstoß mußte unter allen Umständen vermieden werden ... Michaud lächelte beim Anblick Grinets: ein halbes Hundert Verrückter! Die Unseren werden ihnen den Mund stopfen ... Auch die anderen Arbeiter beruhigten sich. Umsonst gebärdeten sich die Getreuen wie Besessene. Die Streikenden antworteten mit lässigen, ja sogar gutmütigen Schimpfworten. Jeannot machte sich über Grinet lustig: „Guckt mal, Genossen, dieser wildgewordene Puter ..."

Da krachte ein Schuß. Jeannot fiel rücklings zu Boden. Michaud schlug Pierre den Revolver aus der Hand und schrie, das Gebrüll der Menge übertönend: „Ja nicht schießen! Die Spritzen! Wasser marsch!"

Die Feuerwehrleute überschwemmten die Getreuen mit Wasser. Die ergriffen die Flucht. Nur Grinet sprang noch wütend herum und schien nichts zu merken. Dann tauchten Polizisten auf, und Grinet verschwand.

Michaud beugte sich über Jeannot: Der lächelte, aber auf den Steinen war Blut. „Jeannot!"

Der Tod dieses jungen, fröhlichen Burschen schien so unbegreiflich, daß Michaud plötzlich aufschrie: „Sie haben ihn umgebracht!"

Er blickte die anderen an, als hoffe er von ihnen zu hören: „Nein, es ist nicht wahr!" Die Arbeiter standen ringsum im Kreis und zogen die Mützen. Wie durch einen Nebelschleier sah Michaud das schmerzverzerrte Gesicht Pierres.

Grinet lief zum Fluß hinunter und kauerte sich unter die Brücke. Er zitterte vor Kälte und Schmach. Ein Landstreicher fragte ihn: „Hast wohl ein Bad genommen, was?"

Grinet spuckte nach ihm. Lange saß er in der Sonne. Er konnte doch nicht so naß durch die Stadt laufen! Dann ging er in einen Frisörsalon, ließ sich rasieren, mit Kölnischwasser bespritzen, das Haar pomadisieren. Er döste, Vergessen suchend, vor sich hin, und das Klappern der Scheren kam ihm vor wie das Zirpen der Zikaden in einem duftenden Garten. Es war elf Uhr vormittags, als er bei Breteuil zum Rapport erschien. Er wurde ins Arbeitszimmer geführt. Breteuil kniete vor einem kleinen Kruzifix. Sein Sohn war gestorben. Als er Grinet erblickte, erhob er sich. „Hat es Tote gegeben?"

„Einen habe ich umgelegt."

„Und unter den Getreuen?"

„Keinen. Sie haben mit Wasserspritzen . . ."

„Keinen einzigen? Schöne Bescherung! Jetzt ist alles verloren!"

Grinet verstand nicht. Er sah Breteuil stumpfsinnig an und antwortete: „Als Ritter bin ich für das Leben der Getreuen verantwortlich."

„Du bist kein Ritter. Du bist ein Idiot!"

Breteuil sank wieder auf die Knie. Grinet ging leise hinaus. Im Vorzimmer weinte das Dienstmädchen. Er sagte zu ihr: „Ihr Herr ist ein großer Mann; aber mit mir ist es wohl bald zu Ende."

19

Über die Ermordung Jeannots berichteten sämtliche Pariser Zeitungen. Die linke Presse beschuldigte Breteuil und forderte entschiedene Maßnahmen gegen die faschistischen Geheimorganisationen. Die rechten Zeitungen behaupteten, Jeannot sei ein Opfer der Kommunisten geworden, weil er für den Abbruch des Streiks eingetreten sei. Im „Matin" erschien ein weinerlicher Artikel über den unglücklichen Jungen, der seine alte Mutter vergöttert habe und von den Kommunisten umgebracht worden sei. Nur „La Voie Nouvelle" widmete dem blutigen Zwischenfall wenig Raum. Joliot schrieb: „Wer auch immer der Mörder sei, wir verurteilen Gewaltakte und rufen die Franzosen zum Bürgerfrieden auf." Das klang poetisch und verpflichtete zu nichts.

Zwei Tage später wurde die Ermordung Jeannots im Parlament debattiert. Die Anfrage hatte Breteuil eingebracht. Alle erwarteten einen Skandal, und die Publikumstribünen waren überfüllt. Schon vor Beginn der Sitzung herrschte im Saal unbeschreiblicher Lärm. Die Abgeordneten bedachten sich gegenseitig mit den heftigsten Schimpfworten. Der Präsident Herriot klopfte mit dem Lineal auf den Tisch wie ein wütender Lehrer. Dann ergriff er die Glocke und rief gellend: „Ruhe jetzt!"

Einen Augenblick herrschte Stille. Doch als Breteuil die Rednertribüne betrat, wurde von links „Mörder!" gebrüllt.

Die Abgeordneten klapperten mit den Pultdeckeln und schrien durcheinander. Die Ordner standen in Bereitschaft, denn es war ein Handgemenge zu befürchten. Herriot versuchte, gegen den Lärm anzukommen ...

Endlich beruhigten sich die Gemüter, und Breteuil begann zu sprechen. „Wer nennt mich Mörder? Die Mörder des unschuldigen Arbeiters sind die Kommunisten, die blutbesudelt ..."

Schreie übertönten seine Stimme. Er sprach weiter, aber die Abgeordneten verstanden nur noch einzelne Worte: „Die arme Mutter ... Herrschaft der Anarchie ... Die Hilflosigkeit Blums ... Viards Laschheit ..."

Viard saß auf der Regierungsbank und zeichnete zerstreut kleine Schiffe. Breteuils Rede kümmerte ihn nicht: ein plumper Angriff gegen die Parlamentsmehrheit. Er war mit seinen Gedanken woanders. Wie kann man dem Streik ein Ende machen? Einige Radikale begannen zu murren. Die Arbeiter blieben standhaft, und die Unternehmer wollten von Zugeständnissen nichts hören. Dessère führte irgend etwas im Schilde ... Da ertönten Beifallsbekundungen und Pfiffe. Breteuil raffte seine Zettel zusammen und verließ die Tribüne.

Die Sozialisten hatten schon am Vortag beschlossen, daß ein Radikaler für die Regierung sprechen sollte – ein diplomatischer

Schachzug. Als der Präsident Tessat das Wort erteilte, kam von links einmütiger Beifall. Die Rechten schwiegen. Tessat begann zu sprechen, es herrschte angespannte Stille. Er beklagte den Tod des jungen Mannes, verurteilte diejenigen, die das Land in den Bürgerkrieg treiben wollten, pries die Verteidiger von Verdun, zitierte Victor Hugo. Die Abgeordneten blickten sich verdutzt an. Plötzlich sagte Tessat, an Viard gewandt: „Ich muß zu meinem Bedauern feststellen, daß die Regierung, indem sie die Besetzung der Fabriken zuläßt, Gewaltakte rechtfertigt. Ich sage dies als Verfechter der sozialen Gerechtigkeit, als Abgeordneter der Volksfront ..."

Tessats Worte kamen so unerwartet, daß im ersten Augenblick alle schwiegen. Dann erhob sich Breteuil und schrie so laut, als stünde er auf einem riesigen Platz: „Bravo!" Darauf erschütterte eine Ovation den Saal. Die Rechten und ein Teil der Radikalen applaudierten wie besessen. Vergebens versuchte Herriot, den Abgeordneten Einhalt zu gebieten: Die Schmach der Niederlage, der Haß auf die Volksfront, die Angst der letzten Wochen – alles entlud sich in diesem Applaus. Viard erbleichte: Über die Hälfte der Radikalen applaudierte! Was sollte aus der Volksfront werden? Tessat sprach jetzt von seinem Vertrauen zur Regierung; aber alle begriffen, daß er die bittere Pille nur etwas versüßen wollte.

Nach Tessat sprach ein Kommunist, Abgeordneter eines der nördlichen Departements, ein Bergmann mit blauen Adern im Gesicht. „Wir fordern, daß die Regierung den faschistischen Mördern das Handwerk legt. Die Tätigkeit des Abgeordneten Breteuil muß untersucht werden ..."

Protestrufe der Rechten. Breteuil verließ den Saal. Seine Freunde jedoch schrien sich noch eine Stunde lang die Kehlen heiser. Die Sozialisten saßen ungerührt da, als ginge sie das alles nichts an. Sie fanden die Rede des Kommunisten zu scharf. Schließlich setzte Herriot seinen Zylinder auf, womit er eine Unterbrechung der Sitzung bekanntgab. Wie Schuljungen, die sich auf die Pause freuen, stürzten die Abgeordneten in die Wandelgänge oder zum Büfett.

Die Radikalen kamen zu einer Fraktionssitzung zusammen. Die einen billigten Tessats Rede, die anderen sprachen von „betrogenen Hoffnungen des Landes", von einer ersten Spaltung innerhalb der Volksfront, von Intrigen der Rechten. Tessat sagte bescheiden: „Ich wollte die Volksfront und unsere Partei retten." Nach langen Disputen beschlossen die Radikalen, sich mit den Sozialisten abzusprechen, wobei sie betonten, daß sie die Räumung der besetzten Fabriken für wünschenswert hielten. Die Sozialisten zögerten mit der Antwort. Viard wollte sich erst mit Dessère beraten. Das Publikum auf den Tribünen war enttäuscht, als Herriot vorschlug, die Debatte über Breteuils Anfrage auf die Abendsitzung zu verschieben und zunächst den Gesetzentwurf zur Bekämpfung von Viehseuchen zu erörtern. Breteuil rief: „Die Herren Radikalen haben Angst gekriegt, und Viard wartet auf Instruktionen aus Moskau."

Ein Sozialist ging mit den Fäusten auf Breteuil los, und der versetzte ihm eine Ohrfeige. Eine Prügelei begann. Die Abgeordneten rissen einen Ordner zu Boden. Herriot aber läutete immerzu die Glocke ... Dann begaben sich die Abgeordneten zum Büfett, alle plagte der Durst. An der Sitzung nahmen etwa dreißig Leute teil, aber auch die hörten der monotonen Stimme des Referenten nicht zu, sondern lasen Zeitung oder schrieben Briefe an ihre Wähler.

Viard fuhr schweren Herzens zu Dessère. Er hatte lange gezaudert: War dieser Besuch nicht entwürdigend? Er, der Minister der Volksfront, fuhr als Bittsteller zu dem geheimnisvollen Finanzmann, der noch kürzlich Breteuils Banden unterstützt hatte! Aber was half es! Die Streiks zogen immer weitere Kreise. Ganz Frankreich schien zu streiken. Von Paris hatte die Bewegung auf die Provinz übergegriffen. Autobusse fuhren nicht mehr. Aus den Häfen liefen keine Schiffe aus. Jeder Tag brachte neue Überraschungen. Bald besetzten Schauspieler ein Theater, bald schlossen Kassierer ihre Schalter, bald weigerten sich die Totengräber, ein Grab auszuheben. Die Unternehmer aber blieben unerbittlich. Manche sagten sogar: „Um so besser! Soll doch alles zum Teufel gehen!" Das Leben des Landes war lahmgelegt. Wie auch immer, Dessère war noch der beste Repräsentant des Kapitalismus. Man mußte versuchen, sich mit ihm zu einigen, sein Spiel zu durchschauen.

„Wie geht es Ihnen?" fragte Dessère teilnahmsvoll.

„Danke. Ich bin sehr müde."

„Verständlich – so einen Streik durchzuführen ..."

„Wir leiden darunter ebenso wie Sie. Wir müssen miteinander sprechen ... Sagen Sie doch, was schlagen sie uns vor?"

„Lieber Freund, Sie sind Minister, ich bin Privatmann. Ich erwarte Ihre Anweisungen."

Viard war beleidigt, er wollte aufstehen und gehen; aber sein Verantwortungsbewußtsein war stärker. Er sagte sanft: „Ich verstehe Ihre Ironie nicht."

„Das ist keine Ironie, das ist Notwehr. Urteilen Sie selbst: Wenn ich verlangte, mit den Streikenden kurzen Prozeß zu machen, würden Sie sagen, daß wir, die ‚zweihundert Familien', Sie daran hinderten, das Paradies auf Erden zu errichten. Ich ziehe es vor, abzuwarten. Vielleicht können Sie wirklich zaubern, vielleicht aber auch nicht. Dann werden die Arbeiter selbst begreifen, daß Sie nichts geändert haben und auch nichts ändern konnten. Also werde ich keine Forderungen stellen."

„Aber Tessat hat heute die Räumung der Fabriken verlangt."

„Ich weiß. Unser Freund Tessat hat noch jugendlichen Elan. Ich dagegen ziehe es vor, abzuwarten. Ich habe nichts gegen Polizeimaßnahmen, aber alles zu seiner Zeit. Wie gefällt Ihnen mein Marquet? Mit Ihrem kann er sich natürlich nicht messen, aber dieser Grünton ..."

Dessère lenkte das Gespräch auf die Malerei. Aber Viard stand jetzt nicht der Sinn danach, und er verabschiedete sich.

Was tun? Dessère spielte ein kompliziertes Spiel. Er hatte offenbar die Absicht, die Regierungsmehrheit zu spalten. Heute hatte die Hälfte der Radikalen Tessat unterstützt. Also mußten die Fabriken geräumt werden? Aber dann würden die Arbeiter mit den Kommunisten gehen. Das bedeutete Revolution. Ein scheußliches Spiel. Man war in jedem Fall der Verlierer. Viard zermarterte sich das Gehirn. Die Müdigkeit raunte ihm zu: abwarten. Das war etwas Vertrautes, von Kind auf Bekanntes und Angenehmes. Hatte er doch sein Leben lang immer nur gewartet: auf einen Wahlsieg, auf den Triumph des Fortschritts, auf die allgemeine Versöhnung; auch im persönlichen Leben hatte er auf Glück, Anerkennung und Ruhe gewartet. Dessère tat recht daran, abzuwarten. Natürlich mußte man abwarten! Alle würden zur Vernunft kommen. Vor allem – keine überflüssige Geste.

Vor der Abendsitzung erhielt Viard eine Meldung der Geheimpolizei, daß sich unter den Streikenden eine Spaltung abzeichne. Viele seien für den Abbruch des Streiks. Im Flugzeugwerk werde die Zahl derer, die für einen Vergleich seien, immer größer. Viard lächelte zufrieden. Dann überlegte er: Zu einem völligen Scheitern des Streiks darf es nicht kommen, das käme nur den Rechtsradikalen zugute. Aber selbst Dessère ist versöhnlich gestimmt. Man kann einen Kompromiß finden. Die Zeit arbeitet für uns ...

Die Radikalen erreichten nichts. Auf der Sitzung gab Viard im Namen der Regierung eine unklare Erklärung ab: Man müsse einerseits die Interessen der Werktätigen verteidigen und andererseits die Gesetzlichkeit wahren ... Die Rechten protestierten, die Sozialisten applaudierten, die Radikalen schwiegen. Tessat rief von seinem Platz aus: „Wenn Sie die Fabriken nicht räumen lassen, wird eine Woge des öffentlichen Unwillens Sie hinwegspülen."

Wieder ertönten Applaus und Zwischenrufe. Viard lächelte traurig. Er war müde, sehr müde.

Tessat hingegen war der Held des Tages. Man schüttelte ihm die Hand. Man verglich ihn mit Mirabeau, mit Lafayette, mit Gambetta. Er schwelgte noch im Rausch seiner Rede und fühlte sich als unerschrockener Tribun, als Kämpfer für die Wahrheit. Ich schwimme gegen den Strom, sagte er sich.

Erschöpft, aber glücklich kam er nach Hause. Seine Frau lag wie immer mit dem Heizkissen im Bett. Lucien war nicht da; er gab ein Abschiedsgelage. Tessat aber wollte irgendwem von seinem Triumph erzählen, und so ging er zu Denise.

Er wiederholte vor der Tochter seine Rede mit allen Gesten und aller Mimik, wobei er in verändertem Tonfall, wie etwas in Klammern Gedrucktes, hinzufügte: „Hier wurde applaudiert ..."

Vor lauter Begeisterung blickte er Denise gar nicht an; die aber saß ganz apathisch da. In letzter Zeit hatte sie viel über das Leben ihres Vaters nachgedacht. Noch im Winter hatte sie nichts von Politik verstanden. Sie hatte die Tätigkeit des Vaters für etwas Langweiliges, aber Ehrbares gehalten. Jetzt besuchte sie Versammlungen, las Zeitungen, und die Tischgespräche mit dem Vater waren ihr unerträglich. Immer deutlicher erkannte sie in ihm den zwielichtigen Politikaster, der vor nichts zurückschreckte.

Das Fieber der Pariser Straßen hatte auch Denise erfaßt. Aus der Zeitung wußte sie, daß an der Spitze der Streikenden im Seine-Werk Michaud stand. Sie glaubte an ihn, und der Streik war für sie ein Kampf für die Gerechtigkeit. Als sie von der Ermordung des jungen Arbeiters erfuhr, mußte sie an Michauds Worte denken: „Nur durch Blut können Worte und Taten eins werden." Was sollte sie tun? Sie war von Natur aus schüchtern, fürchtete große Gesten und große Worte. Sie wollte durch irgendeine Tat einen Schlußstrich unter ihre Vergangenheit setzen ... Jetzt hätte sie Michaud gern um Rat gefragt. Aber Michaud hatte andere Sorgen. Und da kam der Vater zu ihr, prahlte mit seiner Rede und sagte immer wieder, daß an allem nur die „Okkupanten" schuld seien. Plötzlich fiel sie ihm ins Wort: „Hör auf!"

Tessat sah seine Tochter erstaunt an. Was war mit ihr los? Groß und schlank stand Denise da. Ihre Schönheit wirkte jetzt herb. Mit zornigen Augen blickte sie Tessat unverwandt an.

„Was hast du?"

„Ich kann das nicht mehr hören! Ich will dich nicht kränken, aber ich finde das unwürdig. Vielleicht bin ich auch so eine ... Wahrscheinlich muß man anders leben. Ich weiß nicht ... Es ist unerträglich ..."

Sie lief aus dem Zimmer. Tessat ging wütend zu seiner Frau. „Deine Tochter kommt ganz nach dir. Irgend so ein religiöser Fanatismus ... Paradies ... Hölle ... Weiß der Teufel, was!"

„Paul, warum verspottest du mich?"

„Ich verspotte dich nicht. Ihr habt allesamt den Verstand verloren. Ich aber bin ein freidenkender Mensch und ziehe das Fegefeuer vor."

Er fuhr zu Paulette. Dort trank er mißgelaunt Kognak. Vergebens bemühte sich Paulette, ihn aufzuheitern: „Küß mich doch, mein Schätzchen!"

Er rührte sich nicht und murmelte trübsinnig: „Alles geht zum Teufel, alles, alles."

20

Jeannots Mutter, Clémence Duval, war eine rechthaberische, aber gutmütige Frau mit rheumatischen Armen, gelblichgrauem Haar und den noch lebhaften Augen einer ehemaligen Schönheit.

Sie arbeitete als Aufwartefrau, räumte die Zimmer von Junggesellen auf, scheuerte Fußböden, wusch Wäsche oder stopfte Socken und verdiente sich so ihren Unterhalt. Früher hatte sie es schwerer gehabt. Ihr Mann war kurz vor dem Waffenstillstand gefallen und hatte sie mit zwei kleinen Kindern zurückgelassen. Das enge Zimmer im siebenten Stock mit dem Steinfußboden, dem qualmenden Öfchen und dem riesigen, von der Großmutter geerbten Bett hatte viele bittere Klagen zu hören bekommen. Bald fehlte es an Geld für ein Eimerchen Kohle, und die Kinder mußten frieren, bald waren Jeannots Hosen durchgewetzt, bald brauchte Annette ein Aufgabenbuch. Dennoch hatte Clémence ihre Kinder großgezogen. Annette heiratete einen Monteur und zog nach Lyon. Jeannot fand im Flugzeugwerk Arbeit. Welch ein Glück war das! An jenem Tag hatte Clémence sogar eine Flasche versiegelten Wein gekauft. So viele Altersgenossen Jeannots zogen durch die langen Straßen der Pariser Vororte von einer Fabrik zur anderen, in der Hoffnung, vielleicht doch irgendwo eine Anstellung zu finden. Aber an jedem Tor stand: „Keine freien Arbeitsplätze". Nicht einmal Lehrlinge wurden angenommen. Die Nachbarinnen stöhnten, denn die erwachsenen Söhne waren für alle eine Last, und Clémence traute ihren Augen nicht, als Jeannot den ersten Lohn nach Hause brachte.

Sie war stolz auf ihren fröhlichen, schlagfertigen Sohn, aber sie hatte auch Angst um ihn. Er spottete gern, trieb mit allen seinen Schabernack, stürzte sich als erster in eine Schlägerei. Wie leicht konnte sich so einer den Hals brechen! Sie hatte ihn oft genug gewarnt! Für sie war er noch immer ein Kind, dem sie für einen dummen Streich getrost mal einen Klaps geben konnte. Als Jeannot anfing, Versammlungen zu besuchen, erschrak Clémence. Sie spürte instinktiv eine Gefahr. „Laß das sein!" sagte sie und versuchte, ihm Angst zu machen; doch er tat ihre Ermahnungen mit einem Scherz ab. In diesem Frühjahr, am 1. Mai, war er mit einer roten Fahne an ihr vorbeimarschiert. Clémence ging nicht in die Kirche. Sie war der Ansicht, daß, selbst wenn ein Gott existierte, es keinen Weg zu ihm gäbe. Doch als sie Jeannot mit der Fahne sah, bekreuzigte sie sich: Wenn der Junge sich bloß nicht ins Verderben stürzte.

Dann begann der Streik. Und was für ein Streik! Früher hatte man auch gestreikt, aber in aller Stille; man saß zu Hause und wartete ab. Diese aber hatten den Einfall, sich in der Fabrik einzuquartieren. Dafür konnte man eingesperrt werden. Clémence schimpfte Jeannot aus, redete ihm zu, nach Hause zu kommen; aber er wollte nicht hören. Jeden Abend brachte sie ihm Eier, Käse und Wurst. Sie klagte nicht über Geldmangel; denn nicht um sich selbst war sie besorgt.

Und dann kam die Schreckensbotschaft, von dem Augenblick an war Clémence verstummt. Weder die Nachbarinnen noch die Verwandten, noch Jeannots Kollegen hörten von ihr auch nur ein einziges Wort. Bei der Beerdigung ging sie hinter dem Sarg her und weinte lautlos. Ihr folgten eine Tante Jeannots mit ihren Kindern, die Nachbarn und Arbeiter des Seine-Werks, unter ihnen Michaud.

Die Arbeiter hatten beschlossen, das Werk nicht vor dem Sieg zu verlassen, und so wurde es nur eine bescheidene Beerdigung. Auf einem Vorstadtfriedhof zwischen dichtgedrängten Gräbern mit gußeisernen Kreuzen und Glasperlenkränzen wurde Jeannot begraben. Ein glühendheißer Sommermorgen, es duftete nach Reseda, und die Vögel zwitscherten. Niemand hielt eine Rede. Jeannots Kameraden drückten Clémence schweigend die Hand, und nur die roten Schleifen auf dem Kranz, den Michaud trug, sprachen von der Tragödie.

Auf dem Rückweg vom Friedhof rief der Dreher Sylvain wütend: „Die einen schwingen Reden, und die anderen werden umgebracht!“

Die Geheimpolizisten hatten Viard nicht getäuscht. Die Lage im Seine-Werk spitzte sich zu. Zwei Wochen Streik hatten den Willen vieler gebrochen. Die Frauen erschienen jetzt nicht mehr mit Lebensmitteln, sondern mit Klagen am Tor: Das Geld sei alle, und die Krämer gäben nichts mehr auf Kredit. Die Ermordung Jeannots hatte für einige Stunden alle Gemüter erregt: Die Arbeiter wollten mit den Mördern abrechnen, und Michaud konnte seine Kollegen nur mit Mühe zurückhalten. Gegen Abend jedoch wurden sie wieder von trübsinnigen Gedanken heimgesucht. Zu Hause hungerte die Familie. Man rechnete nach, wieviel Tage der Streik schon dauerte, und sagte: „Ist ja doch alles umsonst!“ Leute, die mit der Direktion in Verbindung standen, verbreiteten allerlei Gerüchte. Sie behaupteten, daß das Werk infolge Auftragsmangels bis zum Januar geschlossen bleibe; daß die Polizei ein Ultimatum für die Räumung des Werks gestellt habe und danach Tränengas einsetzen wolle.

Die Unzufriedenen gruppierten sich um Sylvain, einen hitzköpfigen und unausgeglichenen Mann. Zu Beginn des Streiks hatte er vorgeschlagen, die Fabrik wieder in Betrieb zu nehmen und die Direktion durch ein gewähltes Komitee zu ersetzen. Als man ihn auslachte, schrie er wütend: „Sonst ist alles verloren! Dessère kann warten, wir nicht." Als seine Frau ihm sagte, daß sie nicht einmal mehr einen Franc für Milch habe, rief er aufgebracht: „Schluß mit dem unsinnigen Streik!" Er sprach hysterisch und mit weinerlicher Stimme. Mit jedem Tag hörten ihm die Arbeiter aufmerksamer zu. Er schlug eine geheime Abstimmung vor, überzeugt, daß sich von den achtzehntausend Arbeitern zehntausend für den Abbruch des Streiks aussprechen würden. Michaud widersprach: Es sei eine Frage der Ehre, und deshalb müsse offen abgestimmt werden. Er war von der Standhaftigkeit seiner Kollegen durchaus nicht überzeugt. Die Niederlage schien unabwendbar.

Dessère war natürlich über alle Vorgänge im Werk bestens informiert, und er wollte versuchen, den Streik abzuwürgen. Er bestellte Pierre abermals zu sich.

„Guten Tag, Sie Enthusiast! Die freiwillige Verbannung ist Ihnen gut bekommen; Sie sehen blendend aus. Ich möchte dem Streikkomitee meine Überlegungen mitteilen. Mir ist bekannt, daß Sie diesem Komitee angehören. Ich akzeptiere die Forderungen bezüglich des Lohns und der Arbeitszeit. Kollektivvertrag und bezahlten Urlaub jedoch lehne ich kategorisch ab. Das gehört ins Reich der Wunder. Glauben Sie noch an Viard? Nun ja, vielleicht wird er ein Wunder vollbringen. Was mich betrifft, so werde ich das Werk schließen, wenn der Streik nicht aufhört."

„Ich glaube nicht, daß man Ihren Vorschlag annimmt."

Pierre, gewöhnlich impulsiv und voller Enthusiasmus, blieb reserviert. Dessère spürte Feindseligkeit.

„Warum so böse? Ich bin Kapitalist, das besagt alles. Die Arbeiter haben auf ihre Art recht. Aber Sie? Sie sind weder Fisch noch Fleisch. Doch Sie wollen ein Steak sein, noch dazu ein blutiges. Hirngespinste! Wozu brauchen Sie einen Kollektivvertrag? Sie brechen sich das Genick, aber die Menschen bleiben doch nur Menschen."

„Ich glaube an die Menschen."

„Nein! Sie lieben sie vielleicht; aber Sie glauben nicht an sie. Sie führen das Volk zum grausamsten Despotismus. Wie traurig ist das alles!"

Pierre ging. Dessère blickte aus dem Fenster in den strahlenden lazurblauen Himmel, auf die kleine rote Fahne, auf den schlaksigen Burschen, der vor der Direktion Wache hielt, und er beneidete Pierre; der war glücklich in seiner Einfältigkeit. Der glaubte an etwas – war es nicht einerlei, an was? Dessère fühlte sich sehr einsam. Wie schrecklich, morgens aufzuwachen und einen Tag voll Geschäftigkeit zu beginnen, der doch leer und öde war wie eine Wüste!

Pierre teilte Michaud Dessères Vorschlag mit. Der sagte sofort: „Vor morgen kein Wort darüber. Morgen rufen wir alle zusammen und stimmen ab."

Pierre war auch der Meinung, daß man behutsam vorgehen und jedem einzelnen erklären müsse, worum es ging. Vor allem durfte Sylvain nichts von Dessères Vorschlag erfahren. Sie beratschlagten noch lange. Plötzlich umarmte Michaud Pierre, und Pierre verstand diese Geste. Er war so erregt, daß er selbst kein Wort hervorbrachte.

Michaud hatte Pierre früher mit Mißtrauen betrachtet und ihn im Zorn einen „Weichling" genannt, er hatte ihm seine Begeisterung für die Sozialisten, insbesondere für Viard, nicht verzeihen können. Doch während des Streiks hatte er ihn näher kennengelernt und ins Herz geschlossen. Die Tatsache, daß er, einer der besten Ingenieure des Seine-Werks, zu den Arbeitern hielt, zeugte von Selbstlosigkeit und Mut. Und im täglichen Umgang hatte Pierre etwas Anziehendes. Er war ein Phantast, der alle Augenblicke irgendeinen unmöglichen Plan ausheckte. Wenn Michaud sagte: „Das geht nicht!", dann stritt er nicht, war nicht beleidigt, hatte aber gleich wieder einen neuen Einfall. Als heiterer Südfranzose konnte er in der heikelsten Situation alle zum Lachen bringen. Er erzählte Marseiller Witze, tollte herum und trieb seine Späße. Und Michaud dachte gerührt: Das reinste Kind, obwohl Pierre zwei Jahre älter war als er.

Manchmal stritten sie sich. Pierre hielt – vielleicht auf Grund seiner Erziehung, vielleicht auf Grund seines gutmütigen und unbekümmerten Charakters – an den Ideen des vorigen Jahrhunderts fest. Er hätte die Menschen am liebsten wie Blumen gezüchtet – mit der Gießkanne in der Hand ... Er glaubte, daß man jeden bekehren könne, und den professoralen Ton des alten Viard hielt er für einen Ausdruck von Weisheit. Michaud aber machte sich über Viard lustig, und Pierre lächelte dann traurig wie ein Kind, dem man sein Lieblingsspielzeug nehmen will.

Jetzt sagte Michaud: „Berichte auf der Versammlung über deine Unterredung mit Dessère. Das wird gut ankommen. Ich habe gleich gespürt, daß sich auch Dessère in seiner Rolle nicht wohl fühlt."

„Gut, mach ich. Weißt du, Michaud, was das Komischste ist? Dessère fühlt sich absolut nicht wohl. Da hat er nun Millionen und führt doch ein erbärmliches Leben. Ich bin eines Abends mit ihm spazierengegangen, da hat er es mir erzählt. Auch er steht an einer Art Fließband, Ehrenwort!"

„Aber du urteilst wie ein Intellektueller. Ich weiß, daß du uns im Falle einer Niederlage nicht im Stich lassen würdest. Du würdest dich mit uns zusammen an die Wand stellen lassen. Aber wenn wir siegen ... Dann kann ich für dich nicht garantieren. Bei dir kommt ein Pfund Glauben auf zehn Pfund Mitleid. Ich kenne ein Mädchen, eine Studentin. Mir scheint manchmal, daß sie Schwäche mehr schätzt als Kraft. Weiß der Teufel! Sie selbst aber ist stark. Und ob!"

Er lächelte verklärt und schüchtern. Pierres Gesicht leuchtete auf: Also waren auch Michaud solche Dinge nicht fremd! Aber da eilte Michaud schon wieder durch das Werk, redete und überzeugte.

Sylvain hatte von Dessères Vorschlag erfahren. Dafür sorgten schon die Zuträger der Direktion. Und auch Sylvain verlor keine Zeit. Das Wort „Vergleich" schwirrte über den Hof und durch die Werkhallen; es erregte die Menschen, die der langen Untätigkeit müde waren, sich nach ihren Familien sehnten und sich um ihre Angehörigen sorgten. Man brauchte nur den Vergleich zu unterschreiben, und dieses Hundeleben würde sofort ein Ende haben! Und Sylvain flüsterte: „Sie wollen es uns verheimlichen. Worum geht es denen? Um Politik! Unsere Familien aber verrecken vor Hunger."

Gegen Abend wurde die Lage bedrohlich. Pierre wollte von der Gerissenheit Dessères erzählen, aber Sylvains Leute ließen ihn nicht zu Worte kommen: „Der Herr Ingenieur! Wieviel Geld hast du auf der Sparkasse?“ Sie sagten, Sylvain habe für zehn Uhr abends eine Versammlung einberufen, auf der über den Vergleich abgestimmt werden sollte. Pierre hielt alles für verloren und war ganz mutlos. Und nicht nur Pierre. Michaud zwang sich, ruhig zu bleiben, er scherzte sogar, aber das kostete ihn große Anstrengung. Er sagte sich, daß nur ein Wunder noch helfen könne. Er mußte einen Entschluß fassen. Von ihm hing jetzt das Schicksal seiner Kollegen, vielleicht der ganzen Pariser Streikbewegung ab.

Als es dämmerte, sagte Michaud zu Legreux: „Hör mal, ich gehe für eine Stunde weg. Zu keinem ein Wort, sonst sagen sie, ich hätte mich aus dem Staube gemacht.“

„Wohin willst du? Ins Komitee?“

Michaud antwortete nicht.

Clémence saß reglos am staubigen Fenster, sie glich einem verdorrten Strauch. Michaud trat ins Zimmer. Er griff behutsam nach ihrer roten, geschwollenen Hand, wollte etwas sagen, brachte aber kein Wort heraus. Er war zu dieser Frau als Hilfesuchender gekommen; aber ihr Leid umfing ihn wie heißer Nebel. Er vergaß alle zurechtgelegten Worte, vergaß den Streik und Sylvain und den Vergleich. Vor ihm saß die Mutter eines Kameraden. Er begann von Jeannot zu sprechen, wie er noch wenige Minuten vor seinem Tode gescherzt habe, wie fröhlich und mutig er gewesen sei. Michaud sprach leidenschaftlich und zusammenhanglos. Noch nie hatte ein Gespräch ihm solche Qualen bereitet.

Der Abend brach an. Clémence machte kein Licht, und in dem dunklen Zimmer wurde Jeannot wieder lebendig – hier war er aufgewachsen, hier hatte er auf dem Fußboden mit Bauklötzen gespielt, hatte seine Schulaufgaben gemacht, hatte der Mutter von den Kollegen, von Demonstrationen, von Zusammenstößen mit der Polizei erzählt. Kurz und stürmisch war sein Leben gewesen. Und dieses Leben wurde dort, im Werk, fortgeführt. Clémence fühlte die Verbundenheit, die Verwandtschaft des toten Jeannot mit diesem ihr unbekannten Mann, und sie dachte erschreckt: Auch er wird getötet werden! Sie sind alle solche Draufgänger!

Michaud verstummte plötzlich. Er dachte an das Werk, an Legreux, an Pierre ... Er stand auf. „Helfen Sie uns!“

Da ging Clémence, ohne zu überlegen, mit ihm.

Im Hof des Werks waren wie am ersten Streiktag alle Arbeiter versammelt. Sylvain hatte sich Michauds Abwesenheit zunutze gemacht. Er erklärte, die Direktion sei auf die Forderungen der Arbeiter eingegangen, aber das Komitee wolle es ihnen verheimlichen. Als Michaud kam, war die Abstimmung in vollem Gange. Von allen Seiten wurde ihm zugerufen, die Mehrheit sei für einen Vergleich. Ob das stimmte, ließ sich schwer feststellen, denn die Hände wurden bald gehoben, bald wieder gesenkt; viele wußten gar nicht, worüber sie eigentlich abstimmten, sie schrien durcheinander und beschimpften sich. Erregung und Verwirrung hatte alle erfaßt.

Michaud stieg auf ein Lastauto und rief: „Moment mal, Kollegen!"

Sylvain fiel ihm ins Wort: „Schluß! Wir haben schon abgestimmt!"

Michaud ließ sich nicht beirren. „Jeder kann seine Meinung äußern und seine Stimme abgeben. Einer aber schweigt für immer: Jeannot. Habt ihr ihn denn vergessen? Jeannot ist hier. Bei uns. Für Jeannot wird seine Mutter sprechen."

Tiefe Stille trat ein. Jeannots Tod war noch frisch, und das Leid der Mutter ging allen zu Herzen. Auf das Lastauto kletterte eine alte Frau, mit roten, verweinten Augen und grauen Haarsträhnen. Sie hob schweigend die Faust. So hatte es Jeannot gemacht, wenn er mit seinen Genossen zur Versammlung gegangen war. Clémence wollte etwas sagen, sie bewegte die Lippen, brachte aber kein Wort heraus. Nur ihre Faust zitterte über der Menge, und als Antwort reckten alle die Fäuste empor. Als Michaud rief: „Wer für einen Vergleich ist, soll die Hand runternehmen!", da senkte sich kein Arm. Selbst Sylvain stimmte für den Streik. Clémences Augen blickten ihn an.

Dann sagte Clémence: „Ich werde jetzt hierbleiben. Für Jeannot..."

Sie sah Michaud mütterlich an und fügte hinzu: „Geh nicht ans Tor – sie werden dich töten."

Das war am fünfzehnten Tag des Streiks. In jener Nacht hüpfte Pierre ausgelassen wie ein Kind um Michaud herum und rief immer wieder: „Gewonnen, wir haben gewonnen!"

Drei Tage später telefonierte Dessère mit Viard: „Ich habe

beschlossen, die Bedingungen der Streikenden anzunehmen. Wir haben dringende Aufträge. Und außerdem – Sieger ist, wer zurückzuweichen versteht. Aber wem sage ich das! Sie, mein Freund, können es in dieser Hinsicht ja mit Napoleon aufnehmen."

Durch diesen groben Scherz wollte Dessère sich ein wenig das Herz erleichtern. Die Kapitulation erboste ihn: Seine Eigenliebe war verletzt. Jetzt lachte sich Pierre wahrscheinlich ins Fäustchen. Aber man konnte doch nicht jeden Tag eine halbe Million verlieren! Die Politik war ein Spiel, wie die Börsenspekulation. Heute fuhren die Arbeiter in die Kurorte. Morgen würde man sie vielleicht in Konzentrationslager stecken. Das berühmte Pendel geriet aus dem Takt, es schlug zu heftig aus. Auch Dessères Herz schlug heftig. Er fühlte sich elend, die Ärzte hatten ihm Alkohol, Tabak und Kaffee verboten. Aber er hielt sich nicht an die Weisungen der Ärzte. Das Herz brauchte ein Stimulans – wenn schon keine Liebe, dann wenigstens Ersatz.

Am neunzehnten Tag um sieben Uhr abends war der Vergleich unterschrieben. Die ursprünglichen Forderungen der Arbeiter waren nur unwesentlich abgeändert worden. Alle begriffen, daß das ein Sieg war.

Das Seine-Werk hatte den Kampf begonnen, andere waren ihm gefolgt, und sein Sieg war der Sieg aller. Im Laufe des Tages trafen Meldungen von der Kapitulation anderer Unternehmer ein. Joliot schrieb gefühlvoll: „Der Waffenstillstand ist unterzeichnet. Jetzt, Franzosen, an die Arbeit: Heilen wir die Wunden!"

Um acht Uhr abends formierten sich die Arbeiter des Seine-Werks zu Kolonnen und verließen nach dreiwöchiger freiwilliger Gefangenschaft mit Musik und Fahnen das Fabrikgelände. Voran schritten Clémence und Michaud. Zehntausende – Angehörige der Streikenden, Einwohner des Stadtviertels, Abgesandte der verschiedenen Gewerkschaften – begrüßten freudig die Sieger. Dämmerung senkte sich herab. Am noch hellen sommerlichen Himmel leuchteten die ersten Sterne auf, und die bläulichen Lichter blinkten geheimnisvoll inmitten der goldenen Abendröte. Eine festlich gestimmte Menschenmenge füllte die Straßen und die Terrassen der Cafés. Man begrüßte die Arbeiter, überreichte ihnen Blumen, spendierte ihnen Bier.

Michaud stützte Clémence. Die Ereignisse der letzten Tage hatten ihre Kräfte überstiegen, sie konnte sich kaum auf den Beinen halten. Sie hatte Michaud liebgewonnen und bewachte ihn mit mütterlichem Blick. Gleich würden sie sich trennen müssen. Er würde seiner Arbeit nachgehen, würde wie Jeannot Versammlungen besuchen und Reden schwingen und eines Tages getötet werden. Sie aber würde zurückkehren in das verwaiste Zimmer mit dem Steinfußboden und dem großen Bett.

„Warum heiratest du nicht?“ fragte Clémence plötzlich. „Das wäre besser für dich. So aber stehst du allein auf der Welt. Wenn man dich umbringt, wird niemand um dich weinen. Das ist nicht gut!“

Michaud lächelte verlegen. Schwarz, wie gemalt schimmerten vor dem hellen Hintergrund die Bäume. Ein bläulicher Dunstschleier lag über der Seine. Überall glaubte Michaud ein vertrautes Gesicht zu sehen: es war Denise, die ihn begrüßte, ihm zulächelte, ihm verstohlen die Hand drückte.

21

André drehte die Staffelei zur Wand, und unter dem Vorwand, es im Atelier vor Hitze nicht aushalten zu können, ging er ins Freie. In der letzten Zeit wollte ihm die Arbeit nicht recht von der Hand gehen. Er hatte nicht gelogen, als er seinem ehemaligen Schulkameraden sagte, daß er von Politik nichts verstünde. Das war vor vier Monaten gewesen. Seitdem hatte sich vieles geändert. Die Politik war unaufgefordert in sein Atelier eingedrungen. Jetzt konnte er morgens kaum die Zeitung erwarten; lauschte den Gesprächen auf der Straße: Alle redeten von Streiks, vom Kampf der Parteien, vom Krieg. Die Bewegung, die die ganze Stadt erfaßt hatte, weckte in André neue Empfindungen. Er war zu fest und zu organisch mit dem Volk verbunden, um nicht die Macht der Solidarität, die Leidenschaft der Hoffnungen zu spüren. Ja, das mußte alles so sein! Aber was sollte er mit dem Stilleben machen?

André hatte einmal einen Artikel über die Jarowisierung des Weizens in der Sowjetunion gelesen. Er war mit dem Landleben verwachsen, und der Artikel hatte vor allem seine bäuerliche

Natur angesprochen. Nach der Lektüre war er durch die Straßen geschlendert, hatte über das Gelesene nachgedacht und dabei festgestellt, daß es um die Malerei schlecht stand. Es gibt Bäume, die erstmals im achten oder neunten Jahrzehnt blühen. Der Gärtner sät den Samen aus in dem Wissen, daß sein Sohn, vielleicht erst sein Enkel, die Früchte ernten wird. Hier aber haben ein paar Tage im Leben einer einjährigen Pflanze das Antlitz eines ganzen Landes verändert. Offenbar ist das eine Frage der Epoche. Der Maler braucht Ruhe. Er lebt in der Welt des Unveränderlichen. Er gestaltet die reife Welt, den Reichtum festgefügter Formen, beständiger Farben. In Epochen des Verfalls oder der Erneuerung ist er fehl am Platze. Lucien hatte in der Maison de la Culture gesagt, ein Revolutionär ohne guten Geschmack sei undenkbar. Unsinn! Es gibt Zeiten, da der „gute Geschmack" zu einem ebenso verhängnisvollen Makel wird wie das „blaue Blut", für das man im Jahre dreiundneunzig geköpft wurde. Die Rehabilitierung der Geschichte betrifft eher die Epochen als die Menschen. Die eine Epoche bringt einen Robespierre, die andere einen Delacroix hervor; dabei ist Robespierre nicht für die Malerei eines David verantwortlich, und Delacroix ist unschuldig an der kleinlichen Knausrigkeit eines Louis Philippe. Lucien möchte eine klare Linie in die historischen Ereignisse bringen wie in eine Theaterinszenierung; aber er ist nicht Regisseur, er ist nur ein Statist. Ja, er mußte dieses Stilleben vollenden, solange er Zeit, ein Atelier und Farben hatte. André zwang sich zu arbeiten, doch eine Stunde später warf er abermals den Pinsel hin – er konnte nicht.

Mit dem Abend kam die sehnsüchtig erwartete Stunde, die er am Radioapparat verbrachte. Jeannette arbeitete noch immer beim Studio „Poste Parisien", und die banalen Reklametexte, von ihrer dunklen, leidenschaftlichen Stimme gesprochen, bereiteten ihm ebensolche Qualen wie seine eigenen Gedanken. Er dachte an die Gedichte Laforgues, an die Aquarelle Pascins: welch naive und schmerzliche Ironie!

Er fragte sich oft: Was bedeutet mir Jeannette? Das Wort „Liebe" kam ihm gar nicht in den Sinn. Er sagte sich, daß er sie kaum kannte, daß sie vielleicht nichts Gemeinsames hätten, daß all das nur eine Laune sei. Er war für große und dauerhafte Gefühle geschaffen. Seine Zuneigung entwickelte sich langsam, schlug tiefe Wurzeln, erforderte Geduld und Pflege. Nach der letzten Begegnung mit Lucien war er den ganzen Tag sehr deprimiert gewesen. Er schämte sich seines unangebrachten Geständnisses. Ganz zu Recht hatte Lucien gefragt, was ihn das anginge. André sagte sich, daß er sich diese Flausen aus dem Kopf schlagen müsse, aber am Abend stürzte er wieder zum Radioapparat.

Wie sollte er da arbeiten? Auf den Baugerüsten in den umliegenden Straßen leuchteten die roten Fahnen der streikenden Maurer. Jeannette pries bald die Zärtlichkeit, bald irgendwelche Mixturen. Es waren schwüle Julitage. Die nächtlichen Gewitter brachten keine Erfrischung. André war erschöpft.

Anfang Juli verödeten die wohlhabenden Viertel von Paris. Früher hatten viele die Reise in die Seebäder oder Kurorte bis zum Ende des Monats aufgeschoben, aus Angst vor verstopften Straßen oder überfüllten Zügen. Jetzt aber trieben die Ereignisse die Bourgeois vorzeitig aus der Stadt. Man fuhr möglichst weit weg, nach dem Süden, überzeugt, daß Mittelfrankreich von Arbeitern überflutet sei, die einen bezahlten Urlaub erkämpft hatten. Die Aussicht, den Strand mit Heizern und Maurern teilen zu müssen, ließ die ehrbaren Großkaufleute erschaudern. In den Zeitungen hieß es, daß die Kurorte „besudelt" seien. Glücklich diejenigen, die in die Schweiz oder nach Italien fahren konnten. Niemand wollte in Paris bleiben. Man sah der großen Demonstration am 14. Juli mit Schrecken entgegen. Früher hatten alle diesen Tag gefeiert. Heute aber sah der Bourgeois in dem Nationalfeiertag nur einen Triumph der Volksfront, und die Freunde Breteuils, die in der Hauptstadt geblieben waren, entfernten eiligst die Fahnen von ihren Häusern, um damit zu bekunden, daß sie an den allgemeinen Feierlichkeiten nicht teilnahmen.

In den Vierteln, wo das einfache Volk wohnte, herrschte fröhliche Stimmung. Der bezahlte Urlaub, der Dessère so verdroß, gehörte bereits zum Alltag. Man unterhielt sich lang und breit darüber, wo die malerischsten Gegenden seien und in welchem Flüßchen es die meisten Fische gebe. Dessère sagte, nachdem er sich eine Weile in Arbeitercafés aufgehalten hatte: „Ein erstaunliches Land! Statt der erwarteten Revolution wird es einen grandiosen Fischfang geben!" Nach dem stürmischen Juni wirkte der Juli geradezu idyllisch. Zwar sprachen die Kommunisten von einer Gegenoffensive der Unternehmer, von einer Verschwörung Breteuils, aber über einem Reiseführer, einem neuen Fahrrad oder einem gerade gekauften Badeanzug gerieten ihre Reden rasch in Vergessenheit. Die meisten nahmen ihren bezahlten Urlaub im August, und das arbeitende Paris rüstete sich, den 14. Juli zu begehen. Für die einen bedeutete er Militärparade, für die anderen Demonstration und für die dritten Tanz auf allen Straßen.

Schon am Abend des 13. Juli waren die Tanzvergnügungen in vollem Gange. In ganz Paris schien es keinen einzigen arbeitslosen Musiker zu geben. Überall wurde aus Leibeskräften getrommelt, trompetet und gepfiffen. Auf jedem Platz war ein Orchesterpodium errichtet. Trompeter mit kupferroten Gesichtern und geschwollenen Stirnadern tranken gierig Bier. Über die Straßen waren Girlanden mit bunten Lampions gespannt. Die Cafés hatten außer den üblichen Tischchen alles herausgestellt, was sich nur auftreiben ließ: Eßtische, Küchentische, Spieltische. Es war heiß, und die Menschen liefen herum wie in der Sommerfrische. Die Männer tanzten in Hemdsärmeln, so daß die Schnallen der Hosenträger blitzten. Die Mütter hielten schlafende oder schreiende Säuglinge im Arm. Zauberkünstler schluckten Feuer oder zogen ein Küken aus dem Hut hervor. Fliegende Händler verkauften kandierte Früchte, Blumen und Papierfächer. Überall standen Buden mit Wahrsagerinnen, Glücksräder, Schießstände. Die Burschen schossen übermütig nach kleinen Bällen, die auf einem Wasserstrahl schaukelten, oder nach schnell rotierenden Tonpfeifen. Kreischend drehten sich die Karussells mit den traditionellen Pferden oder den aktuellen Flugzeugen.

Deutlicher denn je trat der provinzielle Charakter von Paris zutage, das in Hunderte kleine Städtchen zerfällt, ein jedes mit seiner Hauptstraße, seinem Kino, seinen Helden und seinem Klatsch. Das Stadtzentrum, durch das wochentags Passanten, das heißt Fremde hasteten, war verödet. Auf den Plätzen der Arbeiterviertel aber gab es keine Passanten: Dort kannte jeder jeden, und die Feste waren Familienfeiern.

André schlenderte den ganzen Abend durch die Stadt. Er mochte die Volksfeste wegen ihrer Farbenpracht, wegen ihrer unverfälschten, urwüchsigen Fröhlichkeit. Er mochte die Buden mit den Lebkuchenschweinchen, auf die man den Namen seiner

Liebsten mit Zuckerguß schreiben lassen konnte. Er mochte die Harmonikas und die Leierkästen, die traditionelle Wehmut dieser ohrenbetäubenden Musik. Jetzt aber fühlte er sich einsam und verwaist, vor allem, als er auf die Place de la Bastille kam, wo die Menschen einst, an einem ebenso schwülen Sommerabend, um Blutlachen getanzt hatten. Dort drehten sich Tausende Paare im Tanz, was von weitem wie Wellengekräusel aussah. André bog zur Seine ab und stieg dann zu seinem Lieblingsplatz, zur Place de la Contrescarpe hinauf. Dort vergnügten sich zwischen phantastischen Reklameschildern und dunkelgrünen Kastanienbäumen die Armen der Umgegend. Es war schon nach Mitternacht. André saß da und nippte an seinem warmen Bier, als er plötzlich Jeannette erblickte; sie war in Begleitung einiger Schauspieler. Vor Freude schrie er sogar auf. Nachdem er eine Weile auf dem Stuhl hin und her gerutscht war und sich wieder seine „Flausen" auszureden versucht hatte, ging er zu ihr. „Möchten Sie tanzen?"

Jeannette sah ihn mit ihren erstaunten Augen an, und schweigend drehten sie sich im Tanz. Sie freuten sich so über diese wunderbare Begegnung, daß sie ganz ernst blickten und sich steif und hölzern bewegten. Ihre Leidenschaft war keusch, und André schien sich gar nicht bewußt zu sein, daß seine Hand Jeannettes Körper berührte und er ihren Atem spürte. Es war eng. Sie stießen mit anderen Paaren zusammen. Aber sie fühlten sich allem entrückt, wie auf freiem Feld, wie in der Einöde.

Dann schlug André vor, gemeinsam durch die Stadt zu bummeln.

„Ich bin mit Kollegen hier ...", erwiderte Jeannette. „Gut, ich sage Bescheid, daß sie auf mich warten sollen."

Sie gingen durch eine schmale, spärlich beleuchtete Straße und hielten sich an der Hand wie Kinder im Dunkeln. Jeannette erzählte von dem Abend im Flugzeugwerk: „Vieles ist mir unverständlich, ich lese ja auch keine Zeitungen ... Aber das war etwas Echtes. Wie sie bei der Sache waren! Ich war so ergriffen, daß ich auf dem Nachhauseweg regelrecht geheult habe. Dabei weiß ich nicht mal zu sagen, warum. Vielleicht, weil es so schön war."

„Ich bin in all diesen Wochen viel herumgelaufen und habe Augen und Ohren aufgesperrt. Ich weiß nicht, was dabei herauskommen wird, aber es ist imponierend! Alles ist bei ihnen so unkompliziert, so tief. Ich spüre ihre Wurzeln. Wir beide dagegen sind anderes gewöhnt, andere Menschen, die vielleicht viel Geschmack haben, aber so wurzellos sind, daß man sie wegblasen kann. Es gibt solche Feldblumen, sie lösen sich vom Boden und treiben irgendwohin. Und alles ist willkürlich, zufällig."

Jeannette blieb stehen und meinte traurig: „Genau wie bei uns, André."

Sie kamen auf die hellerleuchtete Place d'Italie. Musik, Schießen, Lachen. Jeannette sagte: „Mich wundert, wie zerbrechlich es ist."

„Was?"

„Alles. Ich bin doch kein kleines Mädchen mehr, müßte mich eigentlich daran gewöhnt haben, aber nein . . ."

André war erschüttert: Sie sprach aus, was er dachte. „Wie kommt es, daß wir die gleichen Gedanken haben?"

„Wahrscheinlich liegt es daran, daß wir beide uns mit Kunst befassen. Dort im Werk habe ich es gespürt. Diese Leute mögen uns anerkennen, uns gern haben, uns verwöhnen, aber es kommt der Moment, da werden wir abseits stehen. Ich kann das nicht erklären . . . Ist Ihnen mal aufgefallen, wie die Menschen das Wort ‚Kunst' aussprechen? Manchmal wie den Anfang eines Gebets, meistens jedoch wie den Namen einer Krankheit, wie die Pest oder die asiatische Cholera. Wahrscheinlich wird man bald einen Impfstoff erfinden . . . André, fahren Sie gern Karussell?"

Geheimnisvolle Tiere, grün und orangefarben, Drachen, Einhörner, Zentauren schwebten auf und nieder, jagten dahin. Eine riesige Drehorgel grölte: „Nie wirst du es erfahren . . ." Sie kletterten auf einen blauen Elefanten. Ein scharfer Wind zerschnitt plötzlich die Schwüle.

Arm in Arm stiegen sie wieder ab. Sie schwiegen. In solchen Augenblicken scheut man sich, ein Wort zu sagen, sich auch nur umzuschauen oder die Hand zu bewegen, aus Angst, man könnte das Glück vertreiben.

Als erste kam Jeannette wieder zu sich. Sie dachte bestürzt: Wenn ich nicht sofort gehe, gibt es Kummer! Das war keine flüchtige Verliebtheit, das war etwas Schwerwiegendes, das einen ganz aufzehrte. Sie konnten nicht zusammen leben. Sie waren mit der gleichen Krankheit infiziert, waren von der gleichen Art . . .

Wie hatte er doch gesagt? Ach ja, die wurzellose Pflanze, das Steppenkraut ... Mit ihm? Nein, das wäre Blutschande!

„Ich muß gehen, André. Die anderen warten."

In einem dunklen Winkel des Platzes, unter einer Kastanie, in deren Laub ein einziger, wie verirrter Lampion leuchtete, küßte sie ihn zärtlich und entsagend, nicht wie einen Menschen, sondern wie ein Geschenk. Er legte zaghaft den Arm um sie. Sie wich zurück. „Wir dürfen nicht ..."

Er fragte nichts. Schweigend gingen sie zurück zur Place de la Contrescarpe. Schweigend verabschiedeten sie sich.

Die Schauspieler neckten Jeannette: „Ein heimlicher Verehrer?" Sie antwortete nicht. Durst plagte sie, und sie trank den sauren Wein wie Wasser. Vom Wein wurde ihr noch heißer. Es hämmerte ihr in den Schläfen. Der Leierkasten aber wimmerte immer noch von unglücklicher Liebe, und Jeannette dachte flüchtig: So muß es sich anhören, wenn ein Elefant eine Liebeserklärung macht. Ein blauer Elefant ... Was hatte sie getan? Sie verspürte plötzlich das Bedürfnis zu reden – viel, laut und schnell zu reden.

„Wie komisch! Man hat sie ihr Leben lang unter der Erde festgehalten. In der Metro. Nein, tiefer, im Bergwerk. Noch tiefer – in der Hölle. Dann hat man sie herausgelassen und gesagt: ‚Laufe, lache, atme!' Aber sie hat geantwortet: ‚Nein!' Warum? Weil sie nicht laufen, nicht lachen, nicht atmen konnte. Nein und nochmals nein!"

„Was redest du da? Wer hat das geantwortet?"

„Die Göttin im Schulbuch. Ein Bekannter. Sei unbesorgt, Maréchal, nicht du, kein Schauspieler. Ein Bierbrauer. Oder ich. Ist es nicht ganz egal, wer?"

„Du hast zuviel getrunken."

„Ich weiß nicht. Aber ich möchte reden. Doch reden kann man auch nicht. Sag, Maréchal, hast du jemals über das Glück nachgedacht?"

„Nein. Wer denkt schon darüber nach?"

„Das stimmt nicht. Ich denke ständig darüber nach. Ich schaue die Leute an und mache mir Gedanken. Siehst du, wie sie ihr Glück hüten? Unter der Glasglocke, wie einen Käse. Oder unter der Wolldecke. Und sie tanzen und tanzen ... Heute können sie noch tanzen. Erinnerst du dich an das Gedicht? ‚Vernichtet ist

Lissabon, doch in Paris wird getanzt'? Damals hat die Erde gebebt. Nun ja, das kann jeden Tag wieder geschehen – auch hier bei uns. Oder es bricht ein neuer Vulkan aus. Oder die Pest. Oder es fallen Bomben vom Himmel. Ich weiß nicht, was ... Ach, wie zerbrechlich ist doch das Glück! Vorsicht, Maréchal, nicht atmen!"

Tränen rannen ihr über die Wangen, während sie sprach. Es wurde schon hell. Die Leute gingen nach Hause. Jemand sagte: „Sei nicht traurig, Kätzchen, morgen gehen wir wieder tanzen."

Bei Tageslicht sahen die Gesichter gespenstisch aus. Auf dem verlassenen Platz lagen zertretene Blumen, Apfelsinenschalen, Zigarettenkippen, Korken und Knallbonbons.

Als André in sein Atelier zurückkehrte, ging über dem Dächermeer eine große rosige Sonne auf. Alles leuchtete und zitterte. André setzte sich ans Fenster. Traurigkeit überkam ihn. Er sah alles vor sich: Fern im Dunkel dieser närrischen Nacht leuchtet zwischen dem Laub noch ein einsamer Lampion. Wie diese Sonne. Aber das Karussell rast zu schnell. Alles rast so schnell, daß einem Hören und Sehen vergeht. Der Sturm und der Baum leben nach verschiedenen Kalendern ...

André dachte an Cézannes Worte, die ihn so oft beschäftigten: „Man muß die Natur lange beobachten. Dann befreit sich das Sichtbare vom Einfluß des Lichtes, von allem Zufälligen, und das Denken gebiert das Verstehen." Ja, der hatte gut reden gehabt in seinem friedlichen Aix! Damals waren noch andere Zeiten gewesen. Jeannette aber hatte gesagt: „Wir dürfen nicht ..." Was durften sie nicht? Wollen? Hoffen? Verstehen?

Die Sonne stand schon hoch am Himmel. Die Stadt schlief, todmüde, im hellen Tageslicht. Und das Licht fraß alle Farben. Wie ein Blinder blickte André auf die ihm unverständliche Welt. Er schlief im Sitzen ein, vom Gold des Juli übergossen.

22

General Picard auf seinem Falben bot einen imposanten Anblick. Inmitten der marokkanischen Schützen sah er aus wie das lebendig gewordene Bild eines alten Schlachtenmalers.

Alljährlich fand am 14. Juli eine Militärparade statt, die für gewöhnlich zufällig in der Stadt gebliebene Bourgeois, Uniformen anhimmelnde Modistinnen und kleine Jungen anlockte. In diesem Jahr jedoch hatte sie andere Zuschauer. Die Stammbesucher der Champs-Élysées weilten weit weg, am Meer oder in den Bädern, und in das vornehme Viertel von Paris waren die Bewohner der Vororte eingedrungen. Überall waren Arbeitermützen zu sehen. Nur hier und da standen an den Straßenecken junge Leute mit Baskenmützen, elegant und hochmütig – die Jünger Breteuils. Sie schrien: „Es lebe die Armee!" Die Arbeiter antworteten: „Es lebe die republikanische Armee!" Und obwohl die Republik schon im siebenten Jahrzehnt stand, klang diese Losung wie eine Herausforderung, und oft kam es zu Schlägereien.

In der letzten Zeit hatten die Zeitungen immer von der Kriegsgefahr, von unheildrohenden Aktivitäten jenseits des Rheins und der Alpen berichtet. Hoffnungsvoll blickte das Volk auf die Helme der Soldaten, auf die Artillerie, auf die fröhlichen Flieger. Militärkapellen schmetterten pausenlos den Lothringischen oder den Sambre-Marsch. Die Leute auf den Fußwegen schritten im Takt mit, ihre Körper strafften sich, die Gesichter nahmen einen kämpferischen Ausdruck an. Die Armee hatte für die Menge etwas Bestechendes: Die Soldaten – groß und klein nebeneinander – marschierten ohne Pomp, wie beim Feldzug, und die Zuschauer sahen in ihnen ihresgleichen.

Die jungen Leute mit den Baskenmützen jubelten Picard zu. Die Menge fiel in ihre Begeisterungsrufe ein. Der General mit der ruhmreichen Vergangenheit, im Kriege zweimal verwundet, machte einen schneidigen Eindruck. Aber er lächelte verächtlich. Und diesmal entsprach sein Gesichtsausdruck durchaus seiner seelischen Verfassung. Das ungewöhnliche Publikum, das die Parade begrüßte, empörte Picard. Mit welchem Vergnügen hätte er seine Marokkaner auf dieses Pack losgelassen! Er blickte starr vor sich hin, um das beleidigende Schauspiel nicht zu sehen, und der Anblick des Arc de Triomphe, dieses Denkmals einstigen Ruhmes, schien ihm unvereinbar mit der vom Pöbel besetzten Stadt, in der überall rote Fahnen wehten und er, der kampffreudige General, die Befehle von Emporkömmlingen und Freimaurern ausführen mußte.

In der Nähe des Arc de Triomphe stand eine Gruppe von Arbeitern. Als Picard an ihnen vorbeiritt, erschallte Michauds klingende Stimme: „Es lebe ...“ Und sofort stürzten sich Breteuils Mannen auf die Arbeiter. Polizisten begannen zu pfeifen. Picards Pferd spitzte die Ohren, er aber blickte nicht einmal hin, nur seine schmalen Lippen verzogen sich, und er dachte verächtlich: Kanaillen!

Die Champs-Élysées waren in den letzten zwei Jahren zu einem Tummelplatz der Faschisten geworden. Hier wurden tagtäglich Verkäufer linker Zeitungen, Arbeiter, die der Zugehörigkeit zur Volksfront verdächtig waren, und Juden zusammengeschlagen. Das vornehme Publikum auf den Terrassen der Cafés hatte sich mittlerweile an die Umtriebe der „Jeunesse dorée“ gewöhnt.

An diesem Tag jedoch bevölkerten Bewohner aus anderen Stadtvierteln die Champs-Élysées, und am Arc de Triomphe kam es zu einer regelrechten Schlacht. Die Faschisten waren mit Gummiknüppeln, Schlagringen und Messern bewaffnet. Ein Arbeiter fiel mit blutüberströmtem Gesicht auf den Fahrdamm. Michaud versuchte, aus der Umzingelung auszubrechen. Plötzlich spürte er einen stechenden Schmerz im Rücken, wie von einem Messer. Da nahm er seinen Haustürschlüssel fest in die Faust und schlug auf die Angreifer ein. Die Polizisten unterstützten energisch die Faschisten. Sie dachten weder an Blum noch an Viard; wie üblich prügelten sie die arm Gekleideten und verteidigten die Stammgäste der Champs-Élysées. Die Kameraden eilten Michaud zu Hilfe. Ein Faschist versuchte, ihn niederzuwerfen, aber er riß sich los und schlug den Faschisten zu Boden.

Und die vorbeimarschierenden Soldaten sahen der Schlägerei zu.

Als die Faschisten verjagt waren, stieß Michaud einen Seufzer aus. Sein Sonntagsanzug war zerfetzt. Noch spürte Michaud keinen Schmerz, obwohl eine grellrote Spur wie von einer Verbrennung über seinen Rücken lief. Man führte ihn in eine Apotheke. Dort brachte er alle zum Lachen, als er so dastand und vor sich hin murmelte: „Ach, diese Schufte! Ich hatte mich doch extra für die Demonstration in Schale geschmissen!“

Nach der Parade frühstückte Picard in aller Eile. Eine Stunde später verließ er in Zivil die Stadt. Der Wagen mußte in jeder Ortschaft halten: Die Jugend tanzte auf allen Straßen. Die allgemeine Fröhlichkeit erboste Picard; er schloß die Augen, und er hätte viel darum gegeben, die Akkordeons und Saxophone nicht hören zu müssen!

Breteuil erwartete ihn in einem kleinen Haus in der Nähe von Ferté. Ein wunderschöner Platz: eher für eine Liebesidylle geschaffen als für Verschwörungen. Das Haus stand am Steilufer der Marne. Von der Veranda aus sah man den Fluß, binsenbewachsene Inseln, Wiesen mit gescheckten Kühen, die die Mäuler ins satte Grün senkten und vor sich hin dösten. Die Veranda war von Glyzinien umrankt, und der süßliche Duft wirkte betäubend.

Breteuil, nüchtern und melancholisch wie immer, erzählte mit metallischer Stimme von den Ereignissen der letzten Tage. „Tessat hat eine beachtliche Gruppe um sich geschart. Aber ich denke, die Sache wird nicht im Parlament entschieden. Die Spanier werden in Kürze zuschlagen. Wenn es ihnen gelingt, die Volksfront rasch zu liquidieren, werden im Herbst auch wir uns rühren."

Picard dachte an die Menge auf den Champs-Élysées. „Das Gift ist tief eingedrungen. Hunderttausende werden dran glauben müssen. Aber es ist schwer zu sagen, wie die Armee sich verhalten wird. Was sind Offiziere ohne Soldaten? Romantik ... Ich weiß nicht, worauf Sie hoffen."

„Darüber zu sprechen wäre verfrüht. Die Waffen aus Düsseldorf sind eingetroffen. Das ist natürlich nur eine Vorspeise, aber verglichen mit dem, was unser Oberst organisiert hat, ist es allerhand. Jetzt etwas anderes. Können Sie einen Mobilmachungsplan beschaffen? Bei diesen Tölpeln muß man auf alles gefaßt sein. Ich will nicht, daß wir im Falle eines Krieges ganz unvorbereitet sind."

Picard wandte sich ab. Er, der Breteuil selbstlos ergeben war, begann erstmals zu zweifeln. Sollte er diese Bitte erfüllen? Picard stammte aus einer Soldatenfamilie. Alles, was mit der Armee zusammenhing, war ihm heilig: Erinnerungen an Schlachten und Milieutraditionen – all die berühmten Namen wie Jena, Austerlitz, Marne und Verdun. Er, der sonst kühle Mann, sagte plötzlich erregt wie ein Jüngling: „Ich dachte, daß wir im Ernstfall alle Zwistigkeiten vergessen ..."

Breteuil schritt in der Veranda auf und ab, dann trat er dicht an Picard heran und antwortete: „So dachte ich auch. Ich hoffe, Sie zweifeln nicht an meinem Patriotismus. Wir haben beide an der Front gekämpft und dort unsere besten Freunde zurückgelassen. Aber glauben Sie mir, heute gibt es keine Nation mehr, sondern nur einen Clan, der die Macht an sich gerissen hat. Gegen den würde ich sogar Seite an Seite mit den Deutschen marschieren. Ich bete zu Gott, daß es nicht dazu kommen möge. Es fällt schwer, so etwas zu sagen, aber noch schwerer, es zu tun. Das erfordert Courage, fast übermenschliche Willenskraft. Und doch ist es so. Deren Sieg wäre kein Sieg Frankreichs, sondern ein Sieg der Revolution."

„Und die Armee? Was wird aus der Armee?"

„Die Armee kann Frankreichs Rettung sein. Andernfalls ist unser Land verloren. Für mindestens hundert Jahre."

Picard schwieg. Er blickte unverwandt auf die fernen Felder, als hätte er dort etwas erspäht, aber er sah nichts als unerträglich grelles Licht. In seiner Seele herrschte Verwirrung. Am liebsten hätte er geschrien, die Karaffe zerschlagen und wäre weggelaufen. Doch die Glyzinien verströmten einen süßen Duft, und die Hummeln summten. Da dachte Picard wieder an die Menge auf den Champs-Élysées. Diese Kanaillen! Nein, das war nicht Frankreich. Aber dann hatte Breteuil ja recht. Sogar Hitler war noch besser ... Endlich begann Picard zu sprechen; er erkannte seine dumpfe, erloschene Stimme selbst nicht wieder: „Wenn das wirklich so ist, dann haben Sie ein furchtbares Kreuz auf sich genommen. Aber wenn Sie sich irren? ... Nein, ich will nicht daran denken! Ich bin gewohnt zu gehorchen. Ich bin bereit, alles zu opfern, nicht nur das Leben, sondern auch die Ehre."

Breteuil erbot sich, Picard in die Stadt zu bringen. Doch der lehnte ab. Er wollte allein sein. Im Auto schloß er wieder die Augen und versank in einen unruhigen Halbschlaf. Immer noch jaulten aufdringlich die Drehorgeln. In einem Pariser Vorort mußte der Wagen halten. Die Demonstranten kehrten von der Place de la Bastille zurück. Als die Arbeiter vor einem Café eine Gruppe Soldaten erblickten, riefen sie fröhlich: „Es lebe die republikanische Armee!" Picard blinzelte, verzog das Gesicht und sagte zu dem Chauffeur: „Fahren Sie einen anderen Weg, egal welchen, aber schnell! Ich bin in Eile ..."

23

Die Demonstration dauerte den ganzen Tag. Über eine Million Pariser nahm daran teil. Der Zug schien kein Ende zu nehmen. Ohne Unterlaß strömten die Menschen über die Place de la Bastille, die Place de la République, die Place de la Nation, durch winklige, enge Straßen, durch die breiten Avenuen. Und immer, wenn die Zuschauer sagten: „Jetzt ist Schluß", tauchten wieder neue Kolonnen auf.

Die Gutmütigkeit der Sieger verlieh der Demonstration einen ganz unerwarteten Charakter. Im vergangenen Sommer waren an demselben Tag durch dieselben Straßen kampfentschlossene Kolonnen marschiert. Jetzt erinnerte die Demonstration eher an einen Karnevalszug. Kaum einer dachte an bevorstehende Schlachten. Das Gefühl der Macht hatte alle besänftigt: „Achthunderttausend sind vorübergezogen! Eine Million! Anderthalb!"

Die halbe Stadt war ohne Polizisten. Man hatte sie abgezogen, um Zwischenfälle zu vermeiden. Die Arbeiter sorgten selbst für Ordnung, und es gab weder Zusammenstöße noch grobe Worte. Das festlich gestimmte Paris sang Lieder und scherzte.

Aus den verschiedenen Gebieten waren Delegierte gekommen. Die Kumpel aus der Picardie marschierten in ihrer Arbeitskleidung, mit geschwärzten Gesichtern und Grubenlampen. Die Weinbauern aus dem Süden trugen an langen Stangen Weintrauben aus Pappe. Elsässerinnen in alten Trachten sangen Volkslieder. Bretonen bliesen auf ihren seltsamen Hirtenflöten. Die Bergbewohner aus Savoyen führten Tänze auf.

Ehemalige Frontkämpfer zogen vorüber, Beinamputierte wurden in Wagen gefahren, Blinde geführt. Hunderttausend Kriegsversehrte riefen immer wieder voller Hoffnung: „Nieder mit dem Krieg!"

Den Zug eröffneten ehemalige Kommunarden – es waren nur noch wenige, zwanzig bis dreißig Greise mit krummem Rücken. Als Halbwüchsige hatten sie damals mitgeholfen, in den buckligen Gäßchen auf dem Montmartre und in Belleville die letzten Barrikaden zu errichten. Nun erlebten sie den Triumph ihrer Enkel, und ihre verblichenen, welken Lippen lächelten.

Die Jungkommunisten blickten stolz auf ihre neuen Fahnen;

die Seide flatterte kampfbereit im lauen Wind. Viele Bilder von Gorki wurden mitgeführt, der kurz zuvor gestorben war; das fremde, russische Gesicht war zu einer Art Banner geworden.

Kolonne auf Kolonne zog vorüber. Den Metallarbeitern folgten die Gerber, nach ihnen kamen Schriftsteller, Studenten, Angestellte der Gaswerke mit Dienstmützen, Schauspieler, Feuerwehrleute, Krankenschwestern und wieder Metallarbeiter und wieder Gerber.

Paris glich einem riesigen Floß, auf dem Schiffbrüchige aus aller Herren Ländern Zuflucht gesucht hatten. Emigranten hatten in Paris eine neue Heimat gefunden, und sie marschierten Seite an Seite mit den Franzosen. Oft hörte man fremde Sprachen, sah man fremdsprachige Losungen auf Fahnen und Transparenten. Bauarbeiter aus Neapel und Sizilien, asturische Helden, österreichische Schneider und Konditoren, Juden aus den polnischen und rumänischen Ghettos, Scherenschleifer, Schuhmacher oder Kunstmaler, Studenten aus Shanghai, Annamiten, Araber, Neger – alle sangen sie die „Internationale".

Die Hutmacher trugen eine riesige Schirmmütze, die klassische Kopfbedeckung des französischen Arbeiters; und unter der Mütze stand: „Deine Krone, Proletarier!"

Die Stahlschmelzer hatten Blumen in der Hand: Stiefmütterchen und Levkojen. Und ihnen folgten junge, fröhliche Blumenhändlerinnen mit einem silbernen Hammer.

Auf dem ganzen Weg von der Place de la Bastille bis nach Vincennes waren die grauen, verrußten Häuser geschmückt. Aus den Fenstern hingen rote Vorhänge, Läufer und Tücher. Auf den Balkons standen Frauen in roten Blusen, und alle roten Blumen Frankreichs – Mohnblumen, Nelken, Tulpen – schienen an diesem Tag in den Pariser Straßen versammelt zu sein.

Auf den Bäumen saßen Kinder, fröhlich zwitschernd wie die Spatzen. Was gab es an diesem Tag nicht alles zu sehen! Eine Strohpuppe, die den Verräter Doriot darstellte, wurde verbrannt. An einem Galgen baumelte der fette Mussolini, daneben der aus Lumpen zusammengeflickte Hitler. Und ein Mann auf Stelzen imitierte den langen Flandin.

Begeistert wurden die Arbeiter des Flugzeugwerkes begrüßt. Sie trugen ein Modell des Bastillegefängnisses. Darüber stand: „Gedenkt der Bastille, die gestürmt wurde! Gedenkt der

Bastille, die noch gestürmt werden muß!" Diese Kolonne wurde von Michaud, Legreux und Pierre angeführt.

Auf den Tribünen standen, bunt gemischt, Minister und Abgeordnete der Gewerkschaften, Schriftsteller und Arbeiter, Kommunisten und Radikale. Blum lächelte melancholisch. Daladier, untersetzt, mit einer trotzigen Falte um den Mund, ließ die Faust nicht sinken. Viard sang leise mit: „Auf zum letzten Gefecht ..."

Als die Kolonne des Flugzeugwerks an den Tribünen vorbeizog, rief jemand Pierre zu: „Dubois, Viard will dich kennenlernen!"

Man hatte Viard von dem begabten Ingenieur erzählt, der der sozialistischen Partei angehörte und kürzlich aktiv an dem Streik teilgenommen hatte. Und Viard vernachlässigte über den Staatsgeschäften keineswegs seine Parteipflichten. Er drückte Pierre freundschaftlich die Hand. „Tüchtig bist du! Und da sagen die Kommunisten, wir hätten keinen revolutionären Geist mehr. Du bist der beste Gegenbeweis."

Pierre war so verwirrt, daß er nur töricht „Danke" stammeln konnte.

„Ich glaube, ich habe deinen Vater gekannt. Bist du nicht aus Perpignan?"

Es kam vor, daß Viard einen Abgeordneten nicht wiedererkannte, mit dem er tags zuvor gesprochen hatte; aber alle Erlebnisse aus seiner Jugendzeit waren ihm unvergeßlich: seine Schulkameraden, die Städte, in denen er Vorträge gehalten hatte, die Delegierten weit zurückliegender Parteitage.

„Wir haben damals gemeinsam eine Demonstration gegen die Erschießung eines Spaniers organisiert. Ferrer hieß er. Dir wird der Name nichts sagen; aber damals war das ganze Land erschüttert. Unser Volk ist wunderbar! Dieses Gefühl der internationalen Solidarität, die Anteilnahme ... Na, ich wünsche dir Erfolg!"

Die Erinnerungen hatten Viard aufgewühlt. Er fühlte sich plötzlich jung und voller Kampfgeist wie dieser Ingenieur. Jetzt betrachtete er die Demonstranten mit anderen Augen. Er glaubte, an ihrer Seite zu marschieren und mit ihnen gegen den Feind zu ziehen. Fröhlich winkte er mit dem Hut den Pionieren zu.

In die Wirklichkeit zurück holte ihn der Abgeordnete Piroux, ein Radikaler. Niemand begriff, weshalb Piroux zur Demonstration gekommen war. Alle wußten, daß er die Volksfront haßte. Vielleicht wollte er sich nur von der Popularität dieses oder jenes Ministers überzeugen. Reglos wie ein Ölgötze stand er auf der Tribüne, sang nicht, erwiderte keine Grußworte. Als er zufällig neben Viard geriet, beschloß er, ein Anliegen vorzubringen. Er war erst tags zuvor aus dem Departement Ostpyrenäen zurückgekehrt, wo er Abgeordneter war.

„Der Präfekt hat mir erzählt, daß es in einigen Gegenden zur Aneignung von Grund und Boden gekommen sei. Sie machen es den Spaniern nach. Und die Rädelsführer sind immer zugewanderte Elemente. Bei uns gibt es viele katalonische Arbeiter. Früher verstand es sich von selbst, daß die Ausländer kein Recht haben, sich in das politische Leben einzumischen. Aber heute organisieren die Kommunisten dieses Gesindel. Die Lage ist bedrohlich."

Viard wußte, daß Piroux ein Freund Tessats war. Er behandelte ihn deshalb mit größter Zuvorkommenheit: „Ich werde noch heute mit Dormoy sprechen. Selbstverständlich muß man den Ausländern verbieten, an politischen Demonstrationen teilzunehmen. Ich versichere Ihnen, lieber Kollege, daß wir den Traditionen nicht untreu werden. Ein wenig Vertrauen, und alles wird sich einrenken."

Piroux bedankte sich und trat beiseite. Viard flüsterte einem Kommunisten zu: „Wenn wir Tessats Bande nicht an die Kandare nehmen, werden die uns den Garaus machen."

Viard hielt das für staatsmännische Weisheit und glaubte, durch die Politik des Lavierens zum Sieg zu gelangen.

Eine Abordnung der kleinen Stadt Laon zog an der Tribüne vorüber. Die Delegierten – ein alter Mann in einer Samtjacke, mit einem Zigarrenstummel zwischen den Lippen, und vier festlich gekleidete junge Arbeiter – trugen ein Transparent mit der Losung: „Laon wird den Sieg der Faschisten nicht zulassen." Viard dachte: In Laon gibt es höchstens dreihundert Arbeiter. Und seufzend murmelte er: „Diese Kindsköpfe!"

In freudiger Erregung hatte Pierre seine Kolonne wieder eingeholt. Er erzählte nichts von dem Gespräch mit Viard, aus Angst, Michaud könnte durch eine ironische Bemerkung den Zauber zerstören.

Michaud dachte längst nicht mehr an die morgendliche Schlägerei und sein lädiertes Jackett. Zwar tat ihm der Rücken weh, aber er war trotzdem bester Laune: Die Demonstration war ein Erfolg. Erst als sie in die Randgebiete kamen, wurde er still. Es dunkelte, und Laternen, Tankstellen, bunte Reklameschriften leuchteten auf, der ganze Blumengarten der Vorstadt.

„Was ist, Michaud, bist du traurig?"

„Nein. Mir ist heiß." Er wischte sich mit dem Ärmel die Stirn und sagte plötzlich: „Ich habe kürzlich Blanquis Biographie gelesen und bin richtig neidisch geworden. Ein schönes Leben, und vor allem – schlicht und einfach. Ein paar Tage auf den Barrikaden, die restliche Zeit im Gefängnis. Er hat sogar über die Sterne geschrieben. Damals gab es nur eines: sterben. Aber jetzt müssen wir leben. Wir müssen siegen. Um jeden Preis. Und das ist schwerer. Und auch unromantischer. Aber es muß sein."

Pierre hörte ihm erstaunt zu. Er begriff plötzlich, wie kompliziert Michauds Gedanken waren und daß sich hinter dem klaren Äußeren eine leidenschaftliche Natur verbarg, große Sehnsüchte – wirr und heiß wie das Fell eines wilden Tieres oder wie Steppengras.

„Du bist reifer geworden, Michaud. Früher habe ich in dir nur den Kameraden gesehen. Jetzt aber ... Jetzt bist du ein Kommandeur."

Michaud schnitt eine kindliche Grimasse und begann wie ein Stieglitz zu pfeifen; er konnte wunderbar pfeifen.

Die Demonstranten marschierten weiter, und immer wieder sangen sie: „Auf zum letzten Gefecht ..."

24

Am nächsten Morgen fuhr Pierre in Urlaub. Ein Monat Erholung lag vor ihm, und diese Erholung malte er sich in den schönsten Farben aus – blau und golden, wie die Plakate im Reisebüro.

Agnès war schon eine Woche früher gefahren. Sie hatte am Ozean, in der Nähe von Concarneau ein Fischerhäuschen gemietet. Wie ein weißer Würfel stand es auf einem Felsen. Am Fuße des Felsens flickten die Frauen hellblaue Netze, blähten sich rotbraune Segel im Wind. Es war ein ungeschützter Platz mit viel

Wind und starker Brandung, der Ozean gab Tag und Nacht keine Ruhe.

Pierre kam in ein sauberes, frischgeweißtes Zimmer mit Öldrucken an den Wänden. Alles roch hier nach Fisch: die Bettwäsche, die Gardinen, sogar die Wände.

Pierre stand noch ganz im Banne der Pariser Ereignisse. Stolz erzählte er Agnès von seinem Gespräch mit Viard. Er schilderte ausführlich die Demonstration, sprach von den Intrigen der Faschisten. Agnès schwieg. Pierre war außer sich. Konnte er sie denn niemals von der Wichtigkeit und der Richtigkeit seiner Sache überzeugen?

„Nein, und ich will es auch nicht verstehen. Das ist ein Spiel, aber kein harmloses Kinderspiel, sondern ein ganz abscheuliches Spiel. Ich spüre in alledem Lüge. Keiner will auf etwas verzichten. Viard? Auch der wird zum Verräter werden, wie alle! Siehst du denn nicht, daß die Menschen sich nicht ändern?"

„Wir werden sie umerziehen."

„Nein, ihr macht etwas ganz anderes: ihr übertüncht die Menschen. Das ist leichter, aber, o Gott, wie langweilig ist das! Und auch unehrlich!"

So stritten sie am ersten Tag ihres gemeinsamen Urlaubs. Dann genoß Pierre die Ruhe. Drei Tage lang tat er nichts, dachte an nichts, badete, lag im Sand, kletterte in den Felsen herum und beobachtete stundenlang die anschwellenden Brandungswellen. Er war schon öfter im Süden am Meer gewesen, kannte seine wohlige Trägheit. Doch der Ozean frappierte ihn. Anfangs schien ihm alles unerträglich beängstigend, als lebte hier sogar die Natur im Vorgefühl einer nahen Katastrophe. Bald begriff er, daß dieses Tosen seinem eigenen Seelenzustand entsprach. Er freute sich über die Kraft des Windes, der sich gegen die Tür stemmte, einen fast umriß und niedrige, kräftige Bäume bog.

So vergingen drei Tage. Pierre war braungebrannt und ganz vom Winde durchweht. Hunderte Dinge, die ihm in Paris so wichtig gewesen waren, entlockten ihm hier nur ein herablassendes Lächeln. Dafür erschlossen sich ihm neue Welten: das Leben der Sardinen, die auf streng festgelegten Wegen ihre Bahn zogen, der Geruch des Tangs, der Anblick der dichtgesäten Sterne.

Die Zeitungen trafen mit solcher Verspätung ein, daß Pierre in diesen drei Tagen nichts Neues erfuhr. Einmal holte er seinen kleinen Radioapparat hervor und hörte Nachrichten: Börsenkurse, japanisch-chinesischer Zwischenfall, eine Rede Tessats auf einem Bankett von Großkaufleuten. Pierre winkte ab und ging Krabben fangen.

Agnès blühte auf: ihr Glück war jetzt vollkommen. In Paris war sie um Pierre besorgt gewesen und voller Eifersucht auf das politische Geschehen. Auf Grund ihrer Herkunft, ihres schweren Lebens, das eng mit dem Leben Bellevilles verbunden war, hätten die Ereignisse sie eigentlich mitreißen müssen. Aber alles Allgemeine und Abstrakte – Dispute und Programme, die Sprache der Zeitungen und der Versammlungen – stieß sie ab. Sie nannte das empört „Politik". Nur die Schicksale einzelner Menschen gingen ihr nahe. So hatten die Streiks sie völlig kaltgelassen, doch als Pierre ihr von Clémence erzählte, wandte sie sich ab, um ihre Tränen zu verbergen. Pierres Begeisterung für die Volksfront erschien ihr wie Donquichotterie, wie ein Wortgewitter. Sie sagte sich: Für so etwas stirbt man nicht! Hinzu kam ein unbewußter Egoismus; zum erstenmal hatte sie Ruhe und Frieden gefunden, und sie fürchtete, alles könnte plötzlich zu Ende sein. Die Schwangerschaft verstärkte dieses Gefühl. Agnès mußte jetzt zwei Menschenleben schützen. Und die Tatsache, daß Pierre nicht mehr Radio hörte, hielt sie für ein gutes Vorzeichen.

Gegen Abend des vierten Tages kam ganz plötzlich ein Sturm auf. Pierre und Agnès saßen am Strand. Auf einmal wirbelte der Wind eine Sandsäule hoch. Agnès kniff die Augen zu. Ein paar Minuten später war ringsum die Hölle los. Das Meer schleuderte die Boote ans Ufer. Die Häuser ächzten. Mit Mühe gelangten Pierre und Agnès in ihre Behausung.

Agnès saß am Fenster und nähte. Es wurde dunkel. Sie machten kein Licht an. Schön war der Anblick des tobenden, dunkelvioletten Ozeans. Inmitten des zornigen Elements kamen sie sich vor wie in einem Schneckenhaus, und besonders stark empfanden sie die Innigkeit und Kraft ihrer Liebe.

Pierre schaltete träge das Radio an. Das grüne Auge leuchtete auf, und in den Lärm des Meeres mischte sich ein anderer, ihm verwandter Lärm: heiseres Schluchzen, Knacken, Morsezeichen.

Eine Frauenstimme. Sie sprach englisch. „Allgemeine Börsentendenz – steigend. Royal-Dutch heute um zwei Punkte gestiegen."

Jazzmusik.

Ein deutscher Schlager: „Du bist das süßeste Mädel der Welt ..."

„Hier spricht Paris. Sender Île-de-France. Sie hören uns auf der Welle ... Maurice Chevalier singt: ‚Paris bleibt doch Paris'."

„Kaufen Sie den Staubsauger ‚Lux'. Die Firma Lux schätzt sich glücklich, das Hörspiel ‚Das unsichtbare Stäubchen' Ihrer werten Aufmerksamkeit zu empfehlen."

Italien. Rede des Sekretärs der faschistischen Partei: „Wir werden die jungen Legionäre im heroischen Geiste erziehen ..." Und dann Tanzmusik.

Radrennen. „Auf der Etappe Pau–Carcassonne bewältigte der Belgier Grenier die Strecke ..."

„Die genaue Zeit. Beim vierten Gongschlag war es neunzehn Uhr Greenwicher Zeit. Die Ereignisse des Tages ..."

„Zweitausend Tote ..."

Agnès ließ die Näharbeit sinken. Pierre preßte die Hände um den Radioapparat, als wollte er ihn erwürgen.

Der Nachrichtensprecher aber fuhr gleichmütig fort: „In Barcelona ist das Hotel ‚Columbus' von Artillerie beschossen worden. In Madrid haben regierungstreue Truppen zusammen mit Arbeitern die La-Montaña-Kaserne von den Rebellen gesäubert. In Sevilla wird um das Armenviertel Triana gekämpft. General Aranda hat Oviedo besetzt. In Burgos haben Massenerschießungen stattgefunden ..." Und im gleichen Tonfall verkündete der Sprecher: „Auf der Rosenausstellung in Cours la Reine ist der erste Preis ..."

Pierre rannte aus dem Haus. Der Sturm hatte alles in seiner Gewalt. Der Lichtstrahl des Leuchtturms fraß sich in die hohen Wellen, die wie Schützenketten gegen das Festland vorrückten. Unten zitterten rote Lichter. Das Brüllen des Meeres klang wie das Heulen einer mächtigen Sirene. Pierre ging ins Haus zurück. Sein Gesicht war naß gespritzt. Agnès stand an der Tür und sagte leise: „Ich habe nachgesehen, der Zug fährt um sechs Uhr früh. Am Abend bist du in Paris."

Sie küßte ihn im Dunkeln, und schweigend saßen sie da, bis es tagte. Der Sturm aber ließ nicht nach.

25

Zehntausende von Menschen fanden keinen Platz mehr im Saal. Die Schüsse jenseits der Pyrenäen hatten Paris wachgerüttelt. Erregte Menschen standen in den Gängen, beugten sich über die Brüstung, drängten zur Rednertribüne. Als Cachin von den Erschießungen in Badajoz sprach, zitterte seine Stimme. Auf der Straße wurde die „Internationale" gesungen, bald feierlich wie ein Schwur, bald verwegen und herausfordernd.

Die Rednertribüne bestieg ein alter Mann; tiefe Furchen, die den Spaniern so einen tragischen Ausdruck verleihen, durchschnitten sein hageres, glattrasiertes Gesicht. Es war Muñez, ein Lehrer und Gewerkschaftsführer aus Madrid. Alle hielten den Atem an: Gleich würde ein Mann sprechen, der von dort kam! Aber Muñez schwieg, sein leicht geöffneter Mund zuckte gequält. Auf der Tribüne sagte jemand laut: „Sie haben seinen Sohn ermordet."

Da schrie der Spanier: „Waffen!"

Und durch den ganzen Saal hallte es: „Waffen!" Und von der Straße antwortete es: „Waffen! Waffen!"

Dann sprach ein Professor, der als Radikaler galt, ein alter Sonderling, der sich mit dem gleichen Eifer für die um eine Champagnerlizenz kämpfenden Winzer von Aude wie für Dreyfus, für die englischen Suffragetten oder den Negus eingesetzt hatte. Der Professor sprach von einem „Ritter ohne Furcht und Tadel" und bot den Spaniern „moralische Unterstützung" an.

Als letzter ergriff Michaud das Wort: „Auf französischem Territorium ist ein italienisches Bombenflugzeug gelandet. Eines von denen, die Mussolini an Franco schickt. Wir haben genaue Angaben. Es handelt sich um die vierundfünfzigste, die siebenundfünfzigste und die achtundfünfzigste italienische Fliegerstaffel. Hitler hat den Putschisten seine ‚Junkers' geschickt. Unsere Genossen haben nur Jagdgewehre... Wir müssen der Volksfrontregierung sagen: Gebt Spanien Flugzeuge!"

Wieder erdröhnte der Saal: „Flugzeuge für Spanien!"

Und auf der Avenue de Wagram, und weiter auf der Place de l'Étoile, die sonst zu dieser Stunde leer und strahlend war wie ein Festsaal, auf den zwölf Avenuen, die von der Place de l'Étoile abzweigen, überall erklang der gleiche Ruf: „Flugzeuge für Spanien!" Und wenn das Menschenmeer für einen Augenblick verstummte, setzte eine feine, hohe Stimme von neuem an: „Flugzeuge ..." Und wieder übertönten die Worte, die aus dem Herzen von Paris kamen, den Lärm der Stadt, drangen in die Häuser ein, in die U-Bahnschächte und weckten die verschlafenen Randgebiete auf.

Nach der Kundgebung nahm Michaud Pierre beiseite. „Muñez ist wegen Flugzeugen gekommen ... Du als Fachmann könntest ihnen helfen."

Muñez war nach Paris geschickt worden, um zwanzig Bombenflugzeuge zu kaufen. Drei Tage lang hatte er die Ministerien abgeklappert, man hatte ihm freundschaftlich die Hand gedrückt und gesagt: „Diese Frage muß geprüft werden." Er war auch an den Großindustriellen Méjeu geraten. Der hörte ihm zu, bot ihm eine Zigarre an und sagte höflich lächelnd: „Je eher Franco siegt, desto besser."

„Versuch, mit Dessère zu reden", sagte Michaud zu Pierre. „Das ist doch ein Geschäft. Vielleicht beißt er an."

Während Muñez mit Pierre hinausging, erzählte er: „Sie kämpfen mit Revolvern, mit Kinderpistolen und Taschenmessern. Es ist lächerlich und schrecklich zugleich. Die Bauern haben vorsintflutliche Musketen. In zwei Wochen kann alles entschieden sein. Die Faschisten rücken rasch vor. Sie haben ‚Savoias' und ‚Junkers', wir dagegen nur ein Dutzend Postflugzeuge; wir haben Löcher reingeschlagen, um Bomben abzuwerfen. Lauter alte Kisten! Eine Kleinigkeit, sie herunterzuholen. Ich hab denen hier gesagt: ‚Wenn wir zugrunde gehen, dann ist es auch mit euch aus.' Aber sie begreifen nichts."

Ringsum wurde noch immer gerufen: „Flugzeuge für Spanien!" Muñez sagte lächelnd: „Die hier würden uns Flugzeuge geben ... Aber sie haben keine."

Am nächsten Morgen ging Pierre zu Dessère, der ihn sofort empfing. Pierre hatte beschlossen, ohne Umschweife zur Sache zu kommen. „Während des Streiks standen wir auf verschiedenen Seiten der Barrikade. Doch jetzt geht es nicht um Ihre Fabriken. In Spanien sind nicht Kommunisten an der Macht, sondern Giral, Azaña, Ihre Gesinnungsgenossen. Sie brauchen Kampfflugzeuge und bitten Sie, ihnen zwanzig A 68 gegen Bargeld zu verkaufen."

Dessère lächelte. „Besonders gefällt mir die Bemerkung ‚gegen Bargeld'. Glauben Sie, Dessère sei mit Geld zu ködern? Übrigens hat Méjeu mir gestern erzählt, daß die Spanier bei ihm waren. Er erklärte stolz: ‚Ich habe sie hinausgejagt – ich verrate nicht meine Klasse.' Nichts dagegen zu sagen: Der Mann denkt wie Sie – ganz marxistisch."

„Ich bin nicht zu Méjeu gegangen, Méjeu ist Faschist. Sie aber ..."

„Ich bin vor allem Franzose. Der Frieden ist mir wichtiger als Spanien."

„Wer kann Ihnen verbieten, Flugzeuge an die Regierung eines Nachbarlandes zu verkaufen?"

„Tun Sie nicht so naiv! Wenn ich zwanzig A 68 herausrücke, werden die Italiener in einer Woche weitere vierzig ‚Savoias' hinschicken. Und so geht es weiter. Natürlich ist mir Azaña lieber als General Franco. Ich werde Ihnen hunderttausend Franc für die Spanier geben. Aber sagen Sie bitte keinem, daß Sie das Geld von mir bekommen haben. Flugzeuge jedoch werde ich nicht verkaufen. Ich möchte Frankreich nicht gefährden."

„Also sollen wir zusehen, wie die Spanier zugrunde gehen? Das ist eine Gemeinheit! Ich kann Méjeu verstehen ... Aber Sie! ... Erinnern Sie sich noch an unser nächtliches Gespräch? Wie soll ich Muñez beibringen, daß Sie sich weigern?"

Pierre lief im Raum auf und ab, schrie, schlug mit der Faust auf den Tisch. Dessère sah ihn mit spöttischen, müden Augen an; im Grunde seines Herzens freute er sich über ihn. Als Pierre gehen wollte, hielt er ihn zurück. „Elf A 68 sind für Argentinien bestimmt. Ein gewisser Manu soll sie übernehmen. Bieten Sie ihm eine Entschädigung an, und er wird sie Ihnen abtreten. Wie Sie sehen, verdiene ich daran keinen Sou. Wenn Sie meinen, daß das die Spanier retten kann, bitte sehr. Manu wird einverstanden sein. Dafür garantiere ich. Bei solch einem Manöver wird es auch keine Komplikationen mit dem Transport geben. Ich bin nämlich überzeugt, daß Blum kein einziges Flugzeug hinauslassen wird."

„Das kann nicht wahr sein! Notfalls gehe ich zu Viard."

„Ihr Viard hat jetzt bestimmt die Hosen voll. Ach, Sie Romantiker ... Hier sind die Ausfuhrlizenzen für Manu. Sind Sie nun zufrieden?"

Pierre verabschiedete sich zerstreut und eilte zu Manu.

Dem Paß nach Bürger von Honduras, gebürtiger Rumäne, lebte Manu seit langem in Paris und betrachtete sich als Franzose. Er befaßte sich mit allerlei dunklen Geschäften und sah seine Zeit gekommen: Die Ereignisse in Spanien gaben allen Maklern und Spekulanten Auftrieb. Aus Madrid, aus Barcelona kamen täglich Abgesandte mit Geld und dem Auftrag, Kriegsmaterial zu beschaffen. Es kamen Vertreter der verschiedenen Ministerien und Vereinigungen, Militärs und Journalisten, Republikaner, Kommunisten und Anarchisten. Die Abgesandten kannten einander oft gar nicht, gerieten an dieselben Geschäftemacher und wurden übers Ohr gehauen. Auch Agenten aus Burgos tauchten hier auf, auch sie waren auf der Suche nach Waffen. Mit jedem Tag erhöhten die Spekulanten die Preise. Als Manu von den A 68 hörte, verlangte er den dreifachen Preis. „Es könnte Unannehmlichkeiten mit Buenos Aires geben. Wenn Sie sich mit mir einigen, können Sie beruhigt schlafen; man wird die Ware hinauslassen, ich habe ja die Lizenzen."

„Die Lizenzen habe ich."

Manu überlegte: Er hatte es nicht mit einem Spanier zu tun, der sich leicht hinters Licht führen ließ, sondern mit einem Experten, einem Ingenieur des Seine-Werks, der obendrein noch mit Dessère befreundet war. So einer konnte die Flugzeuge auch ohne Manus Vermittlung kriegen. Aber er war ja zu ihm gekommen ... Und Manu antwortete: „Morgen werde ich Ihnen den endgültigen Preis nennen."

Als Muñez das hörte, seufzte er traurig: Fast eine Woche war schon vergangen. Er glaubte, das Schicksal Madrids, das Schicksal der Republik hinge gerade von diesen Flugzeugen ab. Er kaufte mehrmals am Tage die gleichen Zeitungen, in der Hoffnung, neue Meldungen darin zu finden; er wich nicht vom Radioapparat und empfing Pierre in äußerster Erregung: „Alto de León ... Zwei Panzer ... In Irún zurückgeschlagen ... Die Hauptgefahr droht von Estremadura; sie marschieren auf Medina. Und Medina ... Medina ..."

Er begriff nicht, wie die Menschen um ihn herum scherzen, Mittag essen, spazierengehen oder Theater besuchen konnten. Paris empörte ihn durch seine Gleichgültigkeit, und wäre nicht Pierre gewesen, er hätte die Franzosen gehaßt. Aber Pierre lebte genau wie er – von einer Zeitungsauslieferung zur anderen.

Nach drei Tagen gab Manu nach und verkaufte die Flugzeuge mit zwanzig Prozent Aufschlag. Die Bomber standen auf dem Flugplatz bei Toulouse. In einem chiffrierten Telegramm meldete Muñez den Kauf nach Madrid. Er sollte mit Pierre am Abend nach Toulouse fahren. Doch in letzter Minute traf über die Botschaft ein Telegramm ein: Die aufgekauften Bomber reichten nicht aus, es sollten noch weitere zwanzig beschafft werden sowie dreißig Jäger vom Typ „Dewoitine". Ohne die Hilfe der Regierung ließen sich so viele Flugzeuge nicht auftreiben; denn die Flugzeugwerke gehörten entweder Dessère oder Faschisten. Pierre wollte in Paris bleiben, um mit Viard zu sprechen. Aber Muñez wurde nervös; er fürchtete, die elf A 68 könnten abhanden kommen. Sie beschlossen, daß Pierre nach Toulouse fährt und Muñez allein zu Viard geht.

„Ich kenne ihn. Wir sind uns auf internationalen Kongressen begegnet."

Vom Bahnhof schickte Pierre eine Karte an Agnès: „Ich muß für eine Woche verreisen." Er stieg in den heißen, überfüllten Zug. Die Augusthitze trieb die noch in der Stadt verbliebenen Pariser an die Küste oder in die Berge. Alle ringsum redeten vom Baden, von Ausflügen, von Segelbooten, und Pierre fühlte sich wie ein Fremder. Er schlug eine Zeitung auf, las aber nicht, sondern murmelte wie Muñez erregt vor sich hin: „Medina, Medina." Wenn er nur schneller am Ziel wäre! Am liebsten wäre er hinausgesprungen, um den Zug zu schieben. Die Aufenthalte auf den Zwischenstationen waren besonders qualvoll. Plötzlich dachte Pierre an das ehrliche, gute Gesicht Viards, an seine Worte über Solidarität, und im Halbschlaf hin- und herschaukelnd, in der verräucherten, stickigen Luft, inmitten der Gespräche über Badeanzüge, über die Besteigung der Pyrenäengipfel dachte Pierre flüchtig: Viard wird alles tun, er wird die Spanier nicht im Stich lassen ... Dann schlief er ein.

26

Als Muñez vor Viard stand, wurde die ferne Vergangenheit wieder lebendig. Muñez erinnerte sich an den Baseler Kongreß, an die Rede des alten Bebel im Münster, an den Festwagen mit jungen Mädchen, an die Symbole, Schwüre und Tränen. Dann hatte er Viard in Bern wiedergetroffen, das war kurz nach dem Krieg gewesen. Sie versuchten damals, die Zweite Internationale wie eine Porzellantasse zu kitten. Da gab es Debatten über die Kriegsschuld, über Reparationen und Kolonien. Sechzehn Jahre waren seitdem vergangen. Viard hatte damals dunkles Haar und eine klangvolle Stimme gehabt. Er war alt geworden. Ebenso wie Muñez.

Auch Viard überließ sich seinen Erinnerungen. Die alten Genossen beschworen die Schatten ihrer Jugendzeit herauf – Plechanow, Jaurès, Iglesias. Viard sagte: „Wenn man ein gewisses Alter erreicht hat, führen alle Pfade zum Friedhof. Wohin man auch blickt, überall Gräber."

Das Wort „Gräber" brachte ihn in die Gegenwart zurück. Ihm fiel ein, weshalb Muñez zu ihm gekommen war. Seit dem Morgen hatte er sich auf dieses Wiedersehen vorbereitet. Er konnte Muñez nicht wie einen offiziellen Delegierten einer Regierung oder einer Partei empfangen. Muñez war ein alter Genosse, das ließ sich nicht auslöschen ... Und wie hätte er vergessen können, welches Unglück ihn gerade erst getroffen hatte?

„Ich habe von Ihrem Leid gehört."

Muñez wandte sich ab. Er verbarg seinen Kummer vor jedem. In schlaflosen Nächten sah er seinen Liebling, den fröhlichen Pepe vor sich. Es war am hellen Mittag geschehen. Weiße Mauern, weißer Staub. Die Menschen taumelten vor Hitze und Müdigkeit. Die Faschisten hatten ihn auf dem Dachboden gefunden, ihn abgeführt und erschossen.

Muñez war zumute, als hätte man ihm die Haut abgezogen und in sein Innerstes geblickt – und das bereitete ihm noch mehr Qualen. Er schwieg.

„Mein Freund", sagte Viard, „ich kann Sie gut verstehen. Vor drei Jahren habe ich meine Frau verloren. Es ist entsetzlich, seine nächsten Angehörigen zu überleben! Ganz entsetzlich! Manchmal fragt man sich: Wozu noch weiterleben?"

Muñez begriff noch nicht, was an Viards Worten ihn eigentlich so empörte. Aber er stand auf, schritt im Zimmer auf und ab und sagte dann plötzlich laut wie auf einer Versammlung: „Ich bin wegen Flugzeugen hergekommen. Sie kennen unsere Lage. Wenn Sie uns nicht helfen, sind wir verloren. Die Volksfront ist die letzte Chance des Sozialismus. Wollen Sie uns wirklich im Stich lassen? Ich spreche jetzt von Sozialist zu Sozialist. Es ist doch noch etwas geblieben aus jener Zeit... Ja, meinen Sohn haben sie umgebracht. Darüber will ich nicht sprechen. Aber es werden jeden Tag Menschen getötet. Heute hörte ich von Erschießungen in Córdoba. Das sind Jesuiten, unmenschliche Fanatiker! Sie haben Marokkaner zu Hilfe geholt, die allerrückständigsten, die noch an Zauberer glauben, sie brennen alles nieder, vergewaltigen. Genosse Viard!..."

„Natürlich sind wir von ganzem Herzen auf Ihrer Seite. Ich persönlich habe seit dem Aufstand keine einzige ruhige Nacht mehr verbracht. Ihren Kummer kann ich nachempfinden, als wäre er mein eigener. Aber verstehen Sie doch – wir sind jetzt für das Leben des Landes verantwortlich. Frankreich will Frieden. Ach, so eine Tragödie! Der Durchschnittsfranzose interessiert sich nicht für das politische System eines fremden Landes."

„Wir brauchen nicht Menschen, sondern Flugzeuge. Und nach den alten Verträgen verkaufen Sie uns doch Kriegsmaterial..."

„Handelte es sich um einen Krieg gegen einen dritten Staat, gäbe es keinerlei Bedenken... Aber dies ist ein Bürgerkrieg."

„Sie haben also nicht das Recht, eine legitime Regierung gegen Meuterer zu unterstützen?"

„Das verhält sich etwas anders. Die internationale Lage hat alles kompliziert. Hinter Franco stehen Hitler und Mussolini. Wenn wir Ihnen Flugzeuge geben, kann das zu einem Weltkrieg führen."

„Also lassen Sie uns lieber im Stich?"

„Warum die Frage so stellen? Sie begreifen selbst, daß wir den Sieg der Republik wünschen. Aber uns sind Hände und Füße gebunden. Wir können keine Flugzeuge verkaufen. Warum wenden Sie sich nicht direkt an die Industriellen? Sie wissen, daß ich jedes Risiko eingehe. Aber wir müssen Vorsicht walten lassen. Wir erklären offiziell, daß wir nichts verkaufen. Sie kaufen und überführen die Flugzeuge. Wir drücken ein Auge zu, tun so, als merkten wir nichts."

„Kennen Sie die Sachlage wirklich nicht, oder wollen Sie sie nicht kennen. Ich bin eine Woche hier. Und das Ergebnis? Elf A 68. Und unter welchen Schwierigkeiten! Ein Glück, daß man mich mit Dubois zusammengebracht hat! Ein Genosse..."

„Der Ingenieur? Na, sehen Sie! Und da beschimpfen Sie uns noch. Ich kenne ihn, ein großartiger Genosse. Die A 68 ist ein hervorragendes Kampfflugzeug. Was hindert Sie daran, noch weitere zu beschaffen?"

„Man verkauft uns keine. Für keinen Preis."

„Aber was können wir dagegen tun? Schließlich ist das deren Recht."

„Sie könnten uns Armeeflugzeuge geben."

„Das heißt unsere Luftflotte schwächen? Nein, lieber Genosse, das ist unmöglich! Was würden die Radikalen dazu sagen? Wegen ein paar Flugzeugen könnte das ganze Kabinett auffliegen. Dann wären auch Sie noch schlechter dran. Ich wiederhole: Wir werden bei allen Lieferungen beide Augen zudrücken. Wir können eine Flüchtlingshilfe und Sanitätsabteilungen organisieren, wir können Brot schicken und Kondensmilch für die Kinder. Aber einen Krieg riskieren? Nein!"

Nachdem er noch ein paarmal „Nein!" geschrien hatte, beruhigte er sich, wischte sich mit dem Taschentuch über die Stirn und läutete.

„Was darf ich Ihnen anbieten? Tee, Limonade?"

Muñez erhob sich. „Wissen Sie, daß die Faschisten Medina eingenommen haben? Sie haben sich jetzt mit der Armee Molas vereint. Ich bin kein Diplomat. Außerdem bin ich vierundsechzig ... Genosse Viard, ich werde lieber gehen. Ich fürchte nämlich, ich könnte Ihnen sonst meine Meinung sagen; aber dazu bin ich nicht ermächtigt ... Man hat mich wegen der Flugzeuge hergeschickt."

Er ging. Viard schob beleidigt die Unterlippe vor. Das Gespräch war schwieriger gewesen, als er angenommen hatte. Spanien ist verloren, das begreift jedes Kind. Zwanzig Flugzeuge können daran nichts mehr ändern. Es gilt, die Volksfront in Frankreich zu retten. Ein einziger unbedachter Schritt, und alles bricht zusammen. Dann erheben sich Francos Anhänger auch hier. Und wer hilft uns dann? Die dreihundert Arbeiter aus Laon? Diese Schwachköpfe! Sie stoßen uns in den Abgrund. Nicht die Kommunisten, nein, die eigenen Leute! Natürlich ist Muñez zu verstehen. Es ist ein schwerer Schlag, den Sohn zu verlieren. Aber auch die anderen schreien: „Flugzeuge!" Sie werden ihn, Viard, verfluchen. Aber inwiefern ist er schuldig? Man kann nicht einen Staat regieren und zugleich allen seinen Prinzipien treu bleiben. Mit so einer Bürde bleibt man auf der Strecke ... Aber warum hat Viard sich das aufgehalst? Wie gut hat es doch ein gewöhnlicher Mensch – er geht zur Wahl, demonstriert, und dann kann er sich in die Laube setzen und dem Vogelgezwitscher lauschen. Aber irgend jemand muß ja auch regieren. Es gibt eben eine Menge widerlicher Berufe: Latrinenreiniger, Schlächter, Gefängniswärter ... Viard tat sich selbst leid. Zusammengesunken und von Selbstmitleid erdrückt, saß er da, als der Sekretär eintrat. „Tessat ist am Apparat – in einer dringenden Angelegenheit."

Tessat bestand darauf, unverzüglich vorgelassen zu werden. Viard mußte einwilligen. Der abscheuliche Tag nahm seinen Fortgang.

Tessat umarmte Viard mit der ihm eigenen Vertraulichkeit und zeterte gleich los: „Vorsicht! Spanien ist ein Wespennest. Gerade dort hat sich Napoleon das Genick gebrochen. Und im Jahre siebzig ... die spanische Erbfolge!"

„Ich sehe da keinen Zusammenhang."

„Siehst du nicht? Na, hör mal! Wenn ihr den Roten Flugzeuge gebt, ist der Krieg unausbleiblich. Hitler läßt das nicht durchgehen, von Mussolini ganz zu schweigen."

„Erstens, weshalb bezeichnest du Azaña und Giral als ‚Rote'? Inwiefern sind sie röter als du?"

„Es geht nicht um Azaña. Wer hat die Gewehre? Die Arbeiter. Auf meine Einschätzung kommt es dabei nicht an. Für Europa sind sie Rote. Ich wiederhole: Es riecht nach Krieg."

„Das heißt, daß wir keine Handelsbeziehungen mit einer legitimen Regierung unterhalten können?" wiederholte Viard unbewußt Muñez' Argumente.

„Das sind Spitzfindigkeiten! Wegen politischer Sympathien wollt ihr das Volk aufs Schlachtfeld schicken. Eine feine Regierung! Man muß Rom und Berlin spalten, ihr aber wollt sie zusammenschweißen."

„Wie soll man sie denn spalten, wenn sie in Spanien Hand in Hand arbeiten?"

„Wir müssen so tun, als merkten wir das nicht. Wir müssen Mussolini entgegenkommen. Dann wird sich Italien seiner lateinischen Herkunft besinnen. Frankreich braucht jetzt Diplomaten und keine Parteifanatiker. In der spanischen Frage ist äußerste Vorsicht geboten. Herzog Alba war in London nicht untätig. Die Engländer sind für eine Restauration. Ob Alfons oder Franco, ist unwichtig. Auf jeden Fall ist London ein General lieber als die Anarchisten aus Barcelona. Im Endresultat steht Frankreich allein da. Du weißt, daß ich für die Volksfront bin ..."

„Davon habe ich noch nichts gemerkt! Deine Rede anläßlich der Streiks ..."

„Ich habe das Kabinett gerettet, vergiß das nicht! Natürlich habe ich deine Politik kritisiert, was blieb mir weiter übrig? Alle waren empört. Aber es war mein Vorschlag, der Regierung das Vertrauen auszusprechen. Weißt du denn, was damals in der radikalen Fraktion los war? Malvy, Marchandeau, Meyer – alle forderten einstimmig: Rücktritt. Die Streiks sind Vergangenheit. Aber jetzt ist die Lage noch gefährlicher. Malvy spielt verrückt; er ist doch mit all diesen spanischen Granden befreundet. Hör mal, Auguste, auch mir ist Azaña lieber als General Franco. Ich bin überhaupt ein ausgemachter Zivilist, ein Demokrat. Aber mich fragt ja niemand. Und auch dich fragt man nicht. Von uns verlangt man nur eins: stillzusitzen und sich nicht einzumischen."

„Aber die anderen mischen sich doch ein."

„Ich pflege in solchen Fällen zu antworten: Was dem Stier erlaubt ist, ziemt dem Jupiter noch lange nicht! Die Italiener löcken wider den Stachel, die Deutschen ebenfalls. Da wir keinen Krieg wollen, bleibt uns nur eins: den Mund zu halten. Wenn ihr Madrid hundert Flugzeuge gebt, bekommt Franco fünfhundert. Es wäre dumm, mit dem Feuer zu spielen!"

„Wir können den Unternehmern nicht verbieten, Flugzeuge nach Spanien zu verkaufen."

„Schon wieder Spitzfindigkeiten? Auguste, hier geht es nicht um parlamentarische Manöver. Vorsicht, hier riecht es nach Blut! Ich sage das mit absoluter Gewißheit, verstehst du, mit absoluter. Sie werden aufs Ganze gehen. Da helfen keine Spitzfindigkeiten. Wenn du auch nur ein einziges Flugzeug durchläßt, bricht ein Krieg aus. Ich weiß, daß du den Krieg aufrichtig haßt, deshalb bin ich auch gerade zu dir gekommen. Das ist mein Mahnruf. Das ist der Mahnruf aller französischen Mütter, der Mahnruf Frankreichs!"

„Ich werde natürlich alles tun, um den Frieden zu erhalten."

„Das weiß ich, aber deine Feinde sind nicht untätig. Unter den Radikalen herrscht völlige Verwirrung. Malvy schreit, du ließest die nationalen Interessen außer acht. Und er findet Gehör. Von den Rechten will ich gar nicht reden. Breteuil ist ein Dummkopf und ein Irrer. Wir sind keine Spanier, wir sind ein fortschrittliches Volk. Bei uns wäre so ein Regime unmöglich. Aber Breteuil genießt großen Einfluß. Gestern hat er erklärt, er wolle dich als Kriegstreiber auf die Anklagebank bringen. Ich bin überzeugt, du wirst ihr Spiel vereiteln. Und ich sage: Viard ist die Gewähr für Nichteinmischung. Beruhige auch du mich. Ich will von dir ein klares Ja hören."

Tessat fuchtelte mit den Armen, lief in die hinterste Ecke und wiederholte von dort seine Tiraden, die wie Beschwörungsformeln klangen. Dann trat er wieder dicht an Viard heran und redete speichelspritzend auf ihn ein. Viard blieb ganz ruhig, er lächelte sogar. In ihm war plötzlich Standhaftigkeit erwacht. Muñez' Schatten schien im Zimmer zu schweben. An derselben Stelle, wo sich Tessat jetzt echauffierte, hatte vor einer Stunde der vom Schicksal geschlagene, aber stolze Muñez gestanden. Und Viard, der mit seinem alten Genossen wie ein seelenloser Diplomat gesprochen hatte, versuchte jetzt, angesichts der Drohungen Tessats, seine Würde zu wahren. Er ließ sogar die Strategie außer acht. Als Tessat eine klare Antwort verlangte, sagte er: „Ich werde meine Pflicht tun!" Und damit mußte sich Tessat begnügen.

Doch als Tessat gegangen war, legte sich Viard völlig erschöpft auf das kurze Kanapee, zog die Beine an und begann angestrengt zu überlegen: Wie sollte es weitergehen? Heftige Kopfschmerzen und Übelkeit plagten ihn. Was für ein widerlicher Kerl, dieser Tessat! Winselt und spuckt ... Könnten Frauen an so einem Gefallen finden? Aber Tessat war zu ihm geschickt worden. Von den rechten Radikalen. Vielleicht von Breteuil. Vielleicht von der italienischen Botschaft. Ein verzwicktes Spiel ... Eines stimmte, sie löckten wider den Stachel. Also Krieg? Aber was würde das Volk sagen? Er, Viard, der vierzig Jahre lang den Krieg verurteilt hatte, sollte Millionen Menschen in den Tod schicken? Aber in Spanien wurde bereits getötet ...

Viard schloß die Augen. Er sah fliegenbedeckte Leichen zwischen Trümmern liegen, zerrissene Leiber, zerrissene Häuser.

Was tun? Tessat hatte verlangt: kein einziges Flugzeug! Ja, die Radikalen könnten aus dem Kabinett austreten.

Viard vergaß die Schrecken des Krieges und vertiefte sich in die ihm vertraute Arithmetik. Er rechnete aus, wie viele Stimmen die Regierung in der spanischen Frage bekäme. Natürlich die Minderheit! Dann würden die Radikalen sich mit den Rechten zusammentun: von Tessat bis Breteuil. Das wäre der Anfang vom Ende: Für Breteuil wäre solch ein Kabinett nur eine Zwischenetappe. Er träumte von der Diktatur. Aber jetzt wäre ein 6. Februar viel schlimmer. Die Kaufleute und Großbauern würden, durch die Streiks erschreckt, mit Breteuil gehen. Die Sozialistische Partei würde aufgelöst werden. Oberster Gerichtshof. Viard auf der Anklagebank: „Er wollte einen Krieg entfesseln." Sie brauchten ja nur ein Flugzeug abzuschießen, und alles käme ans Licht. Der Staatsanwalt würde sagen: „A 68, unter Beihilfe von Viard ..." Nein, damit war nicht zu spaßen!

So quälte sich Viard bis zehn Uhr abends und kam zu keinem Entschluß. Schließlich bestellte er, vor Kopfschmerzen und Verdruß das Gesicht verziehend, den Chef der Geheimpolizei zu sich. „Ich habe gehört, daß der Ingenieur Pierre Dubois elf Bomber vom Typ A 68 nach Barcelona schaffen will. Das könnte internationale Verwicklungen zur Folge haben. Die Flugzeuge müssen zurückgehalten werden. Können Sie das bewerkstelligen?"

„Ohne weiteres. Sie müssen sich auf einem der Seine-Flugplätze befinden, entweder hier oder in Toulouse. Ich werde sofort alles in die Wege leiten."

Als der Polizeichef gegangen war, legte Viard sich wieder aufs Kanapee. Er nahm zwei Kopfschmerztabletten ein. Das Medikament betäubte ihn, er konnte kaum noch den Arm bewegen, spürte einen dumpfen Schmerz in der Herzgegend und hatte eiskalte Füße. Er wollte an nichts denken: Jetzt war alles getan, er konnte nur noch abwarten. Dennoch kam ihm das Wort „Verrat" in den Sinn und ließ sich nicht wieder verdrängen. Unsinn! sagte er sich. Ich verrate niemanden. Spanien ist ohnehin verloren. Elf Flugzeuge gegen zweihundert. Kindsköpfe! Wie die Arbeiter aus Laon. Ich rette dadurch die Volksfront. Unsere Partei. Und den Frieden. Ich habe nur meine Pflicht getan. Und weiter nichts. Er beschwichtigte sich selbst, wie eine Mutter ihr ängstliches

Kind beschwichtigt. Doch wieder tauchte aus der blauen Dunkelheit – er hatte das Licht ausgeknipst – wie ein schwarzer, glitschiger Fisch dieses schwerwiegende Wort empor.

Plötzlich erinnerte er sich an den Grenzort Cerbère. Früher war er oft dort gewesen. Einmal mit Pierres Vater ... Rosarote Häuser auf den Bergterrassen, kleine Fischerboote, Weingärten, ein großer, lärmerfüllter Bahnhof. Und süßer Wein, eine Art Muskateller ... Dort in Cerbère würden sie ihn segnen. In nächster Nähe war doch Krieg. Man brauchte nur auf einen Hügel zu steigen oder den kurzen Tunnel zu passieren, schon sah man zerstörte Häuser, weinende Frauen. In Cerbère aber würden die Mütter sagen: Viard hat den Frieden gerettet. Viard hat unsere Kinder gerettet, Viard ...

Seinen Namen vor sich hin murmelnd, schlief er ein.

27

„Das kann nicht sein!" schrie Pierre. „Ich rufe Viard an ..."

Sie standen unter einer Laterne im strömenden Regen. Eine schier endlose Wasserflut schien alles ertränken zu wollen. Bretter schwammen vorüber. Vom Regenmantel des Kommissars rannen Bäche herab.

„Befehl aus Paris. Wahrscheinlich in Absprache mit dem Minister."

Und in Madrid warteten sie! Der Rundfunk hatte heute einen erneuten Vormarsch der Faschisten gemeldet. Pierre bemühte sich um eine Verbindung mit Paris. Lange stand er am Telefon. Auf dem Schaltertisch schlief ein fetter Kater. Der Regen rauschte. Schließlich meldete sich Viards Sekretär. Er war höflich und kühl: „Ich werde es dem Herrn Minister ausrichten ... Der Herr Minister ist beschäftigt ... Ich glaube nicht, daß sich der Herr Minister in die Angelegenheiten der Polizei einmischen will." Pierre begriff die Sinnlosigkeit des Gesprächs und legte den Hörer auf. Er dachte flüchtig: Aber der Sekretär ist doch auch Sozialist ...

„Ich nehme den ersten Zug nach Paris."

Der Kommissar antwortete nicht. Pierre ging in ein kleines Café in der Nähe des Bahnhofs. Die hereinkommenden Gäste schüttelten die regennassen Mäntel, es herrschte jene Behaglichkeit, die bei Unwetter jedem Obdach eigen ist.

Pierre war so in Gedanken vertieft, daß er nicht gleich mitbekam, als die Wirtin ihn nach seinen Wünschen fragte. Alle seine Gedanken kreisten um Madrid. Er sah auf der Landkarte einen Kreis, auf den vier Pfeile gerichtet waren. Muñez hatte telegrafiert, daß morgen elf A 68 in Barcelona eintreffen würden. Dort hatte man wieder ein wenig Mut geschöpft und wartete ... Und nun war alles fehlgeschlagen. Sollte wirklich Viard ... Pierre war über sich selbst entsetzt: eine Gemeinheit, Viard zu verdächtigen! Er trank ein Glas Kognak, rauchte pausenlos, versuchte, dem Gespräch am Nebentisch zuzuhören – es ging um irgendeine Marie, die die Kaninchen ihres Nachbarn vergiftet hatte –, er lauschte dem Regen, dachte bald an Agnès' Augen, bald an die trübe Laterne im strömenden Regen. Aber nichts half. Seine Gedanken kehrten immer wieder zu Viard zurück. Der Verdacht war quälend und dumpf wie der Beginn einer schweren Krankheit. Er erinnerte sich an die bissigen Worte Michauds, an Muñez' Schilderung, wie die Sozialisten ihn empfangen hatten. Nein, nein, das waren Hirngespinste! Vielleicht wurde er krank? Ihn fröstelte in der feuchten Hitze des Raumes. Bis zur Abfahrt des Zuges blieben noch zwei Stunden. Er versuchte, ein bißchen zu schlafen, las in der Zeitung die Inserate über den Verkauf von Mauleseln und Färsen, rief sich einzelne Verszeilen ins Gedächtnis.

Und wieder sah er Viards Gesicht vor sich – wie er auf der Tribüne unter der roten Fahne lächelte ... Was war denn geschehen? Bloß ein Sekretär – eine Null, eine Beamtenseele. Und die Polizei sabotierte. Weshalb hatte Viard die Polizisten nicht davongejagt? Die reinsten Faschisten waren das. Der Kommissar hatte die spanische Regierung „Rote" genannt und verächtlich gelächelt. Einer von Breteuils Bande! Bestimmt würde er seines Postens enthoben werden. Ärgerlich nur, daß ein ganzer Tag verloren war. Und die dort warteten und warteten ... Zum Verrücktwerden war das!

Im Café war es jetzt still. Die einen waren gegangen, die anderen warteten auf den Nachtzug und dösten vor sich hin. Auch die dicke Wirtin saß da und schlummerte, einen grünen Wollknäuel im Schoß. In einer Ecke redete ein Arbeiter auf seinen Kameraden ein, wobei er Brot in Rotwein tunkte. Pierre lauschte dem Gespräch.

„Jetzt hängt alles von Spanien ab. Ich fahre hin. Du wirst sehen, ich mach es. Wir müssen denen helfen, sonst können auch wir uns einsargen lassen ..."

Pierre wäre am liebsten hingegangen, hätte dem Mann die Hand geschüttelt oder ihm zugerufen: „Richtig!" Aber er hielt sich zurück und lächelte nur. Der Arbeiter verstand und zwinkerte ihm verschmitzt zu.

In Paris angekommen, begab sich Pierre sofort ins Ministerium. Ihm wurde gesagt, der Minister sei beschäftigt. Zwei Stunden saß Pierre im Vorzimmer zwischen lauter Bittstellern, meist Sozialisten, die das Band der Ehrenlegion oder einen einträglichen Posten erbetteln wollten. Ein Dämchen schnatterte aufgeregt: „Ich habe ihn schon gekannt, als er noch Agitator war. Mir wird er nichts abschlagen." Viard empfing sie. Er empfing auch die anderen Bittsteller. Pierre aber wartete und wartete. Dann wurde ihm gesagt: „Der Minister ist zum Essen gefahren, er kommt um drei Uhr zurück."

Pierre saß bis drei Uhr auf einer Boulevardbank. Ringsum pulsierte der Alltag. Modistinnen aßen Brot und Schokolade. Damen wühlten in einem Berg Seidentücher, die vor einem Geschäft auslagen. Taxifahrer beschimpften sich gegenseitig. Greise fütterten Spatzen. Fremdenführer zeigten phlegmatischen Engländern die Sehenswürdigkeiten. Makler teilten einander die letzten Börsenkurse mit. Niemand interessierte sich für Madrid. Pierre aber quälte der Gedanke: Ob sie Talavera besetzen? Der Uhrzeiger schien stillzustehen. Pierre kam es vor, als hätte er hier schon den ganzen Tag gesessen; aber es war noch immer nicht drei Uhr.

Nach dem Essen kehrte Viard ins Ministerium zurück. Wieder saß Pierre im Vorzimmer. Diesmal allein. Die Sprechstunde war beendet. Endlich erschien der Sekretär. „Der Herr Minister läßt sich entschuldigen. Er ist mit einer dringenden Arbeit beschäftigt. Er hat mich beauftragt, mit Ihnen zu sprechen."

Pierre erzählte von der Eigenmächtigkeit des Kommissars. Der Sekretär unterbrach ihn: „Der Herr Minister ist auf dem laufenden. Wir sind beide Sozialisten und können offen miteinander sprechen. Die Lage ist sehr kompliziert. Wir müssen uns entscheiden. Wenn wir den Spaniern helfen, können wir alles verlieren; das hieße Krieg und innenpolitisch Faschismus."

„Aber Franco in Madrid, das ist doch dasselbe wie Breteuil hier!"

„Da bin ich anderer Meinung. Spanien ist ein rückständiges, halbfeudales Land am Rande Europas. Was ist wichtiger: die künstlich geschaffene spanische Republik zu verteidigen, die keine Wurzeln hat, oder den Sozialismus in einem fortschrittlichen Land zu retten, das zudem noch unser eigenes Land ist? Der Herr Minister hat beschlossen, eine Politik konsequenter Nichteinmischung zu verfolgen."

Da verlor Pierre die Beherrschung. Die Aufregung der letzten Wochen – von dem Sturm in dem bretonischen Dorf bis zu dem Warten auf der Boulevardbank und dem Lachen gleichgültiger Menschen, die schlaflose Nacht in der bangen Hoffnung auf Viards Ehrlichkeit, die Sorge um Madrid – all das entlud sich in einem einzigen Schrei: „Der Herr Minister? Ein Judas!"

Das kam so überraschend, daß der Sekretär fragte: „Wie bitte, ich habe Sie nicht verstanden."

Aber Pierre rannte bereits die mit himbeerroten Läufern belegte Treppe hinunter, begleitet von den spöttischen Blicken der Diener, die zu sagen schienen: Hat wohl nicht geklappt mit dem einträglichen Pöstchen?

Pierre hastete durch die Stadt, versuchte wieder zu sich zu kommen. Aber vergebens. Der Schmerz war zu heftig, nichts konnte ihn lindern. Er stellte keine Überlegungen mehr an, wie sein Abgott so tief hatte sinken können. Er empfand nur das Entsetzen des Verlustes, eine Leere, die jeden Seufzer ersterben ließ.

Agnès hatte also recht, und alles, was sein Leben ausmachte, war nur eine Illusion gewesen, eine raffinierte Falle für naive Einfaltspinsel. Verstellung im gegenseitigen Einvernehmen? Man hatte ihn beraubt. Noch vor einer Stunde hatte er an die Güte der Menschen geglaubt, an ein Gefühl von Kameradschaft, an die große Sache, für die er lebte. Wie sollte er Muñez vor Augen treten? Talavera . . .

Und der Gedanke an Spanien brachte ihn zur Besinnung. Nein, nicht alles auf der Welt hatte sich in dieser verfluchten Stunde geändert! Die Männer von Madrid kämpften weiter, sie hatten keine A 68, sie hatten nur Flinten. Pierre wollte nach Spanien gehen und dort sterben. Der Tod schien ihm der einzige Ausweg zu sein.

Er sprang auf einen Autobus: rasch zu Michaud! Michaud würde ihm sagen, wie man nach Madrid kommt.

Michaud begriff sofort: „Zurückgehalten?"

„Ja. Und weißt du, wer? Viard. Verstehst du? Ich werde verrückt. Ich will nach Spanien. Hilf mir dabei! Von ihm will ich nicht mal mehr reden. Wozu auch?"

Michaud fühlte, wie schwer es Pierre ums Herz war. Er drückte ihm wortlos die Hand. Sie standen am Fenster. Unten spielten die Kinder Bockspringen.

Dann sagte Michaud: „Man hat Muñez drei ‚Potez' angeboten. Er versteht nichts davon. Du bist unser einziger Fachmann. Ich begreife, wie schmerzlich es für dich ist... Wir wollen jetzt Freiwillige werben. Ich fahre vielleicht auch. Aber du darfst nicht weg. Ohne dich würde hier alles zusammenbrechen."

Pierre entgegnete nichts. Gut. Er würde morgen zum Flugplatz fahren. Gut, er würde hierbleiben. So war ihm also auch der letzte Ausweg versperrt.

Als Pierre auf die Straße trat, sah er sich zerstreut um. Wohin? Er begriff später selbst nicht, was ihn durch die ganze Stadt zu André getrieben, was er in dem ungemütlichen, unordentlichen Atelier in der Rue du Cherche-Midi gesucht hatte.

Seit ihrer letzten Begegnung war ein halbes Jahr vergangen. Pierre kam es vor wie ein Jahrzehnt. Was war er damals noch naiv gewesen.

„Wie geht's, André?"

Was konnte André antworten? Sollte er erzählen, wie die Ereignisse des schrecklichen Sommers ihn erschüttert hatten, wie er Jeannette gefunden und wieder verloren hatte?

„Ich habe hier ein Stilleben angefangen, aber es will mir nicht gelingen."

Pierre sah den Freund verwundert an. „Du bist immer noch der alte, André. Erinnerst du dich, wie ich dich in die Maison de la Culture mitgeschleppt habe?"

André stieß einen Pfiff aus und fragte: „Weißt du, daß Lucien in Spanien ist?"

„Es stand in der Zeitung. Er wurde zum Konsul ernannt."

„Was du nicht sagst! Und ich dachte, er kämpft dort ..."

Pierre lächelte über Andrés Naivität. Er begann von Viard zu erzählen. Wie immer sprach er sehr laut. Selbst die Gemälde an den Wänden sollten ihn hören und den Verräter brandmarken. André aber schwieg. Pierre fragte hitzig: „Du meinst, das ist zu verstehen?"

„Ja."

„So eine Verstellung verstehen? Er hat mir erzählt, daß er sich zusammen mit meinem Vater für einen Spanier eingesetzt hätte. Und jetzt verrät er sie alle. Und das soll man verstehen? Einen Verrat verstehen?"

„Denk an die Bilder Goyas."

Pierre war außer sich: „Ach, du mit deiner Kunst! Seid ihr überhaupt Menschen? Ihr weidet euch an allem – am Blut, am Leid, an verfaultem Fleisch. Wie die Mistkäfer!"

Er lief in den Treppenflur hinaus und rief von dort: „Verzeih. Ich komme ein andermal wieder."

Und erst als er gegangen war, fühlte André sich beleidigt. Er trat in den Flur, aber Pierre war nicht mehr da. André schmauchte traurig seine Pfeife. Weshalb hatte Pierre ihn beschimpft? Weil er gesagt hatte, man könne das verstehen? Natürlich, André hatte so einen Typ wie Viard völlig durchschaut. Und Lucien? Eine Bachstelze! Lieber mit Hunden zusammen leben! Auch die raufen sich, reißen sich die Haare aus, aber ohne schöne Worte zu machen. Und dafür sei ihnen Dank! Pierre aber hatte ihn zu Unrecht gekränkt. Auch er verabscheute Verrat.

Für Pierre brachen schwere Tage an. Haßerfüllt verrichtete er seine Arbeit in der Fabrik. Wozu sich den Kopf zerbrechen – diese Motoren waren ja für Franco, für Breteuil bestimmt! Die drei „Potez" wurden glücklich außer Landes gebracht. Einen Monat danach gelang es, noch zwei Jagdflugzeuge zu beschaffen. Doch all das war nur ein Tropfen auf den heißen Stein. Madrid sandte verzweifelte Telegramme. Die französische Polizei bewachte die Flugzeuge mit Argusaugen. Aus den Zeitungen aber schaute das edle Antlitz Viards. Er sprach über die Nichteinmischung wie über eine große Heldentat: „Wir haben den Frieden gerettet!" Er spendete fünftausend Franc: Milch für spanische Kinder, mit der zusätzlichen Bemerkung: „Für alle Kinder!" An dem Tag sagte Pierre zu Agnès: „So gern ich Kinder habe, aber ich glaube, wenn Viard ein Kind hätte, ich würde es erwürgen."

Tagtäglich legten deutsche Bomben die Häuser von Madrid in Schutt und Asche. An den Mauern von Paris erschienen Plakate mit Fotos von zerstückelten und verstümmelten Kindern. Agnès sagte: „Ich kann das nicht sehen! Es ist die reinste Folter." Pierre schwieg. Für ihn war es schon lange eine Folter. Franco hatte Toledo eingenommen und rückte auf Madrid vor. Einige Zeitungen priesen die Faschisten, die Verteidiger des Alcázar; andere berichteten, daß die Marokkaner in Toledo Hunderte von Verwundeten abgeschlachtet hätten. Joliot schrieb: „Unsere alte französische Weisheit bewahrt uns vor solchem Unheil!" Die Verehrerinnen Breteuils bereiteten Feierlichkeiten zu Ehren der Einnahme Madrids vor. Aber die Spanier ergaben sich nicht.

Pierre empfand Viards Verrat als allgemeinen Verrat. Alle kamen ihm wie Verräter vor – er selbst, Agnès, Frankreich. Der Verrat war wie ein aufdringlicher Geruch, ein übler Beigeschmack. Pierre haßte Paris, weil es weiterlebte, ohne auch nur einer seiner Gewohnheiten zu entsagen: Nach wie vor waren die Cafés überfüllt, wurden politische Debatten geführt, Bridge oder Poker gespielt, tanzten in den Varietés Nackttänzerinnen; kein Luftalarm, keine Bomben, nicht einmal eine kümmerliche Träne, nichts ...

Das neue Schuljahr begann. Die Kinder, mit ihren neuen Mappen und Federkästen, tollten herum. Pierre wußte, womit dieses unbekümmerte Lachen bezahlt wurde: In den Vororten von Madrid wurde gekämpft. Auf den Pariser Boulevards leuchtete das späte Gold der Kastanien. Jagdsaison. Der Marquis de Chambrun hatte Tessat auf sein Gut eingeladen. Tessat hatte einen Fasan angeschossen und war dann mit einem Stubenmädchen verschwunden. Das erzählte man sich in den Wandelgängen der Abgeordnetenkammer. Viard mochte die Jagd nicht: Er konnte kein Blut sehen, er war Pazifist. Pierre sagte boshaft: „Warum ist er nicht Vegetarier?"

Nur Michaud verzagte nicht. Bald würde die erste Freiwilligenabteilung nach Spanien fahren. Pierre betrachtete Michaud teils begeistert, teils neidisch: Das ist ein Kerl! Wie hatte er gesagt? „Zu siegen ist schwieriger ..." Auch Pierre begriff das allmählich.

Die diplomatische Karriere war nicht nach Luciens Geschmack. Zwar nahm der Dienst ihn nicht sehr in Anspruch; aber er wußte mit seiner Freizeit nichts anzufangen. Gleichgültig betrachtete er die prunkvollen Renaissancefassaden, die Studenten und die Maultiere. Er konnte nicht leben ohne die Pariser Cafés mit ihren ziellosen Debatten, ohne den Klatsch und die Familientragödien, die ihm vertraut waren wie seine Zigarettenspitze oder sein Bett. Und Lucien war schon nahe daran, das gute Gehalt in den Wind zu schlagen, als ihn die spanischen Ereignisse plötzlich in ihren Bann zogen. Wieder einmal glaubte dieser Mensch, der einem Warnzeichen am Straßenrand glich, das im Scheinwerferlicht gleichsam aufflammt, die Wahrheit gefunden zu haben.

Der Aufstand faszinierte Lucien vor allem durch seine äußeren Effekte. In manchen Augenblicken meinte er, die Aufführung eines alten Mysterienspiels mitzuerleben: Menschen mit schmalen Asketengesichtern töteten und verbrannten die Gottlosen; einige verlobten sich, ein Kruzifix schüttelnd, mit dem Tod; von überallher kamen Krüppel angekrochen, von denen es in Spanien unzählige gibt – Bucklige, Blinde, Schwachsinnige; Frauen in Mantillas umarmten Maschinengewehrschützen, und über Handgranaten breiteten sich Spitzenfächer. Das alles war ungewöhnlich für Lucien, fesselte ihn durch seine Buntheit, seine Geschmacklosigkeit, sein Pathos.

Er lernte einen Führer der Falange kennen, den hageren, melancholischen Major José Guarnez. Das war ein fanatischer und kaltblütiger Mensch. Tags führte er Erschießungen durch, nachts predigte er. Lucien stellte verwundert fest, daß der spanische Offizier seine geheimsten Gedanken aussprach. José redete von der Heiligkeit der Hierarchie, von der Großartigkeit der Ungleichheit, von der Unterwerfung der Masse unter den Verstand, das Talent, den Willen. Und Lucien dachte an die Schmach, die er in Paris erlitten hatte, an den Schwachkopf von der „Humanité“, an die Mittelmäßigkeit Pierres und all der anderen Pierres, an die Arithmetik der Wahlen und an seine von allen verkannte Überlegenheit. Die Falangisten hatten sich mit Waffengewalt Anerkennung verschafft. José schrieb Pamphlete, ohne sich um die Meinung von Schneidern oder Erdarbeitern zu kümmern. Lucien hatte schon immer gesagt, daß die alte Welt nur durch die Kühnheit einzelner Persönlichkeiten, durch eine Verschwörung gestürzt werden könne. Die Kommunisten hatten ihn ausgelacht. Sie redeten von der Erziehung des Volkes, von der Aktivität der Massen. Sie lebten in der Vergangenheit: Marx, Kommune, Demokratie, Fortschritt ... Alles Unsinn! Sahen sie denn nicht, daß der Marxismus aus der „Deklaration der Menschenrechte" hervorgegangen ist, aus den Enzyklopädisten, dem Glauben an die Wissenschaft, der abscheulichen Idee vom positiven Prinzip im Menschen? Die Gesellschaft war kein viereckiges Gebäude wie dieses Haus, sondern eine Pyramide. Der Faschismus setzte neue Normen: Begeisterung für die physische Kraft; statt Bücher – sportliche Rekorde, statt Vorträge und Debatten – Besetzung von Regierungsgebäuden mit Waffengewalt, statt Wahlen – Maschinenpistolen.

In den Worten des Spaniers war etwas, was Lucien begeisterte: der Kult des Todes. Vor langer Zeit, nach dem Tode Henris, hatte Lucien die Bedeutung des Nichtseins begriffen, seine Macht über alle Reaktionen eines jungen und lebendigen Herzens. Er hatte darüber einen Roman geschrieben. Seine Hinwendung zum Kommunismus war ein Mißverständnis gewesen. Er hatte sich zeitweilig von fremder Fröhlichkeit, von kindlicher Verwirrung, von sklavischer Begeisterung für die Jugend mitreißen lassen. Für José war ebenso wie für Lucien der Tod nicht nur Gegenstand von Betrachtungen, sondern ein absoluter Wert, ein Korrektiv im zufälligen und deshalb so unbeständigen Leben.

Lucien gab sich ganz seiner neuen Leidenschaft hin, und als der Major ihm vorschlug, als Verbindungsmann zwischen den Falangisten und Breteuil nach Paris zu fahren, willigte er sofort ein.

Er holte nicht einmal in Paris oder bei der Botschaft Erlaubnis ein. Er mochte nicht an den Dienst denken, das war erniedrigend. Er fuhr über Jaca. Das Auto jagte über verschlungene Wege inmitten rotbrauner, glühendheißer Berge. Kein Baum, keine Menschenseele! Die Landschaft entsprach Luciens Empfindungen. Der Tod erschien ihm wie ein leiblicher Bruder – rotbraun und feurig.

Wie erbärmlich kamen ihm nach der märchenhaften Landschaft Spaniens die Felder Frankreichs vor, sein friedliches Dasein, die Gespräche über bezahlten Urlaub und Steuern. Alle prosperierten, und schon am ersten Tag hörte er die verfluchte Redensart: „Es wird sich schon alles einrenken."

Der Vater empfing ihn mit offenen Armen. Jetzt war Lucien nicht mehr der verlorene Sohn, sondern ein Diplomat. Lucien erzählte dem Vater vorsichtshalber nicht, weshalb er hergekommen war. Tessat erkundigte sich nicht nach der Lage in Spanien; für ihn stand Francos Sieg von vornherein fest, alles andere interessierte ihn nicht. Dafür weihte er Lucien in seine Pläne ein. Er war zum Vorsitzenden der Kommission für Auswärtige Angelegenheiten gewählt worden und hatte Zugang zu Geheimberichten der Diplomaten. Im geeigneten Augenblick würde er eine flammende Rede halten und das Kabinett stürzen.

Lucien gähnte: Schon wieder das Parlamentsgewäsch!

Breteuil wußte, wie er mit den Menschen reden mußte. Er war grob zu den Getreuen vom Typ Grinets, er verstand es, die Abgeordneten zu umgarnen und zu umschmeicheln. Lucien behandelte er wie seinesgleichen, und Lucien strahlte. Endlich wurde er verstanden! Zuerst sprachen sie über Agitation. Der Aufstand Francos sollte ein Beispiel setzen. Breteuil sammelte Geld für einen goldenen Degen, den er dem Verteidiger des Alcázar, Oberst Moscardo, feierlich überreichen wollte. Dann kam er auf die Kleinarbeit zu sprechen, auf den Waffentransit, auf die Entsendung von Piloten nach Burgos, auf den Nachrichtendienst – die Informationen des Spionagedienstes, der in Barcelona saß, gingen über Paris.

„Wann fahren Sie zurück?" fragte Breteuil.

„Das weiß ich noch nicht."

Breteuil legte seine pergamenttrockene Hand auf die Luciens. „Ich bin älter als Sie, aber man kann das Leben nicht nach Kalenderjahren messen. Sie wissen, was wirklicher Haß ist . . . Wozu nach Spanien zurückkehren? Alles wird sich hier entscheiden."

„Eine Verschwörung?"

„Ja."

Breteuil erzählte von den Abteilungen der Getreuen.

„Ihnen wird dabei eine große Rolle zufallen. Ihr Vater . . ."

Lucien brauste auf: „Ich habe mit meinem Vater nichts gemein."

„Ich verstehe Sie ja. Aber Ihr Vater ist jetzt Vorsitzender der

Parlamentskommission. Vor mir hält man vieles geheim. Doch mit Ihrer Hilfe können wir bei diesem Spiel dem Gegner in die Karten gucken. Natürlich ist das weniger romantisch als die Schlacht um Madrid. Aber alles zu seiner Zeit ..."

Lucien nickte. Beim Abschied sagte er zu Breteuil: „Wissen Sie, weshalb ich zu allem bereit bin, sogar dazu? Jede Generation hat ihr Schicksal. Wenn Sie wollen, nennen Sie es historischen Fatalismus. Für uns ist der Tod nicht ein Zerfall der Zellen, nicht ein zielloser Kreislauf der Materie, nicht der Übergang ins Jenseits, sondern ein hohes individuelles Schöpfertum."

Breteuil betrachtete den hübschen jungen Mann mit den roten Haaren und antwortete traurig: „Vielleicht haben Sie recht. Aber ich kann den Glauben an die persönliche Unsterblichkeit nicht aufgeben. Ich habe meinen Sohn verloren."

Lucien hätte sich fast mit seinem Vater überworfen. Als Tessat erfuhr, daß sein Sohn die diplomatische Laufbahn aufgegeben hatte, stampfte er mit dem Fuß auf und kreischte. Lucien konnte ihm seine Gründe nicht darlegen. Außerdem mußte er den Vater um einige Tausend Franc bitten ...

Die spanischen Eindrücke verblaßten allmählich. Die Verschwörung war für Lucien ein Spiel. Es gab weder einen Plan noch ein genaues Datum. Breteuil sagte immer nur: „Wir müssen abwarten." Aber Josés Freunde marschierten schon auf Madrid. Lucien studierte sorgfältig die verschiedenen Akten auf seines Vaters Schreibtisch und erstattete Breteuil ausführlichen Bericht. Aber das kostete nicht viel Zeit, und die Langeweile lauerte überall: im Korridor des elterlichen Hauses, in Breteuils Vorzimmer, auf der belebten abendlichen Straße.

Um sich irgendwie die Zeit zu vertreiben, schlug Lucien keine Einladung aus. Er tanzte, erzählte erfundene Geschichten, flirtete mit jungen Mädchen. Die Tochter des Großindustriellen Montigny verliebte sich in ihn. Joséphine war ein rundliches, lachlustiges Mädchen. Sie war fasziniert von Luciens romantischem Aussehen, von seinen Erzählungen über den Fanatismus der Spanier, von seiner Art, mitten in einem Salongespräch plötzlich zu verstummen und, verlegen lächelnd, auf einen Fleck zu starren. Als Tessat von dem Flirt seines Sohnes erfuhr, hellte sich sein Gesicht auf: Lucien war also doch nicht so dumm, wenn er den Posten eines Vizekonsuls gegen eine reiche Braut eintauschte.

Joséphine wartete auf eine Erklärung, traf sich mit Lucien in wenig besuchten Konditoreien oder im Bois de Boulogne. Aber er schien ihre Gefühle nicht zu bemerken. Eines Tages hielt sie es nicht mehr aus und ergriff seine Hand. Es war an einem klaren Herbsttag in einer blutrot und kupfern leuchtenden Allee. In der Ferne knallte eine Reiterin mit der Peitsche. Mit feuerrotem Kopf wandte Joséphine sich ab. Lucien entzog ihr vorsichtig seine Hand. „Lassen Sie uns offen reden. Sie gefallen mir. Außerdem sind Sie reich. Ich hingegen habe gestern meine Uhr versetzt... Trotzdem werde ich Sie mit keinem Finger anrühren. Sie sind dreiundzwanzig Jahre alt und lebenslustig. Ich aber... Ich bin, ebenso wie mein Freund José, mit dem Tod verlobt."

29

Als Tessat hörte, daß Lucien sich nicht mehr mit Joséphine traf, war er sehr niedergeschlagen: Aus diesem Tagedieb wird nie etwas werden! Aber da traf ihn schon der nächste Schlag. Er war über einem Bericht des römischen Botschafters eingeschlummert, als Denise sein Arbeitszimmer betrat. Er freute sich, denn in der letzten Zeit hatte er seinen Liebling kaum gesehen. Amélie hatte gesagt, Denise kränkele und sei nicht anzusprechen. Tessat wußte, daß Denise ihm seit jenem Abend zürnte, als er ihr von seinem Erfolg im Parlament erzählt hatte. Ach, die Politik! Sie hatte ihm den ganzen Sommer verdorben. Amélie war nicht zur Kur gefahren, weil sie, wie sie sagte, ihr geliebtes Vittel nicht mit dem „Pöbel" teilen wollte. Lucien war unverhofft aus Spanien zurückgekommen. Und Denise... Vielleicht war sie wirklich krank: sie war blaß, hatte Ringe unter den Augen. Er wollte sich nach ihrem Befinden erkundigen, aber sie kam ihm zuvor.

„Ich ziehe aus", sagte sie. „Ich werde für mich allein leben."

Tessat kreischte geradezu vor Entrüstung: „Sieh mal an! Mit einem Kavalier?"

„Nein, allein."

Tessat blickte seine Tochter verständnislos an. Bestimmt war sie krank! Er versuchte, sich zu beherrschen, und überspielte seine Gefühle mit Ironie: „Würdest du die Güte haben, mir deine Gründe zu erklären?"

„Ich dachte, es wäre dir klar nach jenem Gespräch neulich ... Ich kann nicht anders, ich will nicht von deinem Geld leben."

Tessat war außer sich: „Du ziehst es also vor, dich von einem Schmarotzer vom Typ deines Bruders aushalten zu lassen?"

„Ich wußte, daß man mit dir nicht reden kann. Das entschuldigt dich vielleicht. Lucien ist voll und ganz schuldig, weil er anders leben könnte. Du aber verstehst es nicht besser. Mit der gleichen Selbstverständlichkeit, mit der du Geld nimmst, Schufte deckst, gegen die Spanier hetzt, beleidigst du mich jetzt. Reden wir lieber nicht weiter."

„Warte! Wohin willst du?"

„Zu mir. Ich habe ein Zimmer gemietet."

„Von Mutters Geld? Das heißt von meinem?"

„Nein. Ich arbeite in einem Büro."

„Wieviel zahlt man dir denn für deine wissenschaftlichen Arbeiten?"

„Achthundert Franc im Monat."

Tessat lachte gekünstelt. „Sehr üppig! Dein Studium hat sich gelohnt! Warte doch!" Verstört faßte er sie bei der Hand wie ein Kind. Mitleid hatte den Zorn verdrängt. Armes Kind! Das waren die Nerven. Das Mädchen sollte schleunigst heiraten. Schon vor geraumer Zeit hatte er zu Amélie gesagt ...

„Denise, schlag dir die Dummheiten aus dem Kopf! Du mußt mal ausspannen, dich erholen. Das ist einfach eine Neurasthenie. Auch ich hatte in meiner Jugend solche Anfälle ... Warte doch!"

Aber Denise war schon gegangen. Er holte sie im Vorzimmer ein und versuchte, ihr Geld zuzustecken. „Nimm doch, du Närrin! Ich bitte dich, nimm es! Mir zuliebe ..."

Denise ging, ohne das Geld genommen zu haben. Tessat kehrte in sein Arbeitszimmer zurück, legte sich aufs Kanapee und begann plötzlich zu weinen. Er wunderte sich selbst über diese Tränen: Wann hatte er jemals geweint? Das dumme Mädel! Sie würde zugrunde gehen. Konnte man etwa mit achthundert Franc leben? Keinen Monat würde sie das aushalten, sie würde mit irgendeinem für ein Paar Strümpfe schlafen und dann von Hand zu Hand gehen. Und alles wegen dieser verfluchten Politik! Warum hatte er sich nur darauf eingelassen?

Als Denise das verhaßte Haus verlassen hatte, fühlte sie sich sofort erleichtert. Sie, die immer als ungesellig galt und „Murmeltier“ genannt wurde, war jetzt stets frohgelaunt. Die ehrbare Armut, die sie nun kennenlernen mußte, konnte ihrer Fröhlichkeit keinen Abbruch tun. Der mürrische Buchhalter nannte sie scherzhaft „unser Vögelchen“. In dem düsteren Büro, in dem von morgens bis abends das Licht brannte, saß Denise über Briefen, die von Tonnen englischen Anthrazits handelten, und lächelte. Auch in ihrem Zimmer lächelte sie. Sie hatte eine Mansarde in einem kleinen Hotel gemietet. Auf der finsteren Wendeltreppe roch es nach Feuchtigkeit und billigem Puder. In dem winzigen Zimmer mit der schmutzigen Tapete hatte mit Mühe ein Bett Platz. Aber selbst dieses Kämmerchen fand Denise wunderschön, und aus dem kleinen trüben Spiegel an der Wand blickte ihr zum erstenmal ein fröhliches Gesicht entgegen.

Denises Entscheidungen waren langsam herangereift. An einem der ersten Frühlingsabende, nach der Begegnung mit Michaud, hatte sie gespürt, daß sie allmählich innerlich frei wurde. Und jetzt trommelte der Herbstregen die ganze Nacht hindurch an das Mansardenfensterchen. Es hatte all der Ereignisse dieses Sommers, der Gespräche mit Michaud und langer Überlegungen bedurft, bis Denise endlich zu sich selbst fand. Aber sowohl ihre trotzig gerunzelte Stirn als auch ihr Lächeln besagten, daß ihr Entschluß unwiderruflich war. Und so kam der Abend, da sie nach längerer Zeit Michaud wiedertraf und schlicht und einfach sagte: „Und jetzt zu den ‚Taten‘. Ich möchte etwas für die Spanier tun. Abends habe ich frei.“

Sie gingen über den Boulevard Sébastopol. Es herrschte dichter Nebel, der erste Pariser Herbstnebel. Die Laternen schienen in gelben Wolken zu schweben. Man konnte die Hand nicht vor Augen sehen, und die Passanten prallten aneinander. Die feuchte Meeresluft vermischte sich mit dem Geruch von gerösteten Kastanien, Parfüm und Abgasen. Und die roten Leuchtbuchstaben „Fregatte“, „Zur Linde“, „Blumen“ tauchten bald aus den Nebelschwaden auf, bald verschwanden sie wieder.

„Ich wollte Sie anrufen.“

„Ich habe jetzt kein Telefon mehr. Ich bin umgezogen.“

Er verstand alles und drückte ihr die Hand. Sie lachte. Ihre fröhlichen Augen leuchteten im Nebel auf wie die Buchstaben der Reklameschrift.

Sie gingen ins Komitee. Dort hörte man nur ein Wort:

„Madrid". Und wer es nicht alles im Munde führte: Halbwüchsige, die von Schlachten träumten, Mütter mit Säuglingen im Arm, die ihre kümmerlichen Ersparnisse für die Mütter Madrids spendeten, Arbeiter, Maler, Kellner, Studenten, Ausländer. In diesen zwei engen Zimmern, die ein Stadtplan von Madrid und eine Papierfahne der spanischen Republik schmückten, traf sich das gequälte, aber lebendige Gewissen von Paris. Beunruhigt sagte man: „Sie marschieren auf Madrid", und man tröstete sich mit der Hoffnung: „Sie werden zurückgeschlagen!" Man gab Geld, bot seine Hände, sein Leben.

Denise versprach, jeden Abend herzukommen. Michaud hörte lächelnd zu, wie ungezwungen sie alle mit „Genosse" anredete, als wäre ihr dieses Wort von Kind auf vertraut.

Er begleitete sie nach Hause und kaufte unterwegs geröstete Kastanien. Sie wärmte die kältestarren Finger daran und erzählte von ihrem Leben.

„Der Buchhalter ist schrecklich brummig: ‚Wieder habe ich Ihretwegen einen Klecks gemacht!' Der Chef ist ein Faschist und ein Lump. Er behauptet, Madrid sei schon gefallen. Mich hat er ins Kino eingeladen. Er gab mir zu verstehen, daß es von ihm abhänge, ob ich eine Gehaltserhöhung bekäme oder rausgeworfen würde. Ich sagte ihm, ich hätte einen eifersüchtigen Liebhaber, der ein Meisterschütze sei. Da hat er mich sofort in Ruhe gelassen."

Sie lachten und waren fröhlich – in diesem dichten Nebel, da man nicht sah, wohin man trat, fanden sie ihr Glück.

Und dann sagte Michaud: „Übermorgen fahre ich."

„Dorthin?"

Er nickte.

„Werden Sie zurückkommen, Michaud?"

Er schwieg.

„Ich weiß, daß Sie zurückkommen werden."

Er antwortete nicht. Er wurde plötzlich traurig. Warum war alles so verfahren? Sie waren sich begegnet, hatten sich unterhalten, aber über etwas hatten sie nicht gesprochen. Und nun mußte er weg.

„Michaud, ich will, daß Sie zurückkommen."

Michaud heiterte sich wieder auf. „Natürlich komme ich zurück. Sobald wir gesiegt haben, komme ich zurück. Und dann ..."

Da war auch schon das Hotel. Die kleine rote Lampe war kaum zu erkennen; fast wären sie vorbeigegangen. Sie verabschiedeten sich ohne große Worte, wie immer. Doch plötzlich machte Denise kehrt, lief auf Michaud zu und küßte ihn unbeholfen auf die Wange. Als er wieder zu sich kam, war sie nicht mehr zu sehen. Noch lange stand er da und lächelte. Lichtdurchflutete Nebelschwaden zogen vorüber.

30

An jenem Abend, als die Arbeiter des Seine-Werks ihre nach Spanien fahrenden Kameraden feierlich verabschiedeten, brachten die Zeitungen eine Erklärung des sowjetischen Vertreters im Londoner Komitee. Das knappe, nüchterne Telegramm versetzte das arbeitende Paris in freudige Erregung. Auf den Straßen, in der Metro, in den Cafés sagten die Leute: „Jetzt sind die Spanier nicht mehr allein!"

Michaud kam sich vor wie ein Geburtstagskind. Zur Freude auf die Reise gesellte sich noch eine andere: der Triumph der Idee, der er sein Leben gewidmet hatte, und aufgeregt begann er seine Rede:

„Wie lange ist dies nur ein Traum gewesen! Wovon hat der gejagte Babeuf geträumt, als er die Sansculotten von Saint-Antoine anspornte? Vor seiner Hinrichtung hat er zu den Richtern gesagt: ‚Unsere Revolution ist nur die Vorläuferin einer anderen, einer größeren und schöneren!' Im Jahre achtundvierzig fielen die Blaublusen unter den Kugeln der Gardisten: ‚Arbeit oder Tod!' Der Kommunismus war für sie ein verschwommener Traum, Zauberbrot, märchenhafte Werkstätten, und die Väter sagten auf dem Sterbebett zu ihren Kindern: ‚Die soziale wird kommen! ...' Aus abergläubischer Furcht nannten sie die Revolution nicht beim Namen. Und die Kinder erhoben die Fahne der Kommune. Die Forts von Paris verteidigten sich, wie heute Madrid. Die Versailler erschossen Zehntausende der Besten, und in Erwartung der Kugel riefen die Gefangenen in den Orangerien von Versailles: ‚Sie wird kommen!' Das war ein Traum. Dafür starben die Streikenden von Fourmies. Dafür wurde Jaurès ermordet. Davon träumten die Soldaten in den Kasematten von

Verdun, in den Schützengräben der Champagne. Dieser Traum wurde Wirklichkeit in einem Land, einem mächtigen Staat. Und das kann durch nichts mehr vertuscht, durch nichts ausgelöscht werden. Wir werden nicht für etwas kämpfen, was eines Tages sein könnte, sondern für das, was bereits existiert."

Auf Befehl von Blum und Viard war die Grenze geschlossen worden. Dennoch passierten täglich Hunderte von Freiwilligen die Pyrenäen. Die einen mit der Eisenbahn, als Handelsvertreter oder Journalisten getarnt, die anderen zu Fuß, über Gebirgspfade.

Zusammen mit Michaud fuhren noch acht Arbeiter, die mit entsprechenden Papieren ausgestattet waren. Michaud reiste als Sonderberichterstatter der Zeitung „La Voie Nouvelle" – den Ausweis hatte Pierre besorgt. Vierundneunzig Freiwillige fuhren nach Perpignan, von wo sie nach Katalonien geschleust werden sollten.

Der Zug ging um acht Uhr abends. Auf dem unterirdischen Bahnhof am Quai d'Orsay hatten sich zum Abschied viele Leute eingefunden. Vor den Wagen der ersten und zweiten Klasse standen nur wenige Menschen. Ein frischgebackenes Ehepaar lachte. Ein alter Mann kaufte eine Zeitschrift mit einer nackten Frau auf dem Titelblatt. Eine Dame am Abteilfenster zupfte nervös an einem Blumenstrauß. Gepäckträger schleppten Koffer mit bunten Hoteletiketten aus aller Welt. Die Reisenden waren Großhändler, Pariserinnen, die sich im Süden von den Herbstnebeln erholen wollten, und Beamte, die nach Algerien kommandiert worden waren. Jemand sprach von den spanischen Ereignissen: „Madrid wird über kurz oder lang eingenommen werden. Dann wird sich alles wieder beruhigen."

Vor den Wagen der dritten Klasse hatte sich eine ungewöhnliche Menschenmenge versammelt. Auch hier sah man Blumen – rote Rosen und Nelken, die in dem Rauch wie winzige Fähnchen aussahen. Gekommen waren die Freunde, Genossen, Mütter und Frauen der Freiwilligen. Geflüsterte Liebes- und Treueschwüre wurden von lauten, freudigen Ausrufen: „Jetzt werden sie Madrid nicht kriegen!" und von Liedern übertönt. Denise stand in der Menge, und erst als der Schaffner „Einsteigen!" rief, zwängte sie sich nach vorn, zupfte Michaud am Ärmel und sagte leise: „Ich werde warten."

Ein Pfiff ertönte, und auf dem Bahnsteig erhoben sich Fäuste, auch aus den Fenstern reckten sich Fäuste. Vor einem Wagen erster Klasse schrie eine Dame: „So eine Schande!" Denise winkte mit dem Taschentuch. Wie durch Nebel sah sie Michaud. Er rief: „Und ob!" Eine alte Frau, die Mutter eines Freiwilligen, schluchzte laut. In dem schwarzen Tunnel blinkten die roten Rücklichter, und von dort erschallte das Lied des neuen Krieges.

Michaud hatte in den letzten Tagen kaum geschlafen, so daß ihm sofort die Augen zufielen. Im Schlaf hörte er das Rattern der Räder, Diskussionen, die Namen der Stationen. Er erwachte im Morgengrauen in der Nähe von Narbonne. Der Zug fuhr an grauen Seen mit menschenleeren, weidenbewachsenen Ufern entlang. Dicht über der unbeweglichen Wasserfläche kreisten Vögel. Dann färbte die Sonne das Wasser rosarot. Und plötzlich dachte Michaud an Denise, an die Wärme ihrer Hände, an ihre letzten Worte. Es war nicht Traurigkeit, was er empfand, sondern eine tiefe innere Ruhe.

Und da war schon das Meer! Wie ruhig es dalag! Hier war alles wie geschaffen zum Glücklichsein: die Weinberge, die südliche Sonne, die leichten Fischernetze. Aber ganz nahebei tobte der Krieg, hinter jenen Bergen. Alle Insassen des Wagens waren erwacht. Erwartungsvoll betrachteten sie die bald violett, bald ziegelrot schimmernden Berge, hinter denen ihr Schicksal lag.

Die spanischen Grenzsoldaten begrüßten den fast leeren Zug – nur noch Freiwillige saßen darin – mit erhobenen Fäusten. Zwischen den ersten Ruinen pfiffen junge Burschen den unbekümmerten und wehmütigen „Riegomarsch".

Sechs Wochen später verteidigte Michaud, Leutnant des Bataillons „Pariser Kommune", mit einer Hundertschaft Franzosen ein kleines, halbzerstörtes Dorf in der Nähe von Madrid. Eine Stunde vor Sonnenaufgang waren sie dort angekommen. Ringsum lag wie ein versteinertes Meer die Kastilische Sierra. Wie wenig glichen diese Menschen der sie umgebenden Landschaft! Alles an ihnen war anders: die fröhlichen, lebendigen Gesichter, die Scherze, die nachlässige Sprache. Sie konnten nicht eins werden mit dem wilden und schönen Land, mit seinen stolzen, rauhen Bewohnern, die von verborgenem Fanatismus erfüllt waren. Sie, die Kinder des spöttischen und kindlichen Paris, fühlten sich hier wie Fremde. Nur der Glaube an die gemeinsame Sache und die Herzlichkeit der Spanier linderten ihr Heimweh.

Nach einer kurzen Artillerievorbereitung eröffneten die Faschisten gegen sieben Uhr früh den Angriff. Vier Maschinengewehrschützen wurden von einer Granate getötet. Michaud und seine Kameraden lagen in eiligst ausgehobenen flachen Schützengräben auf dem Kamm eines Hügels. Sie sahen, wie die Faschisten die steinernen Terrassen heraufkrochen. Maschinengewehrfeuer brachte den Feind zum Stehen; aber gleich darauf folgte eine zweite Welle. Michaud kommandierte: „Handgranaten!"

Es dauerte nur wenige Minuten. Aber ihm kam es vor wie ein ganzer Tag. Sie hatten den Angriff abgeschlagen. Ein Kamerad Michauds, der Schlosser Janteuil, starb am Mittag. Unter Qualen stieß er hervor: „Sag meinen ...", mehr konnte Michaud nicht verstehen.

Gegen Abend löste ein spanisches Bataillon die Franzosen ab. Von hundert Mann waren nur zweiundvierzig übriggeblieben. Siebzehn wurden ins Lazarett gebracht.

Die Franzosen machten ein Feuer, wärmten die geschwollenen Füße, kochten sich eine Suppe. Einer sagte seufzend: „Diese Wassersuppe ..." Gewöhnlich scherzten oder sangen sie in der Kampfpause. Heute waren alle trotz des militärischen Erfolges sehr niedergeschlagen. Wie viele Freunde hatten sie auf dem Hügel zwischen Steinen und Dornengestrüpp zurückgelassen! Der Abend war kalt, ein eisiger Wind wehte. Die Kämpfer fröstelten in ihrer leichten Kleidung. Einer fluchte die ganze Zeit, wohl um sich das Herz zu erleichtern. Was verfluchte er: die Suppe, den Wind, die Faschisten, den Krieg?

Das Dorf war verwaist. Seine Bewohner waren geflohen. Nur in zwei oder drei Hütten schimmerte noch ein schwacher Lichtschein. Wie ein Gespenst trat aus der Dunkelheit eine alte Frau ans Lagerfeuer. Es war eine einfache Bäuerin in schwarzem Kleid, mit einem schwarzen Tuch um den Kopf. Sie sagte etwas zu Michaud. Er verstand nicht; mit Mühe hatte er ein paar Brokken Spanisch gelernt. Da holte die Alte einen Schinken und gab ihm zu verstehen, daß er essen solle. Michaud dachte an Jeannots Mutter: diese Bäuerin war wie Clémence. Sie seufzte. Wahrscheinlich wollte sie sagen: Auch dich wird man töten ... Wie klein ist doch die Welt, und wie verständlich ist alles!

Michaud sagte zu dem neben ihm sitzenden Kameraden: „Die Leute hier sagen: ‚Ihr kämpft für uns!' Nein, wir kämpfen für Paris, für Frankreich. Auch Janteuil ist heute für Paris gestorben. Ich war mal bei ihm. Er wohnte in Montrouge. Ein kleiner Platz, unten ist ein Café ..."

Und der Kamerad begann leise zu singen: „Ach Paris, du mein Dorf!"

31

Paris setzte sein gewohntes Leben fort: Theaterpremieren, Herbstsitzung des Parlaments, neue Moden, der übliche Bankkrach, sensationelle Entführung einer reichen Amerikanerin, ein paar Schlager, ein paar Selbstmorde. Tessat hoffte immer noch, Blum zu stürzen. Aber in den Wandelgängen sprach man von einer Stabilisierung der Regierung, die Politik der Nichteinmischung hatte die Radikalen beschwichtigt. Verschwunden waren sowohl rote Fahnen als auch Trikoloren. Dessère triumphierte. Er hatte zu Recht auf die Vernunft des Volkes gesetzt. In anderen Ländern töteten die Menschen einander, schnallten den Riemen enger, rüsteten auf, bauten Bunker und Gefängnisse, feierten Tribunen und Feldherren. Paris aber bejubelte immer noch Maurice Chevalier, der zum tausendsten Mal ungeniert sang: „Paris bleibt doch Paris".

Hinter den Kulissen dieses friedlichen Lebens jedoch tobte eine Schlacht. Wie Wasserstrudel brodelten die dunklen Leidenschaften. Familien entzweiten sich, und Tessat war nicht der einzige, bei dem in diesen Tagen der häusliche Frieden in die Brüche ging. Meinungsverschiedenheiten in Cafés endeten manchmal mit einer Schießerei, meistens aber mit wortlosem Bruch. Und die Ursache waren fremde Orte, war der Kampf in dem benachbarten und doch so unendlich fernen Land: Spanien hatte Paris in zwei Lager gespalten. Alle, die sich über die Streiks im Sommer empört, die um ihre Habe gebangt und die Fensterläden geschlossen hatten, wenn Demonstranten an ihren Häusern vorbeimarschierten, steckten jetzt hoffnungsvoll die Karte mit gelbroten Fähnchen ab. In den Arbeitervierteln aber sagten die Leute, über die gleiche Karte gebeugt: „Madrid wird sich halten!"

Mitte November mußten sogar Breteuils Zeitungen zugeben, daß die Truppen General Francos unmittelbar vor den Toren Madrids zum Stehen gebracht worden waren. In den Pariser Vororten wiederholte man die wunderwirkenden Worte, die von den Ufern des Manzanares hierher gedrungen waren: „No passarano!" Legenden über den Heldenmut der Madrider Arbeiter gingen um. Wie von den Heldentaten Rolands sprach man von den Internationalen Brigaden. Die Metall- und Textilarbeiter fügten dann oft voller Stolz hinzu: „Von uns sind auch welche dort! Duval ... Jacques ... Henri ..."

Viard las die Morgenzeitungen und lächelte: Madrid hält sich, die Trauben hängen zu hoch! Seitdem er Minister war, dachte er nicht mehr an den ideologischen Kampf, an Klassenauseinandersetzungen, an die Weltgeschicke. Politik bedeutete für ihn jetzt, Zugeständnisse an die einen oder anderen zu machen, täglich, manchmal sogar stündlich die Regierungsmehrheit zu errechnen, Ernennungen, Auszeichnungen, Versetzungen vorzunehmen. Die Welt war eng geworden wie ein mit wertvollen, aber leicht zerbrechlichen Nippsachen vollgepfropftes Zimmer. Man konnte sich darin nicht drehen, ja nicht einmal die Hand ausstrecken. Jetzt aber, als er sich sagte, daß Madrid sich hält, brach er für einen Moment aus diesem engen Zimmer aus. Er atmete freudig auf: Es sind doch tüchtige Kerle! Er dachte sogar: Dort sind auch die Unseren! Arbeiter, die der sozialistischen Partei angehören, sind dabei ...

Zu seinem Sekretär sagte Viard: „Haben Sie das gelesen? Breteuil hat zu früh triumphiert. Die Arbeiter – das ist etwas anderes als seine Getreuen, die bei der geringsten Kleinigkeit davonlaufen wie die Kaninchen." Dann wandte sich Viard wieder der langweiligen Kleinarbeit zu. Seine Sprechstunde begann. Er mußte ausweichende Antworten geben, mit freundlichem Lächeln Bitten abschlagen, Unmögliches versprechen. Es erschien der Abgeordnete Piroux, der Viard während der Julidemonstration in den Ohren gelegen hatte. Piroux war natürlich empört: „Jeden Tag überschreiten Dutzende von Menschen illegal die Grenze. Wir werden es mit Franco verderben. Morgen wird er Herrscher über ganz Spanien sein. Die Bevölkerung meines Departements ist an guten Beziehungen zu Spanien besonders interessiert, unabhängig davon, wer dort an der Macht ist.

Viard lächelte freundlich. „Lieber Kollege, noch ist ungewiß, wer siegen wird. Haben Sie die letzten Meldungen nicht gelesen? Aber ich will Ihnen nicht widersprechen ... Wir haben uns verpflichtet, keine Freiwilligen nach Spanien durchzulassen, und wir werden uns daran halten."

Als Piroux gegangen war, sagte Viard zu seinem Sekretär: „Wir müssen dem Präfekten der Ostpyrenäen Order erteilen, den Grenzschutz zu verstärken."

Zum Glück lagen keine offiziellen Einladungen vor; nach den opulenten Diners, die Viards Magen überforderten, aß er mit Vergnügen ein weichgekochtes Ei und Spinat. Ein schöner Tag stand ihm bevor; statt einer Parlamentssitzung – ästhetischer Genuß. Schon lange wollte Viard sich die Arbeiten des jungen Malers André Corneau ansehen, der im letzten „Salon" eine wunderbare Landschaft ausgestellt hatte: eine üppige Kastanie, links ein Karussell, rechts eine winzige Gestalt an einer Mauer. Wahrscheinlich waren auch die anderen Arbeiten interessant. Corneau war im Gespräch. Und jene Landschaft wollte Viard kaufen. Er war nicht geizig, warf aber auch nicht das Geld zum Fenster hinaus. Er dachte selbstgefällig: Im „Salon" hat man dreitausend verlangt, also wird er es mir für zweitausend ablassen.

Als André von dem bevorstehenden Besuch erfuhr, dachte er daran, was Pierre ihm erzählt hatte, und er runzelte die Stirn: Zum Teufel mit dem! Sollte er etwa sein Atelier aufräumen? Nein, das lohnte sich nicht.

Viard betrachtete lange jedes Bild und machte dazu seine Bemerkungen: „Diese zarten Farbtöne! Hier unter diesem Stuhl spürt man geradezu die Luft. Die Astern sind ein bißchen blaß. Diese Landschaft erinnert an Utrillo in seiner besten Periode." André hörte nicht zu. Zu Anfang hatte er Viard aufmerksam betrachtet und dabei gedacht: Den zu malen ist nicht interessant, sein Gesicht ist eine einzige verschwommene Masse. Dann steckte er sich seine Pfeife an, stellte gehorsam die Bilder zurecht, wobei er jedesmal eine dicke Staubschicht wegblies. Wahrscheinlich will er etwas kaufen – dieser Gedanke bereitete André weder Freude noch Unbehagen. Geld war ihm gleichgültig. Hatte er welches, so gab er es aus. Hatte er keins, so aß er zu Mittag Brot und Wurst. Früher hatte er eifersüchtig das Schicksal seiner Arbeiten verfolgt, hatte sich Gedanken gemacht, in welche Hände sie gerieten. Aber die Bilder wurden fast immer von Zwischenhändlern gekauft, und André hatte sich damit abgefunden, daß er sie nach Verlassen seines Ateliers nicht wiedersah.

„Mir hat besonders Ihre Landschaft gefallen, die im ‚Salon' ausgestellt war", sagte Viard. „Wissen Sie, die mit dem Baum . . ."

Schweigend stellte André das Bild auf die Staffelei. Es war sein Lieblingswerk. Am Tag nach der nächtlichen Begegnung mit Jeannette war er auf die Place d'Italie gegangen. Dort hatte er es gemalt. Es war ein trüber Tag gewesen. Das Mädchen an der Ecke hatte auf jemanden gewartet, und die Pferde des Karussells hatten sich ausgeruht.

„Diese Landschaft würde ich gern erwerben."

André blickte finster und klopfte die Pfeife am Tisch aus. Dann nahm er das Bild und drehte es zur Wand.

„Ist es schon verkauft?" fragte Viard erstaunt.

Mit der Brutalität eines Kindes, ohne zu überlegen, ohne die Worte zu wählen, antwortete André: „Ich will nicht, daß es bei Ihnen hängt. Sie verstehen nicht? Alles hat seine Grenzen. Nein! Sie sollen es nicht ansehen!"

Wenn Viard beleidigt war, zitterte sein ganzes Gesicht: der Kneifer, die Schnurrbartspitzen, die Unterlippe, das Kinn. Er sagte höflich: „Wie Sie wünschen", dankte für das Vergnügen und verließ steif das Atelier. André blickte ihm nach und schimpfte: „Lackaffe!"

Und an so eine Vogelscheuche hatte Pierre geglaubt, wie alte Weiber an die Gottesmutter glauben! Nein, wie verblendet Menschen doch sein können! Selbst so gute Menschen wie Pierre! André machte eine wegwerfende Handbewegung und setzte sich an die Arbeit, die durch Viards Besuch unterbrochen worden war. Er kam nicht voran, zwang sich aber weiterzumachen: Er hatte Angst, sich seinen Gedanken, seinem Zorn, seiner Schwermut zu überlassen.

Als es dunkel wurde, legte er sich, ohne Licht zu machen, aufs Kanapee und wartete auf die Stunde, da in dem toten Atelier Jeannettes Stimme erklingen würde. Das war wie ein Narkotikum, dem er verfallen war. Wo immer er sich um diese Stunde befand, stets suchten seine Augen einen Radioapparat.

Heute nun hatten die Kastanie und das Karussell die Erinnerungen mit neuer Kraft geweckt. Langsam verging die Zeit. Endlich leuchtete das grüne Auge auf. Gesang, Geigengefiedel, und dann Jeannette ... Zuerst sprach sie über den Meeresgrund, über Muscheln und ihr ewiges Rauschen – es war eine Reklamesendung für künstliche Perlen. Dann rezitierte sie Verse; den Namen des Verfassers hatte er nicht verstanden:

„Betrogen sterbe ich dahin,
Und wie der Sand, das Pendel alter Uhren ...“

Dann wieder Gefiedel und Gesang. André drehte mechanisch am Radioknopf. Eine hohe Frauenstimme sagte auf französisch: „Hier spricht Madrid. Heute haben unsere Truppen, Soldaten aus La Mancha, zusammen mit der Internationalen Brigade Angriffe im Universitätsviertel abgewehrt. Im Gegenangriff wurden die Faschisten aus dem Gebäude der medizinischen Fakultät vertrieben. Deutsche Flugzeuge bombardierten zweimal die nördlichen Stadtteile. Unter der Bevölkerung gab es Tote und Verwundete ...“

André sah aus dem Fenster. Die alte Rue du Cherche-Midi schlief. Es schliefen die Antiquitätenhändler und der fröhliche Schuster und die Blumenhändlerin. Es schliefen die Gäste des Cafés „Zum rauchenden Hund“. Es schliefen die Kater. Nur ab und zu ging ein verspäteter Passant vorüber. Ein Lastauto ratterte vorbei. Dann zog wieder Stille ein. Die grauen Häuser wirkten wie ausgestorben. Und tiefe Schwermut überkam André. Er dachte an Madrid. Er hatte diese Stadt nie gesehen, er versuchte, sie sich vorzustellen. Wie war sie – hell oder dunkel, laut oder still? Nachts leuchtete dort der ganze Himmel rot, und eine Frau schrie. Und so ging es jede Nacht ... Das war doch schlimmer als der Tod! Davon konnte man den Verstand verlieren. Nicht von den Bomben, sondern von dem einsamen Schrei. Aber helfen konnte man nicht. Da hatten sie nun ihre Fensterläden geschlossen, sich in ihre Betten verkrochen und schliefen. Sie fühlten sich geborgen, weil es draußen naß und kalt war, geborgen, weil das brennende Madrid fern war. Geborgen ... Und plötzlich beginnt dieser Himmel zu dröhnen. Die schwarze, feindliche Nacht wird lebendig. Hilflos bohren sich die Augen eines Scheinwerfers in den Himmel: Nein, nichts zu finden! Und dann ein Krachen. Einmal, zweimal, dreimal ... Eine Stimme im Radio: „Es gab Tote und Verwundete." Und nachts schreit eine Frau. Vielleicht Jeannette. Weshalb betrügt man sie mit dieser Stille, weshalb weckt man sie nicht und sagt ihr: Lauf aufs Feld, lauf ans Meer, egal wohin! Man betrügt sie alle: den Schuster, die Katzen, alle. Jeannette hat gesagt: „Betrogen sterbe ich dahin ..." Einfach und schrecklich.

Zweiter Teil

1

Dienstags traf man sich bei Montigny. Im geräumigen Herrenzimmer saßen in Wolken von Zigarrenrauch Breteuils Freunde und erörterten bei einer Tasse Kaffee und weißem Martinique-Rum die aktuellen politischen Fragen. Die Damen tranken derweil im Salon Tee und erzählten sich den neuesten Klatsch. Montignys Tochter Joséphine wartete ungeduldig auf das Erscheinen der Herren. Ihre Liebe zu Lucien, der jeden Dienstag zu den Montignys kam, war noch nicht erkaltet.

Seit dem Sieg der Volksfront waren knapp zwei Jahre vergangen. Wie Dessère vorausgesagt, hatte sich alles wieder eingerenkt. Viard prahlte: „Ich habe regieren gelernt und falle seitdem nicht mehr auf." Die Geschäfte gingen gut. Die Fabriken waren mit Aufträgen eingedeckt. Die Verkäuferinnen hatten alle Hände voll zu tun, die Waren zu verkaufen. Verschwunden waren die Schilder „Zu vermieten". Es gab keine leerstehenden Räume mehr. Die Wirtschaftsexperten schrieben vom Ende der Krise und prophezeiten eine lange Wohlstandsperiode.

Doch hinter äußerer Versöhnung schwelte eine allgemeine Unzufriedenheit. Die Bourgeois hatten die Junistreiks noch nicht vergessen – sie konnten der Volksfront die ausgestandenen Ängste nicht verzeihen. Vierzigstundenwoche und bezahlter Urlaub – das war die Ursache allen Unglücks! So dachten nicht nur Montignys Gäste, sondern auch Leute mit bescheidenem Einkommen, die eifrig Zeitung lasen. Die Ladenbesitzerin, die ihren Kundinnen erklärte, daß die Seife abermals um vier Sou teurer geworden sei, philosophierte: „Was soll man machen? Die Herren Arbeiter müssen ja in die Kurorte reisen ..." Der Bauer füllte seine Steuererklärung aus und murrte: „Diese Schmarotzer!" „Schmarotzer" waren für ihn der Lehrer, zwei Postangestellte und die Arbeiter in der benachbarten Kleinstadt. Auch die Arbeiter waren unzufrieden. Das Leben wurde mit jedem Tag teurer, und die Lohnerhöhung, die sie vor zwei Jahren erkämpft hatten, war bedeutungslos geworden. Streiks flammten auf. Die

Unternehmer gaben nicht nach. Viard appellierte an die Vernunft. Die Faschisten organisierten in aller Öffentlichkeit Kampfabteilungen, und die Arbeiter fragten: „Wer wird uns beschützen? Die Gendarmen bestimmt nicht, die lauern nur auf den geeigneten Moment, um mit uns abrechnen zu können." In Spanien tobten immer noch Kämpfe. Aber die Faschisten hatten Katalonien von Madrid abgeschnitten, und die Arbeiter brummten erbittert: „Verräter!" Verrat nagte an der Seele des Volkes wie Rost. Die Zeitungen schrieben von Kriegsgefahr. Deutsche Divisionen waren in Wien einmarschiert. Alle rätselten: Wohin wird sich Hitler jetzt wenden? Man ereiferte sich, stritt abends in den Cafés und ging dann friedlich schlafen. Der ungewöhnlich kalte Frühling des Jahres 1938 sah Paris gleichmütig und verstört, satt und unzufrieden.

Breteuil hatte in dieser Zeit vieles versucht. Die Freunde, mit denen er sich bei Montigny traf, ahnten nichts von seiner vielfältigen Tätigkeit. Da er die scheinbare Versöhnung für die Wurzel allen Übels hielt, hatte er das Jahr terroristischen Anschlägen gewidmet. Die verantwortungsvollsten Aktionen übertrug er Grinet. Grinet setzte sechs Militärflugzeuge in Brand und brachte in einem Eisenbahntunnel eine Höllenmaschine an. Um die Kapitalisten einzuschüchtern, befahl Breteuil Grinet, ein Haus, das dem Unternehmerverband gehörte, in die Luft zu sprengen. Die Bombe beschädigte die Fassade und tötete den Wächter.

Die Rechtspresse beschuldigte die Kommunisten dieser Anschläge. Viard gab den Journalisten eine ausweichende Antwort: „Die Hintergründe dieser Verbrechen sind noch nicht geklärt." Die Anhänger der Volksfront forderten rigorose Maßnahmen. Um sie zu beruhigen, „deckte" Viard eine „Verschwörung" auf. Natürlich tastete er weder Breteuil noch die Arsenale der Getreuen an; aber die Polizei schleppte aus etlichen Kellern Maschinengewehre und verhaftete ein halbes Hundert Getreuer. Viard stellte die Verschwörung als Dummenjungenstreich hin; die Zeitungen nannten die Verschwörer auf sein Geheiß „Cagoulards" und behaupteten, sie trügen mittelalterliche Kapuzen und Masken. Breteuil erklärte in der Kammer entrüstet, daß die Regierung „die wahren Patrioten" verfolge, und die Verhafteten wurden alsbald wieder freigelassen.

Jetzt beschloß Breteuil, seine Taktik zu ändern. Er ging von

Bombenanschlägen zu Parlamentsintrigen über, in der Hoffnung, die internationalen Verwicklungen würden ihm helfen, die Regierungsmehrheit zu spalten. An allen Mauern klebten Losungen: „Die Volksfront führt Frankreich in den Krieg!" Breteuils Freunde reisten durch das Land und beschworen die Bauern, „den Frieden zu retten". Die nächste Ministerkrise stand bevor: Die Radikalen hatten genug von den Sozialisten. Die Vermögenssteuer – die würde den vorsichtigen Blum zu Fall bringen! Dann konnte Tessat auf den Plan treten... Und Breteuil schmeichelte dem alten Advokaten, würdigte seine Reden, bewirtete ihn mit Entenbraten auf Rouener Art oder mit Fasanenragout. Tessat lobte die Speisen, blieb jedoch zurückhaltend, ja, er betonte sogar seine guten Beziehungen zu Viard: „Die Sozialisten haben sich als gute Franzosen erwiesen..." Vielleicht wollte er sich im Vorgefühl seines nahen Triumphs die Stimmen der Sozialisten sichern, vielleicht lag ihm daran, die linken Radikalen, vor allem den ungebärdigen Fouger, zu beschwichtigen, der Breteuil immer nur einen „Hitleristen" nannte.

Eine Regierung zu stürzen ist natürlich schwieriger, als ein Haus in die Luft zu sprengen. Breteuil mußte neue Männer um Hilfe ersuchen. Grinet und die anderen Ritter waren jetzt arbeitslos. Breteuil befreundete sich mit zwei angesehenen Abgeordneten, die bei Montigny verkehrten: Ducamp und Grandel. Sie waren ganz unterschiedlicher Natur. Ducamp, Sohn eines Tierarztes aus der Provinz, hatte in seiner Jugend die Armut kennengelernt; dennoch hatte er sich von der sozialen Bewegung ferngehalten. Sein Ideal war ein asketisches Frankreich der Ritterzeit. Er begeisterte sich für die Heldentat des lothringischen Hirtenmädchens, für die Leistung der unbekannten Erbauer der Kathedralen in Chartres und Reims, für die Nation als Ganzes. Im Krieg war er Flieger gewesen, hatte eine schwere Verwundung erlitten und zwei Auszeichnungen bekommen. Dann stieg er in die Politik ein und propagierte den „integralen Nationalismus". Ins Parlament hatten ihn die Einwohner eines Gebirgsdepartements gewählt. Ducamp plazierte sich in der äußersten Rechten; aber des öfteren setzte er seine Kollegen durch überraschende Äußerungen in Erstaunen. So sagte er eines Tages von der Rednertribüne herab: „Wenn uns die Schrecken einer neuen Kommune drohen, so würde ich den Posten eines Verteidigers von Paris der Doppelrolle eines Thiers vorziehen." Er war ein bescheidener, unansehnlicher Mann um die Fünfzig, der an einem Sprachfehler litt. In der Erregung redete er so undeutlich, daß ihn sogar die neben ihm Sitzenden nicht verstanden. In der Kammer trat er selten auf, genoß jedoch großen Einfluß. Man schätzte seine Redlichkeit und seine Kenntnisse – er war der beste Luftfahrtexperte und leitete die Kommission für Flugwesen. Er hatte sich Breteuil angeschlossen, weil er glaubte, die Volksfront werde Frankreich ins Verderben stürzen. Um ihn nicht zu brüskieren, erwähnte Breteuil in seiner Gegenwart mit keiner Silbe die Zusammenarbeit mit Deutschland.

War Ducamp in Parlaments- und Militärkreisen gut bekannt, so kannte das ganze Land Grandel. Grandel war jung und von anziehendem Äußeren: schmales Gesicht, Römernase, verträumte blaue Augen – er ähnelte den Bildnissen von Saint-Just. Er war ein ausgezeichneter Redner, und selbst seine Gegner lauschten ihm gebannt wie dem Gesang einer Nachtigall. Als kleiner Junge war Grandel ein Wunderkind gewesen; er spielte hervorragend Geige. Sein Vater, nach dem Waffenstillstand durch Börsenspekulationen reich geworden, machte bald Bankrott, und Grandel mußte sich allein durchschlagen. Er schrieb Essays über die „Mystik der Armut", über „Kosmische Stürme" und soziale Stücke mit allegorischen Gestalten. Wenige Jahre zuvor hatte er sich den Sozialisten angeschlossen. Er sprach mit großem Erfolg auf Versammlungen und wurde ins Parlament gewählt. Dort erklärte er plötzlich, daß ihn Blums und Viards Internationalismus anwidere, daß er Franzose und Vertreter der französischen Arbeiter sei, die nicht Marx, sondern Proudhon schätzten und sich von Fremden nichts vorschreiben lassen wollten. Grandel wurde der Held des Tages. Um ihn bemühten sich die Radikalen, die sozialistischen Republikaner, die Demokraten. Er nannte sich „unabhängiger Sozialist", unterstützte jedoch bei Abstimmungen die rechte Opposition und befreundete sich mit Breteuil. Grandel hatte viele Feinde. In den Wandelgängen des Parlaments lauschte man begierig den Gesprächen, die den Ruf des jungen Abgeordneten untergruben. Man behauptete, er treffe sich ziemlich oft mit dem Attaché der Deutschen Botschaft. Es hieß sogar, der Radikale Fouger habe Schriftstücke in der Hand, die Grandel kompromittierten. Das alles klang nach Verleumdung. Grandel selbst hob verächtlich die schmalen, wie gezeichneten Brauen: „Ein alter Trick – den Gegner diffamieren und gleichzeitig die Karten vertauschen! Zu gegebener Zeit werde ich beweisen, daß Fouger ein Agent Moskaus ist."

Vor drei Jahren hatte Grandel eine hübsche Kreolin geheiratet. Sie hieß Marie, wurde aber von allen nur Mouche genannt. Überall erschien Grandel in Begleitung seiner Frau. Man nannte sie die „Unzertrennlichen". Mouche verkehrte auch bei den Montignys. Sie beteiligte sich nicht an der allgemeinen Unterhaltung, sondern blätterte zerstreut in alten Alben. Joséphine witterte instinktiv in ihr eine Rivalin; Mouche blickte ziemlich oft nach der Herrenzimmertür, und ihr Gesicht veränderte sich, sobald sie Lucien sah.

Breteuils politische Kampagne wurde von Montigny finanziert, einem Mann mit strengem Charakter und Bulldoggengesicht. Joséphine sehnte nicht ohne Grund den Tag herbei, da sie endlich das Elternhaus verlassen würde – stundenlang nörgelte der Vater an ihr herum, ob sie nun ein Buch von Morand las oder sich die Lippen schminkte. Er war ein stumpfsinniger Tyrann. Er glaubte, daß Breteuil die Arbeiter zügeln werde. Über die Dividenden des vergangenen Jahres konnte er sich nicht beklagen; aber er fühlte sich gedemütigt: „Vierzigstundenwoche ... diese Kanaillen! Zähle ich etwa die Stunden, die ich arbeite? Und ich gehe dabei noch ein Risiko ein, ich kann Verluste erleiden. Die aber haben nur eines im Sinn – die Lohntüte. Diese Parasiten!" Die Arbeiter waren für Montigny nicht Gegner, wie für Dessère, sondern schreckliche Insekten, die alles zu verschlingen drohten. Ihre Faulheit und Habgier waren für ihn ein unerschöpfliches Thema.

So auch an diesem Abend. Er ließ keinen zu Worte kommen und erzählte zum hundertstenmal von der Unverschämtheit der Arbeiter, die einen Extrawaschraum gefordert hätten. „Demnächst werden sie noch Badewannen verlangen, was ich euch sage! Wenn man bedenkt – die Deutschen arbeiten rund um die Uhr, unsere Arbeiter aber fahren ans Meer baden ..."

Er bekam vor Ärger einen Hustenanfall. Das nutzte Breteuil aus; wichtiger als ein Waschraum war jetzt der bevorstehende Parlamentskampf. Um sich Ducamps Unterstützung zu sichern, berief er sich ebenso wie Montigny auf die deutsche Gefahr: „Ich denke, daß die Deutschen spätestens im Mai in die Tschechoslowakei einrücken werden. Bis dahin müssen wir eine wahrhaft nationale Regierung schaffen. Ich persönlich habe nichts gegen Tessat, vorausgesetzt natürlich, daß er auf die Stimmen der Kommunisten verzichtet."

Lucien verzog das Gesicht; er hatte schon lange geargwöhnt, daß Breteuil nicht eine Verschwörung, sondern Parlamentsintrigen plante. Aber er hatte nicht erwartet, daß sein Herr Papa zum Retter des Vaterlandes gemacht werden sollte. Welch sinnloses Unterfangen! Lucien unterdrückte ein Gähnen und dachte: Wenn sie doch endlich Schluß machten! Er wollte viel lieber mit Mouche plaudern.

Grandel unterstützte Breteuil: „Tessat ist das kleinere Übel. Man muß ihn nur von der Fouger-Clique loseisen. Gestern erfuhr ich, daß Fouger das gefälschte Dokument Tessat übergeben hat. Ich wandte mich natürlich sofort an Tessat: ‚Sag mir um Himmels willen, wessen man mich beschuldigt.' Er war die Liebenswürdigkeit in Person, drückte sich jedoch um eine Antwort. Der Plan ist klar: Sie wollen im Ausschuß Lärm schlagen. Ein klassisches Ablenkungsmanöver: Um Blum zu retten, zerren sie wieder einmal eine ‚Sensation' an den Haaren herbei."

Ducamp war außer sich. „Ich hätte nicht gedacht, daß Fouger zu solch einer Gemeinheit fähig ist. Ich habe ihn immer für einen ehrenhaften Menschen gehalten. Hat in Verdun gekämpft! Und nun verleumdet er einen politischen Gegner. Aber Sie, Grandel, werden diese Leute schon bloßstellen, bei Ihrem Redetalent . . ."

„Zu dumm, daß ich abwarten muß. Ich kann mich nicht einmal gehörig vorbereiten, weil ich ja den Inhalt dieser Fälschung nicht kenne."

Breteuil schaltete sich ein: „Auch ich habe versucht, mich mit Tessat zu verständigen; aber er weicht aus: er setzt auf beide Karten. Dabei sind wir alte Freunde. Schließlich hat er seinen Wahlsieg mir zu verdanken, und von diesen Verleumdungen glaubt er kein Wort. Was wollen Sie, der Mann ist durch die Parteidisziplin gebunden, er hat Angst, die Freimaurer zu verärgern. Herriot . . ."

Lucien lächelte verstohlen und sagte plötzlich: „Mein Vater ist ein ehrlicher Mensch, aber ein Waschlappen."

Die Abgeordneten errechneten das Stimmenverhältnis. Etwa

siebzig Radikale würden gegen Blum stimmen. Die Regierungsmehrheit schmolz dahin, aber sie schmolz zu langsam. Warten könne man jedoch nicht, meinten die Männer. In einem Monat werde Deutschland sich regen.

„Die Senatoren werden uns aus der Patsche helfen. Caillaux hat geschworen, Blum das Fell über die Ohren zu ziehen."

Ducamp brummte: „Caillaux ist ein Fuchs und ein Defätist." Dann erörterten sie das Programm der künftigen Regierung. Die erste Bedingung: Tessat muß mit den Kommunisten brechen. In der Sudetenfrage einen harten Kurs einschlagen, aber den Bogen nicht überspannen, einen für beide Seiten annehmbaren Kompromiß anstreben. Unverzügliche Anerkennung des Generals Franco. Laval nach Rom schicken: Man muß sich mit Mussolini einigen, bevor es zu spät ist. Kontrolle der Presse. Kredite für die Flugzeugindustrie – darauf bestand Ducamp. Sechzigstundenwoche.

Breteuil fügte für Montigny hinzu: „Sollten die Arbeiter die Fabriken besetzen, Anwendung von Waffengewalt."

Da lebte Montigny auf: „Gas! Nur Gas! Wie gegen Ungeziefer! Setzen Sie noch hinzu: Schnellgerichtsverfahren. Todesstrafe für terroristische Anschläge. Wir werden den Schurken schon noch kriegen, der die Bombe in den Verband geworfen hat. Guillotinieren ist für so einen noch viel zu milde!"

Breteuil blickte in Montignys stupides Gesicht; diesem Dummkopf war alles zuzutrauen! Er schützte dringende Geschäfte vor und empfahl sich.

Die anderen gingen in den Salon hinüber. Joséphine suchte einen Blick Luciens zu erhaschen, aber er sah sie nicht einmal an. Er setzte sich neben Mouche und begann ein Salongespräch über die Neuinszenierung von Giraudoux' Stück „Der Trojanische Krieg findet nicht statt".

„Ein gelungener Titel, man geht hin, um sich zu beruhigen."

Mouche flüsterte: „Am Donnerstag. Da ist er nicht zu Hause. Ich werde dir selber öffnen."

Ducamp redete hitzig auf Grandel ein, daß es an der Zeit sei, zu aktiver Politik überzugehen. „Mit oder gegen Italien, das ist einerlei. Es geht nicht um das Sudetenland, sondern um die tschechische Maginotlinie."

„Ganz recht; aber man darf nicht vergessen, daß dort Deutsche leben. Hitler hat doch erklärt, daß er im Westen keinerlei Ansprüche habe."

Ducamp war sehr erregt, er schrie Unverständliches. Es klang, als hätte er Kaugummi im Mund. Grandel meinte lächelnd: „Sie haben völlig recht."

Joséphine fing Lucien im Vorzimmer ab. Ohne ihn anzusehen, sprudelte sie hervor: „Lucien, sollte Ihnen etwas zustoßen, dann vergessen Sie nicht – ich bin für Sie zu allem bereit."

Er war gerührt, beherrschte sich aber. „Danke. Hier ist es kühl, Sie werden sich erkälten."

Tränen traten ihr in die Augen. „Wie ich Sie hasse . . ."

Draußen blies ein scharfer Ostwind. Lucien schlug den Mantelkragen hoch. Er hatte alles satt: Breteuil, Joséphines alberne Zärtlichkeit und Mouche.

In einer der „Landsmannschaften" machte Breteuil den Metroschaffner Aubry ausfindig, einen mißgestalten, bösartigen Mann. „Hör zu, Aubry, ein Verräter muß aus dem Weg geräumt werden."

Aubry strahlte, schon lange hatte er auf eine Gelegenheit gewartet, seinen Mut zu beweisen. Nur ein einziges Mal hatte er einen Auftrag bekommen, noch dazu einen ganz abscheulichen: Er mußte auf der Avenue de Wagram ein Mädchen verprügeln, das die „Humanité" verkaufte.

„Ich höre, Chef."

„Der Ritter Grinet muß aus dem Weg geräumt werden. Und zwar ohne jedes Aufsehen. Danach schiebst du ihm das hier unter."

Breteuil holte aus seiner Brieftasche ein Mitgliedsbuch der Kommunistischen Partei hervor.

Aubry stammelte: „Wird gemacht, Chef."

Zu Hause las Breteuil weder die Post, noch antwortete er auf Fragen seiner Frau. Er betete, kaum merklich seine schmalen Lippen bewegend. Grinet tat ihm leid. Aber was half es, ein neues Kapitel schreibt man auf ein leeres Blatt. So einer wie Grinet konnte nach drei Gläschen Picon alles ausplaudern . . . Natürlich war er ein ehrlicher Mann, aber ein Dummkopf. ‚Ich bin Ritter' . . . Solchen Leuten stand das Paradies offen. Was aber erwartete ihn, Breteuil? Er hatte viel auf sich geladen, er würde für alles bezahlen müssen. Breteuil betete noch einmal für

Grinets Seelenheil und sagte dann zu seiner Frau: „Einen Grinet habe ich nie gekannt, verstehst du?"

Die Frau wischte sich die Hände an der Schürze ab. Sie bereitete gerade Baisers zu, die Breteuil so gern aß, sah ihren Mann an und schrie: „Du Ungeheuer!"

Er sagte kein Wort.

2

Über einen morastigen Pfad stapfte Grinet von der Station Verney zum ehemaligen Jagdpavillon. Nach einer langen Schlechtwetterperiode war es der erste warme Tag, und Grinet dachte: Bald ist Ostern ... Auf einer Waldwiese knöpfte er den Mantel auf. Die Sonne stach. Unter den Bäumen reckten sich die spitzen grünen Blätter der Maiglöckchen, in einem Monat würden die Pariser hierher fahren ... Gewöhnlich verdrossen Grinet die Bilder des friedlichen Lebens, unbewußt beneidete er die anderen um ihre Sorglosigkeit. Jetzt aber, weich gestimmt durch die Sonne und die Frühlingsunruhe des Waldes, dachte er mit Rührung an die Pärchen, die auf diese Waldwiese kommen und Maiglöckchen pflücken würden.

Wohin würde Breteuil ihn diesmal schicken? An die spanische Grenze? In die Bretagne? Seit früher Jugend war Grinet das Herumreisen gewohnt, die stickige Luft verqualmter Waggons, die Kälte und Öde der Umsteigebahnhöfe, das Essen am gemeinsamen Tisch in drittklassigen Gasthöfen, wo die Handlungsreisenden sich sattsam bekannte Witze erzählten, die Nächte im ungeheizten Zimmer mit speckiger Bettwäsche und Öldrucken an den fleckigen Wänden. Ihm gefiel dieses Herumziehen nicht, aber er konnte sich ein seßhaftes Leben schwer vorstellen. Sein früherer Beruf kam ihm bei der Ausführung von Breteuils riskanten Aufträgen zugute; seine Wirtin schöpfte keinen Verdacht, wenn er hin und wieder für eine Woche verschwand. Er kannte Frankreich wie seine Westentasche. Überall hatte er seine Lieblingsplätze, seine Zechkumpane und seine Verbindungen zur Polizei. Die letzten vier Monate war er arbeitslos gewesen. Aubrys Brief hatte ihn weder erfreut noch betrübt. Gleichgültig packte er das Reisenecessaire und eine Flasche Kognak ein und steckte den Revolver in die Hosentasche. Zur Wirtin sagte er: „Ich fahre mit

Prothesen nach Annecy" und dachte dabei: Prothesen oder Bomben – ist es nicht einerlei? Was er vor zwei Jahren für Zornesausbruch, für Hasardspiel, für Romantik gehalten hatte, war Routinearbeit geworden. Er erfüllte sie zuverlässig, aber ohne Leidenschaft.

Der Aprilmittag, das Sonnengeflimmer, das aufgeregte Vogelzwitschern versetzten Grinet in eine zärtliche Stimmung. Er dachte nicht mehr an die Getreuen, sondern an die Tochter des Gastwirtes in Annecy, an die kraushaarige Loulou. Nicht zufällig hatte er seiner Wirtin gesagt, er führe nach Annecy. Er war mit seinen Gedanken bei Loulou gewesen, und so war ihm „Annecy" herausgerutscht. Wie schön wäre es, alles hinzuwerfen, Loulou zu heiraten und ein Café oder ein Hotel zu eröffnen. Träume! Grinet war nicht sparsam. Die Gelder, die er von Breteuil bekommen hatte, waren für Kleidung und für Geschenke an ebenjene Loulou draufgegangen.

Aubry erwartete ihn bereits. Der Jagdpavillon war eine halbverfallene, zwischen Erlen versteckte Laube mit geweißten Wänden, in die Liebespärchen Namen und Daten geritzt hatten. Aubry saß auf einer Steinbank und wandte bald die eine, bald die andere Seite der Sonne zu. Auch er genoß die Wonnen des Frühlings. Kein Wunder – nach den langen Monaten in der muffigen Metro mit ihren Seifen- und Säuregerüchen fühlte er sich hier an dem winzigen Fluß, unter den mit blaßgrünem Flaum bedeckten Bäumen wie im Paradies.

Aubry hatte ganz vergessen, weshalb er hier war, und als er den eleganten, glattrasierten Grinet erblickte, dachte er seufzend: Aus ist das Märchen! Sie begrüßten sich. Dann sagte Aubry: „Setz dich, Ritter Delmasse kommt noch. Er hat alle Instruktionen."

Grinet breitete eine Zeitung aus, er wollte seine neuen Hosen nicht schmutzig machen.

„Hier, in der Sonne, ist es trocken ... Ich bin auch lieber vorsichtig, wozu sich erkälten."

Sie blickten schweigend auf das silbrige Gekräusel des Flüßchens, und allmählich überkam sie wieder wohlige Mattigkeit.

„Kommt der Chef nicht?"

„Nein. Er fühlt sich nicht wohl. Ist ja auch nicht mehr der Jüngste."

„Wie alt schätzt du ihn?"

„Über sechzig."

„Er ist alt geworden. Seit dem Tod seines Sohnes. Vor zwei Jahren ist das gewesen. Ich erinnere mich noch genau, damals war der Streik. Seine Frau weinte. Er betete."

„Ja, eine schlimme Geschichte ... Bist du verheiratet?"

„Nein, und du?"

Für einen Augenblick erhellte ein schüchternes Lächeln Aubrys häßliches Gesicht. „Noch nicht."

„Du hast also die Absicht? Ist wohl auch besser. Ich werde auch bald heiraten. In Annecy habe ich eine gefunden ... Hübsches Mädel. Ihr Vater ist Advokat. Sie haben ein Gut. Ich will auch dorthin ziehen. Kaufe ein Hotel. In die Gegend kommen Engländer, und die bringen Valuta. Ich habe auch etwas auf die hohe Kante gelegt. Und das Mädchen ist ein Prachtexemplar. Singen kann die! Koloratur ..."

Loulou hatte nie gesungen, aber nachdem Grinet einmal zu lügen begonnen hatte, konnte er nicht wieder aufhören. Genauer gesagt, waren es nicht Lügen, sondern Wunschträume; ringsum zwitscherten fröhlich die Waldvögel.

Aubry musterte Grinets modische orangefarbene Schuhe und dachte betrübt: So einer findet leicht eine. Aber wer wird mich heiraten? Höchstens eine alte Schlampe.

„Dieser ... wie heißt er doch? Delmasse? Der hat sich sicher verirrt."

„Er wird schon kommen."

Aubry erwartete niemand. Er hatte alles genau geplant. Doch jetzt hatte er es merkwürdigerweise nicht mehr eilig. Grinet holte die Kognakflasche hervor. Da packte Aubry Brot und Wurst aus; er hatte sich für den anstrengenden Tag mit Proviant versorgt. Sie langten zu. Die Wurst war zäh wie Gummi. Grinet aber schmeckte es – der Spaziergang hatte ihm Appetit gemacht. Aubry trank einen Schluck aus der Flasche und sagte: „Auf dein Wohl!"

Der Kognak stimmte Grinet noch weicher. Er wurde schläfrig, gähnte und sagte, verträumt aufs Wasser blickend: „Ich angle gern. In Annecy, weißt du, gibt es solche großen Forellen ..."

Dann schlief er ein. Sein Hut rutschte zur Seite. Der Mund stand halb offen. Sein blasses Gesicht, gewöhnlich durch ein nervöses Zucken entstellt, wurde ruhig und schimmerte sogar rosig im Sonnenschein. Dieser schlafende Mann hatte etwas Kindliches an sich. Aubry zögerte immer noch. Er dachte nicht mehr an seine Einsamkeit, gab sich keinen Träumen hin. Stumpfsinnig wiederholte er immer wieder: „Los!" Übelkeit überkam ihn. Das eben noch empfundene Wonnegefühl ging in Schwäche über. Er verzog das Gesicht – dieser abscheuliche Kognak! Da schläft das Schwein! Ein Hotel will er aufmachen – „Victoria" oder „Mon Repos". Hat sich was! Wenn er aber gar kein Verräter ist? Der Mann will sich einfach zur Ruhe setzen. Natürlich ist es angenehmer, Fische zu angeln. Aber wieso ist er, Aubry, denn schlechter? Weshalb gibt es für ihn keine Ruhe? Prügeln, Morden – Schweinehunde! Dieses Schimpfwort, wer immer auch damit gemeint sein mochte, stachelte Aubry an. Wut stieg in ihm auf wie Magensäure. Und da zog er das Stilett.

Zwei Minuten später, als er sich überzeugt hatte, daß der Ritter Grinet tot war, schob er das Mitgliedsbuch, das Breteuil ihm gegeben hatte, unter die Bank. Es war auf den Namen Jacques Delmasse ausgestellt. Aubry betrachtete sorgfältig seine Hände, den Mantel und die Hosen und begab sich dann schnellen Schrittes zur Landstraße. Jetzt konnte ihn der Frühlingstag nicht mehr erfreuen. Die Übelkeit wollte nicht vergehen. Voller Ekel dachte er an die Wurst. Wie Gummi! Er wollte ausspucken, aber sein Mund war wie ausgetrocknet.

Es dunkelte schon. Auf der Landstraße standen zwei Mädchen an der Bushaltestelle. Als sie Aubry erblickten, kicherten sie, und die eine sagte: „Angenehmen Spaziergang!"

Aubry erwiderte wütend: „Schlampen!"

Am späten Abend meldete er Breteuil im „Kriegsversehrtenverein": „Ausgeführt!"

Breteuil dankte ihm und ließ ihn neben sich auf dem Kanapee Platz nehmen. „Das war deine Feuertaufe."

Da fragte Aubry: „War er wirklich ein Verräter?"

Breteuil erhob sich. „Ja. Du kannst gehen."

Während er Aubry nachsah, dachte er zerstreut: Auch der muß verschwinden.

Am nächsten Tag erschien in allen Zeitungen Grinets Foto. Die Reporter schrieben, daß der Ermordete für seine rechte Einstellung bekannt gewesen sei und an der Demonstration am 6. Februar teilgenommen habe. Er sei arm gewesen und habe keinen Centime hinterlassen. Eigennützige Motive für das Verbrechen kämen nicht in Betracht. Zwar behaupteten die Kommunisten, keinen Jacques Delmasse zu kennen, aber es sei offenkundig, daß sie Grinet umgebracht hätten, um sich eines politischen Gegners zu entledigen, der in der „katholischen Handlungsreisendengewerkschaft" Einfluß genossen habe.

Aubry las keine Zeitungen. Er sprach mit keinem über den rätselhaften Vorfall im Wald von Verney. Wie immer lochte er Fahrkarten und gähnte. Nach Dienstschluß ging er in ein Café und bestellte sich einen Pernod. Das trübe Getränk stieg ihm zu Kopf. Er trank ein zweites und ein drittes Glas ...

Am Nebentisch saßen Männer mit Arbeitermützen. Aubry wollte ihr Gespräch nicht belauschen, aber der Name Grinet, der immer wieder fiel, versetzte ihn in Wut. Grinet gab es nicht mehr, und er wollte nichts mehr von ihm hören. Diese Dummköpfe aber gaben keine Ruhe.

„Was tut's, ein Hund weniger."

„Ja, wenn so einer zu den Faschisten geht, dann ist er gekauft."

Aubry stand plötzlich auf, trat zu den Männern und sagte finster: „Alles Lüge! Er wollte sich ein Hotel kaufen. Aber umgebracht haben ihn die Kommunisten, solche Habenichtse wie du. Verstanden, du Schweinehund?"

Einer der Männer sprang auf und schlug Aubry ins Gesicht. Glas klirrte. Aubry fiel zu Boden. Das Café leerte sich rasch. Der bejahrte Kellner hatte lange zu tun, das schwere Geschirr, die Löffel und Spielwürfel aufzuheben.

3

Tessat hatte tags zuvor seinen sechzigsten Geburtstag gefeiert. In zahlreichen Telegrammen und Briefen prangte die Zahl „60". Junge Advokaten überbrachten ihm eine große Torte mit sechzig Kerzen. Am Abend wurden die Kerzen angezündet, und Tessat blickte lange in die flackernden blauen Flämmchen. Er versuchte, sich in eine elegische Stimmung zu versetzen, zwang sich, über die Länge des zurückgelegten Wegs und über das nahende Ende nachzudenken. Aber das waren abstrakte Gedanken; noch nie hatte er sich so jung gefühlt. Er sah in der Zahl sechzig nichts weiter als schöne Initialen. Sein Leben hatte gerade erst begonnen. Gewiß, er war ein berühmter Advokat, aber morgen würde er einer der Führer des Landes sein. Sein Name würde statt in der fünften Spalte des „Temps", wo über Gerichtsprozesse berichtet wurde, in der ersten stehen. Die Zeit der Extreme war vorbei. Das Land sehnte sich nach Ruhe. Es hatte die erhobenen Fäuste der Volksfront ebenso satt wie den altrömischen Gruß Breteuils, es zog den bewährten freundschaftlichen Händedruck vor, es blickte hoffnungsvoll auf den fröhlichen Feinschmecker, den guten Familienvater, den redegewandten, aber äußerst vorsichtigen Tessat.

Ja, der gestrige Abend war sehr schön gewesen, obwohl familiäre Sorgen ihn getrübt hatten. Vergeblich hatten die besten Professoren Konzilien abgehalten, vergeblich hatte Madame Tessat zur Kur in Vittel geweilt: ihre Krankheit verschlimmerte sich, die Anfälle kamen immer häufiger. Der gestrige Tag war für Amélie sehr aufregend und anstrengend gewesen, und am Abend, als Tessat im Schein der sechzig Kerzen über das von ihm beglückte Frankreich nachdachte, lag sie in dem halbdunklen, nach Arzneien riechenden Schlafzimmer und konnte nur mit Mühe das Stöhnen unterdrücken.

Aber Tessat hatte auch noch andere Sorgen. Lucien war unverbesserlich. Amélie nannte ihn noch immer ihren Kleinen, aber dieser „Kleine" war kürzlich vierunddreißig Jahre alt geworden. Mit der Diplomatenkarriere war es auch längst vorbei. Der Tagedieb hatte eine höchst sonderbare Verdienstmöglichkeit gefunden: Er schrieb in Joliots Zeitung über Pferderennen und gab Wettips. Es hieß, daß er von den Jockeis Hinweise bekomme und die Leute bewußt irreführe, daß er selber wette und die Hälfte der Einnahmen an Joliot abliefere. Das war wohl kaum der geeignete Beruf für den Sohn eines Ministers. Aus Rücksicht auf seine Gesundheit sprach Tessat gar nicht mehr mit Lucien; beim Mittagessen schwiegen beide, und sobald Lucien den Mund öffnete, zuckte Tessat erschreckt zusammen: Er fürchtete einen Skandal.

Noch mehr Kummer bereitete ihm aber Denise. Er wußte jetzt, daß es im Gefühlsleben keine Gerechtigkeit gab. Wenn er an Lucien dachte, bangte er um sich selbst. Der Sohn konnte ihm

Schande machen. Wenn Lucien ums Leben käme, würde Tessat zwar ein paar Tränen vergießen, sich im Grunde jedoch erleichtert fühlen. Anders verhielt es sich mit Denise. Daß sie das Elternhaus verlassen und den Vater kompromittiert hatte, indem sie Packerin in den Gnomewerken geworden war und, laut Mitteilung des Direktors der Geheimpolizei, irgendeinem kommunistischen Komitee angehörte, schien Tessat eine Bagatelle im Vergleich zu der Sorge um ihre Gesundheit. Sie fristete ein kärgliches Dasein, die schwere Arbeit überstieg ihre Kräfte, und bei einer dieser dummen Demonstrationen konnte sie gar ums Leben kommen ... Von Denise hörte Tessat nur durch die Polizei oder ein privates Detektivbüro. Er hatte ihr geschrieben, aber keine Antwort bekommen. Sie wollte nichts mehr mit ihm zu tun haben. Dieser Gedanke trieb ihm Tränen in die Augen. Er dachte an Denise, und im Schein der sechzig Kerzen erinnerte er sich, wie sie ihm als kleines Mädchen gereimte Glückwünsche auf rosa Papier geschrieben hatte. Er wurde traurig, aber da überbrachte man ihm ein Telegramm des Senatspräsidenten. Tessat lächelte: Er war die einzige Hoffnung des ehrlichen und vernünftigen Frankreich. Seine spitze Nase bedeckte sich mit winzigen Schweißperlen, wie immer in Augenblicken der Erregung. Er vergaß Denise und überlegte sich den Anfang einer Ministererklärung.

Am nächsten Morgen erlebte Tessat eine unangenehme Überraschung. Als er den Bericht des Botschafters in Prag noch einmal lesen wollte, stellte er fest, daß das Dokument, das Fouger ihm übergeben hatte, verschwunden war. Die ganze Geschichte mit Grandel verdroß Tessat. Er mochte keine Enthüllungen. Politik war eine delikate Angelegenheit; dazu gehörten nicht nur laute Reden, sondern auch das Flüstern in den Wandelgängen, vertrauliche Worte beim Frühstück „zwischen Käse und Birne“, nuancierte Gedanken, Andeutungen. Enthüllungen aber verstießen gegen die Spielregeln. Wie abscheulich war das Aufsehen, das Breteuils Bande seinerzeit um den unseligen Stavisky gemacht hatte! Sie hatten auch ihn, Tessat, in die Affäre verwickeln wollen ... Fouger wäre ohne die Stimmen der Kommunisten nicht durchgekommen. Verständlich, daß er für die Volksfront war. Aber Tessat wußte auch ohne ihn, daß Grandel ein Emporkömmling war. Vor Grandel mußte man sich hüten. Ein glänzender

Redner! Nur der verstorbene Briand hatte die Menschen so in seinen Bann ziehen können ... Aber wozu sensationelle Enthüllungen? Schon im Herbst hatte Fouger zu Tessat gesagt, Grandel habe Kontakt mit dem deutschen Spionagedienst. Tessat war ihm ins Wort gefallen. Er glaubte nicht an den Verrat eines Abgeordneten. Ja, selbst das Wort „Verrat" schien ihm aus einer anderen Welt zu stammen. Mit ausländischen Spionagediensten mochten sich vielleicht Majore einlassen, die ihr Geld beim Kartenspiel verloren hatten, Tagediebe wie Lucien, mit einem Wort – verkrachte Existenzen. Tessat hatte Verständnis für alle möglichen Vergehen, für Beziehungen zu Hochstaplern, für die Verteidigung von Gaunern – wo ist denn die Grenze zwischen der durchaus akzeptablen Beteiligung an einer Aktiengesellschaft und der Stavisky- oder Oustric-Affäre? Aber Verrat ... Ein Gedicht von Victor Hugo ging Tessat durch den Kopf – die Teufelsinsel, der Degen, der über dem Haupt des Verräters zerbrochen wird ... Nein, ein Abgeordneter würde so etwas nicht tun!

Vor drei Tagen aber hatte der unermüdliche Fouger ihm dieses verdammte Papier übergeben. Tessat hatte den Brief überflogen und in die Mappe mit den Unterlagen des Auswärtigen Ausschusses gelegt. In dem Schreiben war von zwei Millionen die Rede, die für die Propagierung der Heilquellen in Bad Kissingen und Baden-Baden ausgegeben worden waren. Tessat war entrüstet: Gut, Grandel verdiente an deutschen Bädern, aber das war doch kein Verrat! Zwar beteuerte Fouger, Grandel werde zu seiner Entlastung nichts vorbringen können. Doch Tessat war gegen eine Einmischung in das Privatleben der Abgeordneten. Das hatte er auch Fouger gesagt. Der aber ließ nicht locker: „Man muß die Mitglieder des Auswärtigen Ausschusses von dem Brief unterrichten." Das war eine äußerst dumme Geschichte, vor allem jetzt, wo es darum ging, mit Hilfe der Rechten Blum zu stürzen und sich zugleich die Unterstützung der Linken zu sichern. Tessat durfte Fouger nicht brüskieren, sonst würden alle linken Radikalen gegen die neue Regierung stimmen. Wenn Tessat aber das Schriftstück dem Ausschuß vorlegte, würde er Breteuil gegen sich aufbringen, die Rechten würden über die Radikalen herfallen, und die Radikalen müßten notgedrungen wieder Blum unterstützen. Nach reiflicher Überlegung beschloß Tessat, die Angelegenheit zwei Wochen zurückzustellen. Er hoffte, daß in den nächsten Tagen eine Ministerkrise ausbrechen würde.

Wer aber mochte dieses Blatt entwendet haben? Etwas so Mysteriöses war Tessat noch nie widerfahren. Die Mappe hatte im Schreibtisch gelegen. Wenn er wegging, verschloß er stets die Schublade. Alle anderen Papiere lagen an ihrem Platz. Wenn er Amélie das erzählte, würde sie wahrscheinlich antworten: „Der Teufel hat's gestohlen ..."

In der Kammer vergaß Tessat das verschwundene Schriftstück. Ein Gesetzentwurf über die Eröffnung zweier Veterinärinstitute wurde geprüft. Im Saal saßen nur die Abgeordneten der interessierten Departements. Die anderen hielten sich in den Wandelgängen und am Büfett auf. Man sprach über die bevorstehende Krise. Die Aufmerksamkeit, mit der man sich nach Tessats Befinden erkundigte, ließ eindeutig erkennen, daß Blums Tage gezählt waren. Viard beglückwünschte Tessat zum sechzigsten Geburtstag und seufzte melancholisch: „Mit sechzig hatte ich noch keine Ahnung, daß ich einmal ein Ministerportefeuille übernehmen müßte. Du fängst früh an. Viel Glück!"

Tessat kicherte: „Mit sechzig noch 'ne keusche Jungfrau – gar nicht schlecht. Apropos ..."

Er erzählte einen obszönen Witz. Viard errötete und ging weg. Plötzlich tauchte aus dem Tabaksqualm Fouger auf. Als Tessat seine Brille und sein Bärtchen erblickte – Fouger wollte in jeder Beziehung den Radikalen des vergangenen Jahrhunderts, den „Pfaffenfressern" gleichen –, erinnerte er sich augenblicklich an das verschwundene Schriftstück. Und Fouger fragte ohne Umschweife: „Wann wirst du den Fall Grandel im Ausschuß vorbringen?"

Tessat wehrte ab. „So etwas darf man nicht übers Knie brechen. Das will gründlich überlegt sein. Ich werde es mit Herriot besprechen. Jetzt ist doppelte Vorsicht geboten, sonst werden wir alle Zwischengruppen gegen uns haben."

Fouger ließ sich nicht beirren: „Die Rechten hassen uns ohnehin. Und unter den Linken haben wir keine Feinde. Außerdem ist das keine Partei-, sondern eine Staatsangelegenheit. Verstehst du – eine Staatsangelegenheit! Wenn Breteuil ein ehrlicher Mann ist, muß er als erstes Grandel rausschmeißen. Grandel ist doch ganz einfach ein deutscher Spion. Hast du den ‚Paris Midi' gelesen? Das Telegramm aus Berlin? Diese ,Unterdrückung der armen Sudetendeutschen kann mit einem Feldzug gen Strasbourg enden. Ich werde es nicht zulassen, daß in solchen Zeiten ein Vertreter der Fünften Kolonne ..."

„Wozu die Aufregung? Wir sind nicht in Spanien, bei uns enden Streitigkeiten nicht gleich mit einem Gemetzel. Beruhige dich doch! Ich bin älter und erfahrener als du. Wenn es an der Zeit ist, werde ich diese Angelegenheit schon vorbringen. Entschuldige mich, ich muß mit Daladier sprechen."

Tessat hatte es eilig, dem aufdringlichen Fouger zu entkommen. Aber der Gedanke an das verschwundene Schriftstück ließ ihn nicht mehr los. Natürlich konnte man die Sache vertuschen. Er könnte Fouger sagen, er habe das Dokument zur Begutachtung geschickt, und würde dann die ganze Schuld auf die Sachverständigen oder auf das Deuxième Bureau abwälzen – dort hatte er Freunde, die würden ihn decken. Er könnte sich auch einfach weigern, Fouger eine Erklärung zu geben, könnte das Schriftstück als Fälschung abtun und in der Fraktion die Vertrauensfrage stellen. Eine Lappalie. War es nicht einerlei, woher Grandel seine Einkünfte bezog? Schluß mit dem Puritanertum! Höchste Zeit, sich mit ernsthafter Politik zu befassen.

Dennoch ging ihm dieser alberne Wisch nicht aus dem Kopf. Er konnte sich den rätselhaften Vorfall nicht erklären. Wenn er nun von Viards Agenten oder, noch schlimmer, von Denises Freunden beschattet wurde? Tessat erschauerte. Für ihn waren die Kommunisten skrupellose Verbrecher, die vor nichts zurückschreckten. Sie konnten ihn in eine Falle locken und nach Moskau verschleppen. Waren es wirklich die Kommunisten? ...

Zu Hause versuchte er sich zu beruhigen. Er setzte sich an den Schreibtisch und sah noch einmal den Inhalt der Mappe durch. Er hoffte auf ein zweites Wunder – vielleicht lag das Schriftstück plötzlich wieder an seinem Platz? Aber es lag nicht da. Tessat studierte die Berichte des Prager Botschafters. Er war seit langem der Meinung, daß man sich wegen der Sudetendeutschen mit Hitler einigen könnte. Er hatte zu seinen Freunden gesagt: „Natürlich ist Karlsbad ein wunderschönes Bad, aber mich interessiert das Schicksal Vichys."

Aus dem Schlafzimmer drang ein Stöhnen herüber. Tessat riß sich von der Arbeit los und ging zu seiner Frau.

„Verzeih", flüsterte Amélie. „Ich hatte plötzlich solche Angst ... Ich werde nun bald sterben. Und was wird aus Lucien?"

Tessat blickte in ihr bleiches, blutleeres Gesicht und redete auf sie ein: „Du wirst wieder gesund werden. Ganz bestimmt. Alle Ärzte sagen das. Bald fahren wir beide nach Vittel. Ganz bestimmt."

Amélie dachte nicht an sich, sondern an ihren Liebling, den rothaarigen, leichtfertigen Sohn. „Sag doch, was wird aus Lucien?"

„Er ist kein kleiner Junge mehr. Er wird schon seinen Weg machen. Du darfst dich nicht aufregen."

Als er in sein Arbeitszimmer zurückkehrte, stieß er in der Tür mit Lucien zusammen. Da ging Tessat ein Licht auf: Lucien hatte das Schriftstück gestohlen. Schon öfter hatte er den Sohn in seinem Arbeitszimmer erwischt. Der hatte dann verlegen erklärt, er suche Streichhölzer oder die Abendzeitung. Jetzt war alles klar. Ja, so einem war alles zuzutrauen.

Tessat eilte in Luciens Zimmer. Auf dem Tisch lagen Fotos von Pferden, ein langer Damenhandschuh, ein Revolver. Tessat setzte sich aufs Kanapee, wischte sich mit der Hand über das feuchte Gesicht und fragte flüsternd: „Lucien, hast du den Brief an Grandel entwendet?"

Lucien schwieg. Da schrie Tessat außer sich: „Für die Deutschen arbeitest du also?"

Lucien stürzte mit erhobener Hand auf den Vater los, wich aber plötzlich zurück und murmelte: „Schuft!"

Dieser Lump beleidigte auch noch seinen Vater. „Verschwinde!" brachte Tessat mühsam über die Lippen.

Er ging in sein Zimmer. Er hörte, wie Lucien sich von der Mutter verabschiedete. Amélie schluchzte. Jetzt war alles aus! Wozu brauchte er noch einen Ministerposten? Die Tochter hatte ihn verlassen. Den Sohn hatte er weggejagt. Sein Sohn – ein Spion! Tessat bemitleidete sich selbst. Noch lange schneuzte er sich bekümmert. Und im Schlafzimmer weinte Amélie. Tessat ging zu ihr und setzte sich an ihr Bett. „Mamachen", so nannte er sie immer in rührseliger Stimmung, „nun sind wir beide allein."

„Warum hast du ihn weggejagt? Er ist stolz. Jetzt wird er nie mehr zurückkommen."

„Ich würde ihn auch nicht mehr über unsere Schwelle lassen.

Weißt du, was er tut? Er ist ein Spion. Er arbeitet für die Deutschen."

Tessat hatte immer gewußt, daß seine Frau dumm und ungebildet war, dennoch geriet er außer sich, als sie ihm antwortete: „Ich habe ja immer gesagt, Politik ist etwas Abscheuliches. Das hat Lucien doch von dir. Hast du nicht oft genug gesagt, man könne sich mit den Deutschen einigen und Hitler sei besser als Thorez?"

„Hör auf! Ich will das nicht hören ... Lucien ist kein Diplomat, sondern ein Spion. Begreifst du nicht den Unterschied?"

Tessat war ohnehin schlecht gelaunt. Er schlug die Tür zu und zog sich in sein Arbeitszimmer zurück. Dort ging er lange auf und ab und wiederholte immer wieder: „Spion. Söldling. Lump!" Dann setzte er sich erschöpft in einen Sessel. Er mußte alles genau überlegen. Wenn Lucien beauftragt worden war, ihm Dokumente zu stehlen, sah es sehr ernst aus. Also war Grandel tatsächlich in die Sache verwickelt ... Aber jetzt war das Schriftstück verschwunden. Es gab keine Beweise. Sollte er von dem Diebstahl erzählen? Damit würde er Lucien ins Gefängnis bringen. Das würde Amélie nicht überleben. Und was hätte er davon? Ein schöner Retter Frankreichs – Vater eines Spions! Nein, über den Diebstahl durfte er kein Wort verlauten lassen. Fouger würde er sagen, das Dokument sei eine Fälschung. Wie aber mit Grandel verfahren? Ein Spion in der Abgeordnetenkammer – das war unerhört! Aber Tessat hatte keinerlei Beweise. Unterstützte er Fougers Version, so schaffte er sich unter den Rechten nur Feinde. Und außerdem, ganz nüchtern betrachtet, selbst wenn Grandel ein deutscher Agent war, welchen Schaden konnte er Frankreich schon zufügen? Dem Militärausschuß gehörte er nicht an. Die Deutschen hatten sicher Zehntausende von Spionen ... Einer mehr oder weniger ... Im übrigen waren die Herren des Deuxième Bureau dafür zuständig und nicht er. Nachdem Tessat das Für und Wider erwogen hatte, beschloß er, die Sache auf sich beruhen zu lassen; Lucien aber hatte er hinausgeworfen, weil er ein Faulenzer und ein unverbesserlicher Trunkenbold war.

Er ging zu Amélie. „Von der Spionage rede zu keinem, das ist Unsinn, ich habe mich hinreißen lassen. Aber man hat mir wieder einen Wechsel von ihm gebracht. Außerdem hat er mich beleidigt. Du kannst ihm Geld schicken, aber mein Haus betritt er nicht mehr. Gute Nacht!"

Tessat legte sich in seinem Arbeitszimmer hin. Er löschte das Licht, lag mit offenen Augen da und dachte über sein verpfuschtes Leben nach. Seine Gedanken drehten sich wie immer um Denise. Zum erstenmal dachte er: Vielleicht hat sie recht? Sie hatte das verfluchte, seelenlose Haus verlassen. Was bedeutete ihr der Vater? Sie urteilte naiv, hatte keine Ahnung von der Justiz. Tessat verteidigte Mörder, beschaffte Alibis, vertrat die Interessen berüchtigter Gauner. Das war das geheiligte Recht seines Berufs. Für Denise aber war er ein Lügner, ein gewissenloser Mensch. Sie verstand auch nichts von Politik. Er spielte ein kompliziertes Spiel, er hielt Freundschaft mit Breteuil und stand auch mit Viard auf gutem Fuß. Das war notwendig, um Frankreich zu retten. Natürlich war es ein schmutziges Geschäft, und nun hatte Denise aufbegehrt. Sie hatte sich losgesagt vom Vater, der ein unbegreifliches, zweifelhaftes Leben führte, von der abergläubischen Mutter und dem Bruder, der sich als Spion entpuppt hatte. Denise war ehrlich und unversöhnlich ...

Tessat sah das strenge Gesicht der Tochter vor sich. Im Einschlafen verschmolzen die vertrauten Züge mit Bildern und Statuen. Bald hob Denise ein Schwert wie Jeanne d'Arc, bald hielt sie einen blutigen Dolch, bald hatte sie den finsteren Blick der Louise Michel, und er murmelte immer wieder: „Brandstifterin!" In seinen Augen waren die Kommunisten Mörder. Jetzt segnete er seine Tochter, die ihn töten sollte. Da kam sie schon auf ihn zu ... Ihr Gesicht war aus Gips, anstelle der Augen gähnten leere Höhlen. Sie preßte ihm die Kehle zu ...

Tessat schrie auf. Amélie weckte ihn. Als sie den Schrei hörte, wollte sie aufstehen, brach aber zusammen. Sie kroch zu Tessat und umklammerte seinen Kopf. „Was hast du, Paul?"

Er kam nicht gleich zu sich. „Ich habe von Denise geträumt ... Mamachen, jetzt sind wir allein ..."

Da läutete das Telefon. Tessat zuckte zusammen. Wer mochte so spät noch anrufen? Ob mit Lucien etwas passiert war?

Er nahm den Hörer ab. Marchandeau teilte ihm mit, daß vor zehn Minuten die Abstimmung im Senat zu Ende gegangen sei. Blum fordere außerordentliche Vollmachten; er habe 47 Stimmen bekommen bei über 200 Gegenstimmen.

Vor Erregung stotternd, sagte Tessat zu seiner Frau: „Morgen werde ich Minister sein. Das ist ein Sieg."

Er wollte etwas Fröhliches sagen, wollte Amélie Mut machen, sie beruhigen. Aber seine Nerven versagten: im hellblauen Pyjama am Schreibtisch sitzend, weinte er und wischte sich mit dem Ärmel die Nase.

4

Während die Senatoren unter ärgerlichem Hüsteln und mit zornroten apoplektischen Nacken Blum zuhörten, versammelten sich am anderen Ende der Stadt die seit über zwei Wochen streikenden Arbeiter des Seine-Werks, um die Antwort der Direktion zu erörtern. Dessère lehnte es strikt ab, mit den Arbeitern zu verhandeln, solange diese die Fabrikgebäude besetzt hielten. Er war jetzt weder zum Philosophieren noch zum Witzeln aufgelegt, die Zeiten hatten sich geändert. Und auch die Arbeiter hatten nicht mehr jenen Elan, der ihnen zwei Jahre zuvor zum Sieg verholfen hatte. Das Seine-Werk folgte dem Beispiel anderer. Der Streik erfaßte die gesamte Rüstungsindustrie. Jetzt gab es keine Fahnen und Konzerte, auch keine übermütigen Wortgefechte mit den Polizisten. Sie streikten, weil das Leben unerträglich geworden war; aber kaum jemand glaubte an einen Sieg.

Michaud war nicht dabei. Er kämpfte in Spanien. Seine Genossen wußten nicht, ob er noch lebte. Wie es hieß, hatte die Brigade „Pariser Kommune" in den Februarkämpfen große Verluste erlitten. Pierre hielt zu den Streikenden, aber auch ihn hatten die letzten zwei Jahre zermürbt. Er war ergraut, blickte finster und glich kaum noch dem naiven, begeisterungsfähigen Pierre von einst. Viards Verrat hatte ihn gebrochen. Er kämpfte weiter, und weder Agnès' traurige, kurzsichtige Augen noch der einjährige Doudou konnten ihn von riskanten Flügen nach Barcelona und Cartagena abhalten. Aber es war nicht Hoffnung, sondern bittere Verzweiflung, die ihn trieb.

Den Streik leitete Legreux. Hatte Michauds Enthusiasmus den Geist des Junistreiks ausgedrückt, so entsprachen die finstere Unbeugsamkeit und Schweigsamkeit Legreux' dem harten Kampf dieses kalten und mißlichen Frühlings.

Als Legreux die knappe Antwort der Direktion verlesen

hatte, herrschte Schweigen. Sein Vorschlag, den Streik fortzusetzen, löste weder Beifall noch Protest aus. Alle saßen niedergeschlagen da.

„Wer möchte sich äußern?"

Qualvolle Stille, hinter der die Niederlage lauerte. Plötzlich ertönte aus der Tiefe des langen, düsteren Hangars eine schwache Stimme: „Ich bitte ums Wort."

Aufs Podium stieg der alte Duchêne. Früher hatte er in der Gießerei gearbeitet, aber jetzt war er schon seit vielen Jahren Wächter. Er konnte sich kaum noch bücken, humpelte schwerfällig über den Hof, wollte aber seine Arbeit nicht aufgeben. „Zu Hause ist es langweilig", pflegte er zu sagen. Jeder kannte Duchêne. Er schien seit der Erschaffung der Welt hier zu arbeiten. Die Ingenieure hörten auf sein Urteil, Dessère begrüßte ihn mit Handschlag und sagte: „Das ist unser Stolz." Die Arbeiter waren gespannt. Was würde Duchêne sagen? Das war kein grüner Schreihals, dem alles gleichgültig war. Wozu sollten sie über die niedrigen Löhne, über die zunehmende Teuerung sprechen? Das war jedem bekannt. Aber jetzt war nicht das Jahr sechsunddreißig. Dessère gab nicht nach. Und die Familien hungerten. Dieser Streik war sinnlos und ausweglos ... Was also würde der alte Duchêne sagen, der in seinem Leben so vieles gesehen hatte?

Duchêne stand schweigend da. Schließlich öffnete er den Mund und begann mit brüchiger Greisenstimme zu singen: „Wacht auf, Verdammte dieser Erde ..."

Alle erhoben sich und reckten schweigend die Fäuste.

„Das ist alles, was ich sagen wollte."

Die Arbeiter beschlossen, den Streik fortzusetzen. Als sie einen Aufruf an die anderen Werke berieten, wurde Legreux herausgerufen: „Ins Komitee ... Die Regierung soll gestürzt werden."

Denise erkannte den Arbeiter mit der Narbe auf der Wange sofort wieder. Er war an jenem Abend, als sie Michaud kennengelernt hatte, zu ihr getreten. Vielleicht wußte Legreux irgend etwas? Denise bekam häufig Post: Michaud berichtete von den Kämpfen, von den Schwierigkeiten der spanischen Sprache, von den Brigadekameraden, von der Kälte und der Hitze in Aragonien, von der Tapferkeit der Bauern. Manchmal waren es kurze Notizen auf einem Fetzen Papier, manchmal aber auch lange Briefe. Er erinnerte sich an Paris, an die Abende, die er mit Denise verbracht hatte, dann wieder schrieb er über militärische Operationen, über die Kasematten von Teruel, über die Jagdflugzeuge, die sie „Stupsnasen" nannten. Im letzten Brief hatte er nach einer begeisterten Schilderung der Kämpfe um die Vororte von Teruel mit Bleistift hinzugefügt: „Ich liebe dich – und ob!" Denise trug diesen Brief immer bei sich; mehrmals am Tage vergewisserte sie sich, ob er noch da war, sie kannte jeden Buchstaben, und doch las sie ihn immer wieder.

Auf den ersten Blick schien ihr Leben trist: Arbeit, danach eine Versammlung oder ein Buch und Hefte mit Namen und Zahlenreihen. Aber Denise wußte, das war Krieg, und sie stand an der Seite Michauds. Seine Briefe, die an Kriegsberichte erinnerten, das jungenhafte, gleichsam versehentlich entschlüpfte Liebesgeständnis gaben ihr in Augenblicken innerer Erschöpfung neue Kraft. Aber seit Februar waren von Michaud keine Briefe mehr gekommen. Denise wehrte sich gegen die aufdringlichen Gedanken. Er lebt! sagte sie sich und wiederholte seine Lieblingsworte: „Und ob!" Aber ihre Unruhe wuchs. Als sie Legreux sah, dachte sie aufgeregt: Vielleicht weiß er etwas ...

In der Versammlung wurde über die Regierungskrise gesprochen. Der Senat fordere den Rücktritt Blums. Die Volksfront drohe zusammenzubrechen. Die Radikalen hätten sich in zwei Gruppen gespalten. Die Sozialisten lavierten – sie fürchteten, Tessat vor den Kopf zu stoßen und mit den Kommunisten allein zu bleiben. Die Streiks in Paris breiteten sich aus, aber es fehle der Elan. Die Bauern seien gegen die Arbeiter aufgehetzt worden. Im Vergleich zum vergangenen Jahr habe sich die Lage verschlechtert.

Jemand sagte: „Der Zeitpunkt ist verpaßt."

Man schrie auf ihn ein, er solle zur Sache sprechen. Man könne Paris zur Verteidigung der Volksfront mobilisieren. Wenn Blum sich weigerte zurückzutreten, wer würde dagegen auftreten? Breteuils Freunde, die Cagoulards, und vielleicht die Polizei. Die Armee würde die Faschisten nicht unterstützen. Blum und Viard müßten nur den Kampf aufnehmen.

Eine Resolution wurde entworfen: Die Regierung müsse an der Macht bleiben, Viard solle General Picard und seine Cagoulards verhaften lassen. Hilfe für Spanien. Endlich die Grenze öffnen! Eigentlich hätte man all das nicht niederzuschreiben brauchen; jeder kannte diese Worte auswendig; sie klangen abgedroschen und bedeutungslos wie „Guten Tag“ oder „Auf Wiedersehen“. Es wurde beschlossen, daß Duclos mit Blum sprechen und Legreux zu Viard gehen sollte: Legreux hatte Viard doch bei den Wahlen unterstützt. Außerdem war es besser, keinen Abgeordneten, sondern einen Arbeiter zu schicken: Viard sollte wissen, was das Volk sagte.

Zum Schluß wurde über den Streik diskutiert. Man mußte durchhalten! Vieles hing vom Ausgang der Krise ab. Denise wurde nach der Situation in den Gnomewerken gefragt.

„Alle wollen das Ende des Streiks, aber sie begreifen, daß man streiken muß. Sie werden die anderen nicht im Stich lassen.“

„Genau wie bei uns“, meinte Legreux lächelnd.

Auf der Straße holte Denise ihn ein. „Hast du was aus Spanien gehört? Wie geht es Michaud?“

Ihre Stimme verriet die Erregung. Legreux blickte finster. Schon den dritten Monat fehlte von dort jede Nachricht. Aber er sagte ruhig: „Alles in Ordnung. Ein Genosse ist gekommen ... Er hat Michaud vor kurzem gesehen.“

Denise konnte ihre Freude nicht verbergen. Und ein vages Lächeln erhellte Legreux' Gesicht.

„Ich komme morgen zu euch ins Werk“, sagte er. „Man muß die Leute aufmuntern ... Auch bei uns sieht's schlecht aus. Heute hat ein alter Mann die Situation gerettet. Er hat die ‚Internationale‘ angestimmt. Einer schämt sich vor dem anderen, nur deshalb halten sie durch.“

Legreux verabschiedete sich von Denise und ging den langen Quai entlang. Paris hatte sich hier völlig verändert: neue, auffallend weiße Häuser, Fabrik an Fabrik und Sirenengeheul wie in einem Hafen. Ein seltsamer Frühling. April, aber kalt. Die Menschen froren, waren gereizt, niesten. Die Kastanien trieben Blätter, ihr Grün schien fehl am Platze in dem grimmigen Winterwind. Legreux dachte an das freudige Gesicht des Mädchens. Und wenn Michaud etwas zugestoßen war? Nicht auszudenken! Sie liebte ihn, das war unverkennbar. Ein sympathisches Mädchen! Eine Studentin, hatte Michaud gesagt. Es ist doch schön, einen Menschen zu haben, der einem nahesteht. Man sagt, es lebe sich ruhiger. Nein, es ist noch aufregender. Aber schön ist es doch, das Leben ist ausgefüllter.

Legreux war, solange er denken konnte, immer allein gewesen. Seinen Vater hatte er nicht gekannt. Die Mutter starb, als er noch im Kleidchen herumlief. Ein Onkel nahm ihn zu sich, ein Geizhals, Fleischer von Beruf. Legreux mußte die Kannen mit Schweineblut zureichen, den Ofen heizen, die Fußböden scheuern. Dann ging er in die Fabrik.

Als der Krieg ausbrach, hatte er sich gerade in die lebenslustige und redselige Anne-Marie verliebt. An sie dachte er in den Schützengräben des Argonner Waldes. Der Krieg wurde dort unterirdisch geführt: man unterminierte sich gegenseitig. Ein Granatsplitter verletzte Legreux' Gesicht; die Narbe blieb. Und als er aus dem Krieg zurückkehrte, war Anne-Marie spurlos verschwunden. Sie war mit einem amerikanischen Flieger auf und davon.

Seitdem grollte Legreux allen Frauen. Er führte damals ein eintöniges Leben; er ging ins Kino, trank manchmal ein Gläschen. Dann interessierte er sich für die Politik. Er verliebte sich wieder und verpaßte wieder die Gelegenheit; er wußte nicht, wie er Margot seine Liebe gestehen sollte. Er glaubte, sie verachte ihn. Es war ein unruhiger Sommer: Sacco und Vanzetti ... Legreux sprach jeden Tag auf Versammlungen. Im Herbst heiratete Margot seinen Kumpel Dubon. Legreux dachte: Der ist wohl interessanter ... Zu Neujahr lud Dubon seine Freunde zu sich ein. Er wohnte in einem kleinen Haus in der Nähe der Festungswälle. Sie saßen bis in die Nacht beisammen, tranken, rauchten. Margot ging in das Gärtchen hinaus, um frische Luft zu schnappen. Und dort sprach sie Legreux an, als er gerade nach Hause gehen wollte. Sie redete zuerst von Filmen, fragte, ob er „Die Leidensinsel" gesehen habe. Er schwieg. Plötzlich sagte sie hastig: „Ich habe Sie damals geliebt ..." und lief zu den Gästen zurück. Legreux war auf sich selbst wütend und kam zu dem Schluß, daß er wohl nicht für das Glück geschaffen sei. Er wurde noch wortkarger.

Warum mußte er jetzt daran denken? Ja, da war Josette, die Tochter eines Genossen. Legreux schien es manchmal, als blickte sie ihn zärtlich an. Aber sie war vierundzwanzig, er dagegen schon zweiundvierzig. Er hatte zu ihr gesagt: „Ich bin zu alt für Sie." Weshalb war sie so zornig geworden? Er müßte mal mit ihr sprechen; aber er schob es immer wieder auf. Es war nie die rechte Gelegenheit. Jetzt, nach dem Gespräch mit Denise, dachte er: Und so vergeht das Leben ...

Er wickelte sich den Schal um den Hals. Mal regnete es, mal schneite es. Was war das bloß für ein Frühling! Er mußte Viard anrufen ... Wenn Blum zurücktrat, würde Dessère um keinen Preis nachgeben. Dann würde die Fabrik bestimmt mit Gewalt geräumt werden ... Noch vor kurzem sah es so aus, als hätten sie alles in der Hand. Morgen würde Breteuil das Kommando übernehmen. Sie hatten zu sehr auf ihre eigene Kraft vertraut: Mehrheit, Wahlen, Volksfront, Demonstrationen ... Die anderen aber hatten gewühlt und gewühlt ... So hatte man die Gelegenheit verpaßt. Wie Legreux bei Margot ... So eine Kälte!

Legreux betrat das Zimmer, in dem das Streikkomitee tagte. Man bestürmte ihn: Was gibt es Neues?

„Drei Punkte! Erstens – der Streik. Wir müssen durchhalten. In den anderen Werken herrscht Kampfstimmung. Abordnungen sind dort gewesen ... In den Gnomewerken werden sie um keinen Preis aufgeben. Dessère ist in einer Zwangslage. Flugzeuge werden dringend gebraucht. Hitler führt wieder etwas im Schilde ... Also wird man Dessère unter Druck setzen, er muß die bestellten Flugzeuge liefern. Zweitens – das Ministerium. Wir haben beschlossen, uns an die Regierung zu wenden. Sie darf nicht zurücktreten. Die Kammer hat ihr das Vertrauen ausgesprochen. Was aber ist der Senat? Ein Altersheim! Diese alten Knacker hätte man längst in den Ruhestand versetzen sollen. Ich werde zu Viard gehen. Wir bieten ihnen Unterstützung an. Falls nötig, gehen wir auf die Straße."

„Viard ist ein Halunke."

„Das bestreite ich nicht. Aber auch zwischen Halunken gibt es noch Unterschiede. Unsere Lage ist nicht gerade beneidenswert: Wir haben nicht zwischen zwei Rosen zu wählen. Mit Tessat wird es noch schlimmer werden."

„Das stimmt. Und der dritte?"

„Welcher dritte?"

„Du sagtest doch: drei Punkte."

Legreux lächelte. „Ach ja, der dritte betrifft das Wetter ... Ist das etwa ein Frühling, Genossen? Das ist kein Frühling, das ist eine Gemeinheit!"

5

In der vornehmen Rue du Faubourg-Saint-Honoré hatten sich schon in den frühen Morgenstunden Schaulustige vor dem Palais des Präsidenten der Republik eingefunden. Reporter hielten Notizblöcke und Objektive bereit. Man wettete, wen der Präsident zu sich bestellen würde. In den umliegenden Bistros wärmten sich die Neugierigen bei Kaffee und Grog. Um neun Uhr fuhr am Portal ein großer Wagen vor. Tessat, frischrasiert und angenehm duftend, stieg leichtfüßig die Treppe hinauf. Er ließ sich fotografieren, drohte den Journalisten jedoch scherzhaft mit dem Finger: „Der Präsident hat mich zu einer Konsultation gebeten. Das ist alles, was ich sagen kann. Die Knospen brechen auf, wenn die Zeit reif ist. Wozu sie vorzeitig öffnen? Geduld, Freunde, Geduld!"

Das Verschwinden des Schriftstückes, die Sorge um Denise, die Krankheit seiner Frau – alles war vergessen. Tessat strahlte. Einer der Journalisten murmelte neidisch: „Wenn man bedenkt, daß er schon über sechzig ist..."

Die Fotografen knipsten Herriot, Daladier, Bonnet. Der Tagesablauf der Abgeordneten und Senatoren war durcheinandergeraten. Keiner von ihnen hatte zur gewohnten Zeit gefrühstückt. Sie versammelten sich in den Wandelgängen der Kammer, sprachen über die Ereignisse. Der Präsident der Republik dankte dem Senatspräsidenten und bekam vor Erregung feuchte Augen. Daladier vergaß, seinen Aperitif zu trinken. Tessat umarmte Breteuil vor aller Augen. Vergebens erwarteten Schauspielerinnen der Comédie-Française, Balletteusen, Choristinnen oder einfach schöne Frauen zur gewohnten Stunde ihre einflußreichen Liebhaber. Den Vertretern der Nation war jetzt nicht nach Liebe zumute.

Nur für Viard begann der Tag ungewöhnlich ruhig. Ihn behelligten keine Reporter, er ging nicht in die Kammer, er war nicht mehr im Spiel. Schon im Winter hatte er begriffen, daß mit einem neuerlichen Verrat der Radikalen zu rechnen sei, und deshalb blieb er jetzt gelassen. Er beschäftigte sich mit häuslichen Angelegenheiten, beaufsichtigte die Arbeiter, die seine Bilder verpackten – er wollte unverzüglich in seine Privatwohnung umziehen –, schrieb an seine Haushälterin in Avallon, sie solle die

Renovierung bis Juli abschließen. In diesem Jahr würde er endlich den Urlaub genießen können.

Einige Tage vor Ausbruch der Ministerkrise war Viards jüngste Tochter Violette zu ihm gekommen. Sie wohnte in Nancy, wo ihr Mann eine Speditionsfirma besaß. Violette hatte ihren Vater sorgenbeladen vorgefunden: Er errechnete das Stimmenverhältnis, schimpfte auf die Senatoren, beklagte sich, daß niemand ihn verstehe. Jetzt aber hatte Violette allen Grund zur Freude: der Vater strahlte. Er trank Kaffee aus einer großen Tasse, blies die Milchhaut weg und lächelte verschmitzt. Wer von den jüngsten Ereignissen nichts wußte, hätte ihn für den Sieger halten können.

„Von heute an bin ich frei wie ein Vogel. Ich werde dir einige Ausstellungen in der Rue de la Boétie zeigen. Die letzten Arbeiten Derains sind wunderschön."

Er ging in sein Arbeitszimmer, wo ihn der Sekretär wegen dringender Angelegenheiten bereits erwartete. Der Präfekt des Departements Untere Charente habe eine Überschwemmung gemeldet; es müßten sofortige Hilfsmaßnahmen für die Geschädigten ergriffen werden. Noch gestern hätte diese Nachricht Viard erregt, wußte er doch, wie gut sich Naturkatastrophen für politische Agitation ausnutzen ließen. Jetzt aber zuckte er nur mit den Schultern und sagte: „Damit soll sich mein Nachfolger befassen. Ich beneide ihn übrigens nicht. Der Präfekt ist ein Freund Breteuils. Dieses Departement ist überhaupt ein Wespennest. Die Charente ist also stark angestiegen?"

Ohne der Antwort des Sekretärs zuzuhören, überließ sich Viard seinen Gedanken. Er sah den breiten, grauen und schweigenden Fluß vor sich. Hier und da ragten Baumkronen aus dem Wasser, Krähennester ... Viard, aller Staatssorgen enthoben, sah in der Überschwemmung nichts weiter als ein Naturereignis, Poesie.

In die Wirklichkeit zurück holte ihn ein ungebetener Gast – Legreux. „Die Kommunisten fordern Sie auf, nicht zurückzutreten. Die Volksfront hat bei den Wahlen gesiegt, und nur die Kammer drückt den Willen des Landes aus."

„Aber die Verfassung ..."

„Die Verfassung verpflichtet Sie nicht, sich dem Votum des Senats zu beugen. Sie wollen eine juristische Rechtfertigung? Bitte sehr! Als der Senat sich gegen ein radikales Kabinett aussprach, ist Léon Bourgeois nicht abgetreten. Nun aber zum

Eigentlichen. Wenn Sie zurücktreten, ebnen Sie den Faschisten den Weg. Zuerst Daladier, Bonnet, Tessat. Dann Breteuil."

„Wozu die Gefahr übertreiben, mein Freund? Daladier ist der Organisator der Volksfront. Und auch Tessat ist gar nicht so schlimm. Wenn ich nicht irre, haben die Kommunisten für ihn gestimmt. Er ist ein typischer Radikaler, schwankend, aber ehrlich."

Legreux konnte sich nicht verstellen. Er stand auf und sagte mit erhobener Stimme: „Sie haben einmal in meinem Beisein gesagt, Sie hätten Ihr Schicksal mit dem Schicksal der Arbeiterklasse verbunden. Die Arbeiter wünschen, daß Sie bleiben. Ich will Ihnen nichts vormachen. Wir haben Ihre Politik oft verurteilt, das wissen Sie. Aber jetzt ist nicht die Zeit für Streitigkeiten. Die Faschisten träumen von der Zerschlagung sämtlicher Arbeiterorganisationen. Und wir sind bereit, Sie zu verteidigen. Es ist Ihre Pflicht, zu bleiben. Für morgen ist eine Großkundgebung vor dem Senatsgebäude anberaumt. Wir werden diesen Greisen zeigen, wer der Stärkere ist."

Viard lächelte kaum merklich. „Ich bin Ihnen und Ihrer Partei sehr dankbar für das Vertrauen. Aber es ist schon alles entschieden. Heute morgen hat Blum dem Präsidenten ein kollektives Rücktrittsgesuch des gesamten Kabinetts überreicht."

Legreux setzte sich und bedeckte die Augen mit der Hand. „Das wird ein schlimmes Ende nehmen. Zuerst werden sie die Arbeiterbewegung zerschlagen. Und dann? Dann wird es uns wie Österreich ergehen – die Deutschen werden einmarschieren. Spaniens Tage sind gezählt. Die Tschechen wird man ans Messer liefern. Breteuil wird mit jedem paktieren – mit Mussolini, mit Hitler, nur um ‚Ordnung' zu schaffen."

Viard nickte teilnahmsvoll. Jetzt war er nur noch ein linker Abgeordneter, jetzt konnte er seinen Gefühlen freien Lauf lassen. „Sie haben völlig recht. Mit Spanien wurde ein abscheuliches Spiel getrieben. Das Nichteinmischungskomitee ist, offen gesagt, eine schändliche Komödie. Die Italiener machen, was sie wollen ... Ich teile Ihren Pessimismus voll und ganz."

Legreux wollte fragen: Aber wer ist denn schuld daran? Doch er schwieg. Er begriff die Sinnlosigkeit dieses Gesprächs. Viard streckte pathetisch die Arme aus. Legreux mußte daran denken, wie Viard ihn zwei Jahre zuvor auf einer Versammlung umarmt hatte. Er wiederholte: „Eine schändliche Komödie ... Auf Wiedersehen. Ich will Sie nicht länger belästigen."

Als Legreux gegangen war, dachte Viard: Er ist nicht ohne Feingefühl, er hat gemerkt, daß ich todmüde bin. Aber die anderen begreifen das nicht, setzen mir zu ... Ach ja, ich wollte doch dem Sekretär etwas sagen ...

Der Sekretär hatte den Notizblock schon in der Hand.

„Für morgen ist eine Kundgebung vor dem Senatsgebäude angesetzt. Verständigen Sie den Polizeipräfekten, daß die Kundgebung verboten ist. Ich möchte mir nicht den Vorwurf der Erpressung einhandeln. Wir sind geschlagen, und wir treten ab. Das sind die Regeln des ehrlichen parlamentarischen Spiels."

Er läutete nach dem Diener. „Es ist sehr kalt hier, heizen Sie den Kamin. Und bringen Sie meine Pantoffeln."

War das ein Genuß! Das Holz knisterte lustig. Viard zog die schweren Schuhe aus und genoß in warmen, pelzgefütterten Pantoffeln, ganz allein, um elf Uhr vormittags seine Freiheit. Er brauchte nirgends hinzugehen ... Seine Gedanken flossen träge und wohlig dahin ... Legreux übertreibt. Frankreich ist ein rätselhaftes Land, alle zehn Jahre bricht es zusammen und geht doch nie zugrunde. Es wird auch jetzt nicht zugrunde gehen ... Vielleicht haben die Senatoren recht. Die internationale Lage hat sich zugespitzt. Tessat, Daladier, Sarraut, sogar Laval ... Sie sind wie alte Hauspantoffeln, haben sich dem Fuß angepaßt, Frankreich hat sich an sie gewöhnt. Die Volksfront aber kann man vorläufig einmotten ...

Violette kam herein. Viard freute sich. Die rechte Zeit für ein Plauderstündchen. Er erkundigte sich nach ihrem Mann, dem Geschäft, der Wohnung. „Ich hatte so sehr gehofft, du würdest einen Jungen bekommen. Ich möchte gern einen Enkelsohn verwöhnen."

Viards ältere Tochter hatte zwei Mädchen.

„Maurice sagt, die Zeit sei jetzt nicht danach ... Bei uns in Nancy rechnen alle mit Krieg."

Violette wollte mit dem Vater über Politik sprechen. Maurice würde sie zu Hause mit Fragen bedrängen: „Was hat er gesagt?"

„Weißt du, Papa, die letzten zwei Jahre waren für mich sehr schwer. Bei uns versteht man dich nicht. In meiner Gegenwart sagen sie natürlich nichts. Aber durch Maurice und durch Jeanne erfahre ich doch einiges ... Irgendwie sind alle gegen dich. Die einen sagen, du hättest den Arbeitern zuviel Freiheit gegeben. Das habe ich selber gehört. Sogar im Kabarett sind sie darüber hergezogen. Die anderen dagegen sind wütend, weil du die Cagoulards freigelassen hast. An alles erinnere ich mich gar nicht mehr. Aber von allen Seiten wurde geschimpft ... Ich habe oft geweint."

Viards Kinn begann vor Kränkung zu zittern. Was konnte er der Tochter antworten? Daß große Männer zu Lebzeiten immer verkannt werden? Daß er Frankreich zwei Jahre lang vor einem Blutvergießen bewahrt hat? Doch solche großen Worte schienen ihm selber unangebracht. Er rückte noch näher an den Kamin und sagte: „Ich weiß, daß alle mich hassen. Seit Mutters Tod habe ich keinen Menschen mehr."

Dann stand er auf und träufelte sorgfältig zwanzig Tropfen einer Arznei in ein kleines Glas. „Beinahe hätte ich es vergessen ... Das muß ich eine Stunde vor dem Mittagessen einnehmen – zur Regulierung des Stoffwechsels."

6

Warum fühlte sich Mouche so zu Lucien hingezogen? Er liebte sie nicht und hatte auch nie vorgegeben, sie zu lieben. Für ihn war sie nur eine weitere Eroberung: eine hübsche Frau, die zudem als unnahbar galt. Erst jetzt begriff er, wie stark sein Gefühl für Jeannette gewesen war. Damals hatte Eifersucht ihn gequält, ungeduldig hatte er auf jede Begegnung gewartet, hatte Angst gehabt vor einer Erkaltung ihrer Gefühle, vor einer Entfremdung. Mit Mouche amüsierte er sich. Lediglich um die ihm langweilig werdenden Umarmungen etwas zu beleben, hielt er ihr plötzlich vor, daß sie mit ihrem Mann lebe. Mouche sagte unter Tränen: „Wenn du willst, verlasse ich ihn." Sie sah ihr Glück darin, in das schmutzige Hotelzimmer zu ziehen, das Lucien seit dem Zerwürfnis mit dem Vater bewohnte, zu hungern, die Socken des Geliebten zu stopfen, seine Artikel in die Redaktion zu bringen. Er aber sagte, nachdem er eine Weile den Eifersüchtigen gespielt hatte: „Nein. Ich brauche dich nicht; er aber liebt dich." Mouche weinte noch heftiger. Lucien verzog ungeduldig das Gesicht, und Mouche unterdrückte ihren Kummer, scherzte und sang Hawaii-Schlager.

Grandel hatte sie vor drei Jahren in einem kleinen Badeort in der Bretagne kennengelernt. Sie hatte ihm auf den ersten Blick gefallen. Er kletterte mit ihr in den Felsen herum und erzählte von „kosmischen Stürmen“; damals begann seine schriftstellerische Laufbahn. Im Winter heirateten sie. Beide waren jung, schön und geistreich. Grandel hatte obendrein noch Glück: Er wurde Abgeordneter und kam zu Geld. Sie mieteten eine schöne Wohnung in Auteuil, hatten viele Gäste. Mouche ließ bei den besten Schneidern arbeiten, fuhr in einem Cadillac spazieren, und der Chauffeur vergaß nie, den Wagen mit Parmaveilchen, ihren Lieblingsblumen, zu schmücken.

Einem glücklichen Familienleben schien nichts im Wege zu stehen. Im vierten Ehejahr jedoch begegnete Mouche Lucien und verliebte sich Hals über Kopf in ihn. Es war vor allem Luciens Aussehen, das sie so beeindruckte. Grandel war von einer kalten, gefühllosen Schönheit, er ähnelte einer Gravüre. An Lucien dagegen war alles ungestüm: sein borstiges feuerrotes Haar, die blitzenden Augen, das vage, kaum merkliche Lächeln, die langen schmalen Hände. Als Mouche ihn näher kennenlernte, begriff sie, daß sie solch einem Menschen noch nie begegnet war. Ein einziges Wort konnte ihn entflammen, dann wieder versank er in grundlos stumme Traurigkeit. Er schauspielerte oft, das blieb ihr nicht verborgen; aber auch dann blieb er stets er selbst; er sagte Grobheiten, machte sich selbst schlecht, war zu Edelmut und zu Gemeinheit fähig. Seine Zukunft schien ihm selbst ebenso rätselhaft wie allen anderen. Mouche war fasziniert von seinem Lebenslauf, dem Wechsel der Leidenschaften, seinen Treubrüchen, seiner abgrundtiefen Verruchtheit. Sie war in der gesitteten, pedantischen Familie eines kleinen Kolonialbeamten aufgewachsen, wo alles sein Maß hatte – die Liebschaften des Vaters, die Gebete der Mutter, die Bestechungsgelder, die Groschen, die die alte Dienerin bekam. Mouche hatte sich Grandel hingegeben, weil sie in ihm einen Romanhelden gesehen hatte. Nach dreijährigem Zusammenleben wußte sie jedoch, daß er ein hartherziger Karrierist war. Er hatte ihr einmal gestanden, daß er sie mit einer Schauspielerin betrogen habe, nur um sich Zugang zum Salon eines einflußreichen Abgeordneten zu verschaffen. Grandels einzige Leidenschaft war das Spiel. Früher hatte er ziemlich oft die Spielkasinos in Monte Carlo und Biarritz aufgesucht. Seitdem er Abgeordneter war, beherrschte er sich. Er sagte zu Mouche, die Politik sei für ihn auch nur ein Glücksspiel. Sie hatte kein Vertrauen zu ihm, verachtete ihn. Lucien gestand sie: „Ich habe das Gefühl, als würde ich mich ihm verkaufen." Lucien beschimpfte sie dann zuweilen, einmal schlug er sie sogar, meist aber antwortete er lächelnd: „Ich liebe Prostituierte, sie sind anständige Frauen."

Nachdem Lucien sich mit seinem Vater überworfen hatte und beinahe ein Hungerdasein fristete, fühlte sich Mouche noch stärker zu ihm hingezogen. Aber sie verstand nicht, was ihn bewog, Grandels Ruf zu retten. Die Geschäfte ihres Mannes interessierten sie nicht; sie fragte ihn nie danach. Einmal kam es ihr vor, als ahne ihr Mann etwas von ihrem Verhältnis. Sie bangte um Lucien, da sie Grandel jede Gemeinheit zutraute. Doch Grandel war nach wie vor freundlich zu Lucien, wenn er ihm bei Montigny begegnete.

Lucien erzählte keinem von seinen familiären Zwistigkeiten, aus Angst, Joliot könnte es erfahren und er würde seine Einnahmequelle verlieren. Auch Tessat zog es vor, über den Bruch mit seinem Sohn nichts verlauten zu lassen. Nur Mouche wußte alles. Grandel sprach jetzt fast jeden Tag über Lucien. Sie schwieg. Schließlich sagte er: „Ich weiß, daß du mit ihm befreundet bist, leugne es bitte nicht. Ich bin nicht eifersüchtig. Ich möchte nur, daß du ihn herbittest. Wir müssen etwas unter vier Augen besprechen."

Aufgeregt kam sie zum Rendezvous. Sie wußte nicht, wie sie Lucien Grandels Ansinnen beibringen sollte. Instinktiv spürte sie eine Gefahr. Lucien jedoch war wie zum Trotz fröhlich und neckte sie. Und zum erstenmal empfand sie in seinen Armen nichts als Angst. Sie befreite sich aus der Umarmung und sagte: „Er will dich sehen, Lucien, ich habe Angst um dich."

„Unsinn! Grandel ist kein Othello."

„Du verstehst mich falsch ... Es ist nicht Eifersucht. Er ist ein schrecklicher Mensch. Er wird dich in etwas verwickeln. Ich kenne dieses bewußte Lächeln bei ihm ... Was er nur von dir will?"

„Er weiß wahrscheinlich nicht, daß ich mich mit meinem Vater entzweit habe. Will mein Vertrauen gewinnen. Er ist ein Karrierist. Nun aber genug davon."

Er küßte Mouche. Sie entzog sich ihm und fragte plötzlich: „Von wem war jener Brief?"

Er zuckte die Achseln. „Eine dumme Fälschung. Eine Geldgeschichte. Unterzeichnet mit Kielmann."

Mouche vergrub den Kopf im Kissen. Lucien rüttelte sie an der Schulter. „Du weißt etwas? Rede!"

„Er wird dich umbringen."

„Rede! Was weißt du von dem Brief?"

„Von dem Brief weiß ich nichts ... Aber ich kenne Kielmann. Behalt es um Gottes willen für dich ... Er bringt dich um ... In Luzern war es ... Er hat mich mit ihm ein paar Minuten allein gelassen. Wir hatten ein Doppelzimmer ... Ein widerlicher Kerl, enggeschnürt, als trüge er ein Korsett, der Nacken ausrasiert ... Er sprach so komisch Französisch, sagte statt ‚d' immer ‚t'. Ein richtiger Boche. Aber red mit keinem darüber! Grandel hat mir damals verboten, darüber zu sprechen ... Er war sehr aufgeregt ... Und du weißt doch, daß er sonst immer die Ruhe in Person ist ... Du darfst dich nicht mit ihm einlassen."

Lucien hörte nicht mehr zu. Er zog sich hastig an. Dann schrie er: „Zieh dich an!"

Sie begriff nichts, wollte seine Hände küssen. „Sei nicht böse, Lucien! Ich kann nichts dafür."

Sie weinte. Dann nahm sie die Puderdose, um sich für ihn schön zu machen. Er riß ihr die Quaste aus der Hand. „Los doch!"

Sie verließen zusammen das Haus. „Lucien", flüsterte sie, „ich liebe dich ... Ich habe solche Angst ..."

Sie merkte, daß ihre Bluse nicht zugeknöpft war, und stürzte in die nächste Toreinfahrt. Als sie wieder heraustrat, war Lucien verschwunden.

Sie setzte sich auf eine Bank. Ringsum standen viele Leute; es war eine Bushaltestelle. Aber sie sah niemand. Ein Zeitungsjunge schreckte sie auf; direkt neben ihr rief er: „Gefahr noch nicht vorüber ..." Da schrie Mouche hysterisch auf, aus ihren Augen stürzten Tränen.

Eine Frau trat zu ihr und sagte freundlich: „Beruhigen Sie sich! Mein Mann hat mir gesagt, es wird keinen Krieg geben."

7

Es war acht Uhr abends, als Lucien zu Breteuil kam. Das Dienstmädchen führte ihn in den Salon und bat ihn zu warten – Breteuil aß gerade Abendbrot.

Der Führer der Getreuen lebte wie ein Durchschnittsbürger. In dem Salon stand ein Klavier, auf dem nie jemand spielte. Die Polstermöbel trugen Schonbezüge, damit der rote Atlas nicht ausbliche. Auf einem runden Tisch lagen Alben mit Familienfotos und ein großer Bildband „Die Schlösser an der Loire". An den Wänden hingen Landschaftsbilder: ein Sonnenuntergang am Meer und ein blühender Obstgarten.

Die Tür zum Speisezimmer stand halb offen. Lucien sah eine Vitrine, in der altes Kristall funkelte. Breteuil saß seiner Frau gegenüber und aß schweigend Pflaumenkompott. In der Ecke stand ein Kinderstühlchen: seine Frau wollte es nicht wegräumen lassen. Breteuil rollte sorgfältig die Serviette zusammen und kam zu dem Besucher herüber.

Er runzelte die Stirn, als er den erregten Lucien erblickte. Er mochte es nicht, wenn jemand ungebeten zu ihm kam. Aber Lucien entschuldigte sich nicht einmal, er war zu aufgeregt. Es war noch keine Stunde vergangen, seitdem er sich von Mouche getrennt hatte. Er sagte ohne Umschweife: „Der Brief ist keine Fälschung."

Breteuil lächelte. „Hat Ihnen das Ihr ehrenwerter Herr Vater gesagt?"

„Nein, ihm hätte ich nicht geglaubt. Aber ich weiß jetzt, daß Kielmann existiert und daß Grandel sich mit ihm getroffen hat."

Breteuil schritt in dem langgestreckten, düsteren Salon auf und ab. Lucien beobachtete ihn aus den Augenwinkeln. Er wollte Zorn, Verwunderung oder Besorgnis von seiner Miene ablesen. Aber Breteuils knochiges Gesicht blieb unbewegt. „Wer hat Ihnen das erzählt?"

„Ist das nicht einerlei? Den Namen kann ich nicht nennen; aber ich verbürge mich dafür."

Breteuil knipste das Licht an. Im grellen Schein des Kronleuchters kniff Lucien die Augen zu. Breteuil beugte sich zu ihm und sagte, den Arm auf die hohe Stuhllehne gestützt: „Ich rate Ihnen, Ihre Worte zu vergessen. Sie sind zum Spielball in fremden Händen geworden. Sie verbürgen sich für einen Menschen, dessen Namen Sie nicht einmal nennen wollen. Ich aber verbürge mich für Grandel."

Lucien stand auf und verließ, ohne sich zu verabschieden, den Salon. Im dunklen Vorzimmer tastete er lange nach seinem Hut. Dann machte er plötzlich kehrt. Breteuil stand in unveränderter Pose da. Lucien sagte überraschend ruhig, sogar nachdenklich: „Ich habe mich anderthalb Jahre mit Ihnen abgegeben. Doch jetzt möchte ich gern wissen: Sind Sie blind, oder ist Ihnen dieser Kielmann ebenfalls bekannt?"

Er hatte erwartet, daß Breteuil zuschlagen oder schreien würde: Sie Schuft! Aber Breteuil verzog keine Miene. „Sie sind viel zu erbärmlich, um mich beleidigen zu können. Ich gebe Ihnen einen Rat: Befassen Sie sich nicht mit Politik! Das ist nichts für Sie. Ihrem Charakter nach sind Sie ein kleiner Dieb oder ein Zuhälter. Verschwinden Sie!"

Lucien ballte die Fäuste, aber er stürzte sich nicht auf Breteuil, sondern ging mit gesenktem Kopf hinaus. Erst auf der Straße dachte er: Warum habe ich ihn nicht verprügelt? Und gleich darauf hatte er die erlittene Kränkung schon vergessen. Ekel vor sich selbst verdrängte alle anderen Gefühle. Er lief durch die Straßen, obwohl ein kalter Wind wehte. Es war Ende Mai, aber der Winter wollte nicht weichen.

Wieder einmal hatte Lucien den Zusammenbruch seiner Ideale erlebt; aber jetzt wußte er, daß das nicht wiedergutzumachen war. Er hatte für irgendeinen Kielmann mit ausrasiertem Nakken gearbeitet. Abscheulich! Und Mouche lebte mit Grandel ... Lucien vergaß, daß Mouche oft die Absicht geäußert hatte, Grandel zu verlassen. Lucien hatte ihr dann stets zugeredet, bei ihrem Mann zu bleiben. Jetzt aber sah er in ihr die Komplizin von Verbrechern. Wer wußte denn, ob sie nicht auch mit Kielmann etwas gehabt hatte. Alles eine Bande! Sein Vater hatte recht gehabt: „Für die Deutschen arbeitest du." Aber zum Vater würde er nicht zurückkehren. Und zu den Dummköpfen aus der Maison de la Culture auch nicht. Es gab kein Zurück. Und vor ihm war das Nichts ... Morgen würde Joliot erfahren, daß der Vater ihn aus dem Haus gejagt hatte. Dann würde auch seine Einnahmequelle versiegen; weshalb sollte Joliot mit irgendwem teilen? Breteuil hatte Lucien beleidigen wollen. Aber er hatte ja recht – ab morgen würde er ein Dieb, ein Zuhälter werden. Das war immer noch besser als deren Politik.

Plötzlich blieb er verwundert stehen. Ein Karnevalszug kam ihm entgegen. Halbnackte, im kalten Wind zitternde Mädchen bemühten sich, den vereinzelten Zuschauern zuzulächeln. Alles war von grellweißem Licht übergossen und wirkte dadurch noch kälter. Lucien mußte an die Eisfelder denken, an Henris Tod ... Ein weißer Festwagen, riesige Gipsschwäne, Mädchen mit gestärkten Hauben und stark gepuderten Gesichtern ... Wieso war heute Karneval? Lucien erinnerte sich dunkel: Ach ja, es hatte in den Zeitungen gestanden; Paul Tessat wollte dem guten französischen Volk eine Freude machen. Schluß mit den erhobenen Fäusten, den roten Fahnen, der seelenlosen Politik! Es lebe die Fröhlichkeit und der Handel! Tessat wollte der ganzen Welt zeigen, daß Paris weder Revolution noch Krieg fürchtete. Der Karnevalszug eröffnete die Frühjahrssaison: Theaterpremieren, Verlosung großer Preise auf der Rennbahn, Bälle, Modenschauen. Amerikaner und Engländer, eilt herbei! Bringt Devisen ins Land! Alles wartet auf euch: Kabaretts, Schneider, Parfümerien, Prostituierte. Auf euch wartet der Retter Frankreichs – Paul Tessat.

Noch ein Festwagen. Eine beleibte Frau mit dreifarbiger Schärpe über der Schulter hielt eine elektrische Fackel: Das war Frankreich. Sie fror, hatte traurige Augen und blaue Lippen. Lucien blieb stehen, sah sie an, und wie ein kleiner Junge streckte er ihr plötzlich die Zunge heraus.

8

Noch unlängst war das Wort „Krieg“ mit Erinnerungen verknüpft gewesen. Männer in den Fünfzigern, friedliche Winzer oder Buchhalter, dachten an langen Winterabenden mit Vorliebe an ihre stürmische Jugend zurück. Sie begannen ihre Erzählungen mit den Worten: „Damals war Krieg ...“ Manche ersparten ihren Zuhörern nichts; sie übertrieben die ausgestandenen Gefahren, versuchten lautmalend und gestikulierend das Krachen der Granaten, das Kampfgetümmel, das Stöhnen der Sterbenden wiederzugeben. Andere hatten den Krieg als interessantes Abenteuer in Erinnerung, dem ein graues, tristes Leben folgte; sie schienen den Dreck der Schützengräben, die Läuse und die Angst vergessen zu haben und erzählten begeistert von heldenhaften Spähtrupps, von Saufgelagen und Liebesaffären. Die Kinder waren der jugendlichen Leiden und Heldentaten ihrer Väter längst überdrüssig. Der Krieg war für sie etwas Vorsintflutliches, wie der Fiaker und die Petroleumlampe. Aber auf einmal gewann das bekannte Wort eine andere Bedeutung. Es wurde zu einer beklemmenden Vision, überschattete die unmittelbare Zukunft. Man sagte: „Wenn es keinen Krieg gibt, heiraten wir im Herbst" oder: „Im Juni mache ich mein Examen, wenn es keinen Krieg gibt."

In jenem Frühjahr wurde viel über die Sudetendeutschen geschrieben, von denen bis dahin kaum jemand gehört hatte, und die Menschen blickten furchtsam auf die Karte der Tschechoslowakei: Sie erinnerten sich an das Jahr vierzehn, an die Serben und an den heißen Tag, als weiße Anschläge und dumpfer Trommelwirbel die allgemeine Mobilmachung verkündeten.

Die Unruhe im Mai hatte sich als blinder Alarm erwiesen. Aber alle sahen voller Bangen dem noch ungewissen heißen Sommer entgegen. Schon wieder diese Sudetendeutschen! Was sollte man dem Freund antworten, der sich nach den Urlaubsplänen erkundigte? Man wiederholte stereotyp: „Wenn es keinen Krieg gibt . . ."

Aber die Urlaubszeit rückte heran. Die Pariser verdrängten die Angst und sahen sich nach einem Fischerdorf oder einem Gebirgsort um. Man konnte doch nicht wegen der verdammten Sudetendeutschen in der glühendheißen Stadt bleiben!

Tessat glaubte fest an seinen und an Frankreichs Glücksstern. „Unser Land ist eine Oase des Friedens!" verkündete er. Und sofort begannen Zeitungen und Rundfunk den Frieden Frankreichs anzupreisen wie patentierte Pillen oder einen Aperitif erster Güte. Wohin sollten die Amerikaner fahren? Nach Wiesbaden? Um Himmels willen, dort gab es SA-Leute, Manöver, Konzentrationslager, „Ersatzwaren". Auch nicht nach Karlsbad, denn dort wohnten ja diese Sudetendeutschen. In Italien gab es Lazarette mit Verwundeten, die aus Spanien eintrafen, dort herrschte ein heilloses Durcheinander, die Schwarzhemden rüsteten zu neuen Feldzügen. Vichy, Trouville und Biarritz aber erwarteten

Gäste. Das waren fürwahr Oasen des Friedens! Und Jeannette sprach Abend für Abend ins Mikrofon: „Oasen des Friedens ... Bestellen Sie beizeiten Zimmer ... Die smaragdene Küste ... Vergessen Sie nicht die Schönheiten von Mâcon, die Lamartine besungen hat: ‚O Glockenklang und Minzenduft!' Erlesener Weißwein und Poularde mit Trüffelfüllung."

Jeannettes Urlaub begann am 15. August. Sie fuhr durch leere Straßen zum Lyoner Bahnhof. Ebenso wie in anderen Jahren wirkte Paris um diese Zeit wie ausgestorben. Ein paar Provinzler, ein Omnibus mit Engländern. Dennoch war die verödete Stadt voller Leben und hatte etwas Gemütliches. Beleibte Männer saßen auf den Caféterrassen, hatten ungeniert den Hemdkragen geöffnet. Conciergen hockten in Pantoffeln vor der Haustür und strickten. Eine wohlige Mattigkeit lag über allem. Die Menschen lächelten gutmütig, und der Taxifahrer wünschte Jeannette „frohe Ferien".

Im Zug wurde wieder über die Sudetendeutschen gesprochen, über Hitler, über den Krieg. Jeannette hörte nicht hin: die Gespräche kamen ihr abstrakt und unwirklich vor. Und da war auch schon Fleurie ...

Weshalb hatte sie gerade dieses heiße, von blauen Weinbergen umgebene Dorf mit seinen weißen Häuschen gewählt, das sonst nur Weinhändler kannten? Vielleicht weil ihr der schöne Name „Fleurie" schon seit der Kindheit vertraut war.

Jeannette war lange nicht mehr aus Paris herausgekommen. Sie war ganz benommen von der Luft, vom Grün, von der Stille. Sie spürte, daß sie atmete, und genoß die Frische des frühen Morgens, lief durch Wiesen und kletterte auf Hügel. Hier war alles ruhig und friedlich. Die gleichen Häuschen und Weingärten, wie sie Jeannette vor vielen Jahren als kleines Mädchen gesehen hatte ... Und lachend wiederholte sie: „Eine Oase des Friedens ..." Diesmal war es keine Lüge!

Die Winzer spritzten die Rebstöcke. Alles an ihnen war blau: ihre Blusen, ihre Hände. Liebevoll betrachteten sie jede Rebe. Ab und zu schauten sie mit Kennerblick zufrieden in den wolkenlosen Himmel und sagten zu Jeannette: „In diesem Jahr wird es einen guten Wein geben ..." Sie erinnerten sich an jedes Jahr ihres Lebens nach der Art des Sommers – ob es viel Sonne gegeben hatte, ob der Wein gut geraten war. Die glücklichen Jahre prangten auf den Etiketts alter Flaschen und lebten im Gedächtnis der Menschen. Die Trauben färbten sich schon dunkel ...

Unten in den Tälern standen Bäume. Ein jeder lebte sein eigenes Leben. Die Ulmen, die Eichen und die Eschen waren älter als die Menschen. Und die Menschen schätzten die Bäume, suchten Schutz in ihrem Schatten, kamen zu ihnen in Stunden der Erschöpfung oder der Liebe. Sie aßen, schliefen und küßten sich unter den Bäumen. Jeannette hatte einen Lieblingsbaum. Am Ufer eines schmalen, trüben Flüßchens stand eine hohe Esche. Schwarz, wie geschnitzt hoben sich vom weißlichen Himmel die Blätter ab. Dieser geradegewachsene Baum trotzte den Winden, und Jeannette kam es oft vor, als bewachte er am Dorfeingang den Frieden.

Gespräche über den Krieg waren auch nach Fleurie gedrungen. In dem düsteren, stets kühlen Café, wo die Bauern aus wuchtigen Gläsern behäbig den schweren Wein schlürften, ertönte plötzlich die Stimme des Nachrichtensprechers, dieses unfreundlichen fremden Städters. Er sprach von den Sudetendeutschen, von irgendeinem Henlein. Die Gesichter der Weinbauern verfinsterten sich: Der Krieg schlich sich an ihre Häuser heran. Doch da kam der Trunkenbold Eugène herein, der – obwohl im Nachbardörfchen geboren – von allen der „Österreicher" genannt wurde, ein schnurrbärtiger, rotgesichtiger Bursche, und verkündete triumphierend: „Ich habe heute vierzig Krebse verputzt ..." Henlein war vergessen, alle umringten den „Österreicher" und wollten wissen, in welchem Flüßchen er die Krebse gefangen hatte; aber der Spitzbube grinste nur und schwieg. Es gab auch noch andere Vorkommnisse. Aus Lyon kamen Leute, um Wein für ein Arbeiterfest zu holen; der alte Berger verkaufte Touristen einen aus Rebenholz geschnitzten Korkenzieher; dem Besitzer des Cafés war eine Ziege entlaufen. Das alles war Leben; Zeitungen und Rundfunk aber redeten gefühllos vom Tod, und die Lebenden wollten ihre düsteren Reden nicht wahrhaben.

Jeannette verschmolz mit der sie umgebenden Welt. Die Bauern bewirteten sie mit Wein und scherzten mit ihr. „Ein lustiges Mädchen", sagten sie von ihr, was soviel wie sympathisch und angenehm bedeutete. Sie dachte nicht an Paris, wo sie nichts als Einsamkeit und eine langweilige, aufreibende Arbeit zurückgelassen hatte. Die Autos mit den eleganten Pariserinnen auf der

Landstraße erinnerten sie an eine feindliche Welt. Erschreckt dachte sie: Bald ist es zu Ende ...

Und an solch einem ruhigen, sorglosen Tag, als die sengende Augustsonne die Menschen in das kühle Café trieb, sprach ein Pariser sie an. Er war wie ein Sommerfrischler gekleidet: offener Kragen, Leinenschuhe. Mit seinem heiteren Wesen, der schwarzgerauchten Pfeife, dem leicht gedunsenen, spöttischen Gesicht und den lebhaften aufmerksamen Augen ähnelte er einem Weinhändler aus Mâcon oder Dijon. Er trank genußvoll den Wein, schnalzte mit der Zunge und blähte die Wangen auf. An jenem Tag waren vor Hitze alle eingedöst. Die Wirtin schnarchte sogar. Der Fremde mit der Pfeife aber war frohgelaunt. Er erheiterte Jeannette, indem er die Wirtin und den „Österreicher" nachahmte. Dann erzählte er einen Marseiller Witz: „Olive ist außer sich: ‚Ich gehe gestern die Cannebière entlang und erblicke Marius. Guten Tag, Marius! rufe ich. Aber er dreht sich nicht um. Und, denken Sie mal, da stellt sich heraus, daß er nicht er war und ich nicht ich.'" Jeannette lachte. „So was Albernes! Er nicht er und ich nicht ich ..." Ihr Lachen war so ansteckend, daß die Wirtin erwachte, lächelte und gleich wieder einschlief.

Der Fremde gefiel Jeannette, obwohl er nicht mehr jung und auch nicht ansehnlich war. Sein schlichtes Wesen, sein gutmütiger Spott zogen sie an. Jeannette lebte in der Welt der Schauspieler. Dort war jede Geste, jeder Ton unecht. Dieser Mann, sie nannte ihn im stillen den Weinhändler, war ihr sympathisch. Sie plauderten angeregt. Und als die Hitze nachließ, gingen sie zusammen hinaus. Jeannette führte ihn zu ihrem Lieblingsbaum. Er setzte sich ins Gras, nahm den Hut ab, wischte sich mit einem großen Seidentuch die Stirn, sagte: „Wunderschön!" und wurde plötzlich traurig. Auch Jeannette blickte betrübt.

„Jetzt ist auch Ihre gute Laune dahin!" sagte er. „Ich hab nun mal so ein Talent, in meiner Gegenwart gefriert alles. Im Märchen gibt es Menschen, die nehmen Sand in die Hand, und er wird zu Gold. Bei mir ist es umgekehrt – Gold wird zu Sand."

„Das verstehe ich." Jeannette dachte wehmütig an einen anderen Baum, der staubig und verträumt auf einem Pariser Platz neben einem Karussell stand. Sie hätte glücklich sein können. Weshalb hatte sie ihrem Glück entsagt? Ihr ging es wie ihm – das Gold wurde zu Sand. Und der fremde Mann gefiel ihr noch einmal so gut. Sie sagte verwundert: „Da haben wir uns nun angefreundet, aber ich weiß nicht einmal, wer Sie sind. Ich bin Schauspielerin. Aber glauben Sie bloß nicht, daß Sie meinen Namen kennen. Ich bin eine unbekannte Schauspielerin, arbeite für den Rundfunk. Jeanne Lambert, Jeannette ... Und wie heißen Sie?"

„Dessère. In Frankreich gibt es wahrscheinlich hunderttausend Dessères."

„Duponts gibt es noch mehr. Ich habe von einem Dessère gehört, einem Millionär. Er soll ein Sonderling sein, aber er ist ein Schuft wie alle diese Leute."

Dessère lächelte. „Freilich ... Damit hätten wir uns also vorgestellt. Sagen wir wie der weise Olive: Nicht Sie und nicht ich. Gut, Ihnen wird das leichtfallen, Sie sind ja Schauspielerin. Spielen Sie die Naive? Die betrogene Geliebte? Die Dienerin vom Lande? Die Marguerite Gautier?"

„Ich mache Reklame für ‚Cinzano' und für ‚National-Betten'. Und für die Glückseligkeit Frankreichs. Da sehen Sie, wie bedeutend ich bin! Einmal sollte ich eine richtige Rolle spielen ... Aber dann hat man eine andere genommen – eine Frage des Namens, das heißt des Geldes. Ich habe einen Freund, den Regisseur Maréchal. Sie haben vielleicht von ihm gehört ... Er ist sehr begabt. Er hat große Inszenierungspläne für sein Theater, kann sie aber nicht verwirklichen. Kein Geld. Er macht revolutionäres Theater, und das ist jetzt nicht gefragt. Er hat großartige Ideen für die Aufführung der ‚Numancia'. Ich soll die Hauptrolle spielen ... Das sind alles Träume. Ich werde weiter künstliche Perlen oder ein neues Abführmittel anpreisen. Was tut's! Schade, daß ich bald nach Paris zurück muß ..."

Plötzlich fiel ihr ein, daß sie nicht einmal wußte, was für einen Beruf ihr Gesprächspartner hatte und woher er eigentlich kam. Aus dem benachbarten Mâcon oder aus Paris?

„Verbringen Sie hier Ihren Urlaub?" fragte sie schüchtern.

„Ja. Ich habe nicht weit von hier, auf dem Wege nach Juliénas ein Häuschen gemietet. Ich bleibe bis Oktober hier."

„Sind Sie mit Ihrer Familie hier?"

Er lachte. „Ich bin immer allein. Ich weiß nicht, woran das liegt, ob ich vor den Menschen fliehe oder die Menschen vor mir. Sehen Sie, vor Ihnen bin ich nicht geflohen ..."

„Und ich auch nicht vor Ihnen ... Ich bin ebenfalls allein. Das heißt, es gab in meinem Leben – fast hätte ich gesagt: mir nahestehende Menschen, aber das stimmt nicht, sie standen mir fern. Ich lebte mit ihnen zusammen, weiter nichts. Das war nur äußerlich, eine Rolle, die man mir übertragen hatte. Manchmal sogar noch weniger – ein Zimmer in einem Hotel."

Der Abend brachte erfrischende Kühle. Die Esche zitterte im lauen Wind. Die Frösche quakten. In der Ferne klingelten die Glöckchen einer Viehherde. Jeannette wurde still. Dessère sah plötzlich alt und verfallen aus. Schweigend kehrten sie ins Dorf zurück. Beim Abschied bat Dessère, am nächsten Tag wiederkommen zu dürfen. Voll Bitterkeit fügte er hinzu: „Ich bettle wie ein Schuljunge um ein romantisches Stelldichein unter einer schattigen Linde."

„Das ist keine Linde, sondern eine Esche. Sprechen Sie nicht so ... Nicht traurig sein. Bis morgen also!"

Am nächsten Tag stellte sich heraus, daß sie die Augen einer Eule, das Haar und die Gutmütigkeit eines Pudels und das Mundwerk eines Pariser Jungen hatte. Es stellte sich ferner heraus, daß er alles verachtete und mit den Mädchen von Fleurie bis zum Umfallen tanzen konnte; daß er ein stromlinienförmiges Auto und ein abgetragenes Jackett besaß, daß er die Gedichte Laforgues liebte, sich aber mit Statistik befaßte.

Und einige Tage später stellte sich heraus, daß sie mit Ungeduld auf die Stunde des Rendezvous warteten, daß sie beide naiv und stolz waren und keiner dem anderen seine Gefühle eingestehen wollte. Jeannette dachte: Für ihn ist das ein banales Ferienabenteuer. Dessère sagte sich: Ich bin alt, häßlich und obendrein kein Dichter, sondern ein Geschäftsmann ...

Die ersten Septembertage waren heiß. Die Bauern konnten sich nicht genug freuen. Die Trauben wurden schwer. Bald begann die Weinlese ... Aber Jeannette würde sie nicht mehr erleben. In einer Woche war ihr Glück zu Ende.

Es war ihre vorletzte Begegnung. Dessère umarmte sie scheu. In Liebesdingen war er tatsächlich wie ein Schuljunge. Jeannette spürte seine Aufrichtigkeit und Verlegenheit. Sie befreite sich aus seinen Armen und bat traurig: „Bitte nicht!"

Er gehorchte unverzüglich. Schweigend gingen sie einen Waldpfad entlang. Dann sagte Jeannette: „Hier hat es viele Erdbeeren gegeben, man sieht noch die Blätter ... Seien Sie nicht böse. Wenn ich nichts für Sie empfände ... Ich bin doch kein kleines Mädchen mehr. Früher habe ich einfach so mit einem Mann geschlafen. Aus Einsamkeit oder weil ich nicht nein sagen konnte ... Aber mit Ihnen ist es anders ..."

Er antwortete nicht.

Nach diesem Gespräch machte sich Jeannette die ganze Nacht Vorwürfe. Wieder entsagte sie dem Glück. Zwar wußte sie selbst nicht genau, ob das nur eine Laune oder echtes Gefühl war. Manchmal schien es ihr, sie unterhalte sich nur deshalb so gern mit diesem Mann, weil er wie ein Echo ihre Gedanken wiedergab. Sie waren beide müde, ausgebrannt und aus Mangel an Zärtlichkeit menschenscheu geworden. Sie waren beide arme Teufel. Was konnten sie einander geben? Bisweilen verschmolz Dessère in ihrer Vorstellung mit den Weinbergen, der Ruhe, den simplen Scherzen im Dorfcafé. Doch jetzt glaubte sie, ihn zu lieben. Sie ärgerte sich über die Szene im Wald. Warum hatte sie die Zimperliche gespielt, und warum hatte er sich sofort gefügt? Morgen werde ich ihn küssen, beschloß sie. Und darüber schlief sie ein.

Anderntags erschien Dessère städtisch gekleidet. Seine Miene drückte Besorgnis aus. „In einer Stunde fahre ich nach Paris."

„Nein!" schrie Jeannette laut auf.

„Danke", sagte er leise.

Dann zeigte er ihr ein Papier, ein Telegramm. „Man ruft mich zurück. Die Lage hat sich plötzlich zugespitzt ..."

Und Jeannette hörte bekannte Namen, als spräche da der Rundfunkansager – Hitler, Henlein, Chamberlain ...

„Gibt es wirklich Krieg?"

„Ich glaube nicht. Man muß den Frieden retten. Um jeden Preis ... Sie haben gesehen, wie glücklich die Menschen hier sind. Das müssen wir verteidigen."

„Ja", antwortete sie mit tonloser Stimme, doch gleich darauf fragte sie verwundert: „Aber warum Sie? Nein, ich begreife gar nichts. Ich weiß ja bis jetzt noch nicht, wer Sie eigentlich sind. Zuerst dachte ich, Sie handelten mit Wein ... Und jetzt sprechen Sie, als wären Sie Abgeordneter oder Minister ..."

Seine Miene hellte sich für einen Moment auf. „Nein, nein, nicht Minister! Gott behüte! Ich handle schon ... Nur nicht mit Wein ... Kurzum, ich bin der besagte Dessère, der Schuft. So sagten Sie doch am ersten Tag, wissen Sie noch? Jetzt werden Sie mich wahrscheinlich zum Teufel jagen."

Jeannette starrte ihn verblüfft an, als sehe sie ihn zum erstenmal. Ein Millionär ... Sie erinnerte sich an die reichen Leute in Lyon, die affektiert und arrogant waren. Dessère dagegen trank mit den Bauern, trug ein Lüsterjackett, verbrachte seine Zeit mit einer unbedeutenden Schauspielerin ... All das verstärkte nur noch ihre Sympathie für ihn. Wie schade, daß er abreiste! Unter Jeannettes Lieblingsbaum nahmen sie Abschied. Jeannette wollte ihn küssen, wandte sich jedoch plötzlich ab. „Heute nacht habe ich beschlossen, Sie zu küssen. Aber jetzt geht das nicht mehr, Sie könnten denken, ich hätte es auf Ihre Millionen abgesehen."

Seine Augen wurden feucht. Ärgerlich über seine Verwirrung murmelte er: „So ist es immer!"

Sie küßte ihn flüchtig, lief den Hügel hinauf und rief: „Meine Telefonnummer ist: Suffren Null acht sechsundzwanzig." Und als sie ganz oben war, rief sie: „Auf Wiedersehen! Wir sehen uns in Paris. Einverstanden?"

Er hatte sich schon wieder gefaßt und sagte in seiner spöttischen Art: „Natürlich! Wenn es keinen Krieg gibt."

9

Tessat hatte soviel von der Sicherheit Frankreichs gesprochen, daß er schließlich selbst daran glaubte. Sagte jemand in seiner Gegenwart: „Wenn es keinen Krieg gibt", so antwortete er überzeugt: „Es wird keinen geben." Seine Gesprächspartner lächelten hoffnungsvoll: Tessat weiß irgend etwas! Aber Tessat wußte nichts. Er hätte ebenso wie alle anderen dasitzen und rätseln können: Gibt es Krieg oder nicht? Aber er bewahrte Ruhe. Diese unerklärliche und unerschütterliche Ruhe schöpfte er aus dem Anblick der Menschen, die friedlich ihren Aperitif tranken, aus Paulettes Gezwitscher und dem üblichen Parlamentsklatsch. Alles in der Welt kam ihm verständlich und gesetzmäßig vor. Konnte denn dieses wohlgeordnete Leben durch irgendwelche Sudetendeutschen ins Wanken geraten?

Aber dann kam der September. Telegramme aus Berlin sprachen von einer baldigen Entscheidung. Mit optimistischen Phrasen konnte man sich jetzt nicht mehr aus der Affäre ziehen. Tessat wollte gerade bei Freunden auf einem Gut an der Loire ausspannen, als das Gewitter heraufzog. Nur wenige begriffen den Ernst der Lage. Den Zeitungen glaubte man nicht; denn im Mai hatten die Journalisten auch schon geunkt. „Es wird vorübergehen!" sagten die Leute und genossen ihren Urlaub; sie ließen sich am Strand braunbrennen, stiegen auf Gletscher, angelten. In der warmen Stille entlegener Ferienorte kamen ihnen die Zeitungsmeldungen ganz unwirklich vor. Die Berichte der Botschafter konnten niemanden vom Baden oder von Spazierfahrten abhalten.

Tessat bekam Angst vor der Verantwortung. Hatte es sich gelohnt, zu intrigieren, zu hetzen, zu schmeicheln, um in so einer verfluchten Zeit an die Macht zu kommen? Des öfteren trauerte er der Vergangenheit nach. Wieviel einfacher war es doch gewesen, einen ehrlichen Mörder zu verteidigen, der ohne große Phrasen seine reiche Schwägerin erstochen hatte! Dennoch wollte sich Tessat um nichts in der Welt von seinem Ministerposten trennen. Das Gefühl der Macht stimmte fröhlich. Er fühlte sich jetzt zehn Jahre jünger, sogar Paulette hatte das gemerkt. Er war immer in Bewegung, befand sich in gehobener, angeregter Stimmung. Er sagte sich: Was für Zeiten! Minister hat es viele gegeben, sie sind vergessen, von mir aber werden noch die Urenkel lesen. Wenn es mir gelingt, Frankreich und den Frieden zu retten!

Die Lage wurde mit jedem Tag gespannter. Es mußte etwas geschehen, um die Deutschen in die Schranken zu verweisen. Aber die Engländer schwiegen sich aus. Und Frankreich war uneins. Tessat nahm Flandin beiseite, erklärte, bewies und wiederholte verzagt: „Der Frieden hängt nur noch an einem Haar." Tessat hielt die Tschechen für die Ursache allen Unheils. Dann kam der bärtige Fouger angelaufen, schrie etwas von Freiheit, zitierte Clemenceau, rief speichelspritzend: „Frankreich ... Frankreich ..." Und Tessat antwortete erschreckt: „Was ereiferst du dich so? Wir werden die Tschechen nicht im Stich lassen. Dafür bürge ich ..." Und als er den ungebärdigen Bärtigen abgeschüttelt hatte, dachte er seufzend: Wir werden wohl kämpfen müssen.

Gerade war ihm ein ausführliches Telegramm aus Prag überbracht worden. Die Sudetendeutschen würden sich in den nächsten Tagen erheben, deutsche Truppen würden die Grenze überschreiten, um „ihre Brüder zu verteidigen“; Benesch bestehe auf einem gemeinsamen Vorgehen der Großmächte, die die Unantastbarkeit der Tschechoslowakei garantiert hatten. Tessat überlegte. Konnte man die Tschechen retten, wenn Frankreich unmittelbar vor dem Zusammenbruch stand? Die Rechten drohten mit Aufruhr. Daladier trank Absinth und wiederholte ständig: „Ich werde die französischen Bauern nicht auf die Schlachtbank schicken.“ Lebrun weinte. Denises Freunde aber verbreiteten kämpferische Resolutionen und zettelten Streiks an. Ja, das war komplizierter als die Verteidigung des schlimmsten Mörders!

Als Breteuil eintrat, schneuzte sich Tessat bekümmert. Noch ein unangenehmes Gespräch stand ihm bevor. Nicht genug mit den Sudetendeutschen, er mußte auch noch auf die Opposition Rücksicht nehmen und Breteuil Honig ums Maul schmieren. Tessat dachte plötzlich an Lucien, an das gestohlene Schriftstück und spielte den Mutigen. Seine Vogelnase wippte auf und nieder wie der Schnabel eines Raubvogels. „Mir scheint, wir werden kämpfen müssen.“

„Auf gar keinen Fall“, entgegnete Breteuil ruhig. „Du weißt, daß wir nicht kämpfen dürfen und nicht kämpfen werden. Beruhige das Land. Diese Panik beeinträchtigt das gesamte Wirtschaftsleben. Heute an der Börse ...“

„Hast du gehört, daß noch in dieser Woche mit einem Putsch der Sudetendeutschen zu rechnen ist? Alles verläuft programmgemäß: Die Deutschen werden die Grenze überschreiten ... Wir können uns da nicht heraushalten.“

„Wenn ihr die Mobilmachung verkündet, wird ein Bürgerkrieg ausbrechen. Das wäre der Untergang Frankreichs. Selbstverständlich ist Deutschland unser natürlicher Feind, doch man darf sich nur in erfolgversprechender Position auf eine Schlacht einlassen. Frankreich aber ist gespalten. Die einen meinen, man müsse die Sudetendeutschen aufgeben: Gebt Gott, was Gottes ist, und Hitler, was Hitlers ist. So denken auch die Abgeordneten meiner Fraktion. Wer ist gegen Zugeständnisse? Die Kommunisten. Die Volksfront. Der Moskauanbeter Fouger. Die pfeifen auf die Tschechen. Die wollen ihre Positionen festigen. Von hundert Franzosen sind zehn für einen Kompromiß, fünf für Benesch, allen anderen hängt diese ganze Geschichte einfach zum Halse heraus. Willst du etwa mit den Kommunisten gehen?“

„Was haben die Kommunisten damit zu tun? Es geht um die Tschechen."

„Ja, aber die Tschechen sind Verbündete Moskaus."

„Und wir? Den Pakt mit Prag hat nicht Cachin, sondern Laval unterzeichnet. In außenpolitischen Fragen darf man sich nicht von Parteiinteressen leiten lassen."

„Wir sind nicht auf dem Olymp. Du hast selbst gesagt, daß die Franzosen nicht für irgendwelche Anarchisten in Barcelona sterben wollten. Moment, hast du das gesagt oder nicht? Na, siehst du, und jetzt wollen die Franzosen nicht für einen künstlichen Staat sterben, der zudem noch von Günstlingen des Kreml regiert wird. Begreif doch, Paul, die Tschechoslowakei ist ein Flugzeugträger Moskaus. Kein Wunder, daß Hitler die Wände hochgeht."

Tessat betrachtete Breteuils hageres, knochiges Gesicht, und ein Gedanke ging ihm nicht aus dem Kopf: Wußte Breteuil, daß Fougers Dokument gestohlen worden war? Schließlich konnte er nicht mehr an sich halten: „Wie stehst du zu Grandel?"

Breteuil zuckte die Achseln. „Ich spreche mit dir über ernste Dinge, und du fragst mich nach irgendeinem Jüngelchen. Das ist unsachlich, Paul ..."

Als Breteuil gegangen war, begann Tessat zu kalkulieren: Die Rechten waren abgesprungen, das bedeutete zweihundertvierzig Gegenstimmen ... In einem hatte Breteuil recht: Das Land war gespalten. Was sollte er tun? Den Fall Grandel aufrollen? Er würde sich nur blamieren; was hatte er denn für Beweise? Berlin einschüchtern? Und wenn Hitler sich nicht einschüchtern ließ? Ein gefährliches Spiel ... General Gamelin hatte drei Stunden lang von einer „tschechischen Maginotlinie" gesprochen. Als Daladier aber die Frage scharf stellte, machte der General einen Rückzieher: „Die Armee wird die Befehle der Regierung ausführen." Gehorchen war einfach. Er aber mußte befehlen ...

Vor dem Abendessen ließ Tessat seinen alten Freund General Picard zu sich kommen, dem er vertraute. Picard wirkte jugendlich und strahlte Ruhe aus. Er verkörperte gleichsam die unerschütterliche Armee Frankreichs. Er überfiel Tessat nicht mit Tiraden wie Fouger oder Breteuil, machte keine Winkelzüge, sondern legte sachlich seine Gedanken dar. „Die politische Seite des Problems lasse ich außer acht. Ich bin Soldat ... Der Verlust des tschechoslowakischen Aufmarschgebietes wäre natürlich ein schwerer Schlag für uns, aber man muß der Wahrheit ins Auge blicken. Ich glaube nicht, daß es uns gelänge, die Mobilmachung durchzuführen. Sie kennen die Stimmung des Landes. Das Volk sieht nicht ein, warum es wegen der Sudetendeutschen in den Krieg ziehen soll. Die Idee des Präventivkrieges ist unpopulär. Was Deutschland betrifft ..."

„Aber die Tschechen werden die Deutschen doch aufhalten ..."

„Und wäre es wenigstens für eine Woche. Das ist eine Zange; der Hauptschlag wird von Österreich aus erfolgen. Die Ungarn werden losmarschieren. Die Polen ebenfalls ... Die Deutschen können sich sofort mit uns befassen. Zwar haben wir die Maginotlinie, aber ..."

„Aber?"

„Wir haben zuwenig Flugzeuge. Die Piloten sind schlecht ausgebildet. Die Flakartillerie ist bei weitem nicht auf dem höchsten Stand. Spanien aber hat gezeigt ..."

Tessat unterbrach ihn: „Das heißt also – unmöglich?"

Picard lächelte höflich. „Für einen Soldaten existiert dieses Wort nicht. Aber man muß alles in Erwägung ziehen ... Lieber den Verlust der Tschechoslowakei als einen militärischen Zusammenbruch."

Tessat war deprimiert. Picard hatte ihm die Zerstörung von Paris ausgemalt. Bestimmt wußten auch die Deutschen Bescheid. Man konnte nicht einmal bluffen. Was tun? Klein beigeben? Und die Rolle Frankreichs? Das Prestige? Tessat fühlte sich tief gekränkt: Man degradierte ihn zu einem Minister von Belgien oder Portugal. In ihm erwachte Patriotismus. Er saß allein in seinem düsteren Arbeitszimmer und dachte an die Tage von Verdun, an die im Krieg gefallenen Kameraden, an den nutzlosen Sieg des Jahres achtzehn. Ja, die Statue im Louvre hatte symbolische Bedeutung: Der Sieg hatte Flügel, aber keinen Kopf ...

Er war mit Dessère zum Abendessen verabredet, und obwohl Dessère seinen Freund stets mit erlesenen Speisen zu beglücken wußte, versprach der Abend nicht gerade sehr lustig zu werden. Tessat blickte nicht einmal auf die Speisekarte. Es war ein Restaurant mit Marseiller Küche. Das verriet der Geruch von Knoblauch und Weinlaub, auf dem Fisch gebacken wurde. Zu anderer Zeit hätte Tessat eine leidenschaftliche Rede über die wunderbaren Gaben des fruchtbaren Südens gehalten. Jetzt aber befand er sich in Untergangsstimmung. Dessère meinte lächelnd: „Wir fragen ja gar nicht, ob es hier Krebse in Weißwein gibt! Ei, ei, wir sind Staatsmann geworden!“

Übrigens war auch Dessère in trüber Stimmung. Er konnte im Laufe eines Tages um zwanzig Jahre jünger oder älter erscheinen. Schwerlich hätte Jeannette in dem schlaffen, traurigen Mann den verliebten Romantiker wiedererkannt, der zum Stelldichein unter die schattige Esche gekommen war.

Dessères Elan hatte in den letzten Jahren nachgelassen. Er hatte auch früher an fast nichts geglaubt, aber er war ein Enthusiast gewesen. Mit Feuereifer hatte er mächtige Konzerne aufgebaut und andere niederkonkurriert, hatte er Börsenstürme inszeniert und Minister wie Handschuhe gewechselt. Er hatte alle seine Kraft darauf verwendet, diese verknöcherte Gesellschaft, ihre Behaglichkeit, ihre Enge, ihre bescheidenen Freuden zu konservieren. Die Ereignisse der letzten Jahre, die Streiks, der Terror der Faschisten, die spanische Tragödie, die Besetzung Österreichs durch Hitler und die Aussicht auf andere, noch schwerere Prüfungen hatten seinem Leben den Sinn genommen. Das politische Klima in der Welt hatte sich geändert. Es bestand keine Hoffnung mehr auf eine wundersame Rettung des altmodischen provinziellen Frankreichs mit seinen Anglern, seinen ländlichen Tanzvergnügen und seinen Radikalsozialisten. Dessère arbeitete weiter, doch nur aus alter Gewohnheit. Wie ein verbissener Spieler setzte er immer wieder auf dieselbe Ziffer, und die Roulettkugel verhöhnte ihn. Seine Position verpflichtete: Man stellte ihm Fragen, er mußte antworten; jedes seiner Worte wurde als Befehl aufgefaßt.

So verhielt es sich auch mit Tessat. Er war doch nicht wegen der Krebse in Wein hierhergekommen. Umsonst bemühte sich Dessère, ihn durch gastronomische Überraschungen abzulenken. Tessat kam nicht von den Problemen los; er dachte an ein zerstörtes Paris, an die Stimmen der Rechten. Verzagt fragte er Dessère: „Was soll nun werden?“

„Wir müssen nachgeben. Hast du mit Breteuil gesprochen?“

„Ja, sie spielen verrückt. Benesch ist für sie ein Bolschewik!“

Dessère lachte. „Natürlich. Der erste Bolschewik war Azaña. Interessant, wer der dritte sein wird, Chamberlain oder du? Das alles ist höchst amüsant. Aber die Schlußfolgerung ist klar: Wir müssen nachgeben. Verstehst du, sie haben die Karten vertauscht. Ein gewöhnlicher, ehrlicher Krieg ist jetzt nicht möglich, jeder Krieg würde sich in einen Bürgerkrieg verwandeln. Seinerzeit waren es nur illegale Zirkel, die Unzufriedenheit der Bevölkerung, Soldatenrebellionen, die uns bedrohten. Welch eine Idylle! Heute existiert ein mächtiger Staat mit Diplomaten und, was noch schlimmer ist, mit Flugzeugen. Verständlich, daß alle nach Osten schielen. Wenn die Russen mit uns sind, werden Breteuils Freunde Defätisten werden. Wenn die Russen gegen uns sind, werden die Arbeiter Defätisten werden. Wenn die Russen sich aber heraushalten, eine abwartende Haltung einnehmen, dann werden alle dem Defätismus erliegen. Unsere Bürger fürchten sowohl die Niederlage als auch den Sieg. Am meisten aber fürchten sie ein Erstarken Moskaus. Und in so einer Situation soll man Krieg führen! Ich verstehe, daß die Arbeiter die Marseillaise singen. Aber hör doch einfach nicht hin. Was bedeuten schon Lieder, wir müssen nachgeben."

Tessat saß schweigend vor seinem Teller mit Krebsen. Er war noch blasser als sonst, klagte über die Hitze, wischte sich das Gesicht mit der Serviette. „Ich bin müde. Aber wir müssen eine Entscheidung treffen. Du kennst doch Daladier; der schlägt mit der Faust auf den Tisch und schreit: ‚Ich, ich, ich . . .' Der reinste Napoleon. In Wirklichkeit aber ist er ein Waschlappen. Er will nur bluffen. Was aber, wenn die Deutschen als Antwort fünfhundert oder sogar tausend Bomber schicken? Picard sagt, unsere Luftwaffe tauge nicht viel. Eine schreckliche Verantwortung lastet auf mir. Prag wartet auf Antwort. Wir haben ihnen doch versprochen . . ."

„Ich habe kürzlich mit Chamberlain zu Mittag gegessen. Ein gewiefter Kaufmann. Bösartig, aber honigsüß! Er zeigte mir die Uhr seines Großvaters – eine Zwiebeluhr; in den Deckel ist eingraviert: ‚Versprich nie, was du nicht halten kannst!' Eine großartige Devise für einen Kaufmann. Aber nimm es nicht tragisch. Nicht du hast Versprechungen gemacht, sondern deine Vorgänger. Und selbst wenn du es gewesen wärst – unwichtig . . . Politik ist kein Handel, in der Politik kann man nicht ehrlich sein."

„Aber wir müssen uns entscheiden . . ."

„Andere werden für uns entscheiden. Ich hatte vor einer Stunde einen Anruf aus London. Der ehrenwerte Chamberlain hat beschlossen, sich mit Hitler zu verständigen. Ich sage dir, ein gewiefter Tattergreis. Du brauchst dich also nicht aufzuregen. Bis jetzt sind wir noch ein britisches Dominion. Vielleicht werden wir eines Tages eine Provinz des ‚Reichs' sein. Breteuil würde dann Gauleiter werden. Abscheulich! Aber was tun? Die Franzosen haben Fett angesetzt ... Ich wiederhole – wir müssen nachgeben."

Dessère blickte noch finsterer. Dafür lächelte jetzt Tessat. Die Nachricht von Chamberlains Absichten hatte seine Stimmung gebessert. Die Regierung war der Verantwortung enthoben. Wenn die Engländer nachgaben, würde selbst Fouger den Schwanz einziehen. Dann würden sowohl die Rechten als auch die Linken für das Kabinett stimmen. Man würde eine brillante Rede halten können: „In tragischen Augenblicken ist die nationale Einigung unerläßlich ..."

Und hatte Tessat die Krebse nicht beachtet, so fanden jetzt die Meeräsche und das Ochsenschwanzragout seine Würdigung. Er aß gierig, schmatzte und rülpste. Dann lehnte er sich erschöpft und mit einem schwachen Lächeln zurück und fragte erstaunt: „Warum ißt du denn nicht?"

„Keinen Appetit."

Erst jetzt bemerkte Tessat, wie schlecht Dessère aussah. Er klopfte dem allmächtigen Finanzmann gönnerhaft auf die Schulter. „In zwei, drei Jahren werden wir wieder obenauf sein. Die Hauptsache ist – Zeit gewinnen. Du solltest etwas essen. Man darf die Ewige Lampe nicht ausgehen lassen. Sieh mich an. Hätte gar nicht gedacht, daß ich so einen Appetit habe. Ich nehme noch etwas Käse."

Er aß und aß. Dessère lächelte. „Als meine Tante gestorben war, aß mein Onkel zwei Enten. ‚Aus Kummer', sagte er."

Tessat kam frohgelaunt nach Hause.

„Hast du getrunken?" fragte Amélie.

„Nein. Aber ich habe gut gespeist, sehr gut sogar. Außerdem gibt es wichtige politische Neuigkeiten. Aber das verstehst du nicht, es ist alles verflixt kompliziert. Die Schlußfolgerung ist klar: Wir müssen nachgeben."

Und während er die Hosen auszog, murmelte er ausgelassen vor sich hin: „Nachgeben, nach-ge-ben ..."

10

Joliot jammerte: „Die strapaziösesten Abmagerungskuren habe ich über mich ergehen lassen, ohne Erfolg; aber jetzt habe ich sicher fünf Kilo verloren."

In der Redaktion ging es zu wie in einem Stab. Joliot spielte den Oberkommandierenden; er empfing geheime Schreiben, erteilte noch geheimere Befehle, hängte in seinem Büro eine große Karte der Tschechoslowakei auf. In Wirklichkeit verstand er gar nichts und war vor lauter Aufregung abgemagert. Er hatte Angst, etwas falsch zu machen und Dessère zu verärgern, der noch immer „La Voie Nouvelle" finanzierte. Aber aus Dessère war nichts herauszubekommen; er antwortete stets: „Unterstützen Sie die Regierung." Aber wen denn? Die Minister waren uneins. Daladier schikanierte Mandel. Tessat intrigierte gegen Reynaud. Und allen sollte Joliot es recht machen.

Dank Dessère war „La Voie Nouvelle" eine der einflußreichsten Zeitungen geworden. Joliot betrog seinen Gönner nach links und nach rechts. Er bezog Gelder aus dem Geheimfonds des Außenministeriums und verachtete auch nicht die Zuwendungen verschiedener Parteien. Manchmal tadelte er sich wegen seines Leichtsinns: Wenn Dessère nun davon erfuhr? Aber er tröstete sich schnell wieder, indem er sich sagte, daß er eine Menge Ausgaben habe, daß seine Frau einen Silberfuchsmantel haben wolle, daß seine Mitarbeiter unersättlich seien und schließlich, daß er das Geld von rechtschaffenen Franzosen, von Dessères Freunden, nehme und folglich keinen betrüge. Doch jetzt war der Ärmste völlig kopflos. Die Meldungen erinnerten an die schottische Dusche mit ihrem ständigen Wechsel von eisigem und kochendem Wasser. Die Absichten der Regierung waren schwer zu durchschauen: Bereitete man sich auf einen Krieg vor oder würde man kapitulieren? Joliot sagte zu seiner Frau: „Das ist keine Politik, sondern ein Bordell. O Gott, wenn ich nur keine Dummheiten mache!" Vor seinen Mitarbeitern jedoch mimte er den Allwissenden, der die Geheimnisse der Diplomatie kannte, und auf Fragen antwortete er vielsagend: „Wir spielen ein kompliziertes Spiel, ein sehr, sehr kompliziertes . . ."

Im Lande herrschte Verwirrung. Einige Zeitungen schrieben, Hitler wolle Strasbourg besetzen. Andere behaupteten, die

Tschechen unterdrückten die Sudetendeutschen und Frankreich ginge das nichts an. Die Leute verschlangen ein Dutzend Artikel und fragten sich entsetzt: „Was bedeutet das nur? Und vor allem, wie wird das enden?"

Unterdes ging das Leben seinen Gang. Die Winzer bereiteten sich auf die Weinlese vor, die Theater auf die Premieren, die Schüler auf den Beginn des Schuljahres. Die Frauen deckten sich mit Zucker und Reis ein und sagten: „Wenn es bloß keinen Krieg gibt!" Und stets fanden sich Leute, die antworteten: „Es wird schon keinen geben. Was gehen uns die Tschechen an? Krieg wollen nur die Marxisten und die Juden. Und mit denen werden wir kurzen Prozeß machen." Die Bürger verherrlichten Chamberlain und nannten ihn den „Friedensengel"; Dichter verfaßten Gedichte auf ihn; Zeitungen veranstalteten Geldsammlungen für ein kostbares Geschenk; Straßen wurden nach ihm benannt. In den Luxusbädern, in den Spielkasinos, auf den Landgütern, in den vorzeitig aus dem Sommerschlaf erwachten vornehmen Vierteln von Paris verfluchte man die Tschechen; man sagte, sie seien an allem schuld, sie seien schlimmer als die Bulgaren, eine Mischung von Bolschewiken und Räubern. In den Arbeitervororten dagegen schimpfte man auf Daladier, erinnerte an Spanien und die „Nichteinmischung" und forderte: „Schluß mit den Kapitulationen!"

Am Abend traf eine alarmierende Nachricht ein: Chamberlains zweite Reise war erfolglos verlaufen. Joliot ließ die Arme sinken. Er war gerade im Begriff gewesen, zwei Spalten dem unblutigen Sieg des „Friedensengels" zu widmen, der trotz seines vorgerückten Alters einen nochmaligen Flug nicht gescheut hatte. Und nun gab es wieder Komplikationen! Joliot rannte ratlos in seinem Büro auf und ab, als plötzlich Dessère anrief: „Kommen Sie her."

Im Quartier des Invalides waren die Straßen verdunkelt. Der abergläubische Joliot fuhr zusammen: die blauen Lämpchen erinnerten ihn an die Grablichter auf dem Friedhof. Dessères Anblick wirkte auch nicht gerade beruhigend: graues, gedunsenes Gesicht, erloschener Blick, lila Säcke unter den Augen. Sogar Dessères Schreibtisch, gewöhnlich mit Papieren überladen, stimmte wehmütig – da waren nur ein Glas Wasser und Tabletten gegen Kopfschmerzen.

Dessère kam gleich zur Sache: „Die Lage ist ernst. Krieg will natürlich niemand, aber alle bluffen. Möglich, daß die Gewehre von allein losgehen. Obwohl ich, wie immer, Optimist bin. Hören Sie, mein Lieber, Ihre Zeitung lesen progressive Leute und keine Kretins; sie trauen Marcel Déat nicht; er ist ein Mann von zweifelhaftem Ruf. Sie lachen über die Gedichte von Maurice Rostand. So geht das nicht weiter! Sehen Sie sich doch die Namen an: Kérillis, Ducamp, Bossoutrot, Fouger, Cachin ... Was haben Sie dagegen zu bieten? Gauner oder sentimentale Dämchen."

Joliot schnaufte vor Erregung. Er wühlte krampfhaft in seinen Taschen, die mit Briefen, Rechnungen und Amuletten vollgestopft waren, er suchte ein Manuskript. Nein, er bekam sein Geld nicht umsonst! Stolz reichte er Dessère ein dünnes, knisterndes Blatt Papier: „Hier! Bitte!"

Es war der Artikel eines berühmten Schriftstellers. Dessère las: „Lieber Knechtschaft als Tod" und legte das Blatt aus der Hand. Weshalb verzerrte ein verächtliches Lächeln sein Gesicht? So oft hatte er doch den gleichen Gedanken geäußert, Zugeständnisse gerechtfertigt, vorgeschlagen, sich nicht als Großmacht aufzuspielen, die Unversöhnlichen ausgelacht. Er hatte Angst vor dem Tod, ging nie zu Beerdigungen, dachte oft: Bloß nicht sterben! Und jetzt stand es da auf dünnem Papier geschrieben: „Lieber Knechtschaft ..." Ein unangenehmes, brutales Wort; es vertrug sich nicht mit Dessères Kindheitserinnerungen, den rauflustigen Jungen, den brummigen alten Männern, den Coupletsängern, dem Meereswind, den Lieblingsautoren. Dessère gab das Manuskript wortlos zurück und schluckte noch eine Tablette, bevor er das Gespräch fortsetzte: „Es wäre gut, wenn Sie einen Artikel von Viard brächten. Oder ein Interview mit ihm. Er hat während seiner Regierungszeit natürlich an Glanz verloren. Aber für einen Großteil der Arbeiter ist er immer noch ein ehrlicher Mann. Wenn er sich für einen Kompromiß ausspricht, wird ihn niemand selbstsüchtiger Absichten bezichtigen. Man wird sagen: ‚Ein Internationalist, ein Pazifist'. Was diesen Artikel hier betrifft, so sind die Gedanken zwar richtig, aber ich würde dennoch das Wort ‚Knechtschaft' durch ein anderes ersetzen."

Dessère mußte plötzlich an Jeannette denken, an den Waldpfad, an ihre traurige Stimme, als sie sagte: „Bitte nicht!"

„Ich würde lieber ein anderes Wort setzen, ‚Genügsamkeit‘ oder ‚Unglück‘.“

Tags darauf wurde Joliot von Viard empfangen. Der Dicke brachte ohne Umschweife sein Anliegen vor. Viard antwortete mit dumpfer, müder Stimme: „Ich weiß. Dessère hat mich informiert. Wir werden nachher darüber sprechen ... Sie entschuldigen, aber ich habe nicht gewußt, daß Hitler heute im Rundfunk spricht. Wir werden ihn gleich hören. Von dieser Rede hängt viel ab ...“

„Sie können Deutsch?“

„Natürlich. Auf den internationalen Kongressen habe ich alle alten Sozialdemokraten gehört. Bebel, Liebknecht, Kautsky. Ich erinnere mich noch an Bebels Rede kurz vor dem Krieg in Basel. Das waren Zeiten! Nicht so wie heute ... Ja, mein Freund, die Lage ist sehr ernst. Wir Sozialisten haben immer gesagt, man müsse die Weimarer Republik verteidigen. Mit Stresemann konnte man sich leichter verständigen ... Aber auf uns wurde nicht gehört. Das sind nun die Folgen! Doch auf einen Krieg können und dürfen wir uns nicht einlassen. Demokratien sind nicht für den Krieg geschaffen, das ist ein Axiom; am Krieg gehen sie entweder zugrunde oder sie entarten. Clemenceau hätte beinahe das Parlament geschluckt. Und in Italien? Und das Schicksal Kerenskis? Wenn wir besiegt werden, ist eine Revolution unausbleiblich. Aber nicht jene, von der wir geträumt haben, sondern eine Diktatur. Das begreifen alle. Und was erwartet uns im Falle eines Sieges? Irgendein General wird die Macht ergreifen. Gewiß, wir haben ehrliche Militärs, nehmen wir nur den greisen Pétain. Aber es werden sich auch Abenteurer finden. Ich war kürzlich auf einer Sitzung der Militärkommission. Dort hat sich der Oberst de Gaulle eingeschlichen. Ein selbstsicheres Subjekt und ehrgeizig. Er erklärte, wir vergeudeten unnütz Zeit, man müsse das Budget ändern, sich mit der Motorisierung der Armee befassen und so weiter in dem Stil. So ein Kommißkopf kann unversehens eine Diktatur ausrufen. Ich meine überhaupt, daß man die Militärs fernhalten sollte. Es ist unsinnig, ihren Rat einzuholen. Und auch Daladier ...“

Er brach mitten im Satz ab und stürzte zum Radioapparat. Stimmengewirr ertönte.

„Gleich wird er sprechen. Wenn man bedenkt, daß in diesem

Augenblick die ganze Welt mit angehaltenem Atem am Radio sitzt ..."

Fragte man Joliot, in welchen Sprachen er sich verständigen könne, so pflegte er stolz zu antworten: „In Französisch und Marseilleisch." Er konnte kein Wort Deutsch. Trotzdem lauschte er gespannt der lauten abgehackten Rede. Anfangs sprach Hitler ruhig, doch dann wurde die heisere Stimme immer drohender. Das Rundfunkgerät spuckte unverständliche und darum noch bedrohlichere Worte aus. Hitler bellte wie ein alter Wolf.

Joliot wurde es unbehaglich. Er umklammerte mit der Hand die Stuhllehne; er achtete streng auf jedes Vorzeichen und glaubte, daß Holz vor Unglück bewahre.

Manchmal nickte Viard, als billigte er die Worte des unsichtbaren Redners, dann wieder zuckte er beleidigt zusammen, und Kinn, Nase und Kneifer zitterten.

Joliot studierte aufmerksam Viards Miene und versuchte daraus den Sinn der ihm unverständlichen Rede zu erfassen. Bisweilen erfüllte lautes Siegheil-Geschrei der Menge das Zimmer. Dann griff Joliot immer nach der Stuhllehne. Es dauerte eine gute Stunde. Schließlich ertönte frenetisches Gebrüll. Viard wischte sich mit dem Taschentuch die Stirn.

„Was hat er gesagt?" fragte Joliot zaghaft.

„Nun ja, nichts Besonderes ... Ich habe das alles vorausgesehen. Im großen und ganzen bin ich Optimist. Er hat nochmals bestätigt, daß er auf das Elsaß verzichtet. Das ist für uns das Wichtigste."

„Und die Tschechen?"

„In der Hinsicht ist er unerbittlich. Aber da er auf Ansprüche im Westen verzichtet, halte ich eine Einigung für durchaus realisierbar. Welche Position Prag bezieht, hängt letzten Endes von uns ab. Ein Kompromiß bahnt sich an. Das muß man den Leuten klarmachen. Ich werde gleich einen Artikel diktieren."

Er läutete. Eine kraushaarige, stark gepuderte Stenotypistin kam herein. Viard begann zu diktieren. Er ging im Zimmer auf und ab, blieb von Zeit zu Zeit stehen und sprach wie auf einer Versammlung. Seine Stimme bebte vor Erregung. „Die starren Augen der Medusa sind allen Müttern wohlbekannt. Wir wissen, was das bedeutet – die Erde von Verdun. Mit Freude vermerken wir, daß Hitler, der im Weltkrieg Soldat war, die

Schrecken des furchtbaren Gemetzels nicht vergessen hat. Die uns gebotene Hand werden wir, die Vertreter der französischen Demokratie ..."

Er streckte die Hand aus und überlegte eine Weile. Die Stenotypistin fragte: „Nach ‚Demokratie' ein Punkt?"

„Nein, ein Komma ... die Söhne eines friedliebenden Volkes, die Schüler Jaurès' ..."

Dann las er den Text durch und setzte seinen Namen darunter. Als Joliot sich verabschiedete, sagte er zu ihm: „Fügen Sie am Schluß hinzu, daß alle Rechte der Agentur ‚Atlantic' vorbehalten sind. Das ist für die Amerikaner. Was hilft's, man muß schließlich an sein tägliches Brot denken; ich bin doch zum Journalismus zurückgekehrt. Wir sind jetzt Kollegen ..."

Wieder allein, dachte Viard an die Rede Hitlers und seufzte. Ja, das war nicht Bebel! Ein Glück, daß die Kabinettskrise im Frühjahr ausgebrochen war. Ein schmutziges Geschäft! Noch schlimmer als mit den Spaniern ... Man muß sich auf Kosten anderer loskaufen. Die Tschechen sollten übrigens auch lieber nachgeben, sie wären doch sofort überrollt ... In so einer Zeit ist es bei weitem angenehmer, Journalist zu sein: weniger Verantwortung ... Die Radikalen wollten die Sozialisten ja unbedingt aus dem Kabinett haben. Sollen sie jetzt die Suppe auslöffeln!

Er schlummerte im Sessel ein. Eine Frauenstimme weckte ihn: Seine älteste Tochter Louise war unverhofft aus Périgueux gekommen. Schluchzend umarmte sie den Vater. „Gestern abend haben sie Gaston zur Flak geholt. Wie soll das bloß weitergehen, Papa?"

Viard setzte eine gutmütige und gewichtige Miene auf. Mit dem gleichen Ausdruck hatte er seinen Töchtern einst Geschenke überreicht. „Ich erkläre es dir gleich ... Hör auf zu weinen! Es wird alles vorübergehen. Wir werden keinen Krieg zulassen, verstehst du, niemals!"

Joliot kam mißgestimmt nach Hause. Natürlich, Dessère wußte schon, was er tat, aber diese blauen Lämpchen, die Rede Hitlers ... Brrr! Joliot war gereizt. Seine Frau bemutterte ihn, sie brachte ihm die Hausschuhe und brühte ihm seinen geliebten Eisenkrauttee.

Joliot sagte: „Ich habe einen Artikel von Viard bekommen. Dreihundert Zeilen. Wir bringen ihn in der ersten Spalte mit einem Foto. Dessère wird zufrieden sein. Aber du hättest die beiden sehen sollen, Kätzchen! Reden von Optimismus und sehen aus wie Wasserleichen. Dessère ist sicher krank, er sieht schlecht aus. Wenn er nun Krebs hat? Das wäre eine schöne Bescherung! Dann wäre es aus mit der Zeitung."

Seine Frau schenkte ihm Eisenkrauttee ein und fragte leise: „Wird es Krieg geben?"

Joliot lachte. „Ach was, Krieg! Man wird Prag fallenlassen, was ich dir sage. Hitler hat geschrien und geschrien. Ich habe seine ganze Rede gehört. Ein Irrer. Aber Viard ist ganz blaß geworden. Weißt du, was ich befürchte? Daß sie ihnen Marseille überlassen. Dann könnte man nicht einmal mehr abhauen, Ehrenwort!"

11

André streifte den ganzen Tag durch das aufgestörte Paris und lauschte den erregten Gesprächen: „Gibt es Krieg? Gibt es keinen?" Gegen Abend kam er erschöpft in seine Rue du Cherche-Midi. Aber auch hier herrschte Unruhe. Der Schuster schrie: „Wenn man denen nicht auf die Finger klopft, werden sie noch hierherkommen. Das sind hungrige Ratten!" Die Gattin des Antiquitätenhändlers Bolot, eine grauhaarige üppige Dame im Korsett, zeterte: „Nein, sagen Sie mir doch, was geht das alles Frankreich an? Haben Sie jemals einen leibhaftigen Tschechoslowaken gesehen?" Und im Café „Zum rauchenden Hund" versuchte ein Gast zu beweisen, daß die Deutschen zuwenig Raum hätten: „Nehmen Sie ein Café am Sonntag. Da werden die Tische oftmals weiter hinausgerückt, als es erlaubt ist; das liegt in der Natur der Dinge." Der Wirt bemerkte finster: „So etwas wird bestraft." Ein Klempner brüllte: „Die Boches haben zuwenig Raum? Und ich? Ein Franzose wollen Sie sein? Ein Faschist sind Sie und ein Lump!" Es kam zu einer Schlägerei.

André betrachtete die Auslagen – das beruhigte ihn. Was gab es nicht alles im Schaufenster des alten Bolot zu sehen! Ein Negergötze zeigte der Welt erhaben-schamlos sein göttliches Wesen. Matt glänzende Teller; Delfter Fayencegeschirr – weiß und blau, das an zugefrorene Grachten erinnerte; Porzellan aus Rouen – warm und rosig schimmernd, Porzellan aus Quimper –

mit Hähnen und Bretonen. Chinesische Elfenbeinknöpfe, Tabaksdosen mit der phrygischen Mütze und der unversöhnlichen Losung: „Gleichheit oder Tod“. Halsschmuck aus schwerem Bernstein, Granatarmbänder, persischer Türkis, Spitzen aus Valenciennes, Brügge, Venedig. Blaue Gläser. Farbige englische Stiche: Jockeis in pastellfarbenen Jacken, blasse, scheue Pferde. Eine orientalische Wasserpfeife, imposant und geheimnisvoll wie die Retorte eines Alchimisten. Putten, Münzen, Berlocken, Wachsrosen. Wieviel Arbeit steckte in alledem!

Nebenan war ein Milchladen. André betrachtete entzückt die Käsesorten, als wären es Gemälde großer Meister. Da lagen rote Kugeln Edamer Käse, ein schwitzender Berg Schweizer Käse, trockener, fast wächsern schimmernder Parmesan, ein girlandenverzierter geräucherter Caccio Cavale, Roquefort – wie blaugeäderter Marmor, ein schmachtend zerfließender goldener Brie, ein Tomme mit rotbrauner Rinde und Rosinenfüllung, ein Brie de Melun, Ziegenkäse auf grünen Blättern – trockene Fladen, pyramidenförmig oder länglich mit einem Wacholderzweig darauf, und noch Dutzende anderer Käsearten, von unschuldig weißen Rahmsorten bis zu scharfen, ziegelroten, olivgrünen und dunkelblauen.

Ein Stück weiter war ein Weinladen: korrekte schmalhalsige Flaschen für den Bordeaux – ein harmloser Familienwein, beliebt bei Senatoren, weisen Männern und Jubilaren; bauchige Flaschen, gemütlich wie alte Tanten, für den Burgunder, den Wein des reifen Alters; für den Elsässer aber, den Wein der Verliebten, waren auch die Flaschen romantisch, schlank und grün. Auf den Etiketts standen die Namen kleiner Dörfer, die in der ganzen Welt bekannt waren: Chambertin, Chablis, Barsac, Beaune, Vouvray, Nuits, Châteauneuf-du-Pape. Eine Kognakflasche war so verstaubt, daß sie gut in Bolots Laden gepaßt hätte. Älter als ich, dachte André.

Dann kam sein Lieblingsschaufenster. Hier blieb André sehr oft stehen, um sich die Tabakspfeifen anzusehen: lange und kurze, gerade und gebogene, die wie Berghörner aussahen, zierliche für Snobs und wuchtige für Seeleute, schwarze, dunkelbraune und hellrote. Der Ladenbesitzer hatte André einmal erklärt, daß die Pfeifen aus abgestorbenen Heidekrautwurzeln hergestellt werden; die Wurzeln müßten mindestens ein halbes

Jahrhundert in der Erde liegen, sonst schmecke die Pfeife nicht. André hätte jetzt gern über die abgestorbenen Wurzeln geplaudert, aber der Ladenbesitzer fragte, vor Erregung stotternd: „Was meinen Sie, wird es Krieg geben?" André trottete nach Hause in sein Atelier.

Pierre kam hereingestürzt und wollte gleich alles auf einmal erzählen – am Abend solle in der Fabrik eine Versammlung stattfinden, die Arbeiter seien beunruhigt. Pierre war zwar älter geworden, aber die südliche Impulsivität hatte er nicht verloren; die Ereignisse hatten ihn so erschüttert, daß er keinen Gedanken zu Ende führen konnte; fortwährend schaltete er das Radio an und aus. Er schrie: „Alles hat seine Grenzen! Noch weiter zurückweichen können sie nicht, das wäre das Ende ... Aber sie sind feige! Hast du Viards Artikel gelesen? Eine Schande! Die Arbeiterklasse aber ..."

André unterbrach ihn: „Du Träumer! Im Grunde begreife ich überhaupt nichts, wie immer ... Was willst du denn – etwa Krieg? Krieg ist doch auch Scheiße. Auf den Bildern in der Versailler Galerie sieht man Heerführer, Fahnen, Wolken. In Wirklichkeit aber bedeutet Krieg Dreck und Läuse. Ich weiß wirklich nicht, wie man leben soll ... Du hast es gut. Du hast erstens Agnès. Zweitens – einen Sohn, und drittens – das, was man Ideale nennt. Mein Leben dagegen ist leer, völlig leer!"

„Du hast die Kunst."

„Die Kunst? Das ist nur Geschwätz, Pierre. Das Klima ist ungünstig. Ich habe gestern einen Brief von meinem Vater bekommen; er fragt, ob es Krieg geben wird, er muß es wegen seiner Apfelbäume wissen. Na, und ich wegen meiner Bilder. Aber ich habe niemand, den ich fragen könnte. Selbst wenn wir jetzt noch einmal davonkommen, wird in ein, zwei Jahren alles von vorn beginnen ... Und du willst, daß ich für die Kunst lebe! Alles muß heranreifen. Das braucht viel Zeit, sehr viel Zeit. Ich habe mir heute eine Pfeife angesehen, eine wunderschöne Pfeife, alle Äderchen verlaufen nach oben. Weißt du, woraus Sie gemacht ist? Aus der Wurzel abgestorbenen Heidekrauts. Verstehst du? Sie hat hundert Jahre in der Erde gelegen. Und hier? Streiks, Demonstrationen, Hitlers Geschrei, irgendwelche Sudetendeutschen, und da soll man sich nun hinsetzen und klassische Gemälde malen! Ich sage dir, eine einzige Scheiße!"

Jetzt stürzte nicht Pierre, sondern André zum Radio. Pierre hielt ihn zurück. „Noch zu früh. Nachrichten gibt es erst in zwanzig Minuten."

André konnte doch nicht sagen, daß ihn Roms und Washingtons Reaktionen auf Chamberlains Reise nicht interessierten, daß er auf etwas anderes wartete. Diese Leidenschaft hatte er zwei schwere, wirre Jahre mit sich herumgeschleppt: Jeden Abend lauschte er der Stimme Jeannettes. Er hatte sie nicht wiedergesehen, wußte nichts von ihren Sorgen; für ihn blieb sie unverändert. Ja, sie allein hatte sich in dieser verrückten Welt nicht verändert.

„Ich habe Angst, die Nachrichten zu verpassen ... Vorher gibt es eine Reklamesendung, aber die dauert nicht lange."

Das Radio schwieg. Keine Jeannette. Und das war für André das schlimmste Vorzeichen. Er sagte zu Pierre: „Sie haben sich nicht geeinigt."

„Ich fürchte, Daladier macht einen Rückzieher."

Sie dachten an Verschiedenes, fürchteten Verschiedenes. Statt der üblichen Sendung, statt der dunklen Stimme Jeannettes ertönte das nüchterne und unbarmherzige Ticken des Metronoms, von dem man Kopfschmerzen bekam. Plötzlich verkündete eine gleichgültige Stimme: „Die Wehrpflichtigen mit den Anfangsbuchstaben A und B ..."

André freute sich; er fühlte sich geradezu erleichtert. Jetzt würden andere für ihn denken. „Da haben wir es ... Also doch Krieg ..."

Er hörte nicht auf Pierres Äußerungen und Argumente, seine polemischen Selbstgespräche und Bekenntnisse. Er blickte aus dem Fenster – die gleiche vertraute Straße, auf dem kleinen Balkon gegenüber ein Blumentopf, am hellen Himmel der bleiche matte Mond. André begriff, daß diese ganze Zeit für ihn nur eine qualvolle Pause gewesen war: von den Junitagen mit den roten Fahnen, von der Nacht mit dem sich drehenden Karussell bis zu dem Ticken des Metronoms, bis zu den eiligen Schritten vor dem Fenster, bis zur Mobilmachung. Er wollte nichts wissen, sich an nichts erinnern, nichts denken. Sekundenlang krampfte sich sein Herz zusammen: Was war mit Jeannette? Aber auch die Sehnsucht war bereits kraftlos – alles stürzte, drehte sich, ging zugrunde. Er ging mit Pierre aus dem Haus. Am Tor weinte eine

Frau. Reservisten zogen mit kleinen Koffern vorüber; sie sangen die „Marseillaise“ und dann die „Internationale“. Pierre setzte seine Betrachtungen fort. Blaue Lämpchen. Eine laue Sommernacht. Ein Paradies für Verliebte, dachte André plötzlich. Und wieder sah er die Place de la Contrescarpe in jener Festnacht vor sich. Lichter, überall Lichter ...

„Ich muß zur Metro, hoffentlich komme ich nicht zu spät. Auf Wiedersehen, André“, sagte Pierre, aber er ging nicht. Die Worte „Auf Wiedersehen“ hatten beide bestürzt. André blickte ihn an – aber da stand nicht Pierre, der Familienvater, nicht Pierre, der Ingenieur mit all seinen Reden über Dessère, über die Sozialisten, über den Krieg, vor ihm stand der Schulkamerad, der abenteuerlustige Träumer, der einst dem zwölfjährigen André vorgeschlagen hatte, mit ihm nach Grönland zu fahren. Und André sagte: „Weißt du noch, du wolltest damals nach Grönland? Walfische fangen. Komisch! Du wirst bestimmt auch eingezogen. Sie werden uns töten wie die Fliegen, das steht fest. Schlimmer als bei Verdun ... Aber das ist unwichtig. Gut, daß die Warterei ein Ende hat; so konnte man nicht weiterleben. Jetzt ist wenigstens alles klar. Es gibt ein Gedicht, ich weiß nicht von wem: ‚Betrogen sterbe ich dahin ...‘ Und weißt du, was das Komischste ist? Vor einiger Zeit, da setzte sich in unserem Café ein Deutscher zu mir, mit blauen Augen und ausrasiertem Nakken. Ich dachte zuerst, ein Emigrant, aber nein. Er beschäftigte sich mit Fischen. Ihm gefielen meine Landschaften. Er hatte ziemlich viel getrunken und behauptete, es würde unbedingt Krieg geben, und die Deutschen würden Paris zerstören. Ein Unikum! Ich finde es komisch, daß er wahrscheinlich auch einberufen worden ist. Also wird er auf mich ... Ist das nicht Scheiße? Aber ich bin glücklich, Pierre, daß die Ungewißheit ein Ende hat. Krieg – also Krieg ...“

Sie verabschiedeten sich.

12

Breteuil konnte sich kaum noch auf den Beinen halten, seine Augen waren von schlaflosen Nächten gerötet. Nur seine eiserne Konstitution und sein Wille hielten ihn aufrecht; es mußte um jeden Preis ein Kompromiß gefunden werden. Mit Deutschland konnte man sich einigen. Das wichtigste war, den Pakt mit Moskau zu lösen. Aber die Ereignisse überstürzten sich geradezu. Hitler wollte nicht warten. Der „Friedensengel“ flog vergebens über dem verstörten Europa hin und her. In Frankreich riefen die letzten Mohikaner der Volksfront zum Widerstand auf. Breteuil verfaßte Artikel und Flugblätter, sprach mit Diplomaten, instruierte die Getreuen und lenkte durch General Picard die Armeestäbe.

Paris wurde verdunkelt. Und durch die Dunkelheit huschten Breteuils Vertrauensleute, mahnten und hetzten. „Die Tschechoslowaken sind selber schuld. Den Krieg wollen die reichen Juden.“ – „Mandel ist für den Krieg. Sein wirklicher Name ist Rothschild. Er wird von Benesch bezahlt . . . Aber unsere Kinder treibt man auf die Schlachtbank!“ – „Die Deutschen haben hunderttausend Flugzeuge. Sie werden Paris am ersten Tag in Schutt und Asche legen.“

An der Gare de l’Est, dem Ostbahnhof, herrschte ein heilloses Durcheinander; alle paar Minuten fuhren Züge mit Reservisten ab. Manche hoben die Fäuste, sangen und riefen: „Man muß den Deutschen zeigen, daß nicht alle vor ihnen kriechen.“ Andere murmelten finster: „Wozu müssen wir uns da einmischen?“ Frauen weinten. Das kam den Faschisten zupaß; sie erklärten, die Mobilmachung sei gesetzwidrig, die Tschechoslowaken hätten selber den Vertrag gebrochen und die Franzosen ginge das gar nichts an.

Wie zu Beginn des Spanienkrieges spaltete sich Paris in zwei Lager. Auf den Champs-Élysées triumphierte die „Friedensliebe“. Man verfluchte die Schrecken des Krieges, predigte Humanität, ja sogar „Brüderlichkeit“. Schnell vergaßen die Menschen nicht nur die eigene unlängst geäußerte Meinung, sondern auch ihren Lebenslauf, die Traditionen ihres Milieus, die Mythen ihrer Kaste. Der blinde Haß auf die „Faulenzer“ – so nannten die Faschisten noch immer die Arbeiter – war stärker als alles andere. Kolonialoffiziere, die den Feldzug im Rif geleitet hatten, brutale Despoten, die Soldaten wegen eines geringfügigen Vergehens hatten erschießen lassen, beteuerten jetzt, daß nichts ein Blutvergießen rechtfertigen könne. Akademiemitglieder, die noch gestern wichtigtuerisch von einem „unbesiegbaren Frankreich“ geredet und dauernd den Marschall Foch zitiert hatten, behaupteten, man dürfe keinen Krieg führen; denn die Deutschen brauchten nur mal tief Luft zu holen, und schon würde die ganze Maginotlinie wie ein Kartenhaus zusammenstürzen. Und der Lothringer Breteuil, der den Einmarsch der französischen Truppen in Metz als die schönste Stunde seines Lebens bezeichnete, sagte: „Die Grenzfrage rückt in den Hintergrund angesichts der Verteidigung unserer westlichen Zivilisation gegen die Bolschewisten."

Die Bewohner der wohlhabenden Viertel reisten schleunigst wieder ab. Die Badeorte waren fast schon verödet gewesen, nachdem die Sommerfrischler – durch die Zeitungsmeldungen aufgeschreckt – in die Hauptstadt zurückgekehrt waren. Als jedoch die Mobilmachung begann und die Stadt verdunkelt wurde, verließen die Bourgeois Paris und schickten ihre Familien möglichst weit fort. Und so lebten zu ungewohnter Jahreszeit die Badeorte und die Gebirgsdörfer wieder auf. Schon entlaubten sich die Bäume, und Herbststürme tobten über dem Ärmelkanal. Die unfreiwilligen Sommerfrischler froren und meinten ungehalten: „Höchste Zeit, diese verdammten Tschechen zu zügeln!" An die Sudetendeutschen dachte niemand mehr.

In den Arbeitervororten jedoch waren andere Reden zu hören. Auch dort freute man sich nicht über den Krieg, aber die Männer zogen schweigend los, die Heimat zu verteidigen. Sie wußten, daß es keinen anderen Ausweg gab, und sagten, daß man so nicht weiterleben könne. Das Wort „Aggressor" wurde zu einem verständlichen, alltäglichen Begriff. Und oft begleitete die „Internationale" den Abmarsch der Reservisten. Man blickte hoffnungsvoll in die Zukunft: Ein Kampf gegen die faschistischen Eroberer, aber auch gegen ihre französischen Freunde, gegen die Leute um Breteuil und Doriot, stand bevor. Manchmal schien es, als sei der Juni des Jahres sechsunddreißig wieder lebendig geworden. Aubry, der in Billancourt Chamberlain zu preisen gewagt hatte, wurde grausam verprügelt. Als Polizisten ihn wegtrugen, rief ein kleiner Junge fröhlich: „Das ist der Krieg!"

„Es wird keinen Krieg geben", erklärte Breteuil auf einer Versammlung der „national gesinnten Abgeordneten". „Und es darf keinen Krieg geben. Die Tschechoslowaken sind vertraglich an Moskau gebunden. Mit anderen Worten, wir sollen für den

Kommunismus kämpfen. Ein Kompromiß ist unumgänglich. Betrachten wir die Sache ganz nüchtern. Wir sind vom Bolschewismus unterminiert. In Spanien dauert der Bürgerkrieg noch an. England ist auf seiner Insel gegen Ansteckung gefeit. Die Engländer können es sich leisten, zu heucheln, zu bluffen, mit liberalen Ideen zu kokettieren. Wer aber ist wirklich imstande, Europa vor dem Kommunismus zu schützen? Einzig und allein Hitler. Folglich sind unsere Verbündeten unsere Feinde, unsere Feinde aber sind unsere Verbündeten."

Zum erstenmal hatte Breteuil es gewagt, seine Gedanken in Ducamps Gegenwart so offen auszusprechen. Er hatte eine Polemik, patriotische Tiraden erwartet. Er wußte nicht, wie es mit Ducamp stand; seit Beginn der Septemberkrise hatte er ihn nicht mehr gesehen, war er einer Begegnung stets ausgewichen. Ducamp aber war außer sich. Dieser nicht dumme, aber schwerfällige und eigensinnige Mann war gleichsam erwacht. Er war doch zu den Rechten gegangen in dem Glauben, daß sie das „große Frankreich" verteidigten. Und nun sah er, wie Breteuils Freunde, das heißt auch seine gestrigen Freunde, die Mobilmachung hintertrieben und zu Desertion und Verrat aufriefen. Wer aber wollte Frankreich verteidigen? Die Arbeiter. Schrecklich, es auszusprechen – die Kommunisten! Für Ducamp war das ein schwerer Schlag. Lange hatte er der Wahrheit nicht ins Auge blicken wollen. Er hatte sich mit dem Gedanken getröstet, daß der Klassenegoismus, der Zehntausende von Menschen verblendete, Breteuil fremd sei. In der letzten Zeit hatte er immer wieder versucht, mit Breteuil zu sprechen, doch es war ihm nicht gelungen, und er wurde von Zweifeln geplagt. Wäre Ducamp jünger gewesen, so hätte er sich um einen Kampfposten beworben; aber mit sechsundfünfzig Jahren kann man schwerlich noch von Luftkämpfen träumen. Er bekämpfte nach Kräften die Propaganda der Defätisten. Man ging ihm aus dem Wege; manchmal bemerkte man herablassend: „Ein Phantast!", manchmal unterbrach man ihn bissig: „Instruktionen aus Moskau!" Jetzt hatte er erstmals aus Breteuils Mund all das gehört, was ihn so empörte. Er wollte seinen Lehrer anprangern, wollte die Feinde Frankreichs entlarven. Aber er war so erregt, daß er kein Wort hervorbrachte. Sein Sprachfehler machte ihn stumm. Er stöhnte gequält. Schließlich schrie er unnatürlich laut: „Ein Hitleranhänger! Das sind Sie! Sie wurden im Krieg verwundet, das ist etwas Ehrenvolles, aber Sie sind dessen nicht würdig!"

Tränen klangen aus seiner Stimme. Er raffte seine Papiere zusammen, die auf dem Tisch verstreut lagen, und lief aus dem Saal. Die Abgeordneten zuckten die Achseln: ein Verrückter! Einige sagten, man dürfe das nicht so ernst nehmen, er habe im Krieg Quetschungen erlitten, und das wirke sich wahrscheinlich auf seinen psychischen Zustand aus. Nur Grandel meinte spöttisch grinsend: „Eine völlig logische Handlung unter dem Anschein des Wahnsinns. Ich habe ihn gestern mit Fouger getroffen. Ihm geht es weniger um Patriotismus als um die Moskauer Futterkrippe ..."

Breteuil schlug vor, die kostbare Zeit nicht zu vergeuden, den Zwischenfall mit Ducamp in ruhigeren Zeiten zu behandeln, sich jetzt aber mit der internationalen Lage zu befassen, denn jede Stunde könne die Entscheidung bringen.

„Wir müssen uns auf Mussolini stützen, er wird uns einen Kontakt mit Hitler ermöglichen. Das ist auch Chamberlains Bestreben. Die Radikalen werden, nolens volens, unseren alten Traum, den Viermächtepakt, verwirklichen müssen."

Eine Resolution wurde gefaßt: „Die nationalgesinnten Abgeordneten hoffen, daß die Regierung alle Anstrengungen auf die Erhaltung des Friedens richten und keine unüberlegten Schritte unternehmen wird."

Als die Abgeordneten auseinandergingen, trat Grandel zu Breteuil und sagte freundschaftlich: „Sie haben sich prächtig gehalten. Ich an Ihrer Stelle hätte die Beherrschung verloren. Dieses Gerede über Ihre Verwundung ... Wie niederträchtig!"

Breteuil blickte sich um. Sie waren beide allein. Er sagte sehr leise: „Ich mag es nicht, wenn man mich für einen Einfaltspinsel hält. Ducamp ist ein Dummkopf und ein Psychopath. Aber was Sie betrifft, so bin ich jetzt über die treibenden Kräfte Ihres Patriotismus im Bilde. Ich hoffe, Sie haben mich verstanden?"

Grandel blinzelte verstört. „Nein."

„Dann will ich mich deutlicher ausdrücken. Mir ist bekannt, daß ein gewisser Kielmann ..."

„Schon wieder diese Fälschung!"

„Verzeihung, aber man hat mir bestätigt, daß Sie sich tatsächlich mit ihm getroffen haben."

Grandel erbleichte; wenn Breteuil gegen ihn auftrat, dann war es aus mit ihm. Er schwieg.

„Gut, daß Sie es nicht abstreiten. Ich habe zu niemand darüber gesprochen. Und ich habe auch nicht die Absicht, es zu tun. Aber ich will nicht, daß Sie mich für dumm halten. Ihre Berliner Auftraggeber glauben, daß sie mich ausnutzen. Das ist deren Sache. Ich meinerseits bin überzeugt, daß ich sie ausnutze. Ich diene nicht Kielmann, Monsieur Grandel, sondern dem nationalen Frankreich."

Grandel beruhigte sich, er antwortete: „Das, lieber Monsieur Breteuil, sind lediglich Nuancen. Wozu darüber streiten?"

Auf den Straßen herrschte immer noch ruheloses Treiben. Die einen kamen an, die anderen reisten ab, überall Menschenansammlungen, Gerüchte, man riß den Zeitungsverkäufern die letzten Ausgaben aus der Hand, nahm Abschied, stritt sich, sang. Breteuil war in Eile, er hatte eine Verabredung mit einem Korrespondenten einer römischen Zeitung. Unterwegs jedoch machte er einen Abstecher in die Kirche Saint-Germain-des-Prés. Er tauchte seine gelben, pergamentenen Finger in das marmorne Weihwasserbecken, benetzte die Stirn, ging zum rechten Altar, wo rings um eine steinerne Madonna viele Kerzen flackerten, beugte ein Knie und betete. Um ihn herum beteten Frauen für ihre Männer und Söhne.

Nach dem Halbdunkel der Kirche war ihm die Sonne unerträglich grell. Breteuil blinzelte, und sekundenlang verschwamm ihm alles vor Augen; die schlaflosen Nächte wirkten sich aus. Die Zeitungsverkäufer überschrien einander. Zusammen mit Breteuil verließ ein Priester im Ornat die Kirche. Ein Knabe mit seidenem Umhang läutete ein Glöckchen. Jemand lag im Sterben, und der Priester eilte hin, ihm das Abendmahl zu reichen. In dem Kirchgärtchen aber sangen die Vögel. Und auf der Terrasse des Cafés „Deux Magots" gegenüber der Kirche tranken die Pariser, als sei in der Welt nichts geschehen, ihren Aperitif aus Wermut, Anis, Enzianwurzel, Eukalyptusrinde, Mandarinen und Maiglöckchen.

13

Die Versammlung im Seine-Werk war schnell zu Ende: Worte konnten niemand mehr beglücken. Alle wußten, daß an der Spitze des Landes nichtswürdige, kleinmütige Männer standen, die vor keinem Verrat zurückschreckten. Die Arbeiter waren bereit, in den Krieg zu ziehen, aber in dieser Entschlossenheit lag weder Freude noch Begeisterung. Sie beschlossen, eine Abordnung in die Tschechoslowakische Botschaft zu entsenden, um ihre Solidarität zu bekunden.

Am nächsten Morgen gingen Legreux und Pierre auf dem Wege zur Botschaft über das Marsfeld. Panzer rollten vorüber. Kleine Mädchen spielten mit Reifen. Ein Mann in mittleren Jahren und von mittlerem Wohlstand philosophierte: „Die Tschechen sollen gutes Bier haben. Aber ich mag gar kein Bier. Ich frage Sie: Was geht uns das alles an?"

Legreux sagte zu Pierre: „Du hast gestern gesagt, Frankreich stünde bald allein da. Das stimmt. Aber auch wir sind in Frankreich allein. Wir reden noch von der Volksfront, dabei gibt es sie gar nicht mehr. Mir ist Ducamp lieber als alle Sozialisten zusammengenommen. Ein ehrlicher Mann! Die Arbeiter halten sich großartig. Welch eine Reife! Und die Bauern? Wenn Daladier kapituliert, werden die sich womöglich noch freuen."

Pierre lächelte. „Nicht nur die Bauern, selbst meine Agnès wird sich freuen, und sie ist die Tochter eines Arbeiters, sie müßte es doch verstehen. Ein schreckliches Durcheinander. Sie hält mir entgegen: ‚Und was habt ihr damals geschrieben?' Ich verlasse mich auf mein Gefühl. Wie beim Spanienkrieg. Ich habe Azaña in Barcelona gesehen. Er ist wie unser Sarraut, ein typischer Radikaler. Du wirst sagen, er hat keine Arbeiter eingesperrt! Natürlich hat er es getan. Aber es geht doch nicht um ihn. So ist es auch mit den Tschechen. Aber Agnès begreift das nicht; sie schert alles über einen Kamm."

„Vielleicht begreift sie es, hat aber Angst, daß du an die Front kommst. Sie hat ein Kind. Das ist doch verständlich."

Legreux seufzte; er hatte niemand auf der Welt, niemand sorgte sich um ihn.

Der Himmel war bedeckt. Hinter dem weißen Wolkenschleier ahnte man die Sonne. Das Licht tat den Augen weh. Pierre murmelte vor sich hin: „Sie werden nachgeben. Ein richtiger Teufelskreis."

In all diesen Wochen hatte er wie in ständiger Erwartung gelebt. Sogar Spanien war in den Hintergrund gerückt. Zwischen der ersten und der zweiten Reise Chamberlains zu Hitler schienen Jahre zu liegen. Pierre konnte weder arbeiten noch denken, noch schlafen. Er hatte nicht mehr den Enthusiasmus wie in den Tagen der Volksfront. Geblieben war bittere Enttäuschung, ja Niedergeschlagenheit. Das paßte nicht zu seinem Charakter, und er dachte: Ich bin in einer Sackgasse. Er hatte damals diplomatische Verhandlungen mit Aufkäufern von Kriegsmaterial führen müssen. An die seltenen und kurzen Reisen nach Spanien erinnerte er sich nur noch dunkel wie an wunderbare Träume. Er wartete auf eine Entscheidung, auf Trennung, auf Krieg. Aber das Kind, das noch immer in ihm steckte, der Träumer aus dem verschlafenen Perpignan sehnte sich nach Glück. Und als er jetzt aus einem Fenster Klavierspiel hörte, blieb er stehen und blinzelte vergnügt. „Das Scherzo . . . Herrlich!"

In der Botschaft empfing sie der Erste Legationsrat Vaněk, ein untersetzter, schwerfälliger Mann mit breiten Bauernhänden und einem Stiernacken, der in einen steifen Kragen gezwängt war.

In den letzten Tagen waren ständig Arbeiterdelegationen in die Botschaft gekommen, und jedesmal hatte Vaněk erstaunt die Stirn gerunzelt. Wenn er die Worte „Solidarität des Proletariats" hörte, fragte er sich: Was ist denn nur los? Wer drückte ihm da die Hand, sprach von Zorn und Hoffnung? Kommunisten! Und er gestand dem Botschafter: „Ich verstehe gar nichts mehr."

Vor neun Jahren hatte Vaněk, seiner Ausbildung nach Philologe, seiner Überzeugung nach Liberaler, in Mährisch-Ostrau gearbeitet. Dort waren Unruhen ausgebrochen: Die Kommunisten hatten gegen die neuen Militärgesetze demonstriert. Sie wurden eingesperrt. Vaněk trat im Prozeß als Zeuge der Anklage auf. Er freute sich über das Urteil: Die Rädelsführer bekamen vier Jahre. Und jetzt trösteten ihn hier in Paris Kommunisten! Die Leute aber, mit denen er befreundet gewesen war, die er bewirtet, mit denen er sich über die Maginotlinie, über Titulescus Reden, über Smetanas Opern unterhalten hatte, diese kultivierten und sympathischen Leute waren plötzlich spurlos verschwunden. Wie hatte sich Vaněk im Frühjahr gefreut, als er erfuhr, daß

Tessat zum Minister ernannt worden war! Hatte Tessat doch anläßlich der Jubiläumsfeier an Masaryk geschrieben: „Die Tschechoslowakei ist das Bollwerk unserer westlichen Kultur im Herzen Europas, sie ist ein Land des Humanismus ..." Und jetzt führte kein Weg zu Tessat. Vaněk sorgte sich um das Schicksal seines Landes. Die Artikel in der französischen Presse machten ihn rasend. Als er von der Rede Breteuils las, der die Tschechen „Barbaren" nannte, verlor er die Beherrschung und zerschlug eine Kaffeekanne. Zu alledem kam noch eine persönliche Sorge: Er stammte aus einer kleinen mährischen Stadt unweit der Grenze. Dort lebten seine alten Eltern und seine Schwester. Wohl hundertmal am Tage sagte er vor sich hin: „Werden uns die Franzosen wirklich verraten?" Er fuhr ins Ministerium. Er sprach bekannte Abgeordnete an; aber sie schwiegen sich aus oder seufzten teilnahmsvoll wie bei einem Begräbnis. Delegationen kamen in die Botschaft; aber vergebens wartete Vaněk auf Vertreter der Presse, auf Professoren, Advokaten, Radikale oder wenigstens Sozialisten. Es kamen Arbeiter, die immer wieder dasselbe sagten. Vaněk dankte, schüttelte Hände und dachte bestürzt: Wieder Kommunisten!

Legreux schwieg die ganze Zeit. Das Wort führte Pierre. Und Vaněk war verblüfft über den gehobenen Stil, den ungewöhnlichen Wortschatz. Er begriff, daß kein Arbeiter und auch kein Kommunist vor ihm stand, sondern ein freiheitlich denkender Mensch seiner Kreise und seiner Bildung.

„Ich freue mich über Ihre Worte. Es ist gut, daß Menschen verschiedener Überzeugungen zu uns kommen. Sonst könnte der Eindruck entstehen, daß nur die Kommunisten zu uns hielten."

Pierre brauste auf: „Ich bin Kommunist."

Vaněk lachelte höflich. Sie standen an der offenen Balkontür und hörten die erregten Ausrufe der Zeitungsverkäufer. Vaněk fragte sich, ob Tessat ihn wohl heute empfangen werde, und blinzelte im grellen Sonnenlicht.

Auf der Straße sagte Legreux: „Hör mal, Pierre ... Jetzt ist natürlich nicht die rechte Zeit, darüber zu sprechen; aber ich wollte dich schon lange fragen – warum trittst du nicht in die Partei ein?"

Pierre antwortete erst nach einer Weile: „Ich weiß nicht ... So ist es, glaube ich, ehrlicher ..."

Endlich wurde Vaněk von Tessat empfangen. Um jeglichen Angriffen zuvorzukommen, legte der Minister gleich los: „Wieso verstehen Sie das nicht? Das Schicksal der kleinen Staaten hängt vom Schicksal der großen ab. Wir können uns jetzt auf keinen Kampf einlassen. Aber sobald wir aufgerüstet haben, werden wir ihnen diese Gebiete zurückgeben. Man muß warten können. Als die Preußen Schleswig besetzt haben, mischten wir uns auch nicht ein. Aber ein halbes Jahrhundert später gaben wir den Dänen ihr Eigentum zurück. Das ist das Abc der Diplomatie."

Vaněk, gewöhnlich zurückhaltend, beging eine Taktlosigkeit, er antwortete: „Indem Frankreich die Annexion Schleswigs und dann die Zerschlagung Österreichs zuließ, bereitete es Sedan vor."

„Ein unangebrachter Vergleich! Das zerfallende Zweite Kaiserreich und das Frankreich von 1938 in der Blüte seiner Kräfte. Sie können unbesorgt sein: Sedan wird sich nicht wiederholen. Aber man muß abwarten. In der Sudetenfrage ist Frankreich gespalten."

Vaněk schwieg. Sein wettergegerbtes Gesicht wurde noch röter, die Stirnadern schwollen an. Tessat aber hatte sich beruhigt. Er trat dicht an Vaněk heran und flüsterte: „Glauben Sie mir, Ihr Kummer ist auch der unsere. Ich erinnere mich noch gut an die Zeit, als die Strasbourgstatue auf der Place de la Concorde mit einem Trauerflor umhüllt war. Sie besteigen als eine Art Sühneopfer den Scheiterhaufen. Sie geben das Teuerste hin, nur um den Frieden zu retten. Frankreichs Frauen werden das nicht vergessen . . ."

Vaněk dachte an das runzlige, welke Gesicht seiner Mutter unter dem schwarzen Kopftuch – seine Mutter kleidete sich wie eine Bäuerin. Eine unsinnige, kindliche Hoffnung regte sich in ihm: Vielleicht verraten sie uns doch nicht . . . Er blickte Tessat an: „Sie sagten ‚in der Sudetenfrage' . . ., aber auf dem umstrittenen Territorium gibt es viele Gebiete mit tschechischer Bevölkerung. Dort leben keine Deutschen. Ich weiß das genau, ich stamme von dort. Wenigstens auf diese Gebiete müßte man bestehen."

Tessat gähnte, das Gespräch hatte ihn ermüdet. „Daladier hat mir vor einer Stunde mitgeteilt, daß er nach München fliegt. Dort wird alles entschieden. Man wird den Vertreter Ihrer Regierung natürlich informieren. Also ist es jetzt müßig, sich mit Geographie zu befassen ..."

Vaněks blaue Augen trübten sich, aber er hatte sich rasch wieder in der Gewalt; er dankte Tessat für die Unterredung und verabschiedete sich. Tessat aber dachte: Einen feinen Posten habe ich mir da aufgehalst! Lieber Mörder zur Guillotine begleiten ... Dieser Tscheche ist ein guter Mensch, nur schrecklich naiv! Warum begreifen die denn nicht, daß wir nicht alles aufs Spiel setzen können? Schluß mit der Wohltätigkeit! Frankreich muß schließlich auch mal an sich denken.

Er rief Paulette an: „Darf ich kommen? Ich brauche Trost ... Nein, nein, gute Neuigkeiten, sehr gute sogar. Es wird keinen Krieg geben. Aber ich bin in einer abscheulichen Stimmung. Wie heißt es doch bei Verlaine: ‚Grundlos traurig ist die Seele ...‘ Gut, ich komme, ich komme ..."

14

Joliot flitzte in Hemdsärmeln durch die Druckerei. Das Material für die Extraausgabe lag schon bereit. Besonders stolz war Joliot auf den Bericht über Chamberlains Kindheit: Der englische Premier hatte schon als Vierjähriger Streitigkeiten zwischen seinen Altersgenossen geschlichtet, und seine Mutter hatte ihm eine glänzende Zukunft prophezeit.

„Unter welcher Überschrift bringen wir das?" fragte einer der Mitarbeiter. „‚Verständigung in München‘?"

Joliot verzog das Gesicht. „Zu farblos, zu nichtssagend. Entspricht nicht der Stimmung."

„Vielleicht ‚Sieg des Friedens‘?"

Aber auch das gefiel Joliot nicht. Er warf den Kopf zurück, kniff die Augen zu und flüsterte: „‚Ein Sieg Frankreichs‘ – und zwar über die ganze Spalte ..."

Nach Paris zurückgekehrt, begab sich Daladier zum Arc de Triomphe, um am Grabmal des Unbekannten Soldaten einen Kranz niederzulegen. Alle Ämter, Büros und Geschäfte hatten geschlossen. Auf den breiten Gehsteigen der Champs-Élysées wimmelte es von Menschen. Alle freuten sich: sie wurden nicht in die Schützengräben getrieben. Besonders zahlreich waren die

Frauen vertreten. Die Häuser waren beflaggt. Blumenfrauen verkauften Rosen und Dahlien. Gestern noch war in den verdunkelten Straßen trauriges Flüstern, Schluchzen, heiserer Gesang zu hören gewesen. Heute herrschte überall festliches Treiben.

In einem zweitklassigen Restaurant nahe den Champs-Élysées saß an einem dunklen Ecktisch Dessère. Er hatte gerade zu Mittag gegessen und trank Kaffee. Dieses wenig besuchte Restaurant hatte er gewählt, weil er niemand begegnen wollte. Er hatte sich bei einem Zeitungshändler die „Voie Nouvelle" gekauft und las, ohne auch nur einen Blick auf die erste Spalte zu werfen, die kleingedruckten Meldungen über Diebstähle und Brände. Seine Miene war finster, und sie verfinsterte sich noch mehr, als Fouger zu ihm trat.

„Du hier?"

„Wie du siehst ..."

Zu anderer Zeit hätte Dessère sich über diese Begegnung gefreut. Fouger war ein alter Bekannter; sie hatten zusammen die Technische Hochschule besucht und davon geträumt, Ingenieure zu werden. Dann hatte sich Dessère für Finanzgeschäfte und Fouger für Geschichte und Politik entschieden. Sie trafen sich selten, doch wenn sie sich sahen, unterhielten sie sich freundschaftlich, zwanglos und ohne Verstellung. Wenn man zu Dessère sagte, seine Günstlinge, die Radikalen, seien demoralisiert, Parasiten der Republik, Komplizen Staviskys, antwortete er: „Und Fouger?" Dieser bärtige Enthusiast war für ihn die Inkarnation der Tugenden des alten Frankreich.

Fouger war ein gewissenhafter Historiker. Seine Arbeiten über die Jakobinerklubs in der Picardie und über den Kampf gegen die Chouans fanden allgemeine Anerkennung. Er lebte nicht nur mit der Philosophie, sondern auch mit den Requisiten der Großen Revolution. Patriotismus war für ihn untrennbar mit Schlichtheit der Sitten verbunden. Bei ihm klang es ganz natürlich, wenn er ausrief: „Das Vaterland ist in Gefahr!" Hielt er den neugeborenen Sohn eines seiner Wähler in den Armen, so sagte er zu dem glücklichen Vater: „Ein guter Staatsbürger!" Fouger betrachtete sich als einen Nachkommen der Jakobiner.

Die Liebe zur Vergangenheit machte ihn blind. Er war überzeugt, daß stets irgendwer die Republik bedrohte, verdächtigte jeden General des Bonapartismus und wandte sich empört ab, wenn er auf der Straße einem Abbé begegnete. Die Welt beschränkte sich für ihn auf Frankreich; was in anderen Ländern geschah, interessierte ihn nicht. „Sowjets", „Chamberlain", „Duce" sprach er französisch aus. Die kroatischen Ustaschas waren für ihn die „Balkannihilisten" und Ghandi „der indische Danton".

Als Sohn eines Graveurs, der sein Handwerk über alles liebte, wußte er von Kind auf, daß das Glück in der Arbeit besteht. Er war immer in der glücklichen Lage gewesen, das tun zu können, was ihm Spaß machte. Er sah nicht, daß Millionen Menschen um ihn herum die aufgezwungene und schlechtbezahlte Arbeit haßten. Den sozialen Kampf betrachtete er als Phantasterei edler, aber abstrakter Geister. Er ermahnte die Gewerkschaftsfunktionäre: „Vergeßt vor allem nicht die Ränke des Vatikans!"

Seine Taschen waren vollgestopft mit Klageschreiben unschuldig Leidender. Er setzte sich für eine Witwe ein, die aus ihrer Wohnung ausquartiert worden war, für Senegalesen und für Anarchisten. Er war selbstverständlich einer der eifrigsten Mitarbeiter in der „Liga zum Schutze der Menschen- und Bürgerrechte". Seine Frau sagte spöttisch von ihm: „Unser Unermüdlicher". Sie war eine beleibte, stille Frau, deren Interessen sich auf den Haushalt beschränkten. Sie bastelte Lampenschirme, hängte Bilder auf, stickte Kissen. Fouger klagte im Scherz: „Ich habe eine Schnecke mit Haus geheiratet." Seine erwachsenen Söhne waren Müßiggänger, hatten zu keiner Arbeit Lust und bettelten den Vater um Geld an, wobei sie ihn an sein Prinzip der „Toleranz" erinnerten.

Im Parlament galt Fouger als Radikaler, für Tessat jedoch war er ein Bolschewik. Tessat schrie: „Lieber Himmel, dieser Mann behauptet, die Radikalen hätten keine Feinde unter den Linken. Und die Kommunisten?" Fouger hatte einmal über die Kommunisten gesagt: „Sie drücken sich zu abstrakt aus, aber sie sind gute Patrioten." Er war zweiundfünfzig, wirkte aber sehr altertümlich, und in der Kammer hatte er den Spitznamen „der letzte Droschkenkutscher von Paris".

Dessère machte ein mürrisches Gesicht. Er hatte keine Lust, sich zu unterhalten, aber er wußte, daß er einem Gespräch mit Fouger nicht entrinnen konnte. Und tatsächlich. Fouger, der von

Dessères Tätigkeit hinter den Kulissen wußte, sagte: „Warum bist du nicht auf den Champs-Élysées? Und warum trinkst du nicht Sekt? Du hast doch allen Grund zur Freude; bis zu einem gewissen Grade ist das ja dein Sieg."

„Was soll ich dazu sagen ... Weißt du, einen so leichten und so bombastischen Sieg zu erringen ist nicht gerade sehr angenehm."

Fouger verstand nicht und wurde böse. Sein Bart begann zu zittern. „Worte, Dessère, nichts als Worte! Du hast es so gewollt, red dich nicht heraus! Du hast sogar die Mumie Viard mobilisiert, ich weiß alles. Du kannst triumphieren!"

„Nein, das habe ich nicht gewollt. Ich wußte, daß wir für einen Krieg nicht gerüstet sind, daß wir uns nicht darauf einlassen dürfen. Ich war für einen Kompromiß. Aber erstens sind die Bedingungen viel härter, als ich dachte. Zweitens aber, und das ist die Hauptsache, hat sich herausgestellt, daß ich nur allzu recht hatte. Verstehst du, allzu recht! Der heutige Tag hat gezeigt, daß uns keine Maginotlinie, keine Aufrüstung helfen wird. Irgend etwas stimmt nicht mehr. Ich bin hierher geflüchtet, nachdem ich die Menge auf den Champs-Elysées gesehen habe. Wie kann man aus einem diplomatischen Sedan einen Triumph machen! Daladier hatte Angst, sich auf dem Flugplatz zu zeigen, er fürchtete, mit faulen Eiern beworfen zu werden. Aber sie empfingen ihn wie eine Ballerina – mit Blumen. So ein Volk ist unfähig, sich zu verteidigen."

„Weshalb beschuldigst du das Volk? Ihr seid schuld daran. Auch du, Dessère. Ich hab dir das schon gesagt, als es in Spanien anfing. Man kann nicht Feigheit als Bürgertugend preisen und sich dann wundern, wenn das Volk sich über eine Kapitulation freut. Du finanzierst Zeitungen, die die Fahnenflucht verherrlichen. Du unterstützt die Feinde Frankreichs. Du willst ..."

Dessère unterbrach ihn: „Ich weiß selbst nicht, was ich will. Ich habe verspielt. Wahrscheinlich ebenso wie unser Land. Ich weiß nur, was ich wollte: das Gleichgewicht wahren, das glückliche Frankreich gegen junge, hungrige und streitsüchtige Völker verteidigen. Das ist mißglückt. Alles andere aber ist uninteressant. Wenn ich könnte, würde ich nach Tahiti fahren. Aber die Geschäfte halten mich fest. Ich kann nicht einfach alles hinwerfen. Für einen Dichter ist Neurasthenie ein legitimer Zustand. Die Musen mögen das anscheinend. Die Börse jedoch nicht."

Er zahlte. Wie unter einem Zwang begaben sich die beiden Männer zu den Champs-Elysées. Dort angekommen, blieben sie stehen.

Daladier fuhr im offenen Wagen vorbei. Die Menge jubelte ihm zu. Ihm folgte Tessat. Er fühlte sich wie ein Geburtstagskind und wollte Daladier nicht alle Ovationen überlassen. Wenn er sich verneigte, hüpfte seine spitze Nase. Er lächelte verschämt und würdevoll wie ein Tragöde nach einem pathetischen Monolog. Eine Dame warf ihm eine Rose zu, er drückte die Blume an die Brust.

„Ein heiteres Begräbnis", sagte Fouger. „Nebenbei bemerkt, wird hier Frankreich zu Grabe getragen."

Dessère mußte plötzlich lachen. „Besonders gut macht sich Tessat. Wieso eine Rose? Lorbeer müßte er kriegen."

Fouger war außer sich: „Mir ist jetzt nicht nach Scherzen zumute, Dessère. Das Vaterland ist in Gefahr! Ich fürchte, daß in einem Jahr die Deutschen auf den Champs-Élysées defilieren werden. Auch ihnen werden die Schlampen Rosen zuwerfen."

„Das Vaterland ist in Gefahr? Du bist ein ehrlicher Mann und ein unverbesserliches Kind. Vielleicht gibt es gar kein Vaterland mehr? Auf Wiedersehen, Fouger!"

15

Die Wände waren dünn. In allen Wohnungen lief das Radio, und die Stimme des Nachrichtensprechers schien sich wie ein Echo zu wiederholen. Pierre war kurz vor der Geburt seines Sohnes hier eingezogen. Es war ein riesiger Komplex mit einem Dutzend Häusern, den die Stadtverwaltung gebaut hatte. Noch unlängst hatte es auf diesem Gelände Festungsgräben und kleine Wiesen mit niedergetretenem Gras und Hahnenfuß gegeben. Früher war Pierre zu romantischen Stelldicheins hierher gekommen, hatte Gedichte deklamiert und ewige Liebe geschworen. Jetzt ragten überall hohe Häuser, und abends leuchteten Tausende Fenster auf. Hier wohnten Angestellte, Techniker, Arbeiter. Alle Wohnungen bestanden aus zwei kleinen Zimmern, und in allen Wohnungen spielte sich das Leben auf die gleiche Weise ab: Man stand früh auf und eilte zur Metro; um neun lüfteten die

Frauen die Betten und klopften Läufer aus; um zwölf, wenn die Kinder in Schürzen und mit tintenbeschmierten Fingern aus der Schule kamen, roch es nach Margarine, Zwiebeln und Kaffee; abends begann das Radio zu röhren; um halb acht wurde Suppe gegessen; um elf Uhr löschte man das Licht und ging schlafen.

In den letzten Tagen jedoch war das Radio nicht vor Mitternacht verstummt: Die Menschen hatten mit Hiobsbotschaften gerechnet. Doch nun hatte der Ansager alle beruhigt: Es wird keinen Krieg geben.

Pierre und Agnès aßen zu Abend. Als Pierre die Meldung hörte, erstarrte er mit der Gabel in der Hand, dann sprang er auf, warf die Serviette weg und fluchte. Agnès nahm die Nachricht mit gemischten Gefühlen auf: mit Freude, weil Pierre nun nicht in den Krieg ziehen mußte, weil es gar keinen Krieg, keine zerstörten Häuser, keine toten Kinder, keine Krüppel geben würde, und mit unbewußter Traurigkeit – sie teilte zwar nicht die Ansichten ihres Mannes, aber sein Kummer übertrug sich auch auf sie und nagte an ihrem Herzen.

Wie verschieden waren sie doch! Der leicht erregbare, laute Pierre, dem jede Gefühlsregung im Gesicht geschrieben stand, der ebenso rasch begeistert wie verzweifelt war, und die zurückhaltende, ja geradezu verschlossene, unversöhnliche Agnès, die ewig nach der einzigen, absoluten Wahrheit suchte, eine gesunde Frau, erfüllt von freudigen Muttergefühlen und schlichter körperlicher Leidenschaft. Sie führten ein harmonisches Leben, und kam es mitunter auch zu heftigen, aber kurzen Auseinandersetzungen, so fühlten sie sich doch innig miteinander verbunden. Jeder hatte sein eigenes Leben, seine Arbeit, seine Neigungen. Agnès ging ganz in ihrer Arbeit auf, jedes Kind war für sie eine geheimnisvolle, zerbrechliche Pflanze, die verkümmern oder sich entfalten und erblühen konnte. Sie sagte sich: Ich habe sie alle ebenso gern wie Doudou. Aber das stimmte nicht; ihren Sohn liebte sie blind und eifersüchtig, sie war stolz auf sein erstes Geplapper, sein weißblondes Haar. Stärker als dieses Gefühl war nur ihre Liebe zu Pierre, die sie nicht nur vor ihm, sondern in mädchenhafter Scheu auch vor sich selbst verbarg. Sie gab sich ihm hin wie beim ersten Mal, mit einem leisen Schrei des Staunens und der Freude.

In ihrer Ecke war es stets aufgeräumt und sauber; sie hing

nicht an Sachen. Auf Pierres Schreibtisch dagegen türmten sich geradezu geologische Schichten. Stöberte man darin herum, konnte man die Spuren seiner diversen, längst vergessenen Leidenschaften entdecken.

Sie hätten glücklich sein können in dieser engen Wohnung auf dem Boulevard Brune, inmitten von Schulheften und technischen Zeichnungen, mit ihrem rosigen und pummeligen Doudou. Aber sie waren nicht glücklich. Etwas Fremdes hatte sich in ihr Leben gedrängt. Agnès hatte das längst begriffen, in jenem Boulevard-Café, als die Soldaten scherzhaft von einem nahenden Krieg sprachen. Zwei Jahre hatten sie in gespannter Erwartung gelebt. Es kam ihnen vor, als sei dieses Leben nur provisorisch, als hätten sie es gemietet, wie ein Durchreisender ein Hotelzimmer mietet. Agnès sagte einmal: „Man hat uns wieder einen Tag geschenkt..." Für Pierre war diese Zeit mit Kampf und Ideen, mit fieberhafter Hoffnung und Verzweiflung erfüllt. Agnès aber bemühte sich vergebens, seine erregten Reden mit dem Herzen zu erfassen. Vor allem die letzten Wochen hatten sie völlig verstört. Der Spanienkrieg hatte für sie etwas Menschliches. Sie empörte sich, wenn sie Fotografien des zerstörten Madrid sah, und sie begeisterte sich unwillkürlich für den Heldenmut der Internationalen Brigaden. Sie sagte zu Pierre: „Es ist nicht meine Sache... Aber sie ist sauber." Und das Wort „sauber" war für sie ein Bekenntnis. Jetzt jedoch, da alles durcheinandergeraten war – Diplomatie und Gefühle, Pazifismus und Egoismus, „Internationale" und Generalität –, verschloß sie sich völlig und wurde stumm. In die Schule kamen verweinte Mütter. Das Unheil nahte. Und nun die knappe Meldung über das Münchner Abkommen: Es wird keinen Krieg geben!

„Wie viele Leute atmen jetzt auf, Pierre! Auch auf der anderen Seite... Meinst du, daß die anders empfinden? Vergiß doch wenigstens für einen Augenblick deine Politik!"

„Du redest wie André."

„Was heißt wie André? Wie Millionen Menschen! Du nennst sie Spießer. Natürlich bist du jetzt in deinem Element..."

„Ich verstehe nicht."

„Zu anderen Zeiten würden wir leben, arbeiten, Kinder aufziehen. Und ihr, das heißt solche wie du, würdet euch damit abfinden, wenn auch nur schweren Herzens. Man würde dicke Bücher schreiben, Straßen bauen, Impfstoffe entdecken. Jetzt aber müssen wir den Willen von Menschen deines Schlages ertragen. Ich spreche nicht von den Ideen, sondern vom Charakter. Heute ist alles dem einen untergeordnet, und das ist schrecklich ..."

Er wollte nicht streiten, mit düsterer Miene vertiefte er sich in die Zeitung; er las, was am Morgen noch unmittelbare Wirklichkeit gewesen und nun bereits Geschichte geworden war. Agnes aber quälte sich. Sie wußte, daß nichts gelöst war. Wie lange würde ihnen das Leben noch gestundet sein? Eine Woche? Ein Jahr? Und wie konnte man ein Leben auf Raten führen?

Agnes ging zu Doudou. Er schlief friedlich. Das Leben muß lang sein, dachte sie, sehr lang. Wie wird Doudou leben können? Von einer Mobilmachung zur anderen ... Sie wollte ihn küssen, unterließ es jedoch. Sie begann, Schulhefte zu korrigieren. Die Stille lastete schwer. Lieber sollte das Radio krächzen! Aber sie hatten es ausgeschaltet. Für eine Woche? Für ein Jahr? Vergebens versuchte Agnes sich zu konzentrieren, den Sinn der einfachen, kindlichen Sätze zu erfassen. Wohl ein dutzendmal las sie: „Mein Onkel in Fontenay hat Kaninchen und ein Kälbchen." Sie hatte plötzlich Sehnsucht nach Bäumen, nach der Wärme eines Stalles, nach einem gemächlichen Dasein – nicht hasten, nicht warten, nicht denken müssen ...

Erschöpft von den aufregenden Wochen, von Nachtarbeit und Versammlungen, war Pierre eingeschlafen. Sein schwarzer Kopf, schon früh mit weißen Fäden durchzogen, war auf das graue Zeitungsblatt gesunken. Pierres gleichmäßige Atemzüge beruhigten Agnès, wenigstens darin forderte das Leben sein Recht. Sie konnte Pierres Gesicht nicht sehen. Als sie aufstand, um einen Bleistift anzuspitzen, stieß sie einen Schrei aus: Pierres Gesicht war leichenblaß und starr, wie erfroren. Er erwachte von ihrem Schrei, sagte gleichgültig: „Aha!" und schlief sofort wieder ein.

16

In der Mobilmachung sah Lucien einen Ausweg. Seit dem Sommer glich sein Leben einem Alptraum. Was er befürchtet hatte, war eingetreten: Sein Bruch mit dem Vater hatte sich herumgesprochen, und der Dickwanst Joliot, den Luciens Hochmut seit langem anwiderte, hatte seinen Neffen mit der Rubrik Pferderennen betraut. Andere Einkünfte hatte Lucien jedoch nicht. Er lernte Hunger, schmutzige Kragen und Abende ohne Zigaretten kennen. Gegen Mittag verließ er das Hotel, damit der Besitzer, der ihn, weil er so unpünktlich zahlte, ohnehin schon scheel ansah, nicht auf den Gedanken käme, daß er kein Geld habe. Er schlenderte durch die heißen Straßen. Auf den Terrassen saßen Leute und aßen. Ihr Anblick empörte Lucien. Da grübelten sie über der Speisekarte, was sie bestellen sollten, schwelgten, mäkelten, lächelten. Die Gerüche bereiteten ihm Übelkeit. Manchmal traf er zufällig einen Freund: einen Literaten, einen Stammgast aus der Maison de la Culture, einen Anhänger Breteuils oder einen Bekannten aus den Spielhöllen. Lucien erfand rasch irgendeine Geschichte, er habe seine Brieftasche zu Hause vergessen oder der Wechselkurs für ägyptische Pfund stehe heute ungünstig, und dreist grinsend, erbettelte er fünfzig Franc, die er sofort für Essen ausgab.

Eines Tages kam ein Brief von seiner Mutter. Sie teilte ihm mit, daß ihr Gesundheitszustand sich verschlechtert habe, und flehte ihn an, sich mit dem Vater zu versöhnen. Einen Augenblick lang tat sie ihm leid. Er dachte an seine Kindheit, wie er einmal an Scharlach erkrankt war, und dabei tat er sich selbst am meisten leid. Vielleicht sollte er den Rat der Mutter befolgen? Wie lange sollte dieses Hunger- und Betteldasein noch dauern? Er hatte schon ein Blatt Papier in der Hand, um den gefühlvollen Brief zu beantworten, doch dann zerknüllte er es. Nein und nochmals nein! Zwar erwartete ihn dort ein sauberes Bett und ein Mittagessen mit drei Gängen; aber deswegen würde er sich doch nicht erniedrigen. Sein Glaube an Breteuil war ein Irrtum gewesen, der Irrtum eines ehrlichen Menschen. Sein Vater aber war ein skrupelloser Geschäftemacher. Und dann begänne wieder die alte Leier! Diese ewigen Moralpredigten: „Arbeite, und du wirst alles erreichen. Ich bin auch nicht auf Anhieb Minister geworden."

Manchmal dachte Lucien an Mouche, an ihre Verwirrung beim letzten Rendezvous. Er empfand Reue, obwohl er sich das nicht eingestehen wollte und seine Gefühle als „Sentimentalität" bezeichnete. Mouche hatte ihm ein paarmal geschrieben. Sie flehte ihn an, ihr zu verzeihen, und erklärte, daß ihr das Leben unerträglich sei. Er verzog gequält das Gesicht und riß das lila Papier in kleine Fetzen. Dann öffnete er ihre Briefe gar nicht mehr. Wozu? Helfen konnte er ihr doch nicht. Er war selbst unglücklich. Und Mitleid gab es auf der Welt nicht: Henri war gestorben, Jeannette hatte ihn verlassen, Breteuil hatte sich als niederträchtiger Politikaster entpuppt.

Nach dem Bruch mit Breteuil hatte Lucien jegliches Interesse an der Politik verloren. Er schaute nicht einmal mehr in die Zeitungen. Die Weltgeschichte schien ihm fade und schmutzig wie die Akten seines Vaters, wie Breteuils Häuslichkeit, wie der Nacken des mysteriösen Kielmann. Wenn Lucien auf der Straße oder im Café Gespräche über Hitler und den Krieg hörte, gähnte er: Sein Papa buhlte anscheinend um Fougers Gunst... Da wurde Lucien plötzlich einberufen. Er dachte an Salamanca, an die fieberhaften Kampfvorbereitungen, an die Zechgelage der Falangisten, die von der Front kamen – und freute sich.

Zwei Tage darauf jedoch wurde das Münchner Abkommen veröffentlicht. Lucien spottete über sich selbst: Wieder war er der Betrogene. Ebenso wie Millionen anderer Einfaltspinsel hatte er an die Verdunkelung, an die Panzer in den Pariser Straßen, an die Mobilmachung geglaubt. Dabei sammelte sein Herr Papa nur Stimmen im Parlament. Und Lucien gähnte krampfhaft, also wieder Geld auftreiben, wieder der griesgrämige Hotelbesitzer, dem er die Rechnungen nicht bezahlte, wieder sein eigenes, böses, unrasiertes Gesicht, das ihm unversehens aus den Schaufensterscheiben entgegensah.

Das Schicksal war ihm gnädig. Vor der Église de la Madeleine traf er seinen ehemaligen Verleger Gautier. Zu anderer Zeit hätte Gautier Lucien rasch abgewimmelt, heute jedoch war er tiefbewegt. Noch am Morgen hatte er, zum Sterben bereit, am Bett seines dreijährigen Töchterchens geschluchzt, und plötzlich hatte das Extrablatt der „Voie Nouvelle" ihm das schon verlorengeglaubte Leben wiedergeschenkt. Gautier hätte am liebsten nicht nur Lucien, sondern auch den Zeitungsverkäufer und die Polizisten umarmt. Er bemerkte nicht einmal Luciens verwahrlostes Aussehen; das hagere, unrasierte Gesicht und den abgetragenen Anzug – Uniformen waren noch nicht ausgegeben worden – hielt er für normale Requisiten dieser aufregenden Tage.

„Ich kann es noch gar nicht fassen!" rief er. „Begreifst du, was für ein Glück das ist? Ich sollte morgen nach Colmar fahren, als Sergeant in einem Artilleriekorps. Und nun ..."

Als er sich etwas beruhigt hatte, fragte er: „Und du?"

„Ich? Infanterie. Soldat zweiter Klasse."

„Und du Idiot freust dich nicht?"

„Offen gesagt, ist mir alles egal."

„Du Snob! Nein, nein, du hast sicher einen Nervenschock ..."

Lucien fiel ein, daß er Geld brauchte, und er sagte geheimnisvoll lächelnd: „Außerdem bin ich in einer mißlichen Lage ... Ich war gerade mit einer Schauspielerin in Trouville, als dieser Schlamassel anfing. Ich war überzeugt, daß es keinen Krieg gibt. Und da kam ganz überraschend die Mobilmachung. Ich mußte sie dortlassen. Jetzt will ich zurückfahren und sie holen. Ich habe auch Urlaub gekriegt, das Dumme ist bloß ... Alle Banken sind schon geschlossen. Bis morgen möchte ich aber nicht warten. Wenn du mir aus der Patsche helfen könntest, wäre ich dir sehr dankbar, aber wenn es dir unangenehm ist ..."

„Was redest du da!"

Gautier zog einen Tausendfrancschein aus der Brieftasche. Lucien lächelte, wußte er doch, wie geizig Gautier war. Seinerzeit hatte er nur mit Mühe das Autorenhonorar herausgerückt. Jetzt ließ er sogar einen Tausender springen, Lucien hatte höchstens mit zweihundert gerechnet.

„Warte doch!" rief Gautier. „So laß ich dich nicht weg. Wann geht dein Zug? Du hast noch Zeit ..."

Sie kehrten in ein Bistro ein und tranken jeder zwei Cocktails. Lucien fühlte sich behaglich und zufrieden. Dann verabschiedete er sich von Gautier, nahm ein Taxi und fuhr zum Montparnasse. Er betrat ein vornehmes Restaurant und stieg in die erste Etage hinauf. Als er in den Spiegel sah, nickte er sich freundlich zu. Heute gehörte es zum guten Ton, unrasiert und verwahrlost zu sein, aber Schönheit blieb Schönheit. Sogar die Garderobenfrau ließ kein Auge von ihm ...

Er bestellte ein opulentes Mahl und freute sich über seinen schlauen Einfall. Am liebsten hätte er gleich das Brot verschlungen, das auf dem Tisch lag, aber er sagte lässig zum Oberkellner: „Und dann Poularde mit Trüffeln, natürlich nur aus Bresse ..."

Ringsum wurde gezecht. Die Helden des Tages waren die

wehrpflichtigen Männer. Sie wirkten müde und erschöpft, als wären sie gerade von der Front heimgekehrt. Einige trugen Uniform, fast alle waren unrasiert; alles gemahnte an das Leben im Schützengraben. Sie gebrauchten bewußt grobe Ausdrücke und fluchten. Die Frauen verwöhnten sie; sie waren die guten Feen, die barmherzigen Schwestern, treuen Geliebten, die viele Jahre auf ihre Ritter gewartet hatten. Die Tischlampen mit den pastellfarbenen Schirmen verbreiteten ein gedämpftes, alles verschönendes Licht. Der Tango erzählte vom wiedergewonnenen Paradies. Sektkorken knallten, Gläser klangen, immer wieder wurde „Auf den Frieden!" angestoßen. Manche, die schon etliche Flaschen geleert hatten, schrien eingedenk des enthusiastischen Artikels von Joliot: „Auf den Sieg!"

Lucien trank eine Flasche alten Chambertin und lächelte gedankenlos vor sich hin. Er dachte jetzt weder an Kielmann noch an den Hotelbesitzer, noch an sein schmachvolles Dasein. Er war wieder der berühmte Schriftsteller, ein Freund der Surrealisten, der Sohn eines Modeadvokaten, der Geliebte einer schönen Schauspielerin, er lebte wieder.

Die Ereignisse und der Rausch hatten nicht nur ihm jegliches Zeitgefühl geraubt; alle ringsum empfanden das Außergewöhnliche dieses Abends. Lucien wunderte sich nicht, als Guyot, der Besitzer einer Bildergalerie, den er drei Jahre nicht gesehen hatte, zu ihm trat und fröhlich rief: „Warum kommst du denn nicht mehr in die Galerie? Ich habe eine Perle entdeckt, mein Lieber, eine echte Perle!"

Guyot schwankte. Sein rotes, rundes Gesicht glänzte. Im Knopfloch trug er eine wächserne Kamelie mit zerknickten Blütenblättern. Guyot schleppte Lucien an seinen Tisch. Und Lucien sollte es nicht bereuen. Er erblickte eine Frau, die ihn sofort gefangennahm: schlank, mit tiefschwarzem, glatt nach hinten gekämmtem Haar, einem kindlichen Stupsnäschen, vollen, halbgeöffneten Lippen und grünen Augen wie aus Porzellan. „Macht euch bekannt", murmelte Guyot. „Dies ist meine Perle – die Künstlerin Jenny. Und das ist Lucien Tessat, einer unserer besten Schriftsteller. Ich bitte, ihn nicht mit seinem Vater zu verwechseln."

Lucien lachte. „Was faselst du da? Ich bin überhaupt kein Schriftsteller. Ich bin Spezialist für Pferdezucht."

Jenny sah ihn aufmerksam an, ihre Augen wurden lebhaft und dunkel. „Ich habe Ihr Buch gelesen. ‚Über den Tod' . . . Ich habe auf Sie gewartet wie der Tod auf den persischen Gärtner in Bagdad."

Der englische Akzent verlieh ihren Worten etwas Kindliches. Lucien dachte: Sie hat einen Schwips, aber welch eine Schönheit! Er setzte sich, trank ein Glas Sekt und antwortete dann: „Und ich habe auf Sie gewartet. Aber viel prosaischer: auf eine schöne Frau. Jetzt haben wir uns kennengelernt. Trinken wir!"

„Einverstanden. Aber ich trinke nur Whisky."

Jenny war in einem der langweiligsten Städtchen des Staates Kentucky aufgewachsen. Ihr Vater, ein Methodist, handelte mit Furnierholz. Jenny war schon als Kind sehr exaltiert gewesen. Sie las mit Begeisterung Gedichte von Shelley und Keats, wollte zum Katholizismus übertreten, schrieb Erzählungen über die Leiden der Neger und lief, als Wilson aus Europa zurückkehrte, von zu Hause weg, um ihn zu begrüßen. Sie war damals sechzehn Jahre alt. Mit achtzehn heiratete sie einen herumziehenden Fotografen, der ihr versprach, sie nach Hollywood mitzunehmen. Von dem Fotografen ließ sie sich bald wieder scheiden, schlug sich aber trotzdem nach Hollywood durch: Sie wollte Filmstar werden. In Hollywood lernte sie Not und Demütigungen kennen. Die Regieassistenten sagten in geschäftsmäßigem Ton: „Gehen wir zusammen Abendbrot essen, und dann . . ." Derartige Angebote wies sie empört zurück. Sie verschrieb sich der Malerei, malte mit leerem Magen Landschaften – rote Erde, Kakteen, bunte Häuser. Sie war begabt, hatte aber keinen Geschmack. Auch in der Natur gefiel ihr alles Schreiende, Abstruse. Da lächelte ihr plötzlich das Glück. Ein Ingenieur aus Los Angeles, ein Flugzeugkonstrukteur, verliebte sich in sie; er gefiel ihr auch, und sie heirateten. Jetzt brauchte sie nichts mehr zu entbehren. Der Ingenieur war sympathisch und bescheiden, aber sie fand ihn fade. Sie sagte sich: Die große Liebe ist es doch nicht. Zwei Jahre später verunglückte ihr Mann tödlich. Sie schluckte zwei Röhrchen Veronal, man rettete sie. Sie stürzte sich in einen See, man zog sie heraus. Sie verbrachte ein Jahr in einem halbdunklen Zimmer, dann lebte sie wieder auf. Sie war allein und sehr reich. Sie reiste nach Europa, jagte von einem Land ins andere, ging in Museen und Spelunken, ließ sich mit Abenteurern ein, um die „wahre Liebe“ kennenzulernen, und besuchte eifrig wie ein Schulmädchen verschiedene Kunstschulen. Dann wurde sie in Paris auf dem Montparnasse seßhaft, wo gescheiterte Amerikaner über die Alte und die Neue Welt spotteten und Whisky tranken. Sie spottete mit und trank mit.

Sie war nur ein Jahr älter als Lucien, aber er kam ihr bedeutend jünger vor. Lucien hatte wieder eine Eroberung gemacht: Seine blitzenden Augen, das feurige Haar, der traurige Zynismus seiner Worte ergriffen Jenny so, daß sie nur noch ihn sah und weder auf Guyots Geschwätz hörte noch tanzen wollte. Dieses Gefühl war stark, und Lucien erlag ihm, er glaubte, verliebt zu sein.

Guyot klopfte mit dem Messer an sein Glas. „Ich möchte einen Toast ausbringen. Lucien ist bei der Infanterie, ich bin bei der Flak, Charles ist Flieger und Dumont ist Hauptmann bei der Infanterie. Folglich hätten wir alle in einem Monat die Felder des Elsaß düngen können. Oder auch der Pfalz, das bleibt sich gleich. Aber wir leben und werden leben. Das ist unser Sieg, der Sieg unserer Diplomaten, unserer Schriftsteller, der Sieg Paul Valérys, Derains, der Sieg der Winzer, der Schneider, der Conciergen. Verachtet mir die Conciergen nicht. Auch sie sind Friedensengel. Ich schlage vor, auf den schönsten aller französischen Siege zu trinken!“

Jenny klatschte Beifall. Dann sagte sie zu Lucien: „Ich mag Valéry nicht. Mir gefällt Éluard. Und Ihnen? Guyot hat eben wie Wilson gesprochen, aber damals waren die Franzosen gegen Wilson. Seien Sie nicht böse, ich verstehe nichts von Politik. Aber ich bin glücklich ... Welch schrecklicher Gedanke, daß man Sie hätte töten können!“

Er lachte. „Dann hätten wir uns nicht begegnen können.“

Guyot rief: „Die Rechnung!“ Lucien bestand darauf, daß er bezahlte. Er warf dem betagten Kellner hundert Franc Trinkgeld hin. Der Kellner lächelte: „Ich danke, Herr Major.“

„Irrtum: Herr Soldat zweiter Klasse.“ Zu Jenny sagte er leise: „Den letzten Schluck auf Sie. Der persische Gärtner fürchtete den Tod und floh nach Bagdad. Dort begegnete ihm ein schönes Mädchen. Nie zuvor hatte er ein schöneres gesehen ... Und er verjagte den Tod.“

Sie drückte seine Hand.

Dann verließen sie das Lokal und fuhren nach Passy. Jenny wohnte in einer ruhigen Straße. Vor dem Haus wiegte sich im Laternenschein ein großer Baum. Sie wollte sich verabschieden, aber er ging mit in ihre Wohnung. Sie war verwirrt und bat wie ein Kind: „Nein, nicht ..."

Sie glaubte, das sei die wahre Liebe, und hatte Angst, alles zu verlieren. Ohne den Mantel auszuziehen, setzte er sich in einen tiefen Sessel und schloß die Augen. Er sah müde aus. Jenny war plötzlich ganz ruhig. „Ich mache einen Kaffee, einverstanden?"

Sie holte die Kaffeemaschine: eine Glaskugel, unter der ein blaues Flämmchen zuckte. Lucien öffnete einen Spaltbreit die Augen und sagte: „Alchimie."

Er fühlte sich wohl und war wunschlos zufrieden. Der starke, sirupsüße Kaffee schien ihm der Gipfel des Glücks. Jenny redete pausenlos; sie fürchtete unbewußt das Schweigen. Obwohl sie schon etliche Liebesverhältnisse gehabt hatte, benahm sie sich wie ein unerfahrenes junges Mädchen.

„Am meisten mag ich gelbe Rosen, nicht Teerosen, sondern gelbe. Bei Baumann auf dem Montparnasse gibt es viele. Sie duften so wunderbar. Wenn Sie mir eine Freude machen wollen, schenken Sie mir welche."

Und der selig lächelnde Lucien antwortete gelassen: „Kaum. Ich habe nicht mal mehr einen Sou für die Metro."

Lucien schämte sich seiner Armut, und dieses Geständnis überraschte ihn selbst. Er wußte sehr wohl, weshalb er mit ihr gegangen war. Doch dann war alles so anders gekommen: der Kaffee, Jennys schüchternes Gehabe, das Gespräch über Malerei, über Griechenland, über Blumen ... Und er hatte soviel getrunken, war müde. Er wußte nicht, was er sagte. Jenny hielt das für einen Scherz; hatte er doch eben erst die ganze Zeche bezahlt. Lachend sagte sie: „Ich meine doch nicht jetzt gleich ... Da sieht man mal wieder, wohin das Trinken führt! ..."

Lucien kam zu sich. Der scherzhafte Vorwurf erboste ihn. „Ich habe Gautiers Geld vertrunken. Solche Gelegenheit bietet sich selten. Gewöhnlich erbettele ich nur kleine Beträge, nicht für Rosen, sondern für Brot und Wurst. Sie können das nicht verstehen. Sie sind eine reiche Amerikanerin. Ich aber bin ein gewöhnlicher Arbeitsloser. Wir gehören verschiedenen Klassen an."

Tatsächlich empfand er plötzlich so etwas wie Haß, den Haß des Armen. Er blickte Jenny nicht an, sah nicht, daß sie weinte.

Jenny wußte sehr wohl, was Armut war. Sie hatte die zwei Jahre in Hollywood nicht vergessen. Damals sagte sie zu ihren Freundinnen, sie äße nichts, um nicht dick zu werden, aber in Wirklichkeit war ihr schlecht vor Hunger. Jenny eilte ins Nebenzimmer und kehrte mit einem Bündel Banknoten zurück. Sie versuchte, Lucien das Geld in die Tasche zu stecken. „Ich bitte Sie, ich flehe Sie an!"

Eine wütende Grimasse verzerrte sein Gesicht. Er zerknüllte die Scheine und warf sie auf das Tischchen. „Nicht deswegen bin ich hergekommen." Er preßte schmerzhaft ihre Schultern. Er empfand weder Zuneigung noch Leidenschaft, wollte lediglich die Lauterkeit seiner Absichten bekunden. Jenny aber dachte: Er hat mir meinen Reichtum verziehen, er ist verliebt, er will nicht mehr warten, kann nicht warten ... Und sie gab sich ihm hin, ohne Bitterkeit, ohne Zaudern.

Erschöpft und glücklich schlief sie ein. Lucien aber fand keinen Schlaf. Er überdachte sein Leben. Was sollte er tun? Mitarbeiter eines Erpresserblattes werden? Vor seinem Herrn Papa zu Kreuze kriechen? Jemanden ausrauben? Er blickte auf Jenny und wunderte sich: Fast hätte er alles vergessen. Dann verzog er angewidert das Gesicht. Sie strahlte die Wärme animalischer Zufriedenheit aus. Hatte die Unnahbare gespielt: Valéry, Malerei, gelbe Rosen ... Aber wie viele solcher Abenteuer mochte sie schon erlebt haben? Er hätte sie am liebsten geweckt, beleidigt, geschlagen. Aber er blieb liegen und betrachtete das Zimmer: Möbel im Stil irgendeines Louis, eine Watteau-Kopie, eine Vase mit Lilien. Jenny hatte eine möblierte Wohnung gemietet. Alle diese Sachen gehörten ihr nicht, aber Lucien sah darin ihr kleinbürgerliches Milieu. Wieder blickte er Jenny an. Im grellen Morgenlicht waren Runzeln zu sehen; ihre Haut war überaus zart und plissiert wie eine welkende Blume. Er gähnte, fing an, seine Geliebten zusammenzuzählen, kam bis sechsundzwanzig und geriet aus dem Konzept; er hatte zwei Margots gehabt, die eine hatte er wohl noch nicht mitgezählt – oder doch? Sie hatte blondes, das heißt gebleichtes Haar und war die Tochter eines Musiklehrers ... Er unterbrach sich selbst: Wie gemein! Ihm wurde übel. Er kleidete sich leise an und wollte gehen. Aber da erwachte Jenny; sie lächelte schlaftrunken, dann fragte sie beunruhigt: „Warum hast du dich angezogen?"

„Ich muß gehen."

„Lucien ..."

Er lachte gekünstelt. „Guyot hat auf den Sieg getrunken. In Wirklichkeit haben die Deutschen gesiegt. Das begreift sogar ein Kind. Aber wenn man trinkt, muß man lügen. Jetzt trinken wir nicht ... Gestern warst du ein schönes Mädchen. So schien es doch? Dabei bist du eine Tante aus Amerika ... im vorgerückten Alter ... Ich bin kein persischer Gärtner, sondern ein Kater. Du weißt vielleicht nicht, was ein Kater ist. In der Sprache Paul Valérys – ein Zuhälter."

Sie verstand nichts, weinte und umklammerte seine Beine. „Du mußt heute abend wiederkommen. Versprich es mir!"

Irgend etwas zerbrach in ihm, der letzte Stolz, ein Rest seelischer Sauberkeit. Er blickte auf die herumliegenden, zerknitterten Geldscheine: blaßlila Tausendfrancnoten. Mindestens ein Dutzend ... Er steckte das Geld in die Hosentasche und sagte gleichgültig: „Gut, ich komme. Heute wahrscheinlich nicht, aber morgen oder übermorgen."

Es war ein wunderschöner Morgen, wolkenlos und warm. Lucien ging zu Fuß bis zum Jardin du Luxembourg. Kupferrot, golden und gelb leuchtete das Laub – verstreute Schätze eines zerstörten Reiches. Im Park spielte sich das übliche Leben ab. Trotz der frühen Stunde hatten sich bereits Mütter und Kindermädchen mit Kinderwagen eingefunden. Die Kleinen spielten im grellroten Sand. Jungen ließen am Teich Schiffchen schwimmen. Rentiers und pensionierte Beamte saßen in der Sonne und lasen Zeitung. Amseln mit schwarzem, wie gelacktem Gefieder hüpften geschäftig umher. Vor Lucien erhob sich das Haupt Verlaines; der Dichter glich einem alten Faun, der Marmor hatte schwarze Regenspuren – Verlaine weinte. Mechanisch wiederholte Lucien die Verszeile: „Ein Leben schlicht und friedlich ..." Warum war ihm solch Leben nicht beschieden? Schlicht und friedlich ... Einer Beschäftigung nachgehen, Suppe essen, Kinder versorgen, hier spazierengehen ... Neben ihm sagte jemand: „Chamberlain verspricht zwanzig Jahre Frieden ..."

„Na, mit zwanzig rechne ich gar nicht. Aber wenigstens zehn ..."

Lucien sah den Mann an: er war etwa siebzig. Wozu brauchte der zehn Jahre Frieden? Er murmelte: „Was hätten Sie davon?" Der Alte blinzelte beleidigt. Lucien erhob sich und gähnte. Was sollte er anfangen? Plötzlich fiel ihm das Geld ein. Die Nacht kam ihm vor wie ein Traum. Mißtrauisch tastete er nach seiner Tasche. Es knisterte . . . Da fuhr er in die Rue des Pyramides zu einem englischen Schneider, um sich einen grünen Anzug aus schottischem Homespun machen zu lassen.

17

Nach langer Pause erhielt Denise einen Brief von Michaud.

„Denise, meine Liebe!

Ich habe Dir zweimal von hier geschrieben, aber ich fürchte, die Briefe sind nicht angekommen. Einmal ist der Laster mit der Post verbrannt, den zweiten Brief habe ich einem Genossen, einem Serben, mitgegeben, aber er soll in Cerbère geschnappt worden sein. Bei uns ist es heiß hergegangen. Wer dachte da schon ans Briefeschreiben. Jetzt erholen wir uns zehn Kilometer hinter der Front. Heute morgen wurde Wasser gebracht, wir haben uns gewaschen und lassen es uns jetzt wohl sein. Nur mit dem Tabak ist es ein Jammer, manchmal könnte man nachts verrückt werden, so gern möchte man rauchen. Wenn Du kannst, schick welchen. Es wäre für uns alle.

Gestern haben wir wieder einen Angriff der Faschisten zurückgeschlagen – den achtzehnten. Seit wir den Ebro überschritten haben, geben sie keine Ruhe. Das ist verständlich, sie fürchten um ihre Verbindungswege. Später einmal werde ich dir erzählen, wie wir übergesetzt sind. So einen reißenden Fluß habe ich bei uns noch nie gesehen, überall Strudel. Wir sind nachts losgezogen. Die Spanier sind tolle Burschen, haben sich mächtig herausgemacht. Als wir hier ankamen, hatten sie überhaupt keine Ahnung, verließen zum Essen die Stellungen; es herrschte eine unglaubliche Unordnung, überall gab es Verräter. Jetzt ist es eine richtige Armee. Aber der Geist ist unverändert. Als wir Flix nahmen, stimmten wir die ‚Internationale' an, sie fielen spanisch ein. Es sind alles Bauernburschen.

Was haben die Faschisten nicht alles versucht, um uns zu vertreiben! Deutsche Flieger haben im Ebro sämtliche Fische vernichtet. Ich war kürzlich dort, lauter tote Fische schwimmen da herum. Aber die Pioniere arbeiten unbeirrt im Bombenhagel. Sieben Wochen haben wir die Höhe 544 verteidigt. Täglich kamen ihre Bomber. Wir nennen sie ‚Truthennen'. Sie warfen Tonnen von Bomben ab. Und dann die Artillerie. Gestern dachten sie, bei uns sei keiner mehr am Leben, dabei haben wir gestern nur vier Mann verloren. Schade um Carpinot! Er war ein Prachtkerl, ein Monteur aus Toulouse, ein Spaßvogel. Einmal haben wir einen bunten Abend für die spanische Bevölkerung veranstaltet, da hat er eine Opernsängerin imitiert und die Arie der Lakmé gesungen, es war zum Totlachen. Er war sehr tapfer. Einmal brachte er von einem Erkundungsgang drei Italiener mit. Der Angriff begann gegen Abend, die Sonne war schon untergegangen. Die Landschaft hier ist eigenartig, sie erinnert an eine Mondlandschaft mit Kratern, kein Baum, die Erde völlig aufgewühlt. Vor dem Angriff zwei Stunden Trommelfeuer. Möchte wissen, wieviel Batterien die dort haben. Wir ließen sie bis auf hundert Meter rankommen und feuerten dann aus Maschinengewehren. Da ergriffen sie die Flucht. Und ob! Dabei wurde der Belgier Pelletier verwundet. Als ich ihn verband, schrie er: ‚Zurückgeschlagen? Bravo!'

Du siehst, die Stimmung bei uns ist nicht schlecht, obwohl alle natürlich schrecklich mitgenommen sind. Außerdem haben wir, wie schon gesagt, nichts zu rauchen. Aber das ist nicht wichtig. Hauptsache, wir halten uns. Deshalb sind sie auch nicht nach Valencia durchgekommen. Sie haben starke Streitkräfte, zehnmal soviel Flugzeuge wie wir. Wir spüren am eigenen Leibe, was ‚Nichteinmischung' bedeutet. Unsere Leute denken oft an Blum und Viard; Viard ist zu einem Schimpfnamen geworden. Die Faschisten haben auch viel Infanterie, und keine schlechte, nicht nur solche Makkaronifresser wie bei Guadalajara, sondern Marokkaner und Truppen aus Navarra. Aber ich glaube trotzdem, daß wir uns halten werden. Nur lassen die Unseren in letzter Zeit den Kopf hängen. Und zwar wegen Euch. Man hat Angst, eine Zeitung in die Hand zu nehmen, wieder irgendeine Kapitulation. Die Spanier sehen uns geringschätzig an: Was seid ihr bloß für ein Volk? Und auf ihre Art haben sie recht. Aber jetzt, glaube ich, wird sich alles ändern. Noch weiter kann man ja nicht zurückweichen. Heute wurde im Rundfunk die Teilmobilmachung bekanntgegeben. Unsere Leute haben wieder Mut gefaßt. Auch die Radikalen werden zugeben müssen, daß wir hier für Frankreich kämpfen.

Diesen Brief wird Dir ein guter Genosse überbringen. Nimm ihn freundlich auf. Er hat keine Familie, keine Heimat. Er wird Dir von unserem Leben, von den militärischen Operationen erzählen. Und was er nicht sagt, mußt Du Dir selber denken. Verstehst Du, was ich meine? Ich erinnere mich an alles und denke oft daran, wie Du mich angesehen hast, damals im Nebel ... Kurz, Du verstehst schon. Ich hätte nie gedacht, daß so etwas so stark sein kann. Aber es läßt sich schwer in Worte fassen, vor allem im Brief. Ich will Dir nur noch sagen, daß ich an unser baldiges Wiedersehen glaube und Dich ganz innig küsse.

Luc Michaud"

Denise antwortete noch am gleichen Abend:

Paris, den 4. Oktober

„Lieber Michaud!

Wie habe ich mich über Deinen Brief gefreut! Ich will nicht verhehlen, daß ich mir die ganze Zeit große Sorgen um Dich gemacht habe. Mein einziger Trost war ein vager Glaube an Deinen Glücksstern, an Deinen und meinen. Der Genosse, der Deinen Brief brachte, hat mir viel von Dir erzählt. Er begriff sofort, wie wichtig für mich jede Kleinigkeit ist. Er ist ein sympathischer und tapferer Mensch.

Ich sage Dir ganz offen, Michaud: ich beneide Dich. Es muß ein großes Glück sein, offen und ehrlich zu kämpfen, jede Stunde sein Leben zu riskieren, von aufrichtigen, tapferen Männern umgeben zu sein und die ganze Herzlichkeit ihrer Freundschaft zu spüren! Hier hört man oft, Spaniens Schicksal sei entschieden, jeder weitere Widerstand sei sinnlos. Das ist nicht wahr. Solange noch ein einziger Mann ein Gewehr in der Hand hält, ist noch nichts entschieden, noch nichts verloren.

Es fällt mir schwer, Dir von den hiesigen Ereignissen zu berichten. Wir ersticken in Gemeinheit, Feigheit, Lüge. Bis zum Münchner Abkommen haben die Unsrigen noch an Widerstand geglaubt. In Paris streikten die Bauarbeiter. Der Streik wurde vier Tage vor München abgebrochen – so sieht es mit dem Patriotismus der Arbeiter aus. Aber alles erwies sich nur als ein Schachzug Daladiers, meines Vaters und dieser ganzen Kumpanei. Du hättest sehen müssen, wie sie die Bevölkerung eingeschüchtert und Panik gestiftet haben!

Innerhalb von zwei Tagen hat sich alles geändert. Selbst wenn sie jetzt Krieg führen wollten, es würde ein Fiasko geben. Sie frohlocken, daß die Volksfront zerfallen ist, in Wirklichkeit ist Frankreich zerfallen. Man jubelt, feiert den Sieg, veranstaltet Bälle, sogar Triumphzüge. Gestern habe ich auf den großen Boulevards deutsche Hakenkreuzfahnen gesehen. Abscheulich! Flandin hat Hitler ein Glückwunschtelegramm übersandt. Als ich Deinen Brief las, fiel mir etwas Komisches ein. Du schreibst von einem Genossen, der eine Opernsängerin imitiert hat. Unser Ingenieur erzählte mir, er habe Lakmé in der Opéra-Comique gehört, dort habe die Sängerin in eine Arie die Worte eingeflochten: ‚O wie gern möcht ich Chamberlain küssen!' Man habe ihr Ovationen bereitet. Wie gemein und dumm die Menschen doch sind.

Die Arbeiter sind wütend. Der Einfluß der Partei ist innerhalb einer Woche angewachsen. Heute hatten wir in unserem Werk eine Versammlung. Es wurde beschlossen, keine Überstunden mehr zu machen – ein Vorschlag unserer Parteigruppe. Es gibt genug Arbeitslose im Lande. Da unser Werk ein Rüstungsbetrieb ist, haben wir bis zuletzt nicht protestiert. Aber jetzt steht fest, daß es nicht um die Verteidigung Frankreichs geht. In rechtsgerichteten Zeitungen erscheinen Artikel über die Ukraine, sogar Landkarten. Ich würde mich nicht wundern, wenn ich erführe, daß sie zusammen mit den Deutschen einen Feldzug gegen die Sowjetunion vorbereiten. Da wären alle ‚Pazifisten' sofort Feuer und Flamme.

Zu gleicher Zeit begannen sie die Partei zu verfolgen. Es gehen Gerüchte um, daß mein Vater für ein Verbot sei. Wir sind darauf vorbereitet, es gibt einen festen Kern, der imstande ist, die Arbeit illegal fortzusetzen.

Und schließlich noch eine Gemeinheit: Legreux sagte mir gestern, daß sie die Kämpfer der Internationalen Brigaden zu Deserteuren erklären wollen, unter dem Vorwand, daß Ihr dem Gestellungsbefehl nicht nachgekommen seid. Das ist der Gipfel des Zynismus: Deserteure beschuldigen Männer der Fahnenflucht, die schon seit zwei Jahren an der Front kämpfen!

Was soll ich Dir von meinem Leben erzählen? Ich arbeite immer noch in den Gnomewerken. Ehrlich gesagt, lebe ich nur in der Parteiarbeit, alles andere prallt an mir ab. Einmal hatte ich ein Gespräch mit einem Ingenieur, einem gebildeten, links eingestellten Mann, der irgendwo zwischen den Anarchisten und Blum steht. ‚Sie sind blind', sagte er zu mir, ‚Sie hätten im Zeitalter der Inquisition leben sollen, als Fanatismus noch salonfähig war.' Das ist natürlich alles Unsinn! Aber ich bedaure, daß ich über dem Studium der alten Architektur so viele Jahre verloren habe. Nicht weil das nicht notwendig wäre. Natürlich ist es notwendig. Ich weiß, daß die schönen Dinge dauerhafter sind als diese oder jene politische Situation, ich bin ja nicht blind. Aber das füllt mich nicht aus. Alles muß im Kampf gegen den Faschismus entschieden werden – für mindestens hundert Jahre. Es geht nicht nur um unser persönliches Schicksal, es geht um das Schicksal der Zivilisation. Im Vergleich damit verblaßt alles andere und tritt in den Hintergrund.

Dieser Brief klingt ziemlich nüchtern. Andere Worte bin ich nicht mehr gewohnt. Du kämpfst an der Front, das ist etwas Lebendiges. Wir aber wühlen und wühlen hier wie die Maulwürfe . . . Nun zu uns. Mein lieber Michaud, glaube nicht, daß ich irgend etwas nicht verstanden hätte. Ich warte jeden Tag auf Dich. Manchmal bilde ich mir ein, Du bist schon hier, kommst gleich zur Tür herein und rufst: ‚Und ob!' Ich bin immer bei Dir, auch dann, wenn ich an etwas anderes denke, das sitzt tief in mir. Ich will nicht darüber schreiben, um nicht traurig zu werden. Versteh mich ohne Worte!

Deine Denise"

18

Erst ein Monat war seit dem Tag vergangen, da Tessat, als Antwort auf die Ovationen der Menge, Rosen an die Brust gedrückt hatte; aber er hatte diese erhebenden Augenblicke längst vergessen. Jeder Tag brachte ihm neue Aufregungen.

Das Land lernte die Bitterkeit der Ernüchterung kennen. Die hell erleuchteten Straßen konnten niemand mehr erfreuen. Die Septemberkrise war schnell vergessen. Aber die Mobilmachung war Frankreich teuer zu stehen gekommen, jetzt mußte die Rechnung beglichen werden. Tagtäglich führte die Regierung neue Steuern ein. Die Brotpreise sollten erhöht werden. Autobusfahren wurde ein Luxus. Streiks brachen aus. Die Unternehmer forderten rigorose Maßnahmen. Die Zeitungen schrieben immer noch vom Wohlstand, aber niemand glaubte ihnen mehr. In Breteuils „Landsmannschaften" wurden fieberhafte Vorbereitungen für einen Putsch getroffen. Aubry sagte: „Bis Neujahr werden wir Ordnung schaffen." Daladier beteuerte hysterisch seinen „eisernen Willen" und erweckte Mißtrauen. Das letzte Stündlein der Regierung schien gekommen, Tessat hastete aufgeregt durch die Wandelgänge des Parlaments.

Er glaubte nicht an einen Putsch der Faschisten; er hatte auch keine Angst vor den Streiks. Die Unruhen auf den Straßen waren für ihn nur die Begleitmusik der Parlamentsdebatten. Tessat fürchtete etwas anderes: Wenn die Kammer nun der Regierung das Vertrauen entzog? Wie oft hatte er zu Daladier gesagt: „Vorsichtig! Stell bloß nicht die Vertrauensfrage, wer kennt sich in denen schon aus?" Viard sagte einmal: „Wissen wir denn, was das Land denkt?" Tessat winkte ab. „Viel schlimmer, ich weiß nicht mal, was die Abgeordneten denken!"

Angesichts der Unsicherheit der Regierung sprach Breteuil jetzt mit Tessat wie mit einem Untergebenen. Er forderte: „Lösen Sie die Kommunistische Partei auf!" Von solchen Ratschlägen überlief es Tessat eiskalt. Als ob es so einfach wäre, eine politische Partei aufzulösen! Was gäbe das für ein Geschrei! Die Sozialisten würden sich im Grunde ihres Herzens natürlich freuen; aber auch unter ihnen würden sich zwei, drei Dutzend Querulanten finden. Diese würden die linken Radikalen auf ihre Seite ziehen. Tessat wäre Breteuil ausgeliefert. Wer aber konnte dafür garantieren, daß Breteuil dann nicht sagte: „Tessat hat seine Schuldigkeit getan. Er soll Laval seinen Platz abtreten."

Hinter Breteuils Rücken wirkte der schöne Grandel. Seine Position hatte sich gefestigt – es hieß, er habe Frankreich im September vor einer Katastrophe gerettet. Die Frauen der Reservisten aus der Stadt La Flèche überreichten ihm eine Schreibtischgarnitur – den Briefbeschwerer zierte eine Marmortaube mit Ölzweig. Grandel schwang kriegerische Reden. Auf einer Versammlung erklärte er: „Es ist höchste Zeit, Frankreich von den Kommunisten und den Lakaien der internationalen Plutokratie – von allen Tessats – zu säubern!“ Wie sehr bedauerte Tessat jetzt den Verlust des unseligen Schriftstückes! Hätte er den Brief noch, so würde er Grandel vernichten und zugleich auch Breteuil einen Dämpfer verpassen. Wer aber hatte ihn in diese mißliche Lage gebracht? Lucien! Wenn Tessat daran dachte, geriet er außer sich. Seine nächsten Angehörigen hatten ihn verraten: Denise hetzte die Arbeiter gegen den Vater auf, und Lucien machte mit Grandel gemeinsame Sache.

Tessat hatte überall Feinde. Breteuils feindselige Einstellung war verständlich, er war ein Vertreter der Opposition, das entsprach den parlamentarischen Spielregeln. Aber auch unter den Radikalen wurden Stimmen gegen Tessat laut. An der Spitze der Bande stand nach wie vor der ungebärdige Fouger. Tessat war empört. Man sollte doch leben und leben lassen. Er hatte nie gegen Fouger intrigiert. Sie hatten verschiedene Wahlkreise, verschiedene Berufe, verschiedene Interessen. Fouger war ein Buchstabengelehrter, Tessat jedoch ein lebendiger Mensch. Und da hatte Fouger sich nun erdreistet, Tessats patriotische Gefühle anzuzweifeln. In einer Fraktionssitzung hatte er gesagt: „Tessat verteidigt München. Das ist sein gutes Recht. Aber warum hat er den deutschen Agenten Grandel gedeckt und das Schriftstück verschwinden lassen, das ich ihm übergeben habe?“ Tessat antwortete mit einer leidenschaftlichen, aber undurchsichtigen Rede, spielte auf übergeordnete Interessen Frankreichs, auf diplomatische Geheimnisse an. Er bekam Applaus. Einige Abgeordnete jedoch glaubten Fouger; man munkelte von einer geheimen Verbindung zwischen Tessat und Grandel. Tessat war entrüstet, doch die Frage nach dem Schriftstück überging er mit Stillschweigen. Wie sollte er diese Geschichte erklären, in die Lucien verwickelt war? Aber Fouger ließ nicht locker.

Daladier beantragte die Auflösung des Parlaments und die Ausschreibung von Neuwahlen. Die Abgeordneten waren bestürzt. Tessat begriff, daß das kein kluger Einfall war. Die Kommunisten und die Rechten würden davon profitieren, und die Radikalen würden mindestens fünfzig Sitze verlieren. Das hieße ja sich sein eigenes Grab schaufeln! Aber die Kammer würde darauf nicht eingehen: Selbstmord erscheint keinem verlockend. Alle würden sich gegen die Regierung zusammenschließen – die Linken und die Rechten. Wer hing nicht an seinem Sitz? Daladier hat gesagt, Wahlen im Jahre vierzig würden eine Katastrophe werden. Natürlich. Aber bis dahin war ja noch viel Zeit. Schlimmer war, daß die Abgeordneten zu lavieren begannen. Sie hatten Angst vor den Wählern. Bald waren sie gegen die neuen Steuern, bald wollten sie die Arbeiter nicht erzürnen. Was war da zu tun? Tessat überlegte lange und kam zu dem Schluß: Man muß die Vollmachten der Kammer auf zwei Jahre verlängern. Nach diesem Köder würden alle schnappen; zwei weitere Jahre im Palais Bourbon zu sitzen war für jeden angenehm. Eine derartige Maßnahme könnte dem Kabinett eine feste Mehrheit für ein Jahr sichern. Weiter vorauszuschauen wäre unsinnig – wer wußte denn, was in einem Jahr sein würde?

Wenn man nur Fouger den Mund stopfen könnte! Tessat hoffte auf den Kongreß der Radikalen Partei – dort wollte er die Widerspenstigen zähmen. Er bereitete sich zielstrebig auf diesen Kongreß vor. Er verfaßte eine flammende und raffinierte Rede mit Zitaten von Plutarch und Gambetta, wies auf die Mängel der französischen Flugzeugindustrie hin und gedachte in pathetischen Worten der Helden von der Marne. Tessat schreckte auch nicht vor niederer Arbeit zurück: Er instruierte die Provinzkomitees, bezahlte die Reisekosten von Delegierten, versprach Ämter und Orden.

„Du siehst schrecklich aus", sagte Amélie zu ihm. „Wie kann man nur soviel arbeiten!" Er antwortete sanft: „Was willst du, Mamachen? Die Kinder haben uns verlassen. Mir ist nur noch Frankreich geblieben ..." Amélie war im letzten Jahr sehr abgemagert; sie konnte kaum noch etwas essen und schlief schlecht. Sie war zusammengefallen und sah aus wie ein grauhaariges Kind. Tessat blickte weg, seine Frau tat ihm leid.

Während Tessat seine Rede vorbereitete und ein Jeremia-Zitat abschrieb, stieß er auf die Geschichte Hiobs. Er las zwei Seiten, und ihm schien, als wäre das alles über ihn geschrieben. Er hatte ebenso wie Hiob alles verloren. Sein Haus war eine Stätte der Zwietracht geworden. Die Kinder hatten ihn verlassen. Amélie war todkrank. Und alle verleumdeten ihn. Niemand begriff, wie einsam und unglücklich er war. Hiob hatte Gott gehabt. Tessat aber war ein aufgeklärter Mensch. Er wollte nicht wie Amélie in abergläubischer Furcht leben. Er hatte nicht einmal die Hoffnung auf eine ausgleichende Gerechtigkeit im Jenseits. Was hielt ihn denn noch aufrecht? Er überlegte und antwortete sich selbst: der Stolz, das Bewußtsein der Menschenwürde!

Auch Fouger bereitete sich auf den Kongreß vor. Er wollte nicht in der Kammer gegen die Regierung auftreten, die aus seinen Parteifreunden bestand. Er war der Partei ergeben, hielt die Radikalen für die geistigen Kinder der Jakobiner und glaubte, daß Tessat sich nur zufällig dort eingeschlichen habe. Auf dem Kongreß würden die Besten der Partei zusammenkommen – fleißige und ehrliche Männer aus der Provinz, die bereit waren, für die Verteidigung der Republik zu sterben. Dort wollte Fouger Grandels Verrat aufdecken, Tessats Doppelspiel anprangern und von Daladier verlangen, sich nicht vom Prinzen Condé, sondern von Robespierre inspirieren zu lassen.

Fouger war fest überzeugt, daß das Wort „Freiheit", von der Rednertribüne gesprochen, imstande sei, einen Sturm zu entfesseln und die Regierung zu stürzen: Entweder werden die Radikalen die schändliche Kapitulationspolitik aufgeben und Frankreich zum Sieg führen, oder die allgemeine Empörung wird sie hinwegfegen! Wenn er gefragt wurde, wie er sich diesen Ausbruch der Volksgefühle vorstelle, antwortete er ohne zu zögern: „Barrikaden, mein Freund, Barrikaden!"

Der Kongreß sollte in Marseille stattfinden. Am Abend vor seiner Abreise besuchte Fouger eine Versammlung der „Gesellschaft zum Studium der Revolution". Erschüttert kam er nach Hause zurück: Die Dantonisten hatten die Echtheit einer Reihe von Dokumenten bestritten und Robespierre wieder einmal beschuldigt, einen „Prozeß konstruiert" zu haben. Fouger hatte die Beherrschung verloren und einen ehrwürdigen Historiker „Anpaßler" genannt. Zu Hause donnerte er schon im Korridor los: „Nein, stell dir doch diese Blindheit vor!"

Seine Frau, die einen ganzen Vortrag über Dantons Sittenlosigkeit über sich ergehen lassen mußte, sagte traurig: „Ich habe andere Sorgen."

Er lächelte gutmütig. „Hast du Mottenlöcher in den Gardinen entdeckt?"

Er wußte, daß die beleibte Marie-Louise nur eine Sorge kannte: die Behaglichkeit und Sauberkeit der Wohnung. Aber sie antwortete zornig: „Du schwebst in den Wolken, aber ich muß alles ausbaden. Louis hat sich mit einem Mädchen eingelassen, einer Beamtentochter aus katholischer Familie. Sie will eine Abtreibung machen lassen und verlangt Geld. Sie droht ihm, alles ihren Eltern zu erzählen."

Fouger rief empört: „Ich bin dagegen! Entschieden dagegen! Das ist eine Gemeinheit. Soll er sie heiraten oder in wilder Ehe mit ihr leben. Alles, was er will, nur das nicht!"

„Er will aber nicht heiraten. Er sagt, daß er sie nicht liebe, daß es nur zufällig passiert sei."

Aus dem Nebenzimmer kam Louis, ein pickliger Jüngling in blauer Jacke, und fiel mit Fistelstimme ein: „Ich hasse sie! Das scheinheilige Luder. Ihr Vater ist Katholik und ein schrecklicher Radaubruder. Wo bleibt denn deine Toleranz?"

Fouger war unerbittlich. Er wiederholte immer nur: „Ich bin dagegen!" Das rief er auch noch, als er allein im Zimmer war, er hatte nicht gemerkt, daß Marie-Louise und der Sohn längst hinausgegangen waren.

Als er sich endlich beruhigt hatte, setzte er sich an die Arbeit. Er wollte die Thesen seiner Marseiller Rede noch einmal durchgehen. Marie-Louise kam leise herein, sah ihren Mann in seine Arbeit vertieft und bat schüchtern: „Zweitausend . . . Nicht für Louis, für mich. Ich habe mir einen billigen Pelzmantel ausgesucht."

„Warum hast du mir das nicht eher gesagt?" murmelte Fouger verlegen. „Ich habe dreitausend für tschechische Flüchtlinge gegeben. Jetzt mußt du bis zum Zwanzigsten warten."

Marie-Louise war eine sparsame Frau; sie arbeitete alte Kleider um, kaufte die Socken für ihren Mann im Ausverkauf, klapperte auf der Suche nach billigen Tischtüchern oder Stühlen Dutzende von Geschäften ab. Nie hatte sie ihrem Mann vorgehalten, daß er ihr zuwenig Geld gebe. Jetzt aber verlor sie die Beherrschung: Wegen seiner Starrköpfigkeit hatte sie die Geschichte mit dem Pelzmantel erfinden müssen, um zweitausend Franc für Louis zu bekommen. Sie schrie: „Wann bitte ich dich schon mal um Geld? Warum machst du keine Geschäfte, wenn du schon irgendwelche Flüchtlinge unterstützen mußt? Alle sagen zu mir:

‚Sie als Gattin eines Abgeordneten müssen ja in Geld schwimmen.‘ Dabei arbeite ich wie eine Tagelöhnerin. Andere Abgeordnete verdienen viel mehr. Was bringt dir dein Robespierre schon ein?“

Fouger stampfte wütend mit dem Fuß auf. „Halt den Mund! Begreifst du überhaupt, was du von mir verlangst? Ich bin nicht Tessat! Lieber gehe ich als Fensterputzer!“

Marie-Louise winkte ab und verließ das Zimmer. Zu ihrem Sohn sagte sie, daß sie morgen das Silber versetzen werde. Es war ein Teil ihrer Mitgift, und nun mußte sie sich zum erstenmal davon trennen. Sie saß in der Küche, sortierte Zuckerdosen, Sahnekännchen, Zuckerzangen und Löffel und streichelte sie.

Fouger aber lief bis zum Morgen in seinem Arbeitszimmer auf und ab. Er klagte die ganze Welt an: den zügellosen Louis, Tessat, den Historiker, der den „unbestechlichen Maximilien“ verleumdet hatte, und sich selbst – man mußte einfacher, strenger, sauberer leben! Dann wusch er sich das Gesicht, kämmte seinen zerzausten Bart und fuhr zum Bahnhof.

An demselben Morgen hätte auch Tessat abfahren müssen; aber Daladier berief den Ministerrat ein: Die Banken hatten sich gegen Marchandeaus Gesetzentwurf ausgesprochen. Während der Sitzung gähnte Tessat schwermütig und rechnete aus, wieviel Mandate die Anhänger Fougers bekommen könnten. Als die Sitzung beendet war, fuhr er nach Hause, um seine Sachen zu holen. Er wurde von einem Unbekannten erwartet.

„Ich habe keine Zeit!“ rief Tessat.

„Ich werde Sie nicht länger als fünf Minuten in Anspruch nehmen, Herr Minister! Eine äußerst wichtige Angelegenheit.“

Tessat wollte ihn nicht anhören, er glaubte, einen gekränkten Beamten vor sich zu haben.

„Darf ich mich dann in Marseille an Sie wenden, Herr Minister?“

Als Tessat merkte, daß er es mit einem Delegierten zu tun hatte und es sich um den Kongreß handelte, war er wie ausgewechselt; er wurde liebenswürdig und führte den Besucher in sein Arbeitszimmer. Der holte sein Mandat aus der Tasche und stellte sich vor: „Weiß, Delegierter der Colmarer Gruppe des Departements Oberrhein.“

Weiß war ein angenehmer Mann mit rührenden blauen Augen

und lockigem blondem Haar. Er sah aus wie ein Provinzler: Stehkragen, gestreifte Hosen, an der Weste eine goldene Uhrkette. Er sprach mit Elsässer Akzent: „Die Radikalen von Colmar waren von jeher Gegner der Volksfront, und wir betrachten Sie, Herr Minister, als den wahren Führer unserer Partei. Wir sind empört, daß Fouger die Absicht hat, auf dem Kongreß aufzutreten."

„Aber Fouger ist ein altes Parteimitglied. Er hat das Recht, seinen Standpunkt zu vertreten, und mag er noch so falsch sein."

„Die Radikalen von Colmar sind der Ansicht, daß Fouger ein verkappter Kommunist ist und von Moskau seine Befehle empfängt. Durch seine maßlosen Ausfälle gegen die Kirche begünstigt er eine gewaltsame Abtrennung des Elsaß vom Mutterland. Er hat sich schon des öfteren für Deserteure eingesetzt. In Besançon hat er die Polizei daran gehindert, ein von Streikenden besetztes Rüstungswerk zu räumen, das heißt, er hat die Verteidigungskraft Frankreichs untergraben. Er hat deutschen Emigranten Empfehlungsschreiben ausgestellt, um uns mit Deutschland zu verfeinden. Schließlich hat er nach Erhalt einer Bestechungssumme die Freilassung eines gewissen Larichaud durchgesetzt, der wegen Notzüchtigung Minderjähriger vor Gericht stand."

Weiß sprach trocken und monoton, als verläse er eine Anklageschrift. In seinen himmelblauen Augen funkelte die Empörung eines Kindes über die Gemeinheit der Welt. Als Tessat den Namen Marichaud hörte, lächelte er. Er kannte diese Geschichte. Fouger hatte sich von Larichauds Mutter erweichen lassen und den Rechtsanwalt konsultiert. Als er jedoch erfuhr, um was für eine schändliche Sache es sich handelte, brüllte er los: „Warum verteidigen Sie solche Leute? Den Kopf abschlagen wäre noch viel zu milde!" Aber Larichaud kaufte sich frei: Die Mutter des Mädchens erklärte sich gegen eine gehörige Summe bereit, vor Gericht auszusagen, daß sie und, von ihr angestiftet, auch ihre Tochter einen Unschuldigen verleumdet hätten. Tessat wollte jetzt keine alten Gerichtsgeschichten aufwärmen. Er fragte nur: „Was wollen Sie denn unternehmen?"

„Fougers Rede verhindern."

„Aber das widerspricht den Traditionen unserer Partei. Die Meinungsfreiheit ..."

„Nicht für Verbrecher!"

Tessat schwieg, dann meinte er lächelnd: „Ich verstehe Ihre Gefühle. Sie, die Jugend, sind unsere Hoffnung. Aber warum solch eine Unversöhnlichkeit? Ich bin übrigens nicht berechtigt, Ihnen abzuraten. Sie gehorchen Ihrer Bürgerpflicht. Wir werden uns in Marseille noch sehen. Wenden Sie sich dort an meinen Freund Billier. Er ist an die Sechzig, im Herzen jedoch jung und denkt wie Sie. Er wird Ihnen behilflich sein."

Als Weiß gegangen war, befahl Tessat dem Stubenmädchen, seine Koffer hinauszutragen, während er selbst zu Amélie ging, um sich zu verabschieden. Bleich lag sie da und betete, kaum merklich die schmalen Lippen bewegend, den Rosenkranz. Tessat küßte sie behutsam. „Auf Wiedersehen, Mamachen! Gute Besserung! Und wünsch mir Erfolg. Ich hoffe, als Sieger zurückzukehren. Soll er nur versuchen, den Mund aufzutun."

19

Marseille wurde das „französische Chikago" genannt. Sein Hafen war eine Brutstätte für Gangster, Mädchenhändler, Zuhälter, Schmuggler, Opium- und Kokainhändler; dort trieben auch Leute ihr Gewerbe, die Waffen – vom Revolver bis zum Bombenflugzeug – kauften und verkauften, Agenten Breteuils, Geschäftemacher, die sich am Leid Spaniens bereicherten. In der Stadt wurden immer wieder Leichen gefunden: Die Gangster räumten Verräter und allzu Schwatzhafte aus dem Wege. In den schmalen Gassen des Alten Hafens lagen die Bordelle. Halbnackte Frauen lauerten dort auf Reisende, Kontoristen, Kaufleute und Matrosen. Wollte ein Passant der Verlockung nicht erliegen und versuchte weiterzugehen, so riß man ihm den Hut vom Kopf und überschüttete ihn mit Spülicht. Zuhälter bereiteten Wahlkampagnen vor, vereitelten Streiks, deckten oder entlarvten Spione.

Wenn Wahlen vor der Tür standen, verdienten sich die Gangster eine goldene Nase. Die Kandidaten mußten spendabel sein: Die Gangster verprügelten Redner, rissen Wahlplakate von den Wänden, rollten Wahlversammlungen auf. Die Gangster zerfielen in zwei Clans. Der eine, mit dem einäugigen Lepetit als Anführer, stand im Dienst der Stadtverwaltung, genauer gesagt, ihrer sozialistischen Mehrheit. Lepetit, der sich noch kürzlich einzig und allein für Kokain interessiert hatte, erklärte herablassend: „Ich bin für Abrüstung ..." Der zweite Clan arbeitete für Breteuil und unterstand einem gewissen Lebrault, dessen Karriere mit der Ermordung eines brasilianischen Kaufmanns begonnen hatte. Die Gangster wechselten mühelos von einem Clan zum anderen über. Ohne ihre Unterstützung jedoch war es gefährlich, für die Kammer zu kandidieren oder ein Café in der Rue Cannebière zu eröffnen.

Als die Gangster erfuhren, daß der Kongreß der Radikalen in Marseille stattfinden sollte, witterten sie Morgenluft: Einträgliche Geschäfte standen ins Haus. Und tatsächlich wandte sich Tessats Freund Billier, nachdem er alles in Betracht gezogen hatte, an Lebrault. Der Kaffeegroßhändler Billier kannte Lebrault als einen ehrlichen Mann. Des öfteren hatte er seine Dienste in Anspruch genommen, um die Ware vor Verlust zu schützen. Jetzt wandte er sich an Lebrault mit der Bitte, bei den Sitzungen des Kongresses als Ordnungshüter zu fungieren. Zweihundert Zuhälter und Schmuggler erhielten Einladungen, die einen als Gäste, die anderen als Korrespondenten. Es wurde alles getan, um Fouger daran zu hindern, die Ordnung zu stören.

Als Fouger den großen Sitzungssaal betrat, stutzte er. Er war gewohnt, auf den Parteikongressen Provinzler anzutreffen, bejahrte bärtige Männer mit dicken, steifen Hälsen, Krämer, Notare, Bauern, Schönschreibelehrer, Handlungsreisende, Handwerker, kurz – das unauffällige Mittelstandsfrankreich. Natürlich sah er auch hier ein paar vertraute Bärte, aber sie verloren sich zwischen den athletisch gebauten jungen Muskelprotzen mit dem glatt gekämmten pomadisierten Haar über der niedrigen Stirn. Die einen waren Gäste, von Lebrault ausgesucht, die anderen waren als Delegierte gekommen; sie nannten sich Jungradikale und waren von Gruppen entsandt worden, in denen Tessat Gesinnungsgenossen oder Leute gefunden hatte, die für Geld alles taten. Viele Jungradikale hatten früher faschistischen Organisationen angehört. Sie lockte die Macht. Bei Breteuil mußte man erst auf einen Umsturz warten, hier dagegen konnte man mühelos ein einträgliches Pöstchen, ein rotes Bändchen fürs Knopfloch oder wenigstens ein paar Geldscheine einheimsen.

Die Jungradikalen schimpften auf die Arbeiter und die Juden, forderten eine „autoritäre Republik" und begeisterten sich leidenschaftlich für Mussolinis „Realismus" und Hitlers „Kühnheit". Sie schlenderten durch den Saal, erzählten Witze, gähnten, beschimpften sich gegenseitig; der Kongreßsaal erinnerte an die Zuschauertribünen während eines Fußballspiels.

Daladier wurde mit Ovationen empfangen. Die Bärtigen, die Jungradikalen und die Zuhälter schrien: „Es lebe der Frieden!" Kämpfen wollte niemand, und die jungen Leute im wehrpflichtigen Alter waren dem kleinen Mann mit dem stumpfen, finsteren Blick aufrichtig dankbar, daß er sie vor dem Schützengraben bewahrt hatte. Und den älteren Delegierten schmeichelte es, daß der Held Frankreichs, der Bürger Édouard Daladier, Mitglied ihrer Partei, ein alter Radikaler war. Tessat fühlte sich benachteiligt: Wieder erntete Daladier allen Ruhm ... Aber er begriff, daß Daladier nur ein Symbol war. Der Applaus gilt auch mir, sagte er sich und stimmte in die Ovationen ein.

Daladier sprach sehr laut, oft steigerte sich seine Rede zum Geschrei. Wie viele willensschwache Menschen gab er sich forsch und unbeugsam. Immer wieder unterstrich er seine Macht, indem er rief: „Ich habe gesagt ... Ich will ... Ich werde nicht zulassen ..." Mitunter klang aus seiner Stimme die Klage des kleinen Gymnasiallehrers, den alle an der Nase herumführten, der jedoch vom Schicksal dazu ausersehen war, Napoleon zu spielen. Daladier rief aus: „Ich verbiete es, von Kapitulation zu sprechen! München war keine Kapitulation!" Er stellte sich auf die Zehenspitzen, schob zwei Finger hinters Revers und neigte den Kopf. Vielleicht war er tatsächlich ein Napoleon, der einen unblutigen Sieg errungen hatte? Der Saal antwortete mit einer Ovation. Einen Augenblick erlagen alle einer Illusion: Das war eine Kampfansage nicht nur an Fouger, sondern an die Geschichte.

Als Daladier die Rednertribüne verließ, war es mit der Aufmerksamkeit der Delegierten vorbei. Sie erzählten Witze, schrien durcheinander, liefen im Saal umher. Vergebens schwang der Vorsitzende das Glöckchen. Dem Redner, der über die Verteidigung Frankreichs sprach, hörte keiner zu: militärische Probleme interessierten diese eingefleischten Zivilisten wenig. Sie waren hierher gekommen, um die Friedenspolitik zu billigen, die

Volksfront zu begraben und drastische Maßnahmen gegen die „Faulenzer“ zu fordern. Die Verteidigung Frankreichs? Wieso? Wurde Frankreich denn nach München noch von irgendwem bedroht, außer von den Kommunisten? Nur zwei bärtige Winzer hörten dem Redner aufmerksam zu und versuchten, sich in den ihnen nicht geläufigen Termini und Zahlen zurechtzufinden. Schließlich sagte der eine zum anderen: „Eine undurchsichtige Geschichte; aber wir haben ja die Maginotlinie, da können wir beruhigt schlafen. Das hat natürlich einen Haufen Geld gekostet, aber dafür ist es auch, wie er sagt, für alle Ewigkeit ...“

Die Delegierten gingen auseinander. Sie bevölkerten alle Cafés und Restaurants der Stadt, tranken Aperitif, aßen Abendbrot und eilten dann in kleinen Gruppen zum Alten Hafen, wo sie von den Bordellbesitzerinnen, Mädchen, Klavierspielern, Rausschmeißern und einer Ehrengarde strammer Burschen aus Lebraults Clan erwartet wurden. Die Nachricht vom bevorstehenden Kongreß hatte das „verbotene Viertel“ schon lange in freudige Erregung versetzt; so wurden sonst nur große Dampfer mit amerikanischen Touristen erwartet. Für die Delegierten aus der Provinz war der Kongreß keine langweilige Bürgerpflicht, sondern ein bezauberndes Abenteuer. Für fünf Tage hatten sie sich ihrer familiären Fesseln entledigt und sich in Junggesellen verwandelt, die aus verträumten Kleinstädten in das turbulente und ausschweifende Marseille gekommen waren. Kein Wunder, daß die Inhaberinnen gewisser Häuser an den Türen ihrer Etablissements Zettel anbrachten: „Zutritt nur für die Herren Delegierten“.

Aber während sich die Delegierten der Illusion der Liebe hingaben, vergaßen sie keineswegs die Politik. Frivole Couplets wurden von politischen Disputen unterbrochen. Regierungsgegner gab es nur wenige, sie wurden bald zum Schweigen gebracht. Die Propaganda der Faschisten und später auch Tessats war bis in die hinterste Provinz gedrungen. Die Krämer empörten sich über die Volksfront: „Wir sind mit ihnen gegangen, um die Republik vor den Faschisten zu schützen; aber sie haben uns betrogen. Sie haben die Arbeiter verhätschelt, die Streikenden toleriert, das Land zugrunde gerichtet!“ Die Bauern verteidigten das Münchner Abkommen. „Wer muß denn in den Krieg? Wir! Die Arbeiter bleiben in den Fabriken. Das könnte denen so passen!“

Nach einigen Gläschen Pastis oder einer Flasche Champagner ertönte militantes Geschrei; man drohte, die Streikenden, Thorez, ja sogar Jouhaux und Blum zu erschießen. Die Zuhälter stimmten dreist mit ein: „Alle totschlagen!" Die Mädchen flüsterten: „Spendier mir was, Kleiner!" Und der bärtige „Kleine" zückte ächzend seine dicke rotbraune Brieftasche.

Der zweite Kongreßtag war der Höhepunkt. Als Fouger die Rednertribüne betrat, verstummten alle. Etwas Außergewöhnliches stand bevor. Fouger breitete seine Papiere vor sich aus. Er hatte die ganze Nacht gearbeitet. Mit Rücksicht auf die Stimmung der Delegierten hatte er einige Passagen gemildert und beschlossen, sich über Daladier vorsichtig zu äußern. Er war zu allen Zugeständnissen bereit, wenn er nur eine Wende würde herbeiführen können. Er sagte sich: Vor allem kommt es darauf an, dem Kongreß und damit dem ganzen Lande klarzumachen, daß Frankreich von Verrätern in den Abgrund gestoßen wird. Über Ideen ließ sich streiten. Was aber würden die Delegierten sagen, wenn sie von Grandels Brief erführen, den Tessat hatte verschwinden lassen?

Fouger begann ganz ruhig: „Am Krankenbett der Mutter pflegen die Kinder nicht zu streiten, und Frankreich ist schwerkrank ..."

Ein Zwischenruf unterbrach ihn. In der zweiten Reihe stand ein hochgewachsener Mann auf, es war Weiß. „Wir können nicht zulassen, daß hier ein Agent der Kommunisten spricht."

Fouger fragte verstört: „Wer sind Sie?"

„Ein Delegierter aus Colmar."

Sofort brüllten die Jungradikalen und Lebraults Leute wie auf Kommando los: „Nieder! Ab nach Moskau!" – „Es lebe das Elsaß!" – „Erschießt die Kommunisten!" – „Bandit! Was hast du mit Larichauds Geld gemacht?" – „Besançon." – „Er hat ein Mädchen vergewaltigt! An die Wand mit ihm!"

Vergebens versuchte Fouger, sich Gehör zu verschaffen; seine Worte gingen im Gebrüll unter. Der Vorsitzende läutete die Glocke, klopfte auf den Tisch, dann sagte er leise zu Fouger: „Es ist wohl besser, wenn Sie auf Ihre Rede verzichten."

Einige Delegierte, Anhänger Fougers, protestierten, aber sie waren im Saal verstreut und von Lebraults Männern eingekreist. Hier und da kam es zu einer Prügelei. Herriot seufzte bekümmert und ging zum Büfett. Schließlich raffte Fouger seine Papiere zusammen und verließ die Tribüne. Der Vorsitzende erteilte dem nächsten Redner das Wort. Alle drängten zum Ausgang. Plötzlich ertönte Fougers Stimme: „Als ich Tessat das Dokument über Grandel gab ..."

Mehr war nicht zu verstehen. Der Lärm setzte von neuem ein. Der Vorsitzende verkündete eine Pause.

Weiß war der Held des Tages, man umringte ihn, drückte ihm die Hand, gratulierte ihm. Der Vorsitzende der Marseiller Gruppe, der Großhändler Billier, der auf Tessats Weisung die Obstruktion inszeniert hatte, lud Weiß zum Mittagessen ins Restaurant „Lucullus" ein und bewirtete ihn großzügig. Die Spezialität von Marseille, die Fischsuppe „Bouillabaisse", war aus erlesenem Fisch zubereitet und mit Paprika und Safran gewürzt. Weiß sagte schwärmerisch: „Ich liebe alles Scharfe."

Fouger begab sich zum Essen zu einem alten Freund, der außerhalb des Stadtzentrums in der Nähe des Zoologischen Gartens wohnte. Um sich zu beruhigen, ging er zu Fuß. Er beschloß, am nächsten Tag einen offenen Brief an das Parteikomitee zu senden. Sollten die radikalen Zeitungen eine Veröffentlichung ablehnen, würde er sich an die „Humanité" wenden. Er würde von Kielmann berichten. Sollte das Land beurteilen, wer ein aufrichtiger Patriot war – er oder Tessat.

In Gedanken versunken, ging er dahin. Plötzlich überholten ihn zwei sportliche junge Männer in Knickerbockern und kurzen roten Jacken. Sie blieben stehen und versperrten ihm den Weg. Fouger wollte vorbeigehen.

„Gestatten Sie."

„Da hast du, du Kanaille!"

Ein Schlag betäubte Fouger. Er brach zusammen. In der dunklen Straße war keine Menschenseele. Eine Katze miaute kläglich. Es roch nach moderndem Laub: der späte, südliche Herbst ging zu Ende.

Am Abend saß Tessat mit anderen Delegierten in der Halle eines großen Hotels und trank Lindenblütentee. Da kam sein junger Sekretär angelaufen. „Fouger ist von Banditen überfallen worden. Er liegt im Krankenhaus. Die Polizei sagt, man habe ihm die Brieftasche gestohlen."

„Wie schrecklich!" rief Tessat aus.

Er war erschüttert. Fouger tat ihm leid. Wenn er nun an einer inneren Blutung stirbt? Ganz allein ... Im Krankenhaus ... Tessat sagte zu Marchandeau: „Als Politiker taugt er natürlich nichts, aber er ist ein Enthusiast."

„Empörende Zustände! Wann wird Marseille endlich von den Gangstern gesäubert!"

„Es ist höchste Zeit! Hoffentlich erwischt man die Täter!"

Tessat wischte sich das Gesicht mit dem Taschentuch, schob die Tasse beiseite, ihm war heiß.

Marchandeau aber fragte mit der ihm eigenen Taktlosigkeit: „Von was für einem Brief hat er eigentlich gesprochen? Und was hast du damit zu tun?"

Tessat zuckte die Achseln. „Du kennst ihn doch! Er phantasiert! Lebt in seiner Bücherwelt wie Don Quichotte. Wahrscheinlich hat er zuviel über Danton gelesen und alles auf Grandel übertragen ... Aber er tut mir leid."

Tessat sprach am nächsten Tag. Obwohl er nichts zu befürchten hatte, war er doch aufgeregt. Er sprach brillant. Die Kenner wechselten Blicke: Der ist in Hochform! Als Tessat von bescheidener Vaterlandsliebe sprach, der jeglicher Ehrgeiz fremd sei, zitierte er Lamartine. Dann sprach er über den winzigkleinen, vom Blut und Schweiß der Jahrhunderte getränkten Kontinent: „Wir müssen Europa sowohl gegen die Ameisenbarbarei Asiens als auch gegen die transatlantischen Klippschüler verteidigen. Wie einst die Erbauer der alten Kathedralen werden die Menschen der verschiedenen Länder ihr Scherflein zur Schaffung eines neuen, besseren Europas beisteuern. Was trennt uns von Deutschland? Ein Fluß und Vorurteile. Die Grenzen Europas liegen nicht hier, sondern weit im Osten, dort, wo das christliche und ritterliche Polen an eine halbchinesische Phalanstère grenzt ..."

Die Jungradikalen schonten ihre Handflächen nicht. Und als Tessat ausrief: „Die Kommunisten haben den Pakt der Volksfront gebrochen, sie stehen außerhalb der Nation", steigerte sich der Applaus zur Ovation. Die Delegierten hatten die halben Maßnahmen satt. Sie folgten Tessat. Und stolz sagte Tessat auf dem Bankett, das die Radikalen des Departements Ober-Marne ihm zu Ehren veranstalteten: „Das Klima in Europa hat sich verändert. Ich bin von ganzem Herzen mit der Jugend. Man darf sich nicht an überholte Kanons klammern. Die Radikalen waren immer eine lebensnahe Partei. Breteuil will einen Umsturz herbeiführen und uns ein importiertes Regime aufzwingen. Nein, wir selbst werden die Eiterbeulen des Parlamentarismus ausbrennen, wir werden eine autoritäre Republik schaffen, ohne dabei dem Genius der Nation und den Traditionen unserer freiheitsliebenden Partei untreu zu werden."

Er verdaute gerade das vorzügliche Essen, als ihm gemeldet wurde, daß im Stadtzentrum ein Großfeuer ausgebrochen sei. Tessat konnte Katastrophen nicht ausstehen. Schon als kleiner Junge hatte er sich geärgert, wenn die anderen Kinder sich unbedingt eine Feuersbrunst oder eine Überschwemmung ansehen wollten. Den Ausbruch von Naturgewalten empfand er als eine Beleidigung. Jetzt aber hielt er es für seine Pflicht, sich an die Unglücksstätte zu begeben, um der Stadt sein Mitgefühl zu bekunden.

Ein Warenhaus war wie eine Streichholzschachtel niedergebrannt. Der Mistral wehte, und das Feuer griff rasch auf die andere Straßenseite über, wo sich die besten Hotels befanden. Die Rue Cannebière war abgesperrt. Als die Polizisten Tessat erkannten, salutierten sie. Tessat mußte von dem Rauch husten. Er sah den dicken Herriot, der schrie: „Was zum Teufel ist hier los! In der ganzen Stadt gibt es keine Feuerwehrleitern! Ich habe die Feuerwehr in Lyon alarmiert. Aber wann wird die eintreffen?"

Man erzählte, daß in dem Warenhaus viele Verkäuferinnen umgekommen seien, weil es keinen einzigen Notausgang gab. Lebraults Männer dachten nicht mehr an den Kongreß. Sie drangen in die Hotels ein und füllten ihre Taschen mit allem, was ihnen unter die Finger kam. Die aufgebrachte Menge murrte: „Keine Leitern ... Keine Pumpen ..." Die Faschisten agitierten: „Dieses Regime ist verfault ... In Italien könnte so was nicht passieren."

Einen Moment lang weidete sich Tessat am Anblick des Feuers. Die Flamme schlug aus einem hohen Haus in den schwarzen Himmel. Wie ein Feuerwerk, dachte Tessat, und gar nicht schrecklich! Doch sofort besann er sich und wurde traurig. Ein nationales Unglück! Breteuil wird sich das natürlich zunutze machen. Daß es ausgerechnet während des Kongresses passieren mußte! Ein Glück, daß an der Spitze der Stadtverwaltung nicht Radikale, sondern Sozialisten stehen. Was wird Viard sagen, wenn er erfährt, daß es in einer Stadt mit fast einer Million Einwohnern keine einzige Feuerwehrleiter gibt! So eine Schlamperei! Das ist natürlich Wasser auf Herriots Mühle; bei ihm in Lyon herrscht Ordnung ... Und dann die Verkäuferinnen ... Schade um die Menschen! Sehr schade!

Das Hotel, in dem Tessat wohnte, brannte zur Hälfte nieder. Den Ministern wurden Zimmer im Präfekturgebäude zugewiesen. Das Gepäck wurde dorthin gebracht. Bei vielen Delegierten fehlten wichtige Papiere. Tessat preßte stolz seine Aktentasche an sich. Seit dem Vorfall mit Lucien war er auf der Hut. Er war glimpflich davongekommen; ihm hatte man nur sein Reisenecessaire gestohlen, es war allerdings ein besonders gutes, alles aus Schildpatt.

Im Salon der Präfektur brannte der Kamin. Tessat blickte in die lustig flackernde Flamme und dachte an die Rue Cannebière. Trotz allem war es ein schöner Anblick gewesen ... Lächelnd sagte er zu Daladier: „Der Verlust ist zu verschmerzen – ein Necessaire."

Daladier war mißgestimmt. Er sah in dem Brand ein „böses Vorzeichen". Tessat jedoch war guter Laune. Er durchlebte noch einmal seinen Triumph auf dem Kongreß. Was bedeutete demgegenüber die Feuersbrunst? Eine Lappalie! In einer Woche würde kein Mensch mehr daran denken. Aber die Politik Frankreichs war jetzt auf lange Jahre vorausbestimmt. Eine neue Ära brach an. Noch eine Krise, und an der Spitze des Landes würde Paul Tessat stehen ...

Er saß mit geschlossenen Augen in einem tiefen Sessel, als ihm ein Telegramm überbracht wurde. Sein Hausarzt teilte ihm mit, daß sich Amélies Krankheit plötzlich verschlimmert habe.

Tessat spürte salzigen Tränengeschmack im Mund. Aber er blieb ruhig. Er reichte Daladier das blaue Papier. „Ich muß nach Paris. Auf der morgigen Sitzung geht es ja nur um organisatorische Fragen ... Aber du hast recht gehabt – ein Brand bedeutet nichts Gutes. Nein, nein, ich lasse den Mut nicht sinken. Ich bin ganz ruhig."

20

In dem abgedunkelten Zimmer brannten zwei Kerzen. Es roch nach Lilien: ein betäubender, süßlicher Duft. Amélies Gesicht wirkte friedlich, sogar gütig, erlöst von physischen Qualen und Aufregungen. Tessat saß an ihrem Bett. Er konnte es noch gar nicht fassen. Sechsunddreißig Jahre hatte er mit seiner Frau zusammen gelebt, er hatte sie immer neben sich gewußt, sie hatte geatmet, sich gesorgt, gestöhnt. Auch als Tote lebte sie fort. Sie ist nicht mehr, sagte sich Tessat; aber das waren nur Worte, leere Worte. Amélie war da. Ihr verklärtes Gesicht im Dämmerlicht, inmitten von Blumen und unruhig flackernden Kerzenflammen, entrückte Tessat in die Vergangenheit. Aus unerfindlichem Grunde mußte er an seine Studentenstreiche denken. Wie in einem lichten Dunstschleier zog alles an ihm vorüber. Das gehört sich nicht, dachte er. Er fühlte, wie seine Trauer schwand, aber er wollte doch nur an Amélie denken. Seit vielen Jahren hatte er ihr keine Blumen mehr geschenkt... Früher hatte er ihr oft welche mitgebracht. Sie liebte Stiefmütterchen und Anemonen. Tessat versuchte angestrengt, sich an ihre erste Begegnung zu erinnern.

Es war im Frühjahr gewesen. Tessat hatte im Sommer zuvor sein Diplom erhalten. Er wohnte im Quartier Latin, trug einen breitkrempigen, beigefarbenen Hut und eine Fliege, begeisterte sich für Jaurès' Reden, für Rodins Skulpturen, glaubte an die große Liebe, was ihn jedoch nicht hinderte, jeder Modistin nachzustellen, er rief: „Mögen die Proletarier unser Blut auffrischen!" und deklamierte nach zwei Glas Absinth einer entzückt lauschenden Weißnäherin Verse von Rémy de Gourmont:

„Ihr frevlerischen Brüste sollt gesegnet sein
Wie Frühlingsblüten nackt und rein."

Diese Verse hatte er auch Amélie vorgetragen. Sie war gerade aus einer Klosterschule nach Paris gekommen: Ursulinerinnen hatten sie unterrichtet. Als sie die Verse hörte, wurde sie verlegen und brach in Tränen aus. Sie sagte immer nur: „Ach, weißt du, Paul...", und dabei zerknüllte sie ihr winziges Spitzentaschentuch. Er begleitete sie vom Theater nach Hause. Es hatte an jenem Abend „Ödipus" gegeben. Der Tragöde Mounet-Sully in der Rolle des Ödipus hatte, als alles verloren war, ausgerufen: „Wie ist das Leben schrecklich! ..." Damals gab es noch Fiaker mit kleinen dunkelblau verhängten Fenstern. Vorn auf dem Bock saß der Kutscher mit einem glänzenden Zylinder. Sie fuhren durch eine dunkle Allee im Bois de Boulogne. Tessat küßte Amélie. Sie trug ein Hütchen mit langen Bändern, eine Art Kapotte. Sie umarmte ihn und sagte: „Ich bin so glücklich!" Und gleich darauf: „Es ist Sünde!" Und sie umarmte ihn noch heftiger. Sie hatte volle Lippen, wie Paulette ...

Tessat machte sich Vorwürfe: wie unpassend! Er wußte, daß seine Trauer tiefer saß als all diese zusammenhanglosen Erinnerungen. Immer wieder sagte er sich: Sie ist tot, sie ist tot. Vielleicht würden ihm diese Worte den Schmerz bewußt machen. Aber das waren leere, formelle Worte. Wie oft hatte er sie gleichgültig über andere gesagt! Aber wenn er Amélie jetzt riefe, würde sie ihn nicht hören. Unvorstellbar! Sie hat einen leisen Schlaf ... Nein, jetzt mußte er sagen: Sie hatte ... Er konnte ihr nicht mehr erzählen, wie alles in Marseille gelaufen war, konnte ihr weder von Fouger noch von dem Brand berichten. Überhaupt nichts würde er ihr mehr erzählen können. Da lag ihr Strickzeug: Der Schal für ihn war nicht mehr fertig geworden. Stricknadeln, Wolle ... Er begann die Maschen zu zählen, und dabei schlummerte er ein. Auf der Reise hatte er vor Aufregung nicht schlafen können.

Er hörte nicht, wie Denise ins Zimmer trat. Sie hatte vom Tod der Mutter aus der Zeitung erfahren und war sofort hergekommen. Doch als sie die Tote erblickte, war sie ganz verstört. So hatte sie die Mutter noch nie gesehen. In diesem Antlitz lag soviel Weisheit, daß Denise dachte: Ich habe sie nicht gekannt ... Aber jetzt ist es zu spät. Sie blickte den Vater an. Er schlief mit einem grünen Wollknäuel auf den Knien. Und Lilien, wie in der Kirche. Das alles war unerträglich wie ein böser Traum. Ganz fremd. Nur die Hand der Mutter war ihr vertraut. Denise sah ihre Kindheit jetzt erstmals aus großer Distanz. Sie preßte ihre heißen Lippen auf die magere, kalte Hand der Mutter und weinte. Die Tränen milderten zwar nicht den Kummer, aber sie beruhigten. Und als Denise sich ausgeweint hatte, schlich sie auf Zehenspitzen aus dem Zimmer. Im Korridor hingen noch immer die Fotografien, auf denen Tessat in Anwaltsrobe seine Grimassen schnitt. Als sie aus dem Haus trat, war ihr schwer und feierlich zumute. Es hatte gerade geregnet. Lichter zitterten auf dem Asphalt, alles glänzte – schwarz, dunkelviolett, silbern.

Amélie hatte vor dem Tode das Abendmahl empfangen, aber Tessat ließ sie nicht kirchlich beisetzen; wozu die Linken verstimmen, noch dazu unmittelbar nach dem Marseiller Kongreß? Die Friedhofsglocke läutete. Das Tor öffnete sich, langsam bewegte sich der Leichenzug. Vorn schritt Tessat, ihm folgten die Männer und dann die Frauen. Das Begräbnis einer Ministersgattin war ein Ereignis, und „ganz Paris" hatte sich eingefunden. In der angrenzenden Straße parkten Hunderte von Wagen, dieselben, die man an Tagen großer Debatten vor dem Palais Bourbon und an Premierenabenden vor dem Theater sehen konnte. Die Abgeordneten der verschiedenen Parteien wollten Tessat ihr Beileid aussprechen: der alte Fuchs Marin, Viard, Marchandeau und Breteuil. Advokaten waren gekommen, Vertreter von Aktiengesellschaften, deren Aufsichtsrat Tessat angehörte oder deren Prozesse er führte, Staatsanwälte, Geschäftsleute – Baron Rothschild, Dessère, Méjeu, Journalisten, allen voran Joliot, Paul Morand, Theaterdirektoren, Diplomaten. Die Anwesenheit des deutschen Botschaftsrats hielt man für ein „gutes Zeichen". Die Kränze mußten mit einem Lastauto hergefahren werden. Joliot schwenkte seinen Spazierstock, der einen riesigen Knauf hatte, und sagte zu den Journalisten: „Fouger? Das war sein Werk! Ich kenne doch Marseille." Tessat machte einen gefaßten Eindruck, zog jedoch oft sein Taschentuch und schneuzte sich traurig.

Amélie wurde auf dem Friedhof Père-Lachaise beerdigt. Das war der teuerste Friedhof, aber Tessat war nicht kleinlich. Er hatte eine schöne Grabstelle ausgesucht und auch gleich für sich einen Platz gekauft. Das war etwas Alltägliches, Normales, so machten es alle. Es wurde von Grabstellen, von Quadratmetern, von Geld gesprochen, und Tessat dachte dabei gar nicht an den Tod. Er unterschrieb einen Vertrag: „Zur ewigen Nutzung . . ." Man mußte einen Platz zwischen respektablen Gräbern haben. Rechts von Amélie lag ein Admiral, links die Gattin eines Senators.

Viele Male war Tessat schon auf Friedhöfen gewesen; es gehörte zu seinen Pflichten, den Begräbnissen von Ministern und

Abgeordneten beizuwohnen. Jetzt aber betrachtete er den Friedhof mit Hausherrenblick und staunte: eine richtige Stadt! Straßen, und jede hatte einen Namen, Hausnummern, nein, nicht Haus-, sondern Grabnummern ... Und wie sauber es war! Ein Gärtner schnitt die vertrockneten Zweige ab. Zwar etwas eng; aber nach dem Tode schrumpfen die Menschen zusammen ... Dafür war es eine schöne Gegend ... Und die Tatsache, daß der Friedhof eine Stadt, ein Teil des Lebens war, tröstete Tessat.

Er stand allein am offenen Grab. Da sah er in einiger Entfernung Luciens roten Haarschopf, er wandte sich ab. Wie sehr ähnelte Lucien doch Onkel Robert! Robert war ein Bandit geworden ... Lucien verschwand hinter einem Grabstein. Wie ein Mondsüchtiger war er hierher gekommen, um von seiner Mutter Abschied zu nehmen. Nach Hause zu gehen, hatte er sich nicht entschließen können. Als er den mit Silberblättern verzierten Sarg, die Maskeradenhüte der Totengräber, die scheinheilige Visage Breteuils, die kornblumenblaue Krawatte Joliots erblickte, begriff er, daß seine Mutter nicht hier war, und schlich sich wie ein ertappter Dieb davon.

Einer nach dem andern gingen sie gemessenen Schrittes an dem Totengräber vorbei, der ein Tablett mit Erde bereithielt, und warfen eine Handvoll ins Grab. Dann drückten sie Tessat die Hand.

Wie oft schon hatte Tessat Erde auf Särge gestreut und Witwen und Witwern die Hand gedrückt! Jetzt aber schien ihm das alles unfaßlich. Es wehte ein kalter, scharfer Wind, daß ihm die Augen weh taten. Er blinzelte. Plötzlich dachte er: Vielleicht bin ich es, der da begraben wird? Zwei Plätze ... Er taumelte. Eine besorgte Hand stützte ihn. Er blickte sich um: der bärtige Dormoy ... Aber ich hab doch gehört, daß Dormoy mich haßt ...

Tessat betrachtete nun die Gesichter, um festzustellen, wer von den Abgeordneten gekommen war. Das war wie eine Abstimmung in der Kammer, und Tessat stellte mit Freude fest: Ich lebe! War einfach erschöpft ...

Am Abend fuhr er zu Paulette. Er hatte lange geschwankt; würde er damit nicht das Andenken an Amélie verletzen? Aber dann war er doch gefahren. Er brauchte jetzt Mitgefühl und Zärtlichkeit. Zu Hause war es so leer. Und alles erinnerte ihn an Amélie.

Paulette war eine üppige, schöne Frau. Sie hatte eine angenehme wenn auch nicht gerade bedeutende Stimme und sang in einem Varieté, mal sentimentale Lieder – von der Seemannsbraut, vom Tod eines Soldaten in der Wüste –, mal obszöne Schlager. Im Privatleben mochte sie keine Obszönitäten. Sie war gutmütig und sehr häuslich. Sie hatte eine Schwäche für Kinder, Gärten und Handarbeiten. Zur Bühne war sie nur durch Zufall gekommen – ein törichtes Verhältnis in ihrer frühen Jugend. Mit Tessat verkehrte sie seit drei Jahren. Dieses Verhältnis schmeichelte ihr. Sie, die kleine Schauspielerin, war mit einem berühmten Anwalt, Parlamentsabgeordneten und neuerdings gar Minister befreundet. Sie war die Tochter eines kleinen Krämers in der Provinz, stand mit der Rechtschreibung auf Kriegsfuß und las in Mußestunden Kriminalromane. Sie verehrte Tessat: Er wußte alles, flocht in die Unterhaltung Verse und lateinische Sprichwörter ein, sprach von Amerika wie von einem benachbarten Stadtviertel. In ihrer Gutherzigkeit empfand sie auch Mitleid mit ihm: Er arbeitete viel, hatte eine kranke Frau und mißratene Kinder. Sie gab sich alle Mühe, ihm Freude zu bereiten, trug die Haare nach seinem Geschmack, häkelte ihm Krawatten, backte ihm Pasteten. Tessat verwöhnte sie, und Paulette glaubte ihm treu zu sein, obwohl sie noch einen zweiten Liebhaber hatte, den Jockei Albert, von dessen Existenz Tessat nichts ahnte. Paulette betrachtete das nicht als Untreue. Sie traf sich einmal in der Woche mit dem jungen Mann, der nichts als Pferdenamen im Kopf hatte und selbst Kriminalromane „ermüdend“ fand. Paulette unterhielt sich nicht mit ihm, häkelte ihm keine Krawatten, bewirtete ihn nicht mit Pasteten. Sie küßte ihn nur, gierig und schweigend – wie hungrige Menschen zu essen pflegen. Und wenn sie von ihm ging, empfand sie weder Kummer noch Gewissensbisse.

Sie saß zu Hause in einem blauen, mit Reihern bestickten Kimono, als es klingelte. Sie war überrascht, Tessat zu sehen – heute hatte sie ihn nicht erwartet. Er begrüßte sie wortlos, ging ins Zimmer, setzte sich und öffnete den Kragen; er fühlte sich elend und rang nach Luft. Paulette empfand Mitleid. Sie wußte nicht, was sie sagen sollte; aber das Schweigen war unerträglich. Da begann Tessat zu sprechen: „Als in Marseille das Feuer ausbrach, sagte jemand, das sei ein böses Omen. Ich bin nicht abergläubisch. Aber sag, was du willst, manchmal stimmt es einen doch nachdenklich.“

Paulette war abergläubisch, sie ging unter keiner Leiter durch und weinte, wenn sie einen Spiegel zerschlug. Bei Tessats Worten wurde es ihr unheimlich. Vielleicht gab es doch eine höhere Macht?

Aber Tessat hatte schon das Thema gewechselt. „Schrecklich, daß es gerade jetzt passieren mußte! Ich bin ganz durcheinander, dabei muß ich doch arbeiten ... Sie bereiten einen Generalstreik vor. Das gibt eine Katastrophe. Mit knapper Not sind wir um einen Krieg herumgekommen ...“

Paulette brachte eine Flasche alten Armagnac. Tessat wärmte das Glas in den Händen an und trank. Wieder überkam ihn Wehmut wie an Amélies Grab. Seine Gedanken verwirrten sich. Plötzlich sagte er: „Weißt du, ich habe gleich zwei Plätze gekauft ...“ Sie wandte sich ab. Er dachte: genau wie ich von Amélie ... Er fuhr sich mit der Hand unters Hemd und befühlte seine Brust. Die Körperwärme beruhigte ihn: er lebte noch ... Er schenkte sich und Paulette noch einen Armagnac ein und stieß mit ihr an. „Auf dein Wohl! Der Arzt hat mir eine Arznei zur Beruhigung der Nerven verordnet. Er sagt, sie habe nicht gelitten. Trotzdem ist es entsetzlich! Ich kann es noch immer nicht fassen ... Sie hatte es leichter; sie war gläubig, fürchtete sich vor der Hölle. Aber ich habe einfach Angst ... Sie liegt neben Admiral Leperrier.“

Sie tranken noch ein Glas. Er betrachtete ihren Kimono. „Was für ein alberner Morgenrock! Wozu die Vögel?“

Er blickte sich im Zimmer um, als sehe er es zum erstenmal. Ein Klavier, an den Wänden Schauspielerfotos mit schwungvollen Autogrammen, ein Kanapee und ein Dutzend bunter Kissen. Der Armagnac war gut, sehr gut. .

„Woher hast du den Armagnac? ... Sie wollte kirchlich beerdigt werden. Mir wäre es gleich gewesen. Aber bei meiner gesellschaftlichen Stellung ... Gewiß, Breteuil hätte sich gefreut, aber ich muß auch mit dem linken Flügel rechnen. Die sind jetzt erbost. Und ihr kann es doch gleich sein, sie hört es ja nicht mehr. Selbst wenn man sie riefe, hörte sie es nicht ... Paulette, Kindchen, sing etwas Trauriges.“

„O Gott, du hast kein Herz! Nein, kein Herz ...“

21

Die Novembernebel waren gelb, senfbraun, schwarz. Die altersschwachen, verrußten Häuser der Vororte tränten. Verzweiflung hatte in jenem Herbst die Menschen erfaßt. Die Arbeiter hatten alles verloren, was sie im Sommer sechsunddreißig erkämpft hatten. Jede neue Verfügung brachte neue Demütigungen und Entbehrungen. Die Arbeitswoche wurde verlängert, der Lohn für Überstunden gesenkt, der Hungerlohn mit Steuern belegt. Vereinzelte Streiks flammten auf. Die Polizei ließ die Fabriken räumen. Die Streikposten kamen auf die Anklagebank, und die „Anstifter" erhielten hohe Strafen. Wer aber regierte das Land? Daladier, der noch kürzlich auf der Place de la Bastille die Faust erhoben hatte: „Ich bin ein Bäckerssohn, ein Freund des Volkes ..." Tessat, für den in Poitiers die Kommunisten gestimmt hatten. Resignation lähmte das Land. Die Auflagen der Zeitungen sanken. Versammlungsredner sprachen vor leeren Sälen. In den kleinen Lokalen, wo die Arbeiter verkehrten, herrschte trostlose Stille. Die Menschen sahen den Todeskampf Spaniens und sagten: „Jetzt sind wir an der Reihe."

Daladier litt an Verfolgungswahn. Er fürchtete Unruhen. Er ahnte nicht, welch große Müdigkeit das Land erfaßt hatte. Und seine Gegner schwelgten in Illusionen. Die Gewerkschaften beschlossen die Durchführung eines eintägigen Streiks. Der Streiktag wurde lange vorher bekanntgegeben. Tessat vergaß Amélie und lebte wieder auf: Er war der Oberbefehlshaber! An den Hauswänden leuchteten wieder weiße Plakate, die eine Mobilmachung verkündeten: Eisenbahner, Arbeiter der Rüstungswerke und öffentlichen Dienste wurden den Soldaten gleichgestellt. Die Regierung gab bekannt, daß Streikende wie Deserteure bestraft würden. Tessat sagte mit selbstgefälligem Lächeln: „Das ist meine Erfindung. Schwer ist nur der Anfang. Aber jetzt begreifen alle, daß Mobilmachung sozusagen etwas ganz Normales ist."

Nach einer Unterredung mit Tessat schrieb Joliot, daß ein Streik nur den Deutschen diene. „Franzosen, hütet euch vor den Danaergeschenken Moskaus!"

Man sprach von einer Niederlage Dessères. Er hatte auf einer Versammlung der Industriellen einen Kompromiß vorgeschlagen: Die Arbeiter sollten von dem geplanten Streik zurücktreten, die Regierung sollte einige Verfügungen revidieren. Alle waren empört: vor den Kommunisten kapitulieren? Vergebens warnte Dessère: „Es besteht Kriegsgefahr. Man darf die Arbeiter jetzt nicht verbittern.“ Montigny schrie: „Schluß mit den Kompromissen! Hitler hat ein Beispiel gegeben. Sollen sie doch streiken. Dann können wir wenigstens die Fabriken von den Kommunisten säubern.“

Viard sah auf das Thermometer und rief erleichtert: „Siebenunddreißig acht!“ Die Grippe enthob ihn der Verantwortung. Er war über die Politik der Radikalen entrüstet: Sie treiben die Arbeiter den Kommunisten in die Arme. Das wird mit einem Putsch und dem Sieg des Faschismus enden.

Noch vor seiner Erkrankung hatte er einen verschwommenen Leitartikel geschrieben: „Es ist unsere Pflicht, die Arbeiter vor einer Provokation zu warnen. Wenn die Plebejer, die zu Recht über die neuen Verfügungen empört sind, die Hände in den Schoß legen, wird es eine nationale Katastrophe geben.“ Er rief nicht zum Streik auf, verurteilte ihn aber auch nicht; einige seiner Freunde jedoch appellierten an die Arbeiter, nicht zu streiken.

Mit Bangen öffneten die Spießer einen Spalt breit ihre Fensterläden: Was würde der heutige Tag bringen? Die Terrassen der Cafés wurden gefegt. Ein nebliger Werktagsmorgen. Rings um die Fabriken jedoch blinkten Helme. Bahnhöfe, Ministerien, Postämter wurden von Polizeiabteilungen bewacht. In jedem Autobus saß neben dem Fahrer ein Polizist. Gardisten mit Pferdeschwänzen am Messinghelm patrouillierten durch die Stadt und musterten mit stupidem Blick die Häuser. Alles sprach von Vergeltungsmaßnahmen, von Strafkompanien und Zwangsarbeit ...

Die älteren Arbeiter waren mürrisch und wortkarg. Sie befürchteten ein Scheitern des Streiks. Für Denise war dieser Tag die Feuertaufe. Sie glaubte, die Regierung werde dem Schlag nicht standhalten. Dann hätte die Schmach ein Ende! Die Pariser Arbeiter würden das geschwächte, aber noch lebendige Spanien retten.

Denise hatte sich lange auf diesen Tag vorbereitet. Sie fragte sich, ob sie genug Kraft, Geschicklichkeit und Mut aufbringen werde. Sie glaubte, die Kleinmütigen beschämen zu können, wenn sie ihnen vorläse, was Michaud über die Tapferkeit der Ebrokämpfer geschrieben hatte. Sollten aber Soldaten eingesetzt werden, so würde sie zu ihnen sagen: „Ihr seid unsere Brüder!" Ihre funkelnden Augen verrieten die seelische Spannung.

Alle hatten sich eingefunden, aber niemand ging an die Arbeit. Aus der Gießerei kamen Leute und sagten, daß ein Teil der Belegschaft die Arbeit aufgenommen habe. Einige stimmten „Die Junge Garde" an, doch ihre Stimmen verloren sich in der bedrückten Stille. Der Oberingenieur betrat die Werkhalle, begleitet von Polizisten in Zivil; einer fuchtelte mit einem Revolver. Der Ingenieur sagte: „Meine Herrschaften, wenn Sie nicht die Absicht haben, die Arbeit aufzunehmen, ersuche ich Sie, das Gebäude zu verlassen." Empörte Ausrufe waren die Antwort. Der Ingenieur winkte ab und ging. Die Polizisten aber blieben. Die Arbeiter beratschlagten leise, was sie tun sollten. „In der Gießerei arbeiten sie ..." – „Es hat keinen Sinn ..."

Denise rief: „Genossen! ..."

Die Polizisten ergriffen sie und schleppten sie hinaus. Einer verdrehte ihr schmerzhaft die Arme.

Einige Arbeiter nahmen die Arbeit auf, andere gingen weg. Etwa ein Dutzend Aufsässiger wurde abgeführt. In einer Seitenstraße stand ein Planwagen der Polizei. Die Festgenommenen wurden hineingestoßen, einem wurden dabei Zähne ausgeschlagen. Denise zerrissen sie das Kleid. Sie sagte zu den Genossen: „Die Unseren werden nicht weichen!" Den Schmerz und die Verhaftung empfand sie als eine Auszeichnung. Weder die Niedergeschlagenheit der Genossen noch das düstere, schmutzige Zimmer in der Präfektur konnten Denise ernüchtern.

Ein schnurrbärtiger, nach Schnaps riechender Polizist durchsuchte Denise, grapschte mit seiner riesigen Pranke an ihr herum und führte unflätige Reden. Sie sah mit leeren Augen vor sich hin, schien überhaupt nichts wahrzunehmen. Sie hatte nur einen Gedanken: Wie würde der Streik verlaufen?

Am anderen Ende der Stadt, in Billancourt, wurden indessen Vorbereitungen für einen Sturm auf das Seine-Werk getroffen. Dessère saß am Tisch und starrte auf einen Fleck. Er versuchte zu rauchen, aber seine Pfeife erlosch immer wieder. Er atmete schwer. Die linke Schulter und der Arm schmerzten. Ob das

Angina pectoris ist? dachte er. Zum erstenmal fühlte Dessère sich machtlos. Die Sturheit der Unternehmer bestürzte ihn. Wohin führten diese Blinden das Land? Er hatte den Streik um jeden Preis verhindern wollen, hatte mit Daladier, mit Tessat, mit Frossard gesprochen, hatte zu beweisen, zu überzeugen versucht. Sie hatten ihn höflich angehört und dann erwidert: „Mit den Kommunisten muß Schluß gemacht werden." Und die Industriellen forderten von ihm Solidarität: „Sie sind Mitglied unseres Verbandes." Dessère hatte mit dem Gedanken gespielt, seine Fabriken für ein paar Tage zu schließen. Dadurch hätte er die Situation retten und Repressalien vermeiden können. Aber Tessat brüllte: „Sabotage! Was wird die Kammer dazu sagen?" Die Ingenieure murrten: „Wenn die Regierung mit den Kommunisten nicht fertig wird, werden wir Selbstschutzabteilungen aufstellen ..." Montigny drohte mit einem Skandal. Und Dessère gab nach. Der Regisseur wurde zum einfachen Zuschauer. Er saß da und harrte bedrückt der kommenden Ereignisse.

Legreux fürchtete ein Mißlingen des Streiks – die Menschen waren müde und hatten den Glauben verloren. Aber die Drohungen brachten die Arbeiter in Wut: „Wir lassen uns nicht einschüchtern!" Sogar die Streikgegner wurden still. Im blaugrauen Nebel leuchteten rote Fahnen. In den Werkhallen, auf dem Hof rüsteten sich die Arbeiter zum Kampf.

Im Direktionsgebäude fielen die Ingenieure über Pierre her: „Demagoge!" – „Agent Moskaus!"

Wütend schrie Pierre: „Faschisten! Hitlerknechte!"

Es wäre zu einer Schlägerei gekommen, wäre Pierre nicht zu Dessère gerufen worden.

„Gehen Sie nach Hause. Das ist eine böse Geschichte. Wir haben nicht mehr das Jahr sechsunddreißig. Die haben den Streik gewollt ... Sie aber werden sich das Genick brechen. Sie als Ingenieur müssen herhalten, und ich kann Sie nicht schützen."

„An mich denke ich jetzt zuallerletzt."

„Das ist falsch. Sie haben Frau und Kind. Ideen? Geben Sie sie auf! Sie haben sich bereits davon überzeugt, daß Viard ein alter Komödiant ist. Die anderen sind nicht besser. Jetzt gilt es, die eigene Haut zu retten."

„Damit befassen Sie sich. Ja, ja, Sie wollen nur Ihre Haut retten. In München. Hier. Aber es wird Ihnen nicht gelingen!"

Als Pierre zu den Arbeitern hinausging, erhoben sich Tausende Fäuste: Ingenieur Dubois ist mit uns! Er fühlte die menschliche Wärme, die ihm diese zornigen, rauhen Männer entgegenbrachten.

Als der Oberkommissar die Menge erblickte, wurde er unsicher und ging zu Dessère. „Ihre Autorität . . ."

Dessère zuckte gereizt die Achseln. „Ich kann nichts machen, Herr Kommissar. Und ich rate auch Ihnen, es nicht darauf ankommen zu lassen."

„Leider habe ich meine Instruktionen."

Als die Arbeiter die Polizisten sahen, verstummten sie. Einige hielten Steine oder Eisenstangen in der Hand. Wasserschläuche wurden bereitgelegt. Legreux stand am Haupttor.

Wieder einmal hatte sich das Schicksal in seine Herzensangelegenheiten eingemischt. Nun hatte er Josette doch nicht seine Gefühle offenbaren können. Aber seit einem Monat hatte sich in seinem Leben etwas geändert. Er war eines Abends zu Josettes Vater gekommen, um mit ihm über die Parteikasse zu sprechen. Als er gehen wollte, fragte ihn Josette: „In welche Richtung müssen Sie?" – „Nach Suresnes." – „Ich muß auch dorthin." Am Quai sagte sie: „Ich muß gar nicht nach Suresnes." Es war ein feuchter Herbstabend. Sie gingen über den menschenleeren Quai bis zur Brücke und wieder zurück. Schließlich sagte Josette: „Wenn Sie nicht kommen, bin ich immer ganz traurig." – „Ist das wirklich wahr?" rief er aus und fügte sogleich hinzu: „Ich bin zu alt für Sie, ich bin doch schon . . ." Sie ließ ihn nicht ausreden und küßte ihn. Und nun der Streik. Legreux hatte jetzt absolut keine Zeit für Gefühle. Nur hin und wieder dachte er: „Was Josette wohl macht?"

Pierre war oben im Labor, als er sah, wie die Polizisten das Tor einschlugen. Sie stürzten sich auf Legreux. Legreux war kräftig und wehrte sie ab. Sie warfen ihn zu Boden. Aus den Fenstern kamen Steine geflogen. Pierre lief hinunter. Plötzlich spürte er einen stechenden Schmerz in den Augen. Er hielt sich am Türpfosten fest, um nicht zu fallen. Über den Hof rannten Menschen. Jemand schrie verzweifelt: „Gas!"

Dessère stand am Fenster. Er sah alles und fragte sich wehmütig: Ist das Frankreich? Das Land, das er liebte, existierte nicht mehr. Das war nicht mehr das gemütliche und liebenswerte

Frankreich, wo die Arbeiter gutmütig auf ihre Chefs schimpften und dann mit ihnen anstießen, wo die Menschen nach flammenden Reden zu Tisch gingen und bei einem guten Ragout die soziale Revolution vergaßen, wo man Blumen und Scherze liebte. Er hatte das Frankreich seiner Träume, die Erinnerungen, die Bücher, den Mythos retten wollen. Mit Gas? Nun ja, einerlei! Jetzt konnte er nichts mehr machen ... Er sollte tatsächlich an seine eigene Haut denken, weniger rauchen, sich auskurieren, Jeannette anrufen, weit wegfahren – nach Java oder nach Chile.

Die Polizisten führten etwa hundert Arbeiter ab. In der Präfektur wußte man nicht, wohin mit den Festgenommenen, und die Lastautos brachten alle halbe Stunde neue Einquartierung.

Denise lauschte begierig den Gesprächen der Polizisten. Sie tobten, also war der Streik geglückt! Hin und wieder wurden Neue in die Zelle gebracht. Eine Telefonistin erzählte: „Alles zu Ende ... Sie haben Angst vor den Repressalien."

Ein Metroschaffner wurde hereingeführt, das Gesicht voller Blut. Als er sich etwas erholt hatte, schimpfte er: „Diese Feiglinge!"

Also fuhr die Metro. Gegen Abend erfuhr Denise, daß nur die großen Fabriken streikten. Als es dunkel geworden war, stießen die Polizisten noch drei Arbeiter in die Zelle.

„Im Seine-Werk haben alle gestreikt, sie sind in der Fabrik geblieben. Aber dann kamen sie mit Gas ..."

Das Wort „Gas" erschütterte alle. Die Telefonistin weinte. Denise aber erhob sich plötzlich und begann zu singen. Die anderen fielen ein. Vergebens drohten die Polizisten ihnen Schläge an. Das Lied verstummte nicht, es drang in die Nebenzellen, hallte durch die Korridore, in denen es nach Feuchtigkeit, Leder und Mäusen stank. Dieses Lied drückte alle Gefühle aus: Mut, Zorn, Brüderlichkeit. Die Arbeiter des Seine-Werks, der Gnome- und Renault-Werke sangen das Lied der sibirischen Partisanen.

Am Abend hielt Daladier eine Rede. Er war allein in seinem Arbeitszimmer und sprach ins Mikrofon. Stupide blickte er ins Leere, auf seiner Stirn schwollen die Adern.

„Die Regierung hat einen Sieg errungen ..."

Nach so vielen Rückzügen, nach München, konnte er endlich einmal das süße Wort „Sieg" aussprechen.

Man begann, die Verhafteten zu verhören. Als der Kommissar

den Namen Denise Tessat hörte, fragte er lächelnd: „Sind Sie etwa eine Verwandte von . . .?"

Keine Folter hätte Denises Willen brechen können. Dieser Mann aber rührte an etwas, das für sie das Allerschlimmste war. Sie schwieg. Dann dachte sie: Es wäre noch erniedrigender, würde ich es verheimlichen. „Ich bin die Tochter Ihres Ministers. Aber das tut nichts zur Sache. Ich bin Kommunistin. Sie können mit dem Verhör fortfahren."

Der Kommissar blinzelte, verzog das Gesicht und ging zu seinem Vorgesetzten. Der Präfekt wurde verständigt.

Tessat schlief. Ein Anruf „in dringender Angelegenheit" weckte ihn. Am gestrigen Tage war es heiß hergegangen. Er hatte dem Sekretär die Berichte aus der Hand gerissen, hatte in der Präfektur angerufen, voller Angst, der Streik könnte sich ausweiten. Erst spätnachts hatte er sich beruhigt. Um drei Uhr morgens hatte er ein Bad genommen. Die weißen Kacheln glänzten, das Wasser schimmerte himmelblau. Tessat betrachtete seine dünnen Beine und sang eine Arie aus „Rigoletto". Denen sollte die Lust zum Streiken schon vergehen! Wenn sich nur nicht die Rechten das Scheitern des Streiks zunutze machten!

Schlaftrunken hörte er: „Es handelt sich um Ihre Tochter . . ." Er hatte augenblicklich verstanden. Jetzt hatte ihn der Präfekt in der Hand! Womöglich würde Breteuil davon erfahren? Ein gefundenes Fressen für die Journalisten! Dieses verflixte Mädel!

Tessat stand im Büro des Präfekten neben der Gipsbüste der Republik, als Denise hereingeführt wurde. Tessat empfand Mitleid mit ihr. Ihr Kleid war zerrissen, das Haar zerzaust, das Gesicht bleich nach der schlaflosen Nacht. Und das war seine Tochter, um deren Gesundheit er immer gebangt hatte; er hatte sie regelmäßig zur Kur geschickt, hatte Professoren konsultiert. Er bezwang seinen Unwillen und sagte zärtlich und mit bebender Stimme: „Denise, ich bin gekommen, um dich zu befreien."

Er hatte sich einen Plan zurechtgelegt. Er wollte dem Präfekten erzählen, daß Denise einen Roman über das Leben der unteren Volksschichten zu schreiben beabsichtige und aus dem Grunde in die Fabrik gegangen sei. Er würde sie mit zu sich nehmen, und in das verwaiste Haus würde wieder Leben einziehen. Wie wollte er sie verwöhnen!

„Dann befreien Sie alle!"

Diese Worte, Denises Stimme, das unerwartete „Sie" erschütterten Tessat. „Denise!"

Sie schwieg. Vor ihr stand ein fremder Mann. Der gestrige Tag hatte sie von ihrer Vergangenheit befreit.

Tessat schrie außer sich: „Diese Schufte befreien? Ja, weißt du denn überhaupt, was du da sagst?"

„Wer ist ein Schuft? Vor den Deutschen seid ihr feige zu Kreuze gekrochen: ‚Wir sind noch nicht genügend gerüstet...' Dafür also habt ihr das Gas gebraucht!"

„Deine Kommunisten arbeiten für die Deutschen. Gestern, während eures Streiks, haben die Italiener ihre Forderungen angemeldet: Nizza, Korsika. Die ersten Ergebnisse des Streiks!"

„Für die Deutschen arbeiten Sie. Wer hat die Flugzeugwerke geschlossen? Außerdem sollten gerade Sie ganz still sein. Als Fouger den Mund auftat, haben Sie Gangster auf ihn gehetzt."

„Lüge! Gemeine Lüge! Du dumme Gans glaubst alles, was man dir sagt! Du Schaf!"

Noch lange beschimpfte und beleidigte er sie, dann verstummte er plötzlich. Wozu? Sie war eine Besessene. Ließ sich nicht überzeugen. Die Sache mußte vertuscht werden. „Wir wollen nicht streiten. Jeder hat seine Überzeugungen. Aber du mußt mich verstehen. Wenn das in die Zeitung kommt, freuen sich unsere gemeinsamen Feinde – die Faschisten, Breteuil."

„Inwiefern sind Sie besser als Breteuil?"

„Für dich existiert nur noch die Politik. Es gibt doch auch Gefühle. Schließlich bist du meine Tochter. Denk an deine verstorbene Mutter. Was hatte sie für ein gutes Herz! Ich flehe dich an, Denise, komm nach Hause zurück! Im Namen deiner Mutter, komm zurück!"

Sie ertrug es nicht länger und schrie: „Schweigen Sie! Sie sind ein gemeiner Mensch!"

Später machte sie sich wegen dieser Worte Vorwürfe; sie hatte damit nur ihre innere Qual preisgegeben.

Tessat zog unverrichteterdinge ab. Er mußte den Präfekten unter Druck setzen. Über Denises Verhaftung kam nichts in die Zeitung, auch ihre Verurteilung wurde nicht erwähnt. Sie erhielt ebenso wie die anderen Arbeiter der Gnomewerke einen Monat Gefängnis. Denise war glücklich. Der Vorsitzende murmelte ihren Namen rasch und undeutlich und fragte nicht nach ihrer Herkunft. Sie ahnte nicht, welche Anstrengungen das ihren Vater gekostet hatte.

Tessat haßte jetzt die Kommunisten. Früher hatte er keine Feinde gehabt. Natürlich hatte er sich manchmal von Breteuil oder Viard beleidigt gefühlt; aber sie waren ja Partner im großen Spiel. Er hatte mit Fouger Mitleid gehabt, obwohl der Bärtige ihn anschwärzen wollte. Die Kommunisten aber hatten ihm Denise genommen. Sie hatten aus dem sanften, liebevollen Mädchen eine Furie, eine Brandstifterin gemacht. Solche wie sie waren im Jahre dreiundneunzig um die Guillotine getanzt! War das etwa eine politische Partei? Das war seelische Unterwelt! Wenn man diese Leute nicht vernichtete, würden sie foltern, morden, würgen. Tessat war für sie eine Wanze. Aber noch behauptete sich Frankreich: Der Streik war gescheitert. Man lebte noch ... Man konnte sich bei Paulette erholen.

22

Dessère wollte sich nicht von Pierre trennen. Die eigene Ohnmacht verdroß ihn. Er, vor dem Minister gekrochen waren, sollte sich einem Häuflein Schreier beugen. Aber Pierre im Werk zu behalten, wagte er nicht. Die Rechtspresse hatte die Epopöe des „roten Ingenieurs" breit ausgewalzt. Dessère schlug ihm vor: „Ich schicke Sie nach Amerika. Wir müssen ein Jahr verstreichen lassen." Pierre lehnte ab: Er wollte kein Almosen.

Dieses Gespräch fand auf der Terrasse eines vornehmen Cafés statt. Es war ein ungewöhnlich kalter Abend: vier Grad unter Null. Die Gäste eilten bibbernd und zähneklappernd ins Innere, um sich mit einem Glas Grog zu erwärmen. Auf der leeren Terrasse standen einsam die rotglühenden Kohlebecken.

Dessère sagte: „Natürlich haben Sie das Recht, mir nicht zu glauben. Aber so ist das nun einmal: Wir sind alle abhängig vom Milieu, von der öffentlichen Meinung, von Vorurteilen. Unter den Arbeitern gab es vermutlich viele Streikgegner. Sie waren machtlos. Ich muß die Meinung des Herrn Montigny berücksichtigen. In Ihrem Vokabular ist er ein Faschist, in meinem ein Dummkopf und ein Schurke. Cot wird für den Mangel an Bombenflugzeugen verantwortlich gemacht. Aber Sie, einen meiner besten Ingenieure, muß ich entlassen. Was kümmern diese Leute die Bomber? Was kümmert sie Frankreich?"

Der einst so vertrauensselige Pierre war mißtrauisch und nüchtern geworden. Dessères Klagen hielt er für Verstellung. „Warum machen Sie denen Vorwürfe? Sie waren doch auch für München."

„Ich wollte einen bewaffneten Frieden, Verhandlungen, einen Kompromiß. Die aber haben nur eines im Sinn, sich so rasch wie möglich auf Gedeih und Verderb Hitler auszuliefern. Nur die Spitzbuben wissen, was die Stunde geschlagen hat, und wollen schnell noch ihr Schäfchen ins trockene bringen. Die Ehrlichen aber sind blind."

„Es gibt auch andere ... Haben Sie mit Legreux gesprochen? Die Polizisten haben ihn zusammengeschlagen. Er liegt jetzt im Krankenhaus. Solche wie ihn gibt es viele. Ein Mensch hat Tausende Gefühle und Gedanken. Gewöhnlich sind sie verteilt. Die Menschen schaffen sich Kunstwerke, Behaglichkeit, eine Familie. Warum spreche ich von den Kommunisten? Bei ihnen ist alles auf eins gerichtet, und das ist nicht Blindheit, sondern Zielstrebigkeit."

„Sehen Sie diese Kohlebecken? Die Illusion von Wärme. Als könnte man eine Straße heizen! Ich bin übrigens völlig durchfroren. Zum letzten Mal – Sie lehnen also ab?"

Pierre hatte Vorwürfe von seiner Frau erwartet: Arbeitslosigkeit, Not. Und dann Doudou ... Aber Agnès sagte sofort: „Das hast du richtig gemacht." Sie war nicht seiner Meinung, wenn es um Politik ging; sprach er jedoch von Unabhängigkeit und Würde, sah sie ihn begeistert an, wie sie als Mädchen ihren Vater angesehen hatte.

Kaum drei Wochen vergingen, und die Not, kürzlich noch ein Gespenst, ein drohendes, aber abstraktes Wort, gehörte nun zu ihrem Alltag. Agnès' Gehalt reichte gerade für die Miete und für den Arzt: Doudou war krank. Am Monatsende besaßen sie keinen einzigen Sou mehr. Früher hatten beide die redliche Armut gekannt, jetzt aber kam die demütigende Not auf sie zu.

Es gab wohl keine Fabrik, in der Pierre nicht nach Arbeit gefragt hätte. Der „Unternehmerverband" hatte seinen Namen auf die schwarze Liste gesetzt. Vergeblich versuchte er, sich als Mechaniker, ja sogar als ungelernter Arbeiter zu verdingen. Überall bekam er eine Absage.

Er verkaufte seine Uhr – sie bezahlten ihre Schulden bei der Milchfrau. Agnès brachte ihren abgetragenen Wintermantel zum Trödler: „Der Mantel ist mir zu groß ..." – sie konnten eine Woche lang Mittag essen. Sie wollte Pierre aufmuntern: „Vielleicht bekomme ich zu den Feiertagen eine Prämie." Er ging frühmorgens aus dem Haus, lief den ganzen Tag herum, suchte kleine Werkstätten auf, studierte stundenlang Inserate. Abends sagte er zu Agnès, er habe einen Freund getroffen, der ihn zum Mittagessen eingeladen habe. Pierre war sorgfältig gekleidet und rasierte sich jeden Tag. Niemand hätte diesen korrekt gekleideten Träumer mit den grauen Schläfen für einen bettelarmen Mann gehalten. Aber wenn er an Wurstläden vorbeikam, wandte er sich ab.

Eines Tages stieß er auf eine Bekanntmachung: Bei Schneefall sollten Arbeiter für die Straßenreinigung eingestellt werden. Um fünf Uhr morgens habe man sich zu melden. Der Himmel hatte Erbarmen. Am Abend begann es in großen Flocken zu schneien. Anfangs taute der Schnee, dann blieb er auf den Fahrdämmen liegen. Um vier Uhr schlich sich Pierre aus dem Haus, um Agnès nicht zu wecken. Er zitterte vor Kälte, aber er lächelte: Endlich würde er einmal zwanzig, vielleicht sogar dreißig Franc nach Hause bringen! Um drei Viertel fünf war er zur Stelle. Eine große Gaslaterne beleuchtete einen verschneiten Platz und eine Menschenansammlung vor einem dunklen Backsteingebäude. Wer hatte sich hier nicht alles eingefunden! Arbeitslose, Landstreicher, Postangestellte, die wegen Beteiligung am Streik entlassen worden waren, ein halbverhungerter Maler, ein paar deutsche Emigranten, Greise, Jünglinge. Vierzig Mann wurden gebraucht, gekommen aber waren mindestens dreihundert. Pierre wartete geduldig. Dann hieß es: „Genug!" Er schleppte sich nach Hause. Vor Hunger war er ganz schwach, seine Beine waren wie aus Watte, ihm wurde übel.

Er kam an den Zentralen Markthallen vorbei. Dort herrschte reges Treiben. Gastwirte, Fleischer, Feinkost- und Grünwarenhändler luden ihre Waren auf. Ganz Paris schien sich verändert zu haben, nur nicht sein „Bauch", den Zola einst beschrieben hatte. Und angesichts der feuchten, schlierigen Hallen, der Berge von Geflügel erinnerte sich Pierre dunkel an den fast vergessenen Roman: ein hungriger Sonderling, ein Träumer, ein entlaufener Sträfling inmitten satter, herzloser Krämer.

Riesige ausgeweidete Tierleiber, purpurrot, violett, unerträglich rosa, hingen an Haken. Wieviel Ochsen und Lämmer brauchte diese unersättliche Stadt? Wieviel Gänse mit künstlich aufgeblähter Leber? Wieviel gesprenkelte Perlhühner und buntschillernde Fasane?

In der Fischabteilung lagen große Thunfische wie aus Kunststoff gegossen, zarte Steinbutte, Makrelen, Weißlinge, glitschige Schollen, Austern – flache, wie geschliffene „Marennes" oder rauhschalige sogenannte Portugalaustern –, Muscheln, Seeigel. Der Geruch war unerträglich. Die Hände der Fischverkäuferinnen waren rot, vom Salz zerfressen. Von den Marmorplatten rieselte Wasser.

Etwas weiter wurde Gemüse verkauft: blasser Chicorée, Karotten, Rüben, Spargel. In neckischen Körbchen lagen Champignons. Salatköpfe aus Roussillon. Ein Stück weiter Klumpen honiggelber Butter aus der Charente, Käse, Eier, saure Sahne in Blechkrügen, Apfelsinen aus Messina und Jaffa, Äpfel, Stauden faulender Bananen mit ihrem herben Tropenduft, Datteln, Ananas.

Die Händlerinnen aßen Zwiebelsuppe und wärmten sich die steifen Finger an der Schüssel. Vagabunden lasen Kartoffeln auf, Kenner betasteten Käse, erkundigten sich nach den Wildpreisen. Zeitungsverkäufer mit grauen, nach Druckerschwärze riechenden Blättern liefen vorbei. Dann läuteten die Glocken der mittelalterlichen Kirche Saint-Eustache. Fleischer mit purpurroten Schürzen zerlegten ausgeweidete Tierleiber. Gemüsegärtner luden aus alten Citroëns Steckrüben und Porree aus und tranken dann an der Theke Kaffee mit Kognak. Über das Pflaster rann Rotwein, er sah aus wie Blut. Blumen waren zu riesigen Ballen zusammengepreßt: Zentner von Levkojen, Nelken, Rosen. Aus Nizza und Grasse kamen ganze Züge mit der duftenden Fracht: Mimosen, Primeln, Hyazinthen, Maiglöckchen, Azaleen. Für Paris gab es keinen Kalender: Auf den kleinen Handkarren blühten das ganze Jahr hindurch Blumen.

Vom Himmel aber fielen nasse Flocken. Die Glückspilze schippten jetzt Schnee! Pierre nicht... Wie aufgezogen ging er weiter. Er spürte den Hunger nicht mehr. Von den Gerüchen wurde ihm übel. Diese Berge von Lebensmitteln wirkten deprimierend, das waren keine Speisen, von denen man träumen konnte, das war eine Herausforderung, eine Philosophie: die feindliche Welt der Marktfrauen, der Makrelen, der Waagen, der speckigen Brieftaschen. Und Hunderttausende von Blumensträußen ... Was interessierten Paris Vaněks Tränen, Kataloniens Leid, Legreux' Schmerz, Pierres Hunger? Paris lebte. Der Fleischer dort, der vierzig Kilo Blutwurst verkaufte, summte vor sich hin: „Paris bleibt doch Paris ..." In dieser Lebensbejahung lag soviel Pathos, daß Pierre weich gestimmt wurde. Er tat, als hätte er es eilig, obwohl er nirgend hinzueilen brauchte. Er fror. Plötzlich verlangsamte er den Schritt, machte kehrt, irrte sinnlos im Labyrinth der engen, verschachtelten Gassen des Viertels Buci umher und landete immer wieder an derselben Kreuzung mit den Handkarren, auf denen flache, glitschige Fische starben.

Schließlich setzte er sich auf eine nasse Bank. Er hatte eine weggeworfene Zeitung aufgehoben und las: Beruhigung in Europa ... Rede Tessats ... Friedensgarantien. Plötzlich erwachten seine Lebensgeister. Der Duft von Pommes frites stieg ihm in die Nase. Sie brutzelten in großen Bottichen, wurden in Papiertüten gefüllt, und die Verkäuferin rief aufdringlich: „Heiße Pommes frites ... Zehn Sou!" Welch vermessener Traum – zehn Sou!

Selbst überrascht, sprang Pierre von der Bank auf und hielt die zerknitterte Zeitung einem Passanten hin. Es war ein Beamter, der zum Dienst eilte. Er sah Pierre erstaunt an und ging noch schneller. Pierre trottete zur Bank zurück. Weshalb hatte er das getan? Wieder verfiel er in Apathie. Das Hupen der Autos, die Ausrufe der Marktfrauen klangen wie aus weiter Ferne. Ein Pärchen ging vorüber; das Mädchen sah Pierre an und flüsterte ihrem Freund etwas zu. Ein alter Dackel kam an, beschnupperte Pierres Schuhe, ließ den Schwanz hängen und lief weiter. Sogar der Hund hatte gespürt, daß Pierre unglücklich war.

Zu Hause empfing ihn Agnès mit einer neuen Hiobsbotschaft. „Vater ist gekommen", flüsterte sie ihm zu.

Wie hätten sie sich zu anderer Zeit darüber gefreut!

Agnès' Vater, der in einem kleinen Städtchen im Südwesten

Frankreichs lebte, hatte die Tochter schon lange besuchen und den Enkel sehen wollen. Von Zeit zu Zeit schrieb er kurze Briefe in großer kindlicher Handschrift.

Agnès hatte Pierre oft von ihrem Vater erzählt. Legendre war Mechaniker. Vor dem Krieg hatte er wegen antimilitaristischer Propaganda zehn Monate im Gefängnis gesessen. Vor etwa fünf Jahren begann er zu kränkeln; er gab die Arbeit in der Fabrik auf und zog nach Dax, wo sein jüngerer Bruder eine kleine Autoschlosserei besaß. Er half Wagen reparieren und widmete sich in seiner Freizeit der Gartenarbeit. Er war vierundsechzig. Pierre hatte ihn sich immer hochgewachsen und mit grauer Mähne vorgestellt. Nun stand vor ihm ein verhutzeltes, altes Männchen mit Flaum auf dem Kopf wie bei einem Neugeborenen.

Pierre begriff sofort, weshalb Agnès so erschrocken geflüstert hatte: „Vater ..." Der alte Mann glaubte, seine Tochter als Frau eines Ingenieurs lebe im Wohlstand und Doudou müsse nichts entbehren. Gerade jetzt mußte er kommen! Wenn sie ihm die Wahrheit sagten, würde der alte Mann traurig sein. Was aber sollten sie ihm zu essen vorsetzen?

Der Schwiegervater betrachtete Pierre neugierig und sagte: „Schöne feste Schuhe haben Sie." Pierre dachte an den Dackel, an die Zeitung, die Pommes frites. Legendre sah sich in der Wohnung um, ging in die Küche, meinte anerkennend: „Alles in Schuß." Er erkundigte sich nach Pierres Arbeit, lauschte interessiert dem Bericht über die neuen Motoren. Dann sprachen sie über Politik. Legendre seufzte. „Ich bin zurückgeblieben in diesem Krähwinkel. Mein Bruder hat wenig Bewußtsein, er hält den ‚Matin'." Legendre wußte nicht, worum es im Münchner Abkommen ging, und wurde erst lebhaft, als Pierre die Spanier erwähnte. „Sie werden siegen!" rief er. „Sie müssen siegen!" Sie kamen auf die Vergangenheit zu sprechen. Legendres Gesicht leuchtete auf. Er erinnerte sich an die Streiks, an die Demonstrationen. „Im Jahre sechs sind wir mit Fahnen auf die Straße gegangen." Er war stolz, Jaurès gekannt zu haben, und erzählte: „Wenn er auf Versammlungen sprach, strengte er sich so an, daß er immer den Kragen abnehmen mußte – damals trug man solche abknöpfbaren. Und eine Stimme hatte er!"

Pierre verstummte. Neben diesem fröhlichen Alten empfand er seine Ohnmacht besonders schmerzlich. Legendre deutete Pierres

Schweigen auf seine Weise: Vielleicht habe ich was Unpassendes gesagt? Ob er einer von uns ist? Pierres Benehmen schüchterte ihn ein. Schließlich war er Ingenieur! Agnès lebte jetzt in einer anderen Welt. Sie hatte keinen Arbeiter genommen . . . Er wurde verlegen. „Ich will euch nicht stören. Ich werde zu meinem Freund Douhet gehen."

Agnès und Pierre wechselten einen Blick. Sie mußten ihn zurückhalten. Doch es war Mittagszeit, was sollten sie ihm vorsetzen? Die Suppe für Doudou? Oder sollten sie sagen, sie seien irgendwo eingeladen? Der Alte wäre gekränkt. „Bleib doch", bat Agnès. „Erzähl mal, wie es in Dax aussieht." Legendre begann zu erzählen. Im Sommer seien viele Touristen gekommen, der Bruder habe gut verdient. Aber jetzt sei Flaute. Man fürchte, es werde Krieg geben, baue nicht, kaufe wenig Autos, aus Angst, sie könnten requiriert werden. Besonders schlecht sähe es mit Lastwagen aus. Die Arbeitslosigkeit nehme zu. „Gibt es in Paris viele Arbeitslose?"

„Ja. In allen Branchen. Ich habe heute gesehen, wie sie zum Schneeräumen kamen. Ein Setzer war darunter, ein Konditor, sogar ein Maler. Zwei Stunden haben wir da herumgestanden . . ."

Pierre merkte, daß er sich verraten hatte. Der Alte würde es nicht begreifen, aber Agnès . . . Er hatte ihr doch gesagt, er habe eine Stelle als Ingenieur gefunden. Und Agnès sah ihn so entsetzt an, als wäre ihr das ganze Elend der Armut erst jetzt so richtig bewußt geworden. Legendre wurde unruhig. Er hatte plötzlich alles verstanden: Agnès' Verlegenheit, Pierres unausgesprochene Gedanken und die leeren Schränke in der Küche. „Ich gehe mal kurz hinunter an die Ecke, ich muß Douhet anrufen."

Nach einer Viertelstunde kam er mit Einkäufen zurück: ein Liter Wein, Sardinen, eine Pastete, Käse, Kaffee; sogar an Zukker hatte er gedacht. „Bist mir schon eine Tochter!" brummte er. Er stellte keine Fragen. Beim Essen erzählte ihm Pierre vom Streik, vom Gas, von dem Gespräch mit Dessère, von der schwarzen Liste. Legendre strahlte und dachte: Er gehört also doch zu uns. Aber die Not? Na ja, sie sind jung, sie werden es schon schaffen.

Und Legendre stieß mit Pierre an: „Auf den Sieg!"

Für ihn war alles klar: Die Spanier würden die Faschisten bald kurz und klein schlagen, und überall würden sich die Arbeiter erheben – Streiks, Barrikaden.

Das Essen und der Wein machten Pierre schläfrig; ihm war warm und wohl. Aber warum wollte die traurige Stimmung nicht vergehen? Das also war die alte Generation! Auch sie hatten doch Niederlagen und Enttäuschungen erlebt. Weshalb besaß Pierre nicht den Glauben, die Gewißheit und die Fröhlichkeit dieses alten Mannes?

Sie brachten Doudou zu Bett. Er sträubte sich, wollte nicht schlafen, schlief aber natürlich sofort ein. Legendre sah ihn an und flüsterte: „Er wird in Frieden leben können, ihr werdet sehen. Anders als wir. Wir haben doch den Krieg mitgemacht. Ich war in der Champagne. Wieviel Leid! Aber jetzt wird es keinen Krieg geben, die Arbeiter sind klüger geworden. Auch die Deutschen werden nicht losmarschieren, sie haben auch Arbeiter. Werden die das etwa zulassen? ..."

Er war gewohnt, früh schlafen zu gehen und um fünf Uhr aufzustehen. Seine Augen wurden starr und gläsern. Er kämpfte eine Weile mit dem Schlaf, dann nickte er, an Doudous Bettchen sitzend, ein; auch sein Gesicht wirkte kindlich.

23

Noch nie schien die Zeit so langsam vergangen zu sein wie in diesem Winter. Paris war still und rätselhaft. Die bläuliche Dezemberdämmerung verhüllte mitleidig die Denkmäler einstigen Ruhmes. Noch sorgten bunte Hampelmänner und kandierte Kastanien in den Schaufenstern für die Illusion eines friedlichen Weihnachten; noch bummelten einsame Hallodris durch die Straßen und folgten den Spuren einer Muse oder einer zutraulichen Modistin; aber die Apathie der Stadt war wie ein Trauma.

Die Minister unterzeichneten allmorgendlich Verfügungen über die Entlassung aufsässiger Telegrafisten und Heizer. Unternehmer setzten Arbeiter vor die Tür. Der Hunger plagte Hunderttausende von Arbeitslosen. Daladier sprach von nationaler Verteidigung, aber die Maschinen der Rüstungswerke standen still.

Joliot überreichte der Gattin Chamberlains von Geldern, die

gerührte Leser gespendet hatten, eine goldene Toilettengarnitur; großtuerisch flüsterte der Dickwanst: „Feinstes Gold!"

Aber als Chamberlain in Paris eintraf, stimmten die Arbeiter, die sich vor dem Bahnhof versammelt hatten, ein Pfeifkonzert an. Das war das letzte Aufbegehren des Volkes. Dann trat Stille ein. Die Gerichte waren pausenlos tätig. Mechaniker, Schleifer, Gießer klebten in den Gefängnissen Bonbontüten.

Legreux wurde aus dem Krankenhaus vor Gericht geholt. Zwei Gendarmen stützten ihn. „Ich klage Daladier an ...", begann er. Der Vorsitzende befahl gleichgültig: „Abführen!", und fünf Minuten später verkündete er mit näselnder Stimme: „Laut Gesetz vom zwölften Juli ... Legreux, Jacques ... Arbeitslager ..."

In einer Versammlung der radikalen Fraktion forderten Fougers Freunde den Rücktritt der Regierung. Tessat antwortete mit kokettem Lächeln: „Rücktritt der Regierung – das hieße Krieg mit unserem mächtigen Nachbarn." Er studierte einen ganzen Abend lang den Atlas und sagte dann beim Mittagessen mit einem Abgeordneten in dem feierlichen Moment „zwischen Käse und Birne": „Passen Sie auf, die Deutschen werden nach Osten marschieren! Dort gibt es Erdöl, mein Lieber. Wissen Sie denn, was Erdöl ist? Es ist das Blut des Jahrhunderts."

Von Ribbentrop kam nach Paris. Die Polizei hatte vorsichtshalber die Straßen von Passanten räumen lassen, und dem Gast bot sich ein phantastischer Anblick: die rote Wintersonne über der menschenleeren Place de la Concorde. Er sagte höflich: „Paris hat mir diesmal ganz besonders gut gefallen."

Die italienischen Divisionen rückten auf Barcelona vor. Die Abgeordneten hielten eine Beratung ab und beschlossen, den Senator Bérard zu General Franco zu schicken. Tessat begrüßte den Beschluß mit den Worten: „Es ist an der Zeit, die Mißverständnisse beizulegen!"

Viard sprach auf einer Massenkundgebung. Er beklagte das Schicksal der tschechischen Frauen und der katalonischen Kinder, sagte, daß die Regierung zu Unrecht gegen die Arbeiterklasse vorgegangen sei, und rief dann pathetisch aus: „Unsere Republik ist das letzte Bollwerk der Freiheit im versklavten Europa!" Schwacher Applaus ertönte. Da erhob sich in der ersten Reihe der alte Duchêne, Wächter im Seine-Werk, und rief: „Wer ist denn bereit, für dieses Bollwerk zu sterben? Höchstens die Heiligen und die Schlampen. Aber die Heiligen sind im Himmel, und die Schlampen sterben nicht aus."

Als Tessat von dem Zwischenruf Duchênes hörte, meinte er lachend: „Sagen Sie, was Sie wollen, die Franzosen sind doch ein geistreiches Volk. Ducamps Geunke erschreckt mich nicht – wir sind keine Tschechen ..."

Doch oft überkam ihn Schwermut, und er dachte: Warum habe ich mir das nur aufgehalst? Die Kommunisten schrien: „An die Wand mit Tessat!" Ducamp hatte die Geschichte mit Grandels Brief wieder aufgerührt: „Ein deutscher Spion im Parlament!" Sogar die Parlamentsausschüsse murrten; sie forderten die Einstellung der Repressalien. Als Mitglied des Arbeitsausschusses erschien Viard bei Tessat.

„Ich habe dich kürzlich auf einer Arbeiterkundgebung verteidigt. Man ist mir ins Wort gefallen, hätte mich am liebsten gelyncht ... Du hast den Bogen überspannt. Die Regierung ist ausgesprochen unpopulär."

Tessat zuckte die Achseln. „Wer ist schon populär? Du? Flandin? Breteuil? Das ist alles Unsinn! Ich will dir sagen, wer bei uns populär ist: Hitler! Ich bedaure, daß ich deinen Platz eingenommen habe. Es lebt sich heute bedeutend ruhiger in der Opposition. Ihr sagt: ‚Die Repressalien einstellen'. Wie gern täte ich das ... Bin ich denn ein Unmensch? Aber erst müssen die Kommunisten ihre Propagandakampagne einstellen. Wir retten den Frieden, und sie sabotieren alles. Lieber zehntausend ins Gefängnis stecken als Millionen auf die Schlachtbank schicken. Die Kommunisten wollen einen Präventivkrieg, ich aber, ha-ha!, ich bin für Präventivhaft."

Viard nahm seinen Kneifer ab, putzte mit dem Taschentuch die Gläser und fragte, Tessat mit seinen gütigen, kurzsichtigen Augen anblickend: „Glaubst du wirklich noch an den Frieden?"

„Was soll ich dir antworten? Es besteht die Chance, daß die Deutschen sich nach Osten wenden. Dann wären wir für zwei Jahrzehnte gerettet. Man kann sich aber auch verrechnen ... Ich liebe das Spiel, aber wir sind jetzt nicht Spieler, sondern Karten, die gemischt und ausgeteilt werden ... Scheußlich! Ich beneide die Arbeitslosen: Sie schlafen unter Brücken und machen sich keine Gedanken. Das ist doch kein Leben, was wir führen,

Auguste, wir haben keine Zeit zur Besinnung. Als Amélie starb ..."

Seine Stimme zitterte. Er dachte an die zwei Kerzen, die Lilien. Viard wurde rührselig. Er mochte Tessat nicht, hielt ihn für einen gerissenen Geschäftemacher. Jetzt aber sah er in ihm eine verwandte Seele. Sie waren mit den gleichen Büchern aufgewachsen, liebten dieselben Bilder. Und vergebens hatten sie sich zugrunde gerichtet, ihr inneres Feuer vergeudet: Debatten, Abstimmungen, banales Parlamentsgewäsch ... Er drückte Tessat fest die Hand. „Ich verstehe dich ... Auch ich bin sehr einsam."

Sie dachten nicht mehr an das Votum des Ausschusses, an das Schicksal Frankreichs. Zwei alte Männer überließen sich ihrem Kummer. Viard klagte: „Früher gab es Klöster, man schloß sich ein, las, dachte über das Wesen des Universums nach, züchtete Blumen ... Heute dagegen hat man keinen Zufluchtsort."

Aber Tessat hatte sich schon wieder gefangen. Wozu die finsteren Gedanken? „Sag das nicht!" entgegnete er aufgeräumt. „Ich war vorgestern in den ‚Folies-Bergère'. Die Girls sind immerhin eine wunderbare Erfindung. Natürlich darf man keine choreographischen Maßstäbe anlegen. Das ist nicht die Pawlowa ... Aber wenn ich die da so herumhüpfen sehe, lebe ich wieder auf, Ehrenwort!"

24

Tessat setzte jetzt auf die Rechten. Er bemühte sich um die Gunst des finsteren Breteuil. Der aber wurde von Tag zu Tag anspruchsvoller und forderte den Rücktritt Mandels. Breteuil verkündete auf einem Bankett des Sportklubs: „Der Jude Mandel ist immer noch Minister! Er will uns mit Deutschland verfeinden." Tessat beeilte sich, Mandel sein Mitgefühl zu bekunden: „Was wollen Sie, Breteuil ist ein Fanatiker, er hat eine östliche Mentalität, er stammt ja nicht umsonst aus Lothringen. Wir dagegen sind Cartesianer, uns ist so etwas fremd ..." Zu Breteuil aber sagte er: „Ja, ja, in Ihrer Bemerkung über Mandel liegt viel Wahrheit – Israel wird immer ein Fremdkörper bleiben."

Der Schatten Grandels raubte Tessat die Ruhe. Grandel war

überall, lächelte charmant, wisperte: „Mein lieber Freund", und Tessat fragte sich: Will er etwa auch mich einwickeln? Grandel wurde der Liebling der Pariser Salons. Er hielt vor dem eleganten Auditorium des „Ambassadeur" einen Vortrag über das Thema: „Die germanisch-lateinische Welt im Kampf gegen den Bolschewismus". Wochenschaureporter filmten ihn. Im Vorübergehen warf er lächelnd hin: „Die Ukraine ist eines Studiums wert. Ich habe gestern die Biographie Mazeppas gelesen; interessant und lehrreich!" Tessat wußte nicht, wer Mazeppa war, aber jedes Wort Grandels erregte sein Mißtrauen. Manchmal dachte er an Kielmanns Brief, meist aber dies: Grandel will Minister werden. Man muß mit ihm vorsichtig umgehen.

Breteuil unterstützte Grandel nach wie vor; niemand ahnte etwas von ihrem Zerwürfnis. Fougers Anschuldigungen wurden jetzt von Ducamp aufgegriffen; er warnte überall: „Hütet euch vor Grandel!" Fragte man ihn, ob er denn Beweise habe, antwortete er: „Nein! Aber mein Gefühl sagt es mir ..." Ducamp grüßte Breteuil nicht mehr und trat aus der Fraktion aus. Die Rechten diffamierten ihn, nannten ihn einen „Verrückten", einen „Revanchisten", einen „Nationalbolschewisten". Aber auf Grund seiner persönlichen Makellosigkeit genoß er den Ruf eines ehrlichen Patrioten, und dieser Ruf war schwer zu erschüttern. Viele Freunde Breteuils verkehrten weiterhin mit Ducamp; in der einst so disziplinierten Partei kam es zu Unstimmigkeiten.

General Picard, über Ducamps Äußerung bestürzt, suchte Breteuil auf. „Vor Ihnen habe ich keine Geheimnisse, aber da kommt Grandel zu mir und stellt Fragen, die unsere Rüstung betreffen ... Kann ich ihm denn trauen?"

„Grandel arbeitet mit mir zusammen."

„Ja, aber Sie wissen doch, was über ihn geredet wird ... Wir haben jetzt nicht das Jahr sechsunddreißig, an der Spitze Frankreichs steht nicht Blum. Wenn ein Krieg ausbricht, wird man uns zur Verantwortung ziehen."

Breteuil zupfte nervös am Tischtuch. „Es ist ein kompliziertes Spiel, und ein gefährliches, zugegeben. Allein können wir nicht siegen. Geben wir nach, haben wir gleich wieder eine Volksfront. Wenn ich könnte, wie ich wollte, würde ich mir natürlich andere Bundesgenossen wählen. Schließlich bin ich Lothringer ... Aber ich habe keine Wahl. Die Engländer sind wie Götter auf dem

Olymp. Wir sind für sie nur Spielmarken; sie werden mit unserem Tunis oder Indochina zahlen. Und außerdem, es läßt sich leicht von einem Dreierpakt reden, wenn im Parlament nur ein Kommunist sitzt, ja, ja, nur ein einziger! Und wie ist es bei uns? Ich vertrete den nationalen Standpunkt. Die Deutschen wollen uns ausnutzen, das ist klar. Aber Frankreich ist ein Ganzes, es läßt sich nicht zerstückeln, die Infektion ist noch nicht bis ins Innerste vorgedrungen. Es wird also so sein, daß wir die Deutschen ausnutzen und nicht umgekehrt. Verstehen Sie mich? Die drohende Kriegsgefahr ermöglicht es, uns von den Kommunisten zu befreien. Siegen wird, wer dem Volke Frieden verspricht. Und Hitler wird keinen Krieg riskieren. Unsere Armee ist schließlich auch etwas wert. Aber das wissen Sie ja besser als ich."

„Ich weiß überhaupt nichts mehr. Ich fürchte, unsere Armee wäre einem Ansturm nicht gewachsen. Dabei geht es weniger um die Ausrüstung, obwohl wir auch hierin zurückgeblieben sind. Ich habe unseren Attaché gesprochen, der in Spanien war. Er hat eine sehr hohe Meinung von der deutschen Luftwaffe. Aber ich wiederhole, nicht darum geht es. Der Kampfgeist ist gebrochen ... Die Offiziere wollen nicht kämpfen. Und an dieser Einstellung wird sich wohl kaum etwas ändern, selbst wenn die Verhältnisse es erfordern. Sie haben also die Absicht, bis zu einem gewissen Punkt zurückzuweichen. Aber ich weiß nicht, ob wir uns an dieser Grenze halten können. Die Armee ist etwas Lebendiges, ein Organismus ..."

Picard war erregt: Die Armee – das war sein Leben. Breteuil aber beruhigte sich wieder, nachdem er seinen Plan dargelegt hatte. Er hatte alles gesagt; verschwiegen hatte er lediglich die Verbindung Grandels mit Kielmann; aber das war nur ein Detail, eine technische Frage ... Natürlich war es ein gefährliches Spiel. Wie oft waren ihm schon Bedenken gekommen! Doch der Glaube an Gott, an die Vorsehung gab ihm Kraft. Er dachte an das lothringische Hirtenmädchen, das der Allmächtige berufen hatte, Frankreich zu retten. Nein, Frankreich würde nicht untergehen.

Bald nach diesem Gespräch forderte Breteuil von Tessat ein Dementi. „Die Gerüchte, die Grandel verleumden, werden von Ducamp verbreitet. Er ist unzurechnungsfähig. Aber jedesmal fällt dein Name. Es geht immer noch um die bewußte Fälschung ... Du mußt dem einen Riegel vorschieben."

Tessat sträubte sich. „Ich behaupte nichts, aber ich habe auch nicht die Absicht, etwas zu dementieren. Was geht mich das an? Außerdem hege ich keinerlei Sympathie für Grandel. Offen gesagt – ich persönlich traue ihm nicht über den Weg."

„Glaubst du denn, mir gefällt er? Er ist ein Abenteurer, ein Schürzenjäger und dazu noch geldgierig. Hätte ich eine Tochter, ihm würde ich sie nicht zur Frau geben. Aber hier geht es nicht um eine Frage des Geschmacks, sondern um Politik. Wer führt denn die Kampagne gegen Grandel? Fouger. Ducamp. Hinter ihnen aber stehen die Kommunisten. Sie wollen die Volksfront wiedererwecken. Wenn du die Gerüchte dementierst, werden wir ihre Pläne durchkreuzen."

„Alles schön und gut, aber ich bin keineswegs davon überzeugt, daß der Brief eine Fälschung ist. Unter uns gesagt, ich glaube, daß Grandel in eine schmutzige Geschichte verwickelt ist."

„Schon möglich ... Aber hast du Beweise?"

„Nein."

„Na, siehst du ... Abschießen können wir ihn nicht. Also müssen wir die Sache nicht vom moralischen, sondern vom politischen Standpunkt aus betrachten. Wenn du schweigst, werden sie dich fertigmachen. Hier, sieh dir an, was Ducamp sich jetzt wieder geleistet hat."

Breteuil zeigte Tessat einen Brief, den Ducamp an einige Abgeordnete geschickt hatte. Er forderte eine Untersuchung der Geldquellen Grandels und aller in den „Fall Kielmann" verwikkelten Abgeordneten, darunter auch Tessats.

Tessat mußte vor Empörung husten. „Mein Gott, so eine Niedertracht!"

Jetzt bereitete es Breteuil keine Schwierigkeit mehr, Tessats Unterschrift unter ein kurzes, aber energisches Dementi zu erlangen.

Am Abend bei Paulette war Tessat fix und fertig. „Breteuil hat mich in die Enge getrieben ... Dieser Erpresser! Natürlich haben wir noch einmal gesiegt. Der Budgetausschuß wollte uns stürzen, dort haben sich Fougers Freunde eingenistet. Aber ich habe denen eine Überraschung bereitet: die französisch-deutsche Deklaration. Sie wurden sofort still. Da siehst du, wie viele

Siege: München, das Scheitern des Streiks, die Mission Bérards, die Deklaration. Wie sagte man in der Antike: Noch so ein Sieg – und alles geht zum Teufel."

„Was geht zum Teufel?"

„Na was schon – Frankreich."

Paulette interessierte sich nicht für Politik, in der Zeitung las sie nur die Mordchronik und die Fortsetzungsromane; aber sie war im Frankreichkult erzogen worden: Jeanne d'Arc, Napoleon, Victor Hugo, Verdun. Entsetzt sah sie Tessat an, er aber lachte schallend.

„Warum lachst du denn?"

Er antwortete sanft: „Das ist doch besser als weinen. Ich bin müde, ich habe ein Recht auf Erholung. Aber sei nicht traurig, Kätzchen, ich habe ja nur Spaß gemacht. Frankreich kann nicht untergehen. Eher geht die Welt unter."

25

Um auf die Politik Daladiers und Tessats Einfluß zu nehmen, verzichtete die spanische Regierung auf die Unterstützung durch die Internationalen Brigaden. Das Bataillon „Pariser Kommune" lag untätig in einem winzigen katalonischen Dorf unweit der Grenze: nach Frankreich hinein ließ man die Kämpfer nicht. Die Bäuerinnen klopften am Flüßchen die Wäsche und ernteten blassen Wintersalat. Ein friedliches Leben, wie es schien. Doch plötzlich tauchten Flüchtlinge auf, wie Staubsäulen vor einem Gewitter.

Die Einwohner von Barcelona flüchteten: Marokkaner näherten sich der Stadt. Die Bauern verließen ihre Höfe. Einige trieben Maulesel und Ziegen vor sich her, andere schlachteten ihr Vieh ab. Auf den Fuhrwerken schaukelten Möbel und Hühnerkäfige. Die Frauen trugen Bündel. Dann setzten sich die Soldaten ab. Kisten mit Patronen lagen auf der Straße. Artilleristen zogen ihre Geschütze hinter sich her. Die faschistische Luftwaffe bombardierte die Straßen; in den Bombentrichtern versteckten sich Kinder, das gerettete Spielzeug fest an sich drückend.

Die Menschen hetzten den mattblauen Bergen entgegen, hinter denen Frankreich begann. Tessat aber erklärte den Journalisten:

„Wir können die Flüchtlinge nicht aufnehmen. Erpressung ist mir zuwider, aber die Herren Kommunisten wollen uns mit Mitleid erpressen.“ Und die Grenze wurde geschlossen.

Einzelne Kommandeure versuchten noch, Widerstand zu organisieren; sie ermunterten die Soldaten, brachten reuige Deserteure von der Grenze zurück. Zeitungen in Kleinstformat riefen zu Ruhe und Tapferkeit auf. Die Ministerien und der Generalstab führten ein Nomadenleben, kampierten jeden Tag in einem anderen Grenzdorf. In Schuppen und Speichern klapperten Underwood-Schreibmaschinen. Italienische Flugzeuge bombardierten Figueras, die letzte Stadt der Republik, zerstörten die alten Häuser, töteten Flüchtlinge. Und durch Schutt und Asche schleppten sich zu Tode erschöpfte Menschen.

Die letzte Sitzung der Cortes fand in einem unterirdischen Gewölbe statt. Die Abgeordneten waren voller Straßenstaub und unrasiert, hatten von schlaflosen Nächten gerötete Augen. Negrin hielt eine Rede. Er sprach über den heiligen Krieg des spanischen Volkes, über die Barbarei Hitlers und Mussolinis, über die Herzlosigkeit Frankreichs, das sich weigerte, Verwundete und Frauen aufzunehmen. Während er sprach, bedeckte er mehrmals das Gesicht mit den Händen. Ein alter Mann hatte die Treppe, die in das Kellergewölbe führte, mit einem Läufer ausgelegt. „Schließlich sind es doch die Cortes ...“ Ringsum aber brannten die zerbombten Dörfer.

Als der Geschützdonner das Dorf erreichte, in dem die Franzosen lagen, sagte Michaud: „Sie kommen! Und ob! Lebend sollen sie uns nicht kriegen! Antreten!“

Das Bataillon brach auf, half Heeresgut evakuieren, wehrte einen Panzerangriff ab. Für kurze Zeit lebten alle auf: Sie kämpften wieder! Der Geist von Madrid, Teruel und vom Ebro richtete die Menschen auf, wurde in diesen letzten Stunden zu einer Siegesvision. In der Nacht aber kam ein Auto mit durchschossener Karosserie angebraust, ein Adjutant, bleich, einen Arm verbunden, sprang heraus und rief: „Morgen müssen die letzten Truppen die Grenze passieren.“

Michaud schrie vor Zorn laut auf; für ihn hatte die Schlacht eben erst begonnen. Schweren Herzens zogen die Franzosen nach Norden.

Das Grenzgebiet glich einem Zigeunerlager. Seit zwei Wochen

kampierten dort Flüchtlinge und warteten auf die Öffnung der Grenze. Sie schlachteten die letzten Schafe, verbrannten Schränke, Archive, Lumpen, Kisten, Truhen mit Wäsche. Wozu hatten die Menschen ihre Habseligkeiten hierher geschleppt? Die Nacht war kalt, und die Frauen wärmten sich am Feuer. Esel schrien. Einsam schmetterte eine Trompete.

Militärsachverständige hatten zu Daladier gesagt, die Kämpfe könnten leicht auf französisches Territorium übergreifen, wenn die Spanier sich in unmittelbarer Grenznähe verteidigen müßten. Daraufhin befahl Daladier, die Grenze zu öffnen. Gendarmen und Soldaten, hauptsächlich Senegalesen, sondierten die Menschen, durchsuchten sie und nahmen ihnen nicht nur die Waffen ab, sondern auch das Vieh und oft sogar ihre persönlichen Wertsachen. In Perpignan betrieben die Gendarmen einen regen Handel mit „Beutegut", mit Revolvern, Schreibmaschinen, Uhren.

Das Bataillon „Pariser Kommune" machte durchaus nicht den Eindruck einer geschlagenen Truppe. Die Soldaten marschierten im Gleichschritt, trugen Gewehre und eine Fahne mit sich. Nur die Gesichter verrieten die Bitterkeit der Niederlage. So hatten sie sich die Heimkehr nicht vorgestellt. Sie kamen sich vor wie Vertriebene, und viele konnten nur mit Mühe die Tränen zurückhalten, als sie einen letzten Blick auf die von Bomben zerrissene spanische Erde warfen, auf der überall Waffen und Hausrat herumlagen. Die Senegalesen riegelten die Straße ab und schrien etwas. Die Franzosen verstanden es nicht.

Michaud gab ein Kommando: Das Bataillon „Pariser Kommune" salutierte vor seiner alten, verblichenen Fahne. Die danebenstehenden Soldaten eines französischen Linienregiments blickten verlegen. Die Senegalesen fletschten gutmütig ihre blendendweißen Zähne.

Ein Gendarm riß Michauds Freund, dem MG-Schützen Jules, den Verband herunter. „Vielleicht hast du da Gold versteckt?" Als er jedoch die frische Wunde sah, fluchte er. Die Franzosen wurden in ein Lager getrieben. „Euch werden wir uns später vorknöpfen! Ihr seid Deserteure." Mit ihnen wurden noch andere interniert: Spanier und Schweden, Engländer und Serben, Frauen mit Säuglingen, Professoren der Universität Barcelona, Dorfkinder, Dichter, Hirten, Schwerverwundete. Die Senegalesen schlugen mit den Gewehrkolben auf die Zurückbleibenden ein.

Wie Schafe in einer Hürde wurden die Menschen hinter Stacheldraht zusammengepfercht. Der kalte Nordwind trieb ihnen Sand ins Gesicht. In der Nacht begann es zu regnen. Nirgendwo ein Unterschlupf! Man hatte ihnen Brot versprochen, aber es gab keins. Das Meer bäumte sich auf – das Lager befand sich unmittelbar an der Küste. In der Ferne krachten vereinzelte Schüsse.

Aus Paris kam Tessats Freund, der Abgeordnete Piroux. Er wartete den ganzen Tag im Zollhaus auf die spanischen Faschisten. Als er durchs Fernglas die rotgelbe Fahne erblickte, strahlte er. Eine Viertelstunde später überreichte er dem spanischen General seine Visitenkarte: „Ich gratuliere Ihnen zu dem glänzenden Sieg." Der General lächelte herablassend.

Die Tage vergingen. Hunger plagte die Gefangenen. Das Wasser in den seichten Brunnen stank nach Urin. Touristen kamen angefahren und begafften die Spanier wie Raubtiere im Käfig. Allnächtlich wurden die Leichen der an Ruhr oder Grippe Verstorbenen hinausgeschleppt.

Früher war Perpignan eine fröhliche, gemütliche Stadt gewesen, wo man gern Mandelkonfekt aß, den kräftigen Wein „Rancio" trank, auf den Plätzen Militärmusik hörte und begeistert für die Volksfront stimmte. Jetzt wurde in Perpignan Jagd auf Menschen gemacht: Die Polizisten suchten nach Spaniern. Die Schulen wurden in Gefängnisse verwandelt. Vergebens kauften sich die Spanierinnen, die gewöhnlich barhäuptig gingen, von ihrem letzten Geld winzige Hüte, die in jenem Winter modern waren – ihre verweinten Augen verrieten sie doch.

Viele Franzosen versteckten Spanier auf dem Dachboden, im Weinkeller, in den Badeanstalten am Meer, in Hirtenhütten. Tausende selbstloser Menschen gingen nachts über die Gebirgspässe und schleusten die Flüchtlinge auf verborgenen Pfaden über die Grenze.

Ein trauriger Abend. Ein Gendarm hatte einem jungen Spanier ins Gesicht geschlagen; der hatte die Erniedrigung nicht ertragen und sich aufgehängt. Alle waren deprimiert.

Die Ration war abermals gekürzt worden – fünfzig Gramm Brot ... Michaud gab seinen Teil dem Spanier Fernandez, einem Zeichenlehrer, der bis zur Niederlage ein Pionierbataillon befehligt hatte.

„Eine Schande!" sagte Michaud. „Du bist dafür wenigstens nicht verantwortlich. Aber ich bin immerhin Franzose."

Fernandez antwortete naiv: „Ich war noch nie im Ausland. Es ist das erste Mal."

„Es tut mir leid, daß du keine anderen Menschen, keine Genossen kennenlernst. Glaub mir, es gibt auch andere Franzosen. Aber wo sind sie? Und wie viele sind es? Früher war Frankreich anders. Unser Bataillon hieß ‚Pariser Kommune'. Ein schöner Name! Die werden ihre Divisionen kaum nach München benennen ... Weißt du, was unser Unglück ist? Den Menschen bei uns geht es zu gut. An den letzten Krieg denken sie kaum noch. Sie sagen sich: Es war ein Unglück, das sich nicht wiederholen wird, wir sind klug geworden. Als ob Klugheit vor Unglück bewahren könnte! Aber es geht ihnen zu gut: gutes Essen, hübsche Mädchen, Meer, Berge, überall Gärtchen, Cafés, gemäßigtes Klima, nicht zu heiß, nicht zu kalt. Sie brauchten keine Angst mehr vor dem Elend zu haben und begannen es zu verachten. Vor zwanzig Jahren haben sie die Russen verachtet; ich war damals noch ein Kind, aber ich entsinne mich, wie gespottet wurde: ‚Wollen die ganze Welt umkrempeln und haben nichts auf dem Leib und nichts zu beißen!' Jetzt verachten sie die Spanier: ‚Reden von Würde, wollen nicht auf den Knien leben und müssen bei uns um Asyl bitten.' Eine niederträchtige Philosophie! Und sie sehen nicht die Gefahr, wissen natürliche Gefühle wie Freundschaft und Treue nicht zu schätzen ... Anscheinend kann nur Leid, großes menschliches Leid Frankreich retten."

Über ihnen leuchteten Tausende Sterne. Das Meer rauschte drohend – die Zeit der Märzstürme brach an.

26

Joliot betrachtete ein Foto und schmunzelte: Eine junge Schauspielerin mit Gasmaske! Das tiefe Dekolleté ließ ihre weiblichen Reize erkennen, aber das Gesicht mit der Maske glich einem Schweinerüssel, und Joliot sagte zu seinem Sekretär: „Der Star Grunz-Grunz ... Bringen Sie es in dieser Nummer. Übrigens ist heute Fastnacht."

Früher war Fastnacht ein Feiertag gewesen. Joliot erinnerte

sich noch an die bunte Menge auf den Boulevards, an die weißen Kittel der Pierrots und die Trikots der Harlekine, an die Boleros, die Zöpfchen, die spitzenbesetzten Masken aus schwarzem Samt, an den Konfettiregen. Dann starb der Karneval aus, aber Maskeraden gab es noch. Gruppen Maskierter drangen in Cafés ein, Kinder liefen mit Masken, mit Pappnasen und angeklebten Bärten durch die Straßen. Und heute? Die Maske Grunz-Grunz ... Joliot seufzte schwer, er tat alles mit Pathos, und wenn sich jemand über ihn lustig machte, erwiderte er: „In Paris denken die Leute, in Marseille fühlen sie!"

Joliots Geschäfte florierten. Er erhielt beachtliche Summen aus den Geheimfonds der Regierung. Er überhäufte seine Frau mit Geschenken: ein Saphirhalsschmuck, eine Schatulle, die nach den Worten eines Experten einst Madame Récamier gehört hatte, ein Scotchterrier, der auf einer Ausstellung in London den ersten Preis erhalten hatte. Joliot fütterte eine ganze Horde von Schmarotzern durch: arbeitslose Journalisten, Marseiller Dichter, elegische Falschspieler, die sich aus unerfindlichem Grunde „Anarchisten" nannten. Niemand hätte es mehr gewagt, Joliot wegen Verleumdung zu belangen. Die Abgeordneten buhlten um seine Gunst. Er dinierte mit Botschaftern und sagte geringschätzig zu seinem Sekretär: „Kein Wort über Rumänien – die Ungarn sind sympathischer und weitherziger."

Trotz seines Erfolges war er gealtert, hatte an Glanz eingebüßt; auch die neue Krawattennadel – ein smaragdener Papagei mit einem Rubinauge – konnte darüber nicht hinwegtäuschen. Das undurchsichtige Spiel seiner Gönner hatte ihn zermürbt. Er mußte sich eingestehen, daß er selbst nicht begriff, was er schrieb.

Tessat verlangte von ihm: „Bringen Sie einen Artikel über die Schwäche der Roten Armee, stützen Sie sich auf die Äußerung des italienischen Attachés." Zwei Tage später forderte Tessat: „Betonen Sie, daß Rußlands militärische Ressourcen unerschöpflich sind!"

Heute morgen hatte Tessat ihn wieder zu sich bestellt. „Die internationale Lage spitzt sich zu, wir haben die Iden des März. Uns geht es vor allem darum, die Verbindungswege zu den Kolonien zu sichern. Mittel- und Osteuropa aber ist nicht unser Garten."

Joliot begann den Artikel: „Wie Marcel Déat sehr schön gesagt hat, wollen wir nicht für Danzig sterben ..." Wie weiter? Er kniff das rechte Auge zu und schrieb energisch: „Wir wollen nicht für Warschau, für Belgrad oder für Bukarest sterben." Erschöpft lehnte er sich zurück. Das Wichtigste war, es gut zu servieren. Das Wort „sterben" mußte fettgedruckt werden, und unter den Artikel kam das Foto Grunz-Grunz.

Joliot speiste mit Gésier, dem Redakteur von „La République". Der aß Plinsen in Maraschino und erklärte mit vollem Mund: „So ein Unsinn! Chamberlain soll den Italienern Tunis angeboten haben. Aber Bonnet schreit: ‚Geben wir ihnen lieber Malta!' Das reinste Bordell! Daladier hat mir gestern gesagt: ‚Kein Wort über kollektive Sicherheit!' Morgen bringen wir einen Leitartikel über die Vorherrschaft der Juden. Geschrieben hat ihn übrigens ein Jude. Ich sage dir – das reinste Bordell!"

Nachdem sie noch einen Armagnac getrunken hatten, trennten sie sich. Joliot ging langsam zu Fuß, er wollte frische Luft schöpfen. Dieser Gésier ist eine Kanaille und ein Dummkopf. Was hat Malta damit zu tun? Liegt Malta etwa in Afrika? Er ging durch die Avenue de Wagram zur Place de l'Étoile. Das Wetter war wechselhaft. Kaum kam die Sonne zum Vorschein, belebte sich alles, die Kastanien trieben Knospen, die Frauen sahen hübscher aus; doch dann fegte ein kalter Wind niedrige Wolken vor sich her, und winterlich trister Regen setzte ein. Auf der Place de l'Étoile blieb Joliot vor dem Grabmal des Unbekannten Soldaten stehen ... Der übliche Anblick – eine blasse Flamme, Kränze, Besucher aus der Provinz. Und über dem Grab der Triumphbogen. Dieser Ort erregte Joliot stets von neuem. Manchmal nahm er den Hut ab, manchmal pfiff er die „Marseillaise". Wie für die meisten seiner Altersgenossen war für Joliot die Kriegszeit die Zeit der Jugend und der seelischen Reinheit. Selbst an die Flüche des Sergeanten dachte er mit Rührung, an das Feldbett, auf dem er zwei Monate mit Typhus gelegen hatte, an die Übelkeit und den Schüttelfrost vor dem Angriff, wenn die Soldaten Kaffee mit Rum bekamen und gierig den heißen Blechkrug umklammerten. Er erinnerte sich an alle Kameraden: an den kleinen Dornier, den kurzsichtigen Deval und den Spaßvogel Clément, der arme Kerl war gefallen ...

Wer lag unter diesem Bogen begraben? Vielleicht Clément? Warum nicht! Ihm wurden Blumen gebracht, vor ihm salutierten

Generale, Botschafter, Tessat ... Armer Clément, er konnte so gut auf dem Kamm blasen, und er wollte ein Mädchen aus Marseille heiraten ...

Joliot dachte an die Worte: „Wir wollen nicht für Danzig sterben." Aber wofür war Clément gestorben? Früher hieß es: „Für Frankreich". Das Mädchen aus Marseille hatte wahrscheinlich einen anderen geheiratet. Vielleicht war sie auch schon tot – ein Vierteljahrhundert war seit damals vergangen.

In der Redaktion ging es wie immer hoch her; Joliot konnte das nur recht sein, er mochte nicht länger nachdenken. Vom Ministerium war ein Artikel eingetroffen: „Italien – das Bollwerk der lateinischen Kultur im Nahen Osten". Die Grunz-Grunz-Maske in der ersten Spalte. Die Zeitungsverkäufer unter dem Fenster riefen näselnd und gedehnt: „Fünfte Ausgabe ... Wir wollen nicht sterben."

Nach Dienstschluß besuchte Joliot ein Kabarett, in das er seit langem eingeladen war. Ein junger, stark geschminkter Chansonnier sang:

„Wir wollen das Heute genießen,
Die Zukunft soll uns nicht verdrießen!"

Das Publikum stimmte in den Refrain ein: „... soll uns nicht verdrießen!"

Dann betrat ein anderer Akteur – der heutigen Fastnacht entsprechend maskiert – die Bühne: er trug eine weiße Maske mit spitzem Schnabel und schwarzen Löchern anstelle der Augen.

Jemand im Saal sagte: „Das ist der Tod."

„Quatsch, das ist Tessat. Sieh doch die Nase!"

Joliot ödete das alberne Programm an, er fuhr nach Hause. Seine Frau saß im Eßzimmer und las Zeitung. Sie hatte sich nie um die dienstlichen Angelegenheiten Joliots gekümmert, sie war mit ihren eigenen Problemen beschäftigt: Schneider, Schlußverkauf, Mode. In letzter Zeit aber dachte sie oft bestürzt: Mein Gott, was schreiben die da bloß? Und so erlaubte sie sich die Bemerkung: „Ich verstehe das alles nicht."

Joliot winkte ab. „Denkst du denn, ich verstehe das? Sie spielen ein großes Spiel. Aber vielleicht tun sie auch nur so. Früher dachte ich begeistert: Die sind mit allen Wassern gewaschen! Aber jetzt kenne ich mich nicht mehr aus ... Vielleicht haben sie einfach vor Angst den Kopf verloren." Seine Frau ließ keinen Blick von ihm. Flüsternd fragte sie: „Sag mal ... du nimmst doch nicht etwa Geld von den Deutschen? Ich habe Angst ... Dafür kann man doch erschossen werden."

„Du bist wohl verrückt geworden!" brüllte Joliot. „Wie kannst du so etwas denken? Wer mich bezahlt? Unsere Leute, Franzosen, die Regierung."

Und plötzlich murmelte er zur Verblüffung seiner Frau, die den Zusammenhang nicht verstand: „Für Paris zu sterben ... armer Clément!"

27

„Wie geht es Ihnen?"

„Danke. Und Ihnen?"

Ohne die Antwort abzuwarten, ging Dessère weiter. Und plötzlich dachte er: Wenn nun jeder ernsthaft darauf antwortete? Endlose Beichten, Nöte und Ängste. Aber es war nur eine Floskel, nichtssagend wie die Reden Tessats, wie die Gebete in der Kirche, wie die Schwüre Verliebter. Wahrscheinlich lag darin die einzige Rettung; wollte man alles enthüllen, hielte man es nicht einen Tag aus.

Niemand ahnte, daß es mit Dessère bergab ging. Seine Geschäfte florierten. Chicago und Liverpool warteten nach wie vor auf seine Befehle. Die Meinungsverschiedenheit mit Daladier, sein Auftreten vor dem Streik blieben zufällige Episoden. Montigny meinte, Dessère wolle nur originell erscheinen. Tessat wiegte den Kopf: So ein Schlauberger! Der steckt uns alle in die Tasche. Der hat einen diabolischen Blick.

Aber Dessère sah gar nichts. Er setzte das Spiel fort, ohne zu merken, daß er gar keinen Gegenspieler mehr hatte. Die Ereignisse waren nicht mehr zu steuern. Nachts las er die Geschichte vom langsamen Untergang des byzantinischen Reiches, er las und lachte; alle, ausnahmslos alle, wußten, was auf sie zukam, aber niemand konnte die Katastrophe abwenden.

Natürlich war München der einzige Ausweg gewesen. Natürlich mußte man sich um jeden Preis verständigen. Aber wie? Und mit wem? Mit einem Orkan? Märchen, nichts als Märchen!

Bis zu seinem fünfzigsten Lebensjahr war Dessère nie krank

gewesen; er hatte viel getrunken, pausenlos geraucht, wenig geschlafen. Jetzt wirkte sich das alles aus. Er wurde hypochondrisch, lauschte aufmerksam den Weisungen der Ärzte, befolgte sie aber nicht, sondern führte wie ehedem ein unstetes und aufreibendes Leben. Er trank jetzt sogar noch mehr als vorher. Er hatte Angst vor dem Tod. Nachts fuhr er in einem Rennwagen einige hundert Kilometer weit aus Paris hinaus, hielt vor einem kleinen Café, trank mit Eisenbahnern Weißwein und sagte: „So ein Wetterchen!"

Nur das Gesetz der Trägheit, das seine Gedanken, seine seelischen Reaktionen und seine Handlungen lenkte, hielt ihn wie viele andere aufrecht. Er befaßte sich weiter mit Finanzspekulationen, gründete zwei neue Werke, war an den Verhandlungen mit Rom beteiligt. Er tat das alles ohne Leidenschaft, dennoch gab die Arbeit ihm Auftrieb: War das Spielerleidenschaft oder nur Theater? Auf jeden Fall half es ihm, den Untergang von Byzanz, die Angina pectoris, die Einsamkeit zu vergessen.

Auch zu Jeannette ging Dessère in der Hoffnung, Vergessen zu finden. Er wollte sich nicht eingestehen, daß er diese eigenartige und ihm fremde Frau liebgewonnen hatte. Aber nach den mit ihr verbrachten Abenden fühlte er sich noch verwaister, und auf dem Heimweg dachte er: Das ist alles nicht das Richtige. Was er jedoch wollte, wußte er selber nicht.

Sie trafen sich oft, besuchten kleine Cafés außerhalb der Stadt, manchmal raste er mit ihr über die nassen, öden Straßen mit hundertvierzig Stundenkilometern und steckte sie mit seiner Unruhe an; dann fuhr er sie nach Hause und küßte ihr beim Abschied förmlich die Hand. Er war froh, wenn ein unangenehmes Telegramm ihn erwartete oder ein Berg dringender Arbeiten ihn an den Schreibtisch fesselte – dann konnte er nicht an Jeannette denken. Denn auch Gefühle waren, wie er feststellen mußte, etwas Elementares, gegen das sich mit Kalkulation oder Berechnung nicht ankämpfen ließ.

Dessère holte Jeannette vom Studio ab. Er hatte sie noch nie bei der Arbeit erlebt; er hielt das für aufdringlich, sie fragte ihn ja auch nicht nach den Börsenkursen! Man bat ihn zu warten, führte ihn in einen leeren Raum mit schweren roten Vorhängen. Er hörte Jeannettes Stimme. Sie deklamierte Verse; er meinte diese Verse aus einem Schulbuch zu kennen.

„Selbst der Tod wird sich beugen vor dir.
Muß die Liebe von dieser Welt scheiden,
Sch un wir selig das Schiff des Vergessens,
Die Gefilde elysischer Freuden."

Er hörte nicht weiter zu. Traurigkeit umfing ihn wie dichter Nebel. Dann kam Jeannette.

„Sie haben wunderbar rezitiert."

Sie lächelte. „Das war Reklame für Wimperntusche."

Sie traten auf die Straße. Es nieselte.

„Wird es Krieg geben?" fragte Jeannette. Sie dachte an die Gespräche im Studio. Dessère wußte sicher Bescheid.

„Ich bin kein Orakel", antwortete er.

Neben ihnen ging eine Frau in einem altmodischen, zerschlissenen Cape; sie schleppte eine Menge Kartons und Tüten und führte Selbstgespräche: „Ich stieß ihm den Finger in die Gurgel ... So eine Überraschung!" Dessère flüsterte: „Eine Verrückte." Ihnen wurde unheimlich zumute; sie liefen zum Wagen. Dessère ließ den Motor nicht gleich an. Er saß da wie betäubt. Dann rasten sie los. Hinter der tränenden Windschutzscheibe blinkten grüne und rote Lichter auf. Die Scheinwerfer durchdrangen die Finsternis und entrissen der Nacht regennasse Bäume. Dessère fuhr Jeannette in sein Landhaus. Er fragte nicht, ob sie einverstanden sei. Er sagte gar nichts. Dann holte er eine Flasche Kognak. „Wärmen Sie sich auf. Sie haben wunderbar rezitiert. Sie müssen zur Bühne. Entsinnen Sie sich, sie sagten einmal, Ihr Regisseur habe kein Geld. Das ist eine Lappalie ..."

Sie schüttelte den Kopf. „Nein, ich kann jetzt nicht spielen. Wenn man auf der Bühne steht, muß man jedes Wort glauben, das man spricht, sonst glauben es einem auch die Zuschauer nicht. Dann ist es zwar still im Saal, aber die Stimme scheint sich im Raum zu verlieren. Sie verstehen nicht? Ich bin verloren. Früher habe ich geglaubt ... Damals lebte ich mit einem Schauspieler zusammen. Er schlief, ich lag neben ihm und memorierte die Monologe der Phädra."

Sie ging in den Garten. Es roch nach Erde und vermodertem Laub. Der Frühling kam hastig und ungestüm, und die trommelnden Regentropfen klangen wie erregte Schritte. Jeannette atmete gierig die frische Luft.

„Sie werden sich erkälten!" rief Dessère. Sie antwortete nicht. Für einige Minuten erlebte sie das große Glück, und wieder, wie damals in Fleurie, erlag sie einer Illusion. Sie kehrte ins Zimmer zurück; lächelnd sah sie Dessère mit ihren erstaunten Augen an. Er wurde verlegen. Sie aber sagte: „Nein, ich erkälte mich nicht... Ich bin verloren, Dessère, verloren..."

Sie küßte ihn traurig und hektisch und wußte selbst nicht, weshalb sie es tat.

Sie konnte auch später nicht begreifen, weshalb sie sich Dessère hingegeben hatte. Es würde ihr doch nur Kummer bringen. In jener Nacht aber deklamierte sie, dem Rauschen des Regens lauschend:

„Im Land, wo ewig Frühling waltet,
Wo keine Last das Herz bedrängt,
Wo die Natur, in Lust entfaltet,
Den Zweigen reiche Früchte schenkt,
Wo wir uns spielerisch ergehen,
Am Duft der Myrtenblüte laben –
Wir werden uns auch dort bekennen
Zum Schwur, den wir der Liebe gaben."

Plötzlich fragte er: „Warum bist du so traurig, Jeannette?"

„Das ist nicht Traurigkeit. Traurigkeit war es dort – in Fleurie, bei unserem Baum... Oder in den Versen. Dies ist Verzweiflung... Erinnern Sie sich an die Verrückte? Auch Sie sind verloren, Dessère. Das weiß ich jetzt."

Sie küßte ihn.

Am nächsten Morgen fuhren sie nach Paris zurück. Jeannette zermarterte sich. Was sollte das alles? Alle denken, Dessère sei allmächtig. In den Zeitungen wird er der „ungekrönte König" genannt. Dabei ist er bettelarm. Seine Seele ist leer. Und er kommt ausgerechnet zu ihr... Ist das nicht komisch, daß er bei ihr Rettung sucht? Seine jungenhafte Unbeholfenheit hat ihr Mitleid erregt. Auch er hat Mitleid mit ihr. Aber auf Mitleid läßt sich keine Liebe gründen. Verse? Reklame für Creme, für Staubsauger, fürs Vergessen. Eine Schauspielerin wird sie nicht werden, das kann sie sich aus dem Kopf schlagen. Auch heiraten wird sie ihn nicht. Als er ihr einen Antrag machte, hat sie gelacht. Eine „ungekrönte Königin" werden? Nein! Gut, daß er seine Geschäfte hat. So eilt er auch jetzt an seine Arbeit wie ein gewöhnlicher Arbeiter. Er wird sich hinsetzen und seine Millionen zählen ... Warum sieht er denn nicht, daß auch sie bettelarm ist? Man hat sie ausgeraubt. Sie hat Figer und Lucien etwas von ihrem Ich gegeben. Und nun ist sie leer und ausgebrannt. Gestern hat nicht sie gesprochen, sondern der Regen und Ronsard. Nur mit André ist sie anders gewesen, ganz natürlich, frei von Verstellung und Mitleid. André lebt wie sie – allem zum Trotz. Nein, das ist nicht das richtige Wort ... Er hat gesagt – wie eine wurzellose Pflanze, die übers Feld treibt. Nur treiben sie in verschiedene Richtungen. Wahrscheinlich gibt es viele solcher Menschen. Irgendwo hat sie den Satz gelesen „Von der Kunst vergiftet". Weshalb aber denkt sie immer nur an André? Sehr einfach, sie liebt ihn.

Zum erstenmal gestand sie sich das ein, und sofort sagte sie zu Dessère: „Ich liebe einen anderen. Aber das ändert nichts. Ich sehe ihn nicht und werde ihn auch niemals wiedersehen. Ich möchte nur, daß Sie das wissen."

Sie sprach nüchtern, fast offiziell. Er stoppte den Wagen und küßte ihr die Hand. „Sie haben mich gerührt. Tief gerührt. Schade, daß Sie nicht zur Bühne wollen. Aber auch das ist nicht wichtig."

Vor ihrem Hause verabredeten sie sich für den Abend. Alles war plötzlich klar, ja alltäglich: Sie hatten ein Verhältnis.

Dessère riß das Telegramm auf: deutsche Truppen in Prag. Er wurde plötzlich von einem Lachanfall geschüttelt, bis ihm der Atem ausging. Dann holte er eine Flasche aus dem Bücherschrank. Wozu jetzt noch auf die Ärzte hören? In einem Jahr würde ohnehin alles aussein. Und Jeannette ... Was denn, sie liebte ja einen anderen. Eine gütige Frau, aber unheimlich; sie hatte Augen wie jene Verrückte. Aber sie hatte recht – schaun wir selig das Schiff des Vergessens ...

28

„Ich habe dich dort so oft vor mir gesehen. Rote Berge, kein Baum, kein Strauch. Und die Luft wie aus Blei – so heiß. Und plötzlich warst du bei mir. Ich spürte, wie ich dich umarme. Ach,

Denise, warum kann man das nicht mit Worten wiedergeben? Ich meine die Liebe, verstehst du?"

Sie antwortete nicht, sondern küßte ihn nur noch leidenschaftlicher.

„Früher dachte ich, sterben sei schrecklich – alle sagen es. Nein, es ist ganz einfach und, wie soll ich sagen, irgendwie erhaben. So wie jetzt ... Alles, was danach kommt, ist unbegreiflich. Aber nicht schrecklich. Schrecklich ist etwas anderes – die Niederlage. Das ist schlimm, gräßlich. Man möchte mit keinem mehr reden ... Aber der Tod, das ist etwas Persönliches, etwas Intimes."

„Im Gefängnis lag ich nachts wach und hörte Schüsse. Ich wußte, daß sie dich nicht treffen. Das klingt albern, aber so war es. Sie konnten dich nicht töten. Ich war die ganze Zeit mit dir."

„Denise!"

„Ja?"

„Nichts."

An den Wänden Tapeten mit rotbraunen Astern. Sie blühten schon hundert Jahre und waren doch noch nicht verblüht. Warum hing dort das Bild eines bärtigen Marschalls? Und warum stand auf dem Kamin eine Sparbüchse – ein Zwerg mit roter Zipfelmütze? Ein zufälliges Zimmer, zufällige Dinge. Andere könnten hier ein Leben lang wohnen. Für sie aber war es nur ein Unterschlupf. Für eine Stunde? Für eine Woche? Einerlei! Die Astern würden sich hüten zu verblühen. Der Marschall war pikiert und zugleich neidisch; er biß sich auf seinen grauen Schnurrbart. Keine Ahnung, wen er einst besiegt hatte und warum. Der Zwerg war leer; in seinem Porzellanbauch steckte kein einziger Sou; gab man ihm einen Nasenstüber, nahm er es nicht krumm. Vielleicht würde sie sich im Gefängnis an diesen Zwerg erinnern? Dort waren die Wände weiß und eintönig; man betrachtete die Risse, und sie nahmen die Form eines Baumes, einer Wolke, eines Wikingergesichts an. Und Michaud würde im Schützengraben plötzlich eine rotbraune Aster sehen, würde die Hand ausstrecken, um sie zu pflücken. Und die Kugel ... Nein, die Kugel würde unbedingt vorbeifliegen.

„Michaud, bist du es wirklich?" Sie spürte seinen Atem an der Wange, wollte seine Stimme hören, strich mit den Händen über sein störrisches Haar, über die Stirn, suchte immer wieder nach einer Bestätigung ihres Beisammenseins.

Und dann tollten sie im Zimmer herum wie übermütige Kinder.

„Michaud, du bist verrückt! Was sollen die Leute unter uns denken? Und so willst du auf die Straße gehen? Sieh mal in den Spiegel."

Gehorsam blickte er in den Spiegel. „Na und?"

„Deine Augen! Siehst du nicht? Wie ein Verrückter!"

Er mußte gehen, die Sitzung begann um neun Uhr.

Er runzelte die Stirn, suchte nach Gedanken und Worten. „Die Partei ist erstarkt. Abgefallen sind nur die, die auf leichten Erfolg aus waren. Dafür haben wir viele neue Genossen. Ich verstehe, warum Viard über den Tod schreibt: die sind am Ende. Und über die Regierung lachen alle. Heute im Omnibus rief jemand: ‚Ein Verräter bist du, ein Daladier!' Wir werden sie zerschlagen. Und ob!"

„Michaud, bist du es wirklich? Sag, daß du es bist!"

„Luc Michaud, so wahr ich hier stehe. Weißt du, wo ich von deiner Verhaftung erfuhr? In Perpignan. Du warst schon wieder frei, aber das wußte ich nicht. Am liebsten hätte ich mich an irgendeinem Spitzel vergriffen. Ich war sehr stolz auf dich ... Großartige Menschen haben wir! Thorez meint, daß sie die Partei verbieten wollen: Tessats Linie. Aber wir sind für die illegale Arbeit gerüstet. Der Kern ist stark. Das wichtigste ist, die Verbindungen nicht abreißen zu lassen. Ich soll nach Saint-Étienne, um dort alles vorzubereiten."

„Wann fährst du?"

„Ich weiß noch nicht. Vielleicht morgen oder Sonnabend."

Er zog den Mantel an, setzte die Mütze auf und verwandelte sich in einen geschäftigen Städter. Nur seine Augen sprachen noch vom Glück. Denise verließ mit ihm zusammen das Haus. Sie gingen zur Metro. Menschengewühl. Lange, düstere Tunnel. Hastende Leute. Feuchte stickige Hitze. Züge donnerten vorüber. Auf den gekachelten Wänden waren riesige Gänse mit Damenhäubchen und Fezen zu sehen – „Feinste Gänseleberpastete ..."

Morgen mußten sie sich also wieder trennen. Jetzt konnten sie nicht reden – so viele Menschen ringsum. Weder über die Liebe noch über die Illegalität. Alles war ein Geheimnis. Denise war stolz auf Michauds Mut, auf ihre Liebe, stolz darauf, daß sie an bevorstehenden Kämpfen teilnehmen würde. Michaud konnte es trotzdem nicht aushalten und flüsterte: „Und ob!"

Und ob! Das sollte ihre Parole sein ... Sie verabschiedeten sich. Michaud fuhr weiter, wieder erlosch ein rotes Licht in der Finsternis. Sie aber lief treppab, treppauf und wieder treppab. Die unterirdischen Gänge waren unübersichtlich und verschlungen. Hast, Lärm, Gleichgültigkeit ... Denise dachte: Eine Trennung haben wir überstanden, aber wie viele liegen noch vor uns? Schrecklich, das Leben mit Warten zu verbringen! Später würde man sagen: Seid glücklich. Aber zu spät ... Nein, so durfte sie nicht denken. Sie waren jung. Sie mußten nur wollen, fest wollen, dann würde alles in Erfüllung gehen: Beisammensein, Revolution, Glück. Und Denise hatte einen starken Willen ... Sie blieb auf dem Bahnsteig inmitten von Menschen, Automaten und Reklameplakaten stehen und flüsterte: „Und ob! Michaud, ach Michaud!"

29

In Andrés Atelier herrschte Ordnung, ungewöhnliche Ordnung. Verschwunden waren die leeren Flaschen. Die alten Schuhe waren in den Schrank verbannt. Die Gemälde lehnten ordentlich an den Wänden. Der große Tisch war abgeräumt, nur ein Lehrbuch der Astronomie und eine Ansichtskarte von Rügen lagen darauf: Strand, Wanderdünen ... Die Postkarte hatte der Deutsche geschickt, über den André sich so amüsiert hatte, weil er Landschaftsbilder liebte und Fische studierte. Der Ichthyologe hatte nur zwei Worte geschrieben: „Viele Grüße"; aber André erinnerte sich sofort an die nächtliche Begegnung im Café „Zum rauchenden Hund". Der Deutsche hatte gesagt: „Gut, daß ich Paris gesehen habe, solange es noch steht."

Mehr als zwei Jahre waren seitdem vergangen, und Paris stand immer noch. Nur mit André war etwas Merkwürdiges vorgegangen. Er hätte gern gewußt, ob der Deutsche jetzt noch über seinen Fischen sitzen konnte. André aber hatte die Malerei vernachlässigt. Im Atelier roch es nicht mehr nach Terpentin. Die Palette lag im Regal neben dem rostigen Teekessel. Und diese Ordnung befremdete André. Er bewegte sich behutsam durch das Atelier wie ein Gast. Die Concierge hatte erstaunt ausgerufen: „Verreisen Sie?“ Nein, er reiste nirgendhin. Es heißt, daß Menschen ihr Zimmer aufräumen, wenn sie spüren, daß der Tod naht. Er aber strotzte vor Gesundheit, er war geradezu unanständig gesund, aß für drei, lief den ganzen Tag herum und schlief, wenn er sich hinlegte, sofort ein. Was also war der Grund?

Den ganzen Sommer war er in der Stadt geblieben. Die Leute hatten gejammert: „Es gibt Krieg“, waren aber trotzdem in Urlaub gefahren. Genau wie im vergangenen Sommer ... André hatte alles satt: das Warten, die Pressesensationen, die Streitigkeiten. Die Todesahnung war etwas Alltägliches geworden. Das Leben ging in die Brüche, und das Leben ging doch weiter. Vor kurzem hatte er eine Einladung zur Eröffnung des Herbstsalons erhalten. Komische Käuze!

Pierre hatte nach einem aufreibenden halben Jahr endlich eine Anstellung in einer Füllfederfabrik gefunden. Eines Tages kam er zu André, sagte: „Man muß durchhalten!“ und blickte sich betrübt um. Seine Hände zitterten wie die eines Greises.

André traf Lucien. Der schimpfte, daß überall Verräter säßen und es sich nur noch lohne, für sein Vergnügen zu leben. Auf Andrés Frage: „Also geht es dir gut?“ fluchte er: „So gut wie in der Kloake!“

Und wieder alarmierende Meldungen. Die Zeitungen waren voll von sensationellen Schlagzeilen. Jetzt ging es um Danzig. André las keine Zeitungen. Selten hörte er Radio. Manchmal dachte er an Jeannette ... Aber das war lange her, in einem anderen Leben. An einem regnerischen Abend hörte André, auf die violette Stadt hinabblickend, im Radio abwechselnd Verse und Firmennamen. Jeannette deklamierte:

„Umarme mich, ich breche nicht den Schwur,
Laß mich dem Glück entgegensehn,
Gib deine Seele in die meine,
Dann wird mein altes Leid vergehn.“

André lächelte verkrampft – Wimperntusche, wasserfest, so daß die Schönen sogar weinen können! Alle haben den Schwur gebrochen: er, Jeannette, die Welt. Und nirgends eine lebendige Seele!

„Wie geht's?“ fragte mechanisch Joséphine, das Gesicht von

Küchendünsten gerötet. „Leidlich", antwortete der Antiquitätenhändler Bolot. Die Rue du Cherche-Midi lebte. Was sollte die alte Straße sonst auch tun? Nur der Schuster, der von „der Schelmin Liebe" gesungen hatte, war an Nierenentzündung gestorben. Der Neue war um die Dreißig, hatte eine hübsche Frau und zwei Kinder und war ebenfalls ein Spaßvogel; er sagte zu seinen Kunden: „Diese Sohlen werden Sie bis zum nächsten Krieg nicht durchlaufen."

Im Café „Zum rauchenden Hund" machte der alte Foxterrier, die Zigarettenspitze im Maul, immer noch Männchen. André sagte einmal zu ihm: „Du hast große Ähnlichkeit mit Tardieu, mein Lieber. Fang bloß nicht auch noch an, von Danzig zu reden."

In jenem Sommer strickten alle Frauen. Es hieß, das beruhige die Nerven. André kaufte sich in einem Antiquariat am Seine-Quai ein altes Lehrbuch der Astronomie; stricken konnte er nicht. Und die Sterne wurden für ihn zum festen Punkt, während die Erde unter ihm ins Wanken geriet. Er saß stundenlang über dem Buch, las ein paar Zeilen und versank in Nachdenken. Zahlen, Tabellen, Namen – all das beruhigte ihn.

In Nicäa hatte zweihundert Jahre vor unserer Zeitrechnung Hipparch die Entfernung zwischen Erde und Sonne gemessen. Aber auch damals waren Reiche untergegangen, hatten die Menschen Götter geschaffen und Ketzer verbrannt, waren Soldaten gefallen, hatte Kupfergeld geklirrt. Hipparch hatte einen Sternenkatalog zusammengestellt.

Ein andermal beneidete André den Astronomen Herschel um sein Schicksal. Herschel, der Sohn eines armen Musikanten, schaute während der herbstlichen Tagundnachtgleiche in den Himmel. Die Gläser hatte er selbst geschliffen, weil er kein Geld für ein Teleskop besaß. Er entdeckte den Planeten Uranus, wie andere ein Mädchen im Fenster gegenüber entdecken. Über Europa tobten Revolutionsstürme. Napoleon drohte das Inselreich zu erobern. Pitt spann Koalitionen wie eine Spinne ihr Netz. Herschel aber beschrieb Sterne und Nebelflecke.

André trat ans Fenster. Zeitungsverkäufer schrien: „Hoffnung auf Roms Vermittlung ... Echo zum Moskauer Pakt ... Danzig ... Danzig ..." André kehrte zu seiner Lieblingslektüre zurück. In Danzig hatte einst Hevelius gelebt. Er befaßte sich mit der Topographie des Mondes, schrieb alle Beobachtungen nieder. Plötzlich brach ein Feuer aus und vernichtete alle seine Aufzeichnungen und Skizzen. Hevelius war damals schon ein alter Mann. Dennoch fing er noch einmal von vorn an.

Ich aber habe die Farben verraten, sagte sich André, bin den Pinseln untreu geworden. Wahrscheinlich gibt es auch in Paris Astronomen, und sie arbeiten weiter. Vielleicht arbeitet auch der alte Physiker, den er in der Maison de la Culture gesehen hat. Die Ärzte kämpfen gegen den Krebs. Andrés Vater erntet die ersten blaßwächsernen Äpfel. Soll er zu seinem Vater fahren? Nein – sich selber kann man nicht entfliehen ... André ist eine wurzellose Pflanze, die über das Feld treibt.

Niedergedrückt ging er in die Eckkneipe, trank an der Theke einen starken Calvados. Noch einmal durchquerte er die unruhige, in einen weißen Dunstschleier gehüllte Stadt.

Es war ein heißer Tag. Am Morgen zog ein Gewitter auf, aber die Wolken verflüchtigten sich, und es wurde nicht frischer. André saß den ganzen Tag in seinem glühendheißen Atelier. Unten wurde gepackt; Kisten wurden vernagelt. Das Klopfen hämmerte in Andrés Schläfen. Gegen Abend beschloß er, in den „Rauchenden Hund" zu gehen, nur Alkohol konnte diesen dumpfen Schmerz vertreiben. Als er auf die Straße trat, begriff er sofort, daß etwas Schreckliches geschehen war. Die Blumenfrau weinte über einem Bündel zerdrückter Rosen: „Sie werden ihn töten! Sie werden ihn töten!" Der Cafébesitzer schenkte André und sich selber einen Calvados ein, stieß mit André an: „Auf Ihr Wohl! Nun ist der Krieg da! Die konnten es ja kaum erwarten ... Verrecken sollen sie!"

Ringsum wurde gestritten: „Noch haben wir nicht Krieg. Das ist erst die Mobilmachung." – „Nein, das ist Krieg, jetzt gibt es kein Zurück mehr. Dieser verfluchte Hitler!" – „Keine Bange ... die werden sich schon einigen ..."

Ein Arbeiter mit Schirmmütze gab dem Foxterrier Zucker. „Na, mach noch mal Männchen zum Abschied! Warum haben die sich im vergangenen Herbst geeinigt? Ganz einfach, sie hatten Angst. Sie wollten nicht mit den Russen gehen. Aber jetzt ist das anders. Jetzt sind sie kriegerisch. Im Grunde ihres Herzens sind sie für Hitler. Sie werden uns verraten, soviel ist klar. Und wer muß ins Gras beißen? Wir natürlich! Mach Männchen, mein

Kleiner, mach schön Männchen! Ich bin auch ein Soldat zweiter Klasse ..."

Der Schuster hängte einen Zettel an die Ladentür: „Wegen alljährlicher Mobilmachung geschlossen". Er glaubte nicht, daß es Krieg geben würde, und brummte: „Was die sich denken! Ich habe eilige Aufträge." Die Blumenfrau weinte immer noch.

Wieder Menschen mit Koffern und Bündeln. Dunkelheit, blaue Lämpchen. Ade, Herschel und Nebelflecke! Gelassen packte André Hemden und Seife in seinen riesigen Koffer. Er dachte träge: Genau wie damals ... Oder sollte es wirklich ernst werden? Er dachte den Gedanken nicht zu Ende – zu langweilig! Morgen mußte er nach Toul fahren, das stand fest. War es nicht einerlei, was danach kam? Es war sowieso kein Leben mehr.

Keine Lieder, keine Zurufe, keine Schwüre, niemand redete von Haß, niemand phantasierte vom Sieg. Ein Hasten und Jagen. Und das Weinen der Blumenfrau. Durch das Laub der Kastanie drang schwaches Licht. Jeannette – das war sein Stern! Aber er hatte ihn nicht entdeckt, nicht auf der Karte eingetragen. Und der Stern war erloschen. Wo aber war sie, die lebendige Frau mit den schmalen, heißen Händen und dem unglücklichen Schicksal? Wahrscheinlich weinte sie wie die Blumenfrau ...

Auf dem Boulevard wimmerte einsam eine Trompete. Und der beschwipste Schuster schrie: „Drei-vier, rechtsum, ins Massengrab marsch-marsch!"

Dritter Teil

1

Lucien ging durch die verdunkelte Stadt. Sein Gang war ungewöhnlich, als tastete er sich über feindliches Terrain. Es nieselte. Die blauen Lämpchen schimmerten geheimnisvoll im schwarzen Laub der Platanen. Lucien war wütend. Noch vorgestern hatte er gedacht, es würde keinen Krieg geben, sein Vater inszeniere lediglich eine wieder mal fällige Regierungskrise. Und nun diese Überraschung! Es hieß, an der Maginotlinie werde bereits geschossen. Morgen abend mußte Lucien einrücken. Wofür würde er kämpfen? Für Beck? Für die „Menschenwürde", wie sein Herr Papa gesagt hatte? Wenn er nun fiele? Aber schlimmer war etwas anderes: Schützengräben, das Gebrüll des Korporals, Vierzigkilometermärsche. Wie stupide!

Und Lucien gähnte laut. Eine Frau sprach ihn an: „Na Kleiner, wollen wir Heia machen?"

Er lachte: Die vergeuden keine Zeit. An der Ecke standen Prostituierte mit Gasmasken.

„Schon auf Kampfposten?" fragte Lucien.

Eine der Frauen schimpfte.

Lucien sah einen Lichtschein hinter verhängten Fenstern. Er betrat ein überfülltes Bistro. Man zechte und grölte. Die verweinte Wirtin stieß mit den Gästen an.

„Und Ihrer?"

„Ist heute eingerückt."

Ein Gemüsehändler trank Rum und brüllte: „Nein, sagen Sie mir doch, wer braucht ihn, diesen Krieg? Ich pfeife auf die Polen!"

Lucien mischte sich nicht in das Gespräch ein; er trank wortlos und voller Wut. Dann ging er zu Jenny, er wollte sich verabschieden und nebenbei gleich einige Tausender kassieren. Morgen wollte er den ganzen Tag zechen. Und einen kleinen Tausender mußte man ja auch mitnehmen – vom Soldatenfraß allein konnte man doch nicht leben!

Jenny empfing ihn traurig, aber voller Enthusiasmus. Alles

schien ihr ungewöhnlich: Lucien würde die Freiheit verteidigen, Paris würde zerstört, der Louvre vernichtet werden ... Sie umarmte ihn und sagte: „Die ganze Welt muß sich erheben ... Ich habe dir warme Sachen gekauft.“

Als Lucien eine Pelzweste erblickte, prustete er los. „Das ist was für Offiziere, meine Liebe, ich aber bin nur Soldat zweiter Klasse. Außerdem haben wir jetzt September, bis zum Winter ist alles vorbei.“

„Hast du eine Gasmaske, Lucien? Heute werden sie sicher einfliegen ... Ich bin überall herumgelaufen, aber an Ausländer werden keine Gasmasken ausgegeben. In der Apotheke hat man mir eine Flüssigkeit verkauft, damit soll man bei Gasangriffen das Taschentuch anfeuchten. Hier, sieh mal.“

„Ein bezauberndes Fläschchen. Fast so schön wie das Parfüm ‚Molyneux‘. Überhaupt, ein Hoch dem feinen Leben! Ich hoffe, daß auch die Läuse im Schützengraben elegant sind.“

Er sang sarkastisch „Paris bleibt doch Paris“. Jenny hielt sich die Ohren zu. Dann wurde sie ernst. „Sag mal, Lucien, hast du Angst?“

„Nein, es kotzt mich an.“

„Aber die Wahrheit ist doch auf unserer Seite?“

Er lachte schallend. Die vier Schnäpse, die er im Bistro getrunken hatte, taten ihre Wirkung. Sein sonst stets bleiches Gesicht hatte sich gerötet.

„Die Wahrheit? Warte, ich werde dir gleich alles erklären.“

Er riß die Spitzendecke vom Bett, warf sie sich um die Schultern, setzte Jennys Hut auf, faltete die Hände und murmelte:

„Meine Kinder, der Heilige Geist ist über Bonnet und Tessat gekommen. Wir werden dem Großmärtyrer Beck zu Hilfe eilen. Dieser selbstlose Mensch war für würdig befunden worden, in der tschechischen Stadt Těšin die Mutter Gottes zu erblicken. Im Wald von Białowieża aber fastete er gemeinsam mit dem heiligen Sebastian, dessen weltlicher Name Marschall Göring lautet. Jetzt aber will Beelzebub dem Beck Danzig rauben. Zittert, ihr Gottlosen! Paul Tessat kommt, das Heilige Grab zu befreien. Amen!“

Jenny sah ihn verwirrt an. Von was für einem Beck redete er da? Und wo lag dieses Těšin? Sie las keine Zeitungen, verstand nichts von Politik. Aber sie spürte hinter Luciens Narreteien eine tiefe Verzweiflung. Schweigend tranken sie Kaffee. Schließlich fragte Jenny schüchtern: „Also stimmt es gar nicht, daß es in diesem Krieg um die Freiheit geht?"

„Um welche Freiheit?"

„Ich weiß nicht ... Um die Freiheit an sich ... Daß man in den Zeitungen schreiben kann, was man will ..."

Lucien gähnte. „Joliot war gestern rot, heute ist er schneeweiß, morgen wird er ultraviolett sein. Widerwärtig!"

Sie überlegte eine Weile, dann sagte sie naiv: „Dann muß man eben eine Revolution machen."

Lucien wurde wütend. Was hatte ihm dieses Wort schon zu schaffen gemacht! Maison de la Culture, Artikel, Bücher, Streitigkeiten mit dem Vater ... Und nun kam so eine kleine Amerikanerin daher und sagte: „Revolution machen!"

„Das könnt ihr ja mal bei euch versuchen. Wir haben es schon viermal gemacht. Mir reicht's! Komm, zieh dich aus, ich will schlafen."

Sirenengeheul weckte ihn. Jenny zitterte, ihre Hände fanden nicht in die weiten Ärmel des Morgenrocks. Lucien jedoch drehte sich auf die andere Seite. Zum Teufel! Vergebens flehte Jenny ihn an, mit in den Keller zu kommen. Da klopfte es an die Tür. „Runtergehen!"

„Du kannst mich mal!"

„Ich bin der Luftschutzwart."

Sie mußten hinunter. Im Keller war es heiß und eng: Männer in gestreiften Pyjamas, zerzauste, notdürftig bekleidete Frauen. Der unrasierte Kerl, der sich Luftschutzwart nannte, brüllte: „Ruhe bewahren!" und „Gasmasken bereithalten!" Auf seinen Befehl begann die alte Concierge aus unerfindlichem Grunde die Wande mit Wasser zu bespritzen. Eine Frau preßte schluchzend ihre Kinder an sich. Jemand sagte, in der Nebenstraße sei eine Bombe gefallen. Jenny hielt das Fläschchen mit der geheimnisvollen Flüssigkeit und ein Spitzentüchlein in der Hand. Eine der Frauen hatte auffallend schöne Schultern, Lucien verschlang sie mit den Blicken, stieß die anderen Leute beiseite und stellte sich neben sie. Die Schöne rückte weg. Lucien brummte böse: „Jetzt ist Krieg, Gnädigste."

Jennys Augen wurden feucht – vor Eifersucht, vor Angst, vor Trennungsschmerz. Lucien aber gähnte nur.

Unausgeschlafen und mißgelaunt zog er am nächsten Morgen von dannen. Vor der Haustür keifte eine Frau; sie hatte einen Weinladen, und ihr Keller sollte Luftschutzraum werden. „Ich gehe zum Minister! Da schreien sie dauernd, Frankreich soll stark sein; aber warum denn gerade den Handel beschränken? Ich denke nicht daran, den Keller zu räumen. Hören Sie? Nur über meine Leiche!"

Lucien lüftete seinen zerdrückten Hut. „Großartig! Sie sind den besten Heldinnen Racines ebenbürtig. ‚An die Waffen, Bürger!' So eine Farce!"

2

Nacht für Nacht wurden die Pariser vom Sirenengeheul aus dem Schlaf gerissen. Irgendwer behauptete, zerstörte Häuser gesehen zu haben. Aber Tessat meinte lächelnd: „Nur eine Vorsichtsmaßnahme. Sobald die Deutschen die Grenze überfliegen, wird Alarm gegeben. Das wird Paris an den Gedanken der Selbstaufopferung gewöhnen." Viele Leute zogen es vor, die unruhige Hauptstadt zu verlassen. Die Viertel der Reichen verödeten, während sich die Kurorte der Normandie und der Bretagne belebten. Die Reservisten fuhren gen Osten, die umsichtigen Bourgeois gen Westen.

Montigny schickte seine Familie in die Auvergne. „Eine ideale Gegend! Hundert Kilometer im Umkreis keine einzige Fabrik." Nachdem er die Seinen in Sicherheit wußte, nahm er eine andere, weit schwierigere Transaktion in Angriff; er begann, sein Kapital nach Amerika zu transferieren. Als Ducamp davon erfuhr, schrieb er einen Artikel mit der Überschrift: „Ein schlechter Franzose". Die Zensur verbot den Artikel, und die beiden leeren Zeitungsspalten zierte die Abbildung einer Schere. Montigny erfuhr von Ducamps Ausfällen und empörte sich: „Da hört sich doch alles auf – der reinste Danton! Ich will nur retten, was mir gehört, einzig und allein mir. Was hätte Frankreich wohl von meinem Ruin?"

Paulette beschloß, zu ihrer Tante ins Morvangebirge zu fahren. Sie hatte Angst vor Gasangriffen. Tessat war beunruhigt: Wie konnte er in so einer Zeit ohne weibliche Zärtlichkeit leben! „Du willst mich also allein lassen?"

„Ich bin keine Heldin, Paul."

„Du brauchst keine Angst zu haben. Hierher kommen sie nicht. Das ist eine stillschweigende Abmachung ... Wenn sie Paris antasten, bombardieren wir Berlin. Und das werden sie nicht riskieren."

Paulette weinte. „Warum hast du diesen Krieg angezettelt?"

„Ich?" Tessats Stimme zitterte vor Empörung. „Wie kannst du so etwas sagen? Du weißt doch genau, daß ich nur eines wollte: den Frieden erhalten. Aber was konnten wir tun? Die haben ja verrückt gespielt."

Paulette konnte sich nicht beruhigen. „Warum müssen Menschen getötet werden?"

„Niemand wird getötet. Die Polen führen Krieg. Schließlich ist das ihre Sache. Danzig ist nicht Strasbourg. An der Maginotlinie kann es allerdings ein paar zufällige Todesopfer geben. Aber wie viele Menschen kommen in Friedenszeiten durch Autounfälle um! Begreif doch, Kätzchen, jetzt hat sich alles geändert. Man muß umdenken. Das ist kein Krieg im früheren Sinne des Wortes. Wir haben die Maginotlinie, und sie haben ihren Westwall, die Siegfriedlinie. Niemand kann auch nur einen Kilometer vorrücken. Also werden wir uns gegenübersitzen und uns anstarren ‚wie Porzellanhündchen auf der Etagère', so pflegte die selige Amélie zu sagen. Die Polen verteidigen sich großartig. Ich habe ja immer gesagt: ein Volk der Ritter! Sie werden sich bis zum Frühjahr halten können, vielleicht noch länger. Bis dahin werden wir zügig aufrüsten. Und dann werden wir uns mit den Deutschen schon einigen. Du hast also gar nichts zu befürchten."

„Es ist alles entsetzlich ... Die dunklen Straßen ... Und nachts ... Die Sirenen ..."

So verweint erschien sie Tessat noch reizvoller. Er preßte seinen kleinen Vogelkopf an ihre Brust. „Fahr nicht weg, Kätzchen! Ich bin völlig abgekämpft. Du kannst dir nicht vorstellen, wieviel ich zu tun habe. Die nächsten Wochen werden doch die Entscheidung bringen."

„Aber du hast doch gesagt, es würde nichts passieren."

Er lachte. „Dummchen, natürlich wird nichts passieren. Ich spreche von innenpolitischen Angelegenheiten. Die Mehrheit in der Kammer ist uns sicher. Aber verstehst du, was es bedeutet, die Kommunisten zu liquidieren? Das ist keine einfache Polizeiaktion. Das ist eine richtige Kampagne großen Stils. Hier wäre ein Napoleon nötig. Aber wir werden sie vernichten!"

Sein Gesicht wurde starr. Er glaubte, ein Vorbild an staatsbürgerlicher Tugend zu geben. Wer wußte denn, wie sehr er Denise liebte! Aber sie hielt es mit Frankreichs Feinden, und er hatte sich die Vatergefühle aus dem Herzen gerissen.

Plötzlich kicherte er. „Ich muß dir was erzählen. Etwas sehr Komisches! Rate mal, was mir morgen bevorsteht! Darauf kommst du nie. Ich muß als Vertreter der Regierung an einer feierlichen Messe teilnehmen. Ich auf den Knien, kannst du dir das vorstellen? Na, ist das nicht komisch?"

Aber Paulette weinte immer noch.

Tessat war seit seiner Kindheit nicht mehr in der Kirche gewesen. Alles, was mit Religion zusammenhing, war ihm verhaßt. Wollte er jemanden verhöhnen, so sagte er: „Er stinkt nach Weihrauch." Und die Geistlichen nannte er „schwarze Krähen", womit er Amélie einst großen Kummer bereitet hatte.

Er hatte geglaubt, nur alte Frauen gingen in die Kirche, und staunte nicht schlecht, als er unter den Betenden auch Männer, ja sogar Militärs erblickte. Halbdunkel, Kerzen – wie an Amélies Sarg. Traurigkeit überkam ihn. Die hellen Stimmen der Chorsänger und die durch die dunkelvioletten Fensterscheiben gefilterten Sonnenstrahlen gemahnten an das verlorene Paradies. Tessat verstand jetzt diese Sprache: Man hatte ihm Amélie, die Kinder, den Seelenfrieden genommen. Alle diese Riten waren natürlich Vorurteile, aber manchmal war es doch angenehm, dem kleinlichen Gezänk zu entfliehen und Vergessen zu suchen ...

Er beobachtete den dicken Bischof: rote Äderchen, traurige, kluge Augen. Wahrscheinlich hatte auch ein Bischof seine Sorgen; er mußte sich mit dem Papst, mit den Kardinälen, mit der Gemeinde arrangieren. Das ganze Leben war Politik. Und wie schnell war es zu Ende, Wachskerzen ...

Ein Glöckchen läutete; alle knieten nieder. Tessat lächelte im stillen – wie im Theater. Aber er beugte gehorsam die Knie und erhob sich dann mit allen anderen.

Nun reichte es aber! Tessat konnte nur mit Mühe ein Gähnen unterdrücken. Doch plötzlich wurde er wieder munter. Rechts von ihm stand eine junge Frau im langen, schwarzen Kleid, mit hoher, gewölbter Stirn und schmalen, aber leuchtend roten Lippen. Eine Florentinerin, wie ein Porträt von Bronzino, dachte Tessat. Solche Frauen sind meist leidenschaftlich, sehr leidenschaftlich.

Als er den harten Blick Breteuils auf sich spürte, zuckte er zusammen und begann, die Lippen zu bewegen, als bete er. Dummköpfe, die da meinten, Breteuil habe ausgespielt, weil er für eine Annäherung an Deutschland eingetreten sei. Tessat wußte, daß die Zukunft Breteuil gehörte. Alle verdammten die Volksfront, also würde sich die Regierungsmehrheit nach rechts verlagern. Außerdem würde der Krieg nicht ewig dauern. Wer aber würde sich mit Hitler einigen können, wenn nicht Breteuil? Ja, mit diesem Fanatiker mußte man sich gut stellen!

Die Orgelklänge stimmten Tessat wieder traurig: Gut gespielt, alles was recht ist ... Im Jahre siebzehn hatte sich eine Katastrophe ereignet: Ein Geschoß der „Dicken Berta" war in eine Kirche eingeschlagen. Es hatte viele Tote gegeben. Wenn jetzt plötzlich eine Bombe fiele? Nein, unmöglich – sie haben Angst, die erste Bombe zu werfen. Niemand will Krieg führen ... Offen gesagt, die Polen sind Wilde. Die Deutschen führen in Polen einen Kolonialkrieg. Aber vor den Franzosen haben sie Achtung ... Schade, daß keine Einigung zustande gekommen ist. Mussolini hätte wahrscheinlich alle miteinander ausgesöhnt. Sie haben den Kopf verloren ... Und nun ist der Krieg da ... Gamelin hat sich irgendeine Operation im Walde ausgedacht. Aber dort ist alles vermint ... Für nichts und wieder nichts werden Menschen getötet. Auch Lucien könnte fallen. Tessat hätte ihn natürlich in einem Stab unterbringen können, aber der Tagedieb ist spurlos verschwunden. Wirklich traurig ist das! Überhaupt ist alles so traurig ... Wann hören sie bloß mit diesem Orgelspiel auf?

Da ist General de Vissé. Wie eifrig er betet! Es heißt doch, er sei ein Freund Fougers, ein Roter. Komisch – ein Armeebefehlshaber und verneigt sich wie ein Bauernweib. Ob er an die Unbefleckte Empfängnis glaubt? Soll er doch! Immer noch besser, als mit Fouger zu verkehren.

Der Gottesdienst war zu Ende. Nach dem Halbdunkel in der Kirche genoß Tessat den strahlenden Herbsttag. Die Kastanien funkelten goldrot. Auf den Champs-Élysées zitterten Sonnenflecken wie Wellengekräusel. Die Frauen sahen besonders schön aus. Bombenangriffe befürchtend, hatten die Leute die Fensterscheiben mit Papierstreifen beklebt; lustige Muster waren dabei entstanden. Ein neuer dekorativer Stil, dachte Tessat lächelnd.

3

Der Oktober kam mit pausenlosem Regen. Tessat ereiferte sich in den Wandelgängen des Parlaments: „Ich habe ja immer gesagt, daß die Polen sich keinen Monat halten werden! Das sind Diebe und Säufer! Aber wir haben nichts verloren. Im Gegenteil. Hitler hat die Deutschen durch die Siege im Osten eingelullt. Jetzt werden sie die Maginotlinie kennenlernen. Am vierzehnten Juli werden wir die ganze Nacht auf hellerleuchteten Straßen tanzen, denkt an meine Worte!"

Vom Himmel fielen nicht Bomben, sondern Flugblätter, und die vornehmen Viertel belebten sich wieder. Montigny rief seine Familie nach Hause zurück. Was sollten sie bei dem Regenwetter auf dem entlegenen Landgut versauern? Madame Montigny murrte – sie konnte sich nicht mit der Rationierung der Lebensmittel abfinden. „Was soll das nun wieder bedeuten? Seit wann mischt sich die Regierung in Küchenfragen ein? Man weiß gar nicht mehr, was man zu Mittag bestellen soll: Montags gibt es kein Hammelkotelett, dienstags ist der Verkauf von Roastbeef verboten, Mittwochs werden keine Pasteten gebacken. Der reinste Hohn!"

Tagelang gab es keinen Kaffee zu kaufen. Madame Montigny war wie von Sinnen. „Ich war bei Corcellet, ich war bei Kardomah, nichts . . . Und alles wegen dieser Polen! Ich bin überzeugt, daß die Engländer nach wie vor ihren Tee trinken. Sie versagen sich nichts. Schuld ist nur Daladier, eine Null ist er, ein Pauker, aber kein Ministerpräsident!"

Kaffee gab es bald wieder zu kaufen, und Madame Montigny beruhigte sich ein wenig.

Das Geschäftsleben blühte. Die Nähe des Todes machte sogar Geizhälse zu Verschwendern. In den Restaurants fand sich kein freies Tischchen. Die Modeateliers hatten Hochbetrieb. Die Damenhüte sahen aus wie Soldatenmützen, in den Schaufenstern lagen Broschen in Form von Panzern, Puderdosen mit der englischen Flagge, Amulette und Seidentücher mit der Aufschrift: „Irgendwo in Frankreich".

„Irgendwo in Frankreich" wurde zu einer stehenden Redensart. Die Zeitungen berichteten: „Irgendwo in Frankreich hat General Sikorski gestern eine Parade abgenommen." Und vor den Fenstern näselte ein Straßensänger: „Irgendwo in Frankreich gedenke unserer Liebe ..."

Es hieß, daß die Soldaten sich langweilten. Und so wurden für sie Sammlungen veranstaltet – Grammophone, Fußbälle, Spielkarten, Dominospiele, Kriminalromane. Liebende Gattinnen schickten den Offizieren Westen aus Lamawolle, Kognak „Napoléon" und von den besten Köchen der Hauptstadt zubereitete Konserven.

Auf einem Bankett für die Auslandspresse erklärte Tessat: „Erzählen Sie der ganzen Welt, daß sich in unserem Leben nichts verändert hat. Statt Kanonendonner erklingt bei uns das Lied ‚Paris bleibt doch Paris'."

Man hatte gedacht, der Krieg würde Trübsal und Entbehrungen mit sich bringen. Aber die Herbstsaison wurde glanzvoll eröffnet: Theaterpremieren, Abendgesellschaften, Ausstellungen, Wohltätigkeitsauktionen. Und überall konnte man dem Glückspilz Grandel begegnen; kein Empfang ohne Grandel.

In den ersten Kriegstagen hatte Grandel sich freiwillig an die Front gemeldet: „Ich will kämpfen!" Die Abgeordneten protestierten: „Sie bringen hier mehr Nutzen." Grandels Popularität war so gestiegen, daß, als Ducamp an das verschwundene Dokument zu erinnern wagte, allgemeine Empörung ausbrach: „Sabotieren Sie die nationale Einigkeit nicht durch persönliche Zänkereien!"

Grandel verhehlte nicht, daß er bis zur letzten Minute für einen Kompromiß eingetreten war: „Am Abend des ersten September hätte man das Unglück noch abwenden können. Bonnet telefonierte mit Graf Ciano. Ich bestand auf einer Zusammenkunft der vier Premierminister. Die Abgeordneten unserer Gruppe unterstützten mich. Aber dann überstürzten sich die Ereignisse ... Die Geschichte wird die Schuld jedes einzelnen ermitteln. Doch jetzt ist keine Zeit für Streitigkeiten. Der Krieg ist erklärt, er muß gewonnen werden."

Der Krieg hatte Grandel neue Chancen gegeben: Die Karten

waren neu gemischt. Er war bereit zu kämpfen. Als er sagte: „Wir müssen siegen", klang echte Erregung aus seiner Stimme.

Grandels Patriotismus versetzte die Abgeordneten in Begeisterung. Die Industriellen nannten ihn einen „nüchternen Kopf", und die Damen der Gesellschaft himmelten ihn an: Ein schöner Mann, seine Worte rühren zu Tränen, und hinter seiner äußeren Gelassenheit ist wahre Leidenschaft zu spüren.

Selbst Breteuil kamen Zweifel: War er etwa einer Täuschung erlegen? Er hatte Lucien geglaubt, der für billige Romantik schwärmte. Grandel aber führte sich untadelig.

Für Breteuil war der Krieg eine Tragödie. Er versuchte, alles gründlich zu durchdenken, aber es gelang ihm nicht. Mitunter sagte er sich: Wir müssen den Krieg gewinnen. Doch gleich lächelte er geringschätzig: Er ist nicht zu gewinnen, solange eine Bande von Abgeordneten die Macht hat. Was würde ein Sieg Frankreich auch bringen? Man müßte das Parlament auflösen und diese Schwätzer hinter Schloß und Riegel setzen. Vielleicht würde das Feuer des Gegners Frankreich umschmelzen ...

Grandels Schläfen waren ergraut, seine Augen blickten traurig. Breteuil sah ihn an und dachte: Er leidet ebenso wie ich ... Und als sie beide allein waren, reichte Breteuil ihm die Hand. „Vergessen wir, was gewesen ist!"

Niemand wußte etwas von der Unstimmigkeit zwischen Breteuil und Grandel, die über ein Jahr gedauert hatte, noch von ihrer Versöhnung. Für die Abgeordneten und das Land waren sie immer Gesinnungsgenossen und Freunde gewesen. So wunderte sich auch niemand, als Breteuil vorschlug, Grandel die Leitung der Rüstungsindustrie zu übertragen.

Breteuil entsann sich, unter welchen Schwierigkeiten er von Tessat eine Rehabilitierung Grandels erwirkt hatte, und so rechnete er auch jetzt mit Widerstand. Aber Tessat hielt die Geschichte mit dem von Lucien gestohlenen Dokument für verjährt und uninteressant. Wer hatte Grandel denn verdächtigt? Fouger, Ducamp. Fouger war aus der radikalen Fraktion ausgeschlossen worden; während der Moskauer Verhandlungen hatte er Chamberlain entlarven wollen und um ein Haar Paris mit London entzweit. Und Ducamp schwang große Reden. Dieser Stotterer hielt sich für einen Gambetta; er hatte sich alle Sympathien verscherzt; Viard nannte ihn „einen Chauvinisten, der nach Mottenpulver stinkt", und Breteuil hatte ihn wegen Verleumdung verklagt. Nein, Grandels Feinde waren nicht vertrauenswürdig ... Außerdem mußte man die Dinge nüchtern betrachten. Grandel haßte die Kommunisten; er hatte sich mit ihnen befaßt, kannte ihr Milieu. In den Augen der Massen war er ein Linker, der mit Vorliebe die „zweihundert Familien" entlarvte und eine Broschüre gegen die amerikanische Oligarchie verfaßt hatte. Und die Rüstungsindustrie war die Front, an der die entscheidende Schlacht gegen die Kommunisten geführt werden mußte. Sollte Grandel also getrost Verhaftungen vornehmen, die Arbeitswoche verlängern, die Löhne herabsetzen. Wenn er den Bogen überspannte, mußte er es ausbaden, Tessat und die Radikalen aber stünden mit reiner Weste da.

Erst kürzlich hatte Breteuil zu Tessat gesagt, er würde Grandel nicht seine Tochter zur Frau geben. Doch dieses Gespräch hatten beide vergessen. Jetzt war Krieg – da mußte man sich über Parteienzwiste hinwegsetzen! Und so sagte Tessat: „Einverstanden, ich billige deine Wahl."

Die Großindustriellen, mit Ausnahme von Dessère, unterstützten Grandels Kandidatur. Montigny rief: „Der wird wenigstens Ordnung schaffen. Wie kann man Krieg führen, wenn im Hinterland Anarchie herrscht? Die Arbeiter wollen auf nichts verzichten. Mit Worten sind sie nicht zu überzeugen, also ist eine starke Hand nötig."

An der Spitze des Industriellenverbandes stand Méjeu, der Grandel ebenfalls protegierte. Ducamp erklärte einmal, Méjeu liefere über die Schweiz immer noch Bauxit an die Deutschen. Darauf erwiderte Méjeu: „Das ist eine Verleumdung. Aber ich habe ein bestimmtes Programm." Sein Programm war eindeutig: Nicht gegen Berlin, sondern gegen Moskau müsse man kämpfen. Sein Steckenpferd war der „Kreuzzug gegen die Dritte Internationale". Als Tessat einzuwenden versuchte: „Leider haben wir aber Krieg mit Deutschland", antwortete Méjeu vielsagend: „Abwarten, das ist nur der erste Akt." Nach der Kriegserklärung fuhr er nach Madrid, wo er sich mit dem deutschen Botschafter getroffen haben soll.

Nur Dessère ärgerte sich, als er von Grandels Ernennung erfuhr. „Hier bedarf es eines Technikers, eines Fachmannes und keines politischen Intriganten." Aber Dessères Position war im letzten Jahr stark erschüttert worden. In Finanzkreisen sprach man von Fehlspekulationen. Die Abgeordneten meinten, Dessère habe auf das falsche Pferd gesetzt: Er hatte die Volksfront unterstützt und den Krieg durch Resolutionen des Völkerbundes abwenden wollen. Breteuil spottete: „Ein Feuerwehrmann mit einem Parfümzerstäuber." Selbst Tessat behandelte Dessère jetzt wie einen Pechvogel.

Ein Monat verging. Grandel war unermüdlich tätig. Er traf sich jeden Tag mit Breteuil, holte seinen Rat ein, erstattete ihm Bericht. „Die Kommunisten... Dessère...", sagte Grandel. „Das ist ein Augiasstall. Ehe man neu beginnt, muß man ausmisten, ausmisten, ausmisten!"

Im Seine-Werk blieb nur ein Drittel der Arbeiter. Dessère forderte eine Erklärung. Entrüstet betrat er Grandels Arbeitszimmer, in der Hand seinen Hut und den Stock mit dem großen Knauf. Grandel blätterte lächelnd in den Akten auf seinem Schreibtisch und kostete die Situation aus: Der kürzlich noch so allmächtige Dessère, der Gönner Briands und Boncours, saß vor ihm als Bittsteller!

Dessère rang nach Luft; er war krank, wußte, wie schlecht es um ihn stand, kurierte sich aber nicht und trank stark. Sein Privatleben war trist und freudlos wie seine Arbeit: wehmütige Begegnungen mit Jeannette, voller Mitleid und Unruhe, einsame Nächte in dem Häuschen außerhalb der Stadt, Todesgedanken. Er hatte Angst vor dem Tod, wollte diese Angst überwinden, vermochte es aber nicht. Er sah das Land dem Abgrund zutreiben und litt unter seiner Ohnmacht. Noch vor kurzem hatte er sich allmächtig gefühlt. Und jetzt zählte er bereits nicht mehr. Man hörte ihn höflich an, aber niemand beachtete seine Worte. Er war wie eine verwitwete Kaiserin, ein Börsenakademiker, ein Überbleibsel idyllischer Zeiten. Man hörte auf den dummen Schreihals Montigny, auf Méjeu, der bereit war, für ein paar Millionen seine eigene Mutter zu verkaufen, und auf alle möglichen anderen, nur nicht auf Dessère.

Er sagte zu Grandel: „Wie soll ich im November die Aufträge erfüllen, wenn ich keine Arbeiter mehr habe? Der Krieg hat noch nicht begonnen, aber alle qualifizierten Arbeiter sind an der Front."

„Das ist betrüblich, aber ich sehe keine andere Lösung. Wir

können den Arbeitern keine Privilegien einräumen. Unser Land ist ein Agrarland. Was würden die Bauern sagen? Sollen sie den Kopf hinhalten, während die Arbeiter das Doppelte verdienen? Man kann einen Krieg nicht gewinnen, wenn man die elementarste Gerechtigkeit mißachtet."

„Und die Vierzigjährigen? Die sind doch nicht an der Front. Die Mechaniker putzen Fenster in den Kasernen."

„Wir können die Arbeiter nicht freistellen."

„Ich frage Sie: Brauchen Sie Motoren oder nicht? Ich möchte wissen, wie Sie ohne Luftflotte Krieg führen wollen. Wenn Sie aber Motoren brauchen, dann schicken Sie die Arbeiter zurück in die Fabrik. Gestern sind im Seine-Werk wieder zweihundert Mann verhaftet worden ..."

„Aussatz kann man nicht mit Balsam heilen. Jetzt kriegen wir die Quittung für die Zeit der Volksfront."

„Was hat die Volksfront damit zu tun?" Dessère schwenkte seinen Stock, als wollte er Grandel einen Schlag versetzen. „Und außerdem sind Sie doch als Kandidat der Volksfront in die Kammer gekommen."

„Soviel ich mich erinnere, Monsieur Dessère, haben Sie keine Summen gescheut, um der Volksfront zum Sieg zu verhelfen."

Dessère blickte Grandel an; das schöne Gesicht mit den schmalen Brauen, der wie gemeißelten Nase, dem kühlen verhaltenen Lächeln erboste ihn noch mehr. „Auch ich erinnere mich ... An alles erinnere ich mich ... Auch an Fougers Schriftstück ..."

Grandel verzog keine Miene, immer noch lächelnd sagte er: „In Kriegszeiten sind Duelle fehl am Platze. Deshalb bitte ich Sie, mich allein zu lassen."

Beim Weggehen ließ Dessère seinen Hut fallen und mußte husten. Grandel aber tat, als läse er einen Bericht.

Am Abend gab Grandel einen Empfang. Auf den Einladungen stand: „Soldatenessen". Den Gästen wurde Fasanenragout auf derben Zinntellern serviert, der vorzügliche „Hospice de Beaune" wurde aus Blechkrügen getrunken. Mouche machte die Honneurs. Nach dem Bruch mit Lucien war sie lange krank gewesen und danach in die Alpen gefahren. Sie war immer noch schön, aber es war mehr der Reiz frühen Welkens; jede ihrer Gesten verriet Kummer und Leiden.

Als die Gäste gegangen waren, legte Grandel Smoking und Weste ab. Über dem blütenweißen Hemd trug er schmale schwarze Hosenträger. Er sagte zu seiner Frau: „Mir scheint, Oberst Moreau hat dir den Hof gemacht? Das ist eine wichtige Persönlichkeit. Es sollte mich nicht wundern, wenn er eines Tages Generalstabschef würde."

Er gähnte: Ein anstrengender Tag! Sorgfältig legte er die Hosen zusammen und sagte plötzlich: „Und trotzdem werden wir siegen."

Mouche mischte sich nie in seine Angelegenheiten. Sie dachte nicht einmal mehr an den unseligen Brief. Seit der letzten Aussprache mit Lucien war sie innerlich ausgebrannt. Der Krieg, die Gespräche über die Maginotlinie und die Luftangriffe, die Karriere ihres Mannes – all das war für sie nur ein verschwommenes Bild auf einer winzigen Leinwand. Jetzt aber fragte sie, selbst überrascht: „Wer ist ‚wir'?"

Sie begriff sofort, daß sie eine Taktlosigkeit begangen hatte, und auf eine Beleidigung gefaßt, wandte sie sich ab. Doch Grandel antwortete gelassen: „Wir, die Franzosen."

Er war ein Spieler. Sein ganzes Leben erinnerte an das verhaltene Flüstern, die unterdrückten Aufschreie rings um das grüne Tuch. Damals, in jenen schrecklichen Monaten, hatte er sich fast zugrunde gerichtet. Er hatte achtzigtausend verspielt. Vernon half ihm aus der Patsche. Dafür mußte er sich mit Kielmann treffen ... Für die Deutschen Dokumente beschaffen ... Aber wozu daran denken? Er hatte sich in das große Spiel gestürzt. Wir werden siegen, sagte er sich, ohne jedoch genau zu wissen, an was für einen Sieg er dabei dachte. Laut sagte er zu Mouche oder auch zu sich selbst: „Dumme Frage ... Diese Narren wollen das Schicksal überlisten, genau wie beim Roulett: Sie setzen immer wieder auf dieselbe Zahl. Aber man muß variieren, dem Glück nachspüren, ihm entgegengehen ... Das ist der ganze Trick."

4

Selbst Montigny grollte: „Kommunisten einsperren – meinetwegen, aber wozu alte Männer in die Kasernen stecken? Mir fehlen die Arbeitskräfte." Die Frage der Rüstungsindustrie war in den Wandelgängen der Kammer das Hauptgesprächsthema, es wurde von der geheimen Opposition aufgegriffen.

Als Grandel zu Dessère von „Gerechtigkeit" gesprochen hatte, wiederholte er nur Breteuils Worte. Grandel haßte und fürchtete die Bauern. „Das sind keine Menschen, sondern Rüben, Hackfrüchte ..." Breteuil dagegen war fest davon überzeugt, daß die Misere Frankreichs aus der Hypertrophie der Industrie und dem Anwachsen der Städte resultierte. In den Dörfern herrschte Langeweile, es gab kein Kino, die Arbeit war schwer; und die Jugend zog fort ... Wieviel verlassene Dörfer gab es in Frankreich! Die Häuser verfielen, die Scheunen vermoderten, die Obstgärten verwilderten. Die Folge war: Kommunismus, Volksfront, Gottlosigkeit, Verfall. Breteuil glaubte, durch den Krieg würden die Bauern zur führenden Kraft werden, und er hatte Grandel eingeimpft: „Keinerlei Nachsicht gegenüber den Arbeitern."

Dennoch waren Konzessionen unumgänglich. Ende Oktober beschloß die Regierung, die in der Rüstungsindustrie beschäftigten Arbeiter über vierzig vom Militärdienst freizustellen.

Darunter befand sich auch Legreux. In den ersten Kriegstagen war er in den Süden geschickt worden. Er mußte bei Toulouse eine Brücke bewachen, über die einst eine Schmalspurbahn geführt hatte. Diese Zweigstrecke war längst nicht mehr in Betrieb, und auf der Brücke wucherte gelbes, angenehm duftendes Gestrüpp. Aber die Brücke wurde als strategischer Punkt in den Listen des Militärbezirks geführt, und so mußte Legreux zwei Monate lang eine Wiese mit gescheckten Kühen anstarren.

In dieser Zeit dachte er über vieles nach. Er erinnerte sich an den letzten Krieg. An den Argonner Wald, an die Laufgräben und die Lazarette. Er sah alles so deutlich vor sich, als wäre es gestern gewesen! Die jüngsten Ereignisse jedoch schienen ihm diffus und gespenstisch. Zwischen den beiden Kriegen lag nur ein Tag ... Damals hatten sie gedacht, die Menschen seien klug geworden, würden mit den am Krieg Schuldigen abrechnen. Die einen glaubten an Wilson, die anderen riefen: „Lenin, Lenin ..." Hätte man ihnen damals gesagt, daß es zwanzig Jahre später wieder soweit sei ...

Legreux sehnte sich nach Josette. Es war ihm also nicht vergönnt, das Glück kennenzulernen. Im Sommer hatten sie beschlossen zu heiraten, hatten sich schon eine Wohnung ausgesucht. Und nun war alles aus ... Josettes Vater war verhaftet worden, sie selbst zu ihrer Schwester nach Besançon gefahren, von wo sie ihm kurze, traurige Briefe schrieb. Wenn Legreux nachts in den südlichen Sternenhimmel schaute, dachte er an Josette.

In der Fabrik traf er keinen seiner alten Freunde mehr an. Michaud und Pierre waren an der Front. Am Abend begab sich Legreux auf die Suche. Er ging in ein Café, wo sich die Genossen zu treffen pflegten, streifte um die geschlossene Bibliothek, fuhr nach Montrouge, dann nach Villejuif. Er traf niemand an: Die einen waren verhaftet, die anderen waren untergetaucht.

Legreux war einsam und ratlos. Er wußte nicht, was die Partei machte, und kam sich vor wie ein Blinder. Voller Haß warf er die Zeitungen weg, die die Kommunisten Verräter nannten und behaupteten, die Russen kämpften an der Siegfriedlinie und Maurice Thorez sei nach Deutschland geflohen. In Toulouse hatte er gehört, daß die illegal gedruckte „Humanité" weiter erscheine. Aber wie kam man da ran? ... Neben Legreux arbeiteten lauter neue Leute; sie musterten ihn argwöhnisch – vielleicht war er ein Polizeispitzel?

Die Isoliertheit und die ihm aufgezwungene Untätigkeit deprimierten Legreux. Das währte vier Tage. Am fünften Tag wurde er verhaftet.

Er verbrachte die Nacht in einer winzigen Zelle. Wer da nicht alles war: Politische und Zuhälter, deutsche Emigranten und polnische Juden, Spaßvögel, die Witze über Daladiers Aperitifs oder Tessats Liebesabenteuer erzählt hatten, Spießer, die in panischer Angst gestöhnt hatten: „Es wird keine Milch mehr geben" oder: „Man wird noch die Siebzehnjährigen einziehen!"

Am nächsten Morgen wurde Legreux zum Verhör geführt. Der Kommissar Neuville war Mitglied der Freimaurerloge und scheute sich nicht, zu sagen, daß er Edouard Herriot einem Édouard Daladier vorziehe – für einen Polizisten war so etwas schon Freidenkertum. Neuville wußte, daß Legreux zu den führenden Kommunisten des Seine-Werks gehörte. Wenn Legreux sich lossagte, würde das großen Eindruck machen. Die Zeitungen würden schreiben: „Noch einer, der zur Vernunft gekommen ist." Tessat würde Neuvilles Eifer zu schätzen wissen: Ein Reumütiger wiegt zehn Sünder auf ... Deshalb war Neuville äußerst liebenswürdig und bot Legreux eine Zigarette an.

„Ich bin Beamter", begann er, „und nicht befugt, meine Überzeugung zu äußern; aber glauben Sie mir, ich bin kein Faschist. Ich habe mich aufrichtig über den Sieg der Volksfront gefreut. Wir dachten damals, das sei ein dauerhaftes Bündnis. Aber es ist anders gekommen ... Doch jetzt ist keine Zeit für Parteienkampf. Alle Franzosen müssen sich zusammenschließen. Sie sind Kommunist, aber Sie sind auch Franzose. Sie wurden im Krieg verwundet. Ich kann Sie nicht als Verräter betrachten."

Er wartete ab, was Legreux erwidern würde; aber Legreux knetete wortlos seine Mütze und betrachtete die blauen Aktendeckel, die sich auf dem Schreibtisch türmten.

„Warum schweigen Sie denn?"

„Ich weiß wirklich nicht, was ich antworten soll. Sie haben ja selber gesagt ... Ich war Kommunist und bin es geblieben."

„Ich verstehe Ihre Hartnäckigkeit. Sie wollen Ihre Genossen nicht verraten, das zeugt von Charakter. Aber jetzt, mein Freund, sind solche kleinlichen Bedenken nicht angebracht. Sie waren ein Spielball. Man hat Sie betrogen, hat von Patriotismus geredet, zum Kampf gegen die Faschisten aufgerufen. Aber jetzt? Maurice Thorez ist ein Deserteur."

„Deserteure sind gewiß nicht wir, lassen Sie also das Thema. Wo Maurice Thorez jetzt ist, weiß ich nicht. Aber bestimmt nicht in Deutschland, wie Ihre Zeitungen schreiben. Ich denke, er gibt die ‚Huma' heraus, und das ist eine wichtige Sache. Doch wo die Deserteure sitzen, das weiß ich. Ich erinnere nur an München. Und wie es mit Spanien war. Während die Unseren dort gegen die Faschisten kämpften, half Bonnet den Feinden Frankreichs. Das weiß doch jedes Kind. Ich wundere mich sehr, daß Sie von Faschisten reden ... Sie haben sie doch immer mit Ihren Knüppeln verteidigt. Und jetzt sind die Faschisten an der Macht."

Neuville lächelte herablassend. „Sie sind dreiundvierzig, aber hitzig wie ein Jüngling. Das ist lobenswert. Nur schade, daß Sie sich nicht von Ihren Scheuklappen trennen wollen. Ihre Partei hat Sie verraten. Sie ist für einen Sieg Deutschlands."

„Das glaube ich Ihnen nie!"

„Was wollen die denn sonst?"

Legreux blickte finster. „Wie die Losungen jetzt lauten, weiß ich nicht. Das ist Ihr Verdienst – Sie haben die ‚Huma' verboten und alle ehrlichen Menschen eingesperrt. Und mich wollen Sie bloß irritieren. Aber einiges kann ich mir selber zusammenreimen. Wer hetzt denn jetzt gegen die Kommunisten? Daladier, Tessat, Viard, Breteuil, Laval – kurz, die ganze Bande. Die Feinde sind die alten geblieben, also haben die Kommunisten niemand verraten. Wenn Laval plötzlich riefe: ‚Bravo, Kommunisten!', würden mir Bedenken kommen. So aber ist alles in Ordnung."

Neuville drückte die halbgerauchte Zigarette aus und klingelte. „Abführen!"

Legreux kam zusammen mit anderen Kommunisten in ein Konzentrationslager. Auf dem Bahnknotenpunkt Noisy-le-Sec hielt der Zug mit den Häftlingen über eine Stunde. Die Gendarmen hielten die Leute fern und erklärten: „Ein Transport von Deserteuren." Soldaten und Frauen bedachten die Waggons mit wütenden Blicken und riefen: „Ihr wollt die eigne Haut retten! Die anderen können sterben, was?" Jemand schrie: „Feiglinge!" Da stimmte Legreux die „Internationale" an. Die Menschen auf dem Bahnsteig hielten verblüfft inne. „Wir sind keine Deserteure! Wir sind Arbeiter, Kommunisten", schallte es aus den Waggons. Nach der „Internationale" sangen sie die „Marseillaise". Die Soldaten auf dem Bahnsteig sangen den Refrain mit. Vergebens bemühten sich die Gendarmen, die Leute zurückzudrängen. Legreux steckte den Kopf durch eine Luke und rief: „Ich bin im vorigen Krieg verwundet worden, da, seht die Narbe. Die können sie nicht wegwischen. Sie haben mich aus einem Flugzeugwerk weggeholt. Jetzt soll ich Aborte reinigen. Bonnet, Tessat, Flandin – das sind die Verräter! Wir aber sind bereit, für unser Frankreich zu sterben!"

Er hob die Faust – die fast vergessene drohende Geste, die an das Jahr sechsunddreißig, an die große unerfüllte Hoffnung erinnerte. Die Gendarmen stießen ihn zurück. Der Zug setzte sich in Bewegung. Aber da erhoben sich Hunderte Fäuste: Frauen und Soldaten gaben den Häftlingen das Geleit.

5

Die Verhaftungen wurden nach Listen, nach Denunziationen, nach Belieben vorgenommen. Der eine Verbrecher hatte die Faust erhoben, der andere die „Internationale" gepfiffen, der dritte hatte zu Hause ein Bild vom Kreml hängen. Als Tessat die Polizeiberichte las, war er höchst erstaunt: Wo sie sich überall eingeschlichen haben! Der „Verein der Angelfreunde in Nevers", der „Schachzirkel des Departements Var", der „Bergsteigerverein Grenoble" – alles Filialen der Kommunistischen Partei. Ja, das ist eine Macht! sagte sich Tessat. Jetzt verstehe ich, daß sie die naive Denise gewinnen konnten.

Breteuil forderte die Erschießung der kommunistischen Abgeordneten. Tessat entgegnete: „Immer sachte, mein Freund! Sie sind schließlich vom Volk gewählt." Tessat fürchtete, einen Präzedenzfall zu schaffen. Er empfand so etwas wie berufliche Solidarität mit den inhaftierten Abgeordneten; er wollte sie retten. „Unterschreiben Sie, daß Sie sich von der Dritten Internationale lossagen, und Sie können Ihre Mandate behalten." Als die Verhafteten sich weigerten, explodierte er: „Diese Fanatiker! Mehr kann ich nicht für sie tun."

Eine Attacke Fougers galt es noch durchzustehen. Die Fäuste der Marseiller hatten den Querkopf nicht belehrt; er erklärte: „Die Verfolgung der Kommunisten demoralisiert die Armee." Tessat schrie: „Sie sind also für Hitler?" Die Abgeordneten applaudierten, und von einem Pfeifkonzert begleitet, verließ Fouger die Tribüne.

Noch nie hatte Tessat so intensiv gearbeitet, kaum daß er sich mal ein Stündchen mit Paulette gönnte. Völlig erschöpft fragte er sich: Vielleicht sollte ich alles hinwerfen? Wozu sich was vormachen? Er war alt. Wie lange hatte er noch zu leben? Aber solche Gedanken schüttelte er rasch wieder ab. Hatte Clemenceau nicht auf seine alten Tage Frankreich gerettet? Tessat hielt sich für den Nachfolger Clemenceaus. Eines Tages würde sein Denkmal die Plätze zieren. Einmal sagte er zu Paulette: „Rue Tessat – das klingt nicht schlecht."

Tessat mußte sich mit Strategie, mit Ökonomie, sogar mit Technik befassen. Er mußte über Baumwollvorräte, über neue Bombenflugzeuge, über den Handelsvertrag mit Venezuela sprechen. Alle kamen mit Forderungen, beklagten sich über Mißstände. Früher hatte er es mit Abgeordneten oder Finanzleuten zu tun gehabt. Jetzt mußte er Militärs anhören; er verstand die Termini nicht, wußte nicht, wie er mit den Leuten umgehen, was er ihnen versprechen, wie er sie unterhalten sollte. „Die Armee ist eine Welt für sich“, sagte er und fügte im stillen hinzu: die allerniedrigste.

Als Tessat von dem bevorstehenden Besuch des Generals de Vissé erfuhr, verfinsterte sich sein Gesicht. Mit diesem Griesgram würde man sich schwerlich verständigen können!

General de Vissé hatte sich im Jahre fünfzehn hervorgetan; er kommandierte damals eine Brigade am Chemin-des-Dames. Obwohl am Bein verwundet, hatte er seinen Kommandoposten nicht verlassen. Mit seinen vierundsechzig Jahren war er noch rührig, ja sogar draufgängerisch. Sein rundes wettergegerbtes Gesicht mit dem storren, gelblichen Schnurrbart glich einer Bulldoggenschnauze. Er war ein gutmütiger, aber unbeherrschter Mensch, schrie seine Frau an, beschimpfte den Adjutanten. Er interessierte sich nur für militärische Angelegenheiten und Gartenbau. In Mußestunden ging er mit der Gießkanne umher, band Rosen hoch, pfropfte und beschnitt Obstbäume.

Nie sprach General de Vissé über Politik; wurde er nach seiner Meinung über diesen oder jenen Minister gefragt, so pflegte er zu antworten: „Die Armee ist eine große Schweigerin.“ Die einen sagten, er sei Monarchist und verkehre mit den Emissären des Prätendenten, andere – darunter auch General Picard – behaupteten, de Vissé sei beinahe ein Kommunist, gehorche widerspruchslos Fouger und lobe nicht zufällig die sowjetische Luftwaffe. Als Tessat den General hatte beten sehen, war er ehrlich erstaunt gewesen. Und so einer ist mit Fouger befreundet!

Was mochte ihn herführen? Wollte er sich vielleicht über Picard beschweren, der den Soldaten verboten hatte, linke Zeitungen zu lesen? Oder verlangte er die Einrichtung eines Instituts für Regimentsgeistliche? Wer sollte sich da auskennen?

Tessat ließ den General in einem bequemen Sessel Platz nehmen und holte eine Kiste Zigarren hervor. „‚Partagas‘, und wie es scheint, ganz frische. Ich fürchte, in nächster Zeit wird keine neue Lieferung mehr eintreffen, die Dampfer haben genug andere Fracht. Was führt Sie zu mir, lieber General?“

De Vissé hatte sich lange auf dieses Gespräch vorbereitet und sich zu Hause die Einleitung zurechtgelegt – über Patriotismus, über die Lehren des vergangenen Krieges, über die Pflicht des Soldaten. Aber jetzt hatte er alles vergessen, er biß die Zigarrenspitze ab, spuckte sie aus und legte sofort los: „Eine scheußliche Situation – an allem fehlt es! Wissen Sie, wieviel Maschinengewehre auf ein Bataillon kommen? Von der Luftwaffe will ich gar nicht reden. Ich zum Beispiel verfüge über zehn Bomber. Ja, ja, Sie haben richtig gehört – zehn! Es mangelt an Schuhwerk, es mangelt an Decken. Und der Winter steht vor der Tür."

Tessat nickte bekümmert. „Ich weiß, ich weiß . . . Das Erbe der Volksfront, bezahlter Urlaub und dergleichen . . . Aber die Lage wird sich bald ändern. Wir werden einiges in Amerika kaufen . . ."

„Das müßte aber möglichst schnell geschehen."

„Man sieht gleich, daß Sie kein Wirtschaftsexperte sind." Tessat lächelte herablassend. „Flugzeuge in Amerika zu kaufen ist sehr unvorteilhaft. Viel rationeller ist es, Ausrüstungen zu bestellen. Wir sparen an jedem Motor. Auch die Industriellen regen sich auf. Méjeu sagt, man dürfe die nationale Industrie nicht sabotieren; aber, wie schon gesagt, einiges werden wir in Amerika kaufen. Ein paar Aufträge haben wir nach Italien vergeben. Zum Frühjahr einundvierzig . . ."

Der General fiel ihm ins Wort: „Wenn sie aber schon im Frühjahr vierzig anfangen?"

„Sie wissen besser als ich, daß die Maginotlinie unmöglich einzunehmen ist."

„Nichts ist unmöglich. Alles hängt davon ab, wieviel Menschenmaterial sie opfern wollen. Außerdem schützt uns die Maginotlinie nicht im Norden."

„Und die Forts von Liège, der Albertkanal? Wenn sie die Belgier antasten, werden die wie die Löwen kämpfen – das ist ein streitbares Volk."

„Mag sein, aber man darf sich nicht auf andere verlassen. Wir müssen die Nordgrenze befestigen."

„Das würde Jahre kosten. Wir sind zu größter Sparsamkeit verpflichtet. Den Krieg wird der gewinnen, der das meiste Gold hat."

Tessat betrachtete seinen Gesprächspartner von oben herab.

Ein Kindskopf! Der General lief puterrot an. Die Ordensbänder auf seiner Brust hüpften auf und nieder. „Ich bin Soldat, meine Pflicht ist es zu gehorchen. Aber ich kann nicht schweigen... General Picard behauptet, wir brauchten bis zum Jahre zweiundvierzig schwere Artillerie, um die Siegfriedlinie zu nehmen. Aber haben Sie gesehen, was in Polen los war? Was die Deutschen für motorisierte Einheiten haben? Möglich, daß sie einen Durchbruchsversuch machen, auf einem kleinen Frontabschnitt. Und da höre ich nun, daß die Produktion von Panzerabwehrgeschützen nicht nur nicht gestiegen, sondern sogar noch gesunken sei. Und warum? Weil die Arbeiter in Konzentrationslager gesteckt werden. Ich habe es selbst gesehen – sie nähen dort Säcke. Fehlt bloß noch, daß sie Konfektschachteln kleben. Ich war bei Grandel. Er sagt: ‚Frühestens im Jahre zweiundvierzig...' Das ist eine Katastrophe, Herr Minister! Warum werden qualifizierte Arbeiter..."

Tessat wurde ärgerlich. „Sie sollten weniger auf Fouger hören. Ins Lager kommen nur Kommunisten. Ich mische mich nicht in strategische Fragen ein, lassen Sie die Politik beiseite!"

„Was hat das mit Politik zu tun? Ich spreche von Geschützen, von Flugzeugen."

Tessat erhob sich, durchmaß sein Arbeitszimmer, streckte den Arm aus und sagte eindringlich, als säßen vor ihm Geschworene: „Ich habe Sie beten sehen. Ungelogen, ich war erschüttert. Ich persönlich bin in einer Freidenkerfamilie aufgewachsen, aber ich achte die Religion, habe Verständnis für die Gefühle der Gläubigen. Sagen Sie doch, wie können Sie als Katholik für die Kommunisten eintreten?"

„Ich trete nicht für die Kommunisten ein. Mir untersteht die Armee. Die Religion hat damit nichts zu tun. Wen wird man zur Verantwortung ziehen? Uns, die Militärs. Ich hasse die Deutschen. Verstehen Sie? Sie können hierher, nach Paris kommen. Ich ließe nicht nur die Kommunisten in die Fabriken, selbst der Teufel wär mir recht, wenn wir nur Waffen kriegten!"

„Sie regen sich unnötig auf. Sie lassen das Spezifische dieses Krieges außer acht. Es ist doch eher ein bewaffneter Frieden. Ich weiß nicht, weshalb Gamelin im Wald von Warndt so viele Menschenleben geopfert hat. Frankreich ist ein Land mit niedriger Geburtenziffer, wir müssen also doppelt sparsam sein...

Schöne Gesten kommen uns teuer zu stehen. Der Krieg aber wird auf andere Weise entschieden werden. Die Blockade – das ist unsere Waffe! Außerdem werden diesmal die Engländer blechen müssen. Welche Schiffe werden von den Deutschen versenkt? Englische. Für uns ist das nur vorteilhaft. Soll England ruhig gerupft zur Friedenskonferenz kommen. Die Blockade ist eine riesige Daumenschraube; wir werden sie anziehen, aber nicht zu sehr. Es wäre falsch, die Deutschen zur Verzweiflung zu treiben – sie könnten am Ende tatsächlich die Maginotlinie angreifen. Man muß sie einschüchtern, dann werden sie nachgeben. Warum haben wir Krieg mit Deutschland? Das ist ein verhängnisvolles Mißverständnis, weiter nichts. Verzeihen Sie, ich bin es gewohnt, offen zu sprechen. Die Militärs müssen sich zurückhalten. Diesen Krieg werden nicht die Generäle, sondern die Diplomaten gewinnen."

Wenn de Vissé später von seiner Unterredung mit dem Minister erzählte, rief er wütend: „Er hat mich in die Schranken gewiesen wie einen Dienstboten, als wollte er sagen – das übersteigt Ihren Horizont! In Amerika wollen sie nichts kaufen: zu teuer. Hier unternehmen sie auch nichts, weil die Arbeiter angeblich Kommunisten sind. Auch kämpfen wollen sie nicht – die Armee soll sich ruhig verhalten. Aber was wollen sie eigentlich? Das begreife, wer will!"

Am selben Abend wandte sich Tessat in einer Rundfunkansprache an das Land. Er sprach nicht gern ins Mikrofon. Es wirkte so ernüchternd, keine Augen vor sich zu sehen, die vor Begeisterung aufleuchteten oder vor Mitgefühl feucht wurden. Als die Rundfunkleute erschienen, ließ Tessat seinen alten Boten kommen. „Bleib hier sitzen, Maurice, solange ich spreche. Dein Gesicht inspiriert mich."

Maurice setzte ein Lächeln auf und blieb reglos sitzen. Tessat begann, kokett lächelnd: „Der Rubikon ist überschritten! Unser Krieg ist der Kreuzzug des zwanzigsten Jahrhunderts. Wir haben das Schwert gezückt, um hohe moralische Werte, den christlichen Humanismus, die Vermenschlichung der seelenlosen Technik zu verteidigen. Unser Schwert ist fürchterlich. Ich verrate dem Feind kein militärisches Geheimnis, wenn ich sage, daß Frankreichs Himmel nie zuvor eine so mächtige Luftflotte gesehen hat. Nie zuvor haben solche Scharen von Panzern unsere

Erde erbeben lassen. Wir arbeiten Tag und Nacht ohne Unterlaß, um unsere gigantische Rüstung noch zu verstärken. Uns zur Seite stehen heldenmütige Verbündete – die Engländer und die große transatlantische Demokratie. Unsere Hauptkraft jedoch ist unser Geist, die Brüderlichkeit, die Menschen aller Parteien, aller Klassen verbindet, die Einheit der Nation, ihr Wille zum Sieg. Franzosen, wir werden das Schwert erst in die Scheide stekken, wenn wir den Todfeind der Zivilisation geschlagen haben!"

Maurice wagte nicht, sich zu rühren. Er saß verkrampft lächelnd auf der Stuhlkante und kam sich vor wie beim Fotografen.

6

Der Armeestab hatte sich auf dem Gut eines reichen elsässischen Fabrikanten einquartiert. Das geräumige Haus besaß einen Wintergarten und ein Billardzimmer, in dem die Offiziere abends Turniere veranstalteten. In der Bibliothek spielten die Offiziere Karten. Die Schreibstube befand sich im ehemaligen Kinderzimmer. Dort klapperten pausenlos Underwood-Schreibmaschinen, an der Wand hing noch eine Mickymaus, darunter tippte die Stenotypistin Lucie mit strohblondem Haar und langen, lila gefärbten Wimpern. Der Günstling des Generals, Major Leroy, machte ihr den Hof.

Der Gutsherr hatte eine Schwäche für Nippsachen. Auf dem Schreibtisch, an dem General Lerideau arbeitete, standen ein Tintenfaß in Form des schiefen Turms zu Pisa, ein Pinguin aus Kopenhagener Porzellan und eine Uhr mit verschiedenen Zifferblättern, die die Zeit von Paris, San Francisco und Tokio anzeigten. Wenn der General arbeitete, schob er den Pinguin beiseite, aus Furcht, ihn zu zerschlagen. Er war außer sich, wenn etwas beschädigt wurde. Tintenkleckse auf dem Parkettfußboden oder von Soldatenstiefeln zertretenen Rasen empfand er als persönliche Beleidigung.

Ein Mann von solcher Gemütsart hätte, so müßte man meinen, eine andere Laufbahn einschlagen sollen; aber in der Familie Lerideau dienten alle Männer beim Militär. Im Jahre vierzehn hatte Lerideau ein Regiment befehligt, auf Grund seiner Zuverlässigkeit hatte er es bis zum General gebracht. Er wußte mit

Vorgesetzten und Untergebenen umzugehen, er drängte sich nicht vor, nannte sich einen Schüler Fochs und sagte: „In unserem Beruf ist das Wichtigste Gelassenheit und ein Gefühl für das rechte Maß." Stets liebenswürdig, sorgfältig rasiert und nach Kölnischwasser duftend, erfreute er sich allgemeiner Beliebtheit und wirkte auf alle beruhigend. Kummer bereitete ihm sein kleiner Wuchs; er ließ sich nie fotografieren, wenn jemand neben ihm stand.

Einen Großteil seines Erfolges verdankte er seinem Taktgefühl. Er haßte die Abgeordneten, doch wenn Zivilisten in seiner Gegenwart über Politik sprachen, antwortete er: „Ich vertraue den Männern, die von der Nation gewählt sind." Mit Lerideau kamen alle gut aus: Breteuil, Ducamp, Viard. Er unterhielt sich mit ihnen bereitwillig über die Rolle der Fünfundsiebzigmillimetergeschütze beim Sieg an der Marne oder über die Schönheit der klassischen Poesie. Er vergötterte die Literatur; er kaufte Prachtausgaben von Racine und Corneille und hatte vor etwa dreißig Jahren in einer Provinzzeitschrift sogar einen Artikel veröffentlicht – „Über einige Ungenauigkeiten Stendhals", in dem er „Die Kartause von Parma" unter dem Aspekt der Militärwissenschaft analysierte.

Lerideau ging in seinem Beruf auf; aber das Chaos, das der Krieg mit sich brachte, bekümmerte ihn. Alles, was im Manöver so vollkommen war, wurde durch tausend Zufälligkeiten verzerrt. Und in den letzten drei Monaten war er merklich abgemagert und gealtert. Er klagte über Schmerzen. Der Arzt sagte: „Die Leber", aber Lerideau hielt die Ereignisse für die Ursache seiner Krankheit. Alles regte ihn auf. Die Front war zu kurz, er wußte nicht, wohin mit den Truppenteilen, und sagte immer wieder: „Der Überfluß ist die Wurzel allen Übels, so steht's." Die Mannschaften schliefen unter freiem Himmel; im November brach eine Grippeepidemie aus. Die Offiziere mieden Kontakte mit den Soldaten und hielten keine Übungen ab; die Soldaten langweilten sich und tranken. Als man Lerideau sagte: „Gamelin konzentriert schwere Artillerie zum Sturm auf die Siegfriedlinie", erwiderte er seufzend: „Die Offiziere haben nicht einmal Revolver, so steht's!"

Er überwachte streng den Tagesablauf im Stab. Alle standen um sechs Uhr auf. Oberst Moreau nahm die Rapporte entgegen.

Major Leroy las die langweiligen Zeitungen und schaute immer wieder in die Schreibstube, wo Lucie auf der Schreibmaschine klapperte. Major Giset kanzelte die Intendanturoffiziere ab. Oberst Javogue studierte die Karten. Und Hauptmann Sanjet, glatzköpfig und melancholisch, dachte sehnsüchtig an die Pariser Kneipen und meldete dem General: „In Zwinker wurden zwei Soldaten verwundet ... Gegenüber der sechzehnten Division wurde eine Truppenverschiebung beobachtet, die Deutschen haben das einhundertsechsundachtzigste Regiment in Stellung gebracht. Operationen der gegnerischen Luftwaffe wurden gestern nicht festgestellt ... In Thionville wurde ein Lazarett für Geschlechtskranke eingerichtet." Der General schob den Pinguin beiseite und murmelte: „So steht's!" Punkt zwölf Uhr wurde Mittag gegessen.

Heute gab es Strasbourger Gänseleberpastete. „Die Gaben der hiesigen Götter", sagte Oberst Moreau. Der General seufzte. Der Arzt hatte ihm Diät verordnet. Um sich selbst zu trösten, bemerkte er: „Das Gesündeste ist Salat. Mit zunehmendem Alter wird der Mensch zum Pflanzenfresser. Das ist ganz natürlich."

Hauptmann Sanjet schluckte eilig einen Bissen Pastete hinunter und meinte beipflichtend: „Selbstverständlich!"

Das Gespräch kam darauf, daß Hitler Vegetarier sei ... Der General staunte und sagte mehrmals: „So steht's ... Ein interessanter Zug." Dann gab Major Leroy einen Überblick über die wichtigsten Zeitungsmeldungen: „Im Blickpunkt steht Finnland. Alle sind gespannt, was die Russen machen werden."

Der General wurde lebhaft. „Sehr interessant. Sie können natürlich ein Umgehungsmanöver starten und versuchen, zum Bottnischen Meerbusen vorzudringen, um Helsinki von Schweden abzuschneiden. Sie können auch einen Frontalangriff gegen die Mannerheimlinie unternehmen. Abwarten, abwarten ..." Der Krieg in Finnland war für ihn eine strategische Aufgabe, er fühlte sich gleichsam in sein gemütliches Pariser Arbeitszimmer zurückversetzt und seufzte melancholisch: „Und was schreibt man über uns?"

„Wenig. In der ‚Époque' sind zwei Spalten von der Zensur gestrichen worden ..."

„Und das ist gut so. Sicher ein Artikel von Kérillis oder Ducamp. Ich verstehe nicht, wieso man die überhaupt schreiben läßt."

Oberst Moreau war ein guter Freund des Generals Picard; beide haßten sie Ducamp. Und der Oberst sagte: „Man schreibt mir aus Paris, daß Ducamp hierherkommen will. Der hat uns gerade noch gefehlt!"

Immer wenn der General sich ärgerte, leckte er sich die Lippen. So auch jetzt. „Ein starkes Stück! Daladier könnte uns derartige Überraschungen ersparen. Ducamp steckt hier am Ende noch alle mit seiner Panik an. Ich habe ihn selber schreien hören: ‚Die Deutschen werden im Frühjahr eine entscheidende Operation starten.' Was wollen Sie, der Mann war früher mal Pilot, aber von Strategie hat er keine Ahnung, er ist zurückgeblieben und versteht nichts. Für ihn ist die Maginotlinie nichts anderes als eine befestigte Frontstellung an der Aisne oder Somme." Der General wählte mit Sorgfalt eine Birne, betastete sie, ob sie auch reif sei, schälte sie dann behutsam mit einem Obstmesser und wischte sich den aromatischen Saft von den Fingern. „Wenn das Messer wie in Butter eindringt, ist die Birne immer gut ... Probieren Sie mal, Hauptmann." Er reichte Sanjet die eine Hälfte der Birne. „Und in Ducamps Geschwätz macht sich der Einfluß von Oberst de Gaulle bemerkbar. Ich habe sein Memorandum gelesen. Gamelin hat recht: ein Phantast. Er will nicht begreifen, daß die Deutschen nur bluffen. Er schert alles über einen Kamm: Polen, Spanien, wo Anarchisten gegen eine reguläre Armee kämpften, unsere Front. Es ist immer schlecht, wenn Leute, statt die Klassiker der Militärwissenschaft zu lesen, von Zeitungssensationen leben. Dieser de Gaulle hält sich für einen Neuerer. In Wirklichkeit ist er ein Routinier. Er sieht nur Sedan oder die napoleonischen Kriege. Er hat die Erfahrungen des Weltkrieges vergessen und glaubt, die Panzer werden durch Europa jagen wie einst die Kavallerie. Doch die Zeit der Blitzkriege ist vorüber. Wir sind zu langwierigen Belagerungen der Länder zurückgekehrt. Das ist ein Trojanischer Krieg, so steht's!"

Er rollte sorgfältig seine Serviette zusammen, schob sie in den Serviettenring und erhob sich. Der Kaffee wurde im Salon serviert. Oberst Moreau sagte: „General Monnet hat angerufen ... Sie wollen eine Art Manöver durchführen, um die Soldaten an die Wirkung der Sturzkampfflieger zu gewöhnen."

Das Wort „Manöver“ erinnerte Lerideau an Friedenszeiten, doch sofort verfinsterte sich sein Gesicht: Da hat sich dieser Monnet wieder mal was ausgedacht! Ein Emporkömmling, will immer die erste Geige spielen! Aber Oberst Moreau fuhr fort: „Der Präfekt ist dagegen. Die Sache ist die, daß hinter Munster die Bevölkerung nicht evakuiert worden ist, die Bauern haben Angst um ihre Weinberge.“

Der General nickte. „Ich teile völlig die Meinung des Präfekten. Wir müssen die Elsässer besonders rücksichtsvoll behandeln. Das Ganze ist ein unsinniger Einfall ... Sturzkampfflieger! In Polen oder Spanien meinetwegen, wo es keine Flak gibt ... Die beißen auf den deutschen Köder an, fallen auf jedes Gerücht herein. Teilen Sie das General Monnet mit ... Normaler Dienst, nichts weiter ... Ansonsten sollen die Leute sich ausruhen.“

Nach dem Frühstück begaben sich der General und Hauptmann Sanjet zu den Frontstellungen. Lerideaus Fahrer war der Sohn des Industriellen Méjeu, ein sportlicher junger Mann, der dank der Position seines Vaters zum Armeestab abkommandiert worden war. Méjeu raste los, und Lerideau ermahnte ihn: „Nicht so schnell, mein Freund, so steht's!“

Lerideau unterhielt sich gern mit seinem Fahrer. Méjeu war über alle Vorkommnisse in der Umgebung bestens informiert. „Was gibt's Neues, mein Freund?“

„Alles ruhig, Herr General. In Munster habe ich mit einem Notar gesprochen; er ist in dienstlichen Angelegenheiten aus Périgueux gekommen. Er sagt, der Prozeß Rossé habe auf die Elsässer einen unangenehmen Eindruck gemacht.“

„Dachte ich's mir doch.“ Lerideau wandte sich an Sanjet. „In Paris müssen sie doch mit Blindheit geschlagen sein. Selbst wenn dieser Rossé mit der deutschen Abwehr in Verbindung gestanden hat, darf man das jetzt doch nicht an die große Glocke hängen. Wozu die politischen Meinungsverschiedenheiten noch mehr vertiefen?“ Der General beugte sich zum Fahrer vor. „Sind Sie mit dem Oberst zu den Stellungen gefahren?“

„Wir waren in Erstein, Herr General. Major Lesage hatte sich über die schlechte Disziplin der Soldaten dort beschwert.“

Méjeu wollte erzählen, daß die Soldaten den Major mit Kuhmist beschmiert hatten, besann sich aber noch rechtzeitig: Das würde den General bestimmt auf die Palme bringen. Méjeu lächelte nur still bei dem Gedanken, wie der arme Major gewinselt hatte. Lerideau aber sagte: „Was soll man tun, die Leute langweilen sich. Man muß sinnvolle Zerstreuungen organisieren."

Sie hatten Strasbourg erreicht. Die Stadt war menschenleer. In den Kiosken hingen hinter den Glasscheiben die Zeitungen der letzten Augusttage. Auf den Caféterrassen standen Marmortischchen und Korbstühle, als warteten sie auf Gäste. Das Portal des Münsters war mit Sandsäcken verbarrikadiert. Die Uhren auf den Plätzen zeigten verschiedene Zeit. Als der General in einem Schaufenster einen fliederfarbenen Morgenrock sah, seufzte er: Genau so einen hatte Sophie ... Lerideau hatte vor vier Jahren zum zweitenmal geheiratet, die Tochter eines Militärarztes. Obwohl erst sechsundzwanzig Jahre alt, war Sophie eine besonnene und fürsorgliche Gattin. Wenn Lerideau arbeitete, schlichen alle im Hause auf Zehenspitzen. Sophie kochte ihm sein Lieblingsgericht „Kalbskopf à la vinaigrette". Sie duftete immer nach „Korsischem Jasmin".

Der Beobachtungspunkt befand sich auf einem Steilhang in einer mit Tannenzweigen getarnten Laube. Lerideau sah durch den Feldstecher einige Männer vor einem Blockhaus stehen. Der Gegner, dachte er mechanisch ... Dann erblickte er ein großes Transparent: „Franzosen, unser gemeinsamer Feind ist England!" Daneben prangten Bilder von Hitler und Jeanne d'Arc. Lerideau runzelte die Stirn: Wie vulgär! Statt militärischer Operationen solch eine Propaganda. Als wäre der Krieg eine Wahlkampagne ... In der Ferne Häuser mit graubraunen Dächern, blaue Rauchfähnchen, Weinberge ... Zweifellos, ein komischer Krieg! Man könnte die Wirklichkeit vergessen und alles für ein Manöver halten: Die Blauen versuchen, den Fluß zu überqueren ... Aber im Jahre sechzehn war es anders gewesen. Lerideau dachte an die Ruinen von Péronne, an die Trümmer, die Granattrichter, die Leichen ... Das wird sich nicht wiederholen. Damals sind wir mit Liedern und roten Piou-Piou-Hosen in den Krieg gezogen. Heute haben wir die Maginotlinie.

Lerideau ging auf einem schlammigen Pfad. Es roch nach feuchter Erde. Die trübe Wintersonne kam zum Vorschein. Plötzlich hörte er Musik: Schubert. Dieses Stück hatte Sophie oft gespielt. „Was ist denn das?"

Der Regimentskommandeur berichtete: „Ein Lautsprecher. Wir übertönen die deutsche Propaganda. Und der Gegner hört vertraute Musik. Wir beweisen den Deutschen, daß wir nichts gegen sie haben."

„Eine großartige Idee", meinte Lerideau anerkennend.

„Man hat uns empfohlen, zwischen den einzelnen Musikstücken kurze Aufrufe in deutscher Sprache durchzugeben. So wird es in der siebenundzwanzigsten Division gehandhabt. Aber ich halte nichts davon."

„Richtig! Im Krieg muß man kämpfen. Überlassen wir die Politik den Politikastern. Wie ist das, finden hier den ganzen Tag Konzerte statt?"

„Heute früh kam es zwischen sieben und sieben Uhr vierzig zu einem Feuerwechsel. Ihre Batterien befinden sich . . ."

„Ich weiß, ich weiß . . . Hat es Verluste gegeben?"

„Drei Soldaten sind gefallen, ein Sergeant wurde schwer verwundet."

Einen Augenblick lang herrschte Stille. Doch sofort ertönte es vom anderen Ufer auf französisch:

„Hinter eurem Rücken
Schaut, was sich da tut:
England wird Maschinen schicken,
Und Frankreich zahlt mit Blut."

Sie fuhren weiter, zum Stab der 27. Division. Lerideau wollte überprüfen, ob man sich dort tatsächlich mit politischer Propaganda befaßte. Aber er vergaß die Lautsprecher, als er mit einer wichtigen Nachricht empfangen wurde: Am Morgen war bei Erstein ein deutsches Jagdflugzeug abgestürzt. Bei der Leiche des Piloten fand man die Papiere, es handelte sich um den Leutnant Karl von Schirau.

Lerideau ordnete eine feierliche Beerdigung an. „Das ist die beste Propaganda! Wir werden ihnen zeigen, daß wir den Gegner zu achten wissen. Ich schicke Oberst Moreau." Er überlegte eine Weile. „Von Schirau, sagten Sie? Wahrscheinlich aus adliger Familie . . . Das kann in Deutschland großen Eindruck machen . . . Ich will versuchen, selbst herzukommen."

Lerideau besichtigte das Lazarett. Als er eine Baracke betrat, warfen die Soldaten rasch einen Mantel über die Spielkarten.

„Na, Kinder, erholt ihr euch?"

„Jawohl, Herr General!"

Lerideau wußte nicht, was er sagen sollte, und ging wieder. In der Tür hörte er: „General Däumling!"

Schon einmal hatte er diesen kränkenden Spitznamen gehört – in Paris, auf der Straße. Aber er hätte nicht gedacht, daß sich hier an der Front jemand erdreisten würde, ihn zu verspotten. Wahrscheinlich ein Kommunist... Er leckte sich die Lippen, Hauptmann Sanjet seufzte – er hatte am Abend um drei Tage Urlaub bitten wollen.

Während der ganzen Rückfahrt schluckte Lerideau an der Kränkung. Im Vestibül stand ein großer Spiegel; als der General daran vorüberging, wandte er sich ab. Er ließ Oberst Moreau zu sich kommen: „In der siebenundzwanzigsten Division herrscht Disziplinlosigkeit. Die Soldaten machen einen miserablen Eindruck, so steht's! Und General Monnet gibt sich mit Propaganda ab, statt seine Leute an die Kandare zu nehmen. Sie senden für die Deutschen irgendwelche politischen Reden, wahrscheinlich von Emigranten, von Kommunisten verfaßt... Wir werden gleich einen Bericht an den Oberbefehlshaber mit einer Kopie für Daladier aufsetzen."

Der Oberst seufzte: Er wollte heute eine Revanchepartie mit Major Giset spielen – zwei Spiele zu hundert Punkten... Der Hauptmann erklärte Leroy: „Er leckt sich die Lippen... Dort hat ihm jemand ‚Däumling' nachgerufen. Und ich wollte morgen nach Paris fahren. So ein Mist!"

Es schlug sechs Uhr. Die Schreibstube leerte sich. Nur Lucie arbeitete noch. Schließlich tippte sie die letzten Worte: „Dubois, Pierre, Sergeant", legte das Kohlepapier zusammen, deckte die Schreibmaschine zu und ging, sich verstohlen nach allen Seiten umblickend, nach oben, wo Major Leroy sie erwartete.

„Stellen wir uns vor, Kleines, wir wären in Venedig in einer Gondel..."

7

Seit dem Morgen regnete es pausenlos: der Dauerregen eines ungesund feuchten Winters. Der gelblichgraue, verhangene Himmel bot einen trostlosen Anblick. Pierre schaute auf seine rotbraunen, völlig durchnäßten Stiefel. Er starrte jetzt häufig auf einen Fleck, als wollte er etwas erspähen; aber er sah nichts. Er dachte auch an nichts. Alles, was um ihn herum geschah, war verworren. Er wollte sich kneifen, wollte schreien, um sich zu vergewissern, daß er nicht träume. Es ereignete sich überhaupt nichts. Der Soldat des 39. Regiments weichte im Regen auf und hörte bald Rhapsodien von Liszt, bald das Fluchen eines Sergeanten, was gelegentlich von Geschützdonner unterbrochen wurde. Etwas Schreckliches lag in der Luft, Pierre wagte nicht, daran zu denken.

An einem heißen Augusttag hatte es angefangen. Als er jedoch am nächsten Morgen erwacht war, hatte er sich wohlig gerekelt: Agnès kochte Kaffee, auf dem Fußboden spielte Doudou, und sein rotbraunes Pferdchen schaukelte verwegen im Sonnenschein. Doch im nächsten Augenblick war ihm alles wieder gegenwärtig ...

Seitdem war er in Apathie verfallen, hatte sich einfach nicht wieder aufraffen können, war gleichsam verstummt. Und dabei war er doch für ein überschwengliches Leben geschaffen.

In Pierres Heimatstadt war es jetzt warm; die blaßroten Dezemberrosen blühten, in der Ferne schimmerte rotbraun der sonnenversengte Gipfel des Canigou, den er einmal erstiegen hatte ... Der Regen würde den ganzen Tag anhalten, auch morgen und übermorgen. Und bald würden in der schmutzigen Watte des Himmels die Engel heiser wie ein Lautsprecher krächzen: „Ehre sei Gott in der Höhe."

Vor seiner Abreise war Pierre wie ein Verurteilter umhergegangen. Agnès sah, wie sehr er sich quälte, und wollte ihm helfen. „Laß uns weit wegfahren, Pierre, nach Amerika. Wir werden schon Arbeit finden."

Er schüttelte den Kopf. „Allen geht es schlecht. Wie kann ich da an meine eigene Haut denken? Das, was war, kehrt sowieso nicht wieder." Er dachte an die Tage der Volksfront.

Früher hatte er das Gefühl gehabt, an den Ereignissen beteiligt, für sie verantwortlich zu sein. Selbst nach Viards Verrat konnte er noch sagen: „Ich bringe Flugzeuge über die Grenze." Jetzt aber war er ein vom Holzfäller markierter Baum, ein Rädchen, das selbst durch sein Ausscheiden den Lauf der Maschine nicht verlangsamen konnte.

Am Tage seiner Abreise hätten sie sich fast zerstritten. Agnès sagte finster: „Aber ihr habt das doch gewollt."

Er brauste auf: „Das nicht! Das ist nicht unser Krieg."

Für Agnès war ein Krieg wie der andere: Granaten, Schmutz, Blut, Tod. Wie konnte er ihr klarmachen, daß der September des Jahres neunundddreißig etwas anderes war als der September des Jahres achtunddreißig? Sie entgegnete: „Sophismus, Politik, Spiel." Für ihn aber war das die Wahrheit. Ganz anders klangen jetzt die Schritte der Reservisten. Niemand sang. Aus den Gesichtern sprach die Demut Verdammter. Und Pierre sah keinen Ausweg.

Er begriff jetzt, was ihn von Michaud trennte. Ihre früheren Meinungsverschiedenheiten waren nicht zufällig gewesen. Michaud war stark. Man konnte ihn brechen, dann würde er fallen, wie gestern Jules gefallen war. Aber man konnte ihn nicht beugen. Er würde lachen, würde sagen: „Und ob!" und aushalten. Wo mochte er jetzt sein? Ob er auch irgendwo im Regen stand? Ob er im Gefängnis saß? Wie gern hätte Pierre mit ihm gesprochen! Aber nein, auch Michaud konnte ihm nicht helfen. Michaud würde nur antworten: „Man muß vorwärtsschauen. Die Dialektik der Ereignisse ..."

Pierre war einsam. Man hatte ihn in eine Kompanie bretonischer Bauern gesteckt – lauter fromme, ängstliche Leute, denen gesagt worden war, Pierre sei ein Anarchist, ein Gottloser, der in Spanien Kirchen niedergebrannt hätte. Leutnant Esterelle, ein mißgestalter Gnom, war einer von Breteuils Rittern; er vergötterte die Poesie, sagte, daß die Armut „romantisch" sei und der Faschismus ein „mystisches Wesen" habe. Der Leutnant verachtete seine Soldaten: Sie rochen nach Schweiß, sprachen ein schlechtes Französisch und glaubten an Amulette mit dem Bild des heiligen Guénolé. Vor Pierre hatte er Angst, er warnte die anderen Offiziere: „So einer ist imstande, einen hinterrücks zu erschießen." Es wurmte ihn, daß Pierre Ingenieur war, daß er das Theater „Atelier" besuchte und Gedichte von Éluard las.

Pierre hatte sich mit Jules angefreundet, dem einzigen Pariser. Er hatte früher im Gaswerk gearbeitet und war ein unverbesserlicher Witzbold. Er kritisierte Pierre: „Man darf den Kopf nicht hängenlassen. Hat schon Schlimmeres gegeben ... Maurice Thorez wird sich schon was einfallen lassen. Ich gehe jetzt auf die Jagd – hier riecht's nach Hühnermist. Habe schon lange kein anständiges Rührei mehr gegessen." Er heiterte Pierre auf: „Ich bin ein Optimist. Betrachten wir die Dinge mal vom Standpunkt eines Schweins ... Vor dem Krieg wurden sieben Tage in der Woche Schweine geschlachtet. Heute dagegen darf montags und dienstags kein Schweinefleisch verkauft werden. Es werden also keine hundert Jahre vergehen, und die Schweine haben die Unantastbarkeit ihrer Person durchgesetzt, was ich dir sage!" Für einen Moment erwachte Pierre aus seiner Apathie und lachte. Und nun war Jules gefallen.

Pierres Briefe waren kurz. Wovon sollte er Agnès berichten? Vom Regen? Von Jules' Späßen? Oder daß er im Sterben aus unerfindlichem Grunde immer wieder „Steckrübe" gesagt hatte? Von Leutnant Esterelle, der Valérys Gedichte las und Angst hatte, im Vorbeigehen einen Soldatenmantel zu streifen? Agnès fragte in ihren Briefen nach Pierres Gesundheit oder berichtete von Doudous Streichen. Sie hätten einander soviel zu sagen gehabt, aber sie waren beide stumm geworden. Pierre dachte oft an Agnès – sie war wie eine gerade Straße an einem hellen Julitag: Geh los, und du kommst ans Ziel ... Für ihn aber gab es nur schmale Pfade. Ein Labyrinth von Pfaden. Und nun hatte er sich verirrt ...

Hörte denn der Regen nie auf! Pierre erinnerte sich an den regnerischen Abend auf dem Flugplatz von Toulouse. Wie hatte er damals gelitten! Jetzt spürte er nicht einmal mehr Schmerz: ein Sterben unter Narkose. Der Mantel roch wie nasses Hundefell, immerhin ein lebendiger Geruch, den man schätzen sollte. Danach kam das Nichts. Ein Grammophon ... damit die Deutschen sich nicht langweilen, wie es hieß ... Witzbolde!

Leutnant Esterelle rief ihn zu sich. „Bringen Sie das Hauptmann Gémier."

„Zu Befehl, Herr Leutnant."

Der Leutnant überreichte Pierre ein Buch, er wollte ihn demütigen: Ein Kommunist akzeptiert wahrscheinlich nur proletarische Dichter. Sollte er einen Spaziergang machen! Bis zu dem Gehöft, wo die Artillerie lag, waren es vier Kilometer. Hauptmann Gémier, ebenfalls ein Ästhet, hatte ihn gebeten: „Schicken Sie mir was zum Lesen. Aus lauter Langeweile stelle ich schon ein Reimlexikon zusammen."

Pierre kauerte sich unter ein Schutzdach und schlug das Buch auf. Gedichte ... Er sah nicht nach dem Verfasser.

„Rar sind des Lebens Freuden,
Ohne zu blühn, lebt man dahin ..."

Er klappte das Buch zu. Ihm war, als hätte Agnès seinen Namen gerufen, als stünde sie neben ihm und striche ihm mit der Hand über die feuchte Wange. Heiß war ihre Hand ... Und vom Gesicht rannen Regentropfen.

Sein Weg führte über einen steilen Pfad zwischen Weingärten. Das Gehöft lag hinter einem Wäldchen versteckt. Rechts stand noch die Kirche. Der Wetterhahn auf dem Glockenturm war weggeschossen. Pierre umging einen Granattrichter. Sie haben sich eingeschossen, dachte er mechanisch. Und er bog vom Weg ab.

Er übergab das Buch dem kurzsichtigen, schüchternen Hauptmann, trank mit den Artilleristen einen Krug jungen, sauren Wein und machte sich auf den Rückweg. Welch ein Wunder – der Regen hatte aufgehört! Die Lautsprecher waren eine Stunde früher als sonst verstummt. Unten krachte ein Gewehrschuß, der aber unbeantwortet blieb. Es war ganz still. Pierre dachte flüchtig: „Rar sind des Lebens Freuden ..." Am Abend würde er einen Brief von Agnès bekommen. Und dann der Strohsack, schwüle Körperwärme, das behagliche Schnarchen des rothaarigen Yves ...

Plötzlich zerriß ein Krachen die Stille. Das geschah täglich zweimal; aber Pierre konnte sich einfach nicht an die erste Detonation gewöhnen. Die Welt veränderte sich augenblicklich, die Luft zerbarst ... Gleich werden wir das Feuer erwidern ... Pierre kauerte sich an den Wegrand. Es war naß ... Eine Stunde würde er hier wohl sitzen müssen. Dafür winkte ihm am Abend ein Brief ...

Die zweite Detonation hörte er nicht mehr; er sprang hoch, ein Splitter hatte ihn in der Leistengegend verwundet. Eine halbe Stunde später fanden ihn die Artilleristen.

Gegen Morgen kam er zu sich. Er sah in das unerträglich grelle Licht einer nicht abgeschirmten Glühbirne und schloß die Augen gleich wieder. Allmählich kehrte die Erinnerung zurück: das Buch, die Artilleristen, der Wein, das Geschoß. Er war offenbar verwundet... Vielleicht mußte er sterben? Nein... Schlief er? Er wollte sich auf die rechte Seite legen, so schlief er immer, aber da schrie er auf. Also doch sterben... Aber er hatte doch noch an etwas sehr Wichtiges zu denken... Was war es bloß? Er wollte Agnès sehen, wie er sie unter dem Schutzdach gesehen hatte, aber es gelang ihm nicht – sie hatte kein Gesicht. Er flüsterte nur immer wieder ihren Namen. Die Krankenschwester trat an sein Bett und richtete das Kissen. Ihr Gesicht war lang wie ein Strich. Eine Fremde, dachte Pierre. Dann erblickte er auf der Bettdecke ein blinkendes Spielzeug – eine Sandform, rot mit giftgrünen Streifen. Er saß auf einem Sandhaufen. Aus der Form kam ein Sandkuchen nach dem anderen. Nein, Fische waren es. Oder vielleicht ein Zwerg mit langem Bart? Der Sand war trokken, die Kuchen zerfielen. „Zu trocken!" rief er. Die Schwester kam mit einem nassen Handtuch und legte es Pierre auf die Stirn. Er spürte es nicht, er hatte wieder das Bewußtsein verloren.

Und vor dem Fenster dröhnte Musik. Das 3. Bataillon erwies dem gefallenen deutschen Piloten den Ehrensalut. General Lerideau hielt eine Rede: „Wir verneigen uns vor der sterblichen Hülle eines Kämpfers... Vaterlandsliebe... Pflichtgefühl..."

Und wieder begann es zu regnen, noch stärker als am Vortag, der Regen schien das Versäumte nachholen zu wollen.

Der Brief von Agnès war, wie Pierre vermutet hatte, am Abend eingetroffen. Er lag drei Tage in der Schreibstube, dann ging er mit dem Vermerk zurück: „Empfänger verstorben".

8

Die Zensur wurde „Tante Anastasia" genannt, und Joliot jammerte, diese Tante bringe ihn noch ins Grab. Die Zeitungen erschienen mit weißen Stellen. Man durfte nicht schreiben, daß in den Vogesen grimmiger Frost herrschte, daß die Italiener dem deutschen Botschafter eine Ovation bereitet hatten, daß die chilenische Regierung spanischen Flüchtlingen Asyl gewährte. Joliot breitete die Arme aus. „Es bleibt nur ein Thema – Brom!"

Es hieß, daß den Soldaten Brom in den Kaffee gegeben werde, um ihr Verlangen nach Frauen zu dämpfen. Und Joliot brachte in seiner Zeitung Couplets:

„Gretchen, ich steh vor deiner Tür;
Ohne Brom, ohne Brom komm ich zu dir!"

Dessères Abstieg zwang Joliot, sich nach einem neuen Geldgeber umzusehen. Breteuil brachte ihn mit Montigny zusammen. „La Voie Nouvelle" wechselte nicht zum erstenmal die Richtung; aber diesmal war Joliot darüber bekümmert. Dessère hatte Lebensart gehabt. Scharfe Worte hatte er durch einen Scherz gemildert und einen Scheck so nebenbei übergeben, als wär's eine Zigarette. Montigny dagegen brüllte Joliot an wie einen Lakaien, mischte sich in Redaktionsangelegenheiten ein, empörte sich über eine harmlose Notiz von der Hochzeit eines Radikalen oder eines Sozialisten. Aber Joliot konnte es sich doch nicht mit allen verderben! Auch Montigny hielt sich ja nicht ewig.

Ein Mitarbeiter gebrauchte in einer Skizze den Ausdruck „Boches". Diesen Spitznamen hatten die Deutschen seit einem Vierteljahrhundert. Montigny tobte: „Empörend! Sie appellieren an die niedrigsten Instinkte! Natürlich befinden wir uns im Krieg mit Deutschland, aber das ist ein ritterliches Duell, man kann sagen, eine historische Tragödie. Hitler ist ein großer staatsmännischer Kopf!"

Verständlich, daß Joliot sich freute, als er von der feierlichen Beerdigung des deutschen Piloten erfuhr. Die Schilderung der Zeremonie und Lerideaus Rede füllte eine ganze Spalte. Am nächsten Tag jedoch mußte Joliot sich erneut den Kopf zerbrechen. Worüber sollte er schreiben? Schon der vierte Monat seit Kriegsbeginn, aber es tat sich nichts – ein unsichtbarer Krieg. Die Soldaten starben an Grippe. Gestern war in der Kammer ein Vertrag mit Deutschland betreffs des Eisenbahnverkehrs über den Rhein verlesen worden; erst bei der Abstimmung kam jemand darauf, daß der im Sommer ins Parlament eingebrachte Gesetzentwurf überholt und die Rheinbrücken längst gesprengt waren. Der Krieg hieß nur noch der „komische Krieg". Die Leute fragten einander: „Wie gefällt Ihnen dieser komische Krieg?" Er gefiel allen; nur zu schreiben gab es nichts.

Niemand wußte, wer eigentlich der Feind war. Deutsche Flieger warfen Flugblätter und Broschüren ab. Man sammelte sie auf und sagte: „Saubere Arbeit." Man hörte Rundfunksendungen aus Stuttgart, der Ansager war ein Franzose. Joliot nannte ihn den „Stuttgarter Verräter“. Dieser Spitzname bürgerte sich ein, und der „Stuttgarter Verräter“ wurde populär. Die Abgeordneten fragten einander: „Was sagt der ‚Stuttgarter Verräter‘ über die Geheimsitzung der Kammer?“

Und dann geschah ein Wunder. Eines späten Abends ließ Montigny den Dickwanst kommen. Er war frohgelaunt, sogar liebenswürdig, gab Joliot widerspruchslos, soviel der verlangte, und sagte begeistert: „Den politischen Teil überlassen Sie Breteuil. Und bringen Sie möglichst viel Anekdoten, heroische Details, Episoden ... Schicken Sie die besten Kriegsberichterstatter los.“

Endlich war der Feind gefunden. Zwei Tage später reisten die Berichterstatter nach Helsinki.

Tessat lud den italienischen Botschafter zum Essen ein; er pries die römische Küche, den Piemonter Wein, die Malerei Veroneses, das staatsmännische Genie Mussolinis.

„Sie können sich nicht vorstellen, wie deprimiert ich war, als trotz der Vermittlung des Duce der Krieg ausbrach! Diese Monate waren für mich geradezu ein Alptraum. Wie für alle kultivierten Europäer ... Und nun endlich der erste Lichtblick. Die Reaktion auf das Vorgehen Moskaus beweist, daß noch nicht alles verloren ist. Mich ermutigt vor allem die Haltung Italiens. Ich sage: ‚mich‘, denn ich habe mich schon immer für ein Bündnis der lateinischen Länder eingesetzt. Wir sind die Kinder des großen Rom. Was bedeutet Danzig oder auch ganz Polen, verglichen mit dem Schicksal der Zivilisation? Sagen wir es unumwunden: Unser gemeinsamer Feind ist Moskau! Von den Kämpfen auf der Karelischen Landenge hängt nicht nur die Zukunft von Paris und Rom ab, sondern auch die Zukunft Berlins.“

Alle lebten auf. Madame Montigny veranstaltete „Nordische Dienstage“; die Damen der guten Gesellschaft strickten bei der Musik von Sibelius Socken und Ohrenschützer für die finnischen Soldaten. Méjeu stiftete anderthalb Millionen für Mannerheims „Lottas“; der Scheck wurde der Tochter des finnischen Marschalls feierlich überreicht.

Der Marseiller Gangster Billier forderte die Umbenennung der Rue de Moscou in Rue d’Helsingfors.

In der Église de la Madeleine wurde eine Messe für den Sieg der finnischen Armee gelesen. Breteuil betete inbrünstig. Von der Kirche fuhr er zur Redaktion der „Voie Nouvelle“ und verblüffte Joliot, obwohl der Dickwanst nicht so leicht aus der Fassung zu bringen war. „Sie fahren unverzüglich zu Viard. Er soll ein paar Artikel über Finnland schreiben.“

Montigny konnte Viard nicht ausstehen. „Der hat die Arbeiter verhätschelt und sie auf die Idee gebracht, am Strand zu faulenzen!“ schimpfte er. Da Joliot sich den Neigungen seines neuen Geldgebers anpassen mußte, ging er Viard aus dem Wege. Einmal hatte er ihn im Restaurant „Marius“ in der Nähe des Palais Bourbon getroffen. Viard hatte melancholisch geseufzt: „Sie haben mich vergessen.“

Joliot hatte protestiert: „Glauben Sie, ich sei Jupiter? Ich bin nur der Götterbote Merkur. Sie wissen ja, was für ein Vieh Montigny ist! Daß Dessère aufgegeben hat, ist ein Unglück nicht nur für mich, sondern für ganz Frankreich . . . Ich muß jetzt schreiben, was Breteuil diktiert. Das ist ein gottesfürchtiger eiskalter Egoist, ein böser Zander. Bei uns in Marseille gibt es solche Leute nicht. Eine Kreuzung zwischen gallischem Hahn und deutschem Schäferhund. Ich hab schon so oft zu ihm gesagt: ‚Und Viard?‘, aber die nationale Einigkeit existiert leider nur auf dem Papier. Persönlich schätze und verehre ich Sie, ja, liebe ich Sie sogar!“

Viard hatte traurig gelächelt und sich einen stillen Ecktisch gesucht. Eine schwierige Aufgabe stand ihm bevor – er mußte ein Essen nach ärztlicher Weisung zusammenstellen. Viard trug immer eine Liste der verbotenen Speisen bei sich. Er sah nach: Sauerampfer und Tomaten – nicht erlaubt; Mohrrüben – erlaubt.

Und nun schickte Breteuil Joliot zu Viard. Der Dickwanst führte den ganzen Weg Selbstgespräche, so aufgeregt war er. Zeiten waren das! Jeden Tag änderte sich alles. Wem sollte man huldigen, wen diffamieren?

Viard lebte jetzt ganz zurückgezogen inmitten seiner Bilder und Bücher. Widerwillig verfolgte er die Ereignisse, wie ein Zuschauer, dem ein schlechtes Drama vorgeführt wurde, er konnte nicht weggehen, langweilte sich aber beim Zuschauen. Er sagte: „Ich sehe in all dem keine Idee.“ Zufrieden dachte er: Ich hab doch noch Glück gehabt. Tessat hat zur rechten Zeit meinen Platz eingenommen. Die haben sich das eingebrockt, sollen sie es auch auslöffeln! Im Parlament stimmte Viard natürlich für die Regierung; zweimal gab er patriotische Erklärungen ab, aber er sprach kühl, als wiederholte er ein uninteressantes Zitat. Der „komische Krieg“ war für ihn ein unnötiges Durcheinander. Nun wurden auch in China Menschen getötet. Wozu das alles?

Er lebte ein wenig auf, als die Kommunistenverfolgungen begannen. Die einst erlittene Kränkung hatte er nicht vergessen. Er sah in den Kommunisten die Schuldigen an seiner Niederlage. Sie hatten die Besetzung der Fabriken angestiftet, die Kleinhändler erzürnt, Daladier in Breteuils Arme getrieben. Sie redeten lauthals von Patriotismus, empörten sich über München, als es aber zum Krieg kam, wollten sie nichts damit zu schaffen haben. Jetzt sagten die Arbeiter: „Nur die Kommunisten sind gegen den Krieg.“ Viard hielt das für ein geschicktes Wahlkampfmanöver. Sie werden eine Million Stimmen gewinnen, dachte er mechanisch. Er unterstützte natürlich den Antrag auf Auslieferung der kommunistischen Abgeordneten und sagte: „Dagegen ist nichts einzuwenden, das ist nur gerecht.“ Und die Nachricht, daß der Senator Cachin in Freiheit war, verdroß ihn. Er haßte Cachin. Einst hatten sie beide derselben Partei angehört, waren sie gemeinsam in Versammlungen aufgetreten. Die jungen Kommunisten waren Menschen von einem anderen Stern, Cachin aber war in Viards Augen ein Verräter – ein kultivierter Mensch, ein Humanist, ein Demokrat, und hielt es mit den Kommunisten!

Tagtäglich wurden Hunderte verhaftet. In der Provinz blieben hier und dort selbst Sozialisten nicht verschont. Viard erschrak: Die Reaktion erhebt ihr Haupt! Er fühlte sich als Hüter der Traditionen, als alter Opferpriester. Vielleicht sollte er einschreiten? Doch diesen Gedanken wies er sofort zurück: Das würde ja nur den Kommunisten nützen.

Er zog sich wieder in seine Welt zurück. Er hatte ein kleines Stilleben von Cézanne erstanden: zwei Äpfel auf einem lackierten Tablett. Stundenlang betrachtete er das Gemälde. Die Äpfel waren in sich geschlossene Welten, unendlich gewichtig wie das Wesen der Materie.

Er hatte geglaubt, ihn könne nichts mehr begeistern; aber er hatte sich selber nicht gekannt – die Ereignisse in Finnland verjüngten ihn geradezu. In einer leidenschaftlichen Rede vor der

Kammer machte er seiner Empörung Luft, und sein Kneifer hüpfte wie vor zwanzig Jahren. Der Krieg bekam plötzlich einen Sinn: „Die Kommunisten – das ist die Geheimarmee des Imperialismus!"

Als Joliot Breteuils Bitte vorgebracht hatte, sagte Viard: „Das tue ich gern, mein Freund, sehr gern, obwohl ich alt und krank bin. Der Arzt hat mir jede Arbeit verboten; aber wenn die Schwachen leiden, bin ich zur Stelle. Gut, daß Breteuil den Parteienhader vergessen hat. Jetzt werden wir die nationale Einigkeit nicht nur in Worten verwirklichen können."

Er diktierte den ersten Artikel. Seine Stimme zitterte vor Erregung. „Ich bin empört. Seinerzeit kämpften die Soldaten eines von der Goltz für eine gerechte Sache ... Marschall Mannerheim – der Streiter für die Gerechtigkeit ..."

Dann sagte er zu Joliot: „Wir haben einen mächtigen Verbündeten: den General Frost."

Joliot hob die Arme. „Offen gesagt, ich weiß nicht einmal genau, wo dieses Finnland liegt. Aber dort soll es verdammt kalt sein. Unsere Leute würden da glatt erfrieren, Ehrenwort! Und was denken Sie über die Haltung Italiens? Ich bin doch ein Marseiller Patriot ... Wenn sie bloß nicht in Marseille einmarschieren!"

„Niemals! Sie sind über Moskau ebenso entrüstet wie wir beide. Von Italien droht uns jetzt keine Gefahr mehr."

Am nächsten Tag kam Viards Tochter Louise zu Besuch. Ihr Mann war einberufen worden.

„Gaston schreibt, daß an der Front alles drunter und drüber geht. Sie haben keine Panzerabwehrgeschütze, so heißt das doch wohl? Die Soldaten haben keine Schuhe. Ihre Stimmung ist schrecklich. Gaston hat Angst, mit ihnen zu sprechen. Was soll nur aus Frankreich werden, Papa?"

Viard hörte zerstreut zu. „Entsetzlich! Ich habe ja immer gesagt, daß dieser Krieg zu nichts führt. Keine Idee – das ist das Schlimmste! Etwas anderes ist Finnland."

Er erzählte leidenschaftlich von den Operationen in Karelien, von den Skitruppen, von den Lottas.

Louise unterbrach ihn: „Ich liege jetzt oft bis vier oder fünf Uhr früh wach. Mir geht soviel durch den Kopf ... Wenn die Deutschen nun siegen?"

„Durchaus möglich."

Er sagte das so ruhig, daß Louise ihn betroffen anblickte. „Papa, was redest du da?"

Er sah, daß ihre Lippen zitterten, daß sie dem Weinen nahe war, und beruhigte sie. „Hab keine Angst, wir haben doch die Maginotlinie."

Die Zeitung wurde gebracht. Sie enthielt einen Artikel Viards. Er las ihn aufmerksam durch und nickte beifällig. Dann betrachtete er ein Foto: zwei Soldaten, im Schnee stehend erfroren; sie hielten das Gewehr in den Händen, als zögen sie in den Kampf – der Frost verlängerte die Gebärden des Lebens. Viard empfand das als verletzend: überall Unruhe und Ausweglosigkeit.

Louise war gegangen. Im Sessel sitzend, genoß er die Stille. Er hatte erstmals begriffen, daß es ihm gleichgültig war, wer siegen würde. Und auch in Finnland ... War es nicht ganz egal? Irgendwelche Leute bewegten sich, fielen, erfroren ... So war das Leben. Er aber stand über alledem, er war eine Welt in sich, wie die Äpfel. Genug der Aufregungen, der Worte, der Hast! Es war Zeit, sich auszuruhen!

Ein Fotograf der „Voie Nouvelle", ein Landsmann Joliots, laut und pathetisch, störte seine Ruhe.

„Entschuldigen Sie den Überfall, wir brauchen Ihr Foto für die erste Spalte – zu den Ereignissen in Finnland: Ein unermüdlicher Streiter für Freiheit und Gerechtigkeit!"

Viard rückte seinen Kneifer zurecht und setzte eine entschlossene Miene auf.

9

Schwerlich hätte Tessat in der koketten Modistin, die vornehmen Kundinnen die Kleider brachte, seine Tochter wiedererkannt: kurzes, gewelltes Haar, geschminkte Lippen, ein Hut in Form einer Kochmütze, und in der Hand einen Karton, mit einem lila Bändchen verschnürt.

Denise arbeitete in einem Modeatelier auf dem Boulevard Malesherbes. Die Modistinnen nähten Ballkleider. Im Salon standen hohe Spiegel. Kundinnen waren rar, und der Inhaber klagte, daß die Geschäfte schlecht gingen. Er war ein Mann in vorgerücktem Alter mit kurzgestutztem grauem Schnurrbart und traurigem Blick. Manchmal blätterte er im „Jardin des Modes" oder in der „Vogue". Die Modellpuppen wirkten im Dämmerlicht wie Kundinnen. Nähmaschinen surrten, elektrische Bügeleisen flitzten hin und her, lange Fingernägel glitten über Seide, ein unerträgliches Geräusch. In einem Hinterzimmer aber legte der lahme Eugène einen Bogen in die Druckmaschine ein. Dort befand sich eine illegale Druckerei. Der Inhaber des Ateliers verstand nicht viel von Moden, er verfaßte Flugblätter, die Denise in einem eleganten Karton austrug.

Heute war für Denise ein Festtag. Sie konnte es kaum erwarten, nach Belleville zu kommen. Sie hatte eine Adresse. Dort würde sie Michaud treffen. Es war das erste Wiedersehen nach viermonatiger Trennung.

Michaud war zuerst nach Brest abkommandiert worden: er war Reservist der Marine. Als sie im Stab das Begleitschreiben gelesen hatten, überlegten sie, wie sie sich dieses „Unruhestifters" schnellstens entledigen könnten. Zwei Wochen später wurde er nach Arras geschickt, in ein Infanterieregiment. Er mußte in der Kaserne die Fußböden scheuern. Der Bataillonskommandeur Fabre war ein Trunkenbold und ein Sonderling. Er verachtete die Politik, mißtraute seinen Vorgesetzten und sagte: „Es gibt im Leben zwei erfreuliche Dinge – Dackel und Kakteen." Zuerst hielt er Michaud für einen Dieb; als er jedoch erfuhr, daß der „Verbrecher" in Spanien gekämpft hatte, freute er sich, nannte ihn „Don Quichotte" und begegnete ihm mit Wohlwollen. Jetzt hatte er Michaud zwei Tage Parisurlaub gegeben.

Denise war aufgeregt; sie konnte die schmale, düstere Straße, die Dutzenden ähnlicher Straßen glich, nicht sofort finden. Eine alte Frau öffnete ihr die Tür. Michaud war noch nicht da.

„Setzen Sie sich, meine Liebe. Ich koche gleich Kaffee. Sind Sie sehr durchfroren? Michaud wird bald kommen."

Aber Michaud kam und kam nicht.

„Haben Sie meinen Jeannot nicht gekannt?" fragte die Frau. „Die Faschisten haben ihn in der Fabrik ermordet."

Denise entsann sich, was Michaud ihr von Clémence erzählt hatte. „Ach, das sind Sie?"

Clémence wischte sich die Augen mit der Schürze: Jeannot ... Und Denise verstand augenblicklich die Sprache dieses kleinen Zimmers. An der Wand hing das Porträt eines Jungen mit großen Ohren. Auf der Kommode lagen Bücher und Hefte. Eine alte Schirmmütze ... Clémence konnte sich von den Sachen ihres Sohnes nicht trennen. Sie bemutterte seine Kameraden, beköstigte sie, nähte ihnen Knöpfe an. Als der Krieg ausbrach, weinte sie jeden Abend: Alle waren eingezogen worden! Doch im November erschien bei ihr ein Unbekannter: „Ich komme von Michaud. Kann ich bis morgen früh bei Ihnen bleiben? Ich werde gesucht."

Seitdem gewährte sie Kommunisten Unterschlupf. Niemals fragte sie – wer und warum. Sie machte Abendbrot und bezog das Bett. Man sprach mit ihr über die letzten Ereignisse. Sie war stolz auf das Vertrauen, das man ihr schenkte. Zu Denise sagte sie: „Das mit Finnland ist bloß ein Ablenkungsmanöver." Dann sah sie Denise aufmerksam an und meinte lächelnd: „Ich habe schon immer zu Michaud gesagt: ‚Warum treibst du dich so allein auf der Welt herum?' Gut, daß Sie ihn gefunden haben, er ist so zurückhaltend. Aber er hat ein wunderbares Herz. Und klug ist er. Bald wird er ein zweiter Maurice Thorez sein. Bloß – ohne weibliche Hand ist es schwer ..."

Die sonst stets verschlossene Denise wurde gar nicht verlegen; es war, als spräche zu ihr ein nahestehender Mensch.

Und da kam auch Michaud. Wie komisch er in Uniform aussah!

„Du!"

Er umarmte Clémence. Die alte Frau schenkte ihm Kaffee ein. „Ich muß zur Arbeit. Wenn ihr eher weggeht, schließt die Tür ab und legt den Schlüssel unter den Abtreter. Paß gut auf, Michaud, daß sie dich nicht töten! Man sagt: ‚Das ist kein Krieg', und doch werden Menschen getötet. Du wirst noch gebraucht ..."

Als Clémence gegangen war, schloß Michaud Denise in die Arme und murmelte: „Ich hatte solche Sehnsucht! Und ob!"

Schon ging der kurze Januartag zur Neige. Das Zimmer schimmerte blau; Dämmerung umfing sie wie Rauch. Bald würde Clémence zurückkommen. Aber sie hatten sich noch soviel zu sagen.

„Ein einziges Chaos ... Wir stehen an der belgischen Grenze. Erst sollten Befestigungen angelegt werden, dann wurde alles wieder abgeblasen. Ich hab gehört, wie der Oberst brüllte: ‚Nur Defätisten können sagen, daß sie bis hierher kommen!' Das ist ihr Lieblingswort. Aber wer sind denn die Defätisten? Sie selber, sie tun doch alles, damit die Deutschen uns kurz und klein schlagen können. Hätten wir eine andere Regierung, sähe es bestimmt anders aus. Halten können wir uns. Aber ich fürchte, wir lassen uns erst zusammenschlagen, und dann heißt es: ‚Rettet, was zu retten ist!‘ Die Soldaten fragen: ‚Was denken die Kommunisten?‘ Als ich Flugblätter bekam, rissen sie sich darum. Die Offiziere sind durchweg Faschisten. Nur meiner ist eine Ausnahme – der Verrückte mit seinen Kakteen ... Aber die anderen sagen: ‚Strafe für die Volksfront‘, ‚Verrat der Kommunisten‘ und so weiter. Sie haben Angst vor den Soldaten. Und die Soldaten warten und wissen selber nicht, worauf. Pulver ist genug da, es fehlt nur der Funke. Aber wenn es in Paris losgeht, werden sie mitmachen.“

„Hier sieht es genauso aus ... Die Arbeiter sind empört, aber sie schweigen. Nur Finnland hat sie wachgerüttelt. ‚Für die finnischen Faschisten Flugzeuge bauen? Auf gar keinen Fall!‘ Möglich, daß es zu Streiks kommt, dann wäre der Bann gebrochen.“

Michaud fragte, was für Nachrichten es aus dem Ausland gebe, was man über Moskau denke. Denise erzählte es ihm. Plötzlich mußte er lächeln. „Sieh an, was für eine wichtige Person du geworden bist! Weißt du noch, wie ich dich zur ersten Versammlung mitgenommen habe?“

Sie erinnerten sich an die erste Zeit ihrer Liebe, die unausgesprochenen Gedanken, an ihre Verlegenheit. Und weder die Lippen noch die Hände, noch die Augen konnten die Kraft ihrer gereiften Liebe ausdrücken. Aber gleich würden sie sich wieder trennen müssen ...

„Ich hab in der Zeitung von einem englischen Kapitän gelesen“, sagte Denise. „Es war zu Silvester. Sie saßen beim Abendessen. Plötzlich eine Explosion – die Deutschen, ein U-Boot. Die junge Frau des Kapitäns war mit auf dem Schiff. Er warf ihr einen Rettungsring über und zog sie zur Reling. Sie sträubte sich, glaubte, er sei verrückt geworden. Er warf sie ins Wasser. Sie wurde gerettet. Verstehst du, was für eine Selbstüberwindung? Und was für ein starkes Gefühl! Heute braucht man Mut, um zu überleben, Michaud. Sag mir das immer wieder, befiehl mir, stark zu sein. Ich spreche nicht von der Gefahr, mir droht ja keine ... Aber wenn wir beide uns trennen, denke ich jedesmal: vielleicht ist es für immer?“

„Jetzt sitzen wir alle in Rettungsbooten. Das Schiff ist versenkt. Aber wir halten durch. Und wir werden das Ufer erreichen, Denise, du wirst sehen!"

Sie trennten sich an der Kreuzung zweier dunkler Straßen, die breit und still dalagen wie nächtliche Flüsse. Michaud trug ein Päckchen Flugblätter und zwei Nummern der „Humanité" bei sich. Bis zur Abfahrt des Zuges blieben noch drei Stunden. Er ging zu Fuß zum Bahnhof. Das verdunkelte Paris war ihm rätselhaft und fremd. Bisweilen ragten kahle Bäume aus der Dunkelheit auf. Häuser waren nicht zu sehen, man ahnte sie nur wie ferne Berge. Kinderlachen, eine Frauenstimme: „Ich hab einen Handschuh verloren", das Hupen eines Autobusses, eine glimmende Zigarette ... blaue Dunkelheit, Feuchtigkeit und das undeutliche Raunen der Stadt, das an Meeresrauschen erinnerte.

Michaud dachte an Denise, an den hastigen Abschied. Beide wollten sich ihren Schmerz nicht anmerken lassen. Sie sagte: „Ich habe dir Zigaretten in die Tasche gesteckt." Er: „Bind den Schal um, du wirst dich erkälten." Wann würden sie sich wiedersehen? Ja, würden sie sich überhaupt wiedersehen?

Breite, dunkle Straßen, Flüsse ... Da kam jemand mit einer Taschenlampe. Das schwache Licht wirkte grell in der Finsternis. Es beleuchtete Steine, ein Gitter um einen Baum, Beine. Hatte es wirklich einmal helle Laternen in den Straßen gegeben? Das Licht erlosch, der Passant war um die Ecke gebogen. Könnte man doch die Liebe durch diese dunklen Jahre tragen wie das Licht einer Taschenlampe, wie ein winziges Feuer!

10

André war nach Poitiers abkommandiert worden. Seit Wochen hieß es, das Regiment solle an die Maginotlinie verlegt werden, aber das war offenbar nur ein Gerücht. Vier Monate waren verstrichen. Der Oberst ging im Salon der Marquise de Niort ein und aus; der greise Grandmaison erörterte mit ihm die Operationen gegen Baku, und die Archäologen der Stadt wollten von ihm wissen, ob Poitiers von Bombenangriffen bedroht sei. Die Offiziere hatten sich Geliebte angeschafft. Die Soldaten waren bei allen Kneipiers verschuldet und hatten schon sämtliche Freudenhäuser inspiziert. André durchkreuzte jeden Abend einen Tag in seinem Taschenkalender, und sein Freund Lorier fragte: „Haben wir nun einen Tag verloren oder gewonnen?"

Das Leben war eintönig wie im Gefängnis: sie exerzierten, fegten den langen Hof, löffelten Rübensuppe; danach bummelten sie durch die Stadt, bändelten mit Verkäuferinnen an, sahen im Kino alte Filme, tranken ihren Aperitif, und abends hockten sie um den Kanonenofen, rülpsten, schnauften und dösten. André beobachtete die Gesichter, aus denen allmählich Spannung, Sorge und Verschlagenheit wichen. Und die Gesichter erinnerten ihn an Landschaften. André dachte über die Ähnlichkeit des Menschen mit der Erde nach, über die Beziehung zwischen Töpfer und Lehm. Und in solchen Augenblicken verspürte er Lust zu arbeiten. Er lachte sich selbst aus: In Paris habe ich nicht gemalt, und hier sehne ich mich nach den Farben. Lorier sagte: „In einer Woche rücken wir aus." André sah in Gedanken riesige Rauchsäulen, kaltes Morgengrauen, Stacheldraht, den Tod, öde und weißlich wie jene unerträglichen, sonnenlosen und doch das Auge blendenden Tage, an denen alle Dinge Farbe und Form verlieren.

André fand rasch Kontakt zu den Menschen. In Paris hatte er zurückgezogen gelebt – in seinem Taubenschlag, zwischen Gemälden. Hier war er unter Menschen, er lauschte, erzählte, lachte und scherzte. Mit Lorier hatte er sich angefreundet. Das war ein Caféhausmusiker aus Avignon, ein unbekümmerter Südländer mit kindlichem Gemüt. Er sang: „Alles ist schön, Madame Marquise" und sagte im nächsten Augenblick: „Das wird ein hundertjähriger Krieg werden." Darauf erzählte er lachend: „Der Oberst hat der Mutter Gottes Arme und Beine aus Wachs dargebracht – als Vorschuß, damit er nicht verwundet wird."

Der Bretone Yves seufzte: „Der Boden ist hier gut! Und viele Ziegen gibt es! Wir haben gar keine Ziegen. Wer hat sich bloß diesen Krieg ausgedacht!" Er blieb bei jedem Baum stehen und begrüßte ihn wie einen Landsmann. André führte mit ihm lange Gespräche über Düngemittel und Gerste. Nachts schluchzte Yves manchmal: Er sehnte sich nach seiner Frau, nach den Kindern, nach zu Hause.

Nivelle war Kellner in einem großen Café gewesen. Er hatte zwei Monate zur Beobachtung im Lazarett gelegen. Seine Frau hatte ihm Geranien gebracht, weil man, so hatte er gehört, von Geranien herzkrank und daraufhin vom Militärdienst befreit würde. Aber die Geranien hatten versagt. Nivelle empörte sich: „Warum halten die mich hier fest? Ich habe achtzig Franc pro Tag verdient. Multipliziert mit dreißig. Und jetzt geht das Geschäft noch besser. Gestern sagte mir ein Kellner im ‚Café de Paris', er verdiene jetzt das Doppelte wie früher. Das heißt zweitausendvierhundert mal zwei. Ich verstehe, daß die sich einen Dreck um mich scheren. Ich würde ja auch auf die pfeifen, wenn ich bloß könnte. Und wieviele gibt es von meiner Sorte? Mindestens drei Millionen. Das heißt also viertausendachthundert multipliziert mit drei Millionen." Er holte einen zerkauten Bleistift aus der Tasche. „Das macht vierzehn Milliarden vierhundert Millionen. Multipliziert mit zwölf . . ."

Der Buchhalter Labonne fürchtete sich vor Flugzeugen. „Würden sie einen wenigstens so totschießen; aber von oben . . ." Er tröstete sich damit, daß seine Frau weit weg war, und wurde Stammgast in den Bordellen. „Mich wird's ganz bestimmt erwischen, da will ich wenigstens noch das freie Leben kennenlernen."

Der blutjunge, schmächtige Givert schrieb Gedichte über eine düstere Straße und einen verrückten Leierkastenmann.

Alle diese Menschen lebten zusammen, hatten Heimweh, betranken sich. Jemand kam angelaufen und rief: „Morgen geht's los!" Allgemeine Hektik brach aus. Briefe wurden geschrieben, Mädchen umarmt. Doch dann hieß es: „Blinder Alarm!" Und wieder seufzte Yves: „Wozu?"

André sagte einmal zu Lorier: „Das soll einer begreifen! Ein einziges Durcheinander. Wer ist mit wem? Man hat den Eindruck eines wüsten Gedränges, und doch rührt sich keiner vom Fleck. Auf deren Gerede hören? Die sagen sowieso nicht die Wahrheit. Diese Gauner versuchen, sich gegenseitig übers Ohr zu hauen. Stell dir vor, ich hätte Tuben mit Farben vor mir liegen und wollte malen. Ich nähme Zinnoberrot, drückte, aber heraus käme Schwarz; ich drückte Weiß, und heraus käme Krapprot. Nein, lieber nicht nachdenken!"

Wenn im Radio auf leichte Musik Nachrichten folgten, stellten sie es ab. Sie wollten einfach nicht mehr hören, daß Daladier sich für die Kultur einsetzte, daß es an der Front keine besonderen Vorkommnisse gebe und die Deutschen wieder siebzehntausend Bruttoregistertonnen versenkt hätten.

Die Stadt vergaß den Krieg. Das Leben, durch die Mobilmachung für ein paar Wochen aus seiner Ruhe aufgestört, verlief wieder in den alten Geleisen. Der Frisör Chardonnet gewann 200 000 in der Lotterie. Die neueste Nummer der Archäologischen Zeitschrift war den Ausgrabungen in Afghanistan gewidmet. Die Marquise de Niort beklagte sich über die Teuerung; sie müsse den Gärtner entlassen, seine Arbeit werde jetzt der Chauffeur besorgen. Der Gärtner stahl der Marquise eine Uhr und Tafelsilber. Er wurde in einem Bordell ergriffen. Die Lokalzeitungen widmeten dieser Affäre mehr Aufmerksamkeit als der Seeschlacht vor der Küste Uruguays. Auf dem Marktplatz hatte ein Zirkus seine Zelte aufgeschlagen. Drei ausgemergelte Leoparden sprangen von Stuhl zu Stuhl.

Im Januar brüllte der Oberst den Bretonen Yves an: „Sie sind kein Soldat, sondern ein Dorffeuerwehrmann." In den Kasernen wurde groß reine gemacht. Über die Hauptstraße wurden dreifarbige Girlanden gespannt. Der Abgeordnete von Poitiers, der jetzt Minister war, stattete einen Besuch ab. Der Bürgermeister hielt eine Begrüßungsrede und verglich Tessat mit antiken Helden und mit Clemenceau. Tessat nickte beifällig, dann sagte er: „Ich wollte in diesen historischen Tagen die Stadt wiedersehen, die mir ihr Vertrauen entgegengebracht hat. Ich weiß, daß in der Brust der Söhne von Poitiers eine heilige Flamme lodert. Sie beflügelte einst den heiligen Hilarius, den Schutzpatron von Poitiers, sie beflügelt heute die Verteidiger der Maginotlinie. Alle unsere Gedanken sind auf ein Ziel gerichtet – auf den Sieg."

Tessat war nach Poitiers gekommen, um sich ein Grundstück im Departement Vienne zu kaufen. Früher hatte er sein Geld immer gleich ausgegeben. Jetzt wußte er nicht, wohin damit. Die Geschäfte der verschiedenen Aktiengesellschaften, deren Aufsichtsräten er angehörte, gingen bestens. Natürlich konnte er das Geld nach Amerika transferieren. Aber was hätte er davon? Es wäre dann lediglich eine abstrakte Ziffer. Außerdem war das eine unsichere Sache. Tessat traute jetzt weder Aktien noch Dollars. Nur eines war von bleibendem Wert – Grundbesitz. Er würde ein schönes Gut kaufen, dort mit Paulette Ostern verbringen und inmitten von Blumen den Krieg, Breteuil und die Generäle vergessen ... Noch kürzlich hatte sich Tessat über Laval mokiert: „Dieser Auvergner, der Geizhals, hat nur eins im Sinn – Land kaufen.“ Und nun saß er selbst im Büro eines Notars und betrachtete aufgeregt Pläne und Fotos. Dieses Landgut da wäre nicht schlecht: die Fassade aus dem achtzehnten Jahrhundert, der Park im Stil des Petit-Trianon und außerdem aller Komfort.

Tags darauf fuhr er nach Pré-des-Daims – so hieß das Gut, das es ihm angetan hatte. Er zog wollene Unterwäsche und zwei Strickwesten an. Es war ein ungewöhnlich strenger Winter. Tessat mußte oft an Lucien denken. Und immer sah er seinen Sohn tot, erfroren.

„Genau wie in Finnland“, sagte er zu dem Notar. „Apropos, haben Sie heute die Zeitungen gelesen? Dieser Marschall mit dem deutschen Namen – ein Pfundskerl! Ich persönlich glaube fest an den Sieg.“

Eine Nymphe hielt einen Bronzekrug, aus dem Eiszapfen wie Pfeile herabhingen. Selbst die Nymphe schien zu frieren ...

„Ein schönes Haus“, sagte Tessat. „Mir gefällt dieser Kontrast: Stuckdecken à la Louis-Quinze und Zentralheizung.“

Gegen Abend fuhr er in die Stadt zurück. Er erinnerte sich, wie er seinerzeit in einem Süßwarenladen Konfekt für Denise gekauft hatte, und wurde traurig. Fast vier Jahre waren seitdem vergangen ... Wäre der Krieg nicht gekommen, hätte er sich bald wieder seinen Wählern stellen müssen. Aber jetzt hatte er andere Sorgen. Eine schöne Zeit war das damals! Er war der einzige Kandidat, alle anderen hatten ihre Kandidatur zurückgezogen. Zu Hause erwarteten ihn Amélie und die Kinder. Denise lächelte, und selbst Lucien versuchte, eine freundliche Miene aufzusetzen. Wie hätte sich Amélie über den Kauf von Pré-des-Daims gefreut! Sie liebte das Landleben, Hühner, Gemüsebeete ... Aber für wen wollte er dieses Gut jetzt kaufen? Für Paulette? Sie würde ihn doch verlassen, sobald ihr ein reiches Jüngelchen wie der junge Méjeu über den Weg lief. Nein, der Grund und Boden war für ihn bestimmt, für ihn allein. Er dachte plötzlich an ein anderes Stück Boden – auf dem Friedhof Père-Lachaise, neben Amélie. Ihm kamen fast die Tränen; aber zum Glück fiel ihm ein, daß die Marquise de Niort am Abend ihm zu Ehren einen Empfang geben wollte, und das tröstete ihn.

Die Marquise zwitscherte begeistert: „Es ist uns eine Freude,

Sie als Nachbarn begrüßen zu können. Wie schön, daß Sie das Poitou gewählt haben!"

Im Salon traf Tessat die Aristokratie der Stadt, die Archäologen, einige Militärs und seinen einstigen Rivalen, den greisen Grandmaison, der gerade ausrief: „Man muß ihnen eine Lektion erteilen! Ich begreife nicht das Zartgefühl der Engländer. Ins Schwarze Meer eindringen, und fertig ..."

Alle umringten Tessat. Er trank dünnen Tee und erklärte gewichtig: „Alles verläuft nach Plan. Man kann Deutschland nicht als einheitliches Ganzes betrachten. Der Winter hat die Deutschen schon vieles gelehrt. Von Thyssens Flucht ist bedeutungsvoller als ein militärischer Sieg. Die Reichswehr ist außer sich ... Ich halte ein ernsthaftes Gespräch mit Deutschland durchaus für möglich. Ein Mann wie Göring begreift die Lage sehr gut ... Und Heß!"

Er erkundigte sich nach seinen ehemaligen Gegnern. Breteuils Schützling, der Agronom Dugard, war eingezogen worden und leitete die Benzinverteilung. Der Schlosser Didier saß im Konzentrationslager auf der Insel Ré. Tessat seufzte: „Schrecklich, daß man zu solchen Maßnahmen greifen muß! Aber was hilft's – der Feind steht an den Grenzen Frankreichs."

Am nächsten Tag reiste Tessat ab. Ein Bataillon gab ihm das Ehrengeleit. Von Lucien hatte André viel über Tessat gehört, aber er hatte ihn nie gesehen. Er staunte: ein kleines Männchen mit Vogelgesicht ... Tessat schritt feierlich an den Soldaten vorbei, dann wischte er sich mit der glacébehandschuhten Hand die lange Nase. Die „Marseillaise" erklang.

Die Soldaten unterhielten sich über Tessats Besuch. Alle wußten, daß er sich ein Landgut gekauft hatte. Yves meinte seufzend: „Der Hund hat den guten Boden gewittert. Und Geld genug hat er ja. Ich habe gehört, daß die Bodenpreise hier stark angestiegen sind, von drei auf zwölf Franc ..."

„Was macht das dem schon aus?" brummte Nivelle. „Der verdient doch an jedem Geschoß wie ich seinerzeit an jedem Krug Bier. Aber mich nach Hause zu lassen, das kommt dem nicht in den Sinn."

Lorier sagte: „Eine Leichenbittermiene hat der, damit kann er zum Begräbnis gehen. Aber er schreit ‚Sieg!'. Kommt ihr mit in den Zirkus?"

Im Zirkus roch es nach Puder und Tierurin. Am Röckchen der Kunstreiterin glitzerten Glasperlen. Eine Meerkatze hustete. Eine riesige Drehorgel wimmerte. Und André dachte an den 14. Juli, an das Karussell, an den blauen Elefanten. Wo mochte Jeannette jetzt sein? Pries sie Pillen an? Weinte sie? Es gab kein Glück! Früher dachte er, nur er sei unglücklich, jetzt wußte er, den anderen ging es nicht besser. Lorier hatte recht – es würde keinen Frieden geben; selbst wenn man sich einigte – in ein, zwei Jahren würde es wieder losgehen ...

Yves beschäftigten andere Gedanken: Ein wunderbarer Boden! Und die Bauern hier sind gewitzt. Sie haben Hirse unter das Getreide gemischt, um es nicht abliefern zu müssen. Das Vieh schlachten sie ab. „Was sollen wir mit dem Papiergeld?" sagen sie. Sie trauen keinem. Wie teuer der Boden geworden ist! Wer sich das wohl ausgedacht hat?

Die Leoparden blinzelten im grellen Licht und legten die Ohren an. Der schmächtige Dompteur im himbeerfarbenen Frack knallte wie von Sinnen mit der Peitsche.

„Denen ist es unbequem in diesen Sesseln", meinte Givert.

Und wieder ertönte die Drehorgel ... André ging mit Lorier hinaus und sagte: „Das Schlimmste ist die Gleichgültigkeit. Die Leute gehen in den Zirkus. Die Cafés sind überfüllt. Tessat kauft Land. Die Bauern verstecken den Weizen. Und wie soll es weitergehen? Im letzten Krieg war es anders, vielleicht dümmer, aber menschlicher. Man brüllte: ‚Nach Berlin!', zertrümmerte die deutschen Läden, fluchte auf die ‚Boches'. Man kämpfte. Das war noch echte Leidenschaft. Clemenceau tobte: ‚Wir werden uns verteidigen – vor Paris, in Paris, hinter Paris.' Und dann die Proklamationen: ‚Lenin hat gesagt ...' Und alles brodelte. Jetzt dagegen ist eine Stille, daß man heulen möchte. Ich komme mir vor wie diese Leoparden. Auf dem Plakat steht ‚Gefährliche Raubtiere', aber sie sind harmloser als eine altersschwache Katze. Ich hab Angst, Lorier!"

„Ich auch", antwortete Lorier.

Die Soldaten neckten Lucien: „Bist wohl ein Verwandter von dem?"

„Ein Namensvetter", antwortete Lucien. Aber der Name stiftete Verwirrung. Der vorsichtige Major schickte Lucien als Sanitäter ins Lazarett, um ihn vor einer zufälligen Kugel zu bewahren ...

In dem ehemaligen Kloster waren Geisteskranke untergebracht. Lucien mußte Tobsüchtige fesseln, Melancholiker durch die Nase ernähren. Ein Sergeant war an seinem Bett angebunden, er hatte mit dem Bajonett um sich stechen wollen. Der Soldat Béranne schrie aus Leibeskräften; alles machte ihm Angst – eine Bürste, ein Spucknapf, die Brille des Arztes. Ein anderer zeichnete Soldaten mit Frauenbrüsten. Ein ausgemergelter Marseiller wiederholte von früh bis spät die Floskel der Heeresberichte: „Keine besonderen Vorkommnisse ... Keine besonderen Vorkommnisse."

Ein Soldat gestand Lucien: „Ich verstelle mich nur ... Zuerst habe ich es mit der Leber versucht, in Limoges habe ich fünfzehn Eier geschluckt, mir wird jetzt noch schlecht, wenn ich dran denke ... Aber es klappte nicht, ich mußte an die Front. Jetzt muhe ich wie eine Kuh. Aber verrat mich nicht." Lucien zuckte mit den Schultern. „Was geht mich das an. Muh doch!"

Die Sanitäter spielten Karten, besuchten eifrig die Bordelle. Die Klosternischen, in denen einst Heilige gestanden, waren voller Weinflaschen. Lucien saß vor dem Öfchen: Das war sein einziges Vergnügen. Ich kann die Feueranbeter verstehen, dachte er. Ihn faszinierte das Feuer, das, fast schon erloschen, wieder aufflackerte, hell loderte und ein Brett fraß. In Luciens Haaren schienen sich die Flammen fortzusetzen.

Jenny schrieb ihm, sie fahre nach Amerika zurück, weil der Konsul darauf bestehe; sie beteuerte, daß sie sich bestimmt wiedersehen würden, entweder in Paris oder in New York. Er warf den Brief in den Ofen. Erst jetzt begriff er, daß er Jeannette liebte. Es heißt, die Zeit läßt alles vergessen. Das ist nicht wahr! Die Zeit streift die äußere Hülle ab: unaufrichtiger Kummer, eingebildete Leidenschaften versiegen. Die echten Gefühle aber bleiben bestehen ... Für Jeannette war er ein Fremder, wie

Jenny für ihn. Ein seltsames Puzzlespiel: Das Bild ist zerschnitten, man muß es zusammensetzen, aber ein Stück paßt nicht zum anderen ...

Das Radio krächzte: „An der Front ..." Und der Marseiller brüllte herzzerreißend: „Keine besonderen Vorkommnisse."

Nach Neujahr verlangte Lucien, an die Front versetzt zu werden. Er glaubte, die Nähe des Todes würde alles erträglicher machen. Doch was ihn dort erwartete, war ein erbärmlicher Alltag, Kälte und Flüche. Die Granaten töteten präzise; man hatte sich daran gewöhnt und gähnte – ein Lotteriespiel.

Lucien fand einen Gesprächspartner. Es war ein Hüne aus der Normandie mit einer Pferdekinnlade und feurigen Augen; er hieß Alfred und war von Beruf Archäologe. Er erzählte Lucien von Ausgrabungen in der Sahara – von den Fossilien einer untergegangenen Welt. Und Lucien dachte an die Eisberge, an die Pinguine. Dann kamen sie auf den Krieg zu sprechen. Alfred war gutgläubig. Er versuchte zu beweisen, daß Daladier ein Verfechter der Freiheit sei, nach dem Sieg würde die Kunst aufblühen – Athen, Renaissance ... Lucien brachte es nicht übers Herz, ihm seine Illusionen zu rauben. Er warf nur hin und wieder ein: „Sei froh, daß du diese Leute nicht kennst ..."

Soldaten mit erfrorenen Füßen wurden abtransportiert. Warme Socken waren ein unerfüllbarer Wunschtraum. Gerüchte kursierten, daß Soldaten nach Finnland kämen.

An einem kalten Februartag, als die Welt wie tot wirkte – weiße Felder und darüber die rotglühende Sonne –, besichtigte eine Parlamentsdelegation die Stellungen. General Picard begleitete die Abgeordneten.

Noch kürzlich hatte es geheißen, Picard werde nach Syrien entsandt. Weygand nannte sich einen „Feuerwehrmann", der berufen sei, den Brand im Nahen Osten zu löschen. Picard entgegnete: „Im Krieg ist eine Brandbombe weit nützlicher als ein Wasserschlauch."

Picard hatte einen Schlachtplan ausgearbeitet; die syrische Armee nannte er „Baku-Armee". Doch die Ereignisse in Finnland zwangen ihn, sich mit dem Norden zu befassen. Er erklärte Tessat: „Wir müssen ein solides Expeditionskorps entsenden. Gegen die Deutschen können wir nicht kämpfen und wollen wir nicht kämpfen. Aber die Leute untätig herumsitzen zu lassen ist gefährlich. Die Kommunisten nützen die Zeit. Im Frühjahr werden Unruhen ausbrechen. Nur ein effektvoller Sieg in Finnland kann uns aus der Sackgasse helfen."

In den Wandelgängen des Parlaments sprach man über das lappländische Erz, über den „Koloß auf tönernen Füßen", über das Wohlwollen Roms. Die Abgeordneten waren an die Front gekommen, um sich von der Stabilität der Maginotlinie zu überzeugen; bevor man einer Nordexpedition zustimmte, wollte man sich vergewissern, ob auch alle Türen gut verschlossen waren ... Drei Radikale, zwei Rechte, ein Sozialist. Mit Ausnahme von Breteuil alles Leute, die von militärischen Dingen keine Ahnung hatten. Sie wirkten wie Zuschauer, die versehentlich auf die Bühne geraten waren; sie schämten sich ihrer Hüte, ihrer Hosen. Einer von ihnen, ein gutmütiger Dickwanst, bat um einen Helm: „Ich habe Angst um meinen Kopf."

Sie stellten törichte Fragen, besichtigten die Kampfstände wie Touristen ein mittelalterliches Schloß, riefen: „Oh!" und „Ah!" und erschauerten vor Angst, als sie die schweren Geschütze sahen.

General Picard ging neben Breteuil; sie sprachen über die Aussichten eines Nordfeldzuges. Breteuil war gut gelaunt. „Das ist ein Wendepunkt. Ich hatte gefürchtet, die Sozialisten würden quertreiben, aber Blum schweigt, und Viard ist voller Kampfgeist. Über die Entsendung der Gebirgsjäger wird in den nächsten Tagen entschieden."

Sie schritten an einem Posten vorüber. Lucien salutierte. Er wurde vor Schreck feuerrot: Wenn Breteuil ihn nun erkannte? Aber Breteuil war in das Gespräch vertieft, außerdem pflegte er Soldaten nicht so genau anzusehen.

Lucien wurde von quälenden Erinnerungen heimgesucht. Selbst der Anblick der Abgeordneten, die gebückt gingen, als pfiffen Kugeln über sie hinweg, konnte ihn nicht aufheitern. Er begriff, was es hieß: „vor Scham vergehen". Ja, seine Vergangenheit war beschämend! Wie hatte er diesem seelenlosen Menschen vertrauen können? Es war nicht schwer zu erraten, worüber sich Breteuil mit Picard unterhielt: Sie wollten Frankreich in die Knie zwingen, wollten Rache nehmen für das Jahr sechsunddreißig. Sie würden Truppen nach Syrien schicken, nach Finnland, egal wohin ... Und würden Hitler hereinlassen. Lucien erinnerte sich, wie sein Vater, empört über die Streiks, des öfteren gesagt hatte: „Selbst die Deutschen sind noch besser ..." Sie waren alle gleich. Grandel war vielleicht noch der Harmloseste von allen ... Und die Menschen starben. Gestern war Charles gefallen, ein Hirt aus den Bergen, der auf der Rohrpfeife blies ... Wofür war er gefallen? Diese Schufte!

Am Abend hockte er mit Alfred frierend an einem kleinen Lagerfeuer. Sie schwiegen. Dann sagte Alfred: „Nach dem Beschluß des Völkerbundes ..."

Lucien explodierte: „Alles Unsinn! Leere Worte! Und dahinter nichts als Verrat, persönliche Interessen, kleinliches Gezänk. Hast du Breteuil gesehen? Ein Frömmler, möchte ins Paradies. Und natürlich ein ‚Patriot'. Wenn er von Lothringen spricht, klingt seine Stimme tränenerstickt, aber er weiß zum Beispiel, daß Grandel ein deutscher Spion ist, und deckt ihn. Glaubst du, Picard hat sich auf den Krieg vorbereitet? Der war mit anderen Dingen beschäftigt: Er hat einen faschistischen Umsturz vorbereitet. Woher kommen die Maschinengewehre? Aus Düsseldorf. Und wer hat ihm das Geld gegeben? Ein Deutscher namens Kielmann ... Eine schmutzige Sache! Was faselst du da vom Völkerbund? Sag mir lieber, wofür Charles gefallen ist!"

Lucien redete noch lange über die „Feuerkreuzler", über die Zusammenkünfte bei Montigny, über den Verrat; er verschwieg lediglich, wie Kielmanns Brief in seine Hände gelangt war, er konnte doch nicht zugeben, daß er Tessats Sohn war, darin sah er seine größte Schmach.

Alfred saß niedergeschlagen da, seine Augen blickten trübe, er stammelte immer nur: „Aber ... Aber ..." Schließlich sprudelte er heraus: „Aber wenn das so ist, muß man es allen erzählen ... Die Regierung stürzen ... Frankreich retten ..."

Lucien lachte bitter. „Du redest wie Jenny, Ehrenwort! Das war so eine Amerikanerin ... Ich habe mit ihr gelebt, oder vielmehr mit ihren Dollars. Sie sagte auch: ‚Dann muß man eine Revolution machen.' Zu spät, mein Lieber! Was habt ihr im Jahre sechsunddreißig gemacht? Jetzt ist nichts mehr zu retten. Sie werden uns besiegen und Breteuil als Gauleiter einsetzen. Vielleicht werden sie auch einfach alles zum Teufel jagen ... auch uns beide. Und dann wird es wie bei deinen Ausgrabungen ... In zwanzig Jahrhunderten wird man ein Downhill-Feuerzeug, den Motor einer Messerschmitt, den Schädel des edlen Viard in der Erde finden und seufzend ausrufen: ‚Eine erstaunliche Zivilisation!‘ Ich kann dich trösten, wir werden das nicht sagen. Brrr! Eine Hundekälte! Offen gestanden, ich habe alles satt.“

12

Joliot feierte Silvester mit seiner Frau und seinem Schwager Alfred, einem Militärarzt, der drei Tage Urlaub bekommen hatte. Sie gingen in ein Restaurant und tranken zwei Flaschen Champagner. Mädchen warfen rosa und blaue Papierkügelchen. „Bomben ...“, sagte Alfred verlegen blinzelnd. Joliot brachte einen Toast aus: „Auf den Sieg! Ich sehe unsere Soldaten schon in Berlin Silvester feiern.“ Abergläubisch umklammerte er die Tischkante.

Alfred wandte sich ab, Joliots Ausgelassenheit berührte ihn peinlich. Marie schaute ihren Bruder zärtlich an und seufzte: „Wenn dir bloß nichts passiert!“

Joliot erklärte: „Das steht doch außer Zweifel, gegen Jahresende werden wir fünfmal soviel schwere Geschütze haben wie die Deutschen.“

„Ich weiß nicht“, antwortete Alfred. „Davon verstehe ich nichts. Aber mit Serum sieht es schlecht aus. Ich fürchte, wir werden eine böse Überraschung erleben. Im letzten Krieg hat der Tetanus ...“

Joliot fiel ihm ins Wort – Gespräche über Krankheiten und Tod waren ihm unerträglich.

Am nächsten Tag reiste Alfred ab. Joliot dachte nicht mehr an ihn: ein netter, aber unbedeutender Mensch. Doch Marie weinte oft; sie fürchtete, ihr Bruder könnte fallen. Vergebens suchte Joliot sie zu trösten: „Ärzte sind nicht in der vordersten Linie, ihnen droht keine Gefahr.“ Aber sie fing immer wieder an: „Wenn aber doch ...“

Joliot führte nach wie vor ein hektisches Leben. In seinem Kopf schwirrten jetzt unaussprechliche finnische Namen. Im Einschlafen sah er vereiste Menschen wie Stalaktiten vom Himmel herabhängen. Er erschauerte und zog sich die Decke über den Kopf.

Joliot war nicht habgierig, er wollte, daß alle etwas von dem Kuchen abbekämen. Er schickte ein Dutzend Freunde nach Finnland und nach Stockholm. Seinem Vetter Marius, einem gewandten Marseiller, riet er: „Veranstalte einen Galaabend zugunsten der finnischen Lottas. Erzähl was über Mannerheim. Eine lohnende Sache!"

Und zwei Wochen später schwätzte Marius vor einem erlesenen Publikum, Joséphine Montigny mit den Blicken verschlingend: „Einmal saß der Marschall unter einem Baum. Die schreckliche Revolution hatte gerade begonnen. Da trat ein unverschämter zerlumpter Soldat, ein Bolschewik, an ihn heran und bat um Feuer. Ich vergaß zu erwähnen, daß der Marschall eine Zigarre rauchte. Empört blickte er den Soldaten an und sagte, sein Leben riskierend: ‚Eher verschlucke ich diese brennende Zigarre . . .' " Die Damen applaudierten. Der Erlös kam natürlich nicht den Lottas, sondern Marius zugute.

Joliot wollte sich schon lange dem Drucker Poirier erkenntlich zeigen, weil er ihn nie wegen fälliger Zahlungen gemahnt hatte. Jetzt bot sich eine Gelegenheit: Der Generalstab brauchte Karten von Finnland. Joliot empfahl Poirier. Nach Übermittlung des Auftrags sagte er zu ihm: „Mein Freund, das bedeutet soviel wie vierhunderttausend auf der Straße zu finden. Auf die Karte brauchen Sie ja nicht zu gucken: barbarische Namen, zum Verrücktwerden: Pudasjärvi. Als hätte man statt der Zunge einen Klumpen Lehm im Mund."

Die Zeitung florierte. Dennoch war der Dickwanst melancholisch; er hatte Angst, wußte aber nicht, wovor. Zweimal am Tage erschienen Heeresberichte: „Keine besonderen Vorkommnisse . . ." Paris wurde reich und amüsierte sich. Joliot sagte: „Sehen Sie, Häuser und Autos finden reißenden Absatz."

Die Zeitung brachte neben den Fotos finnischer Schützen Berichte von den Skiwettkämpfen in Mégève und Chamonix: Die Pariser Modedämchen wollten nicht hinter Mannerheims Soldaten zurückstehen. Aber Joliot traute weder den hübschen Skiläuferinnen noch den Heeresberichten. Mit der Welt war etwas Schreckliches geschehen. Allein diese Kälte! In Sevilla lag Schnee. Und in Argentinien starben täglich Hunderte an Hitzschlag. In der Türkei bebte die Erde. All das war ein böses Omen. Joliot wurde noch abergläubischer; immer trug er ein

Stück Holz bei sich. Nachts dachte er: Ich glaube, ich bin unter einer Leiter durchgegangen – ein böses Omen ... Wenn Marie klagte: „Alfred hat so lange nicht geschrieben", antwortete er: „Der amüsiert sich", umpreßte dabei aber das Holz in seiner Tasche.

Der Ruhrmagnat Baron von Thyssen traf in Paris ein. Die Fotografen hefteten sich an seine Fersen. Schöne Frauen lächelten ihm zu. In der „Voie Nouvelle" erschien das Foto seines Hündchens; Joliot wußte, daß Breteuil um die Gunst des Deutschen buhlte ...

Mit den Fotos war es nicht getan. Breteuil rief an, die Zeitung solle von Thyssens Memoiren bringen: „Das kommt uns zupaß ... Eine Verständigung zeichnet sich ab."

Joliot begab sich ins Hotel „Crillon", wo der Baron abgestiegen war. Er wartete lange in dem prunkvollen Salon. Dann erschien ein bejahrter arroganter Mann. Joliot neigte kokett den Kopf und begann lächelnd über Freiheit und Völkerverbrüderung zu reden. Von Thyssen sagte lässig: „Verzeihen Sie, aber ich bin beschäftigt."

Er übergab ihm ein Manuskript und verschwand wieder. Joliot schlug es auf und las: „Im letzten Frühjahr habe ich mit Hitler einen Aktionsplan gegen die Kommunisten ausgearbeitet ..."

Joliot kam erschöpft nach Hause. Als er Marie weinen sah, sagte er: „Um Alfred brauchst du dich nicht zu sorgen; das ist kein Krieg und wird auch keiner werden. Du hättest diesen Deutschen sehen sollen! So einer gehörte ins Konzentrationslager ... Aber er ist jetzt zu Tessat gefahren, Ehrenwort! Ab morgen bringen wir seine Memoiren. Montigny sagte mir, der Kontakt sei aufgenommen. Verstehst du? Weine nicht, Marie! Alfred wird nichts passieren ... Es ist kein Krieg ... Höchstens in Finnland."

Seine Frau nahm das Taschentuch vom Mund und sagte leise: „Alfred ist gefallen."

Erst jetzt bemerkte Joliot auf dem Tisch einen großen gelben, unfrankierten Briefumschlag.

13

Michauds Regiment wurde nach Le Havre verlegt. Michaud dachte erschreckt: Es geht also nach Finnland!

Moskau war für Michaud die Gewähr, daß sein Leben nicht sinnlos und Glück nicht nur ein leeres Wort war. Alles was sich dort tat, war geheimnisvoll und doch etwas Bekanntes, Vertrautes, Eigenes. Er lächelte selig, wenn im Rundfunk von den Zitronenhainen Abchasiens die Rede war. Er verfolgte den Bau der Moskauer Metro, als ginge es um sein eigenes Haus. Er sagte: „In Brüssel haben unsere Pianisten den ersten Preis gewonnen", und das Wort „unsere" klang bei ihm ganz natürlich. Zu Denise sagte er einmal: „Dort sind selbst die Pflanzen für uns, ja, ja, gewöhnliche Pflanzen, Kamille und Glockenblumen ..." Wenn er es gar nicht mehr aushielt, studierte er die Karte der Sowjetunion. Die große grüne Fläche beruhigte ihn. Sogar beim letzten Zusammensein mit Denise hatte er gefragt: „Was hört man über die Ausstellung in Moskau?" Er sah in Gedanken diese ferne Stadt, als hätte er Jahrzehnte dort gelebt. Für diese Stadt war er bereit zu sterben. Nicht nur er. Und die Gemeinsamkeit des Glaubens gab ihm Auftrieb: Um ihn herum dachten Hunderte Soldaten ebenso. Und in anderen Regimentern auch. Das war eine geheime Bruderschaft von Millionen.

Und nun fegte der Wind durch die breiten Straßen von Le Havre, zerrte an den Gardinen, riß Reklameschilder ab, warf die Passanten fast um. Hafensirenen heulten. Seilwinden knirschten mit den Zähnen. Tag und Nacht wurde gearbeitet. Man sprach von einem Expeditionskorps.

Michaud nahm bald diesen, bald jenen Soldaten beiseite. Er wußte nicht, wer Kommunist war. Aber es gab etliche Anzeichen: eine Klage, daß es keine „Huma" gab, eine spöttische Bemerkung über Viards Edelmut, oder wenn einer Thorez „unseren Maurice" nannte. Michaud flüsterte: „Wenn man uns gegen die Russen schickt, müssen wir uns weigern. Vertuschen können sie es nicht, das ganze Land wird es erfahren."

„Ich weiß nicht ... Was werden die anderen sagen? Das sind doch keine Wahlen, hier riecht es nach Erschießung."

Michaud mit seiner flinken Zunge und seinem fröhlichen Wesen erfreute sich allgemeiner Beliebtheit. Wenn er dem Sergeanten eine bissige Antwort gab, pflichteten alle ihm bei. Meuterei jedoch stand auf einem anderen Blatt. Michaud war sich selbst nicht sicher, was die Soldaten sagen würden. Er redete auf sie ein, erklärte, erzählte begeistert von der großen Stadt im Norden, für die die Russen kämpften, dort sei ein breiter Fluß, in den Palästen säßen die Arbeiter, Lenin habe dort gelebt ... Er schimpfte auf die Verräter, die die Front entblößen wollten. Er fand für jeden die passenden Worte, sprach aufgeregt und hastig – es konnte ja schon morgen losgehen.

Als Oberst Kérieu erfuhr, daß sein Regiment dem Expeditionskorps angehören sollte, fand er keinen Schlaf mehr. Nachts legte er Patiencen. Er war ein jähzorniger und charakterschwacher Mensch. Im letzten Krieg hatte er für tapferes Verhalten zwei Orden bekommen; dem Tod sah er gleichmütig ins Auge, aber vor dem Leben hatte er Angst, er fürchtete seine Vorgesetzten, das tückische Netz der Politik, Denunziationen, Straßendemonstrationen.

Das Regiment hatte den ganzen Winter in der Picardie gelegen. Kérieu ließ Befestigungen bauen: die Soldaten durften doch nicht untätig herumsitzen. Aber General Picard schnauzte ihn an: „Wer hat Sie gebeten, Panik zu stiften? Die Deutschen können gar nicht hierherkommen. Sie sollten weniger auf die Defätisten hören."

Kérieu erschrak – das begreife, wer will! Alles Politik ... Er befahl, die Arbeiten einzustellen, und erklärte: „Die Befestigungen sind überflüssig, nur Defätisten können denken, daß die Deutschen hierherkommen."

Jetzt sprach man von Finnland. Was dachten die Soldaten? Wenn sie sich nun mit den Russen verbrüderten? Wer hatte sich das nur ausgedacht? Es hieß doch immer: Bloß kein Zweifrontenkrieg. Wie konnte man Rußland besiegen? Sogar Napoleon war dort gescheitert. Würde Gamelin das etwa zulassen? Aber auch Gamelin war machtlos, alles wurde von den Politikern entschieden.

Der Oberst warf resigniert die Karten hin: die Patience war wieder nicht aufgegangen, zwei Buben fehlten. Das sechste Mal schon! Also – aus!

Michaud sagte zu seinen Kameraden: „Habt ihr die Grenze gesehen? Überhaupt keine Befestigungen. Sie ziehen die Leute ab. Wollen gegen die Russen kämpfen. Und hier werden sie die Hitlerleute reinlassen. So sieht ihr Krieg aus!"

Die schwache Glühbirne beleuchtete nur spärlich die Gesichter. Auf der geweißten Wand zitterten lange Schatten. Michaud wußte das Schweigen nicht zu deuten. Ganz verschiedene Menschen saßen hier beisammen: ein Schlosser aus Asnières – anscheinend Kommunist; ein Bauer, der von seinem schönen Haus erzählte; ein Handlungsreisender, der Nähmaschinen verkaufte; ein Gepäckträger, ein Fleischer, ein Postangestellter. Welche Gedanken mochten sie bewegen?

Die Entscheidung fiel ganz unverhofft. Picard wurde erwartet. Zwei Kompanien mußten antreten. Kérieu machte einen niedergeschlagenen Eindruck und sah die Soldaten nicht an. Plötzlich rief es aus den hinteren Reihen: „Wohin schickt man uns?"

Der Oberst lief rot an und wischte sich mit dem Taschentuch das Gesicht.

„Wer hat da geschrien?"

„Alle!"

Kérieu war fassungslos. Er drohte nicht, versuchte nicht zu überzeugen. Er ließ die Soldaten entwaffnen. Alle sollten vors Kriegsgericht. In der Nacht schliefen die Männer nicht: sie dachten an ihre Kindheit, an ihr früheres friedliches Leben, an ihre Familien.

Verhöre begannen: Wer ist der Anstifter? Alle dachten an Michaud. Aber niemand verriet ihn. Und über der Stadt tobte der Märzsturm.

Am nächsten Tag sagte Picard zu Oberst Kérieu: „Wir werden drei, vier Mann erschießen müssen – zur Abschreckung."

Da brüllte Kérieu: „Begreifen Sie denn, was das bedeutet? Die werden uns umbringen!" Er besann sich sofort und senkte ergeben den Kopf, gleich würde Picard sagen: „Kriegsgericht." Fast schien es ihm, als wäre er selbst der Anstifter.

Doch Picard wandte sich ab und trommelte gegen die schmutzige Fensterscheibe. Er vergaß, daß neben ihm ein Untergebener stand. Er sagte sich immer wieder: Marne, Verdun ... Das alles gehörte der Vergangenheit an. War dies etwa eine Armee? Eine Horde war das, Gesindel! Wie oft hatte er zu Breteuil gesagt: „Vorsicht, das wird uns teuer zu stehen kommen!" Gewiß, die Nordexpedition könnte die Moral heben. Aber die Radikalen schwankten wie immer. Und unter den Soldaten gab es viele Kommunisten. Was tun? Gegen die Deutschen würden die Offiziere nicht kämpfen. Ehrlicher wäre es, gleich zu kapitulieren. Noch waren alle Figuren, selbst die Bauern, im Spiel, und doch war die Partie schon verloren.

Er sah aus dem Fenster. Die Leute umringten einen Zeitungsverkäufer. Der Wind entriß ihm einige Blätter und trieb sie durch die lange, gerade Straße.

„‚La Voie Nouvelle'! Letzte Ausgabe ... Gerüchte über Verhandlungen zwischen Helsinki und Moskau!"

14

Tessat aß gerade ein weichgekochtes Ei, als ihm mehrere Telegramme gebracht wurden. „Friedensverhandlungen ... Stockholm ... Eine finnische Delegation ..." Die Worte tanzten vor seinen Augen. Eigelb kleckerte auf seine Weste. Er verzog das Gesicht, als empfände er physischen Schmerz. Als er sich gefaßt hatte, rief er Daladier an: „Welch ein Unglück ..."

Daladier antwortete, er werde im Rundfunk sprechen: Er wolle den Finnen vorschlagen, Widerstand zu leisten – das Expeditionskorps stünde bereit. Tessat schüttelte den Kopf. „Zu spät, mein Freund! Sie werden uns nicht glauben ... Wir müssen uns etwas anderes einfallen lassen."

Daladier sprach von der „Tragödie der kleinen Nationen". Tessat unterbrach ihn ärgerlich: „Natürlich ist das eine Tragödie! Aber nicht nur für die Finnen. Du kannst dich drauf verlassen: Das Kabinett wird sich keine Woche halten, ich habe so einen Riecher."

Tessat errechnete das Stimmenverhältnis. Die Mehrheit würde gegen die Regierung stimmen. Ungerecht ging es in der Welt zu: Tessat würde für die Fehler irgendeines Mannerheim büßen müssen. Und Tessat verwünschte die Finnen: diese Wilden!

Es kam, wie erwartet: Für die Regierung stimmte die Minderheit. Reynaud kam ans Ruder. Tessat haßte ihn: dieser Gnom, dieses Wunderkind, dieser Affe! Reynaud schlug Tessat vor, sein Ministerportefeuille zu behalten. Tessat antwortete: „Ich werde es mir überlegen, mich mit meinen Freunden beraten."

Zuerst fuhr er zu Daladier. Der trank gerade seinen Aperitif. Mit finsterem Blick sagte er zu Tessat: „Reynaud – das ist eine Katastrophe. Aber ich habe beschlossen, auf meinem Posten zu bleiben, bis zum Ende ..."

Mehr war aus ihm nicht herauszubekommen. Tessat beschloß, sich an Breteuil zu wenden. Das war der kommende Mann! Wenn Breteuil ihm riete, in die Opposition zu gehen, würde Tessat auf sein Portefeuille verzichten. Man mußte abwarten können und staatsbürgerlichen Mut beweisen.

In Breteuils Arbeitszimmer traf Tessat einen blauäugigen Hünen an. „Ich hatte das Glück, den Herrn Minister am Vorabend des Marseiller Kongresses kennenzulernen."

Tessat erinnerte sich dunkel: der Delegierte aus Colmar, der Fouger am Reden gehindert hatte ... Und Tessat lächelte freundlich. „Natürlich, ich entsinne mich."

Als Weiß gegangen war, sagte Breteuil: „Du wirst dich wundern, daß Radikale zu mir kommen. Wir setzen die nationale Einigkeit in die Tat um. Weiß arbeitet mit Grandel zusammen. Ich finde überhaupt, daß die Sache gar nicht so schlecht steht."

Der leutselige Ton verblüffte Tessat. „Meiner Ansicht nach steht sie sehr schlecht. Die Finnen haben uns zum Narren gehalten. Und bei Reynaud muß man mit allem rechnen."

„Ich gehöre auch nicht zu seinen Anhängern. Dieser englische Kommis möchte, daß wir ein Dominion werden. Aber Reynaud ist eine Eintagsfliege. Er wird sich nicht mal bis zum Sommer halten. Einstweilen aber werden wir ihn für unsere Zwecke einspannen. Er wird Gamelin aus dem Wege räumen, das ist ein Plus. Wir müssen Picard lancieren. Dann wird der Zwerg auf Stelzen gehen. Er muß irgend etwas Effektvolles tun. Und beim ersten Sprung wird er stürzen."

„Er hat mir ein Portefeuille angeboten. Aber ich möchte lieber zurücktreten."

„Auf gar keinen Fall! Du mußt die nationalen Interessen berücksichtigen. Wir brauchen doch unseren Mann im Kabinett."

Tessat ließ sich nicht lange bitten. Gut, er würde mit Reynaud zusammenarbeiten. Die Linken würden ihm dafür vieles verzeihen. Er hatte die Rechten gefürchtet, aber nun hatte Breteuil ihm ja seinen Segen erteilt ... Natürlich würde er bleiben. Es war ja auch sehr angenehm, Minister zu sein. Und ehrenvoll dazu – die

Historiker würden dereinst erwähnen, daß Tessat seinen Kampfposten nicht verlassen hatte.

Als Joliot die Liste der neuen Regierung erhielt, rief er: „Wie finden Sie das? Von dreißig Ministern sind sechzehn Advokaten. Und so was nennt sich ‚Kriegskabinett'!"

Agenturtelegramme trafen ein. Joliot erbleichte. „Entsetzliche Auspizien! Der Ätna regt sich. Das bedeutet nichts Gutes ... Sie jammern um Finnland. Doch ich fürchte, daß die Makkaronifresser nach Marseille marschieren."

Als der Drucker Poirier die bestellten Karten im Stab ablieferte, fragte man erstaunt: „Wieso Finnland?" Aber sein Geld bekam er.

Drei Wochen vergingen. Eines frühen Morgens erfuhr Joliot von den Minenfeldern vor der norwegischen Küste. Er rief sofort Poirier an. „Ich gratuliere zu einem neuen Auftrag. Auch Reynaud möchte zu den Eisbären. Jetzt werden Karten von Norwegen gebraucht, was ich Ihnen sage! Gehen Sie nur nicht im Preis herunter."

Montigny gab einen prunkvollen Empfang: Zum erstenmal wurde Tessat von den Rechten gefeiert. Zugegen waren Breteuil, Laval, Flandin, Grandel, Méjeu, General Picard.

Die Damen unterhielten sich darüber, wo man am besten die Ferien verbringen könnte. Picards Gattin schwor auf Briançon: „Das liegt an der italienischen Grenze. Mein Mann sagt, Mussolini würde es auf keinen Fall wagen ... Und ich will mich ein wenig von diesem schrecklichen Krieg erholen. Dort ist es so still und ruhig."

Madame Méjeu hatte beschlossen, einige Wochen in Biarritz zu verbringen: der Ozean, elegantes Publikum. Man fragte Mouche nach ihren Ferienplanen.

„Mein Mann will, daß ich in die Schweiz fahre. Ich weiß noch nicht ..."

Sie dachte an das exklusive Schweizer Hotel, an die lachenden Touristen, an Kielmanns Nacken, an die Kuhglocken und dann an die Quittung – das zur Grimasse verzerrte Gesicht Luciens.

Madame Montigny, mit tiefem Dekolleté und gepuderten Schultern, bewirtete die Gäste. „Heute ist Dienstag, ein schrecklicher Tag! Kein Fleisch, keine Konditorwaren, kein Likör. Aber gottlob sind die Franzosen ja keine Pedanten! Lieber General, ich empfehle Ihnen den Armagnac – aus dem Keller meines Bruders. Haben Sie Kummer?"

„Nein ... Der Armagnac ist vortrefflich."

„Was gibt es Neues?"

„Nichts Erfreuliches, was die Kriegsereignisse betrifft." Der General seufzte. „Sie hatten versichert, daß sie die Straße Bergen–Oslo halten würden. Aber die Deutschen machen nicht viel Federlesens. Es bleibt nur der äußerste Norden. Die Lage ..."

Tessat, der nur das letzte Wort gehört hatte, mischte sich ein: „Die Lage hat sich zweifellos gefestigt. Ich hatte mit einer soliden Mehrheit gerechnet. Aber ich sage ganz offen: das einmütige Votum der Kammer hat mich überrascht. Welche Reife des politischen Denkens! Jetzt verkörpern wir tatsächlich den Willen ganz Frankreichs. Nicht wahr, General?"

Picard sprach von Bergen, von den Fjorden.

Tessat winkte ab: „Das sind Details."

Picard regte ihn auf: Er war blind wie alle diese Militärs. Wo waren die Deutschen denn eingedrungen? In ein ödes, ärmliches Land. Zu den Fjorden fuhren Sonderlinge, um sich an der Mitternachtssonne zu ergötzen. Gut, daß die Deutschen nach dem Köder geschnappt hatten, das lenkte sie von Frankreichs Grenzen ab. Und Tessat sagte: „Norwegen geht auf das Konto der Engländer. Wir haben damit nichts zu tun. Admiral Darlan sagt unumwunden, daß Hitler noch besser sei ..."

Breteuil lächelte. „Die Engländer ... Ich habe sie damals an der Somme gesehen. Sie rasierten sich jeden Morgen im Schützengraben. Und um fünf Uhr tranken sie Tee mit Toast. Mal sehen, was sie in der Tundra machen werden."

Die Gäste fielen ein: „Sie werden ihren geliebten Kabeljau fressen." – „Oder der Kabeljau wird sie fressen." – „Ich kann mir vorstellen, daß Reynaud es mit der Angst bekommen hat!" – „Ja, der Gnom hat nichts zu lachen ... Ich denke, daß selbst die Regierung Australiens sich größerer Unabhängigkeit erfreut." – „Ha-ha! Wir befinden uns in der Lage eines Känguruhs."

Tessat fühlte sich verpflichtet, die Regierung zu verteidigen: „Natürlich, Reynaud ist ein Anglomane und ein Snob. Aber die Gräfin de Portes ist eine kluge Frau. Sie ist sozusagen seine

Egeria. Und ich agiere über den Freund der Gräfin, über Baudouin."

Jemand prustete los: „Der Geliebte der Mätresse."

Tessat fuhr fort: „Schade, daß unsere Freunde Breteuil und Laval nicht ins Kabinett eingetreten sind. Aber seien Sie versichert, in der Norwegenfrage werden wir uns auf kein Abenteuer einlassen. Ich bin als erster für die Unterstützung Finnlands eingetreten; Frankreich hat immer den Schwachen die Hand gereicht. Aber das Schicksal Norwegens interessiert uns nicht. Das ist ein Streit zwischen Engländern und Deutschen. Soll Churchill die Suppe auslöffeln ... Was unser Territorium anbetrifft, so sind wir vor Überraschungen sicher. Durch Holland können sie nicht marschieren – die Holländer würden die Schleusen öffnen. Die Versuche sind glänzend verlaufen. Und die belgischen Befestigungen können es fast mit der Maginotlinie aufnehmen. Die Deutschen haben allerdings eine gewisse Überlegenheit an Flugzeugen und Panzern. Aber das reicht nicht aus. General Lerideau sagt, die Deutschen müßten für eine richtige Offensive sechs Geschütze gegen eins von uns einsetzen. Also haben sie die Partie schon verloren."

„Unser wunder Punkt ist das Hinterland", sagte Méjeu. „Die Kommunisten erheben wieder ihr Haupt. Der Streik in Courneuve kann sich ausbreiten. Sehen Sie mal, hier diese Flugblätter."

„Empörend!"

„Man hätte die Abgeordneten doch lieber erschießen sollen ..."

„Der Prozeß war nur eine Reklame für sie. Jetzt wird überall Gresas Rede zitiert."

„Der ganze Prozeß war ein Fehler. Ich hatte Daladier gewarnt ... Man hätte sie entweder ohne Gerichtsverhandlung im Gefängnis lassen oder Anklage auf Staatsverrat erheben sollen."

„Wir sind an die Gesetze gebunden." Tessat seufzte. „Sehen Sie sich die Urteile an: zwei, drei Jahre Gefängnis. Wen kann das schon abschrecken? Reynaud ist ein Waschlappen. Und Mandel haßt Hitler blindwütig. Das ist der gefährlichste Demagoge; er träumt davon, Emissär der Kommune zu werden. Ich rechne auf die Unterstützung Serols. Er ist Sozialist, aber ein anständiger Mensch. Ein Glück, daß ihm das Justizministerium übertragen wurde. Er sagt ganz unverhohlen, daß man die Moskauer Eiterbeule mit Eisen ausbrennen muß."

Tessat trank ein Glas Armagnac und wurde traurig. Wenn Denise nun erschossen wurde? Aber er hatte sich rasch wieder in der Gewalt, wurde wieder unerbittlich und hart. Die Gäste pflichteten ihm lautstark bei. Die Zuckerzange in der Hand, stand Tessat wie versteinert an einem runden Tischchen, und ihm schien, er führe das Staatsruder.

Dann zog Picard die Aufmerksamkeit auf sich. Er erzählte Witze über General Gort. Da trat Joséphine zu Tessat und fragte leise: „Wo ist Lucien?"

Tessat wurde verlegen: Zum erstenmal sprach jemand von seinem Sohn. Ohne zu überlegen, antwortete er: „Verschollen." Aber er begriff sofort, wie zweideutig das klang, und korrigierte sich: „Vielleicht ist er gefallen. Der arme Lucien!" Seine Stimme zitterte.

Joséphine konnte nicht mehr an sich halten und brach in Tränen aus. Auch Tessat spürte Tränen in der Kehle aufsteigen und rieb sich rasch die Vogelnase.

Montigny kam auf ihn zu. Tessat riß sich zusammen: Man darf seinen Gefühlen nicht freien Lauf lassen, muß stark sein wie Clemenceau ... Er erläuterte: „Hitler hat noch einen Fehler gemacht. Er wird gegen Walrosse kämpfen. Wir aber können indessen leben und arbeiten. Daladier hat beschlossen, eine halbe Million Bauern zu demobilisieren. Wir müssen pflügen und säen; ohne Brot kann man nicht leben. Sollen Ducamp und Fouger doch toben. Wir werden der Welt zeigen, was französische Standhaftigkeit ist."

Montigny nickte: Sehr richtig! Dann umarmte er Tessat und rief lautstark, daß es im ganzen Salon zu hören war: „Sie haben gut daran getan, sich ein Grundstück im Poitou zu kaufen. Das ist der Nabel Frankreichs, fern von allen Grenzen. Ich habe ein Gut in Savoyen und fühle mich, offen gestanden, nicht ganz wohl in meiner Haut. Die Italiener sind immerhin Phantasten ... Aber Sie können ruhig schlafen, ins Poitou wird niemand kommen. Ich habe ja immer zu Breteuil gesagt, daß Sie einen staatsmännischen Verstand besitzen."

15

Als Méjeu erfuhr, daß Reynaud Daladiers Posten eingenommen hatte, sagte er zu Grandel: „Ich sollte bis zum ersten Mai hundertachtzig Bombenflugzeuge liefern, aber die Lage hat sich geändert ... Sie können dem Minister ausrichten, daß zusätzliche Tests erforderlich sind."

Grandel lächelte: „Ich habe verstanden ... Reynaud ist ein Abenteurer. Am Ende wird der uns noch in einen richtigen Krieg verwickeln. Wozu hat er die Gebirgsjäger nach Narvik geschickt? Aber ich hoffe, daß er bald gestürzt wird. Eine gehörige Niederlage genügt. Die Deutschen werden schon dafür sorgen. Es heißt, Dessère habe ihm gratuliert. Ein wunderbares Omen: Eine Freundschaft mit Dessère bringt nichts Gutes."

Dessère, vor kurzem noch allmächtig, war zum allgemeinen Gespött geworden. Die Karikaturisten lebten von ihm. Und Breteuil wies Joliot an: „Ziehen Sie über Dessère her – ein internationaler Geschäftemacher, ein Kanonenlieferant, ein Plutokrat. Verständlich, daß er für den Krieg bis zum Endsieg ist. Sie können ihn nach Herzenslust diffamieren; Tessat hat mir versprochen, daß die Zensur sich nicht einmischen wird."

Montigny befahl Joliot, eine Kampagne gegen Dessère zu starten. Der Dickwanst protestierte: „Man kann die politische Richtung wechseln, das liegt in der Ordnung der Dinge. Aber Dessère hat mich in der schwersten Zeit unterstützt. Begreifen Sie, was das heißt, einen alten Freund zu verraten? Und außerdem: Dessère ist ein ehrlicher Mensch. Er ist zwar kein Marseiller, aber er liebt Marseille. Ich habe gehört, wie er sich mit den Fischern in Cassis unterhielt ... Er ist ein wahrer Franzose! Und nun soll ich schreiben, er sei ein österreichischer Jude und von den Amerikanern gekauft!"

Dessère hatte seinerzeit zu hoch gethront. Sobald der Thron ins Wanken geriet, waren alle der Meinung, er würde stürzen. „Der arme Kerl", hieß es, obwohl Dessère noch Fabriken und Aktien besaß. Niemand wußte, wie seine Geschäfte gingen. Die Ingenieure des Seine-Werks sagten: „Er wird sich wohl kaum bis zur Jahresversammlung halten können." Selbst der alte Gärtner zweifelte an der Kreditfähigkeit seines Arbeitgebers und bat um Vorschuß.

Dessère trank immer mehr, mied die Menschen, verheimlichte vor Jeannette seine Herzanfälle. Traf er Freunde, so meinte er scherzend: „Gestatten Sie, daß ich mich vorstelle – ich bin ein österreichischer Plutokrat, dessen Gärtner um Vorschuß bittet." Sein Aussehen erschreckte die Freunde: Krankheit und Mißerfolge hatten sein Gesicht schlaff und schwammig gemacht.

Jeannette empfand für ihn tiefes, fast unerträgliches Mitleid. Dieses Gefühl war erniedrigend für beide, und schon mehrmals hatte sie versucht, sich gegen ihn aufzubringen, sie hatte ihm Bosheiten gesagt, in der Hoffnung, er würde ihr ebenso antworten. Aber Dessère zog nur den Kopf ein und sah sie mit den treuen, trüben Augen eines alten Hundes an. Da umarmte sie ihn und sagte rührende Worte. „Jeannette!" flüsterte er beschwörend, als könnte Jeannette ihn retten. Er wußte, daß nur sie ihn ans Leben fesselte, und den Tod fürchtete er jetzt noch mehr als früher; er fürchtete nicht den Schmerz, sondern die Leere – nichts würde mehr sein, weder Gutes noch Schlechtes, und bei dem Gedanken hätte er heulen mögen.

Er sagte sich oft, daß er Jeannette zugrunde richtete. Er beschloß, mit ihr zu brechen, hielt es auch ein paar Wochen aus, doch dann weckte er sie plötzlich mitten in der Nacht, stand ganz verstört vor ihr und fragte: „Darf ich?" Sie streichelte sein storres, graues Haar, und aus ihren großen, erschrockenen Augen rannen Tränen.

Am ersten Mai traf Dessère zufällig Méjeu. Es war in der Carlton-Bar.

„Ich habe gehört, Sie sind krank", sagte Méjeu.

„Nein, ich fühle mich ausgezeichnet."

„Gesundheit ist das Allerwichtigste, vor allem in solch einer Zeit . . . Wissen Sie, was für ein Tag heute ist? Der erste Mai. Und niemand denkt daran. Erinnern Sie sich noch, wie beunruhigt wir im vergangenen Jahr waren, Streiks und Demonstrationen fürchteten? Heute ist es ein gewöhnlicher Werktag. Jedes Übel hat auch etwas Gutes. Sie sind anscheinend anderer Meinung?"

Méjeu hatte Dessère so oft einen „Roten" genannt, daß er nun selbst an den von ihm geschaffenen Mythos glaubte. Aber Dessère antwortete gleichmütig: „Es ist alles ruhig . . . Vielleicht zu ruhig . . ."

Auf der Straße sprach ihn ein junges Blumenmädchen an. „Kaufen Sie Maiglöckchen, zwanzig Sou. Sie bringen Glück."

Sie hatte Zähne wie ein Nagetier und unruhig flackernde Augen. Er kaufte ein Sträußchen grüner, noch nicht erblühter Maiglöckchen. „Sie bringen Glück . . ." Nein, ihm würden sie kein Glück bringen! Méjeus Lächeln, die Augen des Blumenmädchens, Jeannette . . . Es gab keinen Ausweg. Sie würden töten. Wen? Jeannette, ihn, alle . . . Er betrat ein Bistro und stürzte an der Theke einen Kognak hinunter. Das Radio krächzte:

„Welch Glück, am Quell zu sein,
Das Glück ist Trug und Schein."

Eine Woche später traf Dessère zufällig Jeannette. Sie ging vorbei, ohne ihn zu bemerken. Sie lächelte. Er begriff: Ohne ihn würde sie aufleben. Er mußte Schluß machen!

Dessère hatte Jeannette des öfteren vorgeschlagen, zu ihm zu ziehen. Sie hatte es abgelehnt, wohnte immer noch in dem uralten Hotel nahe der Rue Bonaparte. Er kannte die beleibte, bläulich gepuderte Wirtin und die dunkle Wendeltreppe. Jede Stufe bedeutete Atemnot und Zweifel. In den Korridoren roch es nach Abort, Parfüm und Küche. Jeannettes Zimmer war sehr schmal. Über dem Kamin küßte Daphnis schon seit einem halben Jahrhundert die bronzene Chloe. Wer mochte früher hier gewohnt haben? Ein Künstler, der vom Ruhm träumte? Ein Buchhalter, der in eine Schöne aus den Folies-Bergère verliebt war? Ein Ganove mit pomadisiertem Haar und greller Krawatte? Oder ein deutscher Emigrant, akkurat und hilflos, ohne Aufenthaltsgenehmigung, der nachts eine Ansichtskarte von Mannheim hervorholte, die Schuhe auszog und von einer Ecke in die andere lief? In diesem schwer zu lüftenden Zimmer staute und verdichtete sich die Einsamkeit.

Dessère sagte ruhig: „Wir dürfen uns nicht mehr sehen."

Nun hatte er diesen Satz ausgesprochen. Er fürchtete, sie würde fragen: „Warum?" oder ihn ansehen; dann könnte er nicht standhalten. Aber Jeannette wandte sich ab und antwortete: „Ja." Sie dachte: Nichts ist geblieben, nicht einmal eine Illusion, um so besser! Und er wunderte sich über seine Ruhe: Das war der Tod, aber er war gar nicht schrecklich . . .

Eine laue Mainacht. Über der verdunkelten Stadt der sternübersäte Himmel. Die Kastanien blühten. Die Turmuhr der nahe gelegenen Kirche schlug pünktlich alle Viertelstunden.

„Eine Nacht für Verliebte“, meinte Dessère lächelnd. Er stand am Fenster.

„Es gibt keine Verliebten. Nur Sterne, Bäume, Gedichte. Ach, Dessère, wir sind alt geworden!“

„Sie haben noch gar nicht angefangen zu leben. Ich habe Sie daran gehindert. Ich werde es nicht mehr tun, werde nicht mehr stören, nicht mehr leben ...“

Die letzten Worte waren ihm unversehens entschlüpft. Er war wütend auf sich: Wozu das Gejammer! Sie würde denken, er wolle ihr Mitleid erregen. Er hatte immer gewußt, daß Liebe nicht für Geld zu kaufen war, auch nicht für Tränen.

Aber Jeannette bemerkte seine Erregung nicht und antwortete: „Ich mag nicht mehr leben. Einst war es anders ... Es sollte nicht sein ... Aber Sie?“

„Ich habe Angst vor dem Tod ... Das heißt, ich kann mir nicht vorstellen, wie es ist – zu sterben.“

Er wollte gerade gehen, als die Flak losballerte. Es hörte sich an, als bellte da eine Meute losgelassener Hunde ... In den sammetweichen Himmel krallten sich Scheinwerfer. Die Sirenen heulten wie wahnsinnig, etwas Lebendiges, Tierisches lag in ihrem Geheul.

„Was ist das?“ fragte Jeannette.

„Es geht wahrscheinlich los. Der Frühling ... Ich habe doch gesagt – eine Nacht für Verliebte. Sie dachten, die Deutschen würden dasitzen und abwarten. Méjeu hat freudestrahlend erklärt: ‚Wie schön ruhig es ist!‘ Erbärmliche Gestalten! Nein, schlimmer – Verräter! Ist ja auch egal ... Jeannette, haben Sie wirklich kein bißchen Angst vor dem Tod?“

Sie antwortete fest, sogar kühl: „Nein.“

Die Flak ballerte immer noch.

Endlich wurde Entwarnung gegeben. Dessère saß im Sessel am Fenster; er hatte Jeannette gebeten, bis zum Morgen bleiben zu dürfen. Die Vögel begannen zu zwitschern – kindliche, unkomplizierte Laute. Schräge Sonnenstrahlen, lange Schatten. Kühle. Gemüse wurde zum Markt gefahren. Eine Milchfrau zog vorüber. Und Dessère kam es vor, als sei nichts geschehen: kein nächtlicher Alarm, keine Trennung. Er blickte Jeannette an. Sie schlief, ihr Gesicht war ruhig und gelassen. Er dachte: Wenn sie die Augen geschlossen hat, ist an ihr nichts Besonderes. Doch da erwachte Jeannette, als hätte sie im Schlaf seine Gedanken erraten, und sah ihn an. Er wandte sich ab.

„Guten Morgen, Dessère!" sagte sie fröhlich.

Vielleicht hatte auch sie alles vergessen? Das Lachen von Schulkindern schallte herauf. „Wenn Behemot mich drannimmt, gibt es einen Skandal ..." – „Ich hatte die Aufgabe mit den Bassins auf. Aber wir waren im Kino, ‚Kuß des Todes' ..."

Dann näselte das Radio: „Beim letzten Ton des Zeitzeichens war es sieben Uhr und eine Minute. Sie hören Frühnachrichten. Heute nacht sind deutsche Truppen in Holland und Belgien einmarschiert ..."

Jeannette schrie auf und stürzte ans Fenster. Auf der Straße stand eine Frau mit einem Korb und lauschte den Nachrichten. „Fallschirmtruppen sind auf holländischem Territorium gelandet ..." Die Frau ließ den Korb fallen, und übers Pflaster rollten große, blaßrote Erdbeeren. Dessère sah Jeannette an. „Ich habe Ihnen doch gesagt, es geht los."

Vor dem Zeitungskiosk unterm Fenster drängten sich Menschen: Arbeiter, Händler, Frauen. Alle diskutierten über die jüngsten Ereignisse.

„Wie im Jahre vierzehn ... Vielleicht kommen sie auch hierher."

„Sie werden dort Schiffbruch erleiden. Aber selbst wenn sie Holland besiegen, uns kann das doch nur recht sein."

„In der Zeitung stand, die Holländer würden alle ertränken."

„In der Zeitung steht viel! Die Schreiberlinge kriegen's ja bezahlt ... Aber die Deutschen können mit Fallschirmen landen. Direkt auf dem Marsfeld."

Dessère schlug das Fenster zu. „Wie man diese Menschen betrogen hat!" Er setzte sich in den Sessel, das Atmen fiel ihm schwer, Schulter und Arm schmerzten. „Jeannette, sehen Sie mich an! Ihre Augen machen mir angst. Hören Sie! Hören Sie aufmerksam zu! Ich habe auch betrogen ... Vielleicht mehr als alle anderen ... Ich wollte etwas bewahren ... Aber was eigentlich? Tessat? Dies ist nun die Quittung ... Ich weiß nicht, was aus uns wird ... Wenn Hitler kommt, ist Frankreich verloren ... Pierre hatte recht ... Er sagte: ‚Geben Sie es auf!' Ich bin längst gestorben ... Aber getötet wurde nicht ich, sondern Pierre ... Daß Ihnen nur nichts geschieht, Jeannette! Nun, leben Sie wohl! Sehen Sie, womit unsere Trennung zusammenfällt? Effektvoll wie im Theater... Aber in Wirklichkeit ist es ganz banal... Und schrecklich."

Er sprach monoton und zusammenhanglos. Dann setzte er seinen Hut auf, und schon an der Tür, küßte er mit einer jähen Verbeugung Jeannette die Hand. Und dieser Kuß, der gebeugte Rücken, das Zittern seiner Hand verrieten die Stärke seines Gefühls, den Schmerz und die Verzweiflung.

„Jeannette, ich werde Ihnen einen Paß, ein Visum besorgen. Fahren Sie weg! Weit weg, nach Amerika!"

Sie schüttelte den Kopf: Nein, sie war zu müde ... Doch wie leid ihr alle taten – die Holländer, die Leute, die sich immer noch unter ihrem Fenster ereiferten, und Dessère. Am meisten tat ihr Dessère leid. Viele dachten, er sei allmächtig. Aber er war viel unglücklicher als sie, er war ein Sklave, eine Marionette, ein Schatten. Und zum erstenmal duzte sie ihn: „Sei nicht traurig! Alles geht vorüber. Ich weiß nicht wie, aber es geht vorüber. Leb wohl, mein lieber Dessère, leb wohl!"

16

Major Leroy wurde grün im Gesicht; sein Unterkiefer zitterte, es sah aus, als führte er Selbstgespräche. Lerideau zuckte die Achseln. „Ich verstehe nicht, was die Brücken damit zu tun haben!"

„General Moquet hat gesagt ... Ich habe mit ihm telefoniert ..."

„General Moquet müßte für solches Gerede vor Gericht gestellt werden. Der Gegner steht sechzig Kilometer vor den Flußübergängen. Ich bin überzeugt, wir haben es hier mit Diversion zu tun, unsere Hauptkräfte aus dem Abschnitt Le Cateau–Vervins sind nach Belgien eingerückt. Aber nehmen wir das Schlimmste an, daß der Vorstoß sich gegen uns richtet. Um an die Maas zu gelangen, brauchen sie einen Monat, bei zügigem Angriffstempo, versteht sich. Und unsere Gegenoffensive? Die

Siebente Armee marschiert auf Antwerpen. Was ist das Ihrer Meinung nach, Verteidigung oder Angriff? Hat die Operation aber offensiven Charakter, so können nur Ignoranten von einer Zerstörung der Brücken reden. Haben Sie mich verstanden, Major? Und hören Sie auf, vor sich hin zu murmeln!"

„Ich ..."

„Sie? Man sieht sofort, daß Sie im letzten Krieg in Paris gehockt haben. Regel Nummer eins lautet – Ruhe bewahren. Der Krieg ist in eine akute Phase eingetreten, das ist alles. Aber wir müssen arbeiten wie bisher, darin liegt das Geheimnis des Sieges. Bitte, geben Sie mir einen Überblick über die heutigen Zeitungsartikel."

Leroy riß sich zusammen. „Im ‚Figaro' schreibt Romier, daß der Angriff des Gegners auf der Linie Namur–Antwerpen zum Stehen gebracht werden könne ..." Wieder begann sein Unterkiefer zu zittern. „Herr General, die Deutschen sind nicht sechzig, sondern vierzig Kilometer entfernt. Sie haben Marche genommen."

„Man könnte meinen, Sie seien Abgeordneter und nicht Offizier. Erstens sind das unbestätigte Meldungen ... Zweitens: Selbst wenn Patrouillen des Gegners bis nach Marche vorgedrungen sind, beweist das absolut nichts. Sie können gehen. Und schicken Sie mir den Oberst."

Lerideau entfaltete eine große Karte. Moreau kam herein, wie immer die Ruhe in Person. „Ein herrlicher Tag heute. Ich bin gerade von den Panzertruppen zurückgekommen. Eine schöne Gegend ist das hier – Wälder und Hügel."

In Gedanken vertieft, antwortete Lerideau: „Das Gelände ist von Hügeln und Schluchten durchzogen. Es besteht also kein Grund zur Panik. Sehen Sie mal her, ich habe hier die Frontlinie mit einem blauen Stift eingezeichnet. Stimmt das mit Ihren Angaben überein?"

Neben dem kleinen Lerideau wirkte der Oberst wie ein Riese. Er blickte den General gutmütig, sogar herablassend an. „Es gibt keine Front. Sie haben da Marche–Libramont eingezeichnet. Aber das war heute früh. Jetzt haben wir vier Uhr nachmittags."

„Sie wollen also sagen, daß sie weiter vorrücken?"

„Sie rollen einfach vorwärts."

Lerideau verlor die Fassung und schloß die Augen. Er hatte

fleischige, bläuliche Lider. Doch sofort hatte er sich wieder in der Gewalt.

„Um so schlimmer für sie. Der Keil zieht sich in die Länge, aber zu beiden Seiten stehen unsere Truppen. Wir brauchen nur noch ihren schwachen Punkt herauszufinden. Ich muß General Picard sprechen. Gut, daß Sie hier sind ... Unser Major hat den Kopf verloren. Und Moquet auch ... Dabei ist die Lage gar nicht bedrohlich. Was meinen Sie, Oberst?"

„General Picard wird den Einsatz der Reserven kaum riskieren wollen. Sie kennen ja seine Einstellung zu diesem Krieg."

„Ja, aber die Lage hat sich geändert; jetzt greifen sie an. Wir sind gezwungen zu handeln."

„Ich fürchte, das wird nichts nützen. Sie haben mindestens siebenhundert Panzer eingesetzt. Und unsere Abwehr ist schwach. Für die Siebenundvierzigmillimetergeschütze fehlt es an Munition."

„Das ist ein Detail. Man kann schließlich auch Feldgeschütze einsetzen ... Ich sehe, daß auch Sie von der allgemeinen Psychose erfaßt sind. Denken Sie doch an den August vierzehn. Damals war es viel schlimmer ... Den Rückzug von Charleroi nach Meaux werde ich nie vergessen. Die Artilleristen ließen ihre Geschütze im Stich und schwangen sich auf die Gäule. Doch zwei Wochen später warfen wir die Deutschen bis an die Aisne zurück. Von Kluck hatte die rechte Flanke nicht gedeckt. Na, und das kam ihn teuer zu stehen. Jetzt aber treiben sie einen schmalen Stoßkeil vor. Das ist Wahnsinn! Ihre Nachschubwege sind unserem Angriff ausgesetzt."

Er sprach noch lange über die Gesetze der Strategie, über die Unbeständigkeit des Kriegsglücks, über die Qualitäten der französischen Infanterie. Der Oberst stand am Fenster, blickte auf die sanft abfallenden Hügel mit den schachbrettartigen Feldern und lächelte zerstreut. Dann ging er, um die Flakstellungen zu inspizieren. Lerideau blieb allein; er wischte sich mit dem Taschentuch den Schweiß von den Schläfen und versank in Gedanken: Moreau ist ein kaltblütiger Mann. Wenn er schon resigniert, ist das ein böses Zeichen ... Man muß zugeben, daß der Gegner mit unerhörter Geschwindigkeit vorrückt. Entweder haben sie den Verstand verloren, oder sie sind verdammt stark. Statt einer planmäßigen militärischen Operation ein regelrechtes

Chaos. Wer soll sich da zurechtfinden! An der Maginotlinie war es viel ruhiger, dort konnte es solche Überraschungen nicht geben. Ein moderner Krieg soll das sein? Eine primitive Keilerei ist das!

Schon Anfang April war eine Umgruppierung vorgenommen worden. Bis dahin war der Abschnitt Sedan ruhiges Hinterland gewesen. Die Soldaten hatten sich amüsiert und geschmuggelten belgischen Tabak geraucht. Lerideau aber hatte sich gelangweilt. Er war überzeugt gewesen, daß die Deutschen nicht in Belgien einfallen würden. „Wozu sollten sie Wilhelms Fehler wiederholen?" Aufmerksam hatte er die Operationen in Norwegen verfolgt und auf die Engländer geschimpft: „Das sind Krämer, aber keine Soldaten! So steht's!" Abends hatte er mit dem Oberst Schach gespielt oder lange Briefe an Sophie geschrieben.

Alles geschah unerwartet, „dilettantisch", wie General Lerideau zu sagen pflegte. Die Offensive der Deutschen hielt der General für einen dummen Fauxpas. Er versuchte alle zu beruhigen: „Sie gehen in die Falle." Aber nun hatte Moreau ihn unsicher gemacht. Vielleicht war die Lage doch ernster, als er dachte? Die Sache mit den Panzerabwehrgeschützen war äußerst unangenehm. Und Reynaud wollte de Gaulle lancieren, diesen ehrgeizigen Ignoranten! Verständlich, daß General Picard empört war ... Ja, Lerideau war in eine heikle Lage geraten. Man mußte Ruhe bewahren! Er legte eine Schreibunterlage auf die Generalstabskarte. Er wollte an Sophie schreiben.

„Mein liebes Singvögelchen!

Schon drei Tage kein Brief von Dir. Ich mach mir schreckliche Sorgen. Sanjet sagt, in Paris gehe die Darmgrippe um. Iß kein rohes Obst und keinen Salat, Kleines! Ich bin gesund und munter, obwohl die letzten Tage sehr anstrengend waren. Du weißt wahrscheinlich aus den Zeitungen, daß der Gegner Operationen großen Ausmaßes begonnen hat. Er wird sich zweifellos bald verausgabt haben. Hier ist schönes Wetter, und ich gehe täglich zwei Stunden spazieren. Gestern war General Picards Adjutant, Major de Graves, bei uns, ein junger Mann von großem musikalischem Talent. Er spielte Grieg. Ich gratulierte ihm, dachte aber im stillen: Meiner Sophie kann er nicht das Wasser reichen. Wie ich mich nach dir sehne, du mein kostbarster Schatz! Ich träume von dem Tag, da ich deine lieben Händchen sehen werde, die wie Möwen über die Tasten gleiten. Stendhal hat sehr richtig gesagt, daß die wahre Liebe ..."

Eine Detonation ließ Lerideau zusammenfahren, er machte einen Klecks und ärgerte sich. Moreau kam herein, ohne anzuklopfen. „Wir müssen hinunter."

Im Luftschutzkeller war es kühl. Geheimnisvoll schimmerten verstaubte Flaschen auf den Stellagen. Es roch nach Wein, die Offiziere rekelten sich gähnend. Moreau setzte sich auf ein Faß und lächelte. Dem General wurde ein Hocker gebracht. Lerideau war ungehalten. Nun hatte er den Brief wieder nicht beenden können.

„Sie haben es auf uns abgesehen", stammelte Major Leroy.

Moreau nickte. „Ihr Spionagedienst arbeitet vorzüglich. Kaum haben wir uns irgendwo niedergelassen, schon gratulieren sie uns zum Umzug ... Wir werden morgen früh wieder aufbrechen müssen. Ich schlafe immer so schlecht an einem neuen Ort."

„Was hilft's", antwortete der General, „wir haben Krieg und kein Manöver ... Aber ich muß sagen, die Menschheit ist verroht. Im letzten Krieg hat keine Seite den Stab angerührt. Eine Art gegenseitiger Achtung. Heute dagegen suchen sie uns, als wären wir eine Batterie. Keine Spur mehr von Ritterlichkeit! Sie schrecken vor nichts zurück. Erinnern Sie sich an die ‚Pompejus'-Aufführung, Oberst? Ein Meisterwerk. Vor allem die Szene, als Cornelia, um Pompejus trauernd, von der Verschwörung erfährt. Sie sagt zu Cäsar: ‚Du bist ein Feind, wirfst Schatten auf mein Land. Die Sklaven sannen, Dich zu töten. Doch Hilfe nehm' ich nicht von Sklavenhand!' Das ist ein Charakter! Und die Eleganz der Verse!"

Ohne die Detonationen zu beachten, deklamierte Lerideau Corneille. Dann verstummte er, er war müde und konnte nur mit Mühe ein Gähnen unterdrücken. Der Major zündete sich mit zitternder Hand eine Zigarette an. Sanjet pfiff vor sich hin: „Alles ist schön, Madame Marquise!"

„Hören Sie auf!" schrie der Major.

„Verzeihung. Das macht die Umgebung – Flaschen, Fässer, Verse. Man könnte beinahe glauben, wir befänden uns in einem Kabarett auf dem Montmartre."

Nach dem Bombenangriff wollte Lerideau den Brief zu Ende schreiben. Aber er wurde erneut gestört. Moreau kam herein. „Die Vorstellung geht weiter – deutsche Panzer in Paliseul."

Lerideau blickte auf die Karte und lief dann im Zimmer auf und ab. Er war erregt, wollte Moreau aber nicht merken lassen, daß er sich geirrt hatte. „Ich habe Ihnen gesagt, Oberst, das ist heller Wahnsinn. Sie versuchen nicht einmal, den Keil zu verbreitern." Er schwieg eine Weile. „Wie dem auch sei, ich halte es für unumgänglich, die Brücken zwischen Nouzon und Monthermé zu sprengen. Haben Sie Verbindung mit Moquet?"

„Heute morgen hatte ich noch Verbindung ... Aber ich nehme an, daß sie Nouzon verlassen haben."

„Dann schicken Sie Hauptmann Sanjet hin. Verständigen Sie gleichzeitig das Hauptquartier. Wenn die Pioniere es nicht mehr schaffen, muß aus der Luft gesprengt werden."

Endlich konnte er seinen Brief beenden: „Die Lage hat sich etwas zugespitzt. Aber ich gebe die Hoffnung nicht auf, Dich noch im Mai wiederzusehen. Bei solch einem Verschleiß an Menschen und Treibstoff werden sie ihre Operation bald abbrechen müssen. Paß auf Dich auf!"

Sanjet schenkte sich Kognak in eine Kaffeetasse, stürzte ihn hinunter und verabschiedete sich von Leroy: „Kein lustiger Ausflug!"

Eine Stunde später erfuhr der Major, daß es Sanjet und seinen Fahrer erwischt hatte, kaum daß sie losgefahren waren. Bauern kamen angelaufen und sagten: „Das waren die Deutschen!"

„Unsinn! Ich werde gleich hinfahren und die Sache überprüfen."

Wer Sanjet erschossen hatte, wurde nie aufgeklärt. Als der General die beiden Leichen im Wagen erblickte, salutierte er. Er war ganz ruhig.

„Befehlen Sie, daß ich fahre?" fragte Oberst Moreau.

„Nein."

Alle warteten, wen Lerideau schicken würde. Aber er stieg ins Auto und sagte: „Niemand wird fahren. Schließlich ist General Moquet kein Kind, er weiß selber, was zu tun ist. Die Brücken werden aus der Luft gesprengt. Steigen Sie ein, Oberst."

„Zurück?"

„Nein, nach Rethel. Wir haben kein Recht, unser Leben zu riskieren." Er sah in Gedanken die gebleckten Zähne des toten

Sanjet und leckte sich die Lippen. „Wir haben ein scheußliches Hinterland, so steht's!"

Sie mußten langsam fahren. Die Straße war mit Panzern, Trecks und Pferden verstopft, die sich in die entgegengesetzte Richtung bewegten. Und Lerideau beruhigte sich etwas. „Endlich haben sie eingesehen, daß man einen Durchbruch nicht ohne Verstärkung stoppen kann!"

In der Nähe von Charleville wurde der Wagen von Soldaten angehalten, die irgend etwas riefen. Als sie den General erblickten, verstummten sie.

„Was ist hier los?" fragte Lerideau.

Von hinten kam eine zögernde Antwort: „Die Deutschen ..."

Und sofort schrien alle durcheinander: „Luftlandetruppen ... Sie haben den Stationsvorsteher getötet."

„Fallschirmjäger!"

„Zwei Offiziere wurden erschossen!"

Lerideau richtete sich auf und brüllte: „Ruhe! Wohin wollt ihr denn!"

Die Soldaten schwiegen.

„Klarer Fall", meinte Moreau lächelnd, „Deserteure!"

Da ertönte vom Boden ein Schrei, eher ein Gebell: „Willst wohl türmen, General?"

Lerideau verlor nicht die Fassung. „Ruhe!"

Er blickte auf den Beleidiger und sah, daß der Soldat verwundet war, die Erde rings um ihn war voller Blut. Lerideau befahl: „Méjeu, wir nehmen ihn mit zum Verbandplatz."

Der Verwundete wurde neben den Fahrer gesetzt; er schwieg und hatte die Augen geschlossen.

Méjeu hupte vergebens: Dichte Scharen von Flüchtlingen versperrten die Straße. Viele trieben ihr Vieh mit. Das Auto mußte sich durch die Herden hindurchschlängeln. Die Bauernwagen zuckelten in zwei Reihen dahin, und Lerideau wurde allmählich nervös. „So kommen wir nie an. Das ist Panik, so steht's!"

Méjeu hielt an und lauschte. Der General sah aus dem Fenster – Bombenflugzeuge ... Flüchtlinge und Soldaten rannten querfeldein und suchten Schutz in einem Wäldchen. An eine Weiterfahrt war nicht zu denken: überall Wagen und Kühe. Sie stiegen aus. Der Oberst warf sich zu Boden, Méjeu folgte seinem Beispiel. Lerideau hielt das für entwürdigend; klein, aber majestätisch stand er da und blickte in den Himmel. Neun Flugzeuge . . .

„Sie fliegen präzise."

Eine Bombe traf das Wäldchen. Als sie wieder ins Auto stiegen, sah der General auf einer Trage ein sechs- bis siebenjähriges Mädchen: Ein Bombensplitter hatte ihr die Beine abgerissen. Lerideau schneuzte sich und sagte leise zum Oberst: „Grauenhaft!"

Dann wandte er sich an den verwundeten Soldaten: „Na, wie geht es unserem Helden?"

Der Soldat antwortete nicht. Kurz darauf fragte Méjeu: „Gestatten Sie, daß ich ihn hinauswerfe? Er fällt dauernd auf mich und behindert mich beim Fahren."

„Sie sind wohl verrückt geworden? Einen Verwundeten hinauszuwerfen!"

„Er ist tot . . . Und auch schon kalt."

Der tote Soldat schaukelte hin und her, und von hinten sah es aus, als schlummerte er.

Vor einem Bahnhof hielten sie an. Méjeu wollte Wasser nachfüllen. Auf dem Bahnsteig lagen Geschosse. Lerideau stieg aus und sah nach. „Siebenundvierzig Millimeter. Sie sagten doch, wir hätten keine. Da sehen Sie's! Aber warum liegen sie hier herum? Verdammte Schweinerei!"

Sie suchten den ganzen Bahnhof ab, nirgends eine Menschenseele. Nur im Telegrafenraum saß ein barfüßiger Soldat auf dem Fußboden und kaute etwas. Als er den General erblickte, erschrak er und zog sich rasch die Schuhe an.

„Von welchem Regiment?" fragte Lerideau.

„Vom Hundertdreiundsiebzigsten. Habe mir den Fuß wund gelaufen und konnte nicht weiter."

„Wo ist dein Gewehr?"

Der Soldat antwortete nicht.

„Wo ist der Stationsvorsteher?"

„Sind alle weggelaufen. Die Deutschen sollen schon ganz in der Nähe sein . . . Auf Motorrädern . . . Schrecklich!"

Er wimmerte wie ein Kind. Lerideau verzog angewidert das Gesicht.

Sie füllten Wasser nach und fuhren weiter. Der General schwieg. Doch als sie sich Rethel näherten, sagte er plötzlich zu

Moreau: „Der Krieg ist verloren, so steht's! Ich weiß nicht, was sich die Abgeordneten einfallen lassen werden. Das sind Abenteurer und Ignoranten, allen voran Reynaud. Wir aber waschen unsere Hände in Unschuld, wir haben alles getan, was in unseren Kräften stand. Mögen andere es besser machen, wie die alten Römer sagten."

17

Das Dörfchen, in dem das Bataillon stationiert war, lag weitab vom Getriebe der unruhigen Welt. Die Bauern brannten Wacholderschnaps und räucherten Schinken. Weise wie antike Göttinnen blickten die fetten Kühe den Lastwagen nach. In sattem Grün standen Luzerne und Klee.

Wenn die Zeitungen kamen, verschlangen die Soldaten die letzte Seite. Sie interessierten sich weder für die Anzahl der versenkten Bruttoregistertonnen noch für die Kämpfe um Trondheim. Begierig lasen sie die Lokalchronik, die Inserate. Irgendwo gab es noch Theater, Cafés mit vollbesetzten Terrassen und Frauen, viele fröhliche und elegante Frauen.

André sehnte sich nicht nach Paris. Er, der Bauernsohn aus der Normandie, hatte sich gleichsam in diesem gemächlichen, trägen Leben wiedergefunden. Wenn er an die Vergangenheit dachte, tauchten verschwommene, schemenhafte Bilder vor ihm auf: Jeannettes Lächeln oder unvollendete Gemälde – das Aschgrau der Häuser, die graublaue Seine.

Die Soldaten hatten sich eingelebt und mit den Bauern Freundschaft geschlossen. Givert schrieb Gedichte auf ein grünäugiges Mädchen, das er mit einer Gorgo verglich. Lorier hatte sich eine Flöte besorgt und spielte auf Hochzeiten. Nivelle als Fachmann versuchte den Wirt des Dorfcafés zu überzeugen, daß der Wermut „Crucifix" viel einträglicher sei als Cinzano. Yves sagte: „Die Erde hier ist gut ..." Er staunte, weil die Erde überall gut war. André war bei allen beliebt. Mit dem gleichen verlegenen Lächeln, mit dem er Yves die letzte Prise Tabak gab, zeichnete er Givert „für die Braut".

Der Kompanieführer, Leutnant Fressinet, war in Friedenszeiten Fotograf. Er hatte Hochzeitspaare, Neugeborene und Provinzschönheiten fotografiert. Er war ein brummiger, aber gutmütiger und überaus sensibler Mann. Er erzählte den Soldaten von Verdun: „Die Menschen damals waren anders – dümmer, aber anständiger." Die Soldaten lächelten höflich; sie glaubten nicht an Heldentum, trachteten nicht nach Ruhm, verbanden ihr Schicksal nicht mit dem Krieg, den sie nicht verstanden und der nicht der ihre war. Was ist das nur für eine Armee, dachte Fressinet des Nachts, man wird uns kurz und klein schlagen. Und Daladier sieht nichts ...

Der Weizen trieb Ähren. Die jungen Kälber wurden besonnener; aus ihren Augen sprach vorzeitige Melancholie. Die Hundstage brachen an. In den Cafés bestellten die Soldaten jetzt nicht Grog, sondern Bier; sie kurbelten das Grammophon an, Platten gab es nur wenige, und ein heiserer Tenor stöhnte immer wieder: „Nein, nein, nein, es wird kein Ende sein ..." Alle fielen ein. Yves sehnte sich nach seinem weißen Häuschen in der Bretagne, und der Sonderling André blickte in den nächtlichen Himmel und dachte an Herschels Sternnebel.

Plötzlich kam der Krieg und fand alle unvorbereitet – die Stäbe, die Herzen der Menschen. Im vergangenen Herbst waren die Soldaten auf den Kampf, auf den Tod gefaßt gewesen. Die lange Untätigkeit hatte sie verweichlicht. Und als Lorier angelaufen kam und schrie: „Es geht los!", glaubte ihm niemand. Yves fluchte und mischte die Karten. Nivelle sagte: „Der spinnt ja! Was zum Teufel hast du mir denn für Luschen gegeben!"

Vier Tage vergingen. Der Rundfunk meldete: Französische Truppen haben die Grenzen Hollands erreicht. Roosevelt ist über die deutsche Aggression empört. Der belgische König – genannt der ‚ritterliche' – hat die heldenhaften Verteidiger von Liège beglückwünscht. Am fünften Tag aber jagten schon frühmorgens Autos und Motorräder durchs Dorf. Dumpfer Kanonendonner ertönte. Fressinet sagte: „Von wegen Holland!"

Mittags griffen deutsche Bomber an; sie zerstörten die Kirche und acht Häuser. Eine Frau wurde getötet. Auf einem schmalen Feldweg tauchten Flüchtlinge auf; sie schrien: „Diese Mörder!" Vor den Bomben hatten die Dorfbewohner keine Angst, als sie jedoch die Flüchtlinge sahen, verloren sie den Kopf. Die Frauen weinten; man lud die Habseligkeiten auf knarrende Fuhrwerke, schlachtete die Schweine, trieb die Kühe weg. Ein Bauer zündete sein Haus an. Die Soldaten konnten das Feuer kaum bändigen.

Vergebens redete Fressinet auf die Leute ein: „Wo wollt ihr denn hin? Man wird euch unterwegs töten!“ Sie hörten nicht auf ihn, sahen ihn mit trüben, verständnislosen Augen an. Gegen Abend hatten alle das Dorf verlassen. André ging in ein Haus, der Herd war noch warm, ein Topf mit Fleisch stand darauf.

Unter den Flüchtlingen befanden sich auch Soldaten; viele waren ohne Gewehr. Sie behaupteten, die Deutschen wären nur noch fünf Kilometer entfernt.

„Panzer!“

„Warum schießen die Unseren nicht?“

„Sie schießen ja ... Aber unsere Geschosse können ihnen nichts anhaben. Panzer haben die, so groß wie Hügel!“

Nivelle sagte zu seinen Kameraden: „Was ist, hauen wir ab?“

Yves spuckte wütend aus: „Wenn du gehen willst, dann geh.“

Nivelle brauste auf: „Hältst du mich für einen Feigling? Ich dachte, wir gehen alle. Wenn wir bleiben müssen, dann bleibe ich auch.“

André sah Yves erstaunt an: Wer hätte das gedacht? Die Erde hier ist gut ... Und auf einmal fühlte André sich verbunden mit dieser Erde, mit dem verlassenen Dorf. Vor einer Stunde noch war der Krieg etwas Fremdes gewesen, das ihn nichts anging, Fähnchen auf der Landkarte, Tessats Politik. Und nun befand er sich mitten im Kriegsgeschehen; er lag auf dem Gipfel eines kahlen Hügels und wartete. Sollte man das alles aufgeben – diese Felder, die Straße mit den Pappeln, das Häuschen am Fuß des Hügels! Nein! Alle Gedanken waren wie weggeblasen; geblieben war ein leidenschaftliches und unbestimmtes Gefühl: Ich gehe nicht weg! Und neben ihm lag Givert, der schmächtige Jüngling mit dem chronischen Kehlkopfkatarrh, der Dichter, der Verse über die Gorgo schrieb. Givert sagte ebenso wie Yves: „Wir dürfen nicht weggehen.“

Lorier, der kleine, immer fröhliche Lorier, versuchte zu scherzen: „Yves, mach den Mund zu! Sonst kriegen die Panzer einen Schreck, sie könnten denken: eine Falle.“ Yves stand reglos da, den großen Mund leicht geöffnet.

Leutnant Fressinet sagte finster: „In Douaumont war es schlimmer. Aber die Menschen waren anders.“

„Meinen Sie uns damit?“ fragte André.

Fressinet winkte ab – nein, die in Paris ...

Die Nacht brach an. In anderen Dörfern hatte sie nichts Ungewöhnliches: Hunde bellten, in den Alkoven schnarchten alte Leute, Säuglinge schrien. Hier aber gab es weder Hunde noch Kinder, noch alte Leute – das Dorf war ausgestorben. Auf der ausgedörrten Erde lagen schweigend die Soldaten. Die Nacht war kurz. Gegen vier Uhr wurde es hell, und mit den ersten Sonnenstrahlen tauchten Flugzeuge auf. Das Bataillon verlor hundertneun Mann.

Und wieder kamen Soldaten angelaufen.

„Keine Granaten ..."

„Seit Donnerstag kein Nachschub ... Kein Benzin, heißt es."

„Konnten die nicht früher daran denken?"

„Verraten und verkauft haben sie uns."

Nivelle seufzte, er wollte sich gern aus dem Staube machen; aber allein traute er sich nicht, und die anderen wollten nichts davon hören. „Geh doch!" Um sich zu beruhigen, begann er zu rechnen: Von hundert würde es sechsundsechzig, sagen wir siebenundsechzig erwischen; auf drei Verwundete kam ein Toter, auf hundert also siebzehn Tote. Man konnte mit heiler Haut davonkommen ...

Deutsche Panzer rollten an der Ziegelei vorüber in Richtung Bahnhof, den Hügel umgingen sie. Jetzt wurde von allen Seiten geschossen. Weshalb wollten sie unbedingt diese Höhe halten? Rechts waren die Deutschen, vorn die Deutschen, hinten die Deutschen. Und links? Weiß der Teufel, was links war. Wahrscheinlich die eigenen Leute, das 3. Bataillon. Aber auch von dort kamen Flüchtlinge. Weglaufen? Nein, dieser Hügel war jetzt das Kostbarste auf der Welt; es war nicht irgendein unbekannter Hügel, eine „Stellung", wie es in den Zeitungen hieß, es war alles, was vom Leben noch geblieben war. André schien es, als wäre vorher nichts gewesen, als hätte er schon immer hier hinter dem Maschinengewehr gelegen. So empfanden auch alle anderen. Givert murmelte etwas vor sich hin, keine Verse, sondern Flüche; alles in ihm brodelte.

Wieder kamen Bomber. Nivelle wurde getötet. Der sympathische Kellner war nicht mehr! Niemand würde jetzt mehr von den bittersüßen Aperitifs sprechen, niemand würde sagen: „Was glaubst du, wieviel Sterne es gibt? Ich habe mal gelesen, daß achtzehntausend benannt sind. Multipliziert mit hundert ..."

Noch eine Nacht – ein Geschenk des Schicksals – mit benannten und unbenannten Sternen senkte sich herab. Die Soldaten kauten Zwieback, fieberten vor Unruhe; wie eine Gnade erwarteten sie das Morgengrauen, den Kampf, den Tod.

Und um halb fünf befahl Fressinet: „Maschinengewehre feuerbereit!"

Lorier bemerkte, daß der leichte, silbrige Nebel jenseits der Straße erzitterte und in Bewegung geriet.

„Erstes MG in Richtung Feld, neunhundert ... Feuer!"

Die Deutschen hatten nicht mit Widerstand gerechnet; sie hatten geglaubt, die französischen Soldaten wären längst auf und davon. André empfand eine unerklärliche Fröhlichkeit, die ihn wie Wein berauschte. Neben ihm brüllte Yves: „Haben die Schiß gekriegt?"

Die Deutschen suchten Deckung in einer Senke dicht an der Straße. Zwanzig Minuten später nahmen sie die Anhöhe unter Artilleriebeschuß. Anfangs verfehlten sie das Ziel.

„Mitten ins Dorf ... Die Boches feuern auf ihre eigenen eute."

Dann trafen die Geschosse den Hügel. Erdklumpen spritzten hoch. Zwischen den Detonationen waren Schreie zu hören, verzweifelte, unnatürliche Schreie. Die Sonne blendete. Und es gab nur noch einen Gedanken: nicht weglaufen, sich festkrallen, hineinwachsen in diese wankende, hochspritzende Erde, mit ihr in die Luft fliegen, aber nicht weglaufen ...

Plötzlich trat Stille ein. Niemand schien mehr am Leben zu sein. André sah erstaunt, daß Givert blinzelte. Also lebte er noch. Lorier lachte. Auch Lorier lebte. Im Gras schrie ein dummer Vogel. Fressinet rauchte. Wo war Yves? Wahrscheinlich tot. Das alles schoß André durch den Kopf, und er empfand weder Mitleid noch Angst. Gleich würde er an der Reihe sein ... Egal! Nicht heranlassen! André liebte jetzt nichts so sehr wie sein Maschinengewehr.

„Sechshundertfünfzig ..."

Wieder Flugzeuge; sie stürzten wie Steine nieder. André spürte einen stechenden Schmerz oberhalb des Knies. Er wollte nachsehen, was passiert war, und rieb sich lange die Augen, denn er war mit Erde überschüttet. Als er aufblickte, sah er Loriers Gesicht – Blut! Egal! Nicht heranlassen!

Man zog ihn beiseite.

„Givert an Corneaus Platz!"

André lag mit dem Gesicht im stacheligen Gras. Die Deutschen griffen erneut an.

Halb bewußtlos hörte André das Maschinengewehr rattern; diese exakte, eindringliche Sprache beruhigte ihn. Plötzlich schwieg das Maschinengewehr. Der kleine Givert schrie: „Ihr Kamele! Die Trommel klemmt!"

André kroch unter Aufbietung aller Kräfte heran, wollte etwas sagen, erklären, aber seine Zunge gehorchte ihm nicht. Er hob den Arm, schlug mit der flachen Hand gegen die Trommel. „So!" Sein Kopf sank zu Boden.

In der Nacht kam André wieder zu sich. Heu. Zuerst glaubte er, er sei auf dem Feld eingeschlafen. Warum wurde denn in aller Herrgottsfrühe gemäht? Das fragte er seinen Vater. Dann fiel ihm ein: Er war ja verwundet. Neben ihm lag Lorier; sein Gesicht konnte er nicht sehen, aber die Stimme erkannte er. „Bist du's, Lorier?"

„Ja, ich ..."

André verzog vor Schmerz das Gesicht, er wollte sprechen – viel, pausenlos. „Hörst du mich, Lorier? Das MG war unsere Rettung. Weißt du noch, wie Tessat die Nase lief? Er hatte ein Stück Land gekauft. Ich fürchte, Yves ist gefallen. ‚Die Erde hier ist gut ...' Komisch ... ‚Nein, nein, nein, es wird kein Ende sein'".

„Nein, kein Ende", antwortete Lorier leise.

Eine Lokomotive pfiff und pfiff, ohne von der Stelle zu rükken. Jemand kam herein.

„Yves! Und ich dachte, du bist gefallen."

„Ich?" rief Yves empört. „Unsinn! Sprich nicht, die Schwester sagt: ‚Er darf nicht sprechen.' Sie wollte mich gar nicht reinlassen."

„So 'n Quatsch! Sag mal, Yves, haben wir uns gehalten?"

„Na klar. Und das Dorf haben unsere Panzer zurückerobert. Vier Panzer. Um sieben Uhr ... Dann kamen Kradfahrer aus dem Stab mit dem Befehl: ‚Räumen!'"

„Was faselst du da?"

„Befehl von General Picard. Fressinet las ihn, zog den Revolver, und peng in die Schläfe. Ehrenwort! War ein guter Mensch, nur sehr nervös. Ich werde eine Kerze für ihn aufstellen. Und für Nivelle auch. Schade, daß wir den Hügel aufgeben mußten."

Auch André tat es leid – die Straße mit den Pappeln, das Häuschen, das stachelige Gras. „Die Erde hier ist gut..." Die Erde... Jeannette...

„Geh nicht weg, Yves! Du darfst nicht weggehen! Hörst du, nicht weggehen!"

18

Die Zeitungen schrieben, die Deutschen kämen nicht vom Fleck. Aber Soldaten der zerschlagenen 9. Armee tauchten bereits in den östlichen Vororten von Paris auf. Montigny schickte seine Familie nach Biarritz. Luxuswagen – Cadillacs, Hispano-Suizas und Buicks – verließen die Stadt. Im Bois de Boulogne wurden Schützengräben ausgehoben. Man sprach von mysteriösen Fallschirmjägern, von der Fünften Kolonne. Breteuil erklärte, die Fünfte Kolonne bestünde aus Ausländern, politischen Emigranten. Auf sein Drängen verhaftete die Polizei einige tausend deutsche Juden, Arbeiter, die aus dem faschistischen Italien geflüchtet waren, spanische Republikaner. Die Polizisten erhielten Gewehre. Stolz auf ihre Waffe, standen sie auf den Kreuzungen und regelten den Verkehr. Das Leben der großen Stadt ging seinen Gang: die Cafés waren überfüllt, das Geschäftsleben blühte, auf den Auktionen wurden Handschriften Marie-Antoinettes und Directoire-Möbel verkauft; die Modeateliers trafen bereits Vorbereitungen für die Wintersaison. Besonders lebhaft ging es in der Börsengegend zu – trotz allem waren die Wertpapiere um einige Punkte gestiegen. Die Autobusse waren aus dem Straßenbild verschwunden; man hatte sie für Truppentransporte requiriert. Das beruhigte die Pariser; sie dachten an den Vorabend der Marneschlacht – damals hatte General Galliéni die Taxis requiriert und dann die Deutschen geschlagen.

Am Morgen des 16. Mai hörte Tessat von seinem Sekretär, daß deutsche Panzer sich Laon näherten.

„In fünf Tagen haben sie hundertvierzig Kilometer zurückgelegt", fügte der Sekretär vielsagend hinzu. „Und von Laon bis Paris sind es hundertdreißig Kilometer."

Tessat war außer sich. „Wie können Sie sich unterstehen, solche Panikgerüchte zu verbreiten? Ich werde strenge Maßnahmen ergreifen!“ Doch als der Sekretär gegangen war, rief Tessat Reynaud an: „Hör mal, das mit den Deutschen ist doch hoffentlich Unsinn?“

„Sie stehen vor Laon.“

„Mit anderen Worten, du meinst, daß sie nach Paris kommen?“

„Ohne jeden Zweifel.“

„Dann werden sie in spätestens vier Tagen hier sein; sie legen täglich dreißig Kilometer zurück, wie ich ausgerechnet habe.“

„Gamelin sagt, sie können schon heute abend in den Vororten von Paris sein. Ich habe Befehl gegeben, die Archive zu verbrennen. Wir müssen uns zum Aufbruch bereit halten. Ich rufe dich in einer Stunde an.“

Tessat läutete seinem Sekretär. „Ich habe mich hinreißen lassen ... Aber Sie verstehen, daß man bei solchen Nachrichten leicht den Kopf verlieren kann ... Im übrigen bin ich ganz ruhig. Es müssen eiligst Maßnahmen getroffen werden. Erstens: die Archive vernichten. Zweitens: eine Liste der Angestellten aufsetzen, die zu evakuieren sind. Und sagen Sie dem Fahrer, er soll den Wagen nachsehen und jeden Augenblick zur Verfügung stehen. Ich werde vielleicht nach dem Frühstück abfahren.“

Paulette fiel ihm ein. Er konnte sie unmöglich aus der Stadt bringen. Die Leute waren erregt. Und Paulette kannten alle. Es könnte zu Ausschreitungen kommen. Von einem Skandal würden nur die Sozialisten profitieren. Aber wie sollte er ihr das klarmachen? Sie war doch so weltfremd ... Sie würde in Tränen ausbrechen ... Telefonisch war das einfacher.

„Kindchen, du mußt auf der Stelle abreisen ... Ich kann es dir nicht erklären ... Schreckliche Neuigkeiten ... Am Abend werden sie hier sein, das ist so gut wie sicher ... Die Leute wissen noch nichts, red nicht darüber; wozu Panik stiften? Fahr zum Lyoner Bahnhof und nimm den erstbesten Zug ... Ich? Ich kann nicht. Ich bleibe bis zum Schluß auf meinem Posten. Wir werden nicht gefragt ... Von uns wird Heldenmut verlangt ... Leb wohl, mein Kleines!“

Tessat legte den Hörer auf, ließ den Kopf auf den Tisch sinken und brach plötzlich in Tränen aus. Welch ein Unglück! Wenn man bedenkt, daß vor einer Woche noch alles so friedlich war! Man hatte die Operationen in Norwegen erörtert. Er hatte mit

Paulette nach Pré-des-Daims fahren wollen. Einhundertvierzig Kilometer in fünf Tagen! Das war geradezu ungeheuerlich! Offenbar liefen die Soldaten einfach davon. Aber vielleicht hatten sie gar keine Schuld? Wer wollte schon für nichts und wieder nichts sterben? Armes Frankreich!

Tessat zuckte zusammen und warf einen Blick auf die Uhr. Warum rief Reynaud nicht an? Sie würden sich aus dem Staube machen und ihn vergessen ...

„Sagen Sie Bernard, er soll den Wagen bereitstellen und Reservekanister mitnehmen; wer weiß, was jetzt auf den Straßen los ist."

„Monsieur Dessère bittet in einer dringenden Angelegenheit vorgelassen zu werden."

„Dessère? Komischer Kauz! Was kann es jetzt noch für Angelegenheiten geben? Meinetwegen, ich lasse bitten."

Sie begrüßten sich schweigend, bemüht, einander nicht anzublicken. Tessat hatte gerötete Augen. Und Dessère sah aus wie ein Greis; unter den zottigen grauen Brauen waren die trüben Augen kaum zu sehen. Er strich seine Handschuhe glatt, holte sein Zigarettenetui heraus, rauchte aber nicht; er schob wortlos den Briefbeschwerer hin und her. Tessat bedrückte dieses Schweigen.

„Was hast du mir zu sagen, Jules?"

Dessère starrte auf einen Fleck. Er wußte selber nicht, weshalb er zu Tessat gekommen war. Er war wie ein Besessener von Stab zu Stab, von Ministerium zu Ministerium gelaufen; er war bei Reynaud, bei Mandel, bei General George gewesen, er hatte geredet, gedroht, zu überzeugen versucht. Man hatte ihm überall höflich die Tür gewiesen. Endlich begann er zu sprechen: „Morgen können sie schon in Paris sein. Jede Minute ist kostbar. Tretet zurück! Oder sagt, daß ihr Widerstand leisten werdet, aber ehrlich und ernsthaft. Überall sind Spione. Man muß sie verhaften, erschießen. Nicht die Arbeiter, sondern Laval, Grandel, Breteuil, Picard."

„Weißt du, was du da redest? Wir sind zwar alte Freunde; aber ich bekleide einen verantwortungsvollen Posten, ich bin Minister, und du schlägst mir einen Staatsstreich vor."

„Ich schlage dir vor, zurückzutreten. Oder zu kämpfen. Man kann Paris verteidigen – Straße für Straße ..."

„Ergebensten Dank! Damit die Herren Arbeiter ihre Kommune errichten! Nein, ich ziehe es vor, die Ehre zu retten!"

„Aber Frankreich ..."

„Frankreich hat sich nach einundsiebzig erholt und wird es auch diesmal schaffen."

„Damals hat sich Belfort gehalten, an der Loire wurde gekämpft, Gambetta organisierte eine Volkserhebung, Paris hielt der Belagerung stand, es gab Franctireurs. Heute dagegen brauchen sich die Deutschen nur zu zeigen, schon rennt alles davon."

„Und was schlägst du vor?"

„Widerstand zu leisten. Wenn man Paris nicht halten kann, muß an der Loire weitergekämpft werden. Wenn sie auch da durchbrechen, dann in Algier. Ich bin bereit, alles hinzugeben, nicht nur mein Geld, auch mein Leben. Und solche wie mich gibt es viele ... Begreif doch, zu euch hat niemand mehr Vertrauen."

Tessat war beleidigt. „Wir brauchen dein Vertrauen nicht. Wir haben die Unterstützung des Parlaments, das heißt des Landes. Morgen wirst du vorschlagen, wir sollten uns nach Madagaskar zurückziehen ..."

Dessère schien gleichsam zu erwachen: Welch müßiges Unterfangen – an Tessats Gewissen zu appellieren! Er änderte den Ton: „Paul, denk doch an dich. Wenn sie siegen, wird es kein Parlament mehr geben. Sie werden einen Gauleiter einsetzen – Breteuil oder Laval. Du bist ziemlich kompromittiert. Was wirst du tun?"

„Ich werd's schon irgendwie überleben. Breteuil ist immer noch besser als die Kommune. Du bist ein schlechter Ratgeber. Ich bin nicht abergläubisch, die Dreizehn ist für mich eine Glückszahl. Am Vierzehnten dagegen ist Amélie gestorben ... Doch jeder hat so seine Vorzeichen. Ich habe die Erfahrung gemacht, daß du Unglück bringst. Genau wie die Engländer ... Du hast Breteuil unterstützt – es entstand die Volksfront. Du hast dich mit Viard angefreundet – Viard wurde gestürzt. Wenn du uns also rätst, Widerstand zu leisten, müssen wir kapitulieren."

Dessère stand auf und ging zur Tür. Da empfand Tessat Mitleid mit ihm. „Jules, warum fährst du nicht nach Amerika? Du hast genügend Geld. Und Amerika ist ein Paradies. Ich kann nicht weg, ich bin gebunden. Nebenbei bemerkt, hast du mir das ja eingebrockt ... Warte, wir sollten uns jetzt nicht streiten! Hör auf mich, fahr weg!"

Dessère straffte sich, seine Augen belebten sich, er lächelte. „Wegfahren? Ich bin zwar ein schlechter Franzose, und es würde mich nicht wundern, wenn mich der erstbeste beleidigte. Aber trotzdem bin ich, verdammt noch mal, Franzose!"

Tessat zuckte die Achseln und schloß hinter dem Gast die Tür. Im nächsten Augenblick hatte er das Gespräch vergessen. Er notierte sich, was er alles mitnehmen mußte: eine Generalstabskarte, das Scheckheft, die letzte Nummer der „Revue des Deux Mondes", seine Arznei „Hämatopol", eine Flasche Armagnac, das Kursbuch ...

Er wollte gerade aufbrechen, als Reynaud anrief: „Die Lage im Raum Laon hat sich entspannt. Der Hauptschlag richtet sich gegen die Erste Armee im Abschnitt Saint-Quentin–Péronne. Sie wollen offenbar zur Küste durchstoßen. Ich werde heute in der Kammer sprechen."

Tessat strahlte. Selbstgefällig lächelnd, belehrte er seinen Sekretär: „Ich habe Ihnen doch gesagt, man darf nicht gleich in Panik verfallen. Ich in meinem Alter muß Ihnen noch Mut machen, dabei ist Mut doch eine Tugend der jungen Generation."

Tessat rief bei Paulette an, aber zu spät – sie war nicht mehr da. Da ließ Tessat Joliot kommen. Der Dickwanst war außer sich und legte gleich los: „In der Stadt herrscht Panik. Montigny ist getürmt. Ich habe noch hundert Franc in der Kasse. Alle Zeitungsredaktionen verschwinden. Aber wo soll ich denn hin? Nach Marseille? Ich habe Rom gehört. Meiner Ansicht nach werden die Italiener morgen losmarschieren."

„Die Geldfrage läßt sich regeln ... Ich verstehe gar nicht, weshalb Sie sich aufregen? Die Lage war seit langem nicht mehr so stabil. Sie glauben, die Deutschen kommen nach Paris? Kein Gedanke! Sie wollen nach London." Tessat lachte vergnügt.

„Die wissen bestens Bescheid, was bei uns los ist, aber wer kennt ihre Pläne?" versuchte Joliot einzuwenden.

Als Tessat jedoch versicherte, er werde dreihunderttausend Franc aus dem Geheimfonds zur Verfügung stellen, beruhigte sich Joliot. In der Redaktion diktierte er einen Leitartikel: „Die Absicht des Gegners ist durchschaut. Die Deutschen wollen Großbritannien bezwingen, den schwächsten Punkt an der Front der Alliierten. Wir sind überzeugt, daß sich unsere Freunde jenseits des Ärmelkanals nicht überrumpeln lassen werden."

Zu Hause angekommen, rief Joliot: „Marie, du kannst die Koffer wieder auspacken. Sie haben es auf London abgesehen. Tessat hat dreihunderttausend ausgerückt. Ich kann mir gut vorstellen, was jetzt in London los ist! Man hat uns einen Monat geschenkt, welch ein Glück!"

Als die Pariser Joliots Artikel lasen, atmeten sie erleichtert auf. Die Zeitungen gaben zwei Maßnahmen der Regierung bekannt: In der Kathedrale Notre-Dame sollte am nächsten Tag in Anwesenheit Reynauds ein feierlicher Gottesdienst stattfinden; der Innen- und der Justizminister seien beauftragt, Paris von den Überresten kommunistischer Organisationen zu säubern. Acht Arbeiter seien zu je fünf Jahren verurteilt worden, weil man bei ihnen die „Humanité" gefunden hatte. Die deutschen Truppen hätten in Belgien schwere Verluste erlitten, und viele Einheiten weigerten sich, in den Kampf zu ziehen. Die Börse reagiere lebhaft.

Reynaud sprach in der Kammer von Standhaftigkeit und Mut. Als er geendet hatte, gratulierte ihm Tessat: „Das hast du gut gemacht ... Ein Glück, daß die Regierung nicht abgereist ist ... Als du mir sagtest, daß die Deutschen London aufs Korn genommen haben ..."

„London?" Reynaud runzelte erstaunt die Stirn. „Ich habe dir gesagt, daß sie zur Küste vorstoßen. Sie marschieren auf Amiens, um die Armee einzukreisen, verstehst du?"

Tessat nickte, obwohl er ihm nicht glaubte. Fünf Minuten später flüsterte er Breteuil zu: „Reynaud sorgt sich um seine Brötchengeber. Was willst du – er ist ein englischer Groom! Aber jetzt sind seine Tage gezählt. Wenn die Deutschen bis nach Amiens kommen, stürzt Reynaud. Und je eher, desto besser für Frankreich."

19

Die Verständigung war schlecht. Die brüchige Greisenstimme war kaum zu hören, und General de Vissé schrie: „Ich verstehe Sie nicht!" Ein Rauschen übertönte die Worte. Plötzlich wurde es still, und Picards Stimme klang wie aus dem Nebenzimmer:

„Der Gegner marschiert auf Laon. Die Hauptstadt ist in Gefahr.“ De Vissé brauste auf: „Hirngespinste! Laon ist nur ein Ablenkungsmanöver. Der Schlag richtet sich gegen Amiens. Die Lage hier läßt sich wieder stabilisieren, sobald Sie Verstärkung schicken. Schicken Sie de Gaulles Panzerbrigade ... Hören Sie mich?“ Wieder ein Rauschen. Eine müde und verzagte Frauenstimme rief andauernd: „Paris ... Hallo, Paris ...“ Schließlich hörte de Vissé klar und deutlich: „Die Panzerbrigade ... wird ... nicht geschickt.“

Im Zimmer war es unerträglich heiß. Der warm gewordene Telefonhörer stank. De Vissé öffnete den Kragen und trank ein Glas lauwarmes Wasser. Über seine unrasierten Wangen rannen Schweißtropfen. Die entzündeten Augen traten aus den Höhlen – er war drei Nächte nicht ins Bett gekommen.

Der Stabschef kam herein. „General Gort hat soeben mitgeteilt, daß der Angriff um sechs Uhr früh beginnt.“

„Haben Sie Verbindung mit der Elften Division?“

„General Vignaud ist völlig kopflos. Er hat mir erklärt, die Division sei faktisch gefechtsunfähig, müsse aber an der linken Flanke Angriffe abwehren.“

„Panzer?“

„Motorisierte Infanterie.“

„Aha.“ Der General lief rot an und trank noch ein Glas Wasser. „Ein heilloses Durcheinander! Trotzdem müssen wir die Engländer unterstützen. Obwohl General Gort sich mit mir hätte beraten können, bevor er den Entschluß faßte. Wo befindet sich zur Zeit der Stab der Elften Division?“

„In Granges.“

„Wie weit ist das von hier?“

„Siebzehn Kilometer. Aber ich weiß nicht, ob Sie durchkommen werden. Es läßt sich schwer feststellen, wo der Gegner steht. Der reinste Blätterteigkuchen: wir, sie, wir, sie ...“

Die Straße war blockiert. Ein Panzer war steckengeblieben. Kleine Jungen trieben Ziegen vor sich her. Hier und dort lagen ausgebrannte Autowracks. Die Flüchtlinge, meist Belgier, starrten entsetzt auf die Häuserruinen.

Eine halbe Stunde Aufenthalt: Reifenpanne, und kein Ersatzreifen aufzutreiben. Eine alte Bäuerin kam auf den General zu; ihr wettergegerbtes, runzliges Gesicht glich der Erde; sie weinte und wischte sich mit der Schürze die Augen. „Warum laufen die Soldaten weg und lassen uns im Stich?"

„Beruhigen Sie sich", antwortete de Vissé. „Ich bin ein alter Mann und ein alter Soldat, ich kann nicht lügen ... Wir werden nicht weggehen. Und Sie können auch hierbleiben."

Kurz vor Granges rief der General dem Fahrer plötzlich zu: „Halt!"

„Monsieur Präfekt, wohin des Wegs?"

Der stattliche, elegant gekleidete Mann mit dem roten Ordensband im Knopfloch wurde verlegen; er stieg aus dem Auto und ließ einen Handschuh fallen. Im Auto saß zwischen Koffern und Bündeln eine junge Frau. Der Präfekt machte sich aus dem Staube, er wollte dem Flüchtlingsstrom zuvorkommen.

„Ich, ich bin ..."

De Vissé brüllte ihn an: „Ich werde Ihnen sagen, was Sie sind – Sie sind ein Feigling!"

Der Präfekt hob den Handschuh auf und antwortete gespielt ruhig, sogar gleichgültig: „Ich halte mich nur an die Weisungen des Innenministers. Und was die mir zugefügte Beleidigung anbetrifft, so werde ich in Anbetracht Ihrer ruhmreichen Vergangenheit ..."

Er sprach nicht zu Ende, de Vissé schlug ihm ins Gesicht. Die Dame schrie auf: „Gaston!" Und zum General gewandt: „Sie Rohling!"

De Vissé vergaß sofort den unangenehmen Zwischenfall. Er erwog die Chancen der morgigen Operation. Die Deutschen waren im Vorteil – sie hatten einen einheitlichen Kommandostab ... Warum hatte General Gort ihn nicht zu Rate gezogen? Wie es hieß, handelten auch die Belgier auf eigene Faust. Die reinste Anarchie! Aber man hatte keine Wahl. Die Engländer würden mindestens acht Divisionen binden ... wenn nur auf die Luftflotte Verlaß war ...

Er erläuterte General Vignaud den Angriffsplan. Vignaud schwieg. De Vissé versuchte ihm Mut zu machen: „Hören Sie vor allem nicht auf Paris. Die haben die Hosen voll. Die dachten, den Krieg mit Debatten beilegen zu können, drei Reden von Hitler, sechs von Daladier. Alles, was die getan haben, ist kompletter Blödsinn. Der ‚Feldzug' nach Holland ... Die Deutschen wußten ganz genau, daß die Neunte Armee unser schwacher

Punkt ist. Und Lerideau? Das ist kein Heerführer, sondern ein Brautführer! Doch jetzt zeichnet sich eine Wende ab. Die Engländer haben eine ausgezeichnete Luftflotte. Die Gefangenen bestätigen, daß der Gegner ernsthafte Verluste hat. Im Raum Arras wurden die Panzereinheiten von der Infanterie abgeschnitten. Ich hoffe, daß man uns die Brigade de Gaulles zu Hilfe schickt. Vom Ausgang der morgigen Operation hängt viel ab. Wenn es Ihnen gelingt, bis nach Cambrai vorzustoßen ..."

Vignaud unterbrach ihn. Er war ein gutaussehender alter Mann mit der rosigen Gesichtsfarbe eines jungen Mädchens und makellos weißem Schnurrbart. „Ich habe General Ramiller gesagt, daß meine Division ohne Verstärkung nicht einmal mehr imstande ist, sich zu verteidigen. Von unseren Flugzeugen haben wir schon seit drei Tagen nichts mehr gesehen. Sie sagen, die Panzer seien abgeschnitten. Was folgt daraus? Unsere Geschosse können ihren Panzern nichts anhaben. Das wissen Sie ebensogut wie ich. Gestern haben wir dreitausendzweihundert Mann verloren. Die Soldaten sind demoralisiert. Die Kommandeure führen die Befehle nicht aus. Wenn man sieht, mit welcher Geschwindigkeit sie vorrücken ..."

De Vissé donnerte die Faust mit solcher Wucht auf den Tisch, daß der Aschenbecher zu Boden flog. „Wir sind hier nicht in einer Sitzung! Was soll das Gerede? ‚Sie rücken vor' ... Ist doch logisch, wenn sie nirgends auf Widerstand stoßen. Sie sagen mir, daß die Offiziere die Befehle nicht ausführen. Verständlich, wenn Sie selbst mit schlechtem Beispiel vorangehen. Ich spreche mit Ihnen über einen Angriffsplan, und Sie jammern mir die Ohren voll. Ich bringe Sie vors Kriegsgericht! Sie sollten sich schämen – so eine Vergangenheit und benehmen sich wie ein grüner Junge."

De Vissé wiederholte noch einmal die Aufgaben der 11. Division und ging. General Vignaud sagte zu seinem Adjutanten: „Angreifen können wir nicht. Und wer vors Kriegsgericht kommt, das werden wir noch sehen."

Der Stab der 11. Division hatte in einem großen Bauerngehöft Quartier bezogen. Die Eigentümer waren geflohen. Im Hof liefen Hühner herum und pickten eifrig verstreute Körner auf. Zwischen den Hühnern stand ein junger Leutnant mit Brille, von Kopf bis Fuß voller Staub. Als er General de Vissé erblickte, salutierte er und sprudelte hervor: „Herr General, befehlen Sie, zum Angriff überzugehen, sonst laufen die Soldaten auseinander ... Herr General ..."

De Vissé nickte und wandte sich ab, die Worte des Leutnants hatten ihn erregt.

„Zur 42. Division."

Sie fuhren in Richtung Péronne. Der General schaltete das Radio ein. Paris brachte Tanzmusik. De Vissé drehte am Knopf: eine französischsprachige Sendung aus Stuttgart: „Die Reste der holländischen Armee, die noch Widerstand leisteten, haben gestern kapituliert. Unsere Truppen haben die Stadt Saint-Quentin genommen und rücken in breiter Front zwischen Lille und Péronne vor. Seit Beginn der Offensive haben wir einhundertzehntausend Gefangene gemacht – die Holländer nicht mitgerechnet – und große Mengen Kriegsmaterial erbeutet. Wie Schweizer Korrespondenten berichten, herrscht in Paris Panik. Viele Minister haben die Hauptstadt bereits verlassen. Graf Ciano hat in einer bedeutenden Rede zum Jahrestag des Paktes erklärt, Italien könne nicht länger abseits stehen ..."

De Vissé versank in Gedanken. Vielleicht würden sie morgen schon in Péronne sein. Das Ende war nahe. Inwiefern war Weygand besser als Gamelin? Verschiedene Charaktere, aber die gleiche Einstellung – beide klammerten sich an die Vergangenheit, wollten nicht begreifen, daß die Zeiten sich geändert hatten ... Talentlose Hanswurste regierten das Land. De Vissé dachte an sein Gespräch mit Tessat – „die Militärs müssen sich zurückhalten". Die Deutschen hätten Paris schon besetzen können. Sie wollten zuerst die Armee vernichten. Ob die morgige Operation erfolgreich ausginge? Überall nur Feiglinge wie dieser Vignaud. Und wie viele Verräter gab es darunter?

Er stellte wieder Paris ein. Der Nachrichtensprecher verkündete mit gehobener Stimme: „Churchill hat heute erklärt: ‚Die Machthaber Frankreichs haben mir feierlich versichert, daß die Franzosen bis zum letzten kämpfen.'" De Vissé lächelte spöttisch – wer hatte ihm das versprochen? Vielleicht Tessat? Nun ja, der hatte pathetisch erklärt: „Wir werden bis zum letzten kämpfen!" und sich dann mit seiner Geliebten aus dem Staube gemacht. Genau wie dieser Präfekt ... Eines war klar: Die Armee mußte bis zum letzten kämpfen. Die da oben aber wollten nicht kämpfen. Wovon träumte denn Picard oder Vignaud? Von Kapitulation. Man mußte ein Beispiel geben, mußte auf seinem Posten sterben. Sollten die Enkel erfahren, daß es in diesem verfluchten Jahr auch wahre Franzosen gab. De Vissé dachte an den Leutnant mit der Brille, und es schnürte ihm die Kehle zu. Für sich selbst wünschte de Vissé nur eines: einen würdigen Tod. Mechanisch sprach er ein Gebet, das er als Kind immer vor einer schweren Prüfung gesprochen hatte. Er merkte gar nicht, wie sie in Péronne einfuhren.

„Merkwürdig", sagte der Adjutant, „sie waren doch in der Schule einquartiert."

Fragen konnte man niemand – das Städtchen war wie ausgestorben. Die Leute waren wohl aus Angst vor den Bombenangriffen geflohen. Die Trümmer eines Hauses machten die Weiterfahrt unmöglich. Der General stieg aus und sah sich um. Aus einem Tor blickte ein altes Mütterchen.

„Großmutter, wissen Sie nicht, wo die Soldaten untergebracht sind?"

Die Frau zeigte zum Rathaus und brach in Tränen aus. De Vissé schritt durch die leeren Räume. Auf dem Fußboden lagen Papiere, Helme und Patronentaschen. Er schickte seinen Adjutanten auf die Suche und beschloß, hier zu warten; er setzte sich auf einen großen Tisch mit schwarzer Wachstuchdecke. Zerstreut blickte er auf eine Geburtsurkunde und versank wieder in Gedanken: Er sah sein Häuschen in Valence. Die Enkelin, sein Liebling, spielte mit einem Kätzchen ... Er würde die Seinen nie wiedersehen ... Es blieb ihm nur eines – würdig zu sterben ...

Mühsam öffnete er die Augen – er war vor Erschöpfung eingeschlafen. Vor ihm standen Deutsche: ein Offizier und einige Soldaten. Der deutsche Oberst hatte einen Schmiß auf der Wange. Sein Monokel blitzte. Er grinste impertinent und sagte in gebrochenem Französisch: „General de Vissé, wenn ich nicht irre? Habe die Ehre, meine Hochachtung zu bekunden ..."

20

„Es war Verrat... Der Tod wäre eine zu milde Strafe für die begangenen Fehler... Bedenken Sie doch, unsere Soldaten sterben auf dem Schlachtfeld... Wir werden mit Feiglingen und Verrätern kurzen Prozeß machen... Wenn Frankreich nur durch ein Wunder gerettet werden kann, dann glaube ich an ein Wunder!"

Als Reynaud geendet hatte, applaudierten die Senatoren höflich. Es waren alte, erfahrene Politiker, sie wußten, daß sich das Kabinett nicht mehr lange halten würde. Fouger aber saß in der Abgeordnetenloge und weinte. Die Journalisten belächelten den bärtigen Träumer, der sich die Augen mit einem türkischen Seidentüchlein wischte.

Tessat wollte gerade in seinen Wagen steigen, als Fouger ihn am Arm packte. „Ich muß mit dir reden. Reynaud hat sehr richtig gesagt: ‚Es war Verrat.' Mutig und direkt. Ein Peitschenhieb... Jetzt muß gehandelt werden."

Während der letzten Tage hatte Tessat wie im Fieber gelebt und zwischen Unbekümmertheit und tiefer Verzweiflung geschwankt. Die Nachrichten widersprachen sich: Die einen meldeten erfolgreiche Gegenangriffe, die anderen prophezeiten den Fall von Paris. Pétain behauptete, die Armee sei zerschlagen, es gebe nur noch einzelne zerstreute Abteilungen. Mandel suchte zu beweisen, daß Widerstand möglich sei. Mal beschlossen die Minister, Paris zu verlassen, mal erklärten sie, die Hauptstadt sei nicht bedroht. Tessat konnte weder schlafen noch essen. Er fühlte sich krank. Entsetzt sah er Fouger an: Der hatte ihm gerade noch gefehlt! Aber Fouger stieg mit ein und schrie gleich los: „Man muß eine Volkserhebung organisieren!"

„Zu spät." Tessat schneuzte sich verzagt. „Ich bin kein Mystiker, ich glaube nicht an Wunder. Gestern haben sie Arras und Amiens genommen, heute sind sie bis zur Küste vorgedrungen. Die Armee ist eingekesselt."

„Dort sind vierzig Divisionen. Man kann den Ring durchbrechen."

„Wer sollte das tun? Mit den Belgiern brauchst du nicht zu rechnen. König Leopold ist deutschfreundlich, das weiß jeder. Die Engländer haben heute zwei Divisionen von Bapaume nach

Dünkirchen verlegt. Verständlich, daß Weygand nicht mit General Gort zusammentreffen wollte. Kurzum, es ist aus!"

„Wie kannst du so reden? Eben erst hat Reynaud gesagt: ‚Tod den Kleinmütigen!' Dich müßte man als ersten erschießen!"

Fouger schrie auf Tessat ein, sein Bart hüpfte auf und ab.

Tessat antwortete friedfertig: „Schreien hilft auch nichts. Reynaud hat für die Öffentlichkeit gesprochen. Du solltest ihn mal privat hören. Du bist ein ehrlicher Mann, aber ein Phantast. Ich weiß, daß du mich haßt. Grundlos! Als du in Marseille überfallen wurdest, war ich aufrichtig empört."

„Wie kannst du jetzt daran denken? Ich flehe dich an, vergiß die kleinliche Politik! Frankreich geht zugrunde. Du mußt dich über Zänkereien, über die Parteien erheben!"

„Du bist ein Phantast! Schlimmer – ein Mensch der Vergangenheit. Siebzigtonnenpanzer. Und wer stellt sich ihnen entgegen? Bürger Fouger. Willst du General Kleist etwa mit der ‚Deklaration der Menschen- und Bürgerrechte' vernichten?"

„Jetzt ist keine Zeit für Scherze!"

„Ich scherze nicht. Ich habe selten so ernst gesprochen. Wir sind am Ende, verstehst du? Vielleicht wird Breteuil heil davonkommen. Aber auch er ist alt, geht in die Kirche, betet. Grandel, Laval, Méjeu – die werden es überleben. Du hältst mich für einen Schuft, obwohl wir beide Radikale sind. Aber Ducamp achtest du. Und Cachin auch. Gestatte, daß ich dir meine Meinung sage: Das sind Helden des vorigen Jahrhunderts. In anderen Ländern ist das neunzehnte Jahrhundert beizeiten gestorben – mit dem letzten Krieg. Bei uns dagegen ist es sehr zählebig. Überhaupt haben es die Greise bei uns nicht eilig mit dem Sterben. Pétain geht schon auf die Neunzig, aber wenn man ihn reden hört – Pläne, Ambitionen ... Jedenfalls hat das vorige Jahrhundert abgewirtschaftet. Wie dein Dessère ... Er war übrigens bei mir. Weißt du, was er vorschlägt? Paris zu verteidigen."

„Und er hat recht. Seinerzeit hieß es, Madrid würde sich keine zwei Tage halten, aber es hat sich zwei Jahre gehalten. Bewaffnet die Arbeiter, und ihr werdet wahre Wunder erleben."

Tessat zuckte die Achseln. „Mit dir kann man nicht reden. Du lebst in der Welt der Vergangenheit. Glaubst du, daß man siebzig Divisionen und dreitausend Panzer mit Barrikaden aufhalten kann? Und außerdem, wir müßten ja verrückt sein, wollten wir den Kommunisten Waffen geben! Du würdest dich natürlich freuen. Aber du bist eine Ausnahme. Die Radikalen würden ein Geschrei erheben, von den Sozialisten ganz zu schweigen. Und die Rechten? Picard hat mir einmal gesagt, wenn die Arbeiter versuchten, die Macht zu ergreifen, würde er die Front öffnen."

„Du mußt ihn einsperren lassen. Und Breteuil auch. Hat Reynaud von Verrat gesprochen oder nicht? Ich will, daß du deine Staatsbürgerpflicht erfüllst. Begreif doch, diese Menschen hassen dich. Wenn Breteuil an die Macht kommt, wird er mit dir kurzen Prozeß machen. Für ihn bist du ein Radikaler, ein Freimaurer, ein Günstling der Volksfront. Sieh mal, was sie hier schreiben!"

Fouger reichte Tessat ein Flugblatt. Tessat entdeckte sofort seinen Namen; seine Hände zitterten. „Schwer zu lesen bei dem Geschuckel", sagte er, während er das Blatt überflog: „Wir werden sie an den Laternen aufhängen ..." Die Unterschrift lautete: „Der Stab der Getreuen".

Sie hielten vor dem Ministerium. Tessat sagte mit schwacher Stimme: „Verzeih mir, wenn ich dir Unrecht getan habe; aber ich habe es schwer. Sehr schwer ..."

In seinem Arbeitszimmer las Tessat das Flugblatt noch einmal aufmerksam durch. Er begriff plötzlich, daß Fouger recht hatte – Breteuils Freunde würden ihm weder die erhobene Faust noch die Freundschaft mit Viard, noch sein Eintreten für Denise verzeihen.

Er schlief eine halbe Stunde; im Traum sah er Flüchtlinge, Panzer, Galgen. Als er aufwachte, fuhr er hoch, umschlang seine Knie und sagte laut: „Es geht nicht um mich, ich muß an Frankreich denken!" Vor einer Woche hatte er sich von der Panik anstecken lassen und wegfahren wollen; jetzt würde er dem Tod gelassen ins Auge sehen. Aber er trug eine Verantwortung, er war Minister. Er mußte versuchen, das Land zu retten. Ducamp hatte es gut! Dieser Verrückte dachte nur an sich; er wollte sich hervortun und war zur Armee gegangen. Welch trauriges Bild – ein Abgeordneter im Leutnantsrang! Und was konnte so ein Ducamp schon ausrichten? Als gäbe es nicht genug Leutnants!

Nein, was jetzt not tat, war eine List, ein schlauer Einfall, ein ungewöhnlicher Schachzug. Mandel war für eine Versöhnung mit Moskau. Die Deutschen hatten längst begriffen, daß Rußland eine Macht darstellte. Aber Daladier, dieser Dummkopf, hatte

Frankreich endgültig mit den Russen verfeindet – Tessat war jetzt fest überzeugt, daß er selbst sich gegen eine Unterstützung Mannerheims ausgesprochen hatte. De Vissé hatte gesagt, es mangle an Flugzeugen. Aber von den Russen könnte man tausend Bomber bekommen – kaufen oder gegen etwas anderes eintauschen.

Tessat geriet in Ekstase – eine erhabene Mission war ihm auferlegt. Rings um ihn waren nur willensschwache Dummköpfe, der Pfau Reynaud, der stupide Daladier. Er, Tessat, würde ein kühnes Spiel inszenieren – die Verständigung mit Moskau. Dann würde Italien eine Einmischung nicht riskieren. Auch die Deutschen würden Angst kriegen. In Frankreich würde eine Wende eintreten, das Volk würde wieder an den Sieg glauben. Alle würden anerkennen, daß Tessat die Heimat gerettet hatte wie Clemenceau im Jahre siebzehn . . .

Er bat Fouger zu sich. „Danke, alter Freund, daß du gekommen bist! Unser Gespräch hat mir über vieles die Augen geöffnet . . . Unsereins schmort doch im eigenen Saft. Aber du siehst die Dinge objektiver. Ich will dich in meinen Plan einweihen. Wir werden dich oder Cot nach Moskau schicken."

„Nach Moskau? Wozu das?"

„Man achtet dich dort. Aber wenn du nicht willst, können wir auch Cot schicken."

„Ich frage dich, wozu?"

„Was heißt wozu? Das wird doch gewaltigen Eindruck machen und auch seine Wirkung auf Italien nicht verfehlen. Das wird die Stimmung unseres Volkes heben. Und schließlich können die Russen uns Kriegsmaterial geben. Vor allem Flugzeuge . . ."

„Hast du den Verstand verloren?" fragte Fouger ärgerlich. „Warum sollten die Russen dir Flugzeuge geben? Vor zwei Monaten hast du noch geschrieen, man müsse Baku vernichten!"

„Nie im Leben! Ich persönlich war immer dagegen. Das war nur Daladiers Sturheit. Man nennt ihn ganz zu Unrecht den ‚Stier von Vaucluse', er ist einfach ein Esel . . . Aber wozu Vergangenes aufwühlen? Jetzt wollen wir freundschaftliche Beziehungen zu Moskau herstellen. Du kannst mir dabei helfen."

„Die Russen werden dich zum Teufel jagen. Und das mit Recht. Die erste Frage wird lauten – wen repräsentiert ihr? Niemand steht hinter euch . . . Ihr laßt nach wie vor Arbeiter verhaften

Die Zeitungen berichten heute von einem neuen Prozeß gegen acht Kommunisten. Dein ‚Esel von Vaucluse‘ ist Außenminister. Das französische Volk kann sich vielleicht mit Moskau einigen. Aber nicht du ... Dir kann ich nur eines empfehlen – reich dein Rücktrittsgesuch ein. Was wir jetzt brauchen, ist ein ‚Wohlfahrtsausschuß‘!“

Er ging und schlug die Tür hinter sich zu. Tessat überlegte, was er noch unternehmen könnte. Man müßte mit den Kommunisten Kontakt aufnehmen ... Ein Jammer, daß er mit Denise zerstritten war!

Er beschloß, sich an den Advokaten Ferronet zu wenden, der schon öfter Kommunisten verteidigt hatte.

„Ich weiß, daß du viele Bekannte unter den Kommunisten hast. Bitte, übergib einen Brief.“

„Wem?“

Tessat errötete. „Meiner Tochter“, brachte er mühsam heraus. „Es ist sehr dringend. Es geht um das Leben eines mir nahestehenden Menschen.“

„Gut“, sagte Ferronet und fügte lächelnd hinzu: „Wenn deine Polizisten mir nicht nachstellen, werde ich den Brief heute abend übergeben.“

Tessat schrieb: „Denise! Ich muß dich unbedingt sprechen. Es geht nicht um Persönliches, sondern um politische Fragen von höchster Wichtigkeit. Ich bitte dich, morgen früh um neun Uhr zu mir zu kommen. Ich wiederhole nochmals, es geht nicht um mich und nicht um private Interessen. Ich verspreche Dir, daß niemand von Deinem Besuch erfährt. Dein unglücklicher Vater Paul Tessat.“

Am Abend mußte Tessat zu einer Kabinettssitzung fahren. Zerstreut hörte er Reynauds Bericht an: „Weygand ist zurückgekehrt ... Natürlich ist die Lage kritisch; aber nichtsdestotrotz rüsten wir zum Gegenangriff. Die Engländer haben die Offensive bereits begonnen. Die Fünfte Division nähert sich Arras ...“

Tessat war mit seinen eigenen Gedanken beschäftigt. Nach Beendigung der Sitzung nahm er Reynaud beiseite. „Was denkst du über eine Verständigung mit Moskau?“

„Weißt du, in den letzten Tagen hat sich die Lage so zugespitzt, daß ich mich ausschließlich mit militärischen Angelegenheiten befasse. Die Diplomatie überlasse ich Baudouin.“

Tessat nahm ein Schlafmittel und schlief bis acht Uhr durch. Er saß noch beim Frühstück, als ihm gemeldet wurde, eine Dame wünsche ihn „in persönlicher Angelegenheit" zu sprechen.

„Führen Sie sie herein!" rief er lebhaft.

Er war so von seiner Idee besessen, daß er alle Vatergefühle vergaß und Denise nicht einmal richtig ansah. Sie war für ihn jetzt eine Gesandte.

„Wenn das eine Provokation ist", sagte Denise kühl, „wird sie scheitern – ich bin mit Wissen der Partei hier."

„Mit Wissen der Partei? Ausgezeichnet! Du weißt, Denise, daß die Lage sehr ernst ist. Wir stehen kurz vor einem Debakel. Alle eigennützigen Probleme müssen jetzt zurücktreten. Es geht um die Rettung Frankreichs. Aber ohne Enthusiasmus kann man das Land nicht retten. Ich reiche als erster den Kommunisten die Hand. Wir werden die Repressalien einstellen. Sie sollen ihre Propaganda unterlassen. Verstehst du? Es ist ihre Staatsbürgerpflicht, auf Moskau einzuwirken. Ich denke, wir werden Cot hinschicken. Ich hatte Fouger vorgesehen, aber der ist zu alt und obendrein ein Pedant. Das bleibt natürlich unter uns ... Du mußt meinen Vorschlag an Thorez, Duclos oder Cachin, kurz, an eure Führer weiterleiten. Notfalls könnte ich mich mit ihnen treffen, ich bin zu allem bereit."

„Ich glaube nicht, daß irgendwer Ihre Worte ernst nehmen wird. In den Gefängnissen sitzen vierunddreißigtausend Kommunisten. Lassen Sie zuerst alle Gefangenen frei. Und treten Sie zurück. Übergeben Sie die Macht dem Volke."

„Man kann doch die Macht nicht übergeben wie ein Paket!" Tessat brauste auf, beherrschte sich aber rasch wieder. „Wir unterstehen der Verfassung. Solange das Parlament uns nicht das Vertrauen entzieht, können wir nicht abtreten. Was die Freilassung der Verhafteten anbetrifft, so habe ich persönlich nichts dagegen. Ich fürchte nur, daß es nicht realisierbar ist; die Sozialisten sind dagegen. Serol sagte mir gestern, daß er sich weigere, den Kommunisten politische Rechte zuzubilligen. Als ich bemerkte, daß nationale Einigkeit jetzt das Wichtigste sei, antwortete er: ‚Sollen die Kommunisten als erste die Waffen strecken.' Du siehst also, wie kompliziert die Lage ist. Die Rechten aber warten nur auf eine Gelegenheit, über uns herzufallen. Wenn wir die Kommunisten freilassen, wird die Regierung bei der ersten Abstimmung gestürzt werden."

Denise war am Ende ihrer Kräfte. Sie hatte während der letzten Tage mit Soldaten gesprochen und schreckliche Geschichten von Verrat und Kleinmut gehört. Menschliches Leid hatte mit dem Flüchtlingsstrom Paris überflutet. Und die Polizei machte immer noch Jagd auf Kommunisten. Gestern war die lustige Lucie festgenommen worden. Denise hatte früher mit ihr in der Fabrik zusammen gearbeitet. Lucie war auf der Straße verhaftet worden, ihr Säugling lag allein zu Hause. Sie schrie, verlangte, daß man ihr Kind hole. Die Polizisten antworteten: „Das geht uns nichts an!" Michaud war an der Nordfront im Kessel. Die letzten Briefe hatte Denise im Mai bekommen, noch vor Beginn der Kämpfe. Und jetzt versagten ihre Nerven, sie brach in Tränen aus.

Tessat war gerührt. Er vergaß Fouger und seine Pläne. Vor ihm stand seine Tochter Denise! Wie abgemagert sie war! Man sah, daß es ihr schlecht ging. Wahrscheinlich mußte sie sich verstecken, rechnete sie jede Nacht mit einer Verhaftung ... „Mein armes Mädchen!" sagte er zärtlich.

Da kam Denise wieder zu sich. Sie sah ihn verwundert an. „Sie werden nie begreifen, warum ich weine. Es ist entsetzlich, daß Sie mein Vater sind, daß wir beide dieselbe Sprache sprechen und von derselben Bombe getötet werden könnten! Sie verstehen mich nicht? Es ist mir unerträglich, mit Ihnen verwandt zu sein."

„Ich habe nie aufgehört, väterliche Gefühle für dich zu hegen ..." Tessat durchmaß das Zimmer und überlegte, daß er sie überreden müsse. „Denise, lassen wir doch die Parteizwistigkeiten! Du mußt mir helfen. Ich will Frankreich retten, und Frankreich zuliebe ..."

„Hören Sie auf! Früher sagten Sie: ‚Mutter zuliebe ...' Aber Frankreich ... Frankreich ..."

Sie sprach nicht weiter, sie dachte an die Flüchtlinge, an die Soldaten, und Tränen schnürten ihr die Kehle zu. Aus Angst, Tessat könnte abermals Zeuge ihrer Schwäche werden, lief sie aus dem Zimmer.

Eine Heilige! dachte Tessat gereizt. Lucien war zwar ein Schuft, aber er war menschlicher ... Die aber lebte selber nicht und wollte auch andere nicht leben lassen ... Eine ausgemachte Hysterikerin!

Tessat fuhr zu Baudouin, um mit ihm über Cots Mission zu sprechen. Baudouin antwortete ausweichend; er brachte das Gespräch auf Italien – man müsse endlich Zugeständnisse machen, Djibouti, vielleicht auch ein Stück von Tunesien abtreten, Druck auf die Engländer ausüben; sollten auch sie etwas opfern, zum Beispiel Malta. Mussolini sei bereit zu verhandeln, man müsse nur einen geeigneten Mann nach Rom entsenden, vielleicht Laval oder Breteuil.

Tessat rief Fouger an: „Ich fürchte, du hast mich falsch verstanden. Wir könnten dich oder Cot mit irgendeinem Scheinauftrag nach Moskau schicken. Man könnte zum Beispiel über eine Entschädigung für die galizischen Ölfelder verhandeln. Oder über den Ankauf von Holz. Und du streckst derweilen deine Fühler aus. Der Effekt im Ausland wäre derselbe, ohne daß wir irgendwelche Verpflichtungen auf uns nähmen. Zu den Rechten werden wir sagen: ‚Wir haben in Moskau nicht mal einen Botschafter.' Breteuil kann uns nichts vorwerfen. Um so weniger, da wir ernsthafte Verhandlungen mit Mussolini aufnehmen. Die Engländer haben versprochen, die italienischen Schiffe nicht mehr zu kontrollieren. Das ist doch schon ein Sieg! Hörst du mich?"

Keine Antwort. Fouger hatte vor Wut den Hörer hingeknallt.

Der Plan war gescheitert. Um sich zu entspannen, fuhr Tessat aus der Stadt hinaus. Es war ein wunderschöner Tag. Flieder, Jasmin und Glyzinien standen in voller Blüte. Alles duftete. Und Tessat dachte gerührt: Trotz allem ist es doch Frühling geworden.

Auf der Rückfahrt sah er Soldaten im Bois de Vincennes Panzergräben ausheben. Tessat begrüßte sie und sagte munter: „Ja, ja, Paris werden die nicht zu sehen bekommen! Paris wird sich verteidigen wie ein Löwe."

21

Ein kleines Städtchen, wie alle Städte der Picardie: ein Marktplatz, von dem eine lange Straße mit niedrigen Backsteinhäusern abzweigt, und das Schmuckstück des Marktplatzes – ein Rathaus aus dem sechzehnten Jahrhundert mit einem goldenen Löwen auf dem Türmchen. Neben dem Rathaus das Hotel „Zum weißen Roß", zwei Cafés und ein Kaufhaus.

Die Bevölkerung bestand in der Mehrzahl aus Arbeitern, die in der zwei Kilometer entfernten Fahrradfabrik beschäftigt waren. Unter den Frauen gab es viele geschickte Spitzenklöpplerinnen; sie saßen vor der Haustür und klapperten mit den Klöppeln. Im Sommer kamen bisweilen Touristen, besichtigten das Rathaus und tranken auf dem Marktplatz Bier. Im Winter wurden die Cafés von den Arbeitern besucht, die lange Tonpfeifen rauchten und sich über Politik stritten. Vor dem Krieg war ein Kommunist Bürgermeister gewesen, und am 14. Juli hatten auf dem Rathaus zwei Flaggen geweht: die Trikolore und die rote Fahne. An den Mauern standen noch die Losungen: „Nieder mit dem Faschismus!" oder „Es lebe die Volksfront!", und daneben waren mit unbeholfener Hand Hammer und Sichel gezeichnet. An Feiertagen trank man Wacholderschnaps und sah sich Hahnenkämpfe an. Im Kino lief der Film „Der tödliche Kuß". Liebespärchen schlenderten am Kanal entlang und pflückten Wasserlilien. Die Stadt ging früh zu Bett; um elf Uhr waren die Straßen menschenleer; nur die Glocken des Rathausturms verkündeten melodisch die Zeit, und in manch einem Haus wiegte eine junge Frau leise ihr Kind: „Schlaf, Kindchen, schlaf ..."

Die erste Bombe fiel auf ein Haus am Bahnhof; sie tötete einen alten Schmied und verletzte zwei Frauen. Die zweite Bombe zerstörte das Rathaus. Der Marktplatz lag voller Trümmer, mittendrin der goldene Löwe. Die Einwohner flohen, von achtzehntausend blieben vielleicht hundert in der Stadt.

Eine Frau kam mit einer blauen Emaillekanne, schenkte Michaud Kaffee ein und fragte leise: „Rückt ihr auch ab?"

„Wir sind ja eben erst gekommen."

„Es heißt, ihr rückt wieder ab. Alle sind geflüchtet. Ich kann meine kranke Mutter nicht allein lassen, ich habe ihr gesagt, daß ihr bleibt."

Michaud lächelte. „Natürlich bleiben wir hier. Unglaublich, was sich überall tut! Die Menschen rennen einfach los, und niemand hält sie auf. Die da oben sind gut! Wollten uns nach Finnland schicken. Aber die Deutschen brauchen sich nur zu zeigen, schon reißen alle aus. Eine Schande! Was sind das für Menschen! Aber verzweifeln Sie nicht – wir gehen nicht weg. Haben

Sie einen Keller? Schleppen Sie alles hinunter und bleiben Sie dort. Wir werden es schon irgendwie schaffen."

Der Bataillonskommandeur Fabre erhielt den Befehl, die Stadt um jeden Preis zu verteidigen. Fabre galt als einfältiger Sonderling. Er trank schon morgens Aperitif und schwärmte von der Schönheit der Kakteen. In den letzten Tagen jedoch hatte er Mut und Findigkeit bewiesen. Das Bataillon hatte sich kämpfend von Cambrai zurückgezogen; zweimal war es zur Gegenoffensive übergegangen; es hatte zwölf Soldaten befreit, die beim Flußübergang zurückgeblieben und in deutsche Gefangenschaft geraten waren. Als die Sturzkampfflieger zum erstenmal angriffen, entriß Fabre einem Soldaten das Gewehr und ballerte los. Das beruhigte alle, und es gab keine Panik. Ein Bomber wurde getroffen, jedoch innerhalb von acht Tagen verlor das Bataillon ein Drittel seiner Leute. Und als Fabre den Befehl hörte, war er bestürzt: Die haben gut reden: „um jeden Preis!" Wie sollen wir uns halten, wenn die Deutschen mit Panzern anrücken?

Fabre wußte, wie beliebt Michaud bei den Soldaten war. Als Oberst Kérieu vor Schreck zwei Kompanien hatte umformieren wollen, hatte Fabre sich widersetzt. Auch die „Meuterei" in Le Havre hatte er vertuscht. Wenn Fabre einen Beschluß fassen mußte, fragte er Michaud um Rat: „Wie denkt Monsieur Don Quichotte darüber?" So auch jetzt.

„Wir müssen die Stellung halten", antwortete Michaud.

Michaud kannte die Direktiven der Partei nicht. Er hatte schon lange keine Verbindung mehr mit Paris und mußte selbständig entscheiden. Er schwankte nicht: Nein, Kommunisten sind keine Feiglinge! Wir werden zeigen, wie wir zu kämpfen verstehen. Jetzt geht es nicht um Reynaud, nicht um Tessat, nicht um Daladier. Jetzt geht es um Frankreich.

Überall waren Feinde. Die einen legten Handschellen an, die anderen warfen Bomben. Die Hitlerleute waren ins Land gekommen, die Henker Thälmanns, die Leute, die Spanien ans Kreuz geschlagen hatten, die Ritter des Todes. Und hinter ihnen standen ebensolche Faschisten, die Freunde Hitlers: Breteuil, Grandel, Picard.

Das friedliche, unbeschwerte Frankreich gab es nicht mehr. Sie hatten das Land dem Feind auf Gnade und Ungnade ausgeliefert. Und auch hier gab es nur Trümmer, Tränen, Frauen. „Werdet ihr uns wirklich im Stich lassen?" Michaud betrachtete die Überreste des Rathauses. Einst hatte Professor Mâle dieses Rathaus eine „Perle der Renaissance" genannt. An einer unversehrten Mauer entzifferte Michaud die Worte: „Brot, Friede, Freiheit". Das Jahr sechsunddreißig wurde wieder lebendig: Streik, Fahnen, Lieder ...

Angesichts des Unglücks liebte Michaud sein Land mit neuer Kraft. Und dieses Gefühl umfaßte alles: die Berge Savoyens, wo er seine Kindheit verbracht hatte, die rauschenden Bäche und leuchtenden Wiesen, Paris, sein Paris, „Paris – mein Dorf", die Stadt der grauen Häuser und des Lächelns, die Stadt, in der Jeannot gestorben war, in der Clémence lebte; Paris und Denise ... Er wußte, daß er hier auch das Leben dieser kleinen zierlichen Frau verteidigte, deren Augen so blau waren wie Alpenblumen. Mechanisch wiederholte er: „Frankreich ... Denise ..."

Sie hoben den ganzen Tag Erdlöcher aus, schleppten Sandsäcke, tarnten Panzerabwehrgeschütze und Maschinengewehre. Am Abend bekam Fabre Verbindung mit dem Divisionsstab. Man sagte ihm: „Der Gegner wird überall zurückgedrängt. Wir schicken Verstärkung. Falls Sie zurückgehen, soll das Zweite Bataillon den Rückzug decken."

Michaud sah sich in der Fabrik um; dort waren Maschinengewehre aufgestellt. Die Fabrik war am Abend zuvor bombardiert worden, in der Montagehalle gähnte ein großer Trichter, in dem Wasser stand – am Morgen hatte es stark geregnet. Aus dem Wasser ragten Maschinenteile. In einer anderen Halle erblickte Michaud eine unversehrte Fräsmaschine, und er war so gerührt, als hätte er einen Kindheitsgefährten wiedergetroffen. Er liebte das Metall, die Werkzeuge, behandelte sie wie Lebewesen, tadelte und hätschelte sie. Das war seine Jugend. Er versank in Gedanken. Was war nur mit den Menschen los? Alle sehnten sich nach Arbeit, Zärtlichkeit, Glück. Aber das Meer war entfesselt. Man mußte sich ans Ufer retten! Nicht er, er würde sicher fallen, aber die anderen. Pierre, Legreux, der alte Duchêne, die würden am Leben bleiben. Auch die Kinder würden leben, und Denise. Man würde große Fabriken bauen. Wie in Magnitogorsk – er hatte in einer Zeitschrift Fotos gesehen. Gestern waren sie durch Felder gegangen. Das niedergetretene Korn verdarb. Und wer sollte es auch ernten? Aber im Frühjahr würde man wieder säen. Das Leben würde siegen. Doch jetzt war es schwer ...

Michaud ging zur Wache. Die Kameraden kämpften mit dem Schlaf und sagten verdrossen: „Wie sollen wir uns denn halten? Dreihundert Mann ... Und die kommen mit Panzern."

Michaud versuchte ihnen Mut zu machen; er erzählte von den Kämpfen in Spanien: „Manchmal waren wir nur dreißig – gegen ein ganzes Bataillon. Und gegen Panzer! Mit Handgranaten haben wir gekämpft – was andres hatten wir nicht ... Ein Junge, Pepe hieß er, hat acht Panzer außer Gefecht gesetzt."

„Die hatten auch andere Panzer. Nicht solche schweren Dinger!"

„Man kann auch diese erledigen ... Aber dazu braucht es stahlharte Männer, wie dort in Spanien."

„Dort habt ihr gewußt, wofür ihr kämpft. Ich wollte mich auch melden ... Aber wofür halten wir hier den Kopf hin? Wen verteidigen wir denn? Tessat?"

Michaud überlegte eine Weile. Er zermarterte sich selber, spürte, welche Verantwortung auf ihm lastete. Dann antwortete er überzeugt: „Nein ... Mit denen werden wir noch abrechnen! Aber dies hier ist unser Land. Hast du die Frauen gesehen? Die Männer sind an der Front, genau wie wir. Wir dürfen nicht zurückweichen! Die Kommunisten müssen ein Beispiel geben. Und außerdem, sag doch ehrlich, kann man dies alles einfach aufgeben! Ich habe heute eine Fräsmaschine gesehen ..."

Da zerriß eine Detonation die Stille. Die ersten Granaten kamen der Morgenröte zuvor. Am bleichen Himmel standen noch kleine, blasse Sterne. Alle hatten den Angriff erst im Morgengrauen erwartet. Michaud fröstelte, er dachte, es wäre vom Tau, aber die Kälte kam von innen. Er streichelte das Maschinengewehr und wurde sofort ruhig.

Nach einer Viertelstunde trat eine Kampfpause ein. Friedlich ging die Sonne auf; die Vögel auf dem Feld begannen zu zwitschern; das Wasser schimmerte rötlich. Die Soldaten schwiegen. Michaud dachte an Denise. Wie in Spanien fühlte er die Wärme ihrer Schulter, ihre salzigen Lippen, spürte er den Duft von Tannennadeln! Du meine Liebe! sagte er in Gedanken. Nun kam das Ende! Es war erhaben und ernst, aber nicht schrecklich; traurig war nur, daß er Denise nie wiedersehen würde ...

Die Panzer näherten sich dem Kanal. Alles schrie los; selbst die Erde schien zu schreien. Michaud sah sich um und erblickte Fabre, der ratlos die Arme ausbreitete.

„Patronengurt her!"

Und wieder eine Pause.

„Gleich geht's los. Die kennen jetzt unsere Stellungen."

„Die werden sich wundern!" Michaud lachte. „Ich habe sie in Spanien erlebt; die haben es gern, wenn man davonläuft. Widerstand schmeckt ihnen nicht."

„Werden wir uns wirklich halten können, Michaud?"

„Und ob!"

Gegen neun Uhr starteten die Deutschen einen erneuten Angriff. Die Granaten legten die armseligen Häuschen in Schutt und Asche. Dreihundert Meter von Michaud entfernt stand ein ausgebrannter Panzer.

„Da, links vom Kartoffelfeld ...!"

Deutsche Kradschützen rückten an. Sie wurden zum Stehen gebracht. Dann stießen wieder Panzer vor. Fabre schrie auf: Die Panzer überrollten Verwundete.

„Hunde! Bestien! Die eigenen Leute!"

Eine Granate tötete den Kompanieführer, der Sergeant verlor die Nerven und versteckte sich im Keller. Fabre kroch an Michaud heran. „Hör auf niemand ... Gib's ihnen, feste!"

Wieviel Zeit war vergangen? Ein paar Minuten, eine Stunde? Wieder eine Detonation. Michaud schüttelte seine linke Hand: Blut.

„Komm hierher!"

Doch Michaud rührte sich nicht von der Stelle. Er hörte nichts. „Patronengurt her! Da habt ihr, da, da!"

Mittags stand die erhabene Sonne hoch über einer friedlichen Welt: kein Schuß, kein Schrei. Selbst die Verwundeten waren verstummt, als hätte die Stille ihr Stöhnen erstickt; dann wurden sie auf Lastautos geladen. Michauds Hand wurde verbunden; er weigerte sich, mit den Verwundeten fortzufahren. Man begrub die Toten und trank lauwarmes Wasser, das nach Blech roch. Alle waren erschöpft wie nach einer schweren Krankheit; sie versuchten zu lächeln. Allmählich wurden sie sich der einfachen und unglaublichen Tatsache bewußt, daß sie die Stadt gehalten hatten.

Fabre kam zu Michaud und murmelte: „Pfundskerl, Don Quichotte! Welchen Rang hattest du in Spanien?"

„Leutnant."

„Der Oberst wollte dich dafür einsperren. Ich aber ... ich würde dich heute zum General ernennen, wenn es nach mir ginge. Es heißt, du bist Kommunist? Komisch! So seid ihr also!"

Fabre rieb sich die Augen und nahm einen Schluck Rum aus der Feldflasche. „Ich will versuchen, Verbindung mit dem Stab zu kriegen. Die sollen auch mal eine Freude haben."

Es meldete sich immer dieselbe gleichgültige Stimme. Gestern hatte es geheißen: „Durchhalten um jeden Preis!", heute bekam er die Anweisung: „Bei Anbruch der Dunkelheit die Stadt verlassen!" Er schrie: „Warum?" – „Umgruppierung ..." Fabre warf den Hörer hin und fluchte: „Ein General soll das sein? Ein Arschloch ist das, aber kein General!"

„Diese Verräter!" sagte Michaud zu seinen Kameraden. „Sie geben das Land auf."

Alle verstanden, schwiegen.

Adieu, Fräsmaschine! Adieu, goldener Rathauslöwe! Adieu, liebe Frau mit der blauen Kaffeekanne, der kranken Mutter und den gehetzten, verzweifelten Augen! Michaud schritt finster durch die staubige Straße. Es war eine lange Straße – und es war eine Straße des Rückzugs. In der Hitze und Stille des Mittags hatte er vom Sieg geträumt ... Und der Sieg hatte genausolche Augen gehabt wie die Frau mit der Kaffeekanne ... Adieu, schöner Traum!

22

Abends wirkte Paris wie ein düsterer Wald; selbst die blauen Lämpchen waren erloschen. Die Passanten wurden angehalten: Ausweiskontrolle. Man sprach von Spionen, von Fallschirmjägern. In der Rue du Cherche-Midi wurde der lahme Milchhändler festgenommen, weil er den Flugzeugen angeblich Signale gegeben hatte. Man beteuerte, in Paris hielten sich vierzigtausend verkleidete deutsche Soldaten auf. Auf Mandels Befehl wurden drei Getreue verhaftet; man fand bei ihnen italienische Adressen und einen Plan von Paris mit eingezeichneten Flakstellungen. Breteuil war entrüstet. „Ehrliche Franzosen werden verhaftet!" Am nächsten Morgen wurden die Getreuen wieder freigelassen. Breteuils Frau jammerte: „Sie werden hierherkommen!" Breteuil antwortete: „Bete! Wer weiß, vielleicht wird Marschall Pétain Frankreich retten."

In den Straßen tauchten Flüchtlinge auf. Verstört streiften sie um die Bahnhöfe und sahen die Pariser mit leeren, abwesenden Augen an. Den Lärm der lebendigen Stadt nahmen sie gar nicht wahr. Vergebens hupten und fluchten die Autofahrer; die Flüchtlinge hörten nichts, in ihren Ohren schienen andere, furchtbare Stimmen zu tönen.

Erschöpfte Frauen setzten sich auf den Bürgersteig. Passanten umringten sie, musterten sie, fragten: Woher? Für die Pariser war der Krieg unendlich fern. Die Zeitungen schrieben von Kämpfen jenseits des Polarkreises. Lediglich die Flüchtlinge verbreiteten Unruhe. „Die Deutschen ..." murmelten sie, „diese Mörder ... Wir sind gerade noch davongekommen." Und die Polizei trieb die Neugierigen auseinander – wozu sollten sie solchen Schauermärchen lauschen?

Vorsichtigere Leute reisten zu Verwandten in die Provinz. Die anderen arbeiteten, handelten, amüsierten sich wie eh und je. In der Presse wurde darüber diskutiert, ob man die Kabaretts wieder eröffnen sollte, die in den ersten unruhigen Tagen geschlossen worden waren. Die Alten beruhigten die Jüngeren: „Man wird sie zurückschlagen wie neunzehnhundertvierzehn ..."

Viard glaubte weder an das Genie Pétains noch an die Weygandlinie, noch an ein Wunder. Er verpackte seine Gemäldesammlung. In seiner Wohnung war schon frühmorgens ein Hämmern und Klopfen zu hören. Einzig das Schicksal seiner Bilder lag Viard jetzt noch am Herzen. Mit zärtlichem Blick begleitete er jedes Gemälde, das im Dunkel der Kiste verschwand. Gleichgültig sah er die Zeitungen durch. Er begriff, daß alles verloren war, und fand es zu langweilig, sich den Epilog anzusehen.

Zur Langeweile gesellte sich Zorn. In Viards gewöhnlich melancholischen und freundlichen Augen flackerten jetzt böse Fünkchen auf. Man hatte ihn gehindert, sein schweres Leben in Ruhe zu beschließen. Er wußte nicht, wem er die Schuld daran geben sollte, und haßte deshalb alle: die Deutschen und Daladier, Tessat und die Kommunisten, die Engländer und die unbegabten Generäle.

Wenn er an den vernagelten Kisten vorbeiging, dachte er an die Zukunft. Was würde aus seinem Häuschen in Avallon werden? Er sah die glyzinienumrankte Laube, das Spiel der Sonnenflecken auf dem leuchtenden rötlichen Sand. Paris war verloren. Wenn die Deutschen aber noch weiter vorstießen? Nein, das war unmöglich! Man würde Paris aufgeben, würde die Deutschen für drei Tage hereinlassen – um ihren preußischen Ehrgeiz zu befriedigen –, und dann würde man den Frieden unterzeichnen. Elsaß-Lothringen war letzten Endes ein Spielball, den man hin- und herwarf. Strasbourg würde für zwanzig oder vierzig Jahre deutsch werden. Dafür würde Frieden sein. Doch die Unruhe wollte nicht vergehen. Was aber, wenn Churchill Reynaud zwingen würde, den Krieg auch nach dem Fall von Paris fortzusetzen? Frankreich war jetzt ein englisches Dominion. Viard bekam einen Hustenanfall und sah seinen Diener und die Arbeiter wütend an – was machte es denen schon aus? Die arbeiteten, klauten, amüsierten sich ...

Als er Tessat sah, heiterte sich seine Miene auf. Es freute ihn, daß Tessat erschöpft und unrasiert war. Also ging es auch Tessat schlecht! Nun ja, sollte er die Suppe auslöffeln!

Tessat rückte gleich mit einer Sensation heraus: „Als wir Marschall Pétain ins Kabinett holten, glaubten wir, dadurch alle strittigen Fragen lösen zu können. Aber die Lage wird von Tag zu Tag komplizierter. Ich muß dir eine schlimme Neuigkeit mitteilen: Der belgische König hat kapituliert." Tessat sah Viard gespannt an; der aber putzte gleichgültig die Gläser seines Kneifers. „Er hat nicht einmal General Blanchard informiert. Die Lage der Armee ist katastrophal. Verstehst du, was das für eine Gemeinheit ist? Seinen Vater Albert nannte man den ‚ritterlichen König', Leopold aber wird als die Inkarnation der Hinterhältigkeit in die Geschichte eingehen."

Viard antwortete ruhig: „Der König hat auf seine Weise recht. Was blieb ihm denn übrig? Unter gewissen Umständen ist eine Kapitulation eine heroische Handlung."

„Hast du dir mal überlegt, was für Bedingungen Hitler uns diktieren würde, wenn auch wir solch einen ‚Heroismus' bekundeten? Er kann das Elsaß fordern. Er kann sogar Lille besetzen."

„Daran hättet ihr vorher denken sollen. Ich will hier nicht den Kritiker spielen. Aber du hast nichts getan, um ein Debakel zu verhüten. Ich habe dich ein halbes Jahr vor dem Krieg gewarnt, daß Daladier ausgesprochen unpopulär ist. Ihr habt alle Stellungen kampflos aufgegeben. Die Niederlage wurde schon in München vorbereitet. Du bist übrigens damals ins Kabinett eingetreten."

„Das du, nebenbei bemerkt, unterstützt hast. Und wenn wir schon von den Ursachen des Debakels sprechen, dann dürfen wir auch die Streiks im Jahre sechsunddreißig und die Vierzigstundenwoche nicht vergessen. Wer hat denn die Industrie zerrüttet? Und Spanien? Blum hat uns mit Mussolini verfeindet. Ihr habt Franco gegen uns aufgebracht, und dann habt ihr ihm zum Sieg verholfen. Etwas Unsinnigeres läßt sich kaum denken!"

Tessat schrie; die Aufregungen der letzten zwei Wochen taten ihre Wirkung. Viard sprach abgehackt, seine dumpfe Stimme klang wie ein Bellen. Noch lange beschuldigten sie sich gegenseitig, erinnerten an Parlamentsintrigen, unüberlegte Deklarationen, Abstimmungen.

Tessat besann sich als erster. „Wozu beschimpfen wir uns hier? Wir sind nervös ... In dieser schlimmen Zeit müssen wir zusammenhalten. Ich wollte dir vorschlagen, ins Kabinett einzutreten. Reynaud führt etwas im Schilde. Eine Ministerkrise würde im Ausland einen schlechten Eindruck machen; deshalb haben wir beschlossen, alles unter uns zu regeln. Zuerst muß Daladier fliegen. Dieser Esel hätte Frankreich um ein Haar zugrunde gerichtet. Auch andere Veränderungen sind vorgesehen. Sarraut wird gehen. Statt dessen wollen wir Baudouin und Prouvost vorschlagen. Das sind Praktiker. Und dich schätzen wir als das Gewissen der Nation. Außerdem bist du die Gewähr, daß die Arbeiterklasse mit uns geht."

Viard lächelte spöttisch: Man hielt ihn offenbar für einen Einfaltspinsel. Kurz vor der Kapitulation in die Regierung eintreten! Das hieße ja, sich selbst zu kompromittieren, hieße, fünfzig Jahre umsonst für seine Ideale gekämpft zu haben. Und wozu das? Damit Tessat sagen konnte: „Viard hat auch unterschrieben." Nein, dazu würde er sich nicht hergeben!

„Ich danke dir und Reynaud. Ich bin gerührt, sehr gerührt. Aber ein Ministerportefeuille werde ich nicht annehmen. Meine Partei ist bereits in der Regierung vertreten. Niemand wird es wagen zu behaupten, die Sozialisten drückten sich vor der Verantwortung. Aber die Rechten können mich nicht ausstehen. Und auch die Engländer bevorzugen einen Jüngeren. Ich wäre nur Ballast."

Tessat ereiferte sich, versuchte, ihn zu überreden: „Auguste, du darfst es nicht ablehnen! Wir stehen am Rande eines Abgrunds. Alles was uns teuer ist, wird zugrunde gehen – Frankreich, das parlamentarische System, die Ideen, die wir mit der Muttermilch eingesogen haben."

Tessat geriet von seinen eigenen Worten in Rührung; er dachte an Amélies Tod, an die kürzliche Begegnung mit Denise, an die Flüchtlinge, an das Gekrächze Pétains, der auf alles nur eine Antwort hatte: „Zu spät!" Tränen klangen in seiner Stimme.

Viard frohlockte innerlich. Aber damit gab er sich noch nicht zufrieden, er wollte Tessat den Todesstoß versetzen: „Von welchen Ideen sprichst du? Wir haben verschiedene Weltanschauungen. Gewiß, deine Ideen haben bankrott gemacht, weil du dich an den ökonomischen Liberalismus geklammert hast. Ich aber halte Schritt mit dem Jahrhundert. Was bringt uns Hitler? Den Sozialismus, wenn auch einen stark entstellten, ich würde sagen, einen nach deutschem Geschmack zugeschnittenen Sozialismus. Nehmen wir aber den Nationalsozialismus und ergänzen ihn durch die Moral Saint-Simons, Proudhons und unserer Syndikalisten, dann erhalten wir etwas Reales und zugleich echt Französisches."

Tessat hörte nicht mehr zu. Ein Streit um Doktrinen reizte ihn nicht. Erst jetzt bemerkte er das Durcheinander im Zimmer, die Koffer und Kisten. „Willst du wegfahren?"

Viard wurde verlegen. „Ja. Das heißt, ich selbst bleibe hier. Ich werde den Kelch bis zur Neige leeren. Aber meine Bilder schicke ich fort. Ich habe kein Recht, meine Sammlung zu gefährden. Ich habe Meisterwerke des französischen Geistes gesammelt. Staatssysteme können zusammenbrechen, aber man darf nicht zulassen, daß Kunstschätze einer unsinnigen Bombe zum Opfer fallen."

Viard begleitete den Gast in die Diele. Beim Abschied sagte Tessat plötzlich gekränkt: „Ich jedenfalls bleibe in Paris. Welche Gefahr mir auch immer droht! Ich besitze keine Sammlungen. Und ich muß an Frankreich denken."

Méjeu ließ sich von der Panik nicht anstecken; er arbeitete wie gewöhnlich; nur zur Nacht nahm er Veronal, um nicht vom Flakfeuer aufzuwachen. Auf seinem leidenschaftslosen Gesicht – er ähnelte eher einem Deutschen oder einem Schweden als einem gebürtigen Lyoner – lag immer ein Lächeln. Er war ein kräftiger, gutaussehender Mann, der große Sorgfalt auf sein Äußeres verwandte. Um kein Fett anzusetzen, spielte er Tennis. In seiner luxuriösen Wohnung herrschte feierliche Stille. In seinem Arbeitszimmer gab es weder Bilder noch Nippes. Dem Schreibtisch gegenüber stand eine bronzene Napoleonbüste. Im Bücherschrank lagen nur noch einige Nachschlagewerke. Méjeu las nicht gern. Dafür schätzte er die Musik, besonders ergriff ihn Bach. „Das ersetzt mir die Religion", pflegte er zu sagen.

Er hatte zwei Kinder großgezogen. Der Sohn hatte vor kurzem die Ingenieurschule absolviert. Um übler Nachrede vorzubeugen, hatte Méjeu ihn zur Armee, zum Stab Lerideaus geschickt. Die Tochter lebte in der Schweiz, sie war mit einem Finanzmagnaten verheiratet, der in kurzer Zeit sämtliche Nickelaktien aufgekauft hatte.

Méjeu sprach sechs Sprachen; er reiste viel und fühlte sich überall zu Hause. Huhn mit Bambussprossen in einem Schanghaier Restaurant aß er ebensogern wie die Früchte Kaliforniens oder den algerischen Pilaw „Couscous". Er interessierte sich nicht für Technik und verließ sich voll und ganz auf die Ingenieure. Aber er verfolgte aufmerksam die Weltrohstoffpreise und die Kapazität dieses oder jenes Marktes. Er tätigte überall Geschäfte und war an der chemischen Industrie in Deutschland ebenso interessiert wie am norwegischen Stickstoff und am Platin Chacos. Dessère hielt er für einen Ignoranten und Dilettanten: „So einer konnte nur in den Nachkriegsjahren, in Zeiten des Verfalls, emporkommen." Dessères Äußeres, seine ungehobelten Manieren und die nachlässige Kleidung nötigten Méjeu ein verächtliches Lächeln ab.

Dessères Abstieg war für Méjeu eine gewisse Genugtuung – die Logik der Ereignisse! Aber die Zeiten waren schwer. Zwar blühten die Geschäfte, doch was würde die Zukunft bringen? Die Ohnmacht der kriegführenden Seiten verhieß nichts Erfreuliches. Im Falle einer Niederlage würde es zu Unruhen, vielleicht sogar zu einer Revolution kommen; im Falle eines Sieges aber würden Leute vom Schlage Dessères hochkommen. Méjeu war stolz auf seine Herkunft: Seinem Großvater hatten zwei Drittel des Eisenbahnnetzes gehört, und sein Urgroßvater, ein Bankier, war von Balzac beschrieben worden.

Den Krieg hielt Méjeu für ein Relikt längst vergangener Zeiten. Patriotischen Tiraden begegnete er mit Ironie. Natürlich ließ er sich seinen Spott nicht anmerken, um andere nicht zu verletzen, so machte er sich auch nie über seine Frau lustig, die an die Wunderheilungen von Lourdes glaubte. Mittelalter! dachte er achselzuckend, gab ihr jedoch Geld für die Instandhaltung aller möglichen Bethäuser. Méjeu vertrat die Ansicht, daß Kriege eine Berechtigung hatten, als die Nationen noch ein isoliertes Dasein führten. Jetzt aber seien die Interessen der Völker miteinander verflochten. Die Amerikaner könnten nicht ohne den englischen Kautschuk existieren. Die Deutschen brauchten Erdöl und seien daher von Deterding oder den Bolschewisten abhängig. Und die Franzosen seien von allen abhängig. Wozu also Krieg führen? Wenn Europa nicht von Verrückten, sondern von solchen Praktikern wie Méjeu regiert würde, wäre eine Verständigung möglich.

Vom ersten Kriegstag an glaubte Méjeu nicht an einen Sieg der Alliierten; auch an einem deutschen Sieg zweifelte er; er sagte sich, daß ein Dritter davon profitieren werde. Er versuchte, die Maschinerie aufzuhalten; er fuhr nach Madrid, sprach mit den Deutschen. Im Winter glaubte er, die Vernunft würde siegen, aber die Ereignisse entwickelten sich anders. Chamberlain trat zurück. Bonnet wurde ausgebootet. Und dann kam der Mai ...

Man mußte sich besinnen, bevor es zu spät war, mußte retten, was noch zu retten war. Frankreich hatte den Krieg verloren. Früher hätten diese Worte jeden erschüttert; für die Franzosen war Frankreich das Universum. Jetzt aber ... Gewiß, Hitler mußte die Stimmung der Deutschen berücksichtigen: Sie wollten sich für Versailles rächen. Aber Hitler war gerissen. Und außerdem war das alles Gefühlssache, etwas für rührselige Leute. Die Déroulèdes waren Gott sei Dank ausgestorben! Frankreich hatte schon lange vor dem Krieg seine Weltgeltung verloren. Die Jammerlappen würden eine Weile lamentieren und sich dann beruhigen. Das Land aber würde seine Wunden heilen.

Und als General Picard atemlos sagte: „Aber was Sie da vorschlagen, ist doch Kapitulation", antwortete Méjeu: „Worte sollen uns nicht kopfscheu machen. Ich schlage das einzig Zweckmäßige vor."

Da geschah etwas Unglaubliches. In dem nüchternen Arbeitszimmer, neben der Napoleonbüste, brach der General in Tränen aus. Man kann verstehen, wenn Midinetten weinen ... aber Picard war doch kein Kind. Er wußte genau, wie der Hase lief. Er war ein Freund Breteuils und hatte selbst des öfteren gesagt: „Man wird uns vernichten." Weshalb erschrak er also vor dem Wort Kapitulation?

„Ich wiederhole, es ist der einzige Ausweg. Das Schicksal der Nordarmee ist besiegelt. Die Belgier sind ausgeschieden. Die Engländer spielen noch die keusche Jungfrau. Aber sobald die deutschen Flugzeuge London anfliegen, wird es mit ihrer Tugend vorbei sein. Für uns ist es vorteilhafter, den Engländern zuvorzukommen, und sei es durch einen Separatfrieden. Wenn wir den Krieg fortführen, werden die Deutschen Paris und die Italiener Marseille besetzen. Und in Lyon wird die Kommune errichtet werden. Was ist wichtiger: die alten Grenzen oder die Zivilisation zu erhalten? Noch zwei Wochen, und die Kommunisten werden losschlagen."

In all diesen Monaten wurde Picard von Zweifeln geplagt, zehnmal am Tage änderte er seine Meinung, bald sagte er: „Man wird uns schlagen, und das ist gut so, das wird dem schändlichen System ein Ende machen", bald dachte er an die ruhmvolle Vergangenheit der französischen Waffen und phantasierte: „Und wenn wir nun siegen?" Er verehrte Hitler, hegte keinerlei Feindseligkeit gegen ihn und nannte die deutschen Emigranten verächtlich „Deserteure". Als die Offensive begann, verlor Picard den Kopf. Er erteilte Befehle, die er im nächsten Augenblick widerrief, er schrie, man müsse Kaltblütigkeit bewahren, hatte aber selber eine tödliche Angst vor Fallschirmjägern – wenn sie nun den Stab überfielen? Er war in das politische Spiel verstrickt. In allen Fragen holte er Breteuils Rat ein, und der sagte: „Versuchen Sie, den Gegner wenigstens einen Monat lang aufzuhalten. Wir werden Reynaud stürzen und uns mit den Deutschen einigen ..." Picard erließ pathetische Befehle: „Soldaten, verteidigt jeden Fußbreit Erde!" – „Keinen Schritt zurück!" Die Deutschen rückten täglich dreißig Kilometer vor. Picard schrie: „Wir können uns nicht halten ..." Und Breteuil antwortete gelassen: „Ich habe auch gar nicht damit gerechnet."

Doch bis heute hatte noch niemand in Picards Gegenwart von Kapitulation gesprochen. Méjeu aber sagte ganz unverblümt: „Wir müssen dem Beispiel Belgiens folgen." Da konnte Picard nicht mehr an sich halten und brach in Tränen aus. Als er sich etwas beruhigt hatte, murmelte er: „Sie werden uns die Armee nicht lassen."

„Ich verstehe, daß Sie das hart trifft. Aber man muß Geistesgegenwart bewahren. Im Jahre sechsunddreißig glaubte ich, alles sei verloren. Meine Fabriken waren von Streikenden besetzt. Und dennoch arbeitete ich weiter. Eine Armee wird man uns schon lassen, wenigstens eine kleine. Sie werden junge Offiziere ausbilden. Ihre Kenntnisse gehen nicht verloren. Sie haben eine heroische Vergangenheit. Der Marschall schätzt Sie. Sie können jetzt Paris retten. Ich spreche nicht von Widerstand ... Natürlich gibt es auch unter den Ministern besonnene Köpfe. Gestern hat de Monzie vorgeschlagen, Verhandlungen aufzunehmen. Aber Reynaud war außer sich. Und dann darf man auch Mandel nicht vergessen. Er ist Frankreichs böser Geist. Er will Paris verteidigen. Aber das würde die Zerstörung der Stadt und ein unvorstellbares Gemetzel bedeuten: Die Kommunisten würden mit den ‚Enkeln der Versailler' abrechnen, wie diese Herrschaften sich auszudrücken belieben. Sie, General, genießen große Autorität. Sie müssen der Regierung erklären, daß die Verteidigung von Paris in militärischer Hinsicht eine Utopie ist. Damit werden Sie Frankreich einen großen Dienst erweisen."

Picard erinnerte sich an die grelle Julisonne, an die erhobenen Fäuste am Arc de Triomphe, an die roten Fahnen.

„Gut. Ich werde meine Pflicht tun. Wir werden versuchen, den Gegner aufzuhalten. Wenn er aber die Weygandlinie durchbricht, werde ich mich für eine Räumung der Hauptstadt aussprechen. Paris muß dem Gegner in bester Ordnung übergeben werden, mit einem intakten Polizeiapparat. Wir müssen Paris für unsere Kinder und Kindeskinder erhalten."

24

Mit dem Schutz der Rüstungswerke war der Elsässer Weiß, Grandels Protegé, betraut worden. Weiß ging energisch vor. Er empfahl dem Präfekten, Agenten in die Fabriken zu schleusen: die verkleideten Polizisten sollten die Saboteure entlarven. Die Spitzel verstanden nichts von der Produktion; sie verärgerten die Arbeiter durch dumme Bemerkungen, Ermahnungen und Drohungen.

Besonders provokatorisch verhielten sich die Polizisten in Méjeus Flugzeugwerk. Sie verhafteten eine Arbeiterin, die wütend geschrien hatte: „Ihr seid jung ... Geht lieber an die Front! Die Deutschen sind in Beauvais ... Seht ihr nicht, daß ihr uns bei der Arbeit stört?" Im Protokoll hieß es, die Arbeiterin habe versucht, eine Maschine zu beschädigen.

Ein drückender, gewitterschwüler Tag. Das grelle Licht blendete, alle stöhnten. In Méjeus Werk herrschte Aufregung unter den Arbeitern: Die Deutschen näherten sich Paris; die Soldaten sagten, Frankreich habe keine Flugzeuge; die Reichen machten sich aus dem Staube. Und wer würde die Suppe auslöffeln müssen?

In der Mittagspause versammelten sich die Arbeiter auf dem freien Gelände hinter der Fabrik. Zwischen der Schlacke blühte Hahnenfuß. Die Arbeiter sprachen über Hitler, über die Spitzel, über die bevorstehende Entscheidung.

Die Seele der illegalen kommunistischen Organisation war der junge Schlosser Claude. Er arbeitete seit Januar in der Fabrik und hatte sofort Vertrauen gefunden.

Claude war nicht eingezogen worden, weil er an akuter Tuberkulose litt. Den fiebrigen Glanz seiner Augen konnte man für seelische Anspannung halten. Claude war in der Tat von einem inneren Feuer erfüllt; aber sein lauter, pfeifender Atem verriet die Krankheit.

Er war ein Träumer. Nächte hindurch las er; Tolstoi und Flaubert, Scholochow und Barbusse. Vor fünf Jahren hatte er oft die Maison de la Culture besucht. Dort hatte er Lucien kennengelernt. Sie waren einmal miteinander ins Gespräch gekommen. Lucien redete immer vom „ewigen Sturm". Claude entgegnete schüchtern: „Ich verehre Sie, Sie wissen über alles Bescheid. Aber das genügt nicht... Ich finde, ein Dichter muß ein ehrlicher Mensch sein, nicht wahr?" Lucien dachte: ein Spießer! Vaillant-Couturier fand Gefallen an Claude, er fragte ihn: „Du schreibst bestimmt Gedichte, mein Gefühl sagt es mir." Claude schwieg. Er schrieb tatsächlich, aber er schämte sich, es zuzugeben. Seine Verse waren seltsam, er wußte selbst nicht, weshalb er so schrieb. Er begann mit der Schilderung eines Streiks, plötzlich aber beschrieb er ein leuchtendes Farnkraut im feuchten Wald oder das Takelwerk eines Schiffes. Unsinn! sagte er sich.

Vor zwei Jahren hatte er versucht, sich nach Spanien durchzuschlagen; er war an der Grenze gefaßt und nach Paris zurückgeschickt worden. Er arbeitete damals im Seine-Werk. „Du bist unser bester Agitator", sagte Legreux. Claude verstand es, die Menschen zu überzeugen, obwohl er einen unentschlossenen und überaus bescheidenen Eindruck machte. Im Gespräch beharrte er nie auf seinem Standpunkt, sondern schien vielmehr Wert auf die Meinung seines Gesprächspartners zu legen. In seiner Redeweise, in den unverhofften Pausen, dem angestrengten Suchen nach Worten lag etwas Kindliches, Ernsthaftes, Aufrichtiges. Und man glaubte ihm.

Zu Beginn des Krieges wurde Claude verhaftet; er saß vier Monate. Nach einer ärztlichen Untersuchung wurde er freigelassen. Er rechnete nicht damit, Arbeit zu finden; doch er hatte Glück – in Méjeus Werk wurden Dreher eingestellt. In der Verwaltung prüfte man seine Papiere: „Claude Duval", und stellte ihn ein – es gab so viele Duvals ... Er organisierte sehr bald eine illegale Gruppe.

Die Arbeiter umringten Claude – was würde er sagen?

„Inwiefern ist Reynaud besser als Daladier?" begann Claude. „Sie werden uns verraten ..."

Er mußte husten. Einer der Arbeiter sagte: „In den Zeitungen tun sie so, als wollten sie sich verteidigen. Sie schreiben, die Soldaten dürften nicht weiter zurückweichen. Aber vor Paris, das habe ich selber gesehen, werden Gräben ausgehoben."

„Wenn sie sich verteidigen wollen, werden wir arbeiten. Wie die Teufel werden wir schuften, stimmt's? Méjeu ist es einerlei – der arbeitet sowohl für Reynaud als auch für Hitler. Aber für mich sind diese Flugzeuge etwas anderes ... Man kann die Stadt vor Bombenangriffen schützen. Man kann Frankreich retten ...

Ich habe mit den Soldaten gesprochen. ‚Wo bleibt denn unsere Luftwaffe?‘ fragen sie. Die Deutschen beschießen wehrlose Flüchtlinge, und wir haben keine Jagdflugzeuge. Wir müssen die Soldaten unterstützen. Aber man soll uns die Spitzel vom Halse schaffen. Mit diesen Banditen kann man nicht arbeiten. Stimmt's?“

Es wurde beschlossen, eine Delegation zu entsenden: Die Arbeiter des Werkes erklären sich bereit, die Produktion zu steigern, aber sie verlangen den Abzug der Polizisten aus den Werkhallen.

Weiß musterte Claude und lächelte höflich. „Vielen Dank. Der Patriotismus der Pariser Arbeiter ist mir wohlbekannt. Jedes zusätzliche Flugzeug bringt uns dem Sieg näher. Was die ‚verkleideten Polizisten‘ anbelangt, wie Sie sich auszudrücken beliebten, so wurden sie einzig und allein zu dem Zweck in die Werkhallen geschickt, um die verkleideten Kommunisten aufzuspüren. Ich hoffe, Sie haben mich verstanden?“

Weiß' blaue Augen begegneten Claudes Blick. Claude wandte sich ab.

Als die Delegierten des Méjeu-Werkes gegangen waren, kamen andere. Die Arbeiter aller großen Fabriken erklärten sich bereit, Überstunden zu machen, forderten aber, dem Treiben der Polizei ein Ende zu setzen.

Weiß fuhr zu Méjeu, um ihn über die bevorstehende Verhaftung von hundertvierzehn Arbeitern seines Werkes zu unterrichten. Méjeu sah gleichgültig die Liste durch und sagte: „Lauter Fachleute ... Aber das ist ja jetzt unwichtig. Sagen Sie mir bitte, wie die Evakuierung durchgeführt werden soll.“

„Man muß die Arbeiter an die Luft setzen. Je weniger Arbeiter während des Interregnums hier sind, desto besser.“

„Natürlich. Aber ich möchte nicht, daß Sie das Inventar evakuieren. Das ist mühselig und im Grunde auch sinnlos.“

Weiß lächelte. „Ich freue mich, Monsieur Méjeu, daß Sie sich von der Panik nicht anstecken lassen. Ich habe dauernd mit Leuten zu tun, die völlig kopflos sind. Seien Sie unbesorgt, das Inventar der Werke werden wir nicht anrühren.“

Claude konnte noch rechtzeitig gewarnt werden. Das Tor war abgeschlossen. Die Kameraden halfen ihm, über den hohen Zaun zu klettern. Er hörte Pfiffe und flüchtete sich in eine kleine Hütte, in der Lumpenhändler wohnten. Zwischen Haufen von Lumpen saß eine alte Frau. Sie schrie auf: „Fallschirmjäger!" Claude sagte leise: „Nicht schreien! Ich bin Franzose, Arbeiter." Und die Frau versteckte ihn. Claude bekam kaum Luft in der winzigen Kammer zwischen Plunder und Staub. Die Genossen mußten gewarnt werden. Er schaute hinaus. Keine Menschenseele. Er schlich zum Café „Père Eugène", dem Treffpunkt der Genossen.

Das Café bestand aus zwei Räumen. In dem vorderen stand eine vernickelte Theke, dort verkehrten Laufkunden, sie tranken Bier und plauderten mit dem Wirt, Vater Eugène. Er war ein korpulenter gutmütiger Mann mit buschigem schwarzem Schnurrbart, trug nie ein Jackett über der Weste. Zwei Menschen vergötterte er: seine Frau, eine schnurrbärtige beleibte Matrone, und Maurice Thorez. Stolz erzählte er: „Im Jahre siebenunddreißig bin ich nach einer Versammlung auf der Radrennbahn zu Maurice gegangen, und er hat mir die Hand gedrückt." Vater Eugène wußte, daß sich im Hinterzimmer die Kommunisten trafen; er ließ niemand hinein und sagte: „Das Billardzimmer ist besetzt." Rings um den Billardtisch aber diskutierten die Vertreter der Bezirke, erregt mit dem Queue fuchtelnd, die Direktiven der Partei.

Als Claude eintrat, war nur Jules von den Gnomewerken da. Dann kamen die anderen. Alle sprachen von Verhaftungen; die Polizei hatte siebenhundert Arbeiter festgenommen.

Denise kam und berichtete vom Prozeß gegen die vier Arbeiter: „Man hat sie wegen Sabotage zum Tod durch Erschießen verurteilt. Der Jüngste ist achtzehn Jahre alt ... Ferronet hat sie verteidigt. Ich habe ihn eben getroffen. Er sagt, eine offenkundige Provokation. Vor Gericht hat sich nämlich herausgestellt, daß die Explosion inszeniert worden ist. Ferronet hat Weiß im Verdacht."

„Ein schrecklicher Mensch", sagte Claude. „Als wir bei ihm waren, durchbohrte er mich mit Blicken. Er hat mich wohl durchschaut. Und ich habe ihn durchschaut. Was sind das nur für Zeiten, Denise! Hitlers Spione sind an der Macht!"

Sie wollte ihm Mut machen, wußte aber nicht wie. „Aber das Volk ...", sagte sie leise.

Er verstand nicht, was sie meinte, fragte aber nicht.

Denise ging, doch dann kam sie noch einmal zurückgelaufen.

„Claude, ich habe ein Zimmer für dich gefunden. Dort bist du in Sicherheit."

Still und heiß war es in dem dämmrigen Café. Alle waren verstummt. Sie hielten das ferne Dröhnen der Flak für Donnergrollen und freuten sich. Dann heulten die Sirenen. Niemand rührte sich vom Fleck. Sie saßen erschöpft auf dem schmalen Wachstuchsofa und grübelten, wie es wohl ausgehen würde – ob die Deutschen wirklich nach Paris kämen?

Eine halbe Stunde später prasselte ein Platzregen nieder. Claude ging auf die Straße hinaus, um Luft zu schöpfen. Es sah aus, als wären die Wälder von Meudon und Saint-Cloud nach Paris gekommen, hell leuchtete das Grün der Platanen, es roch wie auf dem Lande. Denise ging zu Claude hinaus. „Claude, wann wird Frankreich . . ."

Und wieder sprach sie nicht zu Ende. Eugène brachte Bier. „Was schreibt Michaud?" fragte er Denise.

„Ich habe lange keine Post bekommen. Er ist im Norden."

Eugène seufzte, dann fluchte er: „Verdammt noch mal! Die Jungs kämpfen dort und lassen ihr Leben. Und was tut sich hier? Die besten Leute werden eingesperrt. Und wer sperrt sie ein? Deutsche Spione! Wäre Maurice Minister, bekämen die Deutschen Paris nie zu sehen!"

Spät am Abend tauchte Weiß bei Grandel auf und berichtete über die Ereignisse des Tages: „Im allgemeinen ist alles ganz gut gelaufen. Ich glaube, daß wir die Fabriken von den aufrührerischsten Elementen gesäubert haben. Jetzt müssen wir so bald wie möglich mit der Evakuierung beginnen. Ein Glück, daß der Prozeß so glatt vonstatten gegangen ist. Das wird für sie eine kalte Dusche sein."

„Falls sie nicht eine Aufhebung des Urteils durchsetzen. Ferronet war heute bei Lebrun. Der hörte ihn an und zerfloß natürlich in Tränen. Breteuil sagt, er ist der wehleidigste Präsident der Dritten Republik. Im allgemeinen aber benimmt er sich anständig."

„In welcher Beziehung?"

„Ich meine, Lebrun tut, was nötig ist, das heißt, er tut überhaupt nichts. Außer, daß er weint."

Beide mußten lachen.

Als Weiß gegangen war, öffnete Grandel die Krawatte und rekelte sich, er war müde. Alles lief bestens ... Wer hätte damals geahnt, daß es so käme? Er war durch Zufall an Kielmann geraten – weil er Spielschulden hatte und an Selbstmord dachte. Er hatte das anfangs für einen Fehler, einen Abstieg, einen dunklen Punkt gehalten. Aber es war der Beginn des Erfolgs. Zwar war nicht sofort alles glatt gegangen. Er hatte viel durchmachen, hatte Kränkungen und Erniedrigungen einstecken müssen. Tessat, dieser kleine Gauner, hatte auf ihn herabgeblickt wie eine ehrbare Dame auf ein Straßenmädchen. Aber er würde mit diesen Leuten noch abrechnen! Wenn die Deutschen in Paris einmarschierten, würde er die erste Geige spielen. Alle würden vor ihm kriechen. Beim Spiel kam es darauf an, ein Gespür für die richtige Zahl zu haben. Er hatte auf die richtige Zahl gesetzt. Jetzt galt es, die letzte Viertelstunde noch durchzuhalten. Dann winkten Macht, Ehre, Anerkennung. Er würde allen in die Augen sehen können. Kielmann? Reichsmark? Unsinn! Die subjektiven Motive gingen niemand etwas an. Und objektiv würde er Frankreich retten, würde er mildere Bedingungen erwirken, würde er Millionen Menschen ein friedliches Dasein sichern. Das war wahrer Patriotismus, etwas anderes als Ducamps Hysterie!

Grandel bekam plötzlich Lust, jemand zu erniedrigen, seine Überlegenheit zu beweisen. Er ging ins Schlafzimmer. In dem breiten Bett lag Mouche. Eine Krankheit, die seit langem an ihr zehrte, fesselte sie ans Bett. Habe ich sie wirklich jemals umarmen können? dachte Grandel verwundert. Für ihn war sie schon halbtot. Der Arzneigeruch bereitete ihm Übelkeit.

„Vor drei Jahren gefiel es dir, mich zu betrügen. Ich habe damals nichts gesagt. Und weißt du, warum nicht? Du hättest mich für eifersüchtig gehalten. Aber jetzt können wir offen reden. Ich hoffe, du hast jetzt keine Gedanken mehr für Liebhaber. Für dich wird es höchste Zeit, an den lieben Gott zu denken ... Du hast mir also einen nichtswürdigen Lumpen vorgezogen. Er ist nebenbei bemerkt noch schlimmer als sein Herr Papa. Offenbar hat sich die Gnädige von Locken und edlen Gesten verführen lassen. Aber dein Romeo hat sich als Dieb und Zuhälter entpuppt. Du hieltest mich damals für einen Versager, ein zweifelhaftes Subjekt, einen Spion. Du hast dich verrechnet, Prinzessin! Ich bin der einzige Mensch, der Frankreich noch retten kann."

Mouche lag reglos da. „Warum schweigt die Prinzessin?“ schrie Grandel. „Rede, du Schlampe!“

Er sah Bläschen auf ihren blassen Lippen wie bei einem Neugeborenen, verzog angewidert das Gesicht und ging hinaus.

25

Gegen Abend kam die Sonne zum Vorschein, und der milchige Dunst über dem Meer schimmerte blaßrot. Die Dünen erinnerten an eine Mondlandschaft. Feine Sandstrahlen wirbelten auf wie Haare. Die trockenen, kriechenden Gräser, die hier und da die Sandhügel bedeckten, wirkten wie Versteinerungen. Und daneben schäumte das Meer – die Ebbe hatte gerade eingesetzt. Man sah Explosionen im Meer. Granaten peitschten das Wasser auf. Trotz des Geschützfeuers mutete diese ganze Welt gespenstisch und leblos an.

Lucien verspürte ein unbändiges Verlangen, den Nebel zu zerreißen, die Dünen wegzublasen, das Meer hereinzulassen. Er ging durch die Dünen. Irgendwo in der Nähe lagen englische Maschinengewehrschützen, aber wo, wußte er nicht. Seine Patronen hatte er verschossen. Eine einzige Handgranate – das war alles, was ihm von dem ruhelosen, unsinnigen Leben geblieben war. Gerührt betrachtete er die Handgranate; sie war so kostbar wie der letzte Schluck Wasser.

Die Kämpfe dauerten nun schon elf Tage. Er hatte nie auf die Karte geschaut. Hier war das Meer – also das Ende! Die Kameraden hatten ihn zum Mitkommen aufgefordert: Dort, hinter dem Nebel, lagen englische Schiffe, lag das Leben. Er wollte nicht fortgehen; einen Tag hatte er mit Engländern verbracht, dann hatte er sich abgesondert. Jetzt war er mutterseelenallein in dem verfluchten Sand.

Vom ersten Fronttag an hatte Lucien den Tod gesucht, beharrlich und unablässig; er lief ins Maschinengewehrfeuer, kroch mit der Handgranate den Panzern entgegen, feuerte vom Dachboden eines belgischen Bauernhauses, um eine deutsche Patrouille aufzuhalten. Doch wie zum Trotz mied ihn der Tod.

Er las keine Zeitungen; eines Tages fiel ihm zufällig eine Zeitung in die Hände, weil Tomaten darin eingewickelt waren, er las: „Die motorisierte Jeanne d'Arc wird uns zu Hilfe kommen." Er warf die Zeitung weg und fluchte nicht einmal. Rings um ihn schrien die Kameraden: „Verrat!" Die einen schimpften auf die Deutschen, die anderen auf die Engländer, die dritten auf die französischen Generäle. Er schwieg oder sang unnatürlich laut:

„Motor, Reifen, Führerhaus ...
Fliegen summen, Bombe – aus!"

Die Belgier haben sich ergeben? Zum Teufel mit ihnen! An einen Sieg glaubte Lucien nicht. Er erinnerte sich, wie er Breteuil die Geheimdokumente übergeben hatte; er wußte, was von seinem Herrn Papa oder von General Picard zu halten war. Die ganze Bande ging mit Hitler. Also war alles zu Ende! Die Todessehnsucht rührte aus seiner Vergangenheit her. Er war bis auf den Grund gesunken und wollte wieder auftauchen. Aber für einen Soldaten der verratenen und geschlagenen Armee gab es keinen anderen Ausweg als Tollkühnheit. Die Gefahr reinigte Lucien von seiner Vergangenheit, von Breteuils Dokumenten, von den Dollars, von seiner mit kläglichen Possen vertanen Jugend.

In all diesen Tagen hatte ihn nur eine Begebenheit erschüttert. Er war dem Schauspieler Genteuil begegnet. Wer in Paris kannte Genteuil nicht? Genteuil war ein Glückskind des Schicksals – ein schöner Mann mit wenig Talent, der alle belustigte, ein Lebemann, der sein Geld verschwendete, als wäre das Leben die grüne Wiese des Spieltisches, der die Mitgift junger Mädchen und die Ersparnisse der Witwen mit der gleichen Gelassenheit verschlang, wie ein Vogel Körner aufpickt. Genteuil war bei den Panzertruppen. Acht französische Panzer waren bis zu den feindlichen Stellungen vorgedrungen und dann wegen Brennstoffmangels liegengeblieben. Die Panzer feuerten bis zum Abend. Am nächsten Morgen kam Hilfe. Fünf Panzer waren ausgebrannt. Genteuil war mit dem Leben davongekommen. Aber er war wie umnachtet. Man stellte ihm Fragen, er schwieg. Als Lucien ihn sah, mußte er an Henri denken: Ein paar Minuten können einen Menschen völlig verwandeln!

Die Welt wurde schöner für Lucien; er fand Kontakt zu den Menschen. Oft half er Kameraden aus einer Notlage; er tat es ohne Überheblichkeit, ohne zu überlegen. Er freute sich, als er das Meer sah – also war Alfred gerettet! Was bedeutete ihm Alfred? Ein Archäologe, ein Totengräberkäfer, ein Einfaltspinsel, der an die Gerechtigkeit glaubte ... Nein, sagte er sich, nicht das ist entscheidend, Alfred ist ein guter Mensch. Früher wären Lucien solche einfachen Worte gar nicht in den Sinn gekommen; er hatte Scharfsinn, Brillanz, Talent an den Menschen geschätzt. Jetzt sagte er: „Ein guter Mensch." Und plötzlich errötete er. Er dachte an Jeannettes Augen vor der Apotheke, an die Tränen der verzweifelten Mouche, an das riesige Bett in Jennys Schlafzimmer, das wie ein vergoldeter Katafalk ausgesehen hatte.

Versprengte, an der Küste zurückgebliebene Abteilungen hielten den Gegner auf. Es war der letzte Tag der Evakuierung. In den Dünen kam es zu belanglosen Scharmützeln. Man kroch aufeinander zu, verfolgte sich gegenseitig, kämpfte mit Handgranaten, Kugeln und Bajonetten. Und die sonnendurchtränkten opalfarbenen Nebelschwaden vibrierten.

Lucien erklomm einen Sandhügel und legte sich hin. Von dort konnte er den nassen Strand überblicken. In der Ferne krochen halbnackte Leute und stürzten sich ins Wasser. Viele wurden von einer Kugel getroffen. Das Wasser spritzte auf, als schnellte ein riesiger Fisch hoch. Ein Stück weiter stiegen von den Geschoßeinschlägen Fontänen hoch. Nur der Mut der Verzweiflung rettete die Menschen. Und andere – noch Mutigere, noch Tollkühnere – empfingen den Gegner auf der letzten Dünenkette mit Gewehrfeuer. Deutsche Flugzeuge tauchten auf, bombardierten den Strand und das Wasser. Es dunkelte; das Meer schimmerte schmutzig und kalt.

Lucien erblickte einen Stahlhelm zwischen den verdorrten Grasbüscheln: da unten krochen Deutsche. Wie von Sinnen sprang Lucien auf, stieß einen Schrei aus, warf die Handgranate. Die Dünen schrien auf. Das Echo hallte, bis es vom Geschützdonner übertönt wurde. Da kam ein Deutscher auf Lucien zugelaufen. Auch Lucien lief, im Sand einsinkend. Sie fielen aufeinander wie in einer Umarmung.

Lucien wußte später nicht mehr, wie er den Deutschen überwältigt hatte; er erinnerte sich nur, daß es schwer gewesen war, ihn abzuschütteln; die Hand des Deutschen hatte sich um seinen

Hals gekrallt, eine schmale und kräftige Hand mit vortretenden Adern. Lucien hatte flüchtig gedacht: Er hat die Nagelhaut nicht weggeschnitten ... Aber sein Gesicht hatte er nicht gesehen. Hol's der Teufel!

Nun hatte er auch keine Handgranate mehr ... Lucien lief durch den kalten Sand, das Meer war zurückgewichen; er schien es nicht einholen zu können ... Endlich warf er sich ins Wasser und schwamm. Er wollte sich nicht retten, es trieb ihn zu den Kugeln, zu den Granaten. Sein Mund war vor Anspannung qualvoll geöffnet. Die roten Haare leuchteten wie Feuer.

Der Tod mied ihn abermals. Lucien schwamm bis zu einem englischen Kutter. Man gab ihm eine Hose, eine Feldflasche mit Whisky. Er trank und fluchte – der Traum war zu Ende. Ein Engländer sagte naiv lächelnd in gebrochenem Französisch: „Und jetzt müssen wir siegen ..."

Lucien nickte und dachte: Wir müssen leben, das ist leichter – leichter und schwerer ...

26

Die Nachbarinnen tuschelten verwundert: Sie konnten nicht verstehen, daß Agnès so ruhig war. Die einen meinten begeistert: „Die hat Charakter!" Die anderen lästerten: „Ihr Mann ist ihr schnuppe." Agnès korrigierte Schulhefte, zeichnete Blütenblätter und Staubfäden, machte sorgfältig die Wohnung sauber, strickte Höschen für Doudou. Nichts schien sich in ihrem Leben geändert zu haben seit dem Tag, da man ihr das amtliche Schreiben im gelben Umschlag überbracht hatte. Man hatte ihr sechshundert Franc ausgezahlt – der feststehende Betrag für einen gefallenen Familienvater – und gesagt: „Unterschreiben Sie!" Die Feder hatte nicht gekratzt, und Agnès' Augen waren trocken geblieben. Doudou fragte nach seinem Vater. Sie antwortete: „Er kommt bald ..." Morgens brachte sie Doudou zu der alten Mélanie, die den Jungen betreute. Und Mélanie brach oft in Tränen aus, wenn sie Doudou ansah. Auf seine Frage, warum sie weine, sagte sie: „Ich habe Zahnschmerzen." Agnès weinte nie. Früher hatte nur Pierre geahnt, welche Kraft in ihr steckte. „Sie geht durch Kugelregen ...", hatte er gesagt. Kummer und Einsamkeit hatten sogar ihr Äußeres verändert. Die gütigen, kurzsichtigen

Augen blickten jetzt hart; früher ging sie leicht gebeugt, jetzt hielt sie sich kerzengerade. Die Klatschbasen tuschelten: „Sie blüht richtig auf! Ihr werdet sehen, sie findet bald einen neuen Mann."

Agnès weinte auch nachts nicht. Sie lag mit offenen Augen da und sehnte vergebens den Schlaf herbei; sie wollte das Geschehene begreifen, vermochte es aber nicht. Wofür war Pierre gestorben? Dieser Gedanke gab ihr keine Ruhe. Sie erinnerte sich an die seltenen, aber hitzigen Auseinandersetzungen mit Pierre. Pierre hatte sich der Politik verschrieben, er hatte an die Revolution geglaubt und den Fall jedes spanischen Städtchens als persönliches Leid empfunden. Sie hatte seine Meinung nicht geteilt; aber sie hatte gespürt, daß in ihm ein inneres Feuer brannte, und oft hatte sie ihn beneidet. Als er nach Barcelona gefahren war, hatte sie tausend Ängste ausgestanden, ständig auf ein Läuten an der Wohnungstür gelauscht, in Sorge, ihm könnte etwas zugestoßen sein ... Und nun war er ohne Worte, ohne Hoffnung von ihr gegangen, wie ein Verurteilter. Auf dem Bahnhof hatte er gesagt: „Das ist nicht unser Krieg." Und jetzt war er in diesem fremden Krieg gefallen. Woran hatte er in den letzten Minuten gedacht? An Agnès, an Doudou? Oder an einen anderen, einen „wahren" Krieg? Vergebens versuchte Agnès, sich mit ihm auszusöhnen, zu verstehen, zu begreifen, wo die Wahrheit war. Sie stand auf, trat an Doudous Bett und lauschte lange den kindlichen Atemzügen. Wenn nun auch Doudou getötet würde? Das Kind war das einzige, was ihr geblieben war – von jenem Leben, von jenem Frühling.

Am Morgen aber betrat sie munter die Schulklasse, und niemand ahnte etwas von ihren nächtlichen Qualen.

Die Selbstbeherrschung war Agnès angeboren, als eine Art Vermächtnis von Generationen, die an harte Arbeit, an den Kampf um das tägliche Brot, an den Verlust der Angehörigen gewöhnt waren, Generationen, ähnlich den Pariser Vororthäusern, die vom Rauch der Straßenkämpfe geschwärzt waren. Der Vater hatte ihr einmal erzählt, daß er im Krieg ununterbrochen gearbeitet hatte: Hosen geflickt, Feuerzeuge gebastelt, Fensterrahmen repariert, Heu eingefahren. „So habe ich überlebt", hatte er lächelnd hinzugefügt. Und so lebte jetzt Agnès.

In den Straßen tauchten Flüchtlinge auf. Als Agnès aus einem zerschossenen Auto Kinder herausschauen sah, zuckte sie zusammen. Sie dachte weder an Pierres Tod noch an das Los, das Doudou vielleicht erwartete, und doch erschrak sie; dieser durchlöcherte Wagen war die Fortsetzung ihrer Nächte.

Wieder wurden die Fensterscheiben mit schmalen Papierstreifen beklebt. Agnès dachte sich ein raffiniertes Muster aus, das an Eisblumen erinnerte – Rosen, Sterne, Palmen. „Was ist das?" fragte Doudou. „Flugzeuge", antwortete sie, korrigierte sich jedoch sofort: „Das ist ein Garten." Verse kamen ihr in den Sinn, die Pierre früher einmal geschrieben und ihr vorgetragen hatte:

„Siehst, eh du stirbst, im Traum einen Webstuhl,
Drauf der Winter Narreteien webt . . ."

Die Tage vergingen; immer mehr Flüchtlinge strömten nach Paris: Einwohner von Lille, Weber aus Valenciennes, Bergleute aus Lens, Bauern aus der Picardie. Die Schule, in der Agnès unterrichtete, wurde Flüchtlingsasyl. Agnès widmete sich leidenschaftlich ihrer neuen Aufgabe. Sie übersiedelte mit Doudou in die Schule. Sie pflegte Kranke, besorgte Lebensmittel und Medikamente, kochte. Sie hatte jetzt für eine große Familie zu sorgen. Sie mußte trösten, mußte sich lange und verworrene Geschichten anhören. Eine Frau aus der Arbeitersiedlung Fourmies erzählte immer wieder dasselbe: „Es war um sieben Uhr . . . Und ich wußte, daß sie einfliegen würden." Dabei hielt sie ständig ein blutbeflecktes Kinderlätzchen in der Hand. „Er aß gerade seinen Haferbrei . . . Diese Bestien!" Eine Bergmannsfrau aus Belgien erzählte Agnès, daß sie unterwegs ihre fünfjährige Tochter verloren habe. Ein alter Mann aus Roubaix suchte seine Schwiegertochter und die Enkelkinder. „Warum seid ihr weggegangen?" fragte Agnès. Die einen antworteten: „Es war furchtbar! Sie flogen ganz tief. Direkt neben uns schlug eine Bombe ein." Andere sagten: „Unter den Boches leben? Nein, wir sind kuriert. Im vorigen Krieg haben wir vier Jahre unter ihnen gelebt. Ihr hier in Paris habt ja keine Ahnung, aber wir wissen Bescheid. In Roubaix haben sie damals Geiseln erschossen. Und bei uns haben sie François und Ménil abgeführt und zu ihnen gesagt: ‚Schaufelt euch euer Grab!' Dann haben sie sie umgebracht. Selbst mit Kindern hatten sie kein Erbarmen, die Verfluchten." Einige gaben zu: „Als wir sahen, daß alle flohen, sind wir auch losgezogen." Eine Arbeiterin schimpfte: „Berget kam. Jeder wußte, daß er ein Faschist ist. Er schrie: ‚Macht euch aus dem Staub, sie töten euch!' Er selber aber blieb, um die Deutschen zu empfangen. Diese Verräter!"

Die Flüchtlinge wechselten oft; Transporte gingen nach dem Süden, neue trafen ein. Nur der alte Riquet war schon lange da. Er kränkelte und hatte es kaum bis Paris geschafft. „Meine Alte ist schon lange tot", erzählte er Agnès. „Den Sohn haben sie eingezogen, ich weiß nicht, ob er noch lebt. Die Nachbarn sagten: ‚Die Boches kommen, wir hauen ab.' Ich hatte solche schönen Kaninchen. Hab sie dagelassen. Aber der Hund ist mit mir gekommen, ein guter Hund. Follette heißt er. Zwölf Jahre hab ich ihn schon, hab mich an ihn gewöhnt. In Compiègne haben sie uns aus dem Zug gejagt. Wir sind zu Fuß weitergegangen. Die Boches haben ihre Bomben direkt auf uns geworfen. Ich kenne sie vom letzten Krieg her ... Alles ist weggerannt. Ich guckte mich um, Follette war nicht mehr da."

Agnès sah oft, wie der Alte selbstvergessen dastand, mit den Lippen schnalzte und Follette rief.

Es war ein schöner Sommertag, als Bombenflugzeuge Paris angriffen. Der ganze Himmel dröhnte. Die Fensterscheiben klirrten. „Bum-bum!" schrie Doudou. Agnès schälte gerade Kartoffeln; sie legte einen Augenblick das Messer weg, dann machte sie sich wieder an die Arbeit. Leute kamen angelaufen und sagten: „Zweitausend Tote ..." Agnès ergriff vor Schreck Doudous Hände: Auch er hätte getötet werden können! Doch dann schämte sie sich: Jetzt brauche ich doch keine Angst mehr zu haben.

Am Abend ging sie den Quai entlang. Vor den Trümmern eines großen Hauses sah sie eine Menschenansammlung, die Leute starrten auf die Trümmer, schimpften, scherzten. Jemand sagte finster: „Ja, ja ... Maßarbeit." Es war, als hätte sich das Leben in seine Bestandteile aufgelöst: Steine, Eisen, Platten, Bretter. Agnès trat auf ein Buch: Ledereinband, Initialen. An einer unversehrten Wand hing ein Bild: eine Frau im Brautkleid. Plötzlich erblickte Agnès ein Kinderbett mit Gitter, es hing am Balkongeländer. Wie von Sinnen rannte sie nach Hause. Neben den Ruinen, auf den Caféterrassen, lachten Menschen, und blau wie der Himmel leuchteten Hunderte Siphons.

In dieser Nacht träumte Agnès wieder von Pierre: Jetzt wußte sie – er hatte an nichts gedacht; er hatte Schmerzen gelitten, gefroren, sich verlassen gefühlt. Sie wollte ihn wärmen, konnte es aber nicht; sie warf sich hin und her, phantasierte. Bis zum Morgengrauen bellte die Flak. Und Doudou lallte im Schlaf – einfache, kindliche Worte.

27

Tessat war morgens gutgelaunt aufgestanden. Vergnügt sagte er zu Joliot: „Die werden sich an der Weygandlinie den Kopf einrennen. Sie können schreiben, daß die gigantische Schlacht gerade erst beginnt."

„Schreiben läßt sich das leicht... Darum geht es nicht. Sie können mich auslachen, aber ich habe nie ein Hehl daraus gemacht, daß ich abergläubisch bin. Man hat die Deutschen geradezu heraufbeschworen, Ehrenwort! Dauernd hieß es: ‚Sie kommen! Sie kommen!' Und nun sind sie da."

„Weibergeschwätz! Gehen wir lieber davon aus, daß sie nicht da sind. Die Kämpfe finden an der Somme statt."

„Möglich. Ich bin nicht dort gewesen. Aber eins weiß ich genau – gestern haben sie Marseille bombardiert. Begreifen Sie, was das bedeutet? Marseille liegt am anderen Ende Frankreichs. Wer hätte gedacht, daß sie das wagen würden? Jetzt ist alles aus! Sie können sicher sein, daß die Italiener über kurz oder lang losschlagen werden. Und Weygand hat die Truppen von der italienischen Grenze abgezogen. Was soll uns diese blöde Somme?"

Tessat machte eine beschwichtigende Handbewegung. „Beruhigen Sie sich doch!" Dann fragte er zerstreut: „Haben Sie den italienischen Rundfunk gehört?"

„Ja, vor einer Stunde. Die schweigen sich aus. Das heißt, sie brachten einen Vortrag über pompejanische Malerei. Ein schlechtes Zeichen."

Tessat lachte. „Über Malerei? Das ist ja was für Viard. Ich kann Ihnen übrigens mitteilen, daß unser ‚wackerer Kämpfer' schon die Koffer gepackt hat. Wahrscheinlich will er sich absetzen. Auf Wiedersehen! Kommen Sie heute am späten Abend zu mir, da werde ich Ihnen etwas Tröstliches mitteilen können."

Tessat dachte dabei an eine partielle Umbildung des Kabinetts. Er pfiff gerade eine Arie aus „Rigoletto“ vor sich hin, als Picards überraschender Besuch ihm die gute Laune verdarb. Tessat sah ihn an und begriff augenblicklich, daß es schlecht stand.

Picard sagte, daß die Deutschen die Somme überschritten. Ihre Panzertruppen rückten auf Rouen vor. In zwei bis drei Tagen werde die Entscheidung fallen.

„Nur Wahnsinnige können im Ernst eine Verteidigung von Paris erwägen.“

Tessat nickte. Sein Gesicht wurde traurig und feierlich. Mit solch einer Miene pflegte er Beerdigungen von Ministern oder Senatoren beizuwohnen. Er drückte Picard schweigend die Hand. Und als der General gegangen war, sagte er sich: Ein schicksalsschwerer Augenblick! Wir haben geredet, gehofft, haben uns abgerackert, und nun ist das Ende gekommen! Er hätte seine Gedanken gern jemand mitgeteilt, doch er besann sich – man durfte keine Panik stiften.

Auf der Sitzung des Ministerrats dachte Tessat nicht mehr an das Schicksal Frankreichs. Endlich wurde das Kabinett umgebildet. Einige Ernennungen fanden seine Billigung. Gut, daß die Außenpolitik Baudouin anvertraut wurde. Tessats Freund Prouvost wurde Minister für Information. Die Wahl von Delbos dagegen verdroß Tessat – das war ein Affront, denn jedermann wußte, daß Delbos ein Freund Fougers war. Noch mehr empörte ihn die Ernennung de Gaulles zum Stellvertretenden Kriegsminister. Ein Wahnsinn! Mit so einem Posten einen Abenteurer zu betrauen!

In Gedanken versunken, hörte Tessat kaum zu – es wurde über die Lage an der Front gesprochen. Dann erinnerte er sich an Picards Worte, und er fragte Reynaud: „Worauf hoffst du eigentlich?“

Reynaud antwortete, daß Verstärkungen von der Maginotlinie und der italienischen Grenze kämen; die Engländer hätten versprochen, einige kanadische Divisionen zu entsenden; gestern habe er Roosevelt um Hilfe ersucht.

Tessat runzelte ärgerlich die Brauen. „Mich interessiert, was du zu tun gedenkst, wenn die Deutschen nach Paris kommen.“

Reynaud sagte, die Regierung werde nach Tours, falls nötig, nach Bordeaux übersiedeln.

„Und dann?“

„Wenn die Umstände es erfordern – nach Algier. Wir haben eine Flotte und Kolonien.“

Tessat schwieg. Wozu mit einem Wahnsinnigen streiten? Das war keine Regierung, das war ein Klub von Selbstmördern. Nur Breteuil konnte Tessat noch retten. Aber Breteuil würde es nicht tun. Tessat dachte an das Flugblatt der Getreuen und schloß die Augen – er hatte plötzlich Angst.

Dennoch fuhr er zu Breteuil: lieber den Tod als diese quälende Ungewißheit. Wenn Breteuil ihn fallenließe, müßte er sich mit Fouger einigen. Oder nach Amerika fliehen.

Breteuil thronte reglos hinter seinem Schreibtisch, kerzengerade und hochmütig, als habe er sich eigens in Pose gesetzt.

Am Morgen hatte seine Frau ihm eine unerfreuliche Szene gemacht, sie hatte geweint und gesagt: „Die Deutschen werden Paris nehmen. Und du Scheusal hast das gewollt!“ Die Vorwürfe politischer Gegner ließen Breteuil kalt. Verständlich, daß Ducamp oder Fouger die Schuld auf andere abzuwälzen versuchten. Als hätte er nicht oft genug gesagt, daß ein Krieg gegen Deutschland ein Verbrechen sei! Was aber konnte er seiner Frau erwidern, die, in Gedanken an ihren Sohn, schrie: „Du hast ihn umgebracht! Du wirst alle umbringen!“

Breteuil blickte auf die Karte und wurde nachdenklich. Kapitulation, Frieden ... Und was dann? Würden die gestrigen Feinde begreifen, daß Frankreich nicht Albanien und auch nicht die Tschechoslowakei war? Möglich, daß sie es nicht begriffen. Es waren Menschen anderen Blutes und anderer Mentalität. Dann wäre alles aus. Lothringen, sein Lothringen würde an Deutschland fallen! Die kommenden Generationen würden Breteuil verfluchen und den Narren Ducamp als Helden feiern.

Breteuil hatte viele Jahre gelebt, ohne an die Zukunft zu denken. Ein einziges Gefühl hatte ihn beherrscht – der Haß auf die Volksfront. Die Siege Hitlers, Mussolinis, Francos waren seine Siege gewesen. Er hatte frohlockt, daß es in Prag keinen Benesch mehr gab. Noch kürzlich hatte er, als er von dem Beschluß der dänischen Regierung erfuhr, zufrieden gelächelt: Die Sozialdemokraten hatten wieder einmal klein beigegeben!

Warum verlor er denn jetzt plötzlich den Kopf? Das waren die Nerven. Er mußte sich zusammenreißen. Jetzt würde er an die Macht kommen. Er würde das Parlament auflösen, würde

Ordnung schaffen. Diese Ordnung mußte mit Demütigungen, mit Leid und Tränen bezahlt werden. Und dennoch würde das neue Frankreich, die trauernde Witwe, die bettelarme Nonne, schöner sein als die spöttische Marianne!

Als Tessat kam, hatte Breteuil die Vorwürfe seiner Frau und seine Kleinmütigkeit längst vergessen; er war sachlich und ruhig.

Tessat hingegen brüllte: „Die haben den Verstand verloren! Der Affe schlägt vor, nach Madagaskar überzusiedeln – er sehnt sich nach Urwäldern ... Aber die Deutschen marschieren auf Rouen. Wir müssen etwas unternehmen! Es geht buchstäblich um Minuten."

„Ich habe dich gewarnt ..."

„Was soll das heißen? Wer hat mir denn geraten, im Kabinett zu bleiben? Du doch! Und jetzt willst du deine Hände in Unschuld waschen?" Tessat sprang auf und fuchtelte mit den Händen. „Ich weiß, daß deine Getreuen gegen mich eingestellt sind. Aber das beruht auf einem Mißverständnis. Du mußt es ihnen klarmachen. Auch in die Kammer bin ich nur mit deiner Hilfe gekommen. Man darf doch seine Freunde in kritischen Zeiten nicht im Stich lassen!"

„Du regst dich unnütz auf. Ich wollte nur sagen, ich habe dich gewarnt, daß jeglicher Widerstand sinnlos ist. Die national gesinnten Kreise schätzen dich sehr. In diesem Hause bist du ein Freund. Beruhige dich! Wir müssen die Lage besprechen und die Zusammensetzung der Regierung beraten."

„Das Kabinett ist heute umgebildet worden."

„Das ist doch Flickarbeit. Ich spreche von einer ganz neuen Regierung. In wenigen Tagen wird die Frage von Friedensverhandlungen akut werden. Wir dürfen nicht zulassen, daß das Land ohne starke Regierung bleibt. Das könnten sich die Kommunisten zunutze machen. Der Marschall wird die Kontinuität der Regierungsgewalt garantieren. Außerdem klingt das gut – der ‚Held von Verdun'. In einer halben Stunde könnte alles erledigt sein."

„Und Reynaud?"

„Der wird sich aus dem Staube machen. Oder wir schicken ihn nach Amerika – als Botschafter. Also, der Alte an der Spitze. Dann natürlich Laval. Ich. Und dann noch einige aus der alten Regierung."

„Meiner Meinung nach müßte Baudouin drinbleiben."

„Richtig. Er ist bei den Italienern beliebt. Dann Prouvost – als Vertreter der Industriellen. Méjeu hält ihn für einen fähigen Kopf ... Ich habe auch dich auf die Liste gesetzt."

Tessat konnte seine Genugtuung nicht verhehlen, wandte jedoch anstandshalber ein: „Ich bin zu alt. Es wäre besser, einen Jüngeren zu nehmen."

„Nein, nein, du wirst uns sehr nützlich sein. Es ist besser, wenn das Land den Kabinettwechsel nicht für einen Umsturz hält. Bremsen sind von großer Bedeutung. Und an dich haben sich alle gewöhnt. Wenn du so willst, bist du für den Durchschnittsfranzosen die Garantie dafür, daß sich nichts ändert. In einer so schweren Zeit kommt es vor allem darauf an, das Land zu beruhigen."

Tessat strahlte. Der Schuft Fouger hatte sich das alles aus den Fingern gesogen, und die Flugblätter – das war einfach eine dumme Provokation. Breteuil begriff, daß er ein ehrlicher Franzose war ... Und Tessat vergaß die eben noch ausgestandenen Ängste und legte seine Meinung über das Programm der neuen Regierung dar: „Wenn wir in einer Regierungserklärung verkünden, daß wir bereit sind, Friedensverhandlungen aufzunehmen, haben wir die Mehrheit hinter uns. Ich fürchte nur, die Deutschen werden äußerst harte Bedingungen stellen. Derartige Erfolge können einem leicht zu Kopf steigen. Es wäre ganz gut, sie zur Räson zu bringen. Du weißt, daß in deiner Liste ein Name fehlt. Das, was ich vorschlagen möchte, ist ein gewagter Schritt, viele werden ihn für ein Risiko halten. Aber man muß jetzt tolerant sein ..."

„Du sprichst von Viard?"

„Wieso von Viard?" Tessat sah Breteuil erstaunt an. „Viard ist ein Wrack! Eine alte Schindmähre. Außerdem ist er sicher längst auf und davon. Nein, ich denke an Grandel. Wir beide sind alte Freunde und können offen miteinander reden. Du erinnerst dich an die Geschichte mit dem Schriftstück ..."

Breteuil schlug gereizt mit dem Lineal auf den Tisch. „Ich habe dir schon einmal gesagt, daß das eine Fälschung war. Wie kannst du jetzt an solche Bagatellen denken?"

„Du hast mich nicht verstanden. Ich erwähne das nicht, um ihn zu diffamieren. Im Gegenteil. Grandel hat zweifellos viele

Freunde in Berlin. So ein Mann ist heute doch geradezu unersetzlich."

Breteuil antwortete kühl und förmlich: „Ich finde deine Vermutungen deplaziert. Natürlich ist Grandel im Ausland bekannt – er ist ein Neuerer, ein gebildeter Mann. Er wird unserer Regierung sehr nützlich sein. Aber jemand muß doch in Paris bleiben ... Wir können die Hauptstadt nicht ohne einen bedeutenden Politiker zurücklassen. Laval und ich müssen Reynaud folgen, um die Macht zu übernehmen. Dich will ich nicht bitten, hierzubleiben. Du mit deiner Kenntnis der Parlamentskreise bist dort nötiger. Außerdem möchte ich dich nicht solch einer schweren Prüfung aussetzen. Für einen Franzosen ist es nicht leicht, fremde Soldaten in Paris zu sehen. Und schließlich sind dir die Deutschen, soviel ich weiß, nicht besonders gewogen. Sie kennen sich in unseren subtilen Angelegenheiten nicht so aus. Für sie bist du ein Günstling der Volksfront, ein Mann mit erhobener Faust."

Tessat war verdutzt. Lange schwiegen sie. Im Nebenzimmer weinte Breteuils Frau. Breteuil verzog gequält das Gesicht. Schließlich fragte Tessat leise: „Glaubst du, daß sie bald kommen?"

„Eine Frage von Tagen, vielleicht nur von Stunden."

Verstört ging Tessat. Der Sitz im neuen Kabinett konnte ihn nicht mehr erfreuen. Die Welt kam ihm unverständlich und feindselig vor. Wenn Reynaud nun erführe, daß er sich mit Breteuil verständigt hatte? Von Mandel war alles zu erwarten: Verhaftung, Erschießung. Für die einen war er ein Verräter und für die Deutschen beinahe ein Roter. Wie abscheulich war doch die Politik! Die Soldaten waren besser dran; sie wußten wenigstens, wo der Feind stand. Er aber hatte überall Feinde ...

Tessat erschauerte. Der Sekretär sagte: „Ich habe den Empfang für Donnerstag angesetzt."

Die Unglücklichen, dachte Tessat, sie wissen nicht, daß Donnerstag die Deutschen hier sein werden. Niemand weiß etwas ... Er beschloß, einen Spaziergang zu machen; vielleicht würde die Übelkeit an der frischen Luft vergehen.

Die finstere Stadt war unerträglich: Schreie, Hupsignale, unverständliche Geräusche, in den Haustoren Menschenansammlungen. Tessat hörte Stimmen:

„Gamelin soll sich erschossen haben."

„Reynaud ist nach Amerika getürmt."

„Die hauen ab, und wir können die Suppe auslöffeln."

„Ich habe keine Angst vor den Deutschen. Was kann mir schon passieren, ich bin ein kleiner Mann. Mir werden die Deutschen nichts tun. Aber vor den Bomben hab ich Angst."

„Die Deutschen sind Schweinehunde. Mein Vater hat mir erzählt, daß sie im Jahre fünfzehn meinen Onkel Jacques lebendig begraben haben."

„Und Tessat hat schon mit Hitler angebändelt."

Die Stimmen verstummten. Tessat stand im Dunkeln und lehnte sich gegen eine Laterne. Sein Herz hämmerte. Ihm war, als marschierten Soldaten durch die Straße. Er schloß die Augen und konnte nur mit Mühe einen Schrei unterdrücken. Waren das nicht Schritte? Nein, es waren große Regentropfen, die auf die Markise eines Straßencafés prasselten.

Noch nie im Leben hatte Tessat solche Angst ausgestanden. Mit letzter Kraft erreichte er das Ministerium. Wie ein Kind freute er sich über das helle Licht in seinem Arbeitszimmer.

Da bellte die Flak los. Tessat lief ans Fenster und prallte gleich wieder zurück. Die Deutschen näherten sich Paris. Für die Deutschen war er ein Roter. Und die Arbeiter sagten, er habe mit Hitler angebändelt... Alle waren gegen ihn. Man würde ihn an die Wand stellen. Oder in Stücke reißen. Was war das für ein Knall? Wahrscheinlich hatte in der Nähe eine Bombe eingeschlagen. Sie zielten direkt auf das Ministerium. Fünfhundert Kilo... Da ließen sich die Leichen nicht mehr identifizieren... Er mußte etwas tun, mußte sich in Sicherheit bringen!

Tessat rannte im Zimmer auf und ab und konnte sich zu nichts entschließen. Er setzte sich, sprang aber gleich wieder auf. Schüttelfrost befiel ihn. Schließlich läutete er seinem Sekretär. „Den Wagen fertigmachen. Und Reservekanister... Ich fahre ins Hauptquartier."

Als Joliot nachts um halb zwölf erschien, um die „tröstlichen Neuigkeiten" zu erfahren, sagte man ihm: „Der Herr Minister ist ins Hauptquartier gefahren."

Joliot fragte nicht weiter. Er raste nach Hause. „Marie, Koffer packen! Wir fahren sofort... Der Schuft ist schon getürmt. Dieser Hund!... Heute morgen hat er noch große Töne gespuckt ... Früher hieß es, die Ratten verlassen das sinkende Schiff. Von wegen – die Kapitäne hauen ab und lassen die Ratte im Stich ... Aber die Ratte ist nicht dumm ... Beeil dich, Kindchen, schnell!“

28

Seit einigen Wochen wirkte Jeannette sorgenvoll und verstört. In Wirklichkeit aber dachte sie an nichts und hatte für nichts Interesse. Sie dämmerte dahin wie eine Schwerkranke. Die Leere, die sie seit dem Bruch mit Dessère empfand, war lastend, beklemmend, undurchdringlich.

Jeannette arbeitete immer noch im Funkstudio. Ringsum sprach man von den Kriegsereignissen, riß man sich die neuesten Zeitungen aus der Hand. Jeannette hörte nicht auf die Gespräche. Wie eh und je pries sie mit trügerisch gewichtiger Stimme Pillen und Liköre an und sprach dann erhabene, unnütze Worte ins Mikrofon: „Baum, Stille, Wind.“ Sie machte längst keinen Unterschied mehr zwischen Poesie und Reklame. Auch die Worte der Nachrichtensprecher kamen ihr vor wie die Reklame einer sonderbaren Firma: „... Bruttoregistertonnen versenkt ... Ölflecke gesichtet ...“

Am Sonntag streifte sie bis zum Abend durch die Straßen und suchte Vergessen in dem geräuschvollen und hektischen Leben. Es war ein wunderschöner Tag, die Pariser vergaßen die schlimmen Gerüchte und strömten in den Bois de Boulogne, spielten Tennis, ruderten, tranken auf schattigen Caféterrassen grünen Pfefferminzlikör oder goldgelbe Orangeade. Die Kleinen formten aus Sand bizarre Kuchen. Jeannette beobachtete eine prächtige Drossel, die sich mit dem Schnabel das Gefieder putzte. „Eine Drossel“, sagte Jeannette traurig, und der Vogel flog weg. In einer schattigen Allee überholte sie ein Pärchen: ein Soldat und ein Mädchen in einem rosa Kleid, sommersprossig und zutraulich. Der Soldat hatte ein schwarzes Bärtchen und machte eine kindlich gewichtige Miene. Er hielt einen Stahlhelm in der Hand. Das Mädchen weinte. Er sagte: „Alles wird gut, du wirst sehen.“ Jeannette beneidete die beiden: Was für ein Glück – solch ein Abschied! Für sie gab es weder Hoffnung noch Tränen, ja nicht einmal Traurigkeit.

Am Montag verbrachte Jeannette den ganzen Vormittag hinter geschlossenen Fensterläden zu Hause. Sie scheute das Licht. Und als sie dann gegen Mittag auf die Straße trat, war sie bestürzt – so hatte sich Paris verändert. Alle Geschäfte und Cafés waren geschlossen; an den Türen hingen weiße Zettel, auf die mit zitternder Hand geschrieben war: „Geschlossen". Vor einigen Häusern hasteten Leute hin und her, sie vernagelten die Fenster mit Brettern, schleppten Koffer, Bündel und nachlässig verschnürte Pakete heraus. Man konnte kaum die Straße überqueren: In endloser Kette rollten Autos vorüber – auf deren Dächern Matratzen, hinter den Fenstern angstvolle, verweinte Gesichter.

Noch gestern hatten die Pariser verständnislos die Flüchtlinge gefragt: „Warum habt ihr nicht abgewartet? Und die Weygandlinie?" Und nun zogen sie selber los; sie strömten zu den Bahnhöfen, kletterten auf die Lastwagen, flehten die Fahrer an: „Rettet uns!" Von Stunde zu Stunde wurde die Stadt leerer, wie ein löchriger Sack, aus dem Mehl rieselt.

Vor dem Rentenministerium standen Lastautos, die, weiß der Himmel warum, Tische, Schränke und Schreibpulte abtransportierten. Eine alte Frau wiederholte monoton wie eine Grammophonplatte: „Nehmt mich auch mit! Nehmt mich auch mit!"

Jeannette fragte entsetzt: „Mein Gott, was ist denn los?"

Die alte Frau sah sie stumpfsinnig an. „Wissen Sie denn nicht? Die Deutschen sind in Rouen." Sie ließ ihre Tasche fallen; alles rollte auf die Straße: ein Wollknäuel, ein Handtuch, Kerzen, Apfelsinen. Die Alte begann zu weinen. Auch Jeannette kamen die Tränen. Man mußte irgend etwas tun! Gleich würden sie hier sein, würden Bomben werfen und schießen ... Wie von Sinnen rannte Jeannette los. Und von diesem Augenblick an hörte sie auf zu existieren; sie war nur noch wie ein losgerissenes Blatt, das durch die unruhigen, von Verzweiflung erfüllten Straßen trieb.

Plötzlich blieb Jeannette stehen – wohin sollte sie denn fahren? Sie sah in Gedanken das seelenlose Lyon, den greisenhaft geöffneten Mund ihres Vaters. Dann dachte sie an Fleurie, an das bläuliche Laub der Weinberge, an die Hitze und die Stille – nur die Fliegen summten ... Und plötzlich erwachte in ihr ein unbändiges Verlangen zu leben. Das Leben, das kein Erbarmen mit ihr gehabt hatte, erschien ihr auf einmal wieder verlockend. Wegfahren!

Sie schlug sich zum Lyoner Bahnhof durch. Schon von weitem sah sie, daß die breite Straße mit Menschen verstopft war. Es war kein Durchkommen. Polizeiketten hatten Mühe, die Menge zurückzuhalten.

„Diese Schweinehunde! Hauen ab und lassen uns hier sitzen ..."

„Verräter!"

„Wir sitzen in der Mausefalle ..."

Die Polizisten antworteten unsicher, daß am Abend Züge fahren würden. Die Menge lichtete sich nicht. Nach einigen Stunden jedoch wurden die Menschen hungrig und müde; sie machten sich auf die Suche nach einem noch offenen Laden, hockten sich auf die Straße und aßen. Es sah aus wie ein riesiges Zigeunerlager. Ein alter Arbeiter schnitt sorgsam ein Stück Brot und ein paar Scheiben Wurst ab und hielt es Jeannette hin. Sie wollte sich bedanken, brachte aber kein Wort hervor, bewegte nur die Lippen. Auch essen konnte sie nicht; ihr war, als hätte sie Fieber.

Die Nacht brach ungewöhnlich früh herein: Schwarzer Dunst legte sich über die Stadt. Es hieß, Rouen stehe in Flammen. Jemand versuchte, die Menschen zu beruhigen: „Das ist künstlicher Nebel." Frauen begannen in der Dunkelheit wie von Sinnen zu schreien. Jeannette rang nach Luft. Am Morgen, kaum daß es tagte, rückten neue Menschenmassen an. Aber Züge gab es nicht.

Jeannette schlenderte durch die Straßen zum Quai. Ihre erstaunten, nichts sehenden Augen fielen nicht mehr auf – solche Augen hatten jetzt alle. Passanten wurden angehalten und gefragt, wo man einen Koffer oder einen Handwagen herbekäme, die letzten Neuigkeiten wurden ausgetauscht: „Sie sind in Nantes ..." – „In Chantilly ..." – „Auf den Champs-Élysées sind Fallschirmjäger." – „Die Züge fahren vom Austerlitz-Bahnhof ab." – „Nein, es fahren keine Züge." – „Verraten und verkauft!"

Ein junges Mädchen aß gierig ein Hörnchen und weinte. Ein General fuhr vorbei; ein Greis sah ihm nach und schrie mit Fistelstimme: „So weit habt ihr's nun gebracht!" In einer Seitengasse heulte ein kleines Mädchen und drückte eine riesige Puppe ohne Kopf an sich.

An der Ecke der Rue Saint-Jacques war ein Bäckerladen geöffnet. Der Duft frischen Brotes riß Jeannette aus ihrer Erstarrung – sie wollte leben. Fieberhaft überlegte sie, was sie jetzt tun sollte. Sie lief ins Studio. Das Tor war verschlossen, selbst der Pförtner war weg. Da fiel ihr Maréchal ein. Als sie in sein Zimmer stürzte, stopfte er gerade Bücher, eine Thermosflasche und einen Negergötzen in den Koffer; der Götze paßte nicht mehr hinein, listig lächelnd schaute er über den Kofferrand.

Maréchal murmelte: „Das Neueste – die Italiener haben den Krieg erklärt. Verstehst du, sie haben bis heute gewartet ... Diese Schakale! Und die Regierung ist geflohen ... So sieht das also aus – bis zum ‚siegreichen Ende'! Autos gibt es massenhaft. Wir legen zusammen und kaufen uns eins. Grandet ist schon auf der Suche nach Benzin. Wenn er welches kriegt, nehmen wir dich mit."

Jeannette freute sich. „Nach Fleurie, ja?"

Benzin gab es nicht. Grandet kam gegen Morgen zurück, ganz grau im Gesicht. „Charles ist gestern losgefahren und zu Fuß wiedergekommen. Kein Benzin, verdammter Mist! Wenn man ein Pferd auftreiben könnte! Das wäre das sicherste ... Auf dem Friedhof Père-Lachaise haben sie Geschütze aufgestellt. Ich habe es mit eigenen Augen gesehen. Die Soldaten machen sich davon. Ein heilloses Durcheinander ... Amerika soll den Krieg erklärt haben. Das glaube ich nicht."

Maréchal schrie: „Keine Zeitungen, kein Radio – alle sind getürmt! Verstehst du, sie haben Paris aufgegeben!"

Als er sich etwas beruhigt hatte, sagte er zu Jeannette: „Wir müssen zu Fuß los ..."

Für einen Augenblick lebte Jeannette auf – etwas Kindliches erwachte in ihr: Zu Fuß nach Fleurie! Sie rannte nach Hause. „Ich will nur andere Schuhe anziehen, in diesen komme ich nicht weit."

Ihre Munterkeit verflog rasch. Das schreckliche Chaos auf der Straße, wo Autos hupten, Menschen hasteten, schrien und weinten, deprimierte sie. Wohin sollte sie fliehen? Und wozu eigentlich? Ihr würde es doch überall schlecht gehen.

Die Hotelwirtin empfing sie wie einen nahestehenden Menschen: „Wie schön, daß Sie nicht weggefahren sind! Es ist niemand mehr da. Diese Panik, eine Schande ist das! Warum um

Himmels willen laufen denn alle weg? Im Jahre vierzehn standen die Deutschen bei Meaux. Damals sind auch alle weggelaufen. Aber dann kamen die Deutschen gar nicht. Die Milchfrau sagte mir eben, daß heute vierzig Divisionen anrücken sollen, also wird man sie zurückschlagen."

Jeannette nickte schweigend. Reglos blieb sie eine, vielleicht auch zwei Stunden sitzen. Die Sonne erwärmte jetzt das kleine Zimmer der Wirtin, das als Büro diente. Auf dem Kamin spielte ein Kätzchen und haschte nach einem Sonnenfleck. Jeannette beobachtete die Katze und sprang plötzlich auf: Bloß leben!

Sie lief zu Maréchal. An der Tür hing ein Zettel: „Jeannette, ich warte bis vier Uhr an der Metrostation Denfert-Rochereau." Jeannette sah erschrocken auf die Uhr. Drei. Also würde sie es noch schaffen ... Aus unerfindlichem Grunde kaufte sie in einem geöffneten Laden ein Fläschchen Eau de Cologne. Der Verkäufer wickelte bedächtig das Fläschchen ein, und sie flehte ihn an: „Bitte, schnell!"

Wie hatte sie nur die Stationen verwechseln können? Bis fünf Uhr wartete sie an der Metrostation Alésia. Dann holte sie den Zettel aus der Tasche, und plötzlich drehte sich alles vor ihren Augen. An der Station Denfert-Rochereau traf sie niemand mehr an. Sie lief zur Post – geschlossen. Alles war geschlossen ... Erst in ihrem Hotel fand sie ein Telefon. Sie rief Dessère an. Gefühle waren jetzt unwichtig. Er würde sie wegbringen. Doch er war nicht da. Sie holte ihr Notizbuch heraus und wählte sämtliche Nummern, ohne zu überlegen, wen sie eigentlich anrief. Sie hörte immer nur das monotone Tuten. Und entsetzt stieß sie hervor: „Niemand mehr da!"

Die Wirtin hatte inzwischen ihren Schwager getroffen, und der hatte gesagt: „Keine Spur von Divisionen. In der Stadt ist nur die Polizei und die Feuerwehr geblieben. Der General ist nach Chantilly zu den Deutschen gefahren ..." Von Norden ertönte Kanonendonner. Als die Wirtin Jeannette sagen hörte: „Niemand mehr da!", schlug sie die Hände über dem Kopf zusammen und begann hastig zu packen.

Jeannette ging in ihr Zimmer hinauf und stand stundenlang am Fenster. Durch die lange Straße strömten pausenlos Menschen. Manche zogen Handwagen mit ihrer kümmerlichen Habe hinter sich her. Hin und wieder saß auf dem Wagen eine alte

Frau oder ein kläffendes Hündchen. Alle Fensterläden waren geschlossen. Und Jeannette sagte wieder: „Niemand mehr da!"

Ein Mann, der offenbar den Verstand verloren hatte, buckelte sich mit einem Sessel ab. Ein kleiner Junge schleppte ein Schaukelpferd, das er nicht zurücklassen wollte. Ein altes Mütterchen trug ein Vogelbauer. Ein Mann mit Kneifer und Aktentasche hatte eine Katze im Arm, die sich sträubte und schrie. Auf einem Schubkarren wurde eine alte Frau geschoben, eine Mutter hielt in jedem Arm ein kleines Kind. Die letzten Radfahrer jagten vorüber. Schrecklich, so eine verödete Stadt!

Und Jeannette rannte hinunter. Die Wirtin war nicht mehr da; sie hatte alles stehen- und liegengelassen, hatte nicht einmal ihr Zimmer abgeschlossen. Jeannette ging mitten auf dem Fahrdamm. Brandgeruch lag in der Luft, das Atmen fiel schwer – die Ölreservoire standen in Flammen. Dann begann es zu regnen, der Regen war schwarz vom Ruß. Schwarze Tränen rannen über Jeannettes Gesicht. Gedankenlos und mit weitgeöffneten Augen folgte sie dem Menschenstrom, verließ sie die verpestete Stadt.

29

Agnès lief den ganzen Morgen nach einer Zeitung herum. In einigen noch geöffneten Kiosken lagen alte Wochenzeitschriften aus; dann wurden auch die Kioske geschlossen; wie es hieß, sollte es gar keine Zeitungen mehr geben. Doch gegen Abend hörte Agnès die Ausrufe eines Zeitungsverkäufers. Sie riß ihm das Blatt aus der Hand. Auf der ersten Seite sah sie ein Foto – am Quai badete eine Frau ihren Hund, und darunter stand: „Paris bleibt doch Paris." Agnès war ärgerlich: man hatte ihr eine alte Zeitung angedreht! Nein, das Datum stimmte, 10. Juni . . . Sie lief in die Schule, dort war ein Radio. Ein Gottesdienst wurde übertragen, danach legte der amerikanische Botschafter Bullit am Denkmal der Jeanne d'Arc rote Rosen nieder und rief mit stark angelsächsischem Akzent: „Rette sie, Jeanne!" Dann erklang ein Tango:

„Olé, ihr Weiberasse,
Was braucht ihr Ananasse!"

Schließlich sagte der Nachrichtensprecher, jede Silbe deutlich artikulierend: „Unsere tapferen Gebirgsjäger rücken von Narvik nach Osten vor . . .“

„Was haben sie gesagt?“ fragte Riquet beunruhigt.

„Nichts weiter. Wahrscheinlich warten sie auf Meldungen. Morgen werden wir es erfahren.“

Am nächsten Morgen aber schwieg das Radio. Verzweiflung packte Agnès. Ihr erster Gedanke war – wegfahren. Nach Dax zum Vater. Dorthin würden die Deutschen niemals kommen.

Sie ging durch die leeren Klassenräume: Lappen, leere Konservenbüchsen. Noch gestern hatten hier Flüchtlinge gewohnt. Nur Riquet war dageblieben. „Ich kann mich nicht vom Fleck rühren“, stöhnte er. Er fragte Agnès nicht, was sie zu tun gedenke; er war sicher, daß auch sie weggehen würde. Trotzdem verfolgte er aufmerksam jede ihrer Bewegungen: Vielleicht ging sie doch nicht? Am meisten Angst hatte er vor dem Alleinsein. „Alle sind weg“, sagte er. „Und was tut sich in der Stadt?“

„Die Leute fliehen.“ Und nach kurzer Pause fügte Agnès hinzu: „Ich bleibe hier.“

Er wollte lächeln, doch um seinen Mund zuckte es nur kläglich. Agnès aber drückte Doudou an sich und dachte: Warum habe ich mich entschlossen zu bleiben? Vielleicht aus Mitleid mit Riquet? Aber ich habe doch Doudou . . . Ich muß ihn retten. Natürlich können wir unterwegs auseinandergerissen werden. Die Belgierin hat ja auch ihre Tochter verloren. Aber hier werden Bomben fallen. Wieder zweitausend Tote . . . Das ist noch schlimmer. Weshalb will ich denn nicht weggehen? Es war ein Aufflammen von Stolz. Eine Stunde zuvor hatte sie die Nerven verloren, als aus dem Radio nur ein monotones Brummen kam. Sie hielt es für eine Schande, daß alle die Flucht ergriffen. In ihr erwachte der Wille – eine Art Aktivität –, in dem von allen verlassenen Paris zu bleiben.

Mélanie kam angelaufen und wollte sie überreden, mit ihr zu fahren: „Die Arbeiter nehmen uns mit. Sie haben vier Lastwagen. Dort sind wenigstens die Unseren.“

Agnès erwiderte, daß sie bleiben wolle. Mélanie wurde zornig: Also stimmte es, was die Leute sagten: Agnès sei herzlos, es sei ihr einerlei, wer ihren Mann getötet habe. Bei den Deutschen zu bleiben! „Ihre Sache“, sagte sie.

Agnès versorgte Riquet und ging auf die Straße. Noch immer verließen Leute die Stadt. Wie gern wäre sie mit ihnen gegangen! Traurig sagte sie sich immer wieder: Ich darf nicht. Am Rathaus hing ein winziger Anschlag mit der Überschrift: „Französische Republik. Freiheit. Gleichheit. Brüderlichkeit." Agnès las: „Paris ist zur offenen Stadt erklärt worden. Gezeichnet: General Dentz, Militärgouverneur." Neben ihr stand ein kleiner alter Herr mit Strohhut. „Was bedeutet das: ‚Offene Stadt'?" fragte Agnès ihn.

Der Alte hob die Schultern. „Ich weiß nicht. Vielleicht, daß es keine Festung ist. Vielleicht auch auf Bitten des Papstes. Auf jeden Fall nichts Erfreuliches, gnädige Frau."

Ein Arbeiter trat hinzu, las den Anschlag und rief: „Diese Schweinehunde! Sie haben uns also verschachert."

Tränen schimmerten in einem Auge, das andere, ein Glasauge, starrte Agnès gleichgültig an.

Ein dicker, schnurrbärtiger Polizist erzählte grinsend: „Uns haben sie hiergelassen, damit wir die Ordnung aufrechterhalten. Offene Stadt – das bedeutet kein Blutvergießen mehr. Jetzt werden sie bald den Frieden unterzeichnen."

Aber die Menschen flohen noch immer. Agnès sah ihnen neidisch nach – wer flieht, braucht nicht zu denken.

Am Abend versuchte sie, Riquet zu beruhigen: „Es steht schwarz auf weiß: ‚offene Stadt', das heißt, sie werden nicht schießen und keine Bomben werfen."

„Vor den Bomben habe ich keine Angst. Als wir auf der Flucht waren, haben sie die ganze Zeit Bomben geworfen. Ich habe Angst, daß sie hierherkommen."

Sie blickte weg; zum erstenmal nach Pierres Tod kamen ihr die Tränen. Sie begriff, daß sie ebenso wie Riquet nur eines fürchtete: Sie kommen! Bis zu diesem Augenblick hatte sie, außerhalb der Ereignisse gestanden und gedacht: Ist nicht alles egal? Das sind doch Menschen wie wir, nur anders gekleidet. Und plötzlich krampfte sich ihr Herz zusammen. Kommen sie wirklich hierher? Die Deutschen in Paris? Sie wiederholte diese Worte und konnte die Tränen nicht zurückhalten.

Sie lief aus dem Haus; sie konnte nicht untätig dasitzen. Soldaten kamen, schmutzig und erschöpft, die steile Straße herunter. Sie betrachteten trübsinnig die vernagelten Fenster, schleppten sich mit letzter Kraft aus der Stadt hinaus. Agnès steckte einem Soldaten Brot und Schokolade zu. Er sah sie an und sagte leise: „Danke, leben Sie wohl!"

Sie konnte seine Augen nicht vergessen. Und weshalb hatte er so eigenartig „Leben Sie wohl!" gesagt?

Zu Hause stürzte sie zum Radio. Aus Toulouse wurde eine Rede Reynauds übertragen; er sagte, er habe einen letzten Appell an Roosevelt gerichtet; seine Stimme war kaum zu verstehen. Dann rief ein Bischof zur Buße auf: „Das ist die Strafe des Herrn." Dumpfes Rauschen. Und plötzlich klang es ganz deutlich, wie aus dem Nebenzimmer: „Hier spricht der Sender ‚Nationales Erwachen'. Ergebt euch! Wir haben Geheimabteilungen organisiert. In Arles hat die Sechzehnte Abteilung alle Freimaurer und Marxisten erschossen. In Grenoble hat die Siebenundvierzigste Abteilung ..."

„Stell ab!" bat Riquet. „Ich kann die nicht hören!"

Agnès ging nicht zu Bett; sie blieb die ganze Nacht am dunklen Fenster sitzen. Sie hörte das Dröhnen der Motoren, das Donnern der Geschütze; sie litt um Frankreich wie um einen Verstorbenen. Am Morgen ging sie mit Doudou hinaus – vielleicht konnte sie irgendwo Milch für den Jungen und für Riquet auftreiben. Doch alle Läden waren geschlossen. Kein Mensch auf der Straße. Nur eine Frau schob einen Handwagen, auf dem Kinder saßen. Noch immer flohen sie.

Ein Soldat bog um die Ecke; er erinnerte sie an Pierre. Er war brünett, die großen weißen Augäpfel leuchteten. „Wie geht's zur Porte d'Orléans? Schnell!"

Sie zeigte ihm den Weg und fragte: „Wo sind sie?"

Der Soldat machte eine unbestimmte Handbewegung und rannte los. Agnès ging weiter. Alle Fensterläden waren geschlossen. Keine Menschenseele. Die Uhr auf dem Platz zeigte drei – sie war stehengeblieben. Und es war ganz still ...

Plötzlich ein Brummen. Die Flugzeuge flogen ganz tief; man konnte die schwarzen Kreuze auf den Tragflächen erkennen. Gleich werfen sie Bomben, dachte Agnès und wunderte sich über ihre Ruhe. Doudou konnte getötet werden, aber ihr war alles gleich. Also hatte sie den Verstand verloren, konnte sie nichts mehr begreifen.

Als sie den Boulevard erreicht hatten, blieb Agnès plötzlich stehen: die Deutschen! Auf einem offenen Lastauto saßen Soldaten mit Gewehren. Und bevor Agnès irgendeinen Gedanken fassen konnte, hielt sie Doudou die Augen zu, damit er bloß nichts sähe! Sie überlegte nicht, wollte nicht hinsehen und starrte doch wie gebannt in die fremden Gesichter. In ihrem Kopf schwirrte nur ein Gedanke: Sie sind da, sie sind da!

Kavallerie tauchte auf. Die Pferde blieben stehen, das Pflaster glänzte von Pferdeurin. Agnès entzifferte auf einem Mehlsack: „Lille". Ein Auto mit Offizieren fuhr vorüber, ein Offizier hatte eine Narbe auf der Wange und lächelte verächtlich, sein Monokel blitzte. Ein anderer Offizier hielt einen Fotoapparat in der Hand und knipste. Anscheinend hatte er sie fotografiert. Sie mußte weitergehen, aber ihre Füße versagten. Und wieder Soldaten. Sie aßen etwas. Ganz junge Burschen. Warum trugen so viele eine Brille? Sie waren kurzsichtig, genau wie Agnès ... Nein, es waren fremde Menschen. Und wie schrecklich war das alles! Sie sind da! Sie sind da!

Agnès stand vor einem Tor. Eine alte Frau mit einem schwarzen Häubchen schaute heraus, sah die Deutschen, brach in Tränen aus und verschwand gleich wieder. Zwei stark geschminkte Prostituierte gingen vorüber und winkten lachend einem Offizier mit dem Taschentuch zu.

Plötzlich sagte Doudou fröhlich: „Mama, so viele Soldaten! Kommt Papa auch?"

„Sei still, das sind Deutsche!"

Sie erschrak über ihre eigene Stimme. Doudou aber weinte. Sie hielt ihn fest an der Hand und bog in eine schmale Straße ein, nur schnell nach Hause!

Die Mittagssonne brannte unerträglich heiß, und in der Hitze faulten die Abfälle. Vor jedem Haus standen Müllkübel; man hatte sie vor drei Tagen herausgestellt, als es noch Menschen in der Stadt gab. Vor dem Schultor lag ein Tierkadaver. Der süßliche Geruch verwesenden Fleisches erfüllte die Luft. Herrenlose Hunde streunten mit eingezogenem Schwanz herum, beschnupperten das Straßenpflaster, hoben die Schnauze und heulten.

Im Korridor fand Agnès den alten Riquet. Er lag auf dem Fußboden, die Hände umklammerten den Türpfosten, aus dem eingefallenen Mund hing die Zunge.

„Was ist mit dem Onkel?" fragte Doudou.

Agnès schwieg. Von der Straße ertönte ein schneidiger Marsch.

30

André kam nicht mehr weg. Als er merkte, daß die Deutschen vor Paris standen, gab es weder Züge noch Autos mehr. Zu Fuß losgehen konnte er nicht mit seinem verletzten Bein. Das Haus, in dem er wohnte, war verödet. Zwei Tage lang hörte André Militärmusik und das Stampfen von Soldatenstiefeln. Er hatte nichts zu essen, aber er verspürte keinen Hunger. Er gab sich keine Mühe, das Geschehene zu begreifen; er lag auf dem Kanapee wie ein gefällter Baum, bisweilen schwanden ihm die Sinne. Nie im Leben hatte er soviel geträumt. In diesen Träumen ging alles durcheinander: Er lag hinter dem Maschinengewehr zwischen Apfelbäumen, sein Vater reichte ihm den Patronengurt; dann wieder befand er sich auf einer Hochzeit, Nivelle schenkte Apfelwein aus, und Jeannette sagte: „Man hat mich getraut." Aber mit wem? André erwachte und sah sich befremdet in seinem düsteren Atelier um. Er war ja in Paris. Und in Paris waren die Deutschen.

Auf der Straße grölten Soldaten. Er sah sie nicht, trat nicht ans Fenster. Schade, daß ich nicht gefallen bin! dachte er.

Am dritten Tag klopfte es an die Tür. André stand auf und riß sich zusammen. Wer konnte jetzt kommen? Doch höchstens die Deutschen ... Er biß die Zähne aufeinander. Doch in der Tür stand Lorier mit einer schwarzen Augenklappe.

„Du bist also auch hiergeblieben?" fragte André.

„Ich hab alles weggegeben – Geld, meine Uhr. Ein Fahrer wollte mich mitnehmen, aber dann bin ich doch geblieben. Ich habe eine alte Mutter, wohin sollte ich mit ihr? André, verstehst du, was geschehen ist?"

„Nein. Und ich will es auch nicht verstehen."

„Wir haben einen kleinen Hügel verteidigt. Und die? Die haben Paris aufgegeben."

André schwieg.

„Wohnst du allein hier?"

„Ja. Ich war noch nicht draußen, seitdem die Deutschen hier sind. Ich müßte aber mal hinunter, mein Tabak ist alle."

Die Rue du Cherche-Midi war menschenleer. Der Tabakladen war geschlossen. André blieb plötzlich stehen: Wie schön! Die Stadt sah wie gesäubert aus. So kannte er diese alten Straßen nur im Morgengrauen; jetzt jedoch war Mittag, grelles Licht, kurze Schatten. Und diese Stille! So mochten sich Touristen in den Straßen von Pompeji vorkommen. Touristen! Aber sie waren hier zu Hause. „Wir sind Einwohner von Pompeji", sagte er zu Lorier und lachte traurig.

Hier hatte es früher Käse gegeben, dort Pfeifen. Hier hatte der Antiquitätenhändler Bolot den Staub von alten Porzellanschäferinnen geblasen. Dort hatte Joséphine Ragout bereitet. Was war das da? Noch nie hatte André an der Fassade des Eckhauses den Pelikan bemerkt, der die Jungen mit seinem Blute nährte. Der Pelikan war fünfhundert Jahre alt, hatte schon alles mögliche gesehen, oder auch nicht – er hatte seine Jungen gefüttert und sich weiter um nichts gekümmert . . .

Lorier erzählte: „Meine Mutter jammert: ‚Was willst du nun mit deiner Gitarre machen?' Ich kann tatsächlich nichts damit anfangen. Soll ich vielleicht auf den Hochzeiten der Deutschen spielen?"

Er wollte André aufheitern, versuchte zu lächeln. Sein Gesicht mit dem erloschenen Auge glich einem zerbombten Haus, und André blickte weg.

Sie standen vor einem Bäckerladen. André hatte plötzlich Hunger. Sie gingen hinein. Es war ein elegantes Geschäft, das die Botschaften und die Villen von Saint-Germain beliefert hatte. Die Inhaberin, eine Frau um die Fünfzig, mit Rouge auf den Wangen und üppigem Busen, sagte zu einer Kundin: „Alle haben behauptet, die Deutschen seien Barbaren. Aber sie sind sehr höflich und bezahlen alles."

„Meine Gnädige sagt, sie würden Ordnung schaffen und unseren Arbeitern das Arbeiten beibringen. Und das wäre ein Segen!"

André kaute ein Brötchen und sagte mit vollem Mund: „Sie haben ja eine feine Gnädige!"

Die Kassiererin flüsterte ihm zu: „Das ist die Haushälterin von Madame Méjeu. Wie wollen Sie zahlen – in Franc oder Mark?"

André grinste. „Mark hab ich noch nicht, hab mir noch keine verdient. Ich bin doch nicht Monsieur Méjeu."

Die Kassiererin verstand den Spott nicht und meinte sachlich: „Es heißt, die Markscheine seien nicht echt. In Deutschland sollen sie nicht gelten. Aber das halte ich für Unsinn. Es sind doch ordentliche Leute, die werden doch nicht mit Falschgeld zahlen."

André klopfte Lorier auf die Schulter. „Hast du das gehört? Madame Méjeu ... Unser Fressinet hat schon damals alles durchschaut – und sich erschossen. Der ist jetzt fein raus. Aber was sollen wir machen?"

Sie gingen durch eine Straße, in der André jedes Haus, jede Laterne kannte, und doch fühlte er sich in dieser Stadt wie ein Fremder.

Das Brötchen hatte ihm Appetit gemacht. Sie kehrten in ein Restaurant ein. An allen Tischen saßen Deutsche. Sie aßen gierig, verschlangen riesige Portionen, tranken Bier und Champagner. Hier spürte man die Fröhlichkeit der Sieger nicht an Fahnen und Fanfaren, sondern am Rülpsen der Männer, die sich endlich einmal so richtig satt essen konnten. Rührei aus zehn Eiern! Ein Huhn pro Kopf! Fünf Flaschen Champagner! Die neuen Markscheine raschelten in den Händen des dienstbeflissenen, schmierigen Wirtes mit den huschenden Augen.

André und Lorier bemühten sich, ihre Tischnachbarn nicht zu beachten. Sie aßen schweigend und konzentriert, als verrichteten sie eine schwere Arbeit.

Plötzlich erbleichte Lorier und schob seinen Teller weg.

„Was hast du?"

„Guck dir das an!" Er zeigte auf einen großen Spiegel, auf dem geschrieben stand: „Juden werden hier nicht bedient!"

„Was willst du, eine Dekoration zu Ehren der neuen Herren", murmelte André vor sich hin.

„Ja, aber ich ..." Lorier konnte vor Aufregung kaum sprechen. „Ich bin doch auch Jude ... Früher habe ich nie darüber nachgedacht."

André ließ das Essen stehen, stand auf und zahlte. Der Wirt eilte herbei und fragte liebedienerisch: „Haben Sie gut gespeist, Messieurs?"

André sah ihn voll Abscheu an. „Weshalb haben Sie diese Gemeinheit da hingeschmiert?"

„Was soll man machen", flüsterte der Wirt. „Wir müssen den Geschmack unserer Gäste berücksichtigen. Glauben Sie bloß nicht, daß ich ... Das ist nur für die ..."

Da funkelte ihn Lorier mit seinem einen Auge an und schrie: „Und für wen ist das hier? Für die oder für euch?“ Er zeigte auf seine Augenklappe.

Schweigend gingen sie nach Hause. Worüber sollten sie auch sprechen? Auf jenem Hügel, hinter dem Maschinengewehr, waren sie freie Menschen gewesen, sie hatten weglaufen, hatten zwischen Leben und Tod wählen können. Jetzt aber mußten sie sich unterordnen, sie mußten die Uhr auf Berliner Zeit umstellen – so lautete der Befehl dort an der Mauer –, sie mußten ihre Gedanken, ihre Gefühle umstellen. Und was dann? Auf den Hochzeiten der Deutschen spielen? Den Pinsel in die Hand nehmen und Rubenssche Gelage von Berliner Buchhaltern malen? Schweig, André, es gibt keine Farben mehr, keine Sternnebel, keine Jeannette!

Auf einer Bank saß ein beschwipster Landstreicher. Seine Augen blitzten listig. Neben ihm stand eine leere Flasche. Er murmelte vor sich hin: „Frieden? Her mit dem Papier, ich unterzeichne ... Warum soll ich nicht unterzeichnen? Meine Kehle ist ausgetrocknet, ich will was trinken.“

Durch die Rue du Cherche-Midi marschierten jetzt junge Soldaten mit sehr hellen und leeren Augen. Sie sangen laut; die grauen, hundertjährigen Häuser lauschten dem unverständlichen Lied. Ein Soldat blieb stehen, blickte in eine enge, spaltbreite Straße und lachte. „Eine dreckige Stadt! Und das nennt sich Paris ... Eine Stadt für Neger ...“ Dann marschierte er weiter.

André sagte: „Da haben wir nun gegrübelt, was wir tun sollen. Ganz einfach – wir werden Paris säubern. Die Stadt gehört jetzt weder den Negern noch den Franzosen.“

Die jungen Soldaten waren vorbeigezogen, ihnen folgten mit weniger forschem Schritt die Vierzigjährigen; sie machten einen müden und bekümmerten Eindruck. Vielleicht dachten sie an den letzten Krieg – zuerst Siege und dann Zusammenbruch, Hungersnot, Demütigung.

Vor dem Haus, in dem André wohnte, stand die Milchfrau mit zwei kleinen Kindern. Sie betrachtete die vorbeimarschierenden Deutschen und weinte; unter Tränen begrüßte sie André und sagte: „Ach, wissen Sie ... Ich kann mich einfach nicht daran gewöhnen.“

Ein Soldat, hohlwangig und nicht mehr jung, trat zu ihr und

redete auf sie ein, er wollte sie offenbar trösten. Sie verstand ihn nicht. Da holte der Soldat ein Foto hervor: Er selbst im Sonntagsanzug, mit einem federgeschmückten Hut; neben ihm vier Kinder. Damit sie ihn auch ja verstehe, hob er noch vier Finger ... Er streichelte die Kinder der Milchfrau, die aber versteckten sich ängstlich hinter der Mutter. Die Frau dankte, rang sich sogar ein Lächeln ab. Doch als der Soldat gegangen war, sagte sie zu André: „Das schlimmste ist, daß er mir einen Augenblick leid getan hat ... Jetzt darf man kein Mitleid haben ... Jetzt muß man ...“ Ihre Worte gingen in Tränen unter.

Langsam humpelte André die Wendeltreppe hinauf.

„Da wären wir wieder auf unserer Höhe angelangt! Rauchen wir eine. Aber was wir tun sollen, weiß ich nicht. Damals, sechsunddreißig, habe ich noch einiges begriffen. Oder ich glaubte es wenigstens ... Ich hatte einen Freund, Pierre hieß er. Er ist bei Strasbourg gefallen. Nein, auch Pierre hatte nichts begriffen, aber er war ein Enthusiast, und er glaubte an etwas. Damals gab es das Volk. Die Menschen redeten, stritten, lachten. Aber jetzt sind wir beide allein ... Ich sehe einfach keinen Ausweg! Niemand sieht einen Ausweg ... Ich weiß nicht, ob man überhaupt noch leben kann ... Und in Paris sind die Deutschen.“

Lorier antwortete nicht. Sie saßen sich lange stumm gegenüber und rauchten. Nur der laute Gesang, der in Gebrüll überging, schallte herauf.

31

Jeannette lief rastlos weiter, bis zum Morgengrauen. In der Dunkelheit hörte sie Schritte, Kinderweinen, ferne Schüsse. Gegen Morgen sank sie wie alle anderen in das zertretene Gras. Sie schlief mehrere Stunden und fuhr von einer Detonation hoch. In der Ferne sah sie eine Staubwolke. Die Menschen preßten sich an den Boden, als wollten sie in die Erde hineinwachsen. Nach einer Weile wurde ein junges Mädchen mit aufgerissenem Leib vorbeigetragen.

Jeannette lief noch zwanzig Kilometer. Dann versiegten ihre Kräfte. Die Füße brannten. Hunger quälte sie. Das Dörfchen war menschenleer. Die Einwohner waren geflohen. Die Flüchtlinge drängten sich vor einem geschlossenen Laden. Jemand rief:

„Worauf wartet ihr noch? Meine Kinder haben schon zwei Tage nichts mehr zu essen gekriegt."

Der Laden wurde geplündert. Flaschen und Büchsen flogen durch die Gegend. Eine alte Frau war von oben bis unten mit Marmelade beschmiert. Ein Arbeiter drückte Jeannette einen Karton mit Konserven und Biskuits in die Hand. Jeannette hatte Angst, die Leute, mit denen sie gekommen war, aus den Augen zu verlieren; nein, weniger die Leute als vielmehr einzelne Kennzeichen: das schüttere Haar einer alten Frau, die Matrosenbluse eines kleinen Jungen, den Schubkarren mit dem klirrenden Teekessel darauf. Sie lief ihnen nach und kaute im Gehen.

In einem anderen Dorf trafen sie noch ein paar Bauern an. Vor einem Haus stand ein Ehepaar. Jeannette bat um ein Glas Wasser. Die Frau sagte böse: „Sie sind hier nicht in Paris! Ich muß das Wasser aus dem Brunnen holen. Geben Sie mir einen Franc!"

Ihr Mann starrte sie verwundert an, als sähe er sie zum erstenmal, und schrie: „Du Aas!"

Plötzlich erdröhnte die Luft. Die Menschen rannten auseinander, warfen sich zu Boden. Eine warme Staubwolke hüllte Jeannette ein. Als sie weiterging, hörte sie noch lange den verzweifelten Schrei der Frau – ihr Mann war getötet worden.

An der Chaussee standen Soldaten. „Wo sind die Deutschen?" fragten die Flüchtlinge. „Werdet ihr das linke Loire-Ufer verteidigen?"

Die Soldaten fluchten: „Scheiße! Wir wissen überhaupt nichts. Der Oberst ist verschwunden. Die Deutschen sollen schon am linken Ufer sein. Dann sind wir verloren ... Alles klar: Daladier hat dafür fünf Millionen kassiert. Ein abgekartetes Spiel ... Diese verdammten Hunde, totschlagen wäre noch viel zu milde!"

Ein kleiner Soldat mit riesigem Kopfverband kam zu Jeannette und rief: „Erstens – für Spanien! Zweitens – für die Tschechen! Und wer muß zahlen? Ich! Die sind nach Bordeaux abgehauen. Sag mir doch, wieviel kann ein Mensch aushalten?"

Jeannette sah ihn an und antwortete mit tonloser Stimme: „Viel."

In der Nacht fanden die Flüchtlinge in einer Kirche Unterschlupf. Es roch nach Weihrauch und vertrockneten Blumen. Neben Jeannette stillte eine Mutter ihr Kind. Am Altar stöhnte eine alte Frau, gegen Morgen verstummte sie. Als die ersten Sonnenstrahlen durch die bunten Scheiben fielen, lag sie reglos da, die spitze Nase zur Kuppel emporgereckt. Ob sie schlief oder tot war – wer konnte es sagen?

Jeannette schlummerte im Sitzen. Im Halbschlaf jagten Erinnerungsfetzen an ihr vorüber; besonders oft träumte sie von der Julinacht, als sie mit André durch die schmale Straße gegangen war, von dem blauen Elefanten des Karussells, von der Laterne und dem Kuß unter der ausladenden Kastanie.

Sie brachen wieder auf und zogen ächzend weiter. Nur die alte Frau blieb in dem sonnendurchfluteten weißgetünchten Kirchlein zurück.

Gegen Mittag sah Jeannette von einem Hügel die Loire glitzern. Und sie dachte: Also gerettet! Wie alle anderen glaubte auch sie, sie brauchte nur die Loire zu überqueren, um am anderen Ufer das Leben zu finden.

Überall standen ausgebrannte oder verlassene Autos. Die Bäume waren zersplittert. Zerfetzte Leitungen hingen herum. Jeannette sah ein totes Pferd, das die großen, gelben Zähne bleckte; es sah aus, als lächelte das Pferd. Am Straßenrand lag eine verwundete Frau; eine andere saß neben ihr und vergrub das Gesicht in den Händen. Die Stadt Gien war zerstört. Zwischen den Trümmern lagen Kochtöpfe, Bücher, Patronentaschen. An einer unversehrten Wand prangte ein Plakat: „Die Loireschlösser – Perlen Frankreichs".

Jeannette bahnte sich einen Weg durch die Trümmer. Die Sonne stach. Verwesungsgeruch entströmte den Steinen, unter ihnen lagen Leichen. Manchmal ragten ein Kopf, Füße in Damenschuhen, Greisenhände heraus. Jeannette ging wie eine Schlafwandlerin auf den Fluß zu.

Plötzlich blieb sie stehen und stieß einen Schrei aus: Die Brücke war gesprengt! Sie sank auf einen Stein, und wie sie wenige Tage zuvor auf einen Zug gewartet hatte, so wartete sie jetzt auf den Tod – ergeben und angespannt, nichts sehend, an nichts denkend. Als deutsche Flugzeuge kamen und die Straße, an der die erschöpften Flüchtlinge lagen, unter Maschinengewehrfeuer nahmen, rührte sich Jeannette nicht von der Stelle. Sie wäre wohl bis zum Morgen auf diesem Stein sitzen geblieben, hätten die anderen sich nicht um sie gekümmert. In dem allgemeinen Unglück war das Mitgefühl erwacht: Man teilte das Essen, half Verwundete tragen, brachte einer alten Frau sogar ihr zurückgebliebenes Hündchen. Jemand sagte zu Jeannette: „Da unten sind die Boote."

Jeannette ging mit ihnen.

Am anderen Ufer mußte sie plötzlich laut lachen. Am liebsten hätte sie den Bäumen zugerufen: „Hier bin ich, ich lebe!"

Sie schleppte sich einen Hügel hinauf.

„Jeannette!" hörte sie hinter sich eine Stimme. Es dauerte eine Weile, bis sie in dem schmutzigen, stoppelbärtigen Soldaten Lucien erkannte. Er schüttelte ihre Hand und lachte. Vier Jahre hatten sie sich nicht gesehen. Nur einmal war Lucien ihr im Theaterfoyer begegnet und unbemerkt vorbeigegangen. Jetzt war er außer sich vor Freude: Was für ein Glück, in so einer Zeit Jeannette zu treffen, sie unter Zehntausenden zu finden! Er spürte, daß er nie aufgehört hatte, sie zu lieben. Alles, was danach kam – Verschwörungsspiel, Jenny, die Dünen –, war nur ein langer, böser Traum gewesen. Und nun stand sie vor ihm, und er hörte ihre Stimme!

„Lucien!" sagte Jeannette. „Wie konnte es soweit kommen? Schrecklich! Weißt du, am anderen Ufer ... haben sie Frauen und Kinder ... Eben ist ein kleiner Junge getötet worden ... Ich begreife das alles nicht."

Lucien lächelte bitter. „Allein auf dieser Straße sind an die zwanzigtausend Flüchtlinge umgekommen. Und wie viele solcher Straßen gibt es! Ich habe es im Norden erlebt ... Vor uns alles voller Flüchtlinge – kein Durchkommen ... Und vor den Flüchtlingen die Deutschen ... Du verstehst das nicht? Sie haben es so gewollt – sie haben die Armee in eine Falle geführt und sind selber getürmt. Sie wollten, daß wir vernichtet werden, das ist alles. Mein Herr Papa hat fleißig mitgemischt ... Wie oft hat er gesagt: ‚Selbst die Deutschen sind noch besser!' Da siehst du nun, wie ‚besser'!"

Er streichelte traurig Jeannettes Hand. „Du mußt hier weg – sie werden Bomben werfen! Siehst du, wieviel Soldaten hier sind? Und Offiziere? Drei. Die anderen sind abgehauen. Es heißt, daß wir diesen Hügel verteidigen werden. Ich glaube es nicht ... So geht es schon die ganze Zeit – wir graben uns ein, warten, dann kommt der Befehl zum Rückzug. Und sie werfen Bomben ... Du mußt gehen, Jeannette!"

„Und du, Lucien, wieso willst du hierbleiben?"

„Ich? Ich war in Dünkirchen ... Für mich ist es wohl besser, wenn ich falle."

„Aber ich habe Angst. Ich will leben, Lucien ..."

Sie umarmte ihn heftig, küßte ihn und ging weiter. Oben auf dem Hügel blieb sie stehen. Sehr groß und rot ging die Sonne unter. Von hier waren die Zerstörungen nicht zu sehen, das Leben schien friedlich, grün und frisch. In der Ferne blinkte träge die breite, aber seichte Loire. Die sandigen Inseln waren mit Buschwerk bewachsen. Neben Jeannette standen zwei Bäume, wichtigtuerisch wie Wachtposten; das Laub hob sich dunkel vom Himmel ab. Die etwas ferneren Bäume schimmerten bläulich. Schwalben tauchten in das nicht gemähte hohe Gras. Irgendwo weit weg bellte mit Baßstimme ein Hund. Ein helles, von seinen Besitzern anscheinend verlassenes Häuschen blinkte einladend – ein Hort des Friedens! Wie schön! dachte Jeannette. Sie holte ein Biskuit aus ihrer Tasche. Eine naive Lebensfreude erfaßte sie.

Dann hörte Jeannette wieder das bekannte Dröhnen. Gehorsam warf sie sich ins Gras. Wie sie es vorher bei anderen gesehen hatte, versuchte sie, flach und unauffällig zu liegen, sich ins Gras hineinzuwühlen. Das Gras duftete wunderbar – nach Jeannettes Kindheit, nach einst erlebten Frühlingstagen. Ihr Herz klopfte heftig. Das Dröhnen kam näher. Sie konnte gerade noch denken: Hier wächst wahrscheinlich Minze, es riecht so nach Minze ...

Der Todeskampf währte nicht lange. Jeannettes Kleid und das Gras ringsum waren rot von Blut. Ihr Gesicht strahlte Frieden aus. Wind kam auf und zauste ihr langes lockiges Haar. Ihre großen Augen blickten erstaunt zu den ersten, noch blassen Sternen empor.

32

Tessat speiste mit dem spanischen Botschafter im Restaurant „Zum goldenen Kapaun". Ein heikles Gespräch stand ihm bevor, aber die Erlesenheit der Bordelaiser Küche und der berühmte Weinkeller des Restaurants versüßten die Bitterkeit der Lage.

Tessat hatte eine schreckliche Woche hinter sich. Er war zwei Tage vor seinen Kabinettskollegen in Tours eingetroffen und hatte noch eine anständige Unterkunft gefunden. Die später angekommenen Minister irrten wie obdachlose Landstreicher herum. Die Stadt wurde bombardiert. Reynaud wußte sich keinen anderen Rat, als Telegramme an Roosevelt aufzusetzen. Tessat spöttelte: „Unser Premier ist zum Sonderkorrespondenten der United Press avanciert." Es herrschte ein solches Durcheinander, daß eines der an Roosevelt gerichteten Telegramme eine ganze Nacht auf dem Telegrafenamt liegenblieb. Und die Deutschen rückten täglich fünfzig Kilometer vor. Die Straßen waren von Flüchtlingen verstopft.

Tessat suchte immer wieder eine Begegnung mit Breteuil; der aber war mürrisch und verschlossen; er sagte, seine Frau habe einen Nervenzusammenbruch erlitten. Kein Wunder! Tessat staunte, wieso er selber noch nicht zusammengebrochen war. Nur Laval strahlte; mit seiner weißen Krawatte sah er aus wie ein Bräutigam. Doch Laval beachtete Tessat überhaupt nicht. Die Minister aber rasten sinnlos vom Schloß, in dem Reynaud residierte, in die Stadt, um ihre abhanden gekommenen Koffer zu suchen, und wimmelten ihre Sekretäre ab, die sie mit der törichten Frage behelligten: „Wann fahren wir weiter?"

In einer Kabinettssitzung schlug Tessat vor, Friedensverhandlungen aufzunehmen. Reynaud fiel ihm ins Wort: „Und unsere Verpflichtungen? Wir müssen abwarten, was Roosevelt antwortet." Mandel blickte Tessat durchdringend an, und Tessat wandte sich ab. Dieser Mensch war zu allem fähig! Für ihn war Tessat ein Verräter. Jedes Kind wußte: Wer bei Mandel auf der Abschußliste stand, konnte sein Testament machen ... Sein blutleeres Gesicht war zum Fürchten! Ein Inquisitor!

Die Hilfe kam unverhofft: General Picard verlangte zu der Beratung zugelassen zu werden – er bringe eine Nachricht von äußerster Wichtigkeit. Der sonst stets beherrschte Picard machte einen erschreckenden Eindruck. Er nuschelte, und Tessat sah plötzlich, daß er keine Zähne mehr hatte. Wie hatte er nur sein Gebiß verlieren können? Tessat verstand nicht sofort, was der General sagte. Der aber wiederholte: „Ja, ja, ein kommunistischer Umsturz! Der Pöbel belagert das Élysée-Palais ... Feuersbrünste sind ausgebrochen."

Tessat schloß entsetzt die Augen. Er fürchtete weder Bomben noch Granaten, selbst mit dem Gedanken an Gefangenschaft hatte er sich vertraut gemacht. Das wäre zwar schrecklich, aber die Deutschen waren kultivierte Menschen, sie würden einen Minister nicht wie einen Verbrecher behandeln. Nur vor den Kommunisten hatte Tessat Angst. Seit dem Gespräch mit Denise wußte er, daß die Roten ihn haßten. Wenn sie an die Macht kämen, wäre ihm die Kugel sicher. Und dann, was für ein Unglück wäre das für Frankreich! Wenn die Deutschen in Paris einmarschierten, wäre das ein nationaler Trauertag. Und doch wären die Deutschen noch besser als die Kommunisten. Die Deutschen würden auf dem Palais de l'Élysée ihre Flagge hissen, das Palais aber nicht antasten. Die Kommunisten dagegen würden alles niederbrennen wie im Jahre einundsiebzig. Sie hatten bereits die ersten Brände gelegt. Das waren Fanatiker, Bestien!

Mandel ließ sich mit Paris verbinden und erklärte eine halbe Stunde später: „In Paris herrscht Ruhe und Ordnung." Picard bestritt das, erklärte dann aber mit selbstgefälligem Lächeln: „Natürlich, General Dentz ist mein Freund. Er ist einer der hervorragendsten Heerführer. Er hat der Polizei befohlen, auf Provokateure zu schießen, denen es einfallen sollte, dem Gegner bewaffneten Widerstand zu leisten."

Tessat wiederholte: „Höchste Zeit, Tours zu verlassen!"

Ein weiterer Tag verging. Die Deutschen rückten abermals fünfzig Kilometer vor. Es war ein scheußlicher Tag, dieser 14. Juni. Tessat hatte schon immer gewußt, daß die Vierzehn für ihn eine Unglückszahl war ... Am Vierzehnten war Amélie gestorben. Tessat saß gerade im Frisiersalon, als er erfuhr, daß die Deutschen in Paris einmarschiert waren. Obwohl auf dieses Ereignis vorbereitet, konnte er sich nicht enthalten auszurufen: „So ein Unglück!" Der Frisör aber schrie: „Gehen Sie! Ich kann nach alldem jetzt nicht arbeiten!" Wahrscheinlich war er Kommunist ...

Am Abend war Tessat nach Bordeaux abgefahren. Das war vorgestern gewesen, doch ihm kam es vor, als wäre es hundert Jahre her. Was hatte er inzwischen alles durchgemacht! Er wußte nicht mehr, welcher Wochentag war. Die Deutschen rückten immer weiter vor; sie hatten schon die Loire erreicht. Glücklich diejenigen, die in Paris geblieben waren – für sie war alles vorbei!

Hier aber mußte man handeln, mußte Entscheidungen treffen. Churchill entpuppte sich als Erpresser. Es hieß, de Gaulle sei in Bordeaux eingetroffen. Wer konnte wissen, ob er nicht mit den Kommunisten in Verbindung stand? Es gab hier viele Hafenarbeiter – „gefährliche Elemente“, wie der Präfekt gesagt hatte. Man müßte Reynaud davonjagen, aber Lebrun schwankte noch immer. Der saß da und weinte. Tränen waren jetzt fehl am Platze. Jetzt wurde eine starke Hand gebraucht.

Breteuil hatte Tessat beauftragt, mit dem spanischen Botschafter zu verhandeln: Berlin solle seine Bedingungen mitteilen. Breteuil hatte hinzugefügt, daß von diesem Gespräch viel abhinge. Tessat war stolz auf seine Mission und zugleich deprimiert. Er gab sich alle Mühe, die Gunst des Spaniers zu erringen. Als der Botschafter den Bordeaux lobte, erwiderte Tessat diplomatisch: „Ich habe Ihren Rioja probiert, er kann sich mit unseren besten Sorten messen.“ Seufzend fügte er hinzu: „Mein Sohn war Konsul in Salamanca zur Zeit Ihrer nationalen Epopöe. Er hatte viele Freunde unter den Falangisten und leistete General Franco aktive Hilfe.“

„Und wo ist Ihr Sohn jetzt?“

Tessat antwortete nicht sofort. Er errötete – wie heiß es in diesem Restaurant war!

„Er ist tot! Die Kommunisten haben ihn umgebracht.“

Nach dem Kapaun am Spieß kam Tessat schließlich zur Sache: Welche Bedingungen stellt Berlin? Der Spanier antwortete zuerst sehr allgemein: es lohne nicht, auf Einzelheiten einzugehen, gegenseitiges Verständnis sei nötig, die Sieger wollten Frankreich nicht demütigen. Als er zu dem überging, was er „Einzelheiten“ nannte, lief es Tessat eiskalt den Rücken hinunter. Das ist unmöglich!

„In einzelnen Punkten sind Änderungen natürlich denkbar. Wie ich Ihnen bereits sagte, kommt es vor allem darauf an, einen Kontakt herzustellen. Viel hängt vom Schicksal Ihrer Kriegsflotte ab. Berlin bezweifelt, ob der Marschall, wenn er die Macht übernimmt, sich allen gegenüber durchsetzen kann. Besonders beunruhigt sind die Deutschen über einige ungesunde Stimmungen in Marokko und in Syrien.“

„Das ist ein Mißverständnis. In Frankreich genießt niemand größere Autorität als der Held von Verdun.“

„Um so besser ... Wirklich, der Armagnac ist köstlich ..."

Nach dem Essen eilte Tessat zu Breteuil. „Die Deutschen sind übergeschnappt! Ihre Bedingungen sind unerhört, geradezu unwürdig! Ich fürchte, Reynaud hat recht – wir werden uns noch nach Madagaskar absetzen müssen."

Als er sah, daß Breteuil über die deutschen Forderungen gar nicht so erstaunt war, beruhigte er sich. „Natürlich muß man die Dinge nüchtern betrachten ... Im Grunde ist es gar nicht so schlimm, wie es mir auf den ersten Blick schien. Ich denke nur, daß wir die Bedingungen jetzt noch nicht bekanntgeben sollten. Wir werden erst unterzeichnen und sie dann veröffentlichen. Sonst könnten die Kommunisten sich das zunutze machen. Oder de Gaulle. Er ist übrigens in Bordeaux. Was er wohl hier sucht? Ja, uns stehen schwere Tage bevor. Aber dann wird sich alles wieder normalisieren."

Am Abend trat Reynaud zurück. Tessat beglückwünschte Pétain von Herzen. „Die Aureole des Siegers ..."

Der Marschall antwortete mit tonloser Greisenstimme: „Ich danke Ihnen."

Spät am Abend diktierte Tessat Joliot die Zusammensetzung der neuen Regierung. Der Dickwanst hatte es bereits verstanden, in Bordeaux eine winzige Ausgabe der „Voie Nouvelle" herauszubringen. Tessat sagte: „Die Ministerkrise ist zwar nicht ganz nach den Spielregeln verlaufen. Aber der Marschall kam mit einer fertigen Liste ... Die Regierungserklärung konnte nicht in der Kammer verlesen werden. Was hilft es – wir sind jetzt eben Flüchtlinge."

„Welche Bedingungen stellen die Deutschen?" fragte Joliot.

„Darüber darf ich nicht sprechen – Staatsgeheimnis. Ich sage nur soviel: Die Bedingungen sind mit unserer Würde durchaus vereinbar. Andere Bedingungen hätte der Marschall auch nie akzeptiert."

Joliot kniff mißtrauisch ein Auge zu. „Würde ist ein dehnbarer Begriff. Mich interessiert, ob man die Deutschen hierherlassen wird oder nicht. Ich habe endlich eine halbwegs passable Druckerei ausfindig gemacht. Und außerdem kann man ja nicht ewig im Auto leben!"

„Sie können sich getrost hier niederlassen – Bordeaux wird die zweite Hauptstadt werden."

Die Stunden wurden Tessat lang wie Monate. Die Deutschen ließen sich Zeit mit der Antwort; sie rückten immer weiter vor. Zweimal täglich unterstrich Tessat auf der Karte die vom Gegner eroberten Städte: Orléans, Cherbourg, Rennes, Dijon, Belfort. Am vierten Tag befahl er, die Karte wegzuräumen. Verzagt sagte er zu Pomaret: „Nenn mir lieber die Städte, die uns noch geblieben sind."

Plötzlich sagte Chautemps zu Tessat: „Sie wollen uns den Todesstoß versetzen. Ihre Bedingungen sind so, daß kein Franzose sie unterzeichnen wird." Spöttisch lächelnd, fügte er hinzu: „Höchstens dein Grandel, aber der ist ja in Paris geblieben."

Tessat war beleidigt. „Wieso mein Grandel? Ich bestehe durchaus nicht auf Kapitulation. Ich wollte einen ehrenvollen Frieden, das ist ganz natürlich. Wenn es sein muß, ziehen wir uns weiter zurück. Nach Algier. Für den Anfang vielleicht nach Perpignan – von dort kommen wir über Port-Vendres leicht weg."

Tessat dachte erstmals an Widerstand. Er studierte lange die Karte, unterhielt sich mit General Lerideau, wandte sich in einer Rundfunkansprache an das Land: „Soldaten und Matrosen! Der Waffenstillstand ist noch nicht unterzeichnet. Der Kampf geht weiter. Verteidigt Seite an Seite mit unseren Verbündeten unsere Ehre zu Lande, zu Wasser und in der Luft!"

Am Abend machte er einen Spaziergang; er hatte Kopfschmerzen und wollte frische Luft schöpfen. Schauerleute in der Hafengegend erkannten ihn und riefen: „Man sollte diese Verräter ins Wasser schmeißen! Oder an die Laterne hängen!"

Tessat erspähte ein Taxi – das war seine Rettung. Trotz der Schwüle schloß er die Fenster. Ihm war, als würde er verfolgt. Er fuhr zu Breteuil. „Chautemps intrigiert wieder. Er will, daß wir uns nach Perpignan absetzen und dann weiter nach Afrika. Das sind Churchills Machenschaften. Chautemps war schon immer geldgierig. Denk nur an die Stavisky-Affäre ... Ich meine, man sollte die deutschen Bedingungen annehmen. Wir treiben der Revolution, der Anarchie entgegen!"

Die Deutschen zögerten noch immer mit der Antwort. Sie griffen Bordeaux an.

Früh am Morgen erwachte Tessat von einer Detonation. Bomber flogen im Tiefflug über die Stadt. Eine Stunde später erhielt Tessat die Meldung: „Siebenhundert Todesopfer." Er mußte ins

Krankenhaus fahren. Der Anblick der verwundeten Kinder und der Äthergeruch gaben ihm den Rest. „Wir schicken Telegramme, und sie antworten mit Bomben!" kreischte er.

Der Bürgermeister von Bordeaux, Monsieur Marquet, kam angelaufen und verlangte den Abzug der Regierung – die Stadt müsse gerettet werden. Panik brach aus. Tessat hielt sich den ganzen Tag bei dem spanischen Botschafter auf. Am Abend erklärte er Joliot stolz: „Sie können die Bevölkerung beruhigen. Die Deutschen haben dem Marschall versprochen, die Stadt nicht anzurühren."

Am nächsten Tag bereute er seine Worte – hätte er das nur nicht zu Joliot gesagt! Von überallher strömten jetzt Flüchtlinge in panischer Angst nach Bordeaux. Die Straßen waren verstopft. In den Bäckerläden gab es kein Brot mehr. Die Menschen schliefen auf den Plätzen. Und immer mehr Leute strömten in die Stadt. Tessat ließ den Präfekten kommen. „Lassen Sie niemand mehr herein, sonst sind wir verloren. Setzen Sie Polizei mit Maschinenpistolen ein. Auf die Armee ist kein Verlaß mehr – die Soldaten sind demoralisiert, sie lassen jeden herein: Flüchtlinge, Deutsche, Kommunisten."

Als Tessat erfuhr, daß die Stadt Tours sich verteidigte, schrie er außer sich: „Diese Wahnsinnigen! Wozu Hitler verärgern?" Und die Regierung erklärte auf Tessats Vorschlag alle Städte Frankreichs zu „offenen Städten".

Tessat sprach abermals im Rundfunk. Seine Stimme zitterte vor Erregung: „Wir hoffen auf die Großmut unserer Gegner. Die Franzosen waren immer Realisten. Wir vermögen der Wahrheit ins Auge zu sehen. Wenn wir das Schwert in die Scheide stecken müssen, werden wir sagen: Der Geist ist unbesiegbar! Aber im Augenblick sind leider die Panzer stärker als der Geist!"

Erschöpft saß er da, der Schweiß rann ihm übers Gesicht. Plötzlich kam Weiß herein. Wieso hat man ihn unangemeldet vorgelassen? dachte Tessat verwundert. Die haben wohl vergessen, daß er Minister und Bordeaux jetzt die Hauptstadt war?

Weiß reichte ihm ein Papier. „Unterschreiben Sie."

„Was ist das?"

Weiß erklärte, viele Piloten wollten sich nach England absetzen; das müsse unbedingt verhindert werden; das Benzin müsse unbrauchbar gemacht werden.

„Das ist nicht mein Ressort . . . Wenden Sie sich an den General . . .“

Weiß lächelte boshaft. „Der General ist nicht zu finden, wenn man ihn braucht. Aber die Sache ist dringend. Ich rate Ihnen, kein Bürokrat zu sein. Wie die Ministerien heißen, interessiert niemand mehr. Für jedes entkommene Flugzeug jedoch werden Sie sich vor den Deutschen verantworten müssen. Haben Sie mich verstanden?“

Tessat wollte ihm ins Gesicht schreien: Unverschämter Kerl! Spion! Aber er tat es nicht. Verstört sah er Weiß an, dann nahm er seinen Füllfederhalter, kniff die Augen leicht zusammen und unterschrieb. Weiß dankte höflich.

33

Tours hielt sich. Die Verteidiger der Stadt zerstörten zweimal die Pontonbrücken des Gegners. Fassungslos starrten die Deutschen auf die kleine graue Häuserinsel, vor der die Loire glitzerte. Über Tours führte der Weg nach Poitiers und weiter nach Süden. Die unerwartete Stockung machte die angreifende Armee nervös. Ein deutscher General, der gern mit seiner Belesenheit prahlte, sagte zu den Offizieren: „Was wollen Sie – diese Froschfresser verteidigen die Heimatstadt Balzacs.“

Wie kam es, daß Tours nicht zur offenen Stadt erklärt worden war? Es hieß, der Bürgermeister habe die Bevölkerung zur Verteidigung aufgerufen, und der Mut der Einwohner habe die Soldaten so beschämt, daß sie beschlossen hätten, nicht zurückzuweichen. Die ersten Angriffe sollen von Verwundeten zurückgeschlagen worden sein, die in Tours im Lazarett lagen. Legenden entstanden in den Kellern, wo sich die Bürger zwischen Fässern mit Loirewein versteckten; Bataillone wurden zu Divisionen. Man munkelte von irgendwelchen geheimnisvollen Geschossen, die die deutschen Panzer vernichteten. Niemand begriff, warum Tours sich hielt. Offenbar gab es selbst in der größten Panik noch mutige Menschen. Tours wurde von zwei Bataillonen verteidigt; ihnen hatten sich etwa hundert Verwundete und eine Menge

Freiwilliger angeschlossen – bejahrte Männer, die schon den vorigen Krieg mitgemacht hatten, oder Halbwüchsige, die noch nicht zum Militärdienst einberufen worden waren.

Unter den Verteidigern befand sich auch ein Parlamentsabgeordneter – Leutnant Ducamp. Die Soldaten nannten ihn „Opa". Er war im letzten Jahr sehr gealtert. Alles, wofür er gelebt, hatte sich als Lug und Trug erwiesen. Ducamp war nicht blind; er hatte seinen Irrtum eingesehen; im stillen aber hoffte er, das Blut selbstloser Männer könnte das alte, ihm aus Büchern vertraute Frankreich wieder auferstehen lassen. Die Verteidigung von Tours war für ihn die letzte Gnade des Schicksals.

Vor fünfunddreißig Jahren war Ducamp einmal zu einem Literaturabend gegangen. Er war damals ein unansehnlicher Jüngling mit großen, abstehenden Ohren, der von einer Fliegerkarriere träumte. Der Dichter Charles Péguy deklamierte Verse:

„Selig, die da fielen im gerechten Kampf
An des Vaterlandes Grenzen."

Péguy fiel am ersten Tag der Schlacht, die man später die Marneschlacht nannte. Er ahnte nicht, daß diese Schlacht siegreich endete; er starb inmitten von Zerstörung, Panik und Flucht; er starb als Verteidiger von Paris. Und Frankreich siegte. Oft zitierte Ducamp jetzt diese seine Lieblingsverse. Péguys Gedichte ermutigten ihn in Augenblicken der Verzweiflung. Er wollte nicht daran denken, was sich in Bordeaux abspielte. Das Krachen der Granaten und die Schreie der Verwundeten ließen ihn nächtelang nicht schlafen, er war erschöpft, glaubte aber noch an den Sieg. Die Verteidigung dieser kleinen Stadt war für ihn eine Schlacht um Frankreich.

Die deutschen Batterien, die am rechten Loireufer in Stellung lagen, legten Tours in Schutt und Asche. Die Bomber taten das ihre. Sprengbomben rasierten die alten Häuser mit ihren Stuckfassaden, Säulen und Türmen weg. Die Verteidiger hatten weder Lebensmittel noch Verbandzeug, noch Granaten. Die französischen Geschütze verstummten; nur Maschinengewehrfeuer hielt den Gegner auf.

Gegen Ende des zweiten Tages gab es eine kurze Kampfpause. In einem Haus am Quai saßen Ducamp und der Sergeant

Maillot beim Abendessen – die Soldaten hatten ihnen Brot und einen Zipfel Wurst gebracht. Sie schmatzten laut. Welch anheimelndes Geräusch in der ungewohnten Stille! Im Zimmer war es dunkel – die Fenster waren mit Sandsäcken verbarrikadiert. Die Möbel weckten Erinnerungen an das vergangene Leben: ein Büfett, darin Fayencetassen mit rosa Hähnchen. Auf dem Fußboden lagen Patronenhülsen, leere Blechbüchsen, Brieffetzen. Im Nebenzimmer ruhten sich Soldaten aus. Jemand schaltete das Radio ein. Aus Bordeaux wurde Tessats Rede übertragen. Der Minister der neuen Regierung sprach von Panzern und von der „unsterblichen Seele".

„Halt's Maul, du Schuft!" brüllte Ducamp.

Die Soldaten lachten. „Er verdirbt Opa den Appetit."

Das Radio wurde wieder ausgeschaltet. Sergeant Maillot – mit grauen Bartstoppeln und roten, entzündeten Augen – sagte plötzlich zu Ducamp: „Warum haben Sie die unterstützt? Ich meine im Jahre sechsunddreißig. Sie sind ein ehrlicher Mensch. Wir werden hier wohl nicht mehr rauskommen. Ich möchte das begreifen ..."

„Begreifen?" Ducamp lächelte. „Ich begreife selber nichts. Weiß wurde Schwarz, und Schwarz wurde Weiß. Und so sind wir blind geworden. Oder im Gegenteil – uns sind endlich die Augen aufgegangen, ich weiß es nicht. Es gibt ehrliche Menschen. Die Engländer werden sich nicht ergeben. Unser Schicksal aber ..." Er machte eine wegwerfende Handbewegung.

„Im vergangenen Krieg war ich im Norden, in Arras", sagte Maillot. „Die Stadt war buchstäblich dem Erdboden gleichgemacht. Jetzt bin ich zu Anfang des Krieges wieder nach Arras gekommen. Die Menschen hatten innerhalb von zwanzig Jahren die ganze Stadt wiederaufgebaut. Dort war alles ruhig – Hinterland – Belgien. Niemand hätte gedacht ... Und jetzt wieder dasselbe ... Als wir Arras räumten, war die Stadt nur noch ein Trümmerhaufen ... Man wird sie wieder aufbauen. So ein Irrsinn! Wie kann man denn so leben? Irgend etwas muß anders werden und zwar grundlegend."

„Sind Sie Kommunist?"

„Nein. Ich war Lehrer. Ich habe gegen Sie und für die Volksfront gestimmt. Mit Politik habe ich mich nicht befaßt. Doch jetzt begreif ich überhaupt nichts mehr. Gestern hat Capitaine

Gremy zu mir gesagt: ‚Sie sind ein schlechter Franzose ...' Soll denn wirklich alles beim alten bleiben?"

Ducamp schrie: „Wenn wir das hier überleben, werde ich als erster sagen: Nein! Aber jetzt haben wir anderes zu tun ... Sagen Sie, werden Sie" – er begann zu stottern und brachte die Worte nur mühsam heraus – „die Stadt wirklich nicht mehr verteidigen?"

Als Antwort detonierte eine Granate – die Kampfpause war zu Ende.

Der dritte Tag brachte die Entscheidung. Die Deutschen drangen in Tours ein. Die Bibliothek ging in Flammen auf. In den engen Straßen zwischen dem Quai und den Boulevards wurde gekämpft. Die Sonne schimmerte schmutzigrosa durch den Rauchschleier; Brandgeruch lag in der Luft.

Ducamp stand an einem Mansardenfenster. Vor ihm Ziegeldächer, eine lange, gewundene Straße. Er war kein schlechter Schütze. In seinem Heimatstädtchen war zu Pfingsten immer Jahrmarkt gewesen. Ducamp hatte sich nicht darauf verstanden, mit Mädchen anzubändeln; er stotterte und schämte sich seiner Häßlichkeit. Am Schießstand jedoch war er in seinem Element; alle bestaunten ihn: „Ein Meisterschütze!" Damals war es die Eitelkeit des Jünglings gewesen, jetzt war es seine letzte Hoffnung. Er würde sein Leben teuer verkaufen!

In einiger Entfernung bemerkte er Deutsche; sie gingen im Gänsemarsch dicht an einer grauen Mauer entlang. Eine Barrikade versperrte die Straße: Fässer, aus den Häusern geworfene Möbel, Matratzen.

Plötzlich sah Ducamp einen französischen Soldaten, den Sergeanten Maillot. Was machte er da? Hatte er den Verstand verloren? Maillot stürzte den Deutschen entgegen; dann blieb er stehen und warf eine Handgranate. Drei Deutsche blieben auf dem Pflaster liegen, die anderen ergriffen die Flucht. Ducamp brüllte außer sich: „Gut gemacht, Sergeant! Prima!"

Maillot stand reglos da, wie versteinert. Eine Salve krachte, er riß die Arme hoch und sank zu Boden.

Wieder tauchten Deutsche auf. Ducamp schoß, und jede Kugel traf. Die Deutschen gaben auf, rannten zum Quai zurück.

Ducamp wischte sich mit dem Ärmel die nasse Stirn und langte nach der Feldflasche – schon lange plagte ihn Durst. Er hatte nicht damit gerechnet, daß die Deutschen von der Nebenstraße, über die Dächer kommen könnten. Plötzlich stand ein rothaariger Hüne vor ihm. Sie kämpften lange. Ducamp gelang es, den Deutschen zu überwältigen.

Eine Weile war alles still. Eine Hummel summte im Zimmer. Ducamp legte das Gewehr an und zielte – über die Dächer kamen Deutsche angekrochen. Er feuerte noch zwei Schüsse ab. Der neunte! konnte er gerade noch denken. Dann wankte er und stürzte ächzend nieder wie ein Baum.

34

Tessat lag völlig erschöpft auf der Couch. Die Fliegen belästigten ihn, setzten sich ihm auf die Nase, auf die Stirn, kitzelten an den Ohren. Er konnte sich nicht rühren, sehnte sich nach Schlaf, aber der Schlaf kam nicht. Jede Minute wurde zur Ewigkeit. Früher waren Tage und Monate unbemerkt wie im Fluge vergangen. Tessat dachte entsetzt: Wo mochte Denise jetzt sein? Wahrscheinlich hatten die Deutschen sie verhaftet. Und Paulette war sicher umgekommen. Sonst hätte sie doch nach ihm gesucht – ein Minister war leicht zu finden. Alle sagten, auf den Straßen seien viele Flüchtlinge getötet worden. Und auch Lucien war wohl nicht heil davongekommen; solche Draufgänger erwischte es zuerst.

Was sollte nun werden? Laval lächelte. Marquet brüstete sich mit den Bordeauxweinen. Breteuil antwortete kurz: „Es wird sich alles einrenken." Und nirgends ein Lichtblick. Die Deutschen rückten weiter vor; sie hatten Brest und Lyon genommen. Sie waren in La Rochelle, und das lag unweit von Bordeaux. Parlamentäre, darunter auch Picard, waren unterwegs. Aber welche Antwort würden sie bringen? Vielleicht zögerten die Deutschen die Antwort absichtlich hinaus? Im Lande herrschte Unruhe. Pomaret sagte, in Marseille führten die Kommunisten auf allen Plätzen das große Wort. Auch hier herrschte eine abscheuliche Stimmung – Tessat dachte an die Begegnung mit den Hafenarbeitern und seufzte laut. Weiß war zwar ein Flegel, aber er hatte recht: Wegen der Flugzeuge würde man sich verantworten müssen. Einige Radikale wollten sich nach Afrika absetzen. Gar kein dummer Gedanke. Tessat war ein Platz auf dem Dampfer „Massilia“ angeboten worden. Er wollte schon zusagen. Als aber Breteuil erklärte: „Wir werden die Passagiere der ‚Massilia‘ an die Wand stellen!“, rief Tessat rasch: „Sehr richtig! In so einem Augenblick läßt man die Heimat nicht im Stich!“

Das Telefon klingelte: Tessat wurde zu einer Sitzung gerufen.

Als er sah, daß Lebrun sich schneuzte, wußte er, daß es unerfreuliche Neuigkeiten gab. Monoton wie ein Totengebet verlas Breteuil die Bedingungen der Deutschen, die General Picard gekabelt hatte.

„Schändliche Bedingungen!“ rief Tessat entrüstet.

Breteuil sah ihn kühl an. „Man darf nicht vergessen, daß wir die Besiegten sind.“

„Verstehe.“ Tessat nickte. „Ich persönlich bin für eine Unterzeichnung.“

Halbtot vor Müdigkeit trat er ans Mikrofon, räusperte sich und begann forsch wie in früheren Jahren seine Rede „An die Nation“: „Wir werden den Mut nicht sinken lassen! Die von unseren Delegierten unterzeichneten Waffenstillstandsbedingungen sind hart, aber nicht entwürdigend. Es sind ehrenvolle Bedingungen. Mein ganzes Leben bürgt dafür!“

Danach trank er ein Glas Mineralwasser und sagte mit schwacher Stimme zu Breteuil: „Paß auf, daß die Bedingungen nicht publik werden, bevor die Soldaten die Waffen niedergelegt haben! Man soll nicht mit dem Feuer spielen! Es gibt genug Hitzköpfe.“

Picard kam nach Bordeaux zurück. Tessat fuhr sofort zu ihm – er brannte vor Neugier. „Wie war es? Ich meine die Atmosphäre.“

Der General sah ihn mit trüben, leeren Augen an. „Ich schäme mich meiner Uniform.“

„Und sonst? . . . Mich interessieren die Details.“

„Die Details? Bitte schön. Man führte uns in ein Zelt. Dort stand ein Tisch, darauf eine Karaffe mit Wasser, ein Tintenfaß, Federhalter. Ein Offizier sagte: ‚Wir empfangen Sie großmütig, nicht wahr?‘ und zeigte auf die Karaffe. Dann wandte er sich an seine Kollegen und sagte: ‚Ich bin nicht Marschall Foch.‘ “

„Und er? Wie benahm er sich?“

„Wie ein Filmschauspieler. Rannte aufgeregt hin und her, hielt eine Rede – er hat eine heisere Stimme. Er stand auf einer Lichtung und zertrampelte das Gras, wie um zu zeigen: Ich zertrample die französische Erde. Das war alles. Das Übrige würde ich nicht einmal mir selber erzählen, so schmachvoll war es."

Weitere drei Tage vergingen. Tessat arbeitete viel. Die täglichen Sorgen lenkten ihn vom Grübeln ab. Er mußte Journalisten empfangen und Polizeikordons kontrollieren, er mußte sich um die Mehlbeschaffung kümmern und dem spanischen Botschafter gefällig sein. Und dazu noch die Kabinettsumbildung: Zwei neue Minister wurden aufgenommen.

Die Parlamentäre waren jetzt nach Rom aufgebrochen. Alle warteten auf die Entscheidung. Die Deutschen bombardierten nach wie vor die Städte. Joliot unkte: „Ich traue keinem mehr ... Passen Sie auf, die kommen auch noch nach Bordeaux."

Schließlich wurden die Waffenstillstandsbedingungen bekanntgegeben. Breteuil schlug vor, einen „Tag der nationalen Trauer" zu veranstalten. Tessat meinte lachend: „Er denkt immer nur ans Beten. Der Weihrauch hat es ihm angetan."

Es wurde beschlossen, eine feierliche Totenmesse abzuhalten. Dem Gottesdienst wohnten Pétain und sämtliche Minister bei. Tessat hatte eine schwarze Krawatte umgebunden – wie zu einer Beerdigung. Vor der Kathedrale riefen ein paar Leute: „Es lebe der Marschall!" Tessat war gekränkt: Wieder stand der Premier im Mittelpunkt!

Während der Messe langweilte er sich; die verrücktesten Gedanken gingen ihm durch den Sinn: Wenn Paulette nun gar nicht tot ist, sondern sich einen anderen gesucht hat? Viard freut sich sicher, daß er nicht ins Kabinett eingetreten ist, dann kann er später sagen: „Ich wasche meine Hände in Unschuld, ich habe nicht unterzeichnet." In zwei Tagen wird man wieder aufbrechen müssen ... Ach, wie dumm das alles ist ... Hitler hat einen winzigen Schnurrbart, genau wie Chaplin ... Eine Hitze ist das hier!

Als Tessat die Kathedrale verließ, trat ein bejahrter Mann von angenehmem Äußeren und mit einem Ordensbändchen im Knopfloch an ihn heran.

„Sie wünschen, Monsieur?" fragte Tessat höflich.

Statt einer Antwort schlug ihm der Fremde ins Gesicht. Tessat griff sich an die Wange und rief fassungslos: „Was soll das ...?"

Der Beleidiger sah ihn mit düsteren, zornigen Augen an und antwortete: „Meine beiden Söhne sind gefallen ..."

Er konnte nicht weitersprechen – Polizisten führten ihn ab. Die Leute liefen zusammen. Eine alte, in Trauer gekleidete Frau weinte. Jemand kicherte. „Er hat eins in die Fresse gekriegt ..." Tessat stieg rasch in seinen Wagen.

Er hatte sich noch nicht von dem Schock erholt, als Joliot ins Zimmer stürzte. „Sie haben mich wieder mal reingelegt. Laut Vertrag wird Bordeaux ja doch besetzt. Ich frag mich nur, warum Sie denen nicht auch gleich Marseille überlassen haben!"

Vergebens suchte Tessat ihn zu beruhigen; er sagte, daß es in Clermont-Ferrand vortreffliche Druckereien gebe, daß die Zeitung dort florieren und er ihr Subsidien verschaffen werde. Der Dickwanst schrie: „Ihre Hilfe kann mir gestohlen bleiben! Sie ist einen Dreck wert ... Man kann Lakai eines Herrn, nicht aber Lakai eines Lakaien sein! Lieber will ich in Marseille Muscheln verkaufen!"

Joliot tobte noch lange; dann schleppte er sich ins Hotel, wo Marie ihn erwartete. Er konnte sich noch immer nicht beruhigen und trank einen ganzen Siphon leer. Schließlich sagte er: „Tessat fährt nach Clermont-Ferrand. Die vierte Hauptstadt. Dann kommt die fünfte ... Aber mir langt's! Ein für allemal! Frankreich wird sowieso von den Deutschen regiert. Dann will ich lieber nach Paris zurückfahren. Da haben wir wenigstens eine Wohnung."

„Und was willst du in Paris machen?"

„Dasselbe, was ich immer gemacht habe: ‚La Voie Nouvelle' herausgeben. Als ob die Deutschen keine Zeitungen brauchten! Und wer wird einen Stein auf mich werfen? Tessat? Der hat gerade eins in die Fresse gekriegt, die ganze Backe ist geschwollen. Wenigstens eine Genugtuung."

Wenige Tage darauf übersiedelte die Regierung nach Clermont-Ferrand. Tessat legte seine Papiere in eine große Aktentasche und kontrollierte die Kofferschlösser. Dann blickte er aus dem Fenster und zuckte zurück: Durch die Straße marschierten Deutsche. Ein adretter Leutnant streifte die vereinzelten Passanten mit geringschätzigem Blick. Tessat dachte gekränkt: Hätten die nicht bis zum Abend warten können? Es war doch peinlich: eine souveräne Regierung und daneben die Besatzer. Was sollte man im Ausland denken? Er zog den Samtvorhang zu, als wollte er sich von den Deutschen abgrenzen.

Der Sekretär meldete, der Wagen werde in einer Stunde vorfahren – der Motor müsse repariert werden. Tessat legte sich vor der Abreise noch ein Weilchen hin. Goldene Sonnenflecke drangen durch die Vorhänge und tanzten auf der Wand. Plötzlich sah Tessat die Augen seines Beleidigers vor sich, harte, metallische Augen. Was mochten sie mit ihm gemacht haben? Man mußte doch die Gefühle eines Vaters verstehen... Denise... Lucien...

Tessat rief den Präfekten an: „Ich habe eine Bitte. Auf mich wurde heute ein Anschlag verübt. Danke, danke, gut... Ich bitte Sie, diesen Mann freizulassen. Er sagte mir, seine Söhne seien an der Front gefallen. Sie sind doch auch Familienvater, Sie wissen, wie schrecklich das ist. Da können einem schon mal die Nerven durchgehen... Ich hatte auch zwei Kinder... Ja, ja, umgekommen...“

Tessat konnte kaum zu Ende sprechen, Tränen schnürten ihm die Kehle zu. Der Sekretär kam herein und meldete: „Der Wagen ist vorgefahren.“

Tessat riß sich zusammen. Wenige Minuten später saß im Auto ein Mann, der überzeugt war, das Vertrauen der Nation zu genießen.

35

Die Regierung ließ sich in der Stadt Clermont-Ferrand nieder, in deren Umgebung es viele Mineralquellen und viele Kurorte mit komfortablen Hotels gab. Laval nahm in Clermont-Ferrand Wohnung; die übrigen Minister wählten Vichy, Mont-Dore oder La Bourboule zum Wohnsitz. Tessat hielt Royat für den passendsten Ort – dort standen Zimmer für den Präsidenten der Republik bereit.

Die große Konditorei „Marquise de Sévigné“ war überfüllt. Vor der Tür stand eine Menschenschlange und wartete auf einen freien Tisch. Es war weniger die berühmte Royater Schokolade, die die Flüchtlinge anlockte, als vielmehr die Gesellschaft; nach den überstandenen Schrecken war es angenehm, Bekannte zu treffen, sich unter seinesgleichen zu befinden. Alle Cafés der

Champs-Elysées schienen hierher übergesiedelt zu sein: „Rond-Point“ und „Marigny“, die „Carlton-Bar“ und auch Luciens ehemalige Residenz „Fouquet's“.

Madame Montigny erzählte, vor Hitze und Kummer stöhnend: „Ich mußte eine Woche vor der Katastrophe nach Paris zurück, weil mein Mann an Angina erkrankt war. Und dann wären wir fast nicht mehr aus der Stadt herausgekommen. Eine entsetzliche Fahrt! Kurz vor Nevers mußten wir unseren Cadillac stehenlassen – kein Benzin. Irgendein Gauner nahm uns bis Vichy mit. Ich hoffe bloß, daß der Wagen noch heil ist.“

An einem anderen Tischchen klagte ein Dramatiker, der gerade in Mode war: „Am Sechzehnten sollte Premiere sein ... Am Zehnten fing der Schlamassel an ... Weiß der Teufel, wann die Theatersaison eröffnet wird.“

Ein Börsenjobber schrie seinem Gesprächspartner, einem Schwerhörigen mit Hörgerät, ins Ohr: „Ohne die Kurse von New York zu kennen, kann man sich schwer festlegen. Aber ich würde nicht verkaufen. Sobald sich alles beruhigt hat, werden diese Papiere in die Höhe schnellen.“

Dessère lauschte all diesen Erzählungen, Klagen und Prophezeiungen mit bitterem Lächeln. Diese Leute hatten noch immer nicht begriffen, was geschehen war; sie glaubten, in einer Woche oder einem Monat das frühere Leben fortsetzen zu können.

Weshalb war Dessère hierhergekommen? Er mochte keine vornehmen Lokale, und der Schokolade zog er eine Flasche Wein vor. Und jetzt verabscheute er erst recht das Geschwätz der verstörten und verängstigten Damen, das Lamentieren ihrer Männer mit den verstaubten Reisetaschen, das Gebell der Pekinesen und Toy-Terrier, die Klagen über einen abhanden gekommenen Koffer, die Begeisterungsausbrüche, wenn einer durch Bestechung ein Hotelzimmer ergattert hatte, die ganze Hektik der aufgestörten vornehmen Welt und Halbwelt. Aber er wollte sich nichts ersparen. Als er Tessat in die Konditorei gehen sah, hatte er seinen Wagen angehalten.

Er hörte das Geschwätz und glaubte ersticken zu müssen. Alle Niedertracht, aller Schmutz war hier zusammengekommen. In Gedanken sah er immer noch Blut. Er war die Straße Paris–Nizza gefahren, die sogenannte „Route d'Azur“. Früher sah man hier Rennfahrer flitzen, Damen in Shorts, Snobs, Leute, die der sonnige Süden oder das Roulett lockte. Jetzt bevölkerten Flüchtlingskolonnen diese Straße. Über ihnen kreisten im Tiefflug die Deutschen. Sie lachten und feuerten aus Bordkanonen ... Dessère hatte Massengräber und Tausende Obdachloser gesehen. Pariser Autobusse dienten als Asyl; die Glücklichen, die hier Unterschlupf fanden! Hungernde Soldaten irrten über die Felder auf der Suche nach ein paar Rüben. Frauen schrien wie von Sinnen nach ihren verlorengegangenen Kindern. Von den Städten waren nur noch Ruinen geblieben. Wie wahnsinnig brüllten die nichtgemolkenen Kühe. Es roch nach Brand und Leichen.

In Gedanken an die Route d'Azur schloß Dessère die Augen. Tessats Lachen riß ihn in die Wirklichkeit zurück.

„Du bist auch hier? Die Welt ist wirklich ein Dorf! So viele Strapazen mußten wir durchmachen, um uns jetzt bei der ‚Marquise de Sévigné' wiederzutreffen!"

Dessère schwieg. Tessat redete unverdrossen weiter. „Du siehst schlecht aus. Das ist nicht gut, Jules. Man muß sich zusammenreißen! Ich persönlich habe Schlimmeres erwartet. Aber es ist doch noch ganz glimpflich abgegangen ... Weißt du, unsere Fanatiker – Mandel und Konsorten – wollten nach Afrika türmen. Aber wir haben das verhindert. In solchen Zeiten muß eine Nation einig sein ... Bald wird alles vorbei sein – die Deutschen werden nach London marschieren. Es kann sich nur noch um zwei, drei Monate handeln ... Wir sind aus dem Spiel ausgeschieden, das ist unser Plus. Was gedenkst du zu tun? Du könntest uns helfe: – jetzt beginnt der wirtschaftliche Wiederaufbau. Warum lachst du? Ich meine es ganz ernst ..."

Dessère lachte nicht mehr. Er sagte nachdenklich: „Wie gut, daß du nichts begreifst ... Trink Schokolade und denk nicht nach! Denn du bist eine Wanze. Sei mir nicht böse, aber du bist eine alte, ehrwürdige Wanze. Und du hast in einem alten, ehrwürdigen Haus gelebt. Jetzt ist das Haus abgebrannt; aber die Wanze ist noch am Leben. Wieviel Zeit bleibt ihr noch? Du tust mir leid ..."

„Tu dir lieber selber leid! Mich brauchst du nicht zu bedauern!" schrie Tessat gekränkt. „Ich bin nicht Fouger! Ich bin ein Mann mit neuen Konzeptionen. Du dagegen klammerst dich an die Vergangenheit: Volksfront, Liberalismus, Amerika ... Wir werden das Land von Fäulnis säubern. Ich entwerfe den Text einer neuen Verfassung. Wir werden von Hitler das Wertvollste übernehmen – die Idee der Zusammenarbeit der Klassen, die Hierarchie, die Disziplin – und werden es mit unseren Traditionen in Einklang bringen – dem Kult der Familie, dem edlen französischen Geist – und dann ..."

Dessère hörte nicht zu. „Arme, alte Wanze", wiederholte er gedankenverloren.

Tessat ging. Dessère blieb noch eine Weile sitzen. Er lauschte nicht mehr den Gesprächen, hatte keinen Blick für die Tischnachbarn. Schließlich erhob er sich und ging unsicheren Schrittes zur Tür. Jemand sagte laut: „Dessère ist auch hier! Dann ist ja alles in Ordnung."

Er blickte sich nicht um; vielleicht hatte er es gar nicht gehört. Wieder sah er Paris in schwarzem Nebel, Flüchtlinge mit Handwagen, Berge von Schutt. Und jenes Frankreich hatte er bewahren und retten wollen, das Frankreich seiner Kindheit, der Angler, der chinesischen Lampions, der „Cafés du Commerce" ... Einmal hatte er Pierre die erleuchteten Fenster einer stillen, abgelegenen Straße gezeigt – dort aß man Suppe, machte Schulaufgaben, strickte Leibbinden, war man eifersüchtig und küßte sich. Nichts war mehr geblieben: schwarze Fensterhöhlen wie ausgestochene Augen, zerbombte Mauern und auf der Place de la Concorde die Deutschen ... Er mußte alles zu Ende denken und Schlußfolgerungen ziehen. Er hatte retten wollen – und hatte eine Wanze ernährt. Hunderte von Wanzen ... Er hatte an einfachen Kneipen gehangen und an seinen Millionen. Alles war Lüge! Deshalb hatte auch Jeannette gelitten ... Ja, er hatte in seinem langen Leben nur eine Frau geliebt, diese exaltierte, lebensuntüchtige, gütige Frau. Wo war Jeannette? Vielleicht irrte auch sie hier irgendwo herum, suchte eine Herberge für die Nacht? Vielleicht war sie unterwegs umgekommen? Durch die alte Straße marschierten feldgraue Soldaten ... Er konnte ihr nicht helfen. Er richtete alle zugrunde.

Längst hatte er Hotels, Geschäfte, Autos hinter sich gelassen. Es roch nach frischen Wiesen. Das satte Grün des Grases tat dem ermüdeten Auge wohl. Dessère fuhr ziellos weiter. Aus unerfindlichem Grunde bog er nach rechts ab; der Weg führte bergauf. Hier war es kühl. Und wunderschön! Er hielt an und stieg aus. Eine verlassene Gegend! Zum erstenmal seit langer Zeit war

Dessère allein. Er betrachtete liebevoll die Wiesen: gelbe, rosa, lila Blumen. Die hier hießen wohl Löwenmaul. Ein kindlicher Name! Und in der Ferne dunkelblaue Berge, darauf kleine Wolken – eine Schafherde.

Die Luft war so rein, daß Dessère verblüfft stehenblieb und tief atmete. Die ganze letzte Zeit hatte er das Gefühl gehabt, ersticken zu müssen. Hier aber schlug das Herz kräftig, das Blut hämmerte in den Schläfen, in den Ohren dröhnte es dumpf.

Er dachte an Bernard – seinen langjährigen Freund. Bernard war ein erfahrener Chirurg. Gestern hatte Dessère gehört, er habe sich erschossen. Bernard sah aus wie ein Ibsenscher Pastor – finster und streng. Aber er liebte das Leben, grub Beete um, spielte mit seinem Töchterchen ... Und nun hatte er sich erschossen ... Er hatte die Deutschen vor seinem Fenster gesehen und auf ein Blatt seines Notizblocks geschrieben: „Ich kann nicht mehr. Ich sterbe ..."

Früher hatte Dessère den Tod gefürchtet; er war ihm fremd und unbegreiflich gewesen. Jetzt betrachtete er Bernards Ende als eine weise, ganz normale Handlung. Er hatte plötzlich begriffen, daß der Tod ein Teil des Lebens war, und der Tod hatte für ihn nichts Schreckliches mehr.

Er ging über die Wiese bis zu einem Baum, mit komisch stelzendem Gang – er wollte die Blumen nicht zertreten. Der Baum erinnerte ihn an Fleurie, an das Zusammensein mit Jeannette.

„Schaun wir selig das Schiff des Vergessens,
Die Gefilde elysischer Freuden."

Da war es, das Vergessen, das Elysium!

Es war ein seltsamer Anblick – der alte Mann im langen Mantel, beleibt und schwerfällig, wie er über die Wiese stapfte, mit den Armen fuchtelte und vor sich hin murmelte: „Korn ... Liebe ... Kälte ..." Aber es gab weit und breit keinen Menschen, der sich hätte wundern können. Nur weit weg auf einem Berg entfachten Hirten ein Feuer; zu ihnen war weder das Krächzen des Radios noch die Agonie der Flüchtlinge gedrungen, sie lebten noch im Frieden der Vergangenheit.

Die Sonne versank hinter dem Berg. Und der Tod war plötzlich ganz nahe, er war wie ein leichter Nebel. Und dieser Nebel lebte, zitterte, bewegte sich vorwärts wie eine Schafherde. Dessère lächelte zerstreut, zog aus der Hosentasche einen großen Revolver und preßte die Mündung – wie ein Verdurstender bei glühender Hitze die Feldflasche – gierig an die Lippen.

Das Echo des Schusses hallte noch lange. Die Hirten horchten auf: Nun kam der verfluchte Krieg auch zu ihnen.

36

Es war schon Ende Juni, doch die Wiesen des Limousin leuchteten noch zartgrün wie im Mai. Stundenlang betrachtete Lucien dieses Grün: es wirkte so beruhigend. Dann stand er auf und lief ziellos weiter. Am liebsten hätte er sich unter eine große Esche gelegt und geschlafen; aber der Hunger trieb ihn hoch. Das letzte lebendige Gefühl! dachte er lächelnd. Er ernährte sich von Möhren und Zuckerrüben. Manchmal teilte ein Soldat, schmutzig und unrasiert wie er, mit ihm sein Brot. Manchmal bekam er in einem Dorf eine Schale frischgemolkener Milch, und der warme Stallgeruch – früher hätte er ihm Übelkeit bereitet – schien ihm wie ein Wunder, ein Überbleibsel seiner verflossenen Jugend, ein Geruch des Lebens.

Lucien hatte sich einen Stock geschnitzt. Noch vor einer Woche war er Soldat des 87. Linienregiments gewesen. Aber die Armee gab es nicht mehr, und Lucien betrachtete sich als Landstreicher. In einem kleinen Dorf hörte er im Radio die Rede seines Vaters über den Waffenstillstand. Eine alte Frau neben Lucien sagte: „Zu Ende? Ein Glück!" Und sie trieb ihr Schwein weiter, das rosig war wie ein Aktgemälde. Die Soldaten fluchten; Lucien aber lauschte bestürzt dem Klang der Stimme. Ja, das war die Stimme seines Vaters ... Seine ferne Kindheit tauchte vor ihm auf. Der Vater sagte am Bett des kranken Lucien: „Amélie, mein Kätzchen, verzweifle nicht! Die Wissenschaft ist allmächtig." Jetzt sagte Tessat: „Die Seele ist unsterblich." Jeannette aber wollte leben ... Die deutschen Flieger mußten verflucht starke Nerven haben – sie zielten direkt auf Frauen und Kinder ... Sein Vater hatte also von Breteuil Absolution bekommen. Von Hitler bekommt er vielleicht das Eiserne Kreuz ... Lucien gähnte ausgiebig. Ob er wohl irgendwo Milch bekäme? Aber vor ihm hatten schon Tausende Soldaten dieses Dörfchen passiert.

Die Bauern hatten ängstlich ihre Haustüren verriegelt, und die alte Frau, die er einholte, hielt die Hände über das rosige, gleichgültig blinzelnde Schwein und kreischte: „Ich habe nichts, nein, gar nichts!“

An diesem Abend war Lucien besonders hungrig. Er drohte der Alten mit dem Gewehr. Sie hörte auf zu kreischen, umpreßte aber noch fester den Strick, an dem sie das Schwein hielt, und flüsterte: „Ich gebe es nicht her!“ Lucien spuckte aus. „Zuviel Scherereien!“ Er meinte nicht die Alte, sondern das Schwein.

Lucien ging weiter. Etwas abseits von der Straße lag ein Gehöft. Die Fensterläden waren fest geschlossen. Die Bauern fürchteten sich, nachts auch nur hinauszuschauen. Nur die Hunde bellten ohne Unterlaß. „Gebt mir Brot, ihr Schufte!“ rief Lucien. Keine Antwort. Die Hunde bellten wie von Sinnen. Lucien blieb eine Weile stehen, dann ging er zum Flüßchen hinab. Er trank das lauwarme, schlammig riechende Wasser und legte sich unter ein Schutzdach. Eine Frauenstimme weckte ihn: „Soldat! He, Soldat!“ Vor ihm stand ein junges Mädchen. Sie trug einen Männermantel über dem Nachthemd. Im hellen Mondlicht betrachtete Lucien aufmerksam das Bauernmädchen. Er dachte sogar: Ganz hübsch ... Die lebhaften Augen und die Stupsnase verliehen ihr eine gewisse Fröhlichkeit, obwohl ihr durchaus nicht fröhlich zumute war. „Soldat!“ rief sie wieder ängstlich. „Schläfst du, Soldat?“ Sie brachte Lucien ein großes Brot und ein Stück Speck.

„Ich habe gewartet, bis die Bäuerin eingeschlafen ist ... Den Speck hat sie liegenlassen, die anderen Lebensmittel sind in der Vorratskammer ... Ich habe dich im Hof stehen sehen ... Der Bauer ist kein schlechter Mensch; aber es kommen so viele von euch; er sagt: ‚Wir werden selber noch vor Hunger verrecken.‘ Ich habe dich zum Flüßchen gehen sehen. Und als sie im Bett waren, habe ich das genommen und bin losgerannt.“

Lucien antwortete nicht, er holte sein Messer heraus und konzentrierte sich ganz aufs Essen. Das Mädchen blieb stehen. Er aß lange; zwar war er schon satt, aber er mochte nicht aufhören. Noch ganz benommen von Müdigkeit und Schlaf fragte er: „Die Tochter?“

„Nein, die Magd ...“

Endlich hörte er auf zu essen, wischte das Messer an der Erde ab und sah das Mädchen schweigend an. Er fing ihre begeisterten Blicke auf und wunderte sich – er hatte gedacht, alle müßten vor ihm Angst kriegen. Sein Gesicht war voll rötlicher Bartstoppeln. Seine grünen Augen leuchteten. Der Mantel roch nach Staub und Schweiß. Er forderte sie mit einer Handbewegung auf, sich neben ihn zu setzen. Das Mädchen setzte sich. Sie war ziemlich klein, einen Kopf kleiner als Lucien. Ruhig und bedächtig legte er seinen linken Arm um ihren Nacken, bog ihren Kopf behutsam zurück und küßte sie. Ihm war, als tränke er Wasser. Sie aber küßte ihn leidenschaftlich und immer wieder und sagte dann, als sie im Gras lagen: „Soldat! Ach, Soldat!"

Es wurde schon hell. Das Mädchen hatte es plötzlich eilig. „Die Bäuerin wird bald aufwachen."

„Wie heißt du?" fragte er.

„Jeanne Prélisse."

Luciens Herz schlug heftig, er streichelte zärtlich ihre rote, rauhe Hand, bewegte die Lippen, um ihr etwas Liebes zu sagen, brachte aber kein Wort hervor. „Jeannette ...", sagte er schließlich.

„Und wie heißt du?"

„Lucien."

„Und weiter?"

„Lucien Duval."

Er schüttelte die Erde von seinem Mantel und ging, ohne sich umzudrehen, zur Straße. Diese Nacht am Flüßchen war eine unfaßbare Gnade des Schicksals, der Traum eines Verurteilten. Jetzt war er erwacht. Duval, Durand, Prélisse oder sonst ein Name – nur nicht Tessat! Selbst unter der Folter hätte er es nicht zugegeben. Natürlich, er brauchte nur zu sagen, daß er der Sohn Tessats sei, sofort würde man ihm zu essen und Kleidung geben und ihn im Auto nach Vichy bringen. Aber eher würde er die Alte umbringen, die mit dem Schwein.

Ein Soldat kam ihm entgegen, ebenfalls mit einem Stock in der Hand. Sie zwinkerten sich zu. Der Soldat meinte scherzend: „Der Marschall hat seine Armee verloren."

„Wie eine Stecknadel."

Und sie gingen in verschiedenen Richtungen weiter – ein neuer Tag brach an, man mußte sich etwas zu essen suchen.

Doch der Marschall Pétain dachte gar nicht an die Armee. Am

Tag zuvor hatte er sich in einer bedeutsamen Rede an die französische Nation gewandt. Er wollte keinem etwas vormachen, wiederholte brummig: „Hofft nicht auf den Staat. Der Staat wird euch nichts geben. Hofft auf eure Kinder. Erzieht sie im Geiste der Religion und der Familie. Sie werden euch eine Stütze sein ..." Tessat hörte die Rede des Marschalls und wurde zuerst ganz traurig: Ihm würde niemand eine Stütze sein – weder der Trunkenbold Lucien noch die hochmütige Denise ... Aber einige Minuten später flüsterte er Laval spöttisch zu: „Logisch – mit fünfundachtzig, zumal ihn selber nicht seine Kinder ernähren, sondern der Staat."

Um die Soldaten kümmerte sich niemand. Die Minister waren damit beschäftigt, ihre nomadisierenden Beamten unterzubringen, eine Delegation unter Leitung Breteuils nach Paris zu entsenden, die neue Verfassung auszuarbeiten, das Kriegsmaterial an die Deutschen abzuliefern und die Anhänger des Widerstands zu bekämpfen. Die Armee zerfiel von allein. Es fuhren keine Züge. Die Soldaten, die in der nichtbesetzten Zone zu Hause waren, wanderten auf den Landstraßen nach Süden, die Pariser und die Nordfranzosen wurden zu Vagabunden. Die Bauern flehten die Gendarmen an, sie vor den Soldaten zu schützen.

Lucien kletterte einen Berg hinauf. Er ließ sich auf einer Wiese nieder und blieb den ganzen Tag dort liegen. Es war nicht heiß, die Sonne versteckte sich immer wieder hinter runden flaumigen Wolken. Die Wolken trieben nach Osten, zu den zwei grauen Türmen der nächsten Stadt. Fasziniert beobachtete Lucien die Bewegung der Wolken. Er dachte an nichts Bestimmtes, versuchte nicht, Bilder der Vergangenheit heraufzubeschwören, doch der Zug der Wolken ließ ihn den Lauf der Zeit empfinden. Lucien durchlebte gleichsam noch einmal sein kurzes, aber bewegtes Leben. Alles vermischte sich: Henris Tod, Jeannettes Augen, als sie vor der Apotheke stand, das Meer hinter den Dünen und der leichte Nebel über den beiden Türmen. Und als die Sonne unterging und in der schnell hereinbrechenden Dämmerung die Wolken verschwanden, kam es ihm vor, als sei sein Leben zu Ende. Er erschauerte – vor Kälte und vor Angst. Früher hatte er nie Angst vor dem Tod gehabt. Weshalb fürchtete er ihn dann jetzt, an diesem feuchten Abend auf dem Berg, unter den trüben, verschwommenen Sternen? Er begriff es selbst nicht und schrie plötzlich: „Was zu fressen!“ Er hatte heute noch nichts gegessen. Höchste Zeit, sich etwas zu beschaffen.

Lucien stieg ins Tal hinab. Zwischen den Bäumen schimmerte das Licht eines kleinen quadratischen Fensters. Lucien klopfte an und rief: „Brot für einen Soldaten!“ Niemand antwortete.

Es war das Haus des alten Serjet, eines Tyrannen, der seine Frau zu Tode gequält hatte, weil sie zur Beichte gegangen war. Er hatte Bullenkräfte, konnte Kupfergeld mit der Hand biegen und hauste wie ein Bär in seiner Höhle. Er wohnte allein mit einer jungen, völlig verängstigten Magd, die, immer wenn ihr Herr sie ausschimpfte, den Schluckauf bekam. Serjets ältester Sohn war schon vor langer Zeit nach Kanada gegangen, und der Jüngste wohnte im Nachbardorf bei seinem Schwiegervater; vor einem Monat hatte er die Einberufung bekommen, obwohl er als Linkshänder eigentlich untauglich war. Das Schicksal hatte Lucien ausgerechnet zu Serjets Häuschen verschlagen.

Lucien hämmerte gegen die Tür. „Gebt mir Brot!“ Aus einem anderen Fenster roch es nach Kohl und Zwiebeln, die Magd kochte eine Suppe. Dieser Geruch brachte Lucien um den Verstand. Wut stieg in ihm auf. Das erleuchtete Fenster aber blieb stumm, und das war unerträglich. Sollten sie schimpfen, ihn davonjagen – aber wie konnten sie es wagen zu schweigen? Für wen, zum Teufel, hatte er denn gekämpft?

Lucien preßte das Gesicht an die Scheibe. Hinter der Gardine tauchte flüchtig das Gesicht eines alten Mannes auf, das Lucien an Breteuil erinnerte. In Wirklichkeit hatte Serjet nicht die geringste Ähnlichkeit mit dem Führer der Getreuen; das war Lucien in seiner Wut nur so vorgekommen. Er trat ein paar Schritte vom Haus zurück und brüllte: „Mach auf, du Schweinehund! Oder ich schieße!“

Er wollte tatsächlich auf das abscheuliche helle Fensterquadrat zielen; aber da krachte ein Schuß. Lucien machte eine halbe Drehung wie beim Tanz und brach zusammen.

Er fiel wortlos zu Boden. Nicht er schrie, sondern Serjet begann fürchterlich zu schreien. Hätten Menschen in der Nähe gewohnt, so wären sie zusammengelaufen; aber das Häuschen stand einsam in dem öden Tal, und nur das Echo antwortete. In der Küche bekam die Magd, halbtot vor Schreck, den Schluckauf.

Serjet warf sein Jagdgewehr weg, mit dem er einst auf Wildschweinjagd gegangen war, und lief zu Lucien. Nach kurzem Todeskampf starb Lucien. Der dunstige Mond übergoß Luciens Wangen mit grünlichem Licht; seine Augen leuchteten wie bei einer Katze, und sein Haar schimmerte feurigrot, als stände es in Flammen. In diesem Augenblick glich Lucien einem schönen Räuber auf einem Kitschbild, und das Blut auf seinem Mantel – Serjet hatte eine Laterne geholt – sah aus wie frische Ölfarbe.

Serjet stellte die Laterne auf die Erde und setzte sich daneben; so blieb er bis Mitternacht sitzen; er wollte rauchen, holte auch schon den Tabakbeutel hervor, vergaß es dann aber. Reglos saß er da, nur sein großer Kopf mit den grauen, zottigen Haarsträhnen zitterte leicht.

Die Magd kam heraus; sie trat ängstlich an den Toten heran und schrie auf: „So ein schöner Mann!" Und wieder begann der Schluckauf sie zu quälen. Serjet fuhr sie barsch an: „Halt den Mund!" Sie wollte weggehen, doch er befahl: „Bleib hier!" Dann stand er auf und sagte mit fremder, kalter Stimme: „Banditen! Und wer ist er? Ein Soldat ... Ein Franzose." Und plötzlich erbleichte die Magd vor Entsetzen: Ihr Herr warf sich über den Toten und heulte: „Pierrot ... Mein Junge!"

Am nächsten Morgen wurde ein Protokoll aufgesetzt. Serjet unterschrieb und sagte: „Führt mich ab!" Aber die Gendarmen hatten ohnehin genug um die Ohren. Der Wachtmeister antwortete: „Der Fall wird untersucht. Wenn nötig, wirst du vorgeladen." Sie durchsuchten den Toten, fanden jedoch keine Papiere und schrieben ins Protokoll: „Ein Unbekannter in Soldatenuniform." Plötzlich schrie die Magd auf: „Ich hab was gefunden!" Sie zeigte dem Wachtmeister einen Zettel, den sie in der Brusttasche des Hemdes entdeckt hatte. Der Wachtmeister entfaltete das Blatt, auf dem in akkurater Schrift drei Worte standen: „Frankreich. Jeannette. Scheiße." Der Wachtmeister spuckte aus. „Banditen!"

37

Denise hielt sich bei Clémence versteckt. Die alte Frau war nur deshalb in Paris geblieben. Weder Trommelwirbel noch Gesang drangen in die bucklige Straße. Die Stille schien unerträglich.

Denise war oft drauf und dran, hinauszulaufen; aber Clémence hielt sie zurück: „Warte lieber! Niemand ist auf der Straße. Du würdest sofort auffallen!"

Clémence zog jeden Morgen mit einer Basttasche los und besorgte Brot, Gemüse, manchmal auch Fleisch. Sie kochte mit Hingabe das Mittagessen; es kam ihr vor, als verwöhne sie ihren Jeannot.

„Die Devilles sind wieder da und auch Rousseau mit seiner Frau", erzählte Clémence. „Es heißt, viele kämen zurück. Deville fragte weinend: ‚Und die Kommunisten?' Ich antwortete ihm: ‚Die Kommunisten sind in der Illegalität. Mehr weiß ich nicht. Aber die geben nicht auf.' Was soll ich sonst sagen? Aber das genügt ihnen nicht. Sie sagen: ‚Worauf sollen wir jetzt noch hoffen?' Unter den Deutschen will keiner leben. Nimm doch Wurst, sie schmeckt gut. Butter gibt es nicht. Bald wird es gar nichts mehr geben. Die Deutschen schleppen alles raus. Sie haben Geld in Hülle und Fülle. Sie drucken es und verteilen es unter die Soldaten. Ich hab gesehen, wie die Offiziersburschen Kisten aus den Läden trugen. Alles nehmen sie mit: Kaffee, Strümpfe, Schuhe. Lang doch zu! Wer weiß ... bald werden wir nichts mehr zu essen haben. Aber du brauchst viel Kraft. Deville hat ganz richtig gesagt: ‚Die Kommunisten sind jetzt unsere einzige Hoffnung.' "

Als die Panik begann, bekam Denise den Auftrag, in Paris zu bleiben und über Gaston Verbindung zur Partei zu halten.

Kurz vor dem Einmarsch der Deutschen ging Denise zu der angegebenen Adresse. Eine verweinte Frau öffnete ihr und sagte: „Gaston haben sie abgeholt. Ich gehe zu Fuß los." Denise suchte alle Genossen auf: überall verschlossene Türen. Waren sie weggefahren oder untergetaucht?

Das Schlimmste war die Untätigkeit. Die Zeit wollte nicht vergehen. Nachts hätte Denise am liebsten die Wanduhr zertrümmert – sie tickte und tickte ... Und in den Ausguß tropfte das Wasser – Tropfen um Tropfen.

Was war mit Michaud? Sie würde sterben, ohne zu erfahren, ob er noch lebte, würde nie mehr sein „Und ob!" hören. Sie hätten zusammen sein, hätten glücklich sein können. Nun gab es nichts mehr, kein Wiedersehen, kein Leben. In Paris waren die Deutschen einmarschiert. Man mußte es sich immer wieder sagen, um es zu glauben. Aber Michaud war nicht da, vielleicht war er gefallen. Oder in Gefangenschaft... Entsetzlich, denen lebend in die Hände zu fallen! Sie hatten ganze Armeen gefangengenommen.

Endlos lang wurde ihr die Juninacht, und im Halbschlaf sagte Denise immer wieder vor sich hin: „Michaud! Michaud!"

Plötzlich fiel ihr etwas ein: Claude hatte ihr gesagt, daß er in Paris bleibe. Sie mußte Claude finden. Denise erinnerte sich, daß sie ihm nach der Verhaftungswelle im Mai ein Zimmer besorgt hatte. Vielleicht war er dort.

Clemence umarmte sie, als ginge Denise auf eine große Reise. „Schmink dir die Lippen knallrot", sagte sie, „solche Frauen erregen keinen Verdacht."

Denise mußte durch das Stadtzentrum. Als sie den ersten Deutschen sah, wich sie zurück, fast wäre sie weggelaufen. Was für eine widerliche Visage! Und auf dem Ärmel ein Hakenkreuz... Doch sie durfte nicht die Nerven verlieren. Jetzt galt es, sich zu maskieren, zu verstellen... Sie ging weiter und hatte nur einen Gedanken: Sie würde Claude finden und die illegale Arbeit aufnehmen.

Da waren auch schon die Boulevards! Denise bemühte sich, weder nach rechts noch links zu blicken, tat es aber doch. Auf den Terrassen der großen Cafes saßen deutsche Offiziere mit Prostituierten. Die Frauen waren leicht gekleidet wie am Strand – barfuß, in Sandalen, die Fußnägel rubinrot lackiert. Sie lachten, tranken Champagner, prosteten sich zu. In den Schaufenstern lagen Wörterbücher und Stadtführer von Paris in deutscher Sprache. Händler boten den Soldaten Souvenirs an – winzige Modelle des Eiffelturms, Broschen, Ansichtskarten, obszöne Fotos. Der Handel blühte. Man rechnete Francs in Mark um. Die Zeitungsverkäufer riefen: „Matin!" – „Victoire!"

Denise kaufte eine Zeitung und schlug sie auf: „Unsere liebenswürdigen Gäste wissen zweifellos die Erlesenheit der Pariser Küche zu schätzen..." Und eine Annonce: „Habe zwei Fakultäten absolviert. Spreche Deutsch. Suche Stellung als Kellner." Sie warf die Zeitung weg.

In der besetzten, verödeten Stadt vollzog sich das fragwürdige, schemenhafte Leben von Larven, von Totengräberkäfern. Alles wurde zu Markte getragen: Bilder, Hemden, ein Lächeln, das letzte bißchen Ehre. Und das ist Paris? dachte Denise voller Abscheu.

Sie hatte das linke Seineufer erreicht und lief durch leere Straßen: menschenleere Straßen wirken viel länger.

Eine verwunschene Stadt! In den Schaufenstern der verlassenen Geschäfte vertraute Dinge: Krawatten, Spielzeug, Gläser mit Bonbons. Ein Regenschirm lehnte wie ein Greis an einer verwunschenen Tür – jemand hatte ihn vergessen. Auf einem Balkon vertrocknete Geranien. Ein Vogelbauer mit einem toten Vogel. Dornröschen, dachte Denise, alles ringsum erinnerte sie an ein Bild aus dem Märchenbuch. Prunkvolle Fassaden, Renaissancestatuen, Säulen im Stil der verschiedenen Ludwigs – früher hatte sie sie nie bemerkt: die Menschen hatten sie verdeckt. Jetzt aber triumphierten die Steine über die Menschen.

Auf dem Boulevard de Port-Royal starrte ein Buckliger zu einer Baumkrone hinauf. Ein Blinder tastete sich mit seinem Stock vorwärts. Ein lahmer Halbwüchsiger humpelte über die Straße. Alle Krüppel, alle Mißgestalten waren aus ihren Höhlen gekrochen; sie hatten nicht fliehen können und bevölkerten jetzt die Stadt.

Die Linden blühten. Es roch nach Sommerfrische. Aufgeschreckte Vögel flatterten hin und her, sie konnten sich nicht an den Motorenlärm gewöhnen: von früh bis in die Nacht kreisten über der okkupierten Stadt deutsche Flugzeuge; sie flogen so tief, als wollten sie jeden Augenblick die Dächer abrasieren.

Alles wie ausgestorben ... Und plötzlich Menschen! Flüchtlinge zogen durch die Straße, auf den Armen erschöpfte, schlaftrunkene Kinder. Vor einer Woche hatten sie die Stadt verlassen, Entsetzen und Hoffnung in den Gesichtern; sie hatten nach dem Weg gefragt, auf die Verräter geschimpft, sich nach dem Leben gesehnt. Und jetzt trotteten sie daher wie Schindmähren zur Schlachtbank. Was hatten sie nicht alles durchmachen müssen in diesen Tagen! Sie hatten im Maschinengewehrfeuer gelegen, hatten Züge gestürmt und an vergifteten Brunnen geweint. Viele hatten ihre Angehörigen, und alle hatten sie die Hoffnung verloren. Als sie losgezogen waren, wußten sie nicht, daß Paris umzingelt war. In Chartres, Orléans oder Gien sahen sie die Deutschen. Man hielt sie an, jagte sie zurück. Sie kehrten in ihre Heimatstadt zurück wie entlaufene Sträflinge in ihr

Gefängnis. Und eine Mutter flüsterte, ängstlich zu den Deutschen blickend, ihrem schreienden Kinde zu: „Still!"

Denise sah an einer Mauer ein Plakat: ein deutscher Soldat mit einem Kind auf dem Arm; eine Frau lächelte ihm vertrauensvoll zu; darunter stand: „Der Beschützer der französischen Bevölkerung!" Und daneben ein altes zerfledertes Theaterprogramm: „Odeon ... Premiere ... ‚Der Widerspenstigen Zähmung'". Die Augen des Deutschen waren strahlendblau. Diese Augen blickten Denise jetzt überall an. Sie wandte sich ab, doch überall tauchten die Augen wieder auf. Sie ging auf die andere Straßenseite – auch dort das gleiche strahlendblaue Email. Denise hielt es nicht mehr aus und schrie auf – die Augen lösten sich von der Wand und kamen auf sie zu. Sie begriff nicht sofort, daß das ein lebendiger Mensch war. Der Leutnant aber schnalzte frivol mit den Lippen.

Denise lief zur Avenue des Gobelins. In der prallen Sonne standen zwanzig oder dreißig Frauen. Plötzlich gerieten Kopftücher, Haarsträhnen und Taschen in Bewegung.

„Sie suchen Soldaten ..."

Die Frauen stürzten zum Nachbarhaus, und bläuliche Magermilch floß auf den Asphalt. Polizisten führten einen jungen Mann heraus. Er trug eine Soldatenhose und eine blaue Arbeiterbluse. Jemand rief: „Laßt die Mutter durch!"

Eine alte Frau – Denise glaubte im ersten Moment, es sei Clémence – lief zu dem Soldaten und umarmte ihn.

„Leb wohl, Mutter!" flüsterte er.

Man stieß ihn in einen Planwagen. Die Mutter sah die verlegenen Polizisten an und sagte streng: „Für die arbeitet ihr also!"

Und wieder die blauen Emailaugen – da tranken sie Kognak, aßen Wurst, lachten schallend.

Denise bog um die Ecke. Hier, hinter der Place d'Italie, begann das Viertel der Armen. Die Häuser, nackt, schmutzig und häßlich, wurden weder von einer lärmenden Menge noch von bunten Schaufenstern verschönt. Auf den Bänken spielten alte Männer Karten. Frauen standen vor der Haustür, immer auf dem Sprung zu verschwinden, sobald Soldaten auftauchten. Aber die Deutschen kamen nicht hierher.

Denise klingelte. Niemand öffnete ... Wer weiß, in den letzten Stunden waren viele Menschen gegen ihren Willen losgezogen, dem Rhythmus der Schritte gehorchend, dem unsinnigen Wunsch der anderen, auszubrechen, wegzulaufen. Vielleicht war Claude auch verhaftet worden – die Deutschen durchsuchten die Häuser. Denise lauschte – kein Geräusch ...

Claude aber stand hinter der Tür, die Hand am Riegel, und litt Qualen: Nun sind sie da! Er öffnete nicht – noch einen Augenblick Freiheit ...

„Du!"

Lange konnten sie kein Wort herausbringen. Schließlich sagte Claude: „Das erleben zu müssen! Ich hätte nicht gedacht, daß es soweit kommt ... Begreifst du – die Deutschen in Paris!"

Denise sah ihn an – eingefallene Wangen, fiebrig glänzende Augen. Kein gutes Zeichen! Ein kärgliches Zimmer – auf dem Tisch eine Scheibe Brot, ein Heft mit Gedichten und das Buch „Wie der Stahl gehärtet wurde".

„Wir müssen etwas tun", sagte Denise. „Hast du Verbindung?"

„Nein. Von unseren Genossen ist nur noch Julien da. Aber wie ihn finden? Ich dachte, er würde mal herkommen. Aber auf der Straße kann er sich nicht sehen lassen – jetzt fällt jeder auf. Sie suchen uns überall. Chiappe ist nicht ohne Grund dageblieben, er arbeitet mit denen zusammen."

„Wir müssen etwas tun, Claude! Die Flüchtlinge kommen zurück, und ihre erste Frage lautet: Was machen die Kommunisten? Wir dürfen nicht warten. Es wäre ein Verbrechen!"

„Einen Vervielfältigungsapparat habe ich, Tinte, Papier; aber wir wissen doch nicht, was wir jetzt schreiben müssen."

Husten quälte ihn. Denise schwieg. Sie begriff die Sinnlosigkeit ihres Vorhabens. Claude war zwar ein guter Genosse, war mutig und zu allem bereit; aber er wußte ebensowenig wie sie. Und sie konnten mit niemand Kontakt aufnehmen.

Sie saß zusammengekauert am Fenster. Vor ihr die ausgestorbene Straße. Und plötzlich wurde sie von Erinnerungen überwältigt. Durch diese Straße waren sie demonstriert. Denise sah rote Tücher auf den Balkons, hörte Gesang. Auf den Bäumen hockten wie die Spatzen kleine Jungen und spektakelten. Frauen hoben die Fäuste. Eine bunte, klingende, vibrierende Menge. An der Spitze der Kolonne schritt Michaud. Denise richtete sich auf. Michaud, du hier? Er antwortete nicht. Er schritt weiter und blickte nach vorn. Sehr groß und zuversichtlich. Er schritt über Schützengräben, über die Deutschen hinweg – Michaud wußte alles, er würde sich nicht irren, würde nicht zurückbleiben. Wie hatte sie denken können, Michaud sei gefallen? Michaud konnte nicht fallen. Michaud schritt vorwärts.

Denise bewegte leise lächelnd die Lippen. „Gib mir Papier, Claude."

Er glaubte, sie wolle Verse schreiben, und ging auf Zehenspitzen in die andere Ecke des Zimmers. Denise aber suchte nach Worten, sie fühlte, daß sie greifbar nahe waren, und doch konnte sie sie nicht finden.

Da tauchte wieder die Frage auf, die sie vorhin auf dem Boulevard bewegt hatte: „Und das ist Paris?" Und plötzlich stürmten die Worte auf sie ein, sie konnte gar nicht so schnell schreiben: „Die Wiege der Revolution ... Die Stadt der Kommune ... Das Herz Frankreichs ..."

Sie meinte die Stimmen der Soldaten zu hören, die, von aller Welt verlassen, durch das Land irrten. Die Stimmen der Gefangenen – sie klopften Steine auf den Straßen, wurden von den Hitlerleuten verhöhnt. Die Stimmen der Flüchtlinge – endlose, furchtbare Straßen – und die Menschen schleppten sich immer weiter ... Sie hörte das französische Volk sprechen. Immer neue Stimmen vernahm sie. Die kleine Frau, allein in der öden Stadt, hörte das Weinen, die Stille, Worte des Zorns und der Hoffnung. Sie schrieb, ohne innezuhalten, wie nach Diktat.

Claude las das Geschriebene und wischte sich verstohlen die Augen, dabei beschmierte er sich das Gesicht – seine Hand war voll lila Tinte. „Denise, das hast du geschrieben?"

„Still!"

Sie lauschte den schweren Schritten einer Streife. Dann schallte es aus einem Lautsprecherwagen: „In die Häuser gehen! Sperrstunde! In die Häuser gehen! Sperrstunde!"

38

Die von Marschall Pétain einberufene Nationalversammlung sollte in Vichy tagen. Für diesen Festakt wurde der Saal des Kasinos hergerichtet. Hier hatte Montigny noch kürzlich gepokert, und Joséphine hatte, um Luciens Charme zu vergessen, mit dem Presseattaché von Venezuela Tango getanzt.

Die Katastrophe hatte einige tausend Kurgäste in Vichy überrascht, die ihr Leberleiden in den Heilquellen kurieren wollten. Im Winter waren mehrere Hotels als Lazarette eingerichtet worden. Jetzt blickten die Verwundeten in ihren Kitteln und die Kranken trübsinnig auf das bunte Menschengewimmel. Vichy war nicht wiederzuerkennen. Nicht nur Senatoren und Abgeordnete waren hergekommen, die gesamte Pariser Hautevolee hatte sich eingefunden: Industrielle, Spekulanten, hohe Beamte, Journalisten, Kokotten. Auf Schritt und Tritt hörte man: „Ach, Sie sind es, Graf ..." – „Jules, du bist auch noch rausgekommen!" – „Aber wo ist denn unser Küken?"

Alles war aufgeregt: Heute war ein großer Tag, der Höhepunkt dieser ungewöhnlichen Saison, die Sitzung der Nationalversammlung. Laval war gegen ein Zeremoniell gewesen; aber Breteuil hatte eine Schwäche für Rituale; es wurde beschlossen, die Dritte Republik mit Pomp zu begraben.

Tessat hatte sich lange auf dieses Ereignis vorbereitet. Sein Optimismus war ungebrochen. Als er sich von den Strapazen der Reise erholt hatte, fühlte er sich wieder gesund und voller Lebenshunger. Er redete sich ein, daß das Vorhaben des Marschalls seinen eigenen Interessen entgegenkäme. Er würde kein Gewählter mehr sein, sondern ein Ernannter, das war weniger aufregend. Dennoch war Tessat tief im Innern beunruhigt. Er dachte unwillkürlich an Dessères Worte: „Arme, alte Wanze". Dessère war zwar übergeschnappt, aber in seinen beleidigenden Worten lag doch ein Körnchen Wahrheit: Man hatte Tessat ausgenutzt, hatte sich hinter seinem tönenden Namen verschanzt, und jetzt wollte man ihn beiseite drängen; wer garantierte ihm denn, daß man ihn morgen nicht hinausjagte? Für die Rechten war er ein Radikaler. In Bordeaux hatten ihm alle zugelächelt, hier aber ging Laval an ihm vorbei und würdigte ihn kaum eines Grußes. Ist die Limonade fertig, wird die ausgepreßte Zitrone weggeworfen.

Tessat war dem Weinen nahe. Er fühlte sich von allen verstoßen. Hatte er nicht Laval unterstützt? Wer hatte dem abscheulichen Spanier Honig ums Maul geschmiert, als es galt, sich mit den Deutschen zu einigen? Wer hatte den Radikalen bewiesen, daß die Bedingungen von Compiègne durchaus annehmbar seien? Sie hatten ein kurzes Gedächtnis! Auch in seiner Familie hatte er kein Verständnis gefunden. Die hochmütige Denise ... Wie hatte er sie geliebt und verwöhnt! Jetzt würden die Deutschen ihr den Kopf abschlagen. Er durfte gar nicht daran denken. Mit Hitler war nicht zu spaßen. Deshalb hatte er auch gesiegt ... Was würde mit Denise werden? Tessat schneuzte sich zweimal. Dann dachte er an Luciens feuerrotes Haar, und er erschauerte ängstlich. Lucien würde Tessats Namen bestimmt beschmutzen. Er war erblich belastet, er kam nach Onkel Robert. Nur war Robert mit vier Jahren davongekommen, Lucien aber war der geborene Verbrecher. Vielleicht war Lucien auch gefallen? Dann würde das Geschlecht der Tessats aussterben. Auch Frankreich würde aussterben ... Tessat machte eine abwehrende Geste. Plötzlich wurde sein Gesicht böse: Diese gemeine Paulette, wahrscheinlich sang sie jetzt ihre Liedchen den Deutschen vor; was kümmerte sie die Nationaltrauer, wenn sie nur einen flotten jungen Kerl hatte ...

Eine Stunde später jedoch war Tessat wie ausgewechselt, und zwar aus folgendem Grunde: Breteuil hatte angerufen und sich nach seinem Befinden erkundigt. Tessat begriff, daß er noch gebraucht wurde. Er weigerte sich zwar, auf der Sitzung gegen die Freimaurer aufzutreten; doch wollte er eine kurze, aber zündende Rede halten. Er hatte herausgefunden, daß in der „Humanité" eine Möbelfabrik inserierte, deren Besitzer ein elsässischer Jude war. Tessat konnte also ausrufen: „Unsichtbare goldene Ketten verbanden das jüdische Kapital mit den Kommunisten. So kam es zu dem verbrecherischen Krieg."

Im letzten Moment jedoch nahm Breteuil ihn beiseite und sagte: „Es ist besser, wenn du nicht sprichst." Tessat blinzelte beleidigt. „Eine Frage des Taktes", erklärte Breteuil. „Die Nerven des Landes sind gereizt, wir müssen auf die Galerie Rücksicht nehmen. Sonst werden nur die alten Geschichten wieder aufgerührt: Stavisky, die Volksfront." Tessat sah das ein, aber seine Miene verfinsterte sich wieder: Er wollte leben, doch unter ihm bebte die Erde.

Ein wenig tröstete ihn Grandel, der am Vortag aus Paris gekommen war. Als er Tessat im Foyer des Kasinos erblickte, eilte er ihm entgegen, war liebenswürdig, erzählte von der Hauptstadt: „In der ersten Zeit waren nur wenig Leute da, aber jetzt füllt sich die Stadt allmählich wieder. Man will sogar die Oper wieder eröffnen. Im allgemeinen haben die Deutschen Ordnung geschafft. Sie benehmen sich gut, keineswegs wie Eroberer."

Einige Abgeordnete kamen heran und hörten Grandel schweigend zu. Ein Senator sagte: „Oho!" Es war nicht ersichtlich, ob ihn Grandels Bericht entzückte oder empörte.

Bergery drückte Tessat kräftig die Hand. „Gut, daß du hier bist und deine Pflicht erfüllst. Ich wußte, daß du Frankreich in dieser schweren Stunde nicht im Stich lassen würdest."

Zum Zeichen der Dankbarkeit neigte Tessat leicht seinen Vogelkopf. Auf der spitzen Nase glänzten kleine Schweißperlen. Bergerys Worte rührten ihn: Es gab also doch noch Leute, die begriffen, welch schweres Kreuz er sich aufgebürdet hatte. War es etwa leicht, einen schmachvollen Waffenstillstand zu unterzeichnen und dann hierher zu kommen, um an der Liquidierung der eigenen Vergangenheit teilzunehmen?

„Ich diene Frankreich", antwortete er. „Übrigens ist Blum hier, Fouger auch. Bin gespannt, was sie bei der Abstimmung machen werden. Vor allem Fouger. Es ist doch kein Pappenstiel, sich auf die Bank zu legen und selbst auszupeitschen. Ha-ha! Aber was bleibt ihm übrig ... Er wird es doch nicht wagen, dagegen zu stimmen. Schade, daß Ducamp nicht hier ist. Dieser Kriegsbrandstifter!"

„Wo ist er?"

„Anscheinend bei den Truppen."

„Sicher hat er sich als erster in Gefangenschaft begeben", warf Grandel ein. „Ich kenne diese ‚Unversöhnlichen'."

„Und wo ist Viard?"

„Keine Ahnung. Nach unserer Abreise aus Tours hat ihn niemand mehr gesehen."

„Ich habe gehört, er sei über Spanien nach Lissabon getürmt."

„Sollten die Spanier ihn durchgelassen haben?"

„Ein Witz: Viard ersucht General Franco um ein Visum."

„Wie es heißt, haben die Spanier an der Grenze Maschinengewehre aufgestellt, und alle, die die Grenze überschreiten, werden in Lager getrieben."

Tessat lächelte. Was war die Geschichte? Eine Quadrille: Vor – zurück, die Herren wechseln die Damen ... Die Spanier hatten Viard wahrscheinlich ins Lager gesteckt. Man konnte sich seine Empörung leicht ausmalen: der Kneifer hüpfte auf der Nase ... Aber seine Gemälde? Sollte er sie wirklich in Avallon gelassen haben?

„Jede Tragödie hat auch etwas Komisches. Mich amüsiert Viards Schicksal. Der muß die Hosen ganz schön vollgehabt haben, wenn er sogar seine Gemäldesammlung im Stich gelassen hat! Können Sie sich sein Gesicht vorstellen?"

„Wenn Sie es nicht können", sagte hinter ihm eine beleidigte Stimme, „so brauchen Sie sich nur umzudrehen. Ich finde deine Ironie deplaciert, Paul."

Tessat war starr: „Du hier, Auguste? Wo kommst du her?"

„Aus Avallon. Warum verblüfft dich meine Anwesenheit so? Ich erfülle wie immer meine Pflicht." Und Viard begann zu beweisen, daß er ein leidenschaftlicher Anhänger der neuen Ordnung sei. „Die Niederlage wird uns kurieren. Wir müssen uns ein Beispiel an den Siegern nehmen. Warum ist Hitler in Paris? Weil er Mut hat. Marschall Pétain hat sich als Neuerer gezeigt. Er geht schon auf die Neunzig; aber er hat Mut. Ich bin der erste, der ihn willkommen heißt!"

Da stutzte selbst Grandel. Tessat aber dachte seufzend: Dieser Fuchs! Er wird alle überlisten.

Schließlich ertönte die Glocke des Präsidenten. Tessat hörte den Rednern nicht zu. Laval hatte jetzt gut reden. Warum hatte er im September geschwiegen? Viard erntete stürmischen Beifall. Blum war wütend. Natürlich würde Blum dagegen stimmen; er hatte ohnehin ausgespielt.

In der Pause umringten die Abgeordneten Grandel. Alle buhlten um seine Gunst. Grandel antwortete lässig: „Gut, ich werde Ihre Angelegenheit mit Abetz besprechen." Tessat dachte an das Schriftstück, das Lucien ihm gestohlen hatte, und er verzog das Gesicht: Immerhin eine Schande, daß ein kleiner Spion zum Retter Frankreichs geworden war.

Nach der Pause ergriff Breteuil das Wort. Er sprach über die Sittenlosigkeit, über die „große Sühne", beschimpfte die Engländer und erklärte zum Schluß feierlich und mit vorgestreckter Hand: „Die Sieger haben Großmut bewiesen." Tessat gähnte. Dieser alte Heuchler! Sein Lothringen war übrigens den Deutschen zugefallen ... Ein Zirkus! Und obendrein noch langweilig ...

Plötzlich geriet alles in Bewegung: Fouger trat ans Rednerpult und schrie gleich los: „Während die Feinde des Vaterlandes und die Kleinmütigen ihre Hand erheben ..."

Man ließ ihn nicht ausreden. Die Abstimmung begann. Eine halbe Stunde später verkündete der Präsident: „Dafür – fünfhundertneunundsechzig, dagegen – achtzig."

Eine unbegreifliche Müdigkeit überkam Tessat, als hätte er eine sehr lange Rede gehalten. Im Garten schrien die Damen: „Es lebe Laval!" Tessat empfand nicht einmal Neid. Er hatte Kopfschmerzen. Niedergeschlagen trottete er zum Hotel.

Das Schicksal war ihm gnädig: Im Salon erblickte er eine bildhübsche Unbekannte mit hohem Busen und zinnoberroten Lippen. Sie erinnerte ihn an Paulette. Er lebte auf, ging auf die Unbekannte zu und merkte erst jetzt, daß sie Tränen in den Augen hatte.

Weinende Frauen fand Tessat immer besonders reizvoll. Erregt begann er von den Leiden Frankreichs zu sprechen. Sie nickte. „Ich als Minister ..." flocht er bescheiden ein. Die Unbekannte lächelte und schilderte ihm ihren Leidensweg: In Nevers sei ihr ein Koffer abhanden gekommen; ihre alte Mutter säße noch in Paris; hier habe sie ihren Onkel gesucht, der im Handelsministerium arbeite; aber er sei offenbar in Clermont-Ferrand geblieben. Sie wisse sich keinen Rat, habe nur noch hundert Franc in der Tasche.

Tessat tröstete sie und damit zugleich sich selbst. Beim Abendessen war er ausgelassen und geistreich. Sie tranken Champagner – zuerst „Auf das ewige Frankreich", dann „Auf die ewige Liebe".

In der Nacht sagte er vergnügt: „Du wirst nie erraten, Püppchen, wie alt ich bin."

„Fünfzig?"

Er drohte ihr lachend mit dem Finger. „Nein, Püppchen, in der Liebe bin ich achtzehn. In Wirklichkeit aber ... Jedenfalls könnte der Marschall mein Vater sein."

Plötzlich waren ihm alle Ereignisse dieses historischen Tages wieder gegenwärtig: der harte Blick Breteuils, die Gerissenheit Viards, der Bart Fougers, die abscheuliche Zahl „achtzig". Diese achtzig Reinlichkeitsfanatiker! Sie würden wahrscheinlich in ihren Memoiren schreiben, daß sie gegen die „Kapitulation" protestiert hätten. In den Augen der Nachwelt würde dieser langweilige Tag wie ein Staatsstreich aussehen. Tessat aber hatte während der Sitzung an Sodbrennen gelitten: Hätte er nur nicht diesen Lammbraten auf indische Art gegessen! Ihm war jetzt noch übel, und der Kopf tat weh. Vielleicht vom Champagner? Tessat richtete sich auf, betrachtete das schlaftrunkene „Püppchen", und Tränen schnürten ihm die Kehle zu. „Weißt du, was sich heute im Kasino abgespielt hat?"

„Der Portier sagte, eine wichtige Sitzung."

„Harakiri ... Das verstehst du nicht? Ich will es dir erklären. Abgeordnete und Senatoren sind zusammengekommen. Laval hat eine Rede gehalten. Er trägt übrigens immer eine weiße Krawatte, Püppchen. Und dann? Dann haben wir Selbstmord verübt. Das glaubst du nicht? Ehrenwort! Wir haben uns für tot erklärt und dazu noch Beifall geklatscht. Fünfhundertneunundsechzig Leichen. Achtzig Wichtigtuer. Das ist alles. Neben dir liegt jetzt das Gespenst Tessat, sein Schatten." Er bekam den Schluckauf und sagte schuldbewußt: „Ich hätte nicht soviel Champagner trinken sollen. Aber jetzt ist ja alles egal: der Totenschein ist ausgestellt."

Die Frau hätte so gern geschlafen, aber sie bezwang ihre Müdigkeit und sagte höflich: „Wozu Trübsal blasen? Sobald die Deutschen aus Paris abziehen, werden wir wieder wie früher leben. Du hast selbst gesagt, daß du im Herzen jung seist. Du ..." Sie gähnte in die vorgehaltene Hand und flüsterte: „Du bist ein guter Liebhaber."

Tessat schüttelte den Kopf. „Nein. Das war einmal ... Jetzt aber ... Ich liebe Klarheit und Logik. Ich will dir offen sagen, was ich bin. Eine Wanze. Eine alte Wanze in einer Ritze."

Er erhob sich und ging unsicheren Schrittes zum Waschbecken.

Fouger verließ in äußerster Erregung das Kasino. Er fuchtelte mit den Armen und murmelte vor sich hin, als spräche er zu unsichtbaren Zuhörern. Diese jämmerlichen Feiglinge hatten die Republik begraben. Wofür waren die Helden von Valmy gefallen? Wofür hatten die Poilus Verdun verteidigt? Schmach und Schande, Bürger! Die Welt würde sich voller Abscheu von Frankreich abwenden, das Hitler die Stiefel leckte.

Natürlich hatte Fouger protestiert. Aber man hatte ihn die Wahrheit nicht sagen lassen. Jetzt ging er ins Hotel. Es war Mittagszeit. Der Kellner würde die Suppe servieren. Dann mußte Fouger seinen Mittagsschlaf halten. Nach den jüngsten Ereignissen schien es ihm unerträglich, ein friedliches Leben zu führen. Er dürstete nach Märtyrertum, nach pfeifenden Bomben, nach der Guillotine. Aber die Leute saßen auf den Caféterrassen und tranken Wermut.

Die ganze Nacht lief er in seinem Zimmer auf und ab; er dachte weder an Marie-Louise noch an seine Söhne; vor Empörung bekam er kaum Luft. Er war nach Koblenz geraten. Ja, Vichy war ein zweites Koblenz. Und wer stand an der Spitze der Verräter? Wenn es noch Laval wäre! Alle wußten, daß Laval eine käufliche Kreatur war, ein habgieriger Auvergner mit der Physiognomie eines Pferdediebs. Auch über Tessat hätte er sich nicht gewundert. Tessat war eine Dirne, die sich aushalten ließ ... Nein, an der Spitze der Verräter stand ein Soldat der Republik, der greise Marschall. Die Armee war für alle Zeiten entehrt. Entehrt war auch das weiße Haupt. Wem konnte man jetzt noch glauben? Alles war bespien, verschleudert, versoffen auf den Terrassen der Cafés: der Ruhm ebenso wie die schlichte Anständigkeit.

Morgen würden sie schreien: „Es leben die Retter Frankreichs, die großmütigen Boches!" Sie würden vor den Preußen kriechen, würden Göring vielleicht zu einer Jeanne d'Arc erheben. Und das war nicht komisch – das war ekelhaft.

Wem sagte Fouger das alles? Den Schmetterlingen auf der Tapete? Seinem trüben Abbild in dem hohen Spiegel? Der Morgendämmerung?

Um neun Uhr klopfte es an die Tür. Die Polizisten trugen Lüsterjacken. Einer sagte: „Haussuchungsbefehl."

Fouger lächelte. „Zeigen Sie mal! Warum nicht in deutscher Sprache? Lernen Sie Deutsch, Messieurs! Schluß mit den Übersetzungen. Ich liebe die Originaltexte. Genieren Sie sich nicht. Sie haben Verdun ja nicht verteidigt ..." Fouger kämmte seinen Bart und setzte den Hut auf. „Ich bin bereit ... Und es lebe die Republik!"

Auf dem Treppenabsatz begegnete er Tessat, der bereits rasiert war und gefrühstückt hatte. Tessat eilte zu einer Sitzung des Advokatenkonsiliums. Als er den Verhafteten sah, blickte er weg. Seine Miene war ernst und feierlich wie bei einer Beerdigung. Fouger ging hinunter und fluchte: „Alles Scheiße, Messieurs! Alles Scheiße!“

39

General Lerideau hatte schon in Paris gesagt: „Einen verlorenen Krieg fortzusetzen ist unsinnig, ich möchte sogar sagen, dilettantisch, so steht's!“

Breteuil hatte Lerideau für die Delegation vorgesehen, die den Waffenstillstand unterzeichnen sollte. Lerideau legte sich mit einer Leberkolik ins Bett. Glück gehabt, dachte er. Sein Name sollte nicht auf so einem traurigen Dokument in die Geschichte eingehen.

Bei der Regierungsumbildung war General Lerideau zum stellvertretenden Minister für Rüstung ernannt worden. Das Ministerium hatte sich in dem kleinen Kurort Bourboule niedergelassen. Als Lerideau erfuhr, daß Bourboule ein Bad für Asthmakranke sei, war er verstimmt. Er wäre lieber nach Vichy gezogen, um dort seine Leber zu kurieren. Obwohl er nicht an Asthma litt, ging er allmorgendlich ins Inhalatorium. Der Krieg ist aus, sagte er sich. Der Wiederaufbau beginnt, eine Kur kann nie schaden.

Er ließ seine Frau kommen, und als er ihren fliederfarbenen Morgenrock sah, strahlte er. Sie wohnten im Hotel, doch sie brachte sofort eine gewisse Häuslichkeit in das ungemütliche Zimmer: Strickzeug, elektrisches Bügeleisen, Gespräche über die Teuerung. Lerideau war glücklich. Das einzig Unangenehme war seine verantwortungsvolle Arbeit: Er mußte den Deutschen entsprechend der Waffenstillstandsvereinbarung sämtliches Kriegsmaterial übergeben. Seufzend sagte er: „Früher glaubte ich, Aufrüstung sei schwierig, nein, Sophie, Abrüstung ist viel schwieriger.“

Er hielt es für seine Pflicht, den Deutschen alles zu unterschlagen, was sich nur unterschlagen ließ. Sein Mitarbeiter war Oberst Moreau, und Lerideau sagte zu ihm: „Wir müssen uns jetzt schon auf das Jahr neunzehnhundertsechzig vorbereiten. Ja, ja! Die Deutschen haben doch auch sofort nach der Niederlage ihre Revanche vorbereitet. Das ist ein Naturgesetz." Lerideau freute sich wie ein Kind, wenn es ihm gelang, dreißig Flakgeschütze vor den Deutschen zu verheimlichen. Moreau aber sagte herablassend lächelnd: „Vergebliche Mühe. Der Mond kann nicht gegen die Sonne kämpfen."

Eines Morgens, Lerideau war gerade aus dem Inhalatorium zurück und trank Kaffee, klopfte es an die Tür. Der General dachte, es sei sein Adjutant oder der Kellner, und rief: „Herein!" Aber herein kam Weiß.

Der ehemalige Radikale aus Colmar war jetzt Lavals Busenfreund und Mitglied der deutsch-französischen Kommission.

Der General hatte noch den Inhalationskittel an und sah aus wie eine Karnevalsfigur. Weiß konnte sich ein Lächeln nicht verkneifen. Lerideau fühlte sich unbehaglich: Ein General muß imponieren. „Wir leben hier wie im Feldlager ... Und mein Adjutant hat wenig Erfahrung."

„Aber ich bitte Sie, General ... Verzeihen Sie meinen frühen Besuch. Ich habe ein dringendes Anliegen."

Eine Viertelstunde später erschien der General in voller Uniform mit sechs Ordensbändern auf der Brust. Weiß fragte ihn ohne Umschweife: „Sagen Sie, General, in Montpellier standen doch zweiundvierzig mittlere Panzer? Aber Sie haben nur sechzehn übergeben."

Lerideau nickte und antwortete mit Genugtuung: „Selbstverständlich. Die Deutschen haben nur sechzehn angegeben."

„Und unsere Unterschrift?"

„Ich denke, Monsieur Weiß, wir erfüllen unsere Pflicht vor unseren Nachfahren, wenn wir anfangen ..."

Weiß unterbrach ihn: „Wozu die großen Worte? Sechzehn sind sechzehn. Zweiundvierzig sind zweiundvierzig. Welche Gründe haben Sie bewogen, sechsundzwanzig Panzer zu unterschlagen?"

„Was heißt das?" schrie Lerideau. „Ich habe meine Pflicht getan. Ich lasse es nicht zu, daß man mit mir wie mit einem grünen Jungen spricht. Ich bin französischer Soldat, Monsieur, so steht's!"

Er erhob sich, und obwohl von kleinerem Wuchs, glaubte er, auf Weiß herabzublicken. Doch Weiß zuckte nur die Achseln. „Sie sind nervös, General. Hier geht es nicht um eine Schlacht, sondern um eine ernste Angelegenheit. Ich werde Ihren Vorgesetzten bitten, Sie in Arithmetik zu unterweisen."

Damit verließ Weiß das Zimmer. Lerideau konnte sich noch lange nicht beruhigen. Er beklagte sich bei Sophie: „Ich verstehe nicht, warum wir unserem gestrigen Gegner sechsundzwanzig Panzer schenken sollen. Da kommt ein Franzose, ein Freund Lavals, ein Mann, der Breteuils Vertrauen genießt, und redet mit mir wie ein deutscher Offizier. Das ist doch unnormal, so steht's!"

Am nächsten Tag begab sich Lerideau zu General Picard. Er hatte einen Bericht geschrieben: Politiker wie Weiß mischten sich in militärische Angelegenheiten, das widerspräche den Weisungen des Marschalls.

Aber Picard sagte nach einer kühlen Begrüßung: „Sie sind offenbar auf de Gaulles Geschwätz hereingefallen. Spätestens Mitte August werden die Deutschen in London sein. Sie sind kein Kind mehr, haben Erfahrung. Ihre militärische Vergangenheit verpflichtet Sie. Sie können es doch nicht mit diesen Verrätern halten."

Lerideau war fassungslos. „Das habe ich nicht verdient", stammelte er.

Picard sah ein, daß er zu weit gegangen war. Sie trennten sich als Freunde. Nach Bourboule zurückgekehrt, begann Lerideau Ordnung zu schaffen. Er brüllte: „Major, Sie sind für die schweren Maschinengewehre verantwortlich! Das sind doch keine Stecknadeln, so steht's! Wir müssen unserem ehemaligen Gegner beweisen, daß wir die übernommenen Verpflichtungen selbst in Kleinigkeiten erfüllen. Bis zum letzten Knopf, Capitaine! Haben Sie mich verstanden?"

Nach dem Abendessen begann Lerideau ein politisches Gespräch mit Moreau: „Der Abenteurer de Gaulle hat sich verrechnet; das habe ich vorausgesehen. Die Deutschen haben ihre Hauptkräfte an der Küste zusammengezogen. Vielleicht werden Sie sagen: ‚Und der Kanal? Ist das etwa nichts?' In Narvik haben die Deutschen alle unsere Vorstellungen von Landungsoperationen über den Haufen geworfen. In einem Monat wird Hitler in London sein, das ist so sicher, wie zwei mal zwei vier ist. Ich finde Lavals Linie richtig. Zwar sollten wir Militärs uns nicht in die Politik einmischen. Doch jetzt geht es nicht um Parlamentsintrigen, sondern um das Schicksal Frankreichs. Ich sage Ihnen ganz offen: Ein Sieg Deutschlands ist für uns von Vorteil. Wir werden in dem neuen Europa einen erstrangigen Platz einnehmen, gleichberechtigt mit Italien. Wenn Hitler England vernichtet hat, bleibt noch Rußland. Die Rote Armee ist natürlich kein Machtfaktor; aber das Riesenland, mein Lieber, das Riesenland! Ich bin überzeugt, daß Hitler ohne unsere Hilfe nicht auskommen wird. Wir werden einige Zugeständnisse aushandeln können. General Picard meint, daß Hitler, wenn er Kiew bekommt, auf Lille verzichten wird. Jetzt stellen Sie sich einmal vor, England siegt. Das wäre eine Katastrophe. Churchill würde uns den separaten Waffenstillstand nie verzeihen. Und de Gaulle paktiert mit zweifelhaften Elementen. Es würde mich nicht wundern, wenn er Verhandlungen mit den Kommunisten aufnähme. Ja, ja, von diesen Leuten ist alles zu erwarten! Ich persönlich ziehe die Deutschen vor – sie sind zwar unsere ehemaligen Gegner, aber sie sind ehrliche Menschen. Möglich, daß Peyrouton oder die Abgeordneten von gestern noch schwanken. Ich habe meine Wahl getroffen. Wir müssen den Deutschen wirksame Hilfe leisten, nicht nur formal, sondern von ganzem Herzen, so steht's! Ihre Meinung, Oberst?"

Moreau antwortete träge: „Ich sagte Ihnen bereits, daß der Mond nur die Sonne reflektiert. Gegen Tatsachen läßt sich schwer streiten. Wenn die Deutschen allerdings geschlagen werden, wird man mit uns nicht viel Umstände machen. Ich finde es auch besser, in Bourboule zu leben, als an einem Baum zu hängen."

Einige Tage später veranstaltete der General ein kleines Picknick. Er fuhr mit Sophie und dem Oberst an einen Bergsee. Sie ließen den Wagen in einem Dorf stehen und stiegen von dort einen Pfad hinauf zum See. Die Landschaft irritierte den General: Die grauen Felsblöcke waren gleichsam in gewollter Unordnung aufgetürmt. Kein Baum, keine Blume milderte die Strenge dieses Anblicks. Nur hier und dort wuchs zwischen den Steinen störrisches Dornengestrüpp, so grau wie alles ringsum. Auch das Wasser war grau. Die Welt nach der Kapitulation, dachte Lerideau. Unwillkürlich erinnerte er sich an den grünen Wald in den Ardennen, an das Mädchen mit den abgerissenen Füßen . . .

Sie hatten einen kalten Imbiß mitgenommen. Moreau überreichte der Gattin des Generals eine Schachtel kandierter Kastanien: „Eine hiesige Spezialität." Die praktische Sophie dachte seufzend: Wahnsinn, in so einer Zeit achtzig Franc für Konfekt zu vergeuden!

Die Sonne kam zum Vorschein. Der See schimmerte jetzt rosig. Lerideau beruhigte sich und wurde sogar sentimental: „Die Natur ist das absolute Gleichgewicht der Gefühle."

Sophie sang leise die Arie der Mignon vor sich hin. Moreau betrachtete sie zärtlich und spöttisch: Mein wirst du sein, mein Hühnchen ... Lerideau schlummerte ein: Die Luft wirkte wie starker Schnaps, aufheiternd und ermattend zugleich.

Es dauerte eine Weile, bis die erregte Stimme des Adjutanten in Lerideaus Bewußtsein drang. Dann aber brüllte er: „Was erlauben Sie sich? Heute ist Sonntag ... Wir sind schließlich nicht an der Front!"

„Herr General, ein Unglück!"

Der Schuldige an dem Vorfall, der die Sonntagsruhe des Generals störte, war der Korporal des 287. Linienregiments und ehemalige Arbeiter des Seine-Werks Legreux.

Bis Mai hatte Legreux in einem Konzentrationslager bei Briançon gesessen. Die Häftlinge mußten Steine einen Berg hinaufschleppen. Wozu, wußte niemand. Legreux empörte sich nicht, stritt nicht mit den Soldaten, die die Häftlinge bewachten. In ihm war etwas zerbrochen. Er war stumm geworden, sein Blick war ausdruckslos und leer, sein Gesicht mit grauen Bartstoppeln bewachsen.

Im Mai wurden die Soldaten unter den Häftlingen plötzlich freigelassen. Ein Oberst hielt eine Rede, in der er mehrmals betonte: „Frankreich ist krank." Die Entlassenen wurden an die italienische Grenze gebracht. Legreux bekam sogar seine Korporalsschulterstücke zurück. Den Wandel seines Schicksals nahm er ziemlich gleichgültig auf. Als er jedoch las, die Deutschen seien in Belgien einmarschiert, erwachte in ihm wieder der Agitator und Kämpfer von einst. Ganz anders hielt er jetzt das Gewehr in der Hand, und er bedauerte nur, daß sein Regiment nicht nach dem Norden geschickt wurde.

Er wollte an die Front; doch an einen erfolgreichen Ausgang des Kampfes glaubte er nicht. Den ganzen Winter im Lager hatte ihn nur ein Gedanke beschäftigt: Man hat Frankreich blind gemacht, hat es irregeführt und zum Narren gehalten, hat aus einem großen Land ein Monaco gemacht. Und diese Schmach hatte ihn so deprimiert, daß er nicht mehr an eine Wiederauferstehung glaubte. Er brauchte nicht mehr lange herumzurätseln: Einen Monat später überfielen die Italiener Frankreich. Legreux' Regiment lag am Kleinen Sankt Bernhard. Legreux verteidigte eine Feuerstellung.

Vier Tage lang dauerte das Trommelfeuer der Italiener; aber die Verteidiger hielten stand. Dann trat eine Kampfpause ein. Heißes Essen wurde gebracht. Zeitungen gab es nicht. Ein Leutnant kam aus Chambéry und erzählte, die Deutschen hätten Paris genommen, niemand wisse, wo sich die französische Regierung aufhalte.

Die Soldaten begannen zu murren: „Vielleicht gibt es gar keine Regierung mehr." – „Wahrscheinlich haben die Faschisten die Macht übernommen, Laval, Doriot, die ganze Bande." – „Also sollen wir für Laval ins Gras beißen? Ohne mich!"

Legreux brauste auf: „Hast wohl Schiß? Für Laval will niemand sterben. Aber woher weißt du denn, daß wir jetzt eine Laval-Regierung haben? Was wird nicht alles geredet! Laval wird nicht weiterkämpfen. Er ist ein Anhänger Mussolinis. Wir wissen nicht, wer dort ist." Legreux zeigte nach Westen. „Aber wer vor uns ist, das wissen wir genau. Da gibt es keinen Zweifel. Macht, was ihr wollt, aber ich werde die Faschisten nicht hereinlassen."

Sekundenlang leuchteten seine leeren Augen auf: vor Kummer und Zorn.

Die Kameraden unterstützten Legreux. Am nächsten Morgen schlugen die Italiener ihnen vor, sich zu ergeben. Die Franzosen lehnten ab. Von aller Welt abgeschnitten, hielten sie sich noch fünf Tage.

Legreux glaubte zu träumen, als er hörte: „Der Waffenstillstand ist unterzeichnet." Dann fluchte er: „Das ist Lavals Werk!" Sie gingen hinaus und sahen zwei Italiener neben einem französischen Oberst. Jemand sagte: „Makkaronifresser!" Legreux verfiel wieder in Apathie. Er schwieg.

Sein Bataillon war zufällig nicht auseinandergefallen. Es lag in Clermont-Ferrand. In der Nähe der Stadt befand sich ein großes Munitionsdepot. Undeutlich, wie Lichtstrahlen durchs Wasser, drangen in Legreux' Bewußtsein die Worte, die der

Major zu Leutnant Brézier sagte: „Am Mittwoch übergeben wir es den Deutschen."

Die Nacht war heiß, der Regen hatte keine Erfrischung gebracht. Legreux stand Wache. Er dachte an Josette. Sie hatte ihm kein einziges Mal geschrieben. Vielleicht hatte sie auch geschrieben, aber die Briefe waren nicht durchgekommen. Und jetzt gab es überhaupt keine Post mehr. Es verkehrten keine Züge. Alles war zusammengebrochen, genau wie Legreux' Leben. Wo war Michaud? Wo die Partei? Vielleicht ganz in der Nähe, im Herzen des Nebenmanns. Vielleicht weit fort ... Was sie vorausgesagt hatten, war eingetroffen: Die Hitlerleute waren ins Land gekommen und hatten hier Freunde, Helfershelfer, Lakaien gefunden. Geradezu unheimlich, wie alles zutraf, was die „Huma" schon vor zwei Jahren geschrieben hatte. Aber wieviel Leid! Das Land war verwüstet. Die Deutschen schleppten alles hinaus: Maschinen, Zucker, Schuhe. Die Gefangenen ließen sie nicht frei. Wenn Michaud ihnen nun in die Hände gefallen war? Jetzt würden sie gegen die Engländer vorgehen. Und dann gegen die Russen. Diese Ratten, diese gierigen Ratten! Sollte wirklich alles zugrunde gehen – Arbeit, Heldentum und das schlichte menschliche Leben?

So begann die Nacht mit endlosen, trübseligen Gedanken. Für Legreux war das nicht die erste qualvolle Nacht. Am Tage versuchte er, mit den Kameraden zu sprechen, stellte mit dumpfer, brüchiger Stimme Fragen, blickte mit leeren Augen. Die Leute schwiegen; alle waren von den Ereignissen erschüttert und deprimiert. Sie suchten ihre Angehörigen, suchten ein Obdach und Brot; niemand sann über die Tragödie nach – alle durchlebten sie.

Doch als die Morgendämmerung die Bäume auseinanderschob, hatte Legreux einen Entschluß gefaßt. Er war ganz von selbst gekommen, war weder abgewogen noch überprüft. Das Herz hatte ihn diktiert. Er war das Ergebnis all dieser Wahnsinnswochen, der sinnlosen Verteidigung der Feuerstellung, der Klagen der Flüchtlinge, der Erzählungen der um die Stadt herumirrenden, obdachlosen und hungrigen Soldaten, der unverschämten, feigen Worte des Majors: „Am Mittwoch übergeben wir es." Nein, sie würden nichts übergeben, und die Deutschen würden nichts kriegen!

Legreux schickte die drei anderen Soldaten in die Stadt. Leutnant Brézier übernachtete zu Hause. Ringsum war keine Menschenseele. Legreux starb allein; er starb schlicht, bescheiden, aufrichtig, wie er gelebt hatte. Die Explosion erschütterte die ganze Umgebung. Die Vögel schwirrten von den Bäumen auf. In der drei Kilometer vom Munitionsdepot entfernten Ziegelei klirrten die Fensterscheiben.

Als General Lerideau von dem Vorfall erfuhr, bedeckte er das Gesicht mit der Hand. Die Explosion war für ihn eine größere Katastrophe als die Niederlage Frankreichs. Für die Explosion würde man ihn zur Verantwortung ziehen. Die Deutschen würden nie glauben, daß es die Tat eines Verbrechers war. Und Picard würde alles auf Lerideau abwälzen.

Lerideau sah plötzlich wieder den tristen, grauen See vor sich, die aufgehäuften Steine, und er sagte zu Sophie: „Alles gesprengt. Alles zerbombt. Sogar die Natur. Sogar das Herz."

40

Joliot hatte wieder Fuß gefaßt: „La Voie Nouvelle" erschien wieder in Paris. Aus Vichy kamen Francs, die Deutschen zahlten in Mark. Aber der Dickwanst beklagte sich über den Deutschen Sieburg, er sei ein Geizhals und stinke. „Sperren Sie ihn zu einem Iltis in den Käfig, selbst der Iltis würde ersticken."

General von Schaumberg war Joliot gewogen. Ihm gefielen die Unbekümmertheit und das buntschillernde Äußere des Marseillers. Joliot aber verblaßte und verbitterte immer mehr; darüber konnte auch das rosa Hemd nicht hinwegtäuschen. Er scherzte kaum noch und wurde ungesellig. Wenn er aus der Redaktion nach Hause kam, setzte er sich angekleidet aufs Bett und schwieg. Fragte seine Frau ihn, was er habe, so schüttelte er nur den Kopf und antwortete: „Nichts."

Gestern war Breteuil in die Redaktion gekommen. Ohne seinen Artikel zu lesen, schrieb Joliot darauf: „In den Satz", und zu Breteuil sagte er: „Es steht so schlecht, daß ich bald anfangen werde zu beten." Joliot ersann keine sensationellen Schlagzeilen mehr. Wozu sich anstrengen? Die Zeitung las ohnehin niemand – den Parisern war sie zuwider, und die Deutschen hatten ihre eigenen Zeitungen. Joliot erhielt des öfteren Artikel, die unbeholfen aus dem Deutschen übersetzt waren; er ersetzte das Wort „wir“ durch „die Deutschen“; denn „La Voie Nouvelle“ sollte wie ein französisches Blatt aussehen. Dafür wurde Joliot bezahlt. Und Breteuil? Wahrscheinlich wurde auch Breteuil bezahlt. Aber wofür? Wer brauchte diesen Breteuil jetzt noch? Sonderbar, diese Erinnerungen: sechster Februar, die Getreuen, die Reden in der Kammer ... All das war Vergangenheit. Damals gab es ein Frankreich. Heute aber saß in der Redaktion ein Oberleutnant Frank, er hatte rötliche Augen wie ein weißes Kaninchen, ein pedantischer und bösartiger Mann.

„Breteuil ist zurückgekommen“, sagte Joliot zu seiner Frau. „Bald werden sie alle wieder da sein – Laval, Tessat und wie sie alle heißen.“

Seine Frau seufzte. „Uns wird es dadurch auch nicht besser gehen. Ich habe heute die ganze Stadt abgeklappert – keine Seife. Überhaupt nichts gibt es mehr. Sie haben alles weggeschleppt.“

„Typisch. Aber wo soll man hin? In Marseille ist es nicht anders. Diese Ratten fressen Europa wie einen Käse. Breteuil sagte, Dessère habe sich erschossen. Irgendwo in der Auvergne. Die Heldentat von heute – statt Marne und Verdun. Komisch! Weißt du, was mir für ein Gedanke gekommen ist? Wenn sie nun“, Joliot schloß das Fenster und begann zu flüstern, „wenn sie am Ende doch noch geschlagen werden? Stell dir den unglaublichen Skandal vor! An einem einzigen Abend würden fünf Millionen Extrablätter verkauft werden ... Und Breteuil würde hängen.“

„Was faselst du da? Wenn die Engländer siegen, geht's dir auch an den Kragen.“

Joliot nickte fröhlich. „Ganz bestimmt! Und trotzdem wäre es gut ... Wie man ihnen den Kopf abschlagen wird, ach, du lieber Gott! Allein dafür lohnte es sich, am Laternenpfahl zu hängen.“

Joliot begab sich in die Redaktion. Unterwegs beschloß er, einen Aperitif zu trinken – solange sie noch nicht alles weggesoffen haben! Er suchte ein kleines Café in einer Seitenstraße auf. Hierher kamen wohl keine Deutschen.

Eine junge Kellnerin mit tränengeschwollenen Augen brachte

ihm ein Glas Pastis. Joliot zog eine Zeitung aus der Tasche. Aber er las nicht und dachte auch an nichts; er verfiel jetzt oft in Apathie, und dann war ihm, als triebe er irgendwohin.

Die Tür knarrte. Ein deutscher Offizier mit wuchtigem Unterkiefer und trüben Augen kam herein. Er grüßte höflich. Niemand erwiderte seinen Gruß. Die Kellnerin brachte ihm einen Krug Bier. Der Deutsche lud sie ein, Platz zu nehmen. Sie lehnte schweigend ab. Er trank einen zweiten Krug und wandte sich wieder an das Mädchen: „Warum so schweigsam, meine Schöne? Sagen Sie doch etwas."

Sie hielt das Tablett vors Gesicht und antwortete: „Ich bin Französin, Monsieur."

Der Offizier wurde ärgerlich. Er stand auf und rief, schon an der Tür: „Gucken Sie mal in den Spiegel! Ihre Mama hat mit einem Neger geschlafen."

Die Kellnerin schluchzte noch lange. „Weshalb hatten wir keine Panzer?"

„Wir hatten welche", sagte Joliot. „Tessat hatte sie. Aber weinen hilft nichts. Mit Tränen werden Sie diese Leute nicht vernichten. Das sind Ratten. Die müssen getötet werden. Das ist nicht mein Metier. Nein, ich werde von ihnen bezahlt. Wie alle. Was soll ich denn tun? Nicht mal Marseille ist geblieben. Überhaupt nichts ist geblieben. Nur Boches und Kummer. Hören Sie auf zu weinen! Kassieren Sie lieber – zwei Pastis. Alles kann noch gut ausgehen – ich werde an einer Laterne baumeln, und Sie werden mit irgendeinem Marseiller tanzen. Bei uns in Marseille tanzt man verdammt gut."

41

Breteuil führte Beweise an, appellierte an die Gerechtigkeit, an die Logik. General von Schaumberg blieb undurchdringlich. Er sah Breteuil mit seinen runden, blauen Augen an, stieß Wolken beißenden Zigarrenrauchs aus und wiederholte von Zeit zu Zeit mit tonloser Stimme: „Nein. Nein." Es schien fast, als kenne er von allen Wörtern nur noch dieses eine.

General von Schaumberg war der Meinung, man könne mit den Franzosen nicht ernsthaft reden. Ihm gefiel Joliot. Er soupierte mit den Girls vom Varieté und sagte: „Frankreich ist ein wunderschöner Kurort und Paris ein zauberhaftes Konzertcafé." Breteuil war für den General ein „ernsthafter Franzose", das heißt ein Dummkopf.

Breteuil hatte schon in Bordeaux die Fassung verloren, als er die deutschen Forderungen erfuhr. Er hatte geglaubt, er könne pokern, Karten verschwinden lassen, bluffen; statt dessen wurde er angeschrien. Vor allem befremdete ihn die Forderung, nach dem Waffenstillstand sämtliche Rundfunksendungen einzustellen. „Sie wollen Frankreich stumm machen", sagte er achselzukkend. Dennoch hatte Breteuil in Bordeaux noch ein Fünkchen Hoffnung gehabt: Hitler liebte Äußerlichkeiten, er brauchte die Schmach von Compiègne; früher wurde Blut mit Blut weggewaschen, er wollte Tränen mit Tränen wegspülen; doch eines Tages würde der Siegesrausch vergehen, die deutschen Glocken würden verstummen, die Freudenfeuer auf Deutschlands Bergen niederbrennen, und dann würde eine Verständigung möglich sein. Frankreich war geschlagen; aber es war und blieb eine Großmacht: Es besaß Kolonien und eine Flotte. Hitler aber hatte England am Halse. Er würde sich mit Frankreich gut stellen müssen.

Pétain schickte Breteuil nach Paris: Eine Reihe dringender Probleme mußte gelöst werden. In der unbesetzten Zone hungerten Millionen Obdachloser, und die Deutschen ließen keine Flüchtlinge in die besetzte Zone herein. Die Gefangenen wurden zu schweren Arbeiten gezwungen. Die Verwundeten lagen unter freiem Himmel.

Das alles brachte Breteuil dem General vor. Der hörte ihm aufmerksam zu, doch wenn Breteuil fragte: „Sind Sie einverstanden?", antwortete er gleichgültig: „Nein!"

Als Breteuil erwähnte, daß die Besatzungsbehörden in Lothringen alle französischen Schilder beseitigen ließen, wurde der General etwas lebhafter und sagte: „In Lothringen gibt es keine Besatzungsbehörden, Lothringen ist ein Teil Deutschlands."

Da konnte Breteuil nicht mehr an sich halten; zum ersten Mal erlaubte er sich, vom diplomatischen Ton abzuweichen: „Ich bin ein Lothringer."

Von Schaumberg klopfte vorsichtig die Zigarrenasche ins Tintenfaß und hüllte sich in Schweigen. Breteuil kam auf die Flüchtlingsfrage zurück. Der General reinigte sich gelangweilt die Fingernägel und gähnte. Schließlich beschloß er, dieses nutzlose Gespräch zu beenden: „Ich kann mich nicht mit solchen Details befassen."

„Für uns sind das keine Details. Es geht um Leben oder Tod von Millionen Franzosen. Eine Weigerung der deutschen Behörden würde der Zusammenarbeit beider Völker im Wege stehen. Ich hoffe ..."

„Nein!"

Breteuil erhob sich. Hager und hochgewachsen, hatte er Ähnlichkeit mit einem deutschen Offizier. Von Schaumberg fühlte sich unbehaglich und versuchte sich zu rechtfertigen: „Tut mir leid, daß ich Ihnen nichts Erfreuliches sagen konnte. Wir haben eben unterschiedliche Standpunkte. Sie urteilen als Diplomat. Ich dagegen bin in erster Linie Soldat. Für mich ist Frankreich ein besiegtes Land. Natürlich können wir großmütig sein; aber in Ihren Anliegen sehe ich nichts, was unsere Anteilnahme verdiente."

Der General blickte Breteuil an und fügte gereizt hinzu: „Nein, Monsieur! Nein!"

Erst auf der Straße kam Breteuil wieder zu sich. Von Schaumbergs Stab hatte in einem eleganten Hotel an der Place de la Concorde Quartier bezogen. Breteuil ließ den Blick über den großen, verwaisten Platz schweifen. Überall deutsche Fahnen. Keine Passanten. Am Quai marschierten deutsche Soldaten: links, zwei, drei, vier – links, zwei, drei, vier! Graugrüne Uniformen. Und ringsum schimmerte alles blau: der Himmel, die Seine, die Häuser.

Breteuil dachte an sein Gespräch mit dem General und verzog das Gesicht: Dieser Flegel! Ja, die spielen sich als Sieger auf. Der Sieg war ihnen zu Kopf gestiegen, die würden in zehn Jahren noch nicht nüchtern werden. „Nein! Nein!" Wozu mit so einem über Zusammenarbeit reden. Wir haben sie damals nicht in die Knie zwingen können, und jetzt zwingen sie uns, vor ihnen auf dem Bauch zu kriechen.

Breteuil bog in die Rue Royale ein; in Gedanken versunken, schritt er dahin und hörte nicht, wie ein Posten ihn anrief. Der Deutsche kam angelaufen und brüllte: „Runter vom Trottoir, alter Esel!"

Breteuil trat gehorsam auf den Fahrdamm, dann blieb er stehen und begann zu lachen. Er lachte selten, und sein Gekrächz erschreckte ihn selber.

Zu komisch war das alles: daß man ihn vom Trottoir heruntergejagt hatte, daß er seinerzeit Grinet hatte umbringen lassen, daß Lothringen jetzt eine deutsche Provinz war, daß der General auf alles mit „Nein“ geantwortet hatte. Besonders komisch war, daß es kein Frankreich mehr gab. Es gab Paris – Straßen, Häuser, Schilder; es gab den greisen Marschall, es gab vierzig Millionen arme Teufel. Frankreich aber gab es nicht. Nein! Nein!, wie von Schaumberg zu sagen pflegte.

Was war denn noch geblieben? Diese Frage erschreckte Breteuil. Er stand vor einer Toreinfahrt in einer leeren Straße und bewegte flüsternd die Lippen; er sprach ein Gebet, das ihm seit seiner Kindheit vertraut war. Aber das Gebet tröstete ihn nicht, die Worte glitten dahin, ohne eine Spur zu hinterlassen.

Breteuils Weg führte an der Eglise Saint-Augustin vorbei, und er ging hinein. Hier war es kühl und still: keine Flüchtlinge, keine Deutschen. Vor der Sakristei erblickte er einen Priester, den er von früher kannte. Der Abbé segnete ihn. Breteuil erkundigte sich nach seinem Befinden.

„Schwer ist's ... Ich war die ganze Zeit in Paris. Viel Leid hab ich gesehen. Ich bete zu Gott, er möge unseren mit Blindheit geschlagenen Staatsmännern verzeihen. Sie haben das Volk im Stich gelassen. Und jene ... Die haben kein Gewissen.“

Breteuil schloß die Augen. Der Abbé ahnte nicht, in welche Erregung er ihn versetzt hatte.

„Das habe ich nicht gewollt, Gott ist mein Zeuge ... Aber jetzt ist es zu spät, sich zu rechtfertigen. Mein Sohn wird auferstehen. Im Fleische ... Ich aber nicht. Das heißt, ich will sagen, daß ich gar nicht mehr bin. Mich hat es wahrscheinlich überhaupt nie gegeben, der ich nach dem Ebenbild Gottes geschaffen bin.“

Der auch! dachte der Abbé. Die Ereignisse verwirrten den Verstand, und der Abbé bekam tagtäglich solche zusammenhanglosen, unsinnigen Beichten zu hören.

Breteuil verließ die Kirche. Er ging wie eine aufgezogene Schaufensterpuppe, der hochgewachsene hagere Mann im schwarzen Hut, der Führer der Getreuen, der so oft Menschen in einen ruhmlosen Tod geschickt hatte und von der Hoffnung auf ein

Wiedersehen mit seinem Sohn im Jenseits lebte; der Lothringer ohne Lothringen. Alles war Vergangenheit, es gab keine Getreuen mehr, keinen Glauben, nicht einmal eine Handvoll französischer Erde. Durch die Straßen schlenderten Preußen, grölten, rissen Pakete auf – Würste, Schuhe, Strümpfe, Puppen, Geschenke für die Bräute: Deutschlands Fastenzeit war vorbei, Vorräte für schlechte Zeiten wurden gehortet – der Leib und das Blut Frankreichs. „Sie haben das Abendmahl empfangen", flüsterte Breteuil.

Eine heisere Frauenstimme rief: „‚La Voie Nouvelle!' Letzte Ausgabe!" Breteuil kaufte eine Zeitung und las: „Die Prinzipien der Zusammenarbeit triumphieren ..." Diesen Artikel hatte er gestern diktiert – vor dem Besuch bei Schaumberg. Übrigens würde er morgen schreiben: „Die Prinzipien der Zusammenarbeit haben triumphiert ..." Den Flüchtlingen auf den Landstraßen ging es gut, die Kriegsgefangenen lebten herrlich und in Freuden, Frankreich ließ es sich wohl sein unter dem Stiefel der Deutschen. Joliot war der Redakteur, und Breteuil schrieb ...

In dieser Verfassung lief er so lange durch die Straßen, bis die Lautsprecher verkündeten: „In die Häuser gehen! Sperrstunde!"

In seiner ungemütlichen Wohnung, wo Kleider, Frackwesten und Bänder auf dem Diwan herumlagen, gähnte Breteuil laut. Dann beschloß er zu arbeiten. Er malte auf ein Blatt Papier ein Kreuz und schrieb darunter: „Die Drangsal des menschlichen Geistes." Dann legte er die Feder weg und schritt wieder durch die Zimmer. Vor dem Kinderstühlchen blieb er eine Weile stehen, ohne an etwas zu denken, ohne zu beten. Dann setzte er sich wieder an den Schreibtisch.

Er schrieb hastig:

„An Seine Exzellenz Herrn General von Schaumberg!

In Anbetracht der verstärkten Wühltätigkeit der Anhänger Englands und de Gaulles halte ich es für erforderlich, daß das deutsche Oberkommando eine Geste der Versöhnung macht und wenigstens kinderreiche Mütter nach Paris zurückkehren läßt.

Ich bin meinerseits bereit, Sie bei der Vernichtung der englischen Agenten, der Kommunisten und der Anhänger de Gaulles zu unterstützen. Ich werde der Kommandantur eine Liste verdächtiger Franzosen vorlegen."

Er schrieb noch lange. An der Wand stand unbeweglich sein Schatten – lang und spitz wie der Schatten einer Stange.

42

In jenen Tagen blieben die Pariser zu Hause. Sie konnten sich nicht an die deutschen Soldaten in den Straßen gewöhnen. Agnès ging morgens einkaufen. Vor jedem Geschäft standen schweigende Menschenschlangen. Die Leute wollten an nichts denken. Der Kampf um ein Kilo Kartoffeln oder eine Flasche Milch lenkte sie ab. Und wenn sie sich unterhielten, dann höchstens über verschollene Angehörige; eine Frau vermißte ihren Mann, eine andere ihren Sohn.

Ein alter Mann fragte seufzend: „Und Frankreich?"

Niemand antwortete, aber alle dachten: Auch Frankreich ist verloren ...

Wie die persönlichen Dinge auf dem Nachttisch eines Verstorbenen, so rührten die Denkmäler von Paris die Menschen zu Tränen: Dichter hielten stumme Leiern in den Händen, Marschälle galoppierten auf toten Rossen, bronzene Redner hielten Zwiesprache mit Tauben. Erinnerungen wurden wach: Beim Danton-Denkmal habe ich immer auf Madeleine gewartet.

Man wollte dieses illusorische Leben nicht fortsetzen, und dennoch lebten die Menschen, standen Schlange, kochten Bohnen, schrieben Briefe. Sie schrieben an die alten, gar nicht mehr existierenden Adressen. Die Post wurde ohnehin nicht befördert. Die einsame Stadt hörte nur die unverständlichen Lieder der deutschen Soldaten und das Vogelgezwitscher in den schattigen Anlagen.

Auch in der Nähe der Schule, in der Agnès wohnte, war ein kleiner Platz mit einigen Platanen. Unter einem der breitkronigen Bäume grapschte Doudou gierig in den warmen, goldgelben Sand. Der brünette Junge, impulsiv und ungeduldig wie Pierre, war Agnès' einziger Trost.

Zuerst hatte sie Paris verlassen wollen. Es zog sie in das kleine Städtchen Dax, wo ihr Vater lebte. Als sie jedoch hörte, daß die Deutschen auch in Dax waren, verfinsterte sich ihr Blick. Die letzte Hintertür war zugeschlagen. Also muß ich mit ihnen leben! sagte sie sich.

Sie verkaufte beim Trödler ihre Kleider, Bücher, Nippsachen und lebte von dem Erlös. Ihr stumpfsinniges, untätiges Dasein glich dem Winterschlaf eines Tieres. Aber so lebte nicht nur Agnès. So lebte Paris. Man sprach in jenen Tagen in aller Welt über Paris, voller Hohn oder voller Mitleid. Aber Paris empfand nichts, wie ein Kranker auf dem Operationstisch, der nicht mehr imstande ist, die Chloroformmaske herunterzureißen.

An einem schwülen Abend saß Agnès am Fenster, nachdem sie Doudou zu Bett gebracht hatte. Die Zeit verstrich. Ein leises Klopfen riß sie aus dem Halbschlaf. Wer konnte um diese Zeit kommen? Doch nur sie ... In Gedanken nannte Agnès die Deutschen immer nur „sie" ... Weshalb waren sie gekommen? Ich bin noch nicht bereit für den Tod, dachte Agnès.

Sie öffnete die Tür und erblickte drei junge Burschen.

„Sie sind hinter uns her ..."

Agnès führte sie in die leere, noch nicht aufgeräumte Aula. Der Älteste der drei erklärte: „Ich bin Soldat, Artillerist. Das ist mein Bruder und das sein Freund ... Wir sind aus Beauvais ... Bis jetzt ging alles gut, erst hier an der Metro wurden wir angehalten. Da sind wir weggelaufen ... Wir haben überall geklingelt und geklopft, aber keiner hat aufgemacht. Wahrscheinlich sind alle fort."

Von unten ertönte nachdrückliches Klopfen. Agnès hastete hin und her: Was tun? Plötzlich fiel ihr ein, daß in der Vorratskammer Kisten standen. Rasch brachte sie die drei dorthin, und auf die Kisten warf sie Lumpen, die die Flüchtlinge zurückgelassen hatten. Dann nahm sie den schlaftrunkenen Doudou auf den Arm und lief zur Tür.

Zwei Deutsche und ein Franzose kamen herein.

„Wer wohnt hier?"

„Ich und mein Sohn. Er ist vier Jahre alt."

„Sonst niemand?"

„Überzeugen Sie sich ..."

Der Franzose ging ins nächstliegende Zimmer, blickte in den Wandschrank, blätterte in einem Büchlein, das auf dem Tisch lag. Einer der Deutschen sagte höflich: „Verzeihung, Madame, es war ein Irrtum."

Als sie gegangen waren, legte Agnès den weinenden Doudou wieder ins Bett. Dann ging sie in die Vorratskammer. Der Jüngste – Jacques hieß er – kroch als erster aus der Kiste und sagte lachend: „Ich hatte Angst, daß ich niesen muß, so ein Staub war da drin!"

„Ich mache euch etwas zu essen", sagte Agnès.

Zum Glück war noch Suppe da, auch etwas Brot und Salat.

„Seit gestern abend haben wir nichts mehr gegessen", gestand der Soldat.

„Jetzt schlaft euch erst mal aus."

„Nein. Wir warten ein Stündchen, bis sich alles beruhigt hat, und ziehen dann los. Wir brauchen nur bis Chartres. Dort haben wir jemand, der uns weiterhilft."

„Aber wohin denn weiter? Sie sind doch überall."

Die drei wechselten fragende Blicke: Sollten sie darauf antworten?

„Wir dürfen darüber nicht sprechen", sagte der Soldat. „Aber Sie sind Französin, Sie werden es verstehen. Wir wollen nach London, wollen kämpfen."

„Kämpfen?" fragte Agnès verwundert. „Aber der Waffenstillstand ist doch unterzeichnet."

„Von wem?" rief Jacques empört. „Von Verrätern!"

„Leise", zischte der Soldat, und zu Agnès sagte er: „Der Krieg ist noch nicht zu Ende. Ich bin in Dünkirchen gewesen. Mein Bruder und Jacques waren noch nicht einberufen. Aber jetzt müssen alle ehrlichen Menschen zu den Waffen greifen. Was die mit Frankreich gemacht haben! In Beauvais . . . Nein, ich will nicht davon anfangen. Aber der Krieg ist noch nicht zu Ende. Wir haben Radio gehört . . . Von Chartres aus müssen wir uns in die Bretagne durchschlagen. Und von dort ist es einfach: Fischer bringen uns rüber. Das Schwierigste ist, aus Paris rauszukommen . . . Ich habe mir ein Jackett und einen Regenmantel besorgt; aber sehen Sie mal . . ."

Er hatte Soldatenhosen an. „Augenblick!" sagte Agnès, kramte geschäftig in dem Plunder, den die Flüchtlinge zurückgelassen hatten, und zog eine Hose hervor. Der Soldat probierte sie an – alle lachten: sie war zu kurz, aber es würde schon gehen.

Plötzlich sagte Agnès: „Mein Mann ist an der Front gefallen. Was habe ich von einem Sieg?" Es kam ihr vor, als stritte sie mit

Pierre, und sie errötete. „Wichtig ist etwas anderes: wie es hier drinnen, in der Seele aussieht. Aber die Menschen denken an Grenzen, an die Landkarte . . ."

„Uns geht es gerade um die Seele!" rief Jacques, und wieder zischte der Soldat: „Leise!" – „Ja, ja, gerade um die Seele. Existiert denn Frankreich nur auf der Karte? Hier drinnen ist es! Wenn das nicht mehr wäre, könnte ich nicht mehr leben. Aber ich bin achtzehn, und ich will leben, unbedingt leben . . . Wenn wir umkommen? Irgendwer wird überleben. Sie haben einen Sohn. Das ist auch Frankreich. Hab ich nicht recht?"

Sie schüttelte den Kopf. Worte konnten sie nicht überzeugen. Doch zum Abschied küßte sie die drei herzlich, und in ihren Augen standen Tränen.

Dann setzte sie sich an Doudous Bett und weinte bitterlich. Wenige Minuten waren vergangen, aber ihr kamen sie wie eine Ewigkeit vor. Plötzlich schrie sie auf und stürzte ans Fenster: Ganz in der Nähe waren zwei Schüsse gefallen. Doudou erwachte und begann zu schreien. Die Tür brach krachend auf. Deutsche Soldaten drangen ins Zimmer.

Agnès erblickte den französischen Polizisten, der vorhin schon dagewesen war. „Das ist sie!" schrie er. Der deutsche Offizier sagte etwas. Zwei Soldaten ergriffen Agnès. Der Offizier wandte sich an den Franzosen: „Wie konnten Sie die entwischen lassen?" Doudou weinte. Agnès wurde in ein Auto gezerrt. Man verrenkte ihr die Arme; aber sie empfand weder Angst noch Schmerz. Plötzlich durchzuckte sie ein Gedanke: Und Doudou? Sie schrie leise auf. Einer der Deutschen sagte: „Das ist kein Liebesgetändel."

Die Nacht war besonders dunkel. Agnès kam sich vor wie in einem Wald – die Häuser huschten wie Bäume vorüber. Dann wurde sie durch einen langen Gang geführt. Es roch nach Leder, Kohl und Urin. Man stieß sie in einen leeren Raum. Das ist kein Gefängnis, dachte Agnès. Aber was ist das früher gewesen? Auf dem Fußboden war ein Tintenfleck. Vielleicht eine Schule? Sie meinte Pierres brünettes Gesicht zu sehen. Er blickte über ihre Schulter ins Schulheft und küßte sie immer wieder . . . Was für eine grelle Glühbirne – direkt an der Decke! Agnès setzte sich auf den Fußboden und lehnte den Rücken gegen die Wand. Doudou ist allein, durchfuhr es sie wieder. Verzweiflung packte sie, lautlos und bezwingend wie eine Ohnmacht. Plötzlich zuckte sie zusammen: Sie las an der Wand Worte, die mit einem Nagel oder einer Nadel eingeritzt waren: ‚Leb wohl, Mama! Leb wohl, Frankreich! Robert.‘ Agnès wollte darunter schreiben: Leb wohl, Doudou! Doch weshalb? Weshalb glaubte sie, daß ihr dadurch leichter werde? Aber sie hatte keinen Nagel, sie betrachtete ihre kurzgeschnittenen Fingernägel und brach in Tränen aus. Dann dachte sie: Er hat gesagt, die drei wären entwischt. Also waren sie in Sicherheit. Sie würden zu ihrem General gelangen ... Jacques, ein netter Junge ... Das Wichtigste in Agnès' Leben war jetzt, daß sie in Sicherheit waren!

Agnès wurde zum Verhör geholt. Der deutsche Offizier schickte den Dolmetscher weg. Er sprach gut Französisch und erzählte Agnès: „Ich habe zwei Jahre in Grenoble verbracht. Eine schöne Stadt." Er war liebenswürdig und versuchte Agnès zu beruhigen: „Für Ihren Sohn wird gesorgt." Er redete auf sie ein: „Sagen Sie uns, wer diese Leute waren, und wir lassen Sie laufen." Agnès' Schweigen erboste ihn. „Madame, meine Zeit ist knapp. Sie schweigen? Also sind Sie eine englische Spionin."

Sie nickte. „Ja."

Ihre Augen wurden sanft und zärtlich – so hatte sie immer in Belleville in ihrer Mansarde Pierre angeblickt, wenn er verlegen war oder aufbrauste.

„Ja, eine Spionin", antwortete sie leise. „Weshalb sind Sie hierhergekommen? Jetzt sind alle gegen Sie. Sogar die Kinder. Ich werde Ihnen nicht sagen, wer diese Leute sind. Gott sei Dank haben Sie sie nicht erwischt. Das ist die Hauptsache. Mich können Sie ruhig töten. Ich werde nicht gebraucht, ich kann nicht einmal schießen."

Agnès fühlte, daß sie jetzt zum Sterben bereit war. Dieses Gefühl versetzte sie in eine gehobene, fröhliche Stimmung. Vor kurzem noch hatte sie sich mit den drei jungen Burschen gestritten. Und jetzt hätte sie deren Worte am liebsten immerzu wiederholt. Hier, vor diesem rosigen, adretten Offizier. Was für einen Scheitel er hatte!

Der Deutsche schob nervös das Tintenfaß weg. „Schluß mit dem Theater! Sie sind nicht hier, um Deklarationen abzugeben, Sie sollen eine Aussage machen. Antworten Sie gefälligst! Kennen Sie diese Leute?"

„Ja."

„Wer sind sie?"

„Franzosen."

Der Offizier fuhr aus der Haut. Der sonst stets korrekte Mann, der noch vor einem Jahr in Swinemünde die Damen durch seine guten Manieren bezaubert hatte, stürzte zu Agnès und schlug ihr ins Gesicht. Sie schrie nicht. Mechanisch führte sie die Hand an den Mund und wunderte sich: Blut . . . Sie empfand keinen Schmerz, empörte sich nicht über die Grobheit des eleganten, parfümierten Offiziers. Sie fühlte sich wie berauscht. Das war Selbstentsagung und Enthusiasmus. Ich liebe, wiederholte sie im stillen. Ich liebe Doudou und Pierre, ich liebe meinen Vater und Jacques und Robert und alle die müden und unglücklichen Soldaten, die am letzten Tag von Paris die bucklige Straße hinuntergezogen sind. Einer hat gesagt: „Leben Sie wohl." Nein, sei gegrüßt, mein Lieber! Nun sind wir vereint . . . Mit Pierre . . . Mit Paris.

So dachte sie, als sie auf einer Bank im Korridor saß. Man führte sie zu einem Oberst. Der hatte einen Schmiß auf der Wange und starre Fischaugen. Er bot Agnès einen Platz an und erklärte: „Ich will Sie retten. Sagen Sie mir, wer diese Leute waren. Haben Sie denn gar kein Mitleid mit Ihrem Sohn? Ich spreche als Vater – ich habe zwei Töchter."

Agnès sah ihn überrascht an; er hatte sie aus einer anderen Welt zurückgeholt. Sie antwortete monoton, als führe sie Selbstgespräche: „Mitleid mit meinem Sohn? Nein . . . Erst heute habe ich alles begriffen . . . Wenn einer stirbt, rettet er dadurch einen anderen, genau so ist es . . . Das Volk . . . Mein Volk . . ." Sie besann sich, daß sie verhört wurde, und stand auf; ihre sonst leicht gebeugte Gestalt straffte sich, und sie sagte mit fremder Stimme: „Sie sind ein Vater? Das ist nicht wahr! Wissen Sie, was Sie sind? Ein Boche! Ein Boche!"

Der Oberst rief den Posten. „Abführen! Das ist Ihr Ende, Madame."

Sie blickte an ihm vorbei und antwortete: „Aber nicht Frankreichs Ende . . . Kein Ende . . . Es gibt kein Ende."

Denise stürzte ihm nicht entgegen, fiel ihm nicht um den Hals. Sie sagte kein Wort. Sie blickte ihn nur unverwandt an, in ihren Augen, die plötzlich ganz dunkel geworden waren, mischte sich Schreck mit Freude.

Michaud lächelte; dann wurde es ihm unheimlich: „Was hast du, Denise?"

Er hatte dieses Wiedersehen so herbeigesehnt! Vor neun Tagen hatte er den Wachtposten mit einem Stein niedergeschlagen. Der Stein war von der Sonne ganz heiß gewesen. Der kurze Schatten des Deutschen war verschwunden. Michaud hatte bis zum Anbruch der Nacht in einer Schlucht gelegen.

Eine alte Frau hatte ihm Zivilsachen gegeben und ihm angeboten, bis zum Morgen bei ihr zu bleiben.

Er betrachtete die geweißte Wand, während die Frau Knöpfe annähte; das Jackett hatte ihrem verstorbenen Mann gehört, dem Direktor des katholischen Jugendheims von Saint-Just. „Was schreiben die Zeitungen?" fragte Michaud. Sie antwortete, sie lese keine Zeitung mehr, die Zeitungen seien deutsch geworden. Die Wanduhr tickte. Sie schwiegen lange. An Schlaf dachten sie nicht. Hin und wieder unterhielten sie sich, und ihr Gespräch war seltsam.

„Legreux heißt er. Ist auch Kommunist . . ."

„Ich lebe in einer anderen Welt. Bin gläubig. Aber Hitler . . ."

„Ich hasse ihn!"

„Deshalb habe ich Sie reingelassen. In Saint-Just haben sie eine Bekanntmachung an die Mauern geklebt: ‚Wer Gefangenen hilft, wird erschossen.' "

„Sie haben mich abgeführt. Dann hieß es – einen Tag Aufschub. Es war Morgen, die Vögel . . ."

„Ich bin achtundfünfzig. Der Tod ist nicht mehr fern, aber noch lebe ich. Alles geht jetzt durcheinander . . . Mein Mann dachte, ihr würdet uns zugrunde richten. Ich habe genauso gedacht . . . Vielleicht ist es die Wahrheit gewesen – gestern. Heute aber . . . Ich hatte den ‚Ordre' abonniert. Ducamp schrieb, die Kommunisten seien Patrioten."

„Ducamp hat zu spät begriffen."

„Und ihr? Alle haben zu spät begriffen . . . Und deshalb sind sie gekommen ... Ich frage mich jetzt: Wo ist die Wahrheit, die nicht nur für ein Jahr gültig ist, sondern für immer?"

Ihre trüben Augen hefteten sich auf das gipsene Kruzifix. Durch den Fensterspalt drang die graue Morgendämmerung. Michaud sah in Gedanken Denise, leidenschaftlich und lebendig. Er stand auf und verabschiedete sich.

Und nun stand Denise vor ihm. Kein Lächeln auf ihrem Gesicht. Er küßte sie, ihre Lippen waren kalt.

„Was ist los, Denise? Du siehst doch – ich bin entkommen, bin gerettet."

Sie weinte wie ein Kind, laut schluchzend. Michaud wollte sie beruhigen: „Ich bin gerettet ... Wein doch nicht, Denise!"

„Michaud", sagte sie unter Tränen, „als du mich küßtest, war mir so unheimlich zumute. Ich glaube, ich lebe gar nicht mehr. Verstehst du nicht? Ich kann es nicht erklären ... Mir ist, als wären wir alle gestorben, als lebten wir nur noch zum Schein, auf Befehl der Deutschen."

Er schwieg; er wollte nicht zugeben, daß auch er seit Arras oft dieses Gefühl gehabt hatte ... Man darf nicht aufgeben, hatte er sich immer wieder gesagt. Der Gedanke an Denise hatte ihm Kraft gegeben; er hatte sich vorgestellt, wie sie ihn empfangen würde, mit einem Lächeln, mit der Wärme ihrer Hände, voller Leben. Ihre Verzweiflung machte ihn betroffen, schweigend streichelte er ihre Hand.

Sie waren in einer kleinen Klempnerwerkstatt in der Nähe der Porte de Versailles. Hier druckten Denise und Claude Flugblätter. Bis zu dem Augenblick, da Michaud vor ihr stand, war Denise ganz ruhig gewesen. Sie hatte mit Claude über den Kampf, über das Kräfteverhältnis, über den Sieg gesprochen. Jetzt war sie mit Michaud allein.

„Weine nicht, Denise."

Claude kam herein. Er sah Michaud nicht gleich; ganz außer Atem rief er: „Morgen kriegen wir die Lettern. Verstehst du?" Und plötzlich stieß er einen Freudenschrei aus: „Michaud! Du? Jetzt sind wir gerettet! Denise, wir sind gerettet! Verstehst du?"

Für Claude war Michauds Erscheinen ein Sieg, ein Triumph ihrer Sache. Und seine Freude machte Michaud wieder Mut. Er begriff, wie sehr sie auf ihn gewartet hatten, und er schämte sich. Denise dachte, er schäme sich ihretwegen.

„Wir werden arbeiten. Wie gut, daß Claude mit uns ist. Ausgezeichnet, daß du die Lettern besorgt hast, Claude. Wir werden Flugblätter drucken.“

„Wenn's hochkommt, fünfhundert Stück“, sagte Denise seufzend.

„Für den Anfang ist das gar nicht schlecht. Wir müssen von vorn beginnen. Die ‚Huma‘ ist in fünfhunderttausend Exemplaren erschienen, und trotzdem sind wir geschlagen worden. Wir müssen diese Zeit irgendwie überleben. Jetzt sind alle ehrlichen Leute völlig durcheinander. Und die Schurken triumphieren. Ich habe heute Doriots Blatt in der Hand gehabt. Er gibt an, als habe er Paris eingenommen. Wir müssen alles überleben. Vor allem den Faschismus. Begreifst du, was das bedeutet – den Faschismus überleben? Darüber wird man schreiben wie über eine Ära. Tausende Bücher wird man schreiben. In hundert Jahren ... Aber wir werden überleben und siegen. Und ob, Denise!“

Denise ergriff seine Hände. „Michaud!“

Vor ihr stand der alte Michaud. Also lebte auch sie noch. Auch Paris lebte. Und man konnte alles überleben, konnte siegen.

„Die haben starke Streitkräfte“, sagte Claude. „Nacht für Nacht marschieren Truppen durch. Sie kommen jetzt vom Süden, wollen zum Meer. Sie wollen England erobern.“

Michaud lächelte. „Sie wollen. Nur ist ungewiß, ob es ihnen gelingt. Haben sie etwa Paris erobert? Paris ist ihnen in den Rachen gefallen. Ich bestreite nicht, daß sie starke Streitkräfte haben. Allein die Panzer, die ich gesehen habe! Und dann die Ordnung, so typisch deutsch. Aber sie werden sich den Hals brechen, ganz bestimmt. Vielleicht in England, vielleicht woanders, aber sie werden sich den Hals brechen. Wir sind stärker.“

Denise hob die Brauen. „In welcher Beziehung stärker?“

„Überleg doch mal, England. Das bedeutet: Flotte, Luftwaffe und das Volk. Amerika. Die eroberten Länder. Alle Völker. Norwegen, Holland, Dänemark, Belgien, Frankreich, Polen, die Tschechoslowakei – sieben, ich hab es nachgerechnet. Es gibt keine Armee mehr; aber das Volk ist auch eine Macht. Und in Deutschland selbst? Glaubst du, da gibt es keine Genossen? Und ob, wart es ab! Die Hauptkraft aber ist Rußland.“

„Sie haben einen Pakt geschlossen“, meinte Claude seufzend.

„Was besagt das schon? Hitler wird sie trotzdem überfallen.

Wie könnte er es ertragen, daß so ein Staat existiert? Aber die Russen werden es ihnen zeigen! Wir werden die Rote Armee noch zu sehen kriegen, Denise, ganz bestimmt!"

„Sag doch: ‚Und ob!' " Denise lachte.

„Und ob!"

Claude ging fort, um Papier zu holen. Er dachte über Michauds Worte nach. Wenn Michaud das sagte, dann stimmte es.

Lächelnd ging Claude durch eine schmutzige verlassene Straße des halbtoten Paris. Er blickte die deutschen Soldaten an und lächelte. Er sah sie gar nicht. Er sah etwas anderes: einen winzigen roten Stern im weißlichen Nebel. Obgleich ausgemergelt und erschöpft von der fortschreitenden Krankheit und den Entbehrungen, strahlte er wie ein Kind.

In der Werkstatt war es still geworden. Michaud und Denise hielten sich schweigend umschlungen. Dann löste sich Denise aus der Umarmung und sagte: „Du weißt ja nicht, was aus Paris geworden ist! Gestern habe ich gesehen, wie ein Deutscher einem Arbeiter mit dem Revolver auf den Kopf schlug. Der Arbeiter brach zusammen, aber der Deutsche wandte sich nicht einmal um ... Gemier wurde verhaftet, weil er den Londoner Rundfunk gehört hatte. Zwei Tage haben sie ihn gefoltert. Ein deutscher Offizier sagte zu Marie: ‚Das Jackett Ihres Vaters ist voller Blut. Bringen Sie ein anderes her.' Sie brachte eins, der Offizier nahm es, ging fort, und als er zurückkehrte, sagte er: ‚Sie sind noch hier? Worauf warten Sie? Ihr Vater ist schon im englischen Paradies.' Sind das überhaupt Menschen, Michaud?"

„Nein! Faschisten. Ich habe auch viel gesehen ... Ein Kind ... Nein, ich will es nicht erzählen ... Aber eines Tages werden wir wieder glücklich sein, Denise, sehr glücklich! Du glaubst mir nicht? Begreif doch: wir werden siegen. Das ist so klar, wie der Tag auf die Nacht folgt oder der Frühling auf den Winter. Was haben wir für wunderbare Menschen! Sie sind bereit, ihr Leben hinzugeben. Und was haben die Faschisten? Räuber. Kretins. Wir werden siegen! Und dann werden wir glücklich sein. Wie sich die Menschen danach sehnen! Nach dem großen und schlichten Glück: zu leben, zu atmen, keine Angst vor Schritten an der Tür zu haben, keine Sirenen zu hören, Kinder aufzuziehen, zu lieben, wie wir beide ... dieses Glück wird kommen."

Feierlich antwortete Denise: „Es wird kommen."

An jenem heißen Morgen saß André lange in seiner Dachkammer: Er hatte Angst vor der Stadt. Gestern hatte er erfahren, daß Lorier zusammengeschlagen worden war. „Jude!“ hatten sie gebrüllt und ihm die schwarze Klappe vom Auge gerissen.

André lief wütend in seinem Atelier auf und ab. Was hatten denn der Hügel und die Freundschaft für einen Sinn gehabt? Ihn hatten sie in Ruhe gelassen, Lorier aber hatten sie weggeschleppt. Mit einem Auge sah er auf diese schreckliche Stadt, diese Verräterin ...

Warum verließ André seinen Schlupfwinkel, warum streifte er durch die verhaßten Straßen?

Und wieder erlag er, trotz allem, der Schönheit der geliebten Stadt. Das geschändete Paris war immer noch schön. Die Fäuste ballten sich, aber die Augen konnten sich nicht satt sehen. Die rauchgrauen Häuser der Ile Saint-Louis, das Wasser der Seine, geheimnisvoll wie die Lethe, der blasse Himmel – all das war verlockend und beruhigend: Wir haben schon ganz anderes gesehen, wir waren, und wir werden sein, wir – Lutetia, ein Schiff, Paris.

André ging zum Châtelet. Er wunderte sich über die Stille, konnte sich immer noch nicht daran gewöhnen. Weit und breit kein Auto; die Menschen lachten nicht, sie unterhielten sich leise. Und unter den Arkaden der Rue de Rivoli dröhnte es dumpf und abgehackt: Deutsche Soldaten gingen laut stampfend wie beim Parademarsch in Geschäfte oder Restaurants. Die Frauen waren blasser als sonst, vielleicht schminkten sie sich nicht mehr, vielleicht waren sie krank. Alle wollten möglichst grau, unscheinbar und unauffällig aussehen. Wie die Insekten, dachte André. Ein Körper ohne Seele, die Fassade, das Skelett von Paris, und doch nicht Paris, eine andere und fremde Stadt.

Trompetengeschmetter ließ ihn zusammenfahren. Ohne es zu merken, war er auf der Place de l'Opéra angelangt. Auf den breiten Stufen des Theaters saßen deutsche Musiker in graugrüner Uniform und bliesen Trompete. Etwas Beleidigend-Armseliges lag in dem deutschen Marsch, etwas, was dem Gestampfe unter den Arkaden glich. Das Leben schlug den Takt mit Soldatenstiefeln. Ringsum auf den Caféterrassen vergnügten sich deutsche Offiziere in Gesellschaft von buntangemalten Mädchen. Der Himmel aber war unverändert – der hohe Himmel über Paris.

André lehnte sich an eine Mauer. Er versuchte zu begreifen, was sich hier zutrug. Aber er war nicht imstande, einen klaren Gedanken zu fassen. Wieder befiel ihn eine Art Apathie. Einzelne, zusammenhanglose Bilder zogen an ihm vorüber: das Monokel im Auge eines Offiziers, eine Brunnennymphe mit leerem Krug, das hohe Gras in den Alleen der Tuilerien und der Hügel, immer wieder jener Hügel ...

Ein kleines Mädchen riß ihn in die Wirklichkeit zurück: Sie verkaufte die Abendzeitung. André winkte angewidert ab. Da flüsterte sie wie eine Verschwörerin: „Ich weiß ... Aber ich habe eine kleine Schwester zu versorgen."

Er gab ihr Geld, und sein Blick fiel zufällig auf das Datum der Zeitung; er mußte unwillkürlich lächeln: der 14. Juli ... Vielleicht bliesen die Deutschen deshalb Trompete? Und niemand dachte daran, daß heute ein Feiertag war. Man stand nach Milch an, duckte sich ängstlich in Toreinfahrten.

Paris hatte die Bastille gestürmt ...

Jene Nacht tauchte wieder in seiner Erinnerung auf – das Karussell mit dem blauen Elefanten, die Kastanie, die Lampions. Wo mochte Jeannette jetzt sein? Ob auch sie durch diese verfluchte Stadt irrte, die vertrauten Häuser nicht wiedererkannte und statt Freunden nur graugrünen Soldaten begegnete? Oder war sie geflohen, hatte sie sich in Sicherheit gebracht? Aber wohin konnte man vor solchem Leid fliehen, wo sich in Sicherheit bringen? „Betrogen sterbe ich dahin ..." Damals war das ein Reklametext gewesen. Niemand wollte begreifen, daß nachts eine einsame Frau schrie, daß mit ihr Frankreich schrie, das tote, staubbedeckte, blutüberströmte Frankreich ...

Diese Gedanken gingen André durch den Kopf, als er, wieder in seinem Atelier angelangt, am Fenster stand. Die Rue du Cherche-Midi ... Durch sie zogen deutsche Soldaten. Joséphine hatte heute erklärt: „Ich mache das Restaurant wieder auf – man muß schließlich leben." Sie hatte André demütig angesehen, als hätte sein Schweigen sie angeklagt. Ja, sie würde Ragout für die Deutschen kochen. Der Schuster würde ihnen die Schuhe besohlen. Die Blumenfrau würde sterben. Eine andere würde kommen und jenem Offizier mit dem Monokel ein Sträußchen reichen.

Die Straße war wie Paris: Keiner konnte diesem Kreis entrinnen. Doch, es gab einen Ausweg: Man konnte sich an diesem Haken aufhängen.

Und André ließ keinen Blick mehr von dem schwarzen Haken an der grauen Wand.

Als jemand an die Tür klopfte, wurde er verlegen, als hätte man ihn bei etwas Ungebührlichem ertappt. Während er zur Tür ging, dachte er: Wer kann das sein? Wenn sie es sind ...

Ein Deutscher betrat das Atelier. Als André den graugrünen Mantel erblickte, sagte er lächelnd: „Vielleicht ist es besser so. Sie können mich abführen. Ich nehme nichts mit."

„Erkennen Sie mich denn nicht? Ich habe bei Madame Coad gewohnt. Ihre Landschaften haben mir damals so gefallen. Wir haben uns im Café „Zum rauchenden Hund" kennengelernt."

Der Deutsche reichte ihm zur Begrüßung die Hand, aber André reagierte nicht.

„Ich entsinne mich. Sie beschäftigten sich mit Fischen ... Ich habe vergessen, wie das heißt."

„Ichthyologe."

„Ja, so hieß das wohl. Und Sie sagten mir, Paris würde zerstört werden. Sie haben sich bei uns offenbar nicht mit Fischen, sondern mit Spionage befaßt. Sie kannten die geheimen Pläne der Berliner Machthaber. Sind Sie nun zufrieden? Paris haben Sie zwar nicht zerstört, denn sie mußten ja irgendwo Quartier beziehen." André trat dicht an den Deutschen heran. „Sie glauben, Sie hätten Paris erobert? Unsinn, Monsieur, Sie haben eine krankhafte Phantasie! Paris ist verschwunden. Sie werden sagen – die Leute werden schon zurückkommen. Das bestreite ich nicht. Joséphine hat ihr Restaurant wieder aufgemacht. Die Menschen kehren zurück, aber nicht Paris. Paris kehrt nicht zurück. Es gibt jetzt kein Paris. Nirgends. Genug geredet! Führen Sie mich ab!"

„Wohin denn?"

„Was weiß ich. Das müssen Sie doch wissen. Zur Kommandantur, an die Wand, in die Grube, hol Sie der Teufel!"

Der Deutsche schwieg. André schimpfte weiter. Schließlich sagte der Deutsche: „Warum beleidigen Sie mich?"

„Sie kann man nicht beleidigen. Erstens haben Sie Panzer, zweitens Bombenflugzeuge, drittens Maschinengewehre, viertens Maschinenpistolen und fünftens Ihren sturen Schädel. Und was habe ich? Nur diesen Haken hier ... Führen Sie mich ab, oder ich erwürge Sie!"

„Ich kann Sie nirgends hinführen. Ich weiß nicht einmal, warum ich zu Ihnen gekommen bin. Offenbar hat die Erinnerung mich hergetrieben. Heute hat mein Leutnant zu mir gesagt, ich sei ein schlechter Deutscher. Sonderbar. Vielleicht wird man mich morgen erschießen."

„Sieh mal an!" André zeigte weder Erstaunen noch Mitleid. Er zuckte ärgerlich die Achseln: Er hatte den Tod erwartet, statt dessen kam dieser Ichthyologe mit seinen Problemen. „Was gefällt Ihnen nicht? Die Verpflegung? Oder haben Sie Angst, im Ärmelkanal von Ihren Fischen gefressen zu werden?"

„Ich kann es nicht erklären. Was mir nicht gefällt? Meine Landsleute in Paris. Es gefällt mir nicht, daß ich so bei Ihnen bin ... in diesem Mantel hier."

„Na so was! Sie sind ja ein Ästhet. Aschgraue Farbtöne und so weiter. Aber begreifen Sie, Monsieur, daß ich Franzose bin?"

„Ja, und das hindert mich, mit Ihnen zu sprechen. Ich dachte, uns verbinde die gemeinsame Kultur. Doch zwischen uns liegt ein Graben. Ich weiß nicht, womit man ihn zuschütten könnte."

„Ich weiß es auch nicht." Andrés Stimme wurde sanfter. „Wahrscheinlich mit Blut ... Ohne Blut wird es nicht abgehen."

„Ist denn noch nicht genug geflossen?"

„Genug schon, aber nicht das richtige ... Und jetzt gehen Sie!"

„Ich weiß, daß ich gehen muß. Es war unangebracht und töricht, hierher zu kommen. Aber ich möchte Sie noch etwas fragen, vielleicht ist es dumm ... Ich weiß selbst nicht, warum mich das so beschäftigt. Es betrifft die Grammatik. Diese Straße heißt Cherche-Midi, das bedeutet: Ich suche den Mittag ... Warum?"

„So nannte man einst die Kostgänger, die ein billiges Mittagessen suchten. So ähnlich wie Ihr Hitler. Aber der Name ist gut: ‚Ich suche den Mittag'. Nur die Straße hat nichts gesucht. Hier hat man fest geschlafen, hinter geschlossenen Fensterläden, unter Federbetten. Die Straße hat die Mitternacht gesucht. Und dann sind Ihre Leute hier eingefallen."

„Glauben Sie, ich fühle mich wohl in meiner Haut? Das ist doch kein Leben. Alle hassen uns. Gestern bin ich durch die Rue Monge gegangen. Eine Frau kam mir entgegen. Als sie mich sah, wich sie zurück, als wäre ich der Tod. Ich persönlich habe niemand getötet, aber das ist unwichtig. Ich könnte sagen: Hitler ist schuld. Das wäre das bequemste; aber es ist nicht die Wahrheit, auch ich bin schuld. Man muß seine Schlußfolgerungen ziehen. Ich will es versuchen. Auf Wiedersehen."

„Leben Sie wohl. Vielleicht werden Sie morgen ein guter Mensch sein, aber dann werde ich Sie nicht mehr sehen. Heute muß Ehrlichkeit durch Blut bewiesen werden, so niederträchtig ist diese Zeit! Und alles ist so unbegreiflich. Weshalb sind Sie hierhergekommen? So ein Unsinn! Wären Sie Kommunist, so wäre das etwas anderes. Die können etwas tun. Bei uns hätten sie fast gesiegt. Aber jetzt haben wir Tessat und Ihren Leutnant. Doch was können Sie schon tun? Sie sind allein auf weiter Flur. Übrigens bin auch ich allein. Zusammen aber sind wir nicht zwei, zusammen sind wir null. Zwischen uns liegt das Leben. Wenn Sie ein guter Mensch sind, werden Sie verstehen, warum ich Sie so unfreundlich empfangen habe ... Sie waren ein Deutscher aus Lübeck. Ein Sonderling. Tranken Calvados. Aber jetzt sind Sie ein Graugrüner. Es geht doch um Paris!"

Der Deutsche ging, und André hatte ihn im nächsten Augenblick vergessen. Er lief im Atelier auf und ab. Blaue Dämmerung fiel ins Fenster. An der Wand gegenüber hing ein Bild. André blieb stehen und betrachtete es: Karussell, Kastanie, Lampion und ein Schatten in der Ferne. Jener 14. Juli ... Damals hatte Jeannette noch gelächelt. Paris hatte getanzt, Fahnen geschwenkt, gehofft ... Das war in einem anderen Leben gewesen ... Aber es war ein gutes Bild, seine beste Arbeit. Das wahre Paris. Paris war geblieben. Man mochte die Museen zerstören, die Bilder vernichten, Paris würde immer bleiben.

André lächelte. Er trat ans Fenster. Die Rue du Cherche-Midi: festgeschlossene Fensterläden, im Mansardenfenster gegenüber ein verwelkter Blumentopf. Hungrige Kater strichen umher, die Blumenfrau weinte, ein Säugling schrie. Die Straße „Ich suche den Mittag". Und ich werde den Mittag finden, ganz bestimmt werde ich ihn finden: Hell und festlich wird der Himmel strahlen – honiggelb, mohnrot, azurblau – Paris bei Tage ...

André hörte nicht, wie der Lautsprecher brüllte: „In die Häuser gehen! Sperrstunde! Sperrstunde!"

August 1940 – Januar 1942

Nachwort

Ilja Ehrenburgs „Fall von Paris" – ein dokumentarisch-zeitgeschichtliches Gleichnis

„Die Geschichte vollzieht sich nicht
auf märchenhafte Weise, nicht nach den eigenen Wünschen
und auch nicht nach den schönen Romanen
des 19. Jahrhunderts ... Das Wichtigste war,
herauszutreten aus dem 19. Jahrhundert ..."

Ilja Ehrenburg

I

„Die Tragödie Frankreichs", schrieb Ilja Ehrenburg am 20. 9. 1942 über den zeitgeschichtlichen Gegenstand seines Romans „Der Fall von Paris", „erinnert an ein antikes Gleichnis: Es ist eine Geschichte von Sünde und Strafe, von Tod und Auferstehung. Wer sich selbst bewahren wollte, geht zugrunde ... Leben, um jeden Preis leben, nichts riskieren, nichts opfern! – das war die Weisheit Frankreichs am Vorabend der Katastrophe ... Es kam die Zeit der Bestrafung ... Paris wurde ein deutsches Stabsquartier, eine deutsche Kneipe, ein deutsches Bordell, ein deutsches Waffenarsenal ... Paris wurde von englischen Flugzeugen bombardiert ... Und sind die Arbeiter von Renault und ‚Gnome' nicht einer antiken Tragödie würdig: Sie begrüßen die Bombenflieger, die ihnen den Tod bringen?"

Ilja Ehrenburg hat diese Tragödie unmittelbar miterlebt. Er arbeitete in dieser Zeit als Korrespondent der sowjetischen Regierungszeitung „Iswestija" in Paris. Und in seinen damaligen Artikeln (sowie in einer Skizzenserie, die unter dem Pseudonym Paul Jocelyn in der sowjetischen Gewerkschaftszeitung „Trud" erschien) hat er die Verkettung der Ereignisse von dem Wahlsieg der Volksfront und dem Kampf für die spanische Republik bis zu dem Verrat von München und dem Triumph des Faschismus in Frankreich auf den heißen Spuren des Tages sogar bereits dokumentarisch genau und umfassend beschrieben. Mit der Kraft seiner Feder und auch in diplomatischer Mission bemühte er sich, dazu beizutragen, die herannahende Katastrophe abzuwenden. Aber er mußte schließlich noch Augenzeuge des Einmarsches der deutschen Truppen in Paris werden. Glücklich nach Moskau zurückgekehrt, begann er im August 1940 sogleich mit der Arbeit am Roman. Das gesammelte dokumentarische Material ging in den Roman ein und verleiht ihm den Charakter einer Pariser „Zeitchronik" der Jahre 1935 bis 1940. Doch zugleich bietet „Der Fall von Paris" mehr. Das Wissen um den Ausgang des internationalen Klassenkampfes im Paris des Jahres 1940 und um den Beginn des erfolgreichen Widerstandes der Sowjetunion gegen den faschistischen Aggressor im Herbst 1941 und im Winter 1941/42, als der Roman beendet wurde, gestattete es Ehrenburg, die französische Tragödie und ihren Gleichnischarakter tiefer zu erfassen. Um diesen herauszuarbeiten, reichte die Form einer „Zeitchronik" nicht mehr aus. Die innere Welt der Akteure und Marionetten der damaligen Tragödie Frankreichs sowie deren tiefe Gesetzmäßigkeiten mußten künstlerisch sinnfällig gemacht werden. Deshalb stellte Ehrenburg im Roman den – ähnlich wie in den Artikeln und Skizzen – dokumentarisch geschilderten historischen Personen fiktive Gestalten zur Seite, die auch von innen erschlossen werden konnten und umfassende künstlerische Verallgemeinerungen ermöglichten. Besonders charakteristisch und wesentlich ist in dieser Hinsicht das im Roman entwickelte Verhältnis zwischen der fiktiven Gestalt des Radikalsozialisten Tessat und dem damaligen Führer der radikalsozialistischen Partei, Daladier, der als Ministerpräsident Frankreichs 1938 das Münchener Abkommen über die Aufteilung der Tschechoslowakei unterzeichnet hat. Daladier wird auf der zeitgeschichtlich-chronikalischen Ebene des Romans dokumentarisch genau von außen dargestellt. Doch zugleich hält die fiktive Romanfigur Tessat dokumentarisch belegte wichtige Reden, die in Wirklichkeit Daladier gehalten hat. Tatsächlich ist Daladier ein geschichtlicher Prototyp der Gestalt des Tessat. Doch mit Tessat gibt Ehrenburg nicht nur ein verfremdetes Porträt des damaligen französischen Ministerpräsidenten. Tessat wurde als Schlüsselfigur zum Verständnis des Gleichnischarakters der französischen Tragödie des Jahres 1940 typisiert. Deshalb ist Tessat auch die zentrale Gestalt des Romans. In ihr wird „jene Weisheit Frankreichs am Vorabend der Katastrophe", die Ehrenburg am 20. 9. 1942 beschrieben hat, menschlich und geschichtlich vollständiger erfaßt, als sie ein geschichtliches Individuum verkörpern kann. Tessats opportunistisches Streben, sich selbst und sein traditionelles Frankreich um jeden Preis zu bewahren, deckt besonders anschaulich die tiefere Gesetzmäßigkeit des Falls von Paris auf: Tessat will in der Zeit des Faschismus und der proletarischen Revolution, sich selbst und andere betrügend, weiter mit und in den Traditionen, Maßstäben, Werten und Formen der Großen Französischen Revolution und des liberalen 19. Jahrhunderts leben. Er fühlt sich als Jakobinernachfolger, versucht etwa wie der – in Ehrenburgs Roman „Die Verschwörung der Gleichen" dargestellte – Thermidorianer Barras, zwischen Kommunisten und Rechtskräften zu balancieren und träumt schließlich, selbst ein neuer Napoleon zu werden. Charakterlich hat Tessat tatsächlich vieles mit Barras gemein. Aber diese Ähnlichkeiten unterstreichen nur die Ohnmacht und Kläglichkeit des Epigonen Tessat sowie den qualitativen Unterschied zwischen der bürgerlichen Revolutionsepoche und der spätbürgerlichen Endzeit. Der „neue Napoleon" erweist sich letztlich auf Grund des neuen geschichtlichen Kräfteverhältnisses als eine „Wanze", wie der kluge Dessère sagt – die analoge Fragestellung: Napoleon oder Wanze? in Dostojewskis Roman „Schuld und Sühne" variierend. Tessat wollte das alte Frankreich retten, aber er wurde nolens volens zum Steigbügelhalter des französischen und deutschen Faschismus.

In dieser Entwicklung Tessats wird somit der Gleichnischarakter des Falls von Paris besonders zugespitzt sichtbar. Aber das Streben, die historisch neue Form des ewigen Gleichnisses von Schuld und Strafe aufzudecken, bestimmt auch die ganze Anlage des Romans.

II

Die Wahl einer Familiengeschichte – die der Tessats – als „Hauptgräte" der Romankomposition ist für Ehrenburg ungewöhnlich. Er war der Meinung: „Ein neuer Inhalt diktiert immer neue Formen. Die Architektur des Romans des 19. Jahrhunderts wurde durch das Schicksal eines einzigen Helden oder einer einzigen Familie bestimmt. In unserer Zeit sind die Schicksale der Menschen häufiger, enger und offensichtlicher miteinander verflochten. In der Erzählung drückt sich das durch eine schnelle

Verlagerung des Blickwinkels, durch einen zielstrebigen Wechsel der Handlungsorte, der gleichzeitigen Entwicklung mehrerer Sujetlinien und deren Überkreuzung aus. Die Sprache wird lakonischer. Das bedächtige Dahinfließen der Erzählung weicht einem schnellen Rhythmus." Und in dieser Art hat Ehrenburg den neuen Inhalt aller seiner anderen Romane geformt – einschließlich des früheren historischen Romans „Die Verschwörung der Gleichen" (1928), der wie eine geschichtliche kontrapunktierende Vorlage des „Falls von Paris" in Ehrenburgs Gesamtwerk erscheint.

Wenn Ehrenburg aber im „Fall von Paris" bei der Darstellung des neuen Inhalts des 20. Jahrhunderts von der Romanarchitektur des 19. Jahrhunderts ausging, so hat das auch inhaltliche Gründe, die auf den Gleichnischarakter des Romans weisen: Tessat lebt geistig noch im 19. Jahrhundert, und das läßt ihn schuldig werden. Die Notwendigkeit des geistigen „Heraustretens aus dem 19. Jahrhundert" aufzuzeigen, ist zugleich der umfassende Inhalt und die spezifische und verallgemeinerte Zielrichtung des Romans. Und das neu gefaßte ewige Gleichnis von Sünde und Strafe basiert in der geschichtsphilosophischen Verallgemeinerung auf dieser spezifischen Epochenproblematik.

Ehrenburg hatte nach der Oktoberrevolution begreifen lernen müssen, daß die Geschichte sich eben nicht nach den eigenen frommen Wünschen und nach den märchenhaft schönen Romanen des 19. Jahrhunderts vollzieht. Er selbst war zeitweilig in geschichtliche Sackgassen geraten, ehe er sich davon überzeugte, wie er später bekannte, daß die proletarische Revolution „keine schreckliche blutige Rebellion war, kein gigantisches Pugatschowtum, sondern die Geburt einer neuen Welt mit anderen Begriffen von menschlichen Werten, das heißt, das Wichtigste war, herauszutreten aus dem 19. Jahrhundert, in dem ich noch in dem dunklen Vorflur der neuen Epoche unbewußt weitergelebt hatte . . ." Ehrenburg sagte weiter, damals „im dunklen Vorflur der neuen Epoche" sei er geistig ein „Isgoi" gewesen, ein „Fürst ohne Land". Das „verlorene Land" war die geistige Welt des 19. Jahrhunderts mit ihren märchenhaften Illusionen. „Isgois" in diesem Sinne erkannte er auch schon am Vorabend der Oktoberrevolution in seinen Pariser Freunden, den später berühmten Malern des Rotonde-Kreises. Die künstlerische Bewältigung solcher Isgois des 19. Jahrhunderts sollte ein Hauptthema in Ehrenburgs Schaffen werden. Selbst bei der Gestaltung des sozialistischen Aufbaus in der Sowjetunion konzentrierte er sich – in dem Roman „Der zweite Tag" (1932/33) – auf eine künstlerisch-dialektische „Aufhebung" eines Isgois, Wolodja Safonows, der den realen Sozialismus nach dem märchenhaften Maß des 19. Jahrhunderts abwertete und deshalb tragisch zugrunde ging. Das war für Ehrenburg damals eine individuelle Tragödie, die das fortschreitende sozialistische Leben relativ leicht überwinden sollte. Doch als Ehrenburg die französische Tragödie in den dreißiger Jahren durchlebte, erkannte er, daß solche Isgois verschiedener Arten und Schattierungen die Katastrophe des Jahres 1940 wider Willen ermöglicht und sogar befördert hatten. Die Überwindung dieser Isgois, das Heraustreten aus dem 19. Jahrhundert, wurde für Ehrenburg zu einer zentralen künstlerischen Aufgabe.

Die ans Groteske grenzende Tragikomödie des radikalsozialistischen Isgoi Tessat bot sich als Ausgangspunkt für das künstlerische Durchschaubarmachen aller Isgois an, zumal der Weg der Kinder Tessats die realgeschichtlich-dialektische Auflösung dieser Isgoiproblematik antizipiert: der Weg des sich zwischen Rot und Schwarz irrenden und sinnlos zugrunde gehenden Lucien und der Denises von der wirklichen Aneignung hoher Vergangenheitskultur zur antifaschistisch-kommunistischen Widerstandskämpferin. Dennoch konnte diese linear verallgemeinerte Familiengeschichte nicht die ganze Kompliziertheit und Gefährlichkeit solchen Isgoitums aufdecken. Folgerichtig löst sich daher im Roman die Familiengeschichte der Tessats in einem breiten zeitgeschichtlichen Panorama auf, in dem die Ohnmacht aller Isgois vor der realgeschichtlichen Entwicklung sichtbar wird, von den heuchlerisch-selbstbetrügerischen bis zu den ehrlichen, die sich selbstlos für das Vergangenheitsideal aufopfern.

Ungeschminkt sichtbar wird diese vielschichtige Problematik vor allem durch die Manipulationen zwischen Dessère und Tessat; wie der liberale Kapitalist Dessère, der das 19. Jahrhundert zu konservieren versucht, Tessat und die radikalsozialistische Partei angesichts des großen Linksrucks veranlaßt, sich der Volksfront anzuschließen, um die drohende proletarische Revolution zunächst parlamentarisch abzufangen und dann nach Abflauen der revolutionären Situation die Volksfront von innen zu sprengen. Doch das klägliche Ende dieser Manipulation offenbart nur die Spitze des Eisbergs. Verdeckter, selbstbetrügerischer und daher für die künstlerische Katharsis entscheidender ist für Ehrenburg das Durchschaubarmachen des Isgoitums in der Sozialistischen Partei Frankreichs.

Zwischen der historischen Gestalt des damaligen Führers der Sozialistischen Partei Frankreichs, Léon Blum, und der fiktiven Romanfigur Viard besteht im „Fall von Paris" ein ähnliches Verhältnis wie zwischen der historischen Gestalt Daladier und dem künstlerischen Typ Tessat. Dokumentarisch belegte Handlungen und Reden Blums werden im Roman Viard zugeschrieben. Und auch Viard ist mehr als ein künstlerisch verfremdetes Porträt seines Prototyps Blum. Er ist zudem tiefer und unmittelbarer mit der revolutionären sozialistischen Tradition des 19. Jahrhunderts und der Vergangenheitskultur verbunden als Daladier/Tessat. Der Mythos um seine Person ist so groß und nachwirkend, daß der grundehrliche Sozialist Pierre anfangs in ihm sein Vorbild und die richtungweisende Kraft der Volksfront zu sehen vermeint. Viard binden – im Unterschied zu Dessère und Tessat – scheinbar keine Klasseninteressen an die bestehende Gesellschaft. Seine Entscheidungen scheinen nur von seinen Überzeugungen und Leidenschaften bestimmt zu sein. Die spezifischen Klasseninteressen dieses alten Führers der II. Internationale reduzieren sich auf die errungene politische – und auch materielle – Stellung. Und diese kann er nur sichern, wenn der bestehende gesellschaftliche Zustand erhalten bleibt und nichts riskiert wird. Daher erweist sich auch sein öffentliches Bekenntnis zur Volksfront und zum Sozialismus – letztlich ähnlich wie das Tessats – als eine Maskierung. Für Pierre dagegen, der begreifen muß, daß sein Idol Viard „nackt" ist, sind die Vergangenheitsideale auch die anzustrebende Zukunft. Das führt ihn an die Seite der Kommunisten, läßt ihn aber zugleich auch einen eigenen Weg suchen, für den es im Frankreich des Jahres 1940 keine geschichtliche Chance gibt. Pierre wird somit letztlich auch ein Opfer seiner heroischen „Totenbeschwörungen".

Ilja Ehrenburg schätzte die Stärken und Schwächen seines Romans so ein: „Von allem, was ich geschrieben habe, erinnert dieser Roman noch am meisten an einen traditionellen Roman, obwohl ich in ihm nicht von der Vielzahl der Personen und dem schnellen montagehaften Wechsel der Szenen abgegangen bin ... Es mag mir gelungen sein, die Vorkriegsjahre Frankreichs wiederzugeben ... Einige Personen kommen mir lebendig und voll erfaßt vor, andere dagegen plakativ und oberflächlich. Woran bin ich gescheitert? Daran, woran sowohl vor als auch nach dem ‚Fall von Paris' viele meiner Altersgenossen scheiterten: Ich zeigte Menschen, die ganz im politischen Kampf aufgingen, seien es die Kommunisten Michaud und Denise, sei es der Faschist Breteuil. Ich fand nicht genügend Zwischentöne, trug oft nur weiß und schwarz auf. Offensichtlich bin ich, obwohl ich die plakative Literatur haßte und übereifrige Kritiker verlachte, einer gewissen Vereinfachung erlegen. Andere Helden dagegen wirken natürlich – die Schauspielerin Jeannette, der sympathische, kluge und Dummheiten begehende Kapitalist Dessère, der naive Ingenieur Pierre, der käufliche Politikaster Tessat, der Künstler André und schließlich einer der Vorläufer vieler Helden der französischen Nachkriegsliteratur, der sentimentale Zyniker Lucien."

Der Widerspruch zwischen der traditionellen Fabel einer Familiengeschichte und der Gesamtkomposition des Romans, in der Paris, das französische Volk der Hauptheld wird, ist gewiß ebensowenig ein Zufall wie die Tatsache, daß Ehrenburg die Gestalten verschiedener „Isgois des 19. Jahrhunderts" tief erfaßte, aber die Typen der Kommunisten und der Faschisten schematisierte. Letzteres war wohl vor allem ein Attribut der zeitgeschichtlichen Situation. Doch darüber hinaus äußert sich darin – wie auch in den Widersprüchen der Romankomposition – der spezifische Blickpunkt des damaligen Ehrenburg: Er konzentrierte sich auf die Darstellung des illusionären Charakters der ihm selbst teuren geistigen Traditionen des 19. Jahrhunderts in der französischen Tragödie und betrachtete die spezifisch neuen Kräfte des 20. Jahrhunderts mehr oder weniger von außen, obwohl er die ganze Kompliziertheit der zeitgenössischen politischen Situation in den vielen Gestalten aus allen Klassen und sozialen Schichten differenziert dargestellt hat. In dieser Hinsicht ist der „Fall von Paris" ein Buch des Übergangs. Doch das unterstreicht und erweitert noch die Bedeutung des Romans als eines dokumentarisch-zeitgenössischen Gleichnisses.

Berlin, April 1976 Ralf Schröder